Johanna Engel
Handbuch Kraftfahrzeug-Leasing

Handbuch Kraftfahrzeug-Leasing

von

Johanna Engel
Rechtsanwältin

2. Auflage

Verlag C.H. Beck München 2004

Zitiervorschlag Engel, Handbuch Kfz-Leasing, 2. Auflage

Verlag C.H. Beck im Internet:
beck.de

ISBN 3 406 51520 7

Druck: Nomos Verlagsgesellschaft
In den Lissen 12, 76547 Sinzheim

Satz: Fotosatz H. Buck
Zweikirchener Straße 7, 84036 Kumhausen

Gedruckt auf säurefreiem, alterungsbeständigem Papier
(hergestellt aus chlorfrei gebleichtem Zellstoff)

Vorwort

Das Finanzierungsinstrument Kfz-Leasing stellt in seiner inzwischen 41-jährigen Geschichte neben den klassischen Formen der Investitionsfinanzierung eine etablierte Finanzierungsalternative sowohl im gewerblichen wie auch im privaten Bereich dar und bildet als Hauptbereich des Leasinggeschäfts einen wichtigen Bestandteil des Wirtschaftslebens. Die steuerrechtlichen Vorgaben für diese Form der Investitionsfinanzierung prägen die Leasingvertragsgestaltung.

Obgleich ein weiter Bekanntheitsgrad des Kfz-Leasings aufgrund der starken Nutzung dieser Finanzierungsalternative gegeben ist, sind die wirtschaftlichen und rechtlichen Hintergründe, insbes. die Vertragsabrechnungsmodalitäten dieser speziellen Rechtsfigur, nicht unmittelbar verständlich. Dies mag zum einen an der Verflechtung von zivilrechtlichen, steuerrechtlichen und betriebswirtschaftlichen Aspekten des Leasings liegen, zum anderen auch an der umfangreichen Rechtsprechung zu dem nicht kodifizierten Leasingrecht.

Leasing ist Richterrecht. Im Laufe der Entwicklung der auch als moderner Vertragstyp bezeichneten Rechtsfigur des Leasings hat sich zum Leasingrecht eine gefestigte Judikatur des Bundesgerichtshofs und der Oberlandesgerichte gebildet, so dass auf feste Konturen zurückgegriffen werden kann. Die meisten Entscheidungen zum Leasingrecht sind entsprechend der Bedeutung des Kfz-Leasings zum Kfz-Leasing ergangen. Die eigenständige Rechtsfigur des Leasings erschließt sich nur bei Kenntnis der einschlägigen Rechtsprechung.

Aus der Fülle der Entscheidungen zum Kfz-Leasingrecht und zum Leasingrecht allgemein sind bedeutsame praxisrelevante sowohl veröffentlichte als auch nichtveröffentlichte Urteile ausgewertet wie auch die aktuelle Literatur zum Leasingrecht, insbes. diejenige zu der Rechtslage nach der Schuldrechtsreform, umfassend verarbeitet ist.

Das Handbuch behandelt die praxisrelevanten Bereiche des Kfz-Leasings in ihren grundlegenden Zusammenhängen in komprimierter Form, wobei insbes. der Behandlung der Abrechnungsprobleme bei Beendigung des Kfz-Leasingvertrags herausragender Stellenwert zukommt. Im Text wird jeweils in den wesentlichen Aussagen konkret Bezug auf die einzelnen Regelungen der im Anhang abgedruckten Leasingbedingungen eines Geschäftsleasingvertrags sowie eines Privatleasingvertrags genommen, so dass insbes. für den Praktiker die typischen Regelungen eines gängigen Vertragsformulars gut erklärlich sind.

Dem Leser möge mit dem Handbuch zu der komplexen Stofffülle ein vorwiegend praxisorientiertes knappes Nachschlagewerk an die Hand gegeben werden, welches gleichwohl die wissenschaftlichen Aspekte des Leasingrechts nicht vernachlässigt.

Das Finanzierungsleasing ist in dem Gesetz zur Modernisierung des Schuldrechts nunmehr gesetzlich in der Vorschrift des § 500 BGB normiert. Die 2. Auflage des Handbuchs ist dadurch geprägt, dass die Änderungen des Leasingrechts, die die Schuldrechtsreform mit sich gebracht hat, detailliert und praxisnah eingearbeitet sind. Dies betrifft im wesentlichen die Bereiche Leistungsstörungsrecht, Sachmängelrecht, Verbraucherleasing und Verjährungsrecht. Entsprechend der zunehmenden Bedeutung in der Praxis wurde in der 2. Auflage ein Kapitel zum Leasing von Dienstfahrzeugen mit der öffentlichen Hand neu eingefügt.

Bonn, Juni 2004 *Die Verfasserin*

Inhaltsverzeichnis

Inhaltsverzeichnis

Abkürzungsverzeichnis

a.A	anderer Ansicht
AblEG	Amtsblatt der Europäischen Gemeinschaften
Abs.	Absatz
AbzG.	Abzahlungsgesetz
abzgl.	abzüglich
AcP	Archiv für die civilistische Praxis
ADAC	Allgemeiner Deutscher Automobilclub
a.F.	alte Fassung
AfA	Absetzung für Abnutzung
AG	Amtsgericht
AGB	Allgemeine Geschäftsbedingungen
AGBG	Gesetz zur Regelung des Rechts der Allgemeinen Geschäftsbedingungen
Alt.	Alternative
Anm.	Anmerkung
Art	Artikel
Aufl.	Auflage
BAG	Bundesarbeitsgericht
BB	Betriebs-Berater
Bd.	Band
BdF	Bundesamt der Finanzen
BFH	Bundesfinanzhof
Beil.	Beilage
Beschl.	Beschluss
BGB	Bürgerliches Gesetzbuch
BGBl	Bundesgesetzblatt
BGH	Bundesgerichtshof
BGHSt	Bundesgerichtshof, Entscheidungen in Strafsachen
BGHZ	Entscheidungen des Bundesgerichtshofs in Zivilsachen
BHO	Bundeshaushaltsordnung
BMF	Bundesministerium der Finanzen
BStBl	Bundessteuerblatt
BVerwG	Bundesverwaltungsgericht
bzgl.	bezüglich
bzw.	beziehungsweise
DAR	Deutsches Autorecht
DAT	Deutsche Automobil Treuhand GmbH
DB	Der Betrieb
d.h.	das heißt
DRiZ	Deutsche Richterzeitung
DStR	Deutsches Steuerrecht
DStZ	Deutsche Steuerzeitung
DZWiR	Deutsche Zeitschrift für Wirtschaftsrecht

Abkürzungsverzeichnis

EDV	Elektronische Datenverarbeitung
EG	Europäische Gemeinschaft
EGBGB	Einführungsgesetz zum Bürgerlichen Gesetzbuch
EGV	Vertrag zur Gründung der Europäischen Gemeinschaft
Einl.	Einleitung
einschl.	einschließlich
entspr.	entsprechend
etc.	et cetera
EU	Europäische Union
EuGH	Europäischer Gerichtshof
EuZW	Europäische Zeitschrift für Wirtschaftsrecht
evtl.	eventuell
EWiR.	Entscheidungen zum Wirtschaftsrecht
EWS	Europäisches Wirtschafts- und Steuerrecht
f.	folgende
ff.	fortfolgende
F.	Fach
FG.	Finanzgericht
Fin.Min.	Finanzministerium
FLF	Finanzierung Leasing Factoring
GG	Grundgesetz für die Bundesrepublik Deutschland
ggf.	gegebenenfalls
GmbH.	Gesellschaft mit beschränkter Haftung
GMBl.	Gemeinsames Ministerialblatt
grds.	grundsätzlich
GWB	Gesetz gegen Wettbewerbsbeschränkungen
H.	Heft
Hess.Fin.Min.	Hessisches Finanzministerium
HGB	Handelsgesetzbuch
HGrG	Haushaltsgrundsätzegesetz
h.M.	herrschende Meinung
Hrsg.	Herausgeber
hrsg.	herausgegeben
i.d.R.	in der Regel
insbes.	insbesondere
InsO	Insolvenzordnung
i.S.d.	im Sinne des
JuS	Juristische Schulung
JZ	Juristen-Zeitung
Kap.	Kapitel
Kfz.	Kraftfahrzeug
KG	Kammergericht
km	Kilometer
LG	Landgericht
lt.	laut

LKR . . . . Lieferkoordinierungsrichtlinie

MDR . . . . Monatsschrift für Deutsches Recht
m.w.N. . . . . mit weiteren Nachweisen
MwSt . . . . Mehrwertsteuer

Nds.Fin.Min. . . . . . Niedersächsisches Finanzministerium
Nds.Rpfl. . . . . Niedersächsische Rechtspflege
n.F. . . . . neue Fassung
NJW . . . . Neue Juristische Wochenschrift
NJW-RR . . . . NJW-Rechtsprechungs-Report Zivilrecht
NotBT . . . . Zeitschrift für die notarielle Beurkundungspraxis
NotBZ . . . . Zeitschrift für die notarielle Beratungs- und Beurkundungspraxis
Nr. . . . . Nummer
n.v. . . . . nicht veröffentlicht
NVersZ . . . . Neue Zeitschrift für Versicherung und Recht
NWB . . . . Neue Wirtschaftsbriefe
NZI . . . . Neue Zeitschrift für Insolvenzrecht
NZM . . . . Neue Zeitschrift für Miet- und Wohnungsrecht
NZV . . . . Neue Zeitschrift für Verkehrsrecht

OFD . . . . Oberfinanzdirektion
OLG . . . . Oberlandesgericht
OLG-Rep . . . . OLG-Report

p.a. . . . . per anno
Pkw. . . . . Personenkraftwagen

Rdn. . . . . Randnummer
RIW . . . . Recht der internationalen Wirtschaft
RL . . . . Richtlinie des Europäischen Parlaments und des Rates
R+S . . . . Recht und Schaden

S. . . . . Satz
SchlHolOLG . . . . . . Schleswig-Holsteinisches Oberlandesgericht
SchuldRModG . . . . Gesetz zur Modernisierung des Schuldrechts
StGB . . . . Strafgesetzbuch
StVG . . . . Straßenverkehrsgesetz
StVO . . . . Straßenverkehrs – Ordnung
StVZO . . . . Straßenverkehrs-Zulassungs-Ordnung

u. . . . . und
UR . . . . Umsatzsteuer Rundschau
Urt. . . . . Urteil
UStG . . . . Umsatzsteuergesetz

v. . . . . vom
VDA . . . . Verband der Automobilindustrie e.V.
VerbrKrG . . . . Gesetz über Verbraucherkredite, zur Änderung der Zivilprozessordnung und anderer Gesetze (Verbraucherkreditgesetz)
VersR . . . . Versicherungsrecht
Vfg . . . . Verfügung

Abkürzungsverzeichnis

VgV	Vergabeverordnung
v.H.	vom Hundert
VOL/A	Verdingungsordnung für Leistungen, ausgenommen Bauleistungen, Teil A
VuR	Verbraucher und Recht
VVG	Gesetz über den Versicherungsvertrag
WiB	Wirtschaftsrechtliche Beratung
WM	Wertpapier-Mitteilungen
z.B.	zum Beispiel
ZAP	Zeitschrift für die Anwaltspraxis
ZBB	Zeitschrift für Bankrecht und Bankwirtschaft
ZfS	Zeitschrift für Schadensrecht
ZGS	Zeitschrift für das gesamte Schuldrecht
Ziff.	Ziffer
ZIP	Zeitschrift für Wirtschaftsrecht und Insolvenzpraxis
ZPO	Zivilprozessordnung
zzgl.	zuzüglich

Literaturverzeichnis

Arnold, Arnd, Gewährleistung beim Finanzierungsleasing nach der Schuldrechtsreform, DStR 25/2002, 1049ff.

Beckmann, Heiner, Auswirkungen des Schuldrechtsmodernisierungsgesetzes auf die Leasing-Branche, FLF 2/2002, 46ff.

Bordewin, Arno, Leasingverträge in Handels- und Steuerbilanz, NWB F. 17/1996, 1435ff.

Bordewin/Tonner, Leasing im Steuerrecht, 4., völlig neu bearb. Aufl., Heidelberg 2003

Büschgen, Hans E. (Hrsg.), Praxishandbuch Leasing, München 1998

Engel, Johanna, Leasing in der Europäischen Union, in: *Salger (Hrsg.)*, Handbuch für die europäische Rechts und Wirtschaftspraxis, Recklinghausen 1997, 553ff.

dies., Leasing, in: *Heidel/Pauly/Amend (Hrsg.)*, Anwaltformulare, 4. Aufl., Bonn 2003, 1337ff.

dies., Kauf eines Neufahrzeugs; Kauf eines Gebrauchtfahrzeugs; Kraftfahrzeug-Leasing; Kraftfahrzeug und Arbeitsrecht, in: *Ludovisy (Hrsg.)*, Praxis des Straßenverkehrsrechts, BRAK-Arbeitsbuch, Recklinghausen 2001, 365ff., 951ff.

dies., Zur Darstellung des Sale-and-lease-back im Jahresabschluss. Festbeitrag zum 70. Geburtstag von Rolf Detlev Scholtz am 18. Oktober 1995, DStZ 20-21/1995, 616ff.

dies., Leasingrelevante Regelungen der neuen Insolvenzordnung, BB Leasing-Berater Beil. 6 zu H 18/1999, 23ff.

dies., Zum außerordentlichen Kündigungsrecht des Leasinggebers im privaten Kraftfahrzeug Leasinggeschäft wegen Zahlungsverzug des Leasingnehmers, § 12 VerbrKrG-Analoge Anwendung des Begriffs „Nennbetrag des Kredits" auf das Finanzierungsleasing und Bemessung des sog. relativen Rückstandsbetrags, DB 1997, Beil. Nr. 6 zu H 18, 24ff.

dies., Die Verjährung im KraftfahrzeugLeasinggeschäft. Der Restwertausgleichsanspruch des Leasinggebers bei vorzeitiger und ordentlicher Vertragsbeendigung, DB 15/1997, 761ff.

dies., Die Entwicklung des Leasings in den neuen Bundesländern, ZAP Ost 18/1997 F.4, 413ff.

dies., Grundlagen des Kraftfahrzeugleasings und dessen Bedeutung in den neuen Bundesländern, ZAP Ost 6/1998, 455ff.

Godefroid, Christoph, Leasing und Verbraucherkreditgesetz – eine Zwischenbilanz, RIW 1994, Beil. H 5/1994, 14ff.

ders., Zur Kündigung und Beendigung von Leasingverträgen nach dem Verbraucherkreditgesetz, BB 1993, Beil. Nr. 8/1993, 15ff.

ders., Finanzierungsleasingverträge und Schuldrechtsmodernisierungsgesetz, BB Leasing-Berater, Beil. 5 zu H 27/2002, 2ff.

Godefroid, Christoph/Salm, Christian, Zur Verjährung von Restwertausgleichsansprüchen des Leasinggebers aus FinanzierungsLeasingverträgen, BB 1995 Beil. 5, 21ff.

Groß, Werner, Kraftfahrzeugleasing, DAR 1996, 438ff.

ders., Das Verbraucherkreditgesetz bei KfzLeasing und finanziertem KfzKauf – Widerruf, Kündigung, Rücktritt und die jeweilige Abwicklung –, FLF 4/1993, 132ff.

Habersack, Mathias, Verbraucherleasing nach der Schuldrechtsreform, in: Finanzierungsleasing und Verbrauchergeschäfte, BB Beil. 6 zu H 35/2003, 2ff.

Hastedt, Uwe-Peter/Mellwig, Winfried, Leasing. Rechtliche und ökonomische Grundlagen, Heidelberg 1998

Hentschel, Peter, Straßenverkehrsrecht, 37. neubearb. Aufl., München 2003

Hohloch, Gerhard, Schadensersatzprobleme bei Unfällen mit Leasingfahrzeugen, NZV 1/1992, 1ff.

Jaggy, Ulrike, Kaufvertragliche Ersatzlieferung und Leasingvertrag, BB Leasing-Berater, Beil. 5/2002, 14ff.

Literaturverzeichnis

Jendrek, Paul, Miet-, Leasing- und Pachtrecht, Köln etc. 1990

Koos, Stefan, Restwertabrechnung von Kfz-Leasingverträgen, BB 26/1998, 1323ff. (Erwiderung *Nitsch*, BB 1998, 1323ff.)

Löbbe, Marc, Der Finanzierungsleasingvertrag nach der Schuldrechtsreform, in: Finanzierungsleasing und Verbrauchergeschäfte, BB Beil. 6 zu H 35/2003, 7ff.

Lüdemann, Jörn, Die öffentliche Hand als Leasingnehmer. Das Leasing von Dienstfahrzeugen im Lichte des Haushalts- und Vergaberechts, Schriftenreihe Studien zum Öffentlichen Recht (StÖW), Wirtschaftsrecht Bd. 59, Köln 2003

Marloth-Sauerwein, Birgit, Leasing und das Verbraucherkreditgesetz, Frankfurt a.M. 1992

Maus, Günter, Leasing im Handels- und Steuerrecht, Herne/Berlin 1996

Melsheimer, Otto, Kilometerabrechnungsvertrag und Verbraucherkreditgesetz, MDR 6/1997, 522ff.

Michalski, Lutz/Schmitt, Michael, Der KfzLeasingvertrag. Schwerpunkte und Schranken der Vertragsgestaltung unter besonderer Berücksichtigung von AGBGesetz und Verbraucherkreditgesetz, Köln etc. 1995

Müller-Sarnowski, Barbara, Zur Kündigung wegen Zahlungsverzugs bei PkwLeasingverträgen nach § 12 VerbrKrG, BB 29/1994, 2018ff.

dies., Der Nennbetrag i.S.v. § 12 Abs. 1 Nr. 1 VerbrKrG bei Pkw-Privatleasingverträgen, DB 1994, 446ff.

dies., PrivatPkwLeasingverträge und das neue Verbraucherkreditgesetz, DAR 3/1992, 81ff.

dies., Die vertragsgemäße Rückgabe des Leasingfahrzeugs. – Theorie und Praxis –, DAR 4/1997, 142ff.

dies., Leasingsonderzahlung bei Pkw-Privatleasingverträgen – umsatzsteuerrechtliche und zivilrechtliche Aspekte, DAR 6/1998, 228ff.

dies., Privatautoleasing nach der Schuldrechtsreform, eine Bestandsaufnahme, DAR 11/2002, 485ff.

Nägele, Stefan, Die vorzeitige Beendigung des LeasingKilometervertrags, BB 24/1996, 1233ff.

Nägele, Stefan/Bauer, Stefan, Die Abrechnung vorzeitig beendeter Kilometerverträge im Kfz-Leasing, DB Spezial 6/1995, 20ff.

Nitsch, Jan-Christoph, Amortisationsprinzip und relativer Ratenrückstand (§ 12 VerbrKrG) beim Kfz-Leasing, FLF 1/1998, 18ff.

ders., Der Restwert-Ausgleich beim Kfz-Hersteller-Leasing. Eine Erwiderung auf Koos, Restwertabrechnung von Kfz-Leasingverträgen, BB 1998, 1323ff.

ders., Sorgfaltspflichten bei der Verwertung von Leasing-Fahrzeugen, NZV 10/1999, 405ff.

ders., Selbst- oder Drittbenennungsrechte als Obliegenheiten des Kfz-Leasing-Nehmers, NZV 4/2001, 160ff.

ders., Drittkäuferbenennungsrechte beim Kraftfahrzeug-Leasing, Kommentierung des Berufungsurteils des OLG Braunschweig v. 14.7.1999 – 3 U 287/98, FLF 2/2001, 75ff.

ders., Der Ausschluss des Erwerbsrechts beim Leasing, NZV 5/2003, 216ff.

ders., Amortisationspflicht für Fahrzeugschäden beim Kilometerabrechnungsvertrag, FLF 1/1999, 32ff.

Palandt, Bürgerliches Gesetzbuch. Kommentar, 63. neubearb. Aufl., München 2004

Paul, Dietrich, Kurze Verjährung beim Leasingvertrag: § 558 BGB und § 196 Abs. 1 Nr. 6 BGB, BB 1987, 1411ff.

ders., Der Unfall mit dem Leasingfahrzeug und sein Verlust. Versicherungsfälle und ihre Regulierung, FLF 5/1989, 174ff.

Reiner, Günter/Kaune, Clemens R., Die Gestaltung von Finanzierungsleasingverträgen nach der Schuldrechtsreform, WM 47/2002, 2314ff.

Reinking, Kurt, AutoLeasing, 3. Aufl., München 1999

ders., 130% Reparaturkosten auch für Leasingfahrzeuge, DAR 11/1997, 425ff.

ders., Verwertungserlös und Zustand des Leasingfahrzeugs am Vertragsende – die Achillesferse des Kfz-Leasingvertrags, NZV 1/1997, 1ff.

ders., Mehrwertsteuerprobleme beim Unfall und Diebstahl des privat genutzten Leasingfahrzeugs, DAR 1998, 333
ders., Der Nacherfüllungsanspruch auf Lieferung eines mangelfreien Fahrzeugs im Rahmen des Kfz-Leasingvertrags, DAR 11/2002, 496 ff.
ders., Auswirkungen der geänderten Sachmängelhaftung auf den Leasingvertrag, ZGS 6/7/2002, 229 ff.
ders., Die Auswirkungen der Schuldrechtsreform auf das private Kraftfahrzeugleasing, DAR 4/2002, 145 ff.
Reinking/Koyka, Mobilienleasing, in: *Kroiß* (*Hrsg.*), Klauselbuch Schuldrecht, Bonn 2003, 515 ff.
Reinking, Kurt/Eggert, Christoph, Der Autokauf. Rechtsfragen beim Kauf neuer und gebrauchter Kraftfahrzeuge sowie beim Leasing, 8. neubearb. u. erw. Aufl., Düsseldorf 2003
Rischar, Hans, Leasingfahrzeuge: Besonderheiten bei der Regulierung von Kaskoschäden, NZV 2/1998, 59 ff.
Schmitz, Wolfgang, Voller Schadensersatzanspruch der Leasingfirma gegen den Unfallgegner auch bei Mitverschulden des eigenen Fahrers?, NJW 5/1994, 301 ff.
ders., Nochmals: Voller Schadensersatzanspruch der Leasingfirma gegen den Unfallgegner trotz mitwirkender Betriebsgefahr des eigenen Kfz?, NJW 42/2002, 3070 ff.
Scholz, Franz Josef, Zur Kündigung von Leasingverträgen mit Privatpersonen und „Existenzgründern“ nach § 12 VerbrKrG, BB 1994, 805 ff.
Sieg, Karl, Versicherungsschutz beim Kraftfahrzeugleasing. Anmerkungen zum BGH-Urteil vom 10.3.1993 – XII ZR 252/91, BB 1993 S. 1171 = NJW 1993 S. 1578, BB 25/1993, 1746 ff.
Slama, Dieter, Leasingspezifische Regelungen des Verbraucherkreditgesetzes, WM 14/1991, 569 ff.
ders., Das Verbraucherkreditgesetz in seinen Auswirkungen auf Kfz-Leasing und finanzierte Kaufverträge- Anwendungsbereich, Formvorschriften mit Pflichtangaben und Sanktionen (§§ 1,3,4 und 6 VerBrKrG) –, FLF 3/1993, 83 ff.
Struppek, Lothar, Kfz-Leasing: Kein Anspruch des Vermittlers auf die Leasing-Rückläufer, LG Braunschweig, Urteil vom 18.2.1999 – 21 O 305/98, FLF 2/2000, 70 ff.
ders., Aktuelle Abrechnungsmethoden für fristlos gekündigte Automobil-Leasingverträge, BB 1992, Beil. Nr. 9, 1 ff.
ders., Vollamortisationsanspruch und Mehrwertsteuer, FLF 2/1998, 82 ff.
Tiedtke, Klaus/Möllmann, Peter, Auswirkungen der Schuldrechtsreform im Leasingrecht, DB 11/2004, 583 ff.
dies., Entwicklung der aktuellen Rechtsprechung des BGH zum Leasingrecht, DB 17/2004, 915 ff.
v. Westphalen, Friedrich, Der Leasingvertrag, 5. völlig neubearb. u. erw. Aufl., Köln 1998
ders., Zivilrechtliche Auswirkungen des BFH-Urteils vom 26.7.1991 auf das private PkwLeasing, DB 47/1992, 2379 f.
ders., Die Auswirkungen der Schuldrechtsreform auf die „Abtretungskonstruktion“ beim Leasing, ZIP 51 52/2001, 2258 ff.
ders., Schuldrechtsreform und die Verwendung „alter" Lieferanten – AGB bei Leasingverträgen, ZGS 2/2002, 64 ff.
ders., Options- und Andienungsrechte in Leasingverträgen mit Verbrauchern, ZGS 3/2002, 89 ff.
ders., Das Schuldrechtsmodernisierungsgesetz und Leasing, DB 24/2001, 1291 ff.
Wolf/Eckert/Ball, Handbuch des gewerblichen Miet-, Pacht- und Leasingrechts, 8. wesentlich erweiterte Aufl., Köln 2000
Zahn, Herbert, Der kaufrechtliche Nacherfüllungsanspruch – ein Trojanisches Pferd im Leasingvertrag?, DB 19/2002, 985 ff.
Zahn/Bahmann, Kfz-Leasingsvertrag, Köln 1999

§ 1
Kfz-Leasing im einführenden Gesamtüberblick

Schrifttum: *Beckmann*, Finanzierungsleasinggeschäfte (über Mobilien), Münster 2000; *Bordewin/Tonner*, Leasing im Steuerrecht, 4. Aufl. 2003; *Bordewin*, Leasingverträge in Handels- und Steuerbilanz, NWB 22/1996, F. 17, 1435 ff.; *Büschgen (Hrsg.)* mit div. Bearb., Praxishandbuch Leasing, 1998; *Engel*, Kraftfahrzeug-Leasing, in: *Ludovisy (Hrsg.)*, Praxis des Straßenverkehrsrechts, BRAK – Arbeitsbuch, Recklinghausen 2001; *dies.*, Leasing, in: *Heidel/Pauly/Amend (Hrsg.)*, AnwaltFormulare, 4. Aufl., Bonn 2003; *Hastedt/Mellwig*, Leasing. Rechtliche und ökonomische Grundlagen, Heidelberg 1998; *Hock/Frost*, Ratgeber Leasing, 2. Aufl., Freiburg i.Br. 1993; *Jendrek*, Miet-, Leasing- und Pachtrecht, Köln etc. 1990; *Kratzer/Kreuzmair*, Leasing in Theorie und Praxis, Wiesbaden 2002; *Michalski/Schmitt*, Der Kfz-Leasingvertrag, Köln etc. 1995; *Palandt/Weidenkaff*, BGB, 63. Aufl., Einf. v. § 535 BGB Rdn. 37 ff.; *Reinking*, AutoLeasing, 3. Aufl., München 2000; *Reinking/Eggert*, Der Autokauf, 8. Aufl., Düsseldorf 2003; *Reinking/Koyka*, Mobilienleasing, in: *Kroiß (Hrsg.)*, Klauselbuch Schuldrecht, Bonn 2003, 515 ff.; *Spittler*, Leasing für die Praxis, 6. Aufl., Köln 2002; *Wolf/Eckert/Ball*, Handbuch des gewerblichen Miet-, Pacht- und Leasingrechts, 8. Aufl., Köln 2000; *v. Westphalen*, Der Leasingvertrag, 5. Aufl., Köln 1998; *Zahn/Bahmann*, Kfz-Leasingvertrag, Köln 1999.

Übersicht:

A. Kfz-Leasing als Finanzierungsgeschäft

Im Leasinggeschäft haben sich entsprechend den unterschiedlichen Leasing- 1
gütern einzelne **Leasingbranchen** wie z.B. Immobilien-Leasing und Computer-Leasing mit unterschiedlichem Marktanteil herausgebildet, wobei die Branche des **Kfz-Leasings** (Mobilienleasing) insgesamt nach wie vor die **führende Rolle** einnimmt. Dementsprechend hat die Kfz-Leasingbranche einen eigenen Leasingmarkt speziell bezogen auf das Leasinggut Kfz, welcher im Lauf der Jahre zu einer bestimmten typischen Anbieterstruktur und Struktur auf der Nachfragerseite geführt hat. Insbes. hat sich **Kfz-Leasing** als eine **bedeutende Finanzierungsalternative** des **Kfz-Handels** für die von dem Leasingnehmer gewünschte Kfz-Nutzung bzw. Investitionsfinanzierung im Vergleich zu den klassischen Finanzierungsformen etabliert bzw. diese sogar zurückgedrängt und nimmt eine gewichtige Stelle in dem Kfz-Geschäft allgemein ein. Das Leasinggeschäft macht heute ca. 20 % des Umsatzes in dem Kfz-Vertrieb aus. Jedes fünfte Kfz wird geleast. Nicht zuletzt ist neben weiteren mit der Beschaffungsform

des Kfz-Leasings verbundenen Vorteilen das vorrangige Interesse des Kunden an der bloßen Nutzung des Kfz und nicht auch an dessen Eigentumserwerb entscheidend. Kfz-Leasing wird vorwiegend in der Form von markengebundenen, herstellereigenen Leasinggesellschaften betrieben und ist für diese auch Absatzinstrument. Zudem betreiben herstellerunabhängige Leasinggeber, oft in Verbindung mit großen Kreditinstituten, Kfz-Leasing.[1]

2 Als **Leasinganbieter** treten sowohl Hersteller als auch produktunabhängige institutionelle Leasinggesellschaften auf. Die Leasinggesellschaften werden hierbei überwiegend in der Rechtsform der GmbH geführt. Unter Hersteller- bzw. Händlerleasing versteht man gewöhnlich, dass der Leasinggeber wirtschaftlich zum Einflussbereich des Herstellers bzw. Händlers gehört. Hier besteht entweder zwischen dem Hersteller bzw. dem Händler und dem Leasinggeber eine kapitalmäßige Verflechtung oder diese unterhalten eine enge, dauerhafte Geschäftsverbindung hinsichtlich des Vertriebs des Kfz, so dass das produktbezogene Absatzinteresse im Vordergrund steht. Der hohe Anteil des Kfz-Leasings in dem Leasinggeschäft allgemein ist hierbei insbes. auf die Tätigkeit der **herstellereigenen** oder **herstellerverbundenen Banken/Leasinggesellschaften** zurückzuführen, welche das Kfz-Leasing überwiegend betreiben. Neben den herstellerabhängigen Leasinggesellschaften sind spezialisierte unabhängige Leasinggesellschaften in dem Kfz-Leasinggeschäft tätig. Hier gibt es auch viele kleine und mittlere erfolgreiche Leasinganbieter.

3 Heute verfügen alle namhaften Importeure über eigene Leasinggesellschaften. Bis ca. Ende 1987 kooperierten die Importeure, vorwiegend die japanischer Fabrikate, demgegenüber noch mit freien Leasinganbietern. Die Kfz-Hersteller setzen Leasing mittels konzerneigener Leasinggesellschaften als Absatzinstrument ein. Die herstellereigenen Leasinggesellschaften haben daher nicht nur wie im Leasinggeschäft allgemein ein Finanzierungsinteresse, sondern führen „materiell ein Geschäft des Herstellers" und nehmen Vertriebsfunktionen wahr. Auch das **Absatzleasing** ist **Finanzierungsleasing**. Das Vorliegen eines Absatzinteresses schließt diese Wertung nicht aus. Aufgrund des Merkmals der Absatzfunktion sind jedoch nach höchstrichterlicher Rechtsprechung keine unterschiedlichen rechtlichen Maßstäbe auf das herstellerabhängige und auf das herstellerunabhängige Leasing anzuwenden. Auch sind für eine genaue Differenzierung kaum brauchbare Abgrenzungskriterien auszumachen.

4 Kfz-Leasing ist wie das Leasinggeschäft allgemeinhin ein Finanzierungsgeschäft. Die **Anschaffungsfinanzierung** ist Wesensmerkmal des Finanzierungsleasings. Der Leasinggeber finanziert eine von dem Leasingnehmer getroffene Investitionsentscheidung. Die Fremdfinanzierung der Investitionskosten ist ein wichtiges Unterscheidungsmerkmal zu der Miete, wobei Finanzierungsfunktion und Gebrauchsüberlassungsfunktion des Leasings nebeneinander stehen. Immanent ist das **Amortisationsprinzip**. Es ist Wesen jeder Finanzierung, dass die an den Kreditnehmer gewährten Mittel an den Kreditgeber zurückfließen. Der von

---

[1] Vgl. zu der Abgrenzung von Kfz-Leasing und Kfz-Kauf insbes. *Büschgen*, Die Leasingentscheidung des Leasingnehmers, in: *Büschgen (Hrsg.)*, Praxishandbuch Leasing, § 38 Rdn. 9 ff.; *Hinterberger*, Kaufen oder Leasen? Der Versuch eines Vorteilhaftigkeitsvergleichs, NotBT 1997, 129.

dem Leasingnehmer zu entgeltende Aufwand des Leasinggebers umfasst neben den Anschaffungs- oder Herstellungskosten für das Kfz die Nebenkosten einschl. der Finanzierungskosten sowie den Gewinn.

Typisch für das Leasinggeschäft als Finanzierungsgeschäft ist daher aufgrund der Fremdfinanzierung der Investitionsentscheidung und dies macht das Besondere des Leasinggeschäfts im allgemeinen wie des Kfz-Leasinggeschäfts aus, dass ein Leasinggeber zwischengeschaltet wird, der das Leasinggut bzw. das Kfz für den Leasingnehmer erwirbt, sog. **leasingtypische Dreiecksbeziehung** zwischen den Beteiligten Leasingnehmer, Leasinggeber und Hersteller bzw. Lieferant. Es ist wichtig, diese unterschiedlichen Beziehungsebenen zu unterscheiden. Die durch die Finanzierungs- und Gebrauchsüberlassungsfunktion des Leasings bedingte besondere Interessenverteilung in dem Dreiecksgeflecht spiegelt sich in unterschiedlicher Weise in den Vertragsgestaltungen wider. Entsprechend sind in den verschiedenen Beziehungsebenen auch unterschiedliche rechtliche Problembereiche angesiedelt. Die wesentlichen Vertragsbeziehungen bestehen zwischen **Leasinggeber** und **Lieferant (Kauf- bzw. Werkvertrag)** sowie zwischen **Leasinggeber** und **Leasingnehmer (Leasingvertrag)**. Bei dem insbes. im Bereich des herstellerunabhängigen Leasings gängigen sog. Eintrittsmodell vollzieht sich der Erwerbsvorgang des Kfz zunächst zwischen dem Lieferanten und dem späteren Leasingnehmer. In dieses Vertragsverhältnis tritt sodann der Leasinggeber ein, sofern der Leasingnehmer dies wünscht und die Voraussetzungen im übrigen dafür vorliegen.[2] Bei der Sonderform des sale-and-lease-back ist diese Dreiecksbeziehung nicht gegeben. Hier gibt es nur zwei Beteiligte, diese jedoch mit Doppelstellungen: Verkäufer/Leasingnehmer und Käufer/Leasinggeber. 5

Mit dem Wesen des Kfz-Leasings als **Anschaffungsfinanzierung** ist die **Refinanzierung** verbunden. Der Leasinggeber erwirbt das Kfz im eigenem Namen und für eigene Rechnung für den Leasingnehmer und entrichtet den Kaufpreis an den Lieferanten. Hierdurch entsteht den Leasinggesellschaften ein hoher laufender Bedarf an Finanzmitteln. Den von den Leasinggesellschaften zu Beginn des Leasingvertrags aufzubringenden Anschaffungskosten stehen zwar die Erlöse aus der Gebrauchsüberlassung an den Leasingnehmer gegenüber. Letztere fließen jedoch verteilt über die Leasingvertragsdauer erst ratierlich zurück. Die hierdurch entstehende Liquiditätslücke wird mit zunehmendem Geschäftsvolumen größer. Leasinggesellschaften sind daher in der Regel auf eine Refinanzierung durch die Kreditinstitute angewiesen und beschaffen sich daher die für die Anschaffung des Kfz erforderlichen Finanzmittel aus fremder Hand. Eine Eigenkapitalfinanzierung scheidet gewöhnlich aus. Leasinggesellschaften verfügen oft über eine nur geringe Eigenkapitalausstattung. Der Refinanzierung liegt hier oftmals nicht nur der Zweck der Kapitalbeschaffung zugrunde. Aus unternehmerischen Gründen ist vielfach auch die Verlagerung des Bonitätsrisikos auf den Refinanzierer mit Vorteilen verbunden. Die Refinanzierung fließt in die Kalkulation des Leasingentgelts durch den Leasinggeber ein: die Leasingraten enthal- 6

[2] S. zu den unterschiedlichen Alternativen des Erwerbsvorgangs des Kfz – sog. Einheitsmodell und sog. Eintrittsmodell – näher die Ausführungen unter § 4 Rdn. 4. S. zu dem Eintrittsmodell auch *Tiedtke/Möllmann*, Auswirkungen der Schuldrechtsreform im Leasingrecht, DB 11/2004, 583 ff., 586.

ten den Refinanzierungsaufwand, bestehend aus Kreditsumme, Zinsen und Kreditkosten. Das refinanzierende Kreditinstitut tritt bei der Refinanzierung nach außen nicht in Erscheinung. Als Gegenleistung überträgt der Leasinggeber dem Kreditinstitut seine Forderungen gegen den Leasingnehmer. Diese Forderungsübertragung erfolgt überwiegend – neben dem sog. Doppelstockmodell – durch **regresslosen Forderungsverkauf**, sog. **Forfaitierung**. Die refinanzierende Bank kauft die künftigen Leasingraten, die der Leasingnehmer dem Leasinggeber aus dem Leasingvertrag schuldet, zum Barwert regresslos an. **Leasingraten**, die über eine unkündbare Vertragszeit einschl. eines vereinbarten Verlängerungszeitraums entfallen, sind **betagte Forderungen**, welche mit Vertragsschluss entstehen, jedoch später fällig werden. Der **Leasinggeber** übernimmt im Rahmen der Refinanzierung nur die sog. **Veritätshaftung**, d.h. er steht nur für den rechtlichen Bestand der Forderung und deren Freiheit von Einreden, und zwar sowohl im Zeitpunkt des Verkaufs als auch für die Dauer des Leasingvertrags, ein. Der Leasinggeber übernimmt hingegen nicht die Bonitätshaftung, d.h. die Haftung für die Zahlungsfähigkeit des Leasingnehmers und verpflichtet sich auch nicht zum Rückkauf der Forderung bei Uneinbringlichkeit. Die Forfaitierung beeinflusst die Zurechnung des rechtlichen und wirtschaftlichen Eigentums an dem Kfz zu dem Leasinggeber nicht.[3]

7 Kfz-Leasingverträge werden im **privaten**, dem konsumtiven, wie im **gewerblichen**, dem **investiven Bereich**, sowie entsprechend einer stetigen Entwicklung in den letzten Jahren, auch in dem Bereich der Leasingverträge mit der **öffentlichen Hand** speziell über **Dienstfahrzeuge** geschlossen, sei dies über ein einzelnes Kfz, sei es über mehrere Kfz bis hin zu einem ganzen Fuhrpark im gewerblichen Bereich und im Bereich mit der öffentlichen Hand. Bei dem Privatleasing sind privat genutzte Kfz Gegenstand des Leasingvertrags. Dieser Sektor hat heute seinen festen Stellenwert in dem Gesamtleasinggeschäft, und besteht fast vorwiegend nur aus Kfz-Leasing, welches von markengebundenen und freien Leasingunternehmen betrieben wird. Insbes. in Zeiten nachlassender Automobilkonjunktur nimmt das private Kfz-Leasing daher eine wichtige wirtschaftspolitische Schlüsselrolle ein. Bei dem Geschäftsleasing hingegen wird eine kommerzielle Nutzung des Kfz angestrebt. Die Struktur der Leasingnehmer umfasst nahezu jeden Wirtschaftsbereich, wie zunehmend die Kommune.

Die differenzierte **Angebotspalette** der **Leasinggesellschaften** sowohl für den privaten als auch für den gewerblichen Leasingnehmer sowie für die öffentli-

[3] Vgl. zur weiterführenden Information zur Refinanzierung im Leasinggeschäft insbes. *BMF – Schreiben* v. 9.1.1996, IV B 2 – S 2170–135/95, BStBl. I, 1996, 9; *BFH*, Urt. v. 5.5.1999, DStR 1999, 1310 sowie *BGH*, Urt. v. 14.12.1989, IX ZR 283/88, NJW 17/1990, 1113 ff. u. v. 28.3.1990, VIII ZR 17/89, NJW 29/1990, 1785 ff.; *Berninghaus*, Gestaltungsprobleme bei der Refinanzierung von Leasinggesellschaften, in: *Büschgen (Hrsg.)*, Praxishandbuch Leasing, § 30; *Reinking/Eggert*, Der Autokauf, Rdn. 796; *Reinking*, Autoleasing, 22; *v. Westphalen*, Der Leasingvertrag, Rdn. 1837 ff.; *Schmid – Burgk/Diez*, Die Refinanzierung beim Leasing nach der Insolvenzrechtsreform, ZIP 1996, 1123 ff.; *Seifert*, Refinanzierung von Leasingverträgen nach § 108 InsO, NZM 6/1998, 217 ff.; *de With*, Zur Zweitrefinanzierung von Leasingverträgen nach § 108 InsO, FLF 1998, 24 ff.; *Zahn*, Refinanzierende Bank in der Insolvenz des Leasinggebers nach der Insolvenzordnung, DB 1995, 1649 ff.

che Hand gewinnt für den konkreten Leasingkunden und damit für die anvisierte Einsatzart ihre Attraktivität unter unterschiedlichen Gesichtspunkten, z.B. steuerrechtlicher Art. Nicht zuletzt hat in den vergangenen Jahren verstärkt neben der Finanzierungs- und Gebrauchsüberlassungsfunktion des Leasings die Dienstleistungsfunktion des Leasings, insbes. auch im kommunalen Bereich, zugenommen.

Mit dem am 1.1.2002 in Kraft getretenen **Schuldrechtsmodernisierungsgesetz** sind drei EG-Richtlinien (Richtlinie über den Verbrauchsgüterkauf, Richtlinie zur Bekämpfung von Zahlungsverzug im Geschäftsverkehr und Richtlinie über den elektronischen Geschäftsverkehr) umgesetzt worden.[4] Der **Verbraucherschutz** ist zu einem wesentlichen Schutzprinzip des bürgerlichen Rechts geworden. So wird die Marktgruppe der Verbraucher durch eine Vielzahl von unterschiedlichen Regelungen geschützt. Insbesondere wurden die Begriffe des **Verbrauchers, §13 BGB** und des **Unternehmers, §14 BGB** als Zentralbegriffe des bürgerlichen Rechts gesetzlich definiert. Das BGB enthält nunmehr fast alle wesentlichen verbraucherschützenden Vorschriften des Privatrechts, insbes. diejenigen, die zuvor in dem Verbraucherkreditgesetz und in dem AGB-Gesetz enthalten waren.[5] Leasing ist vorwiegend Formularrecht. Die **Privat- und Geschäftsleasingverträge** der Kfz-Leasinggesellschaften sind im Grundsatz in ihren **Leasingbedingungen** weitgehend identisch, weisen jedoch einige wichtige Besonderheiten entsprechend der Unterschiedlichkeit auf der Leasingnehmerseite auf. Eine wichtige Unterscheidung aus wirtschaftlicher Sicht macht die steuerrechtliche Betrachtung des Geschäfts aus. Nur dem gewerblichen Einzelkunden oder Firmenkunden, nicht dem privaten Leasingnehmer und nicht der öffentlichen Hand, kommen im Grundsatz die bilanz- und steuerrechtlichen Vorteile des Leasings zugute. Dies gilt insbes. für den Vorteil, die Leasingraten als Betriebsausgaben absetzen zu können. Ferner werden die beiden marktgängigen Vertragstypen im Kfz-Leasinggeschäft im privaten und im gewerblichen Sektor unterschiedlich eingesetzt. So findet sich die Vertragsform des Kfz-Leasingvertrags mit Gebrauchtwagenabrechnung vorwiegend im gewerblichen Bereich, während der Kfz-Leasingvertrag mit Kilometerbegrenzung im privaten Bereich bevorzugt wird. 8

Von diesen einigen erwähnten Bereichen jedoch abgesehen, ist die Person des Leasingnehmers grds. für die rechtliche Beurteilung des Finanzierungsleasings sowie die Grenzen der Vertragsfreiheit ohne Bedeutung. So sind die Rechtsfolgen von Leistungsstörungen und Sachmängeln weitgehend identisch wie auch die klassischen Problembereiche, wie in erster Linie die Ermittlung des Vollamortisationsanspruchs des Leasinggebers, die Rückgabe des Kfz in vertragsgemäßem Zustand bei dem Kfz-Leasingvertrag mit Kilometerabrechnung und die Feststellung eines etwaigen Mindererlösanspruchs bei dem Kfz-Leasingvertrag mit Gebrauchtwagenabrechnung. 9

[4] Richtlinie über den Verbrauchsgüterkauf (RL 1999/44/EG v. 25.5.1999), AblEG Nr. L 171 S 12, NJW 1999, 2421; Richtlinie zur Bekämpfung von Zahlungsverzug im Geschäftsverkehr (RL 2000/35/EG v. 25.6.2000), AblEG Nr. L 200 S. 35, NJW 2001, 132; Richtlinie über den elektronischen Geschäftsverkehr (RL 2000/31/EG v. 8.6.2000), AblEG Nr. L 178 S 1, EuZW 2000, 527. S. auch *Palandt/Heinrichs*, BGB, Einleitung Rdn. 15.

[5] *Palandt/Heinrichs*, BGB, Einleitung, Rdn. 21.

10 Aufgrund der bilanz- und steuerrechtlichen Vorteile des Leasinggeschäfts allgemein wie des Kfz-Leasings ist Kfz-Leasing wesentlich von diesem Hintergrund geprägt. Kfz-Leasing ist Mobilienleasing und folgt daher im wesentlichen den **allgemeinen steuer- und handelsrechtlichen Regeln** zum **Mobilienleasing.** Die Leasingvertragsparteien streben regelmäßig mit dem Geschäft verbundene bilanz- und steuerrechtliche Vorteile an und richten hiernach die **Vertragsgestaltung** aus. Erforderlich für die angestrebten Vorteile ist, dass der Leasinggeber rechtlich und wirtschaftlich als Eigentümer des Kfz gewertet wird. Der **Leasingnehmer** hat auch aus diesem Grunde aus dem Leasingvertrag und den diesem inne wohnenden Funktionen der Finanzierung und Gebrauchsüberlassung auch **kein Erwerbsrecht** gegen den Leasinggeber nach Ende des Vertrags, was als dem **Leasing wesentliches Merkmal** auch regelmäßig ausdrücklich vertraglich in den Leasingbedingungen niedergelegt wird. In einer derartigen Regelung liegt weder eine unangemessene Benachteiligung des Leasingnehmers noch ist diese als überraschende Regelung zu werten. Insbes. ist eine derartige Regelung auch wirksam, wenn sich ausnahmsweise nach dem Gesetz ein Erwerbsrecht des Leasingnehmers ergeben sollte. Insbes. ist es wichtig, dass dieser aus dem Wesen der Beschaffungsform des Leasings, insbes. den steuerrechtlichen Vorgaben gebotene vertragliche Ausschluss des Erwerbsrechts getrennt gesehen werden muss von der gesetzlich normierten Schadensminderungspflicht des Leasinggebers, im Rahmen der bestmöglichen Verwertung des Fahrzeugs bei Vertragsende das Kfz an den Meistbietenden zu veräußern.[6]

11 Zentralfrage für die mit dem Geschäft anvisierten Vorteile ist diejenige der **Zurechnung** des **Kfz**, vgl. **§ 39 AO**. Spezifische Fallgestaltungen dieser Vorschrift speziell für das Leasinggeschäft werden in den sog. Leasingerlassen der Finanzverwaltung behandelt. Richtungsweisend ist die **Grundsatzentscheidung des Bundesfinanzhofs** v. **26.1.1970**[7] zum **Mobilien-Leasing**. Die Leasingerlasse haben dieses Grundsatzurteil zur Grundlage. Die Leasingerlasse sind Leitlinien. Diese bieten den Leasingvertragsparteien Rechtssicherheit. Ist der konkrete Leasingvertrag daher erlasskonform ausgestaltet, ist für das Finanzamt die Zurechnung des Kfz bei dem Leasinggeber sichergestellt und damit das von den Leasingvertragsparteien regelmäßig angestrebte Ergebnis, dass der Leasingnehmer die Leasingraten bereits im Wirtschaftsjahr ihrer Zahlung als sofort abzugsfähige Betriebsausgaben absetzen kann. Gleichwohl sind die in der Praxis des Leasinggeschäfts verwendeten Vertragsmuster nicht durchweg erlasskonform. Der **Leasinggeber** kann auch bei nicht erlasskonformer Vertragsgestaltung als **rechtlicher** und **wirtschaftlicher Eigentümer** des **Kfz** zu qualifizieren sein, § 39 Abs. 1 Nr. 1 AO. Ihm muss als formellem rechtlichem Eigentümer soviel an materieller Dispositionsmacht über das Kfz verbleiben, dass er auch als wirtschaftlicher Eigentümer des Kfz gewertet werden kann. Insbes. muss er gegen den Leasingnehmer einen auch wirtschaftlich bedeutenden Anspruch auf Herausgabe des Kfz gemäß § 985 BGB haben.

---

[6] S. insbes. *Nitsch*, Der Ausschluss des Erwerbsrechts beim Leasing, NZV 5/2003, 216 ff.; *Müller – Sarnowski*, Privatautoleasing nach der Schuldrechtsreform, eine Bestandsaufnahme, DAR 2002, 485, 490; *AG München*, Urt. v. 30.11.2001, 141 C 27942/01, NZV 5/2003, 243 f.

[7] IV R 144/66, BStBl II 1970, 264.

Entscheidend ist, wem am Ende der Grundmietzeit der zu diesem Zeitpunkt im Leasinggut verkörperte wirtschaftliche Wert zufließt. Das rechtliche und wirtschaftliche Eigentum ist beim Mobilienleasing dem Leasinggeber dann zuzurechnen, wenn er nach der Vertragsgestaltung die **Chance der Wertsteigerung** noch in einem wirtschaftlich fallenden Umfang nach Ende der Grundmietzeit nutzen kann.[8] 12

Vor diesem Hintergrund ist auch die **Festlegung** der **Grundmietzeit** in den **Leasingerlassen** auf **40 % bzw. 90 % der betriebsgewöhnlichen Nutzungsdauer** zu verstehen. In den nachfolgend aufgeführten Fällen ist nämlich nach dem Inhalt der Leasingerlasse nicht sichergestellt, dass die steuerliche Zurechnung des Kfz bei dem Leasinggeber erfolgt. Wird die volle Amortisation der Kosten des Leasinggebers unterhalb der Grenze von 40% erreicht, ist der Leasingvertrag als Abzahlungskauf zu werten. Liegt hingegen die Mietdauer über 90% der betriebsgewöhnlichen Nutzungsdauer, ist der Herausgabeanspruch des Leasinggebers als wirtschaftlich bedeutungslos einzustufen. Diese in den Leasingerlassen niedergelegte 40%-Grenze für die Mindestvertragszeit des Vollamortisationsvertrags ist hingegen bei dem im Kfz-Leasing gängigen Vertragsmodell des Teilamortisationsvertrags nicht unbedingt erforderlich. Bei dem Ansatz eines realistischen Restwerts als künftigem Gebrauchtwagenerlös können nämlich übermäßig hohe Betriebsausgaben entstehen. Diese können nicht künstlich durch den Ansatz der 40%-Grenze verhindert werden. Die 40%-Grenze ist zwar in dem Teilamortisationserlass erwähnt, jedoch nur deshalb, weil der damalige Deutsche Leasing-Verband die dort erwähnten Vertragsmodelle unter der Prämisse der Laufzeit von Vollamortisationsverträgen nachgefragt hatte. Speziell bei dem Kfz-Leasing erfolgt die Zurechnung bei dem Leasinggeber, wenn eine Laufzeit von mindestens 24 Monaten und 54 Monaten nicht überschritten werden. Die Entscheidung über die Zurechnungsfrage trifft das für den Leasinggeber zuständige Finanzamt. 13

Wichtige Begriffspaare, die das ganze Leasingrecht durchziehen und von 14
grundlegender Bedeutung sind, sind die folgenden: **Vollamortisationsvertrag** (Full-pay-out-Vertrag)/**Teilamortisationsvertrag** (Non-full-pay-out-Vertrag) sowie **Finanzierungsleasing** (Financial Lease) und **Operating Leasing** (Operate Lease). Die Definition und Bedeutung dieser Begriffe werden oft bei ihrer Erwähnung in Rechtsprechung und Literatur als bekannt vorausgesetzt, obgleich diese Begriffe sich weder aus sich selbst erklären noch identisch verwandt werden. Im **Kfz-Leasinggeschäft** sind Teilamortisationsverträge **vorherrrschend**.

Das Begriffspaar **Vollamortisationsvertrag/Teilamortisationsvertrag** ver- 15
dankt seine Existenz der Finanzverwaltung. Der Bundesminister der Finanzen hat in den Jahren 1971 und 1975 zwei Schreiben betreffend die ertragsteuerliche Behandlung von Leasing-Verträgen beweglicher Leasinggüter veröffentlicht, die als

[8] *Bordewin/Tonner*, Leasing im Steuerrecht, 28 ff.; *Hastedt/Mellwig*, Leasing. Rechtliche und ökonomische Grundlagen, Heidelberg 1998, 31 ff.; *Küting/Hellen/Brakensiek*, Leasing in der nationalen und internationalen Bilanzierung, BB 28/29/1998, 1465 ff.; *Maus*, Leasing im Handels- und Steuerrecht, Herne/Berlin 1996; *Helmschrott*, Leasinggeschäfte in der Handels- und Steuerbilanz, Wiesbaden 1997; *v. Westphalen*, Der Leasingvertrag, Rdn. 26 ff. Vgl. auch den Wortlaut des im Anhang abgedruckten Teilamortisationserlasses v. 22.12.1975, IV B 2 – S 2170–161/75, BB 2/1976, 72 ff.

sog. Vollamortisationserlass bzw. Teilamortisationserlass in die Literatur eingegangen sind. Die **Definition** für Vollamortisations-Leasing lässt sich aus diesem Schreiben wie folgt gewinnen: **Vollamortisations-Leasing** liegt vor, wenn der Leasingnehmer mit den in der unkündbaren Grundmietzeit zu entrichtenden Leasingraten mindestens die Anschaffungs- bzw. Herstellungskosten sowie alle Nebenkosten einschließlich der Finanzierungskosten des Leasinggebers abdeckt. Der **Teilamortisations-Leasing-Vertrag** hingegen hat seinen Namen deshalb erhalten, weil die Anschaffungs- bzw. Herstellungskosten des Leasinggebers sowie seine Nebenkosten einschließlich seiner Finanzierungskosten in der Grundmietzeit durch die gezahlten Leasingraten des Leasingnehmers nur zum Teil abgedeckt werden. Die Bezeichnung ist insofern irreführend, als auch der Teilamortisationsvertrag auf die volle Amortisation des für die Anschaffung des Leasingguts (Kfz) angesetzten Investments ausgerichtet ist. Die Besonderheit besteht hier jedoch darin, dass die Amortisation durch den Verkauf des Leasingguts am Vertragsende und evtl. durch die Abschlusszahlung schließlich realisiert wird, sofern der vertraglich festgesetzte Restwert durch den Verkauf des Leasingguts nicht erreicht wird. Die Vollamortisation wird also bei dem Teilamortisations-Leasingvertrag durch die Leasingraten und die Verwertung des Leasingguts erreicht. Hinzu kommt die Einstandspflicht des Leasingnehmers für die Vollamortisation, falls der kalkulierte Restwert nicht erzielt wird.

16 Hinsichtlich des Begriffspaars **Finanzierungs-Leasing/Operating-Leasing** gilt folgendes:

Der **Begriff Finanzierungs-Leasing** wird sowohl in den beiden vorerwähnten Mobilien-Leasing-Erlassen erwähnt und zwar eindeutig in dem Sinne von Vollamortisations-Leasing, als auch in der Regelung des **§ 500 BGB** bzw. in der Zeit vor Inkrafttreten des Schuldrechtsmodernisierungsgesetzes in der Regelung des § 3 Abs. 2 Nr. 1 VerbrKrG. Vorbezeichnete Regelungen geben keine Legaldefinition, sondern gehen offensichtlich von einem gefestigten Begriffsverständnis aus, wobei vieles dafür spricht, dass der Gesetzgeber hinsichtlich des Begriffsverständnisses auf die Rechtsprechung des BGH zurückgreifen wollte oder aber der Rechtsprechung Spielraum für eine Auslegung im Einzelfall geben wollte. Damit ist zunächst klar zu stellen, dass der Begriff Finanzierungs-Leasing im steuerrechtlichen und im zivilrechtlichen Sinn differiert. Zivilrechtlich ist bei dem Finanzierungs-Leasing von einem Vertrag auszugehen, bei dem der Leasinggeber als Ersatzinvestor ein Wirtschaftsgut anstelle des Leasingnehmers auf dessen Wunsch hin von einem Lieferanten/Hersteller käuflich erwirbt, um es dem Leasingnehmer entsprechend der Gebrauchsüberlassungs- und Finanzierungsfunktion des Leasings gegen ein Nutzungsentgelt, das auf der Grundlage der Anschaffungkosten ermittelt wurde, zeitlich begrenzt zur Nutzung zu überlassen. Unbeachtlich für die Einstufung als Finanzierungs-Leasing im zivilrechtlichen Sinne ist dagegen die Frage, wodurch die Amortisation des Investments bei dem Leasinggeber wieder eintritt. Damit umfasst der **zivilrechtliche Finanzierungs-Leasing-Begriff** sowohl **Voll- als auch Teilamortisationsverträge**. Auch die Frage, wer für den angesetzten Restwert am Vertragsende bei einem Teilamortisationsvertrag zu haften hat, ist nach Auffassung des Bundesgerichtshofs nicht für die Begriffsbestimmung des Finanzierungs-Leasings i.S.d. des vormaligen Verbraucherkreditgesetzes entscheidend. Das Gegenstück zum Finanzierungs-Leasing-Vertrag, der Operating-Leasing-Vertrag, ist nach Auffassung des Bundsgerichtshofs dadurch gekennzeichnet, dass die Vollamortisation des Anschaffungsaufwands nicht bereits durch den ersten Leasingnehmer, sondern nach Beendigung des mit diesem geschlossenen Vertrags durch weitere Überlassungen an einen zweiten oder noch mehrere Vertragspartner erreicht werden soll.

Ob darüber hinaus noch weitere Merkmale erfüllt sein müssen, wie z.B. die jederzeitige Kündbarkeit des Vertrags, kann dahinstehen. In dem Bereich des Kfz-Leasings kommen Operating-Leasing-Verträge nicht vor. Man könnte allenfalls bei den Verträgen der Vermietungsbranche (Rentgeschäft) wesenstypisch von Operating-Leasing-Verträgen sprechen, sofern diese eine längere Vertragsdauer aufweisen.[9]

17 Für das Leasinggeschäft als Finanzierung einer Fremdinvestition einschl. der entsprechend geschuldeten vollen Amortisation der Aufwendungen des Leasinggebers ist schließlich die sorgfältige **Kalkulation** des **Leasingentgelts** von erheblicher Bedeutung, dessen Bestandteile dem interessierten Kunden nicht ohne weiteres geläufig sein dürften und welche daher im nachfolgenden in den Grundzugen erlautert werden.[10]

Typischerweise gestaltet sich die Kalkulation derart, dass die Anschaffungskosten des Kfz, die Kosten der Refinanzierung, der Vertragsanbahnung, der Vertragsbearbeitung und der Vertragsverwaltung sowie eine angemessene Risiko- und Gewinnmarge durch die planmäßigen Zahlungen des Leasingnehmers während der Leasingzeit an den Leasinggeber zurückfließen. Die Kalkulation des Leasinggebers beginnt mit der Ermittlung der dem Leasingvertrag zugrundeliegenden Kosten. Die **Leasingraten**, **Haupteinnahmequelle der Leasinggesellschaften,** weisen sodann entsprechend die vorgenannten Bestandteile auf: Amortisation und Verzinsung des eingesetzten Kapitals, Marge zur Abdeckung von Kosten, insbes. Verwaltungkosten sowie Marge zur Abdeckung des Risikos und eine Gewinnmarge. Die **Kalkulation** des **Leasingvertrags** bzw. deren Preisen, des Leasingentgelts, ist **wichtiger Bestandteil** einer **erfolgreichen Preispolitik** der jeweiligen Leasinggeber sowie auch ein wichtiger Faktor, um langfristig dem Wettbewerb standzuhalten. Wie auf dem Leasingmarkt allgemein herrscht auch in der Branche des Kfz-Leasinggeschäfts ein zunehmend starker Wettbewerb. Hierdurch sind die Spielräume bei der Preispolitik für das Standardgeschäft eng geworden. Die Leasing-Konditionen werden sowohl an den Konkurrenzangeboten ausgerichtet als auch an den eigenen Kosten- und Risikostrukturen. Die Leasinggeber richten hierbei verstärkt das Augenmerk auf das Bonitätsrisiko, sowohl bei der Kalkulation als auch bei der Bonitätsprüfung des Leasingnehmers, wobei sich der Leasinggeber grds. nicht auf einen Leasingnehmer mit zweifelhafter Bonität einzulassen braucht. Nebenziel einer Kalkulation ist insbes. auch, eine langfristige Erfolgssicherung und Kontrolle der Wirtschaft-

[9] S. zur weiteren Information über das Operatingleasing *Reinking/Eggert*, Der Autokauf, Rdn. 743; *Reinking*, Autoleasing, 22.

[10] Vgl. zu den betriebswirtschaftlichen Aspekten des Kfz-Leasings insb. *Kroll/Schaub*, Betriebswirtschaftliche Problemkomplexe des Leasings, in: *Büschgen* (Hrsg.), Praxishandbuch Leasing, §§ 37, 38.

lichkeit bei gleichzeitig möglichst optimaler Risikostruktur und Risikobegrenzung zu erreichen.

18 Insbes. der **kalkulierte Restwert** spielt bei den Teilamortisationsverträgen eine wichtige Rolle bei der Kalkulation. Dieser beeinflusst wesentlich die Höhe der Leasingraten. Als Grundsatz gilt, dass niedrigere Leasingraten einen höheren Restwert bedingen und umgekehrt. Die Leasingvertragsparteien können hier entsprechend ihrer Interessenlage unterschiedliche Vereinbarungen treffen. Durch die Sonderzahlung wird insbesondere die Risikostruktur des Leasingvertrags im Sinne einer Risikoreduzierung beeinflusst.

19 Im einzelnen berücksichtigt der Leasinggeber im Rahmen der Kalkulation regelmäßig die nachfolgenden **Kostenelemente**. Den größten Kostenblock eines jeden Leasingvertrags bildet die **Wertminderung des Kfz**. Der Leasingnehmer schuldet aufgrund der leasingtypischen Amortisation regelmäßig Ausgleich der Wertminderung. Bei dem in dem Kfz-Leasing gängigen Typus des Teilamortisationsvertrags ergibt sich die Wertminderung aus der Differenz zwischen Anschaffungkosten und kalkuliertem Restwert des Kfz, welche während der Vertragslaufzeit eintritt. Die Restamortisation erfolgt bei Vertragsende.[11] Nach der Wertminderung des Kfz bilden die **Refinanzierungskosten des Leasingvertrags** den zweitwichtigsten Kostenblock im Rahmen der Kalkulation des Leasinggebers. Die Refinanzierungskosten können dem einzelnen Leasingvertrag nicht spezifisch zugeordnet werden, da sich der Leasinggeber nicht objektbezogen, sondern in großen Tranchen refinanziert. Hier sind im wesentlichen die Zinskosten in ihrer unterschiedlichen Struktur und Höhe und evtl. Nebenkosten anzusetzen wie auch weitere Kosten, welche für den Leasinggeber aufgrund des Refinanzierungsgeschäfts anfallen, bedingt z.B. durch Anbahnung und Verwaltung des Refinanzierungsgeschäfts. Die Refinanzierungskosten werden sodann entsprechend ihrem zeitlichem Anfall über die Leasingraten amortisiert.[12] Unter die **Vertriebs- und Verwaltungskosten** fallen die Sachkosten und die Personalkosten. Diese Kosten unterliegen unter Berücksichtigung ihrer Notwendigkeit in gewissem Umfang auch weitgehend dem Bereich der Beeinflussung durch den Leasinggeber. Zu den Vertriebskosten sind zum einen insbes. die Kosten des Außendienstes zu zählen. Diese werden auch von der Art des gewählten Vertriebswegs bestimmt, welcher sich wiederum nach der Produkt- und Kundenstruktur richtet und durch welchen Qualitäts- und Kostenstrukturen für einen längeren Zeitraum festgelegt werden. Zum anderen zählen zu den Vertriebskosten u.a. auch die Kosten der Bonitätsprüfung und die des Marketings.[13] Zu den Verwaltungskosten zählen hingegen Kosten, die z.B. die Terminüberwachung und das Mahnwesen während der Leasingzeit betreffen, ferner die Verwaltung von Sicherheiten des Leasingnehmers sowie auch die Vertragsänderungen und Vertragsablösungen. Auch die Verwaltungskosten bilden einen wichtigen Faktor im Rahmen der Kalkulation. Dies nicht zuletzt deswegen, weil beispielsweise gestiegene Löhne die Personalkosten beeinflussen und in Zeiten schlech-

[11] *ders.*, § 37 Rdn. 12ff.
[12] *ders.*, § 37 Rdn. 14, 16.
[13] *ders.*, § 37 Rdn. 17f.

ter Konjunktur die Verwaltungskosten angesichts des erhöhten Mahnwesens, Vertragsänderungen, Zahlungsaussetzungen, Rücklastschriften etc. einen größeren Umfang bei den Gesamtkosten einnehmen.[14]

Für eine konkrete Kalkulation ist zunächst zu berücksichtigen, dass sich, wie vorerwähnt, Ansätze zur Preisfindung in der Literatur lediglich in abstrakten Vorschlägen für Vergleichsrechnungen finden. Da gerade bei dem in dem Kfz-Leasinggeschäft gängigen Modell des Teilamortisationsvertrags zur Erreichung der Vollamortisation neben den Leasingraten weitere von dem Leasingnehmer zu leistende Zahlungen (z.B. Sonderzahlung bei Vertragsbeginn oder der Restamortisation dienende Zahlungen bei Vertragsschluss) hinzutreten, ist ein **spezielles Kalkulationsschema** für das **Leasingunternehmen** zur **betriebswirtschaftlichen Preisfindung** notwendig, das eventuell auch auf unternehmensspezifische Besonderheiten Rücksicht nehmen muss. Hierzu hat sich das nachfolgend aufgeführte Schema durchgesetzt. Unter Berücksichtigung unternehmensspezifischer Gegebenheiten mag es in einzelnen Teilen bei den jeweiligen Unternehmen in abgewandelter Weise Anwendung finden. Das Kalkulationsschema orientiert sich sehr stark an dem Finanzierungscharakter des Leasingvertrags und dem Aspekt des Massengeschäfts. Da es sich bei dem Kfz-Leasing um ein ausgesprochenes Massengeschäft mit nahezu standardisierten Finanzierungsvorgängen handelt, ist allein schon aus abwicklungstechnischen Gründen bei der Vertragsanbahnung eine standardisierte Durchführung der Kalkulation für einen Einzelvertrag notwendig. Vom Prinzip her ähnelt die Kalkulation sehr stark der des Ratenkredits. 20

Voraussetzung für die Kalkulation des Einzelvertrags ist daher vorab die allgemeine Festlegung des internen Kalkulationszinsfußes, auch **Vertragszins** genannt. Der Vertragszins wird bei der Kalkulation des einzelnen Leasingvertrags verwendet. Der Vertragszins umfasst sämtliche Gemeinkosten des Leasingunternehmens, eine kalkulatorische Position für die Risikovorsorge und einen kalkulierten Gewinnansatz. Zu den Gemeinkosten gehören alle diejenigen Kosten des Leasingunternehmens, die dem jeweiligen Einzelvertrag nicht unmittelbar zugerechnet werden können, wie z.B. die Personalkosten im Zusammenhang mit dem Erwerb des Kfz, welche Beschaffungsnebenkosten darstellen. Gemeinkosten umfassen daher sämtliche Verwaltungskosten, die mit der Vertragsanbahnung, der Bestandsverwaltung und dem Vertragsende zusammenhängen. Sofern das Leasingunternehmen das einzelne Kfz nicht objektbezogen refinanziert, werden auch die Refinanzierungskosten zu den Gemeinkosten zu rechnen sein und in den Kalkulations- bzw. Vertragszinsfuß einfließen. Hat beispielsweise das Controlling des Leasingunternehmens ermittelt, dass zur laufenden Abdeckung der allgemeinen Verwaltungskosten 1% Verzinsung auf das laufend in die Fahrzeuge investierte Kapital notwendig ist, wird man für den festzulegenden Kalkulationszinsfuß als ersten Baustein 1% festlegen. 21

Anschließend werden die **Refinanzierungsaufwendungen**, die durchschnittlich monatlich anfallen, analysiert. Hierbei wird der durchschnittliche Refinanzierungszinsfuß für das in die Fahrzeuge investierte Kapital unter Berücksichtigung der aktuellen Kapitalmarktentwicklungen ermittelt. Für das vorliegende Beispiel 22

[14] *ders.*, § 37 Rdn. 19.

soll er 4% betragen. Dieser durchschnittliche Zinssatz wird sodann als zweiter Baustein zu den 1% addiert. Sodann wird man den **Risikozuschlag** festlegen. Dieser ist unter Berücksichtigung bisheriger Unternehmenserfahrungen zu ermitteln. Es ist zu schätzen, mit welchem Kundenkreis man zukünftig Leasingverträge unter welchen Absicherungen abschließen will und welches Ausfallrisiko aufgrund bisheriger Erfahrungen zu erwarten ist. Sodann wird man den Risikozuschlag in einer bestimmten Prozenthöhe festlegen (beispielsweise 0,5%). Dieser dritte Baustein wird auf die vorgenannten addiert. Letztendlich ist der **Gewinn** zu kalkulieren und als vierter Baustein zu addieren. Hier hat sich das Unternehmen an der Konkurrenzsituation des Markts zu orientieren. Als Beispiel soll zur Verdeutlichung der vorstehenden Ausführungen ein interner Kalkulationszinsfuß (Vertragszins) für die zu kalkulierenden Einzelverträge von 6% angenommen werden, der sich aus 1% Verwaltungsgemeinkosten, 4% Refinanzierungskosten, 0,5% Risikoausfall und 0,5% Gewinn zusammensetzt.[15] Die beschriebene allgemeine Kalkulation des Unternehmens, die zu dem Vertragszinsfuß führt, ist überhaupt erst die Voraussetzung, um im Massengeschäft während des Anbahnungsgesprächs mit dem zukünftigen Leasingnehmer einen einzelnen Kfz-Leasingvertrag kalkulieren zu können. Die Kalkulation des einzelnen Kfz-Leasingvertrags ist, wenn der Vertragskalkulationszinsfuß feststeht, sofort möglich, weil die anderen Kalkulationsgrößen ohne großen Aufwand für den einzelnen Kfz-Leasingvertrag umgehend festgelegt werden können oder feststehen.

23 Bei der Kalkulation einer Leasingrate für einen Kfz-Leasingvertrag auf Basis Teilamortisation benötigt man **vier Kalkulationsgrößen**. Sofern noch eine Sonderzahlung vereinbart wird, sind es fünf. Es handelt sich dabei um die **Anschaffungskosten**, die **Vertragsdauer,** den **kalkulierten Restwert** für den Zeitpunkt des vereinbarten Vertragsablaufs und den **kalkulierten Vertragszins**. Im Rahmen der Kalkulation der Leasingrate soll bewirkt werden, dass die kalkulierte Wertminderung (Amortisation) zwischen Anschaffungskosten und dem kalkulierten Restwert in der monatlichen Leasingrate enthalten ist. Des weiteren soll jeweils monatlich das eingesetzte und durch die ratenweise gezahlten Leasingraten noch nicht amortisierte Kapital, das in dem noch nicht zurückgeflossenen Teil der Anschaffungskosten gebunden ist, laufend mit dem internen Vertragszinsfuß verzinst werden. Würde man bei der Kalkulation den Amortisationsblock durch die Zahl der Vertragsmonate dividieren und das Ergebnis (monatliche Amortisation) jeweils von den Anschaffungskosten bzw. dem jeweiligen dann noch monatlich verbliebenen Rest abziehen und verzinsen, hätte man als Folge davon sich monatlich verändernde Leasingraten, deren Höhe jeweils abnähme. Die **Annuitätsrechnung**, die man bei der Kalkulation verwendet, führt nun dazu, dass eine monatlich gleich bleibende Rate kalkuliert werden kann und der gewünschte Effekt, der in der Amortisation und in der Verzinsung besteht, gewährleistet ist.

An dem nachfolgendem **Beispiel** lässt sich dies zahlenmäßig verdeutlichen: Anschaffungskosten EUR 40.000.-/Kalkulierter Restwert EUR 20.000.-/Vertragszeit 36 Monate/Vertragszins 6% p.a.

[15] Die gewählten Zahlen sollen nur das Prinzip der Kalkulation verdeutlichen. Diese lassen keine Rückschlüsse auf Kalkulationsgrößen bestimmter Leasingunternehmen zu.

Die verwendete Annuitätsformel soll z.B. wie folgt lauten:

$$r = \frac{A \times q^n \times (q-1)}{(q^n - 1)} - R \times \frac{(q-1)}{(q^n - 1)}$$

dabei ist zu berücksichtigen:

$$i = \sqrt[3]{1 + \frac{j}{4}} - 1$$

Erklärung:

r = Leasingraten
A = Anschaffungskosten
R = kalkulierter Restwert
n = Vertragslaufzeit in Monaten
j = Jahreszins/kalkulatorischer Zinsfuß
i = kalkulatorischer Zins pro Monat
q = 1 + i

Aus nachfolgender **Tabelle 1**, die auf der Grundlage von Microsoft Excel erstellt wurde und die genannte Formel und die genannten Beispielsdaten berücksichtigt, ergibt sich daher der nachfolgend dargestellte Amortisationsverlauf.

Wird bei der Kalkulation noch eine bei Vertragsbeginn von dem Leasingnehmer zu leistende Sonderzahlung vereinbart bzw. kalkuliert, die wir in dem vorliegenden Fall mit beispielsweise EUR 5.000,00 unterstellen, ergibt sich ein nachfolgender Annuitätsverlauf gemäß **Tabelle 2**.

Tabelle 1

M	Anfangskapital	Zinsanteil	Tilgungsanteil	Leasing-Rate	Endkapital
1	40.000,00	199,01	508,67	707,67	39.491,33
2	39.491,33	196,48	511,20	707,67	38.980,14
3	38.980,14	193,93	513,74	707,67	38.466,40
4	38.466,40	191,38	516,30	707,67	37.950,11
5	37.960,11	188,81	518,86	707,67	37.431,24
6	37.431,24	186,23	521,45	707,67	36.909,80
7	36.909,80	183,63	524,04	707,67	36.385,76
8	36.385,75	181,03	526,65	707,67	35.859,11
9	35.859,11	178,41	529,27	707,67	35.329,84
10	35.329,84	175,77	531,90	707,67	34.797,94
11	34.797,94	173,13	534,55	707,67	34.263,40
12	34.263,40	170,47	537,21	707,67	33.726,19
13	33.726,19	167,79	539,88	707,67	33.186,31
14	33.186,31	165,11	542,56	707,67	32.643,75
15	32.643,75	162,41	545,26	707,67	32.098,48
16	32.099,48	159,70	547,98	707,67	31.550,51
17	31.550,51	156,97	550,70	707,67	30.999,80
18	30.999,80	154,23	553,44	707,67	30.446,36
19	30.446,36	151,48	556,20	707,67	29.890,17
20	29.590,17	148,71	558,96	707,67	29.331,20
21	29.331,20	145,93	561,74	707,67	28.769,46
22	28.769,46	143,13	564,54	707,67	28.204,92
23	28.204,92	140,33	567,35	707,67	27.537,57

Tabelle 1 Fortsetzung					
M	Anfangskapital	Zinsanteil	Tilgungsanteil	Leasing-Rate	Endkapital
24	27.637,57	137,50	570,17	707,67	27.067,40
25	27.067,40	134,67	573,01	707,67	26.494,39
26	26.494,39	131,82	575,86	707,67	25.918,53
27	26.918,53	128,95	578,72	707,67	25.339,81
28	25.339,81	126,07	581,60	707,67	24.758,21
29	24.758,21	123,18	584,50	707,67	24.173,71
30	24.173,71	120,27	587,40	707,67	23.586,31
31	23.586,31	117,35	590,33	707,67	22.995,98
32	22.995,98	114,41	593,26	707,67	22.402,72
33	22.402,72	111,46	696,22	707,67	21.806,50
34	21.605,50	108,49	599,18	707,67	21.207,32
35	21.207,32	105,51	602,16	707,67	20.605,16
36	20.605,16	102,51	605,16	707,67	20.000,00
37	20.000,00	0,00	0,00	0,00	20.000,00

Tabelle 2					
M	Anfangskapital	Zinsanteil	Tilgungsanteil	Leasing-Rate	Endkapital
1	35,000,00	174,13	381,50	555,63	34.618,50
2	34.618,50	172,23	383,40	555,63	34.235,10
3	34.235,10	170,33	385,30	555,63	33.849,80
4	33.849,80	168,41	387,22	556,63	33.462,58
5	33.462,58	166,48	389,15	555,63	33.073,43
6	33.073,43	164,55	391,08	555,63	32.682,35
7	32.682,35	162,60	393,03	555,63	32.289,32
8	32.289,32	160,65	394,98	555,63	31.894,33
9	31.894,33	158,68	396,95	555,63	31.497,38
10	31.497,38	156,71	398,93	555,63	31.098,46
11	31.098,46	154,72	400,91	555,63	30.697,55
12	30.697,55	152,73	402,90	555,63	30.294,64
13	30.294,64	150,72	404,91	555,63	29.869,73
14	29.889,73	148,71	406,92	555,63	29.482,81
15	29.482,81	146,68	408,95	555,63	29.073,86
16	29.073,86	144,65	410,98	555,63	28.662,88
17	28.662,68	142,60	413,03	555,63	28.249,85
18	28.249,85	140,55	415,06	555,63	27.834,77
19	27.634,77	138,48	417,15	555,63	27.417,62
20	27.417,62	136,41	419,22	566,63	26.998,40
21	26.998,40	134,32	421,31	555,63	26.577,09
22	26.577,09	132,23	423,40	555,63	26.153,69
23	26.153,69	130,12	425,51	555,63	25.728,18
24	25.728,18	128,00	427,63	555,63	25.300,55
25	25.300,55	125,88	429,76	555,63	24.870,79
26	24.670,79	123,74	431,89	555,63	24.438,90
27	24.438,90	121,59	434,04	555,63	24.004,86
28	24.004,86	119,43	436,20	555,63	23.568,66
29	23.568,66	117,26	438,37	555,63	23.130,28
30	23.130,28	115,08	440,55	555,63	22.689,73
31	22.689,73	112,89	442,74	555,63	22.246,99
32	22.246,99	110,68	444,95	565,63	21.802,04
33	21.802,04	108,47	447,16	555,63	21.354,88
34	21.354,88	106,24	449,39	555,63	20.905,49
35	20.905,49	104,01	451,62	555,63	20.453,87
36	20.453,87	101,76	453,67	555,63	20.000,00
37	20.000,00	0,00	0,00	0,00	20.000,00

Der **jeweils unterschiedliche Annuitätsverlauf** zeigt, dass man mit einer Veränderung der jeweiligen Kalkulationsgrößen die Höhe der Leasingrate stark beeinflussen kann. Insbesondere gilt dies, wenn man die Anschaffungskosten vermindert oder aber wenn man den Restwert, der kalkulatorisch anzusetzen ist, nach oben hin verändert. Gravierend wird die Höhe der Leasingrate ebenfalls beeinflusst, wenn man die Vertragsdauer erheblich verlängert oder verkürzt. Weniger beeinflussend ist die Veränderung des kalkulierten Vertragszinses.Die Kalkulation zeigt den Finanzierungscharakter eines Kfz-Leasingvertrags. Für irgendwelche mietrechtlichen Verpflichtungen bestehen betriebswirtschaftlich keine Kalkulationsansätze. Würde man zum Vergleich die Kalkulation eines normalen Kfz-Mietvertrags, wie sie im sog. Rent-Geschäft (Kfz-Kurzzeitmiete) üblich ist, heranziehen, fände man dort für mietrechtliche Verpflichtungen Kalkulationsansätze. Die dargelegte Kalkulation bezieht sich nur auf die **reine Finanzierungs-Leasingrate**. Ist in den Kfz-Leasingvertrag noch ein Dienstleistungsumfang eingeschlossen, müssen zusätzliche Monatsbeträge errechnet werden, die zu der reinen Finanzierungs-Leasingrate addiert werden. Diese ergeben dann die monatliche Gesamt-Leasingrate. Die Kalkulation dieser Dienstleistungspositionen ist aber sehr unterschiedlich und beruht größtenteils auf unternehmensspezifischen Gegebenheiten. Eine historische Besonderheit ist der Aspekt, dass die Leasinggeber in der Gründungszeit des Kfz-Leasings den betriebswirtschaftlichen Amortisationsverlauf benutzten, um bei einer vorzeitigen Beendigung des Leasingvertrags die auf Vollamortisation gerichtete sog. Abschlusszahlung zu ermitteln. Dies geschah in der Weise, dass man in der Tabelle in dem Monat, in welchem der Leasingvertrag vorzeitig endete, das jeweils noch nicht amortisierte „Endkapital" ermittelte. Davon wurde der durch Veräußerung des zurückgegebenen Kfz erzielte Gebrauchtwagenerlös abgezogen. Dies ergab dann die sog. Abschlusszahlung. Der Bundesgerichtshof hat eine derartige Ermittlung des Vollamortisationsanspruchs infolge einer vorzeitigen Beendigung des Leasingvertrags aber verworfen, wenngleich sie auch betriebswirtschaftlich die exakteste Methode zur Errechnung eines derartigen Anspruchs wäre.[16]

B. Abgrenzung des Kfz-Leasings zum Kfz-Kauf

Die **Investitionsentscheidung** des **Kunden** für ein Kfz und die Wahl der 24
individuell vorteilhaftesten Finanzierungsform geht dem Leasinggeschäft voran. Investitions- und Finanzierungsentscheidung hängen unmittelbar miteinander zusammen.[17] Es empfiehlt sich, dass der Kunde bei den einzelnen Anbietern, den herstellergebundenen und den freien Leasingfirmen, Vergleichsangebote einholt und diese ggf. mit Kreditangeboten vergleicht. Gewöhnlich sieht sich der Kunde im Rahmen der Beratung geschulten Verkaufsberatern gegenüber, für welche der Einsatz von EDV zur Ermittlung der für den Kunden individuell günstigsten

[16] *BGH*, Urt. v. 22.1.1986, VIII ZR 318/84, BB 11/1986, 693 ff.

[17] *Büschgen*, Die Leasingentscheidung des Leasingnehmers, in: *Büschgen* (*Hrsg.*), Praxishandbuch Leasing, § 38 Rdn. 5 ff.

Lösung selbstverständlich ist. Hierbei ist u.a. der Leasingfaktor, d.h. die Leasingrate in Prozent des Neuanschaffungspreises, für den Kunden aufschlussreich. Ein Vergleich der unterschiedlichen Angebote bedingt, dass die Angebote sich in dem wesentlichen Vertragsinhalt wie z.B. Vertragsform, Laufzeit und Höhe der Sonderzahlung gleichen. Es ist zweckmäßig, sich nach im Vergleich zu anderen Kreditinstituten günstigeren Kreditkonditionen bei speziellen Kreditbanken der Fahrzeughersteller, den Autobanken, zu erkundigen. Die angestrebte Kfz-Nutzung kann der Kunde neben Leasing auch durch Barkauf mit Eigenmitteln oder durch finanzierten Kauf bei der Hausbank oder bei den herstellereigenen Finanzinstituten, den Autobanken, d.h. mit Fremdmitteln, erreichen. Hier tritt im Vergleich zu der bloßen Nutzung des Kfz der zu Beginn des Vertrags vereinbarte Eigentumserwerb des Kfz hinzu. Kauf mit Eigenmitteln und Kauf mit Fremdmitteln können auch miteinander kombiniert werden.

25 **Kfz-Leasing** hat sich im Laufe der Jahre als eine **bedeutende Finanzierungsalternative** des **Kfz-Handels** für die von dem Leasingnehmer gewünschte Kfz-Nutzung bzw. Investitionsfinanzierung im Vergleich zu den klassischen Finanzierungsformen etabliert und nimmt eine gewichtige Stelle in dem Kfz-Geschäft ein. Mit der zunehmenden Verbreitung des Kfz-Leasings wurde auch zu einem Teil die klassische Kreditfinanzierung zurückgedrängt. Insbes. das vorrangige Interesse des Kunden an der bloßen Nutzung des Kfz und nicht auch an dessen Eigentumserwerb waren entscheidend. Kfz-Leasing wird vorwiegend in der Form von markengebundenen, herstellereigenen Leasinggesellschaften betrieben und ist für diese auch Absatzinstrument. Zudem betreiben herstellerunabhängige Leasinggeber, oft in Verbindung mit großen Kreditinstituten, Kfz-Leasing.

26 Die **Angebotspalette** des Kfz-Handels umfasst **Leasing**, **Barkauf** und **finanzierten Kauf**, so dass insofern kein Wettbewerb bzgl. der einzelnen Finanzierungsalternativen gegeben ist. Die Finanzierungsinstitute der Kfz-Hersteller bieten die entsprechenden Finanzierungen an. Ein **Vergleich** zwischen den **einzelnen Finanzierungsalternativen** lässt sich ungeachtet der grundsätzlichen Vor- und Nachteile jeder Alternative sinnvollerweise nur für den Einzelfall anstellen.[18] Die Vergleichbarkeit betrifft vorrangig den wirtschaftlichen Aspekt des Kfz-Leasings. Der Kunde interessiert sich wie bei jeder Finanzierungsentscheidung in erster Linie für den Rentabilitäts- bzw. Kostengesichtspunkt. Im Fall des gewerblichen Leasings ist insbes. der bilanz- und steuerrechtliche Aspekt wichtig. Hierzu angestellte Rechnungen mit dem Ergebnis, dass Leasing im Vergleich zum Kauf bzw. zum finanzierten Kauf oft die teuerste Finanzierungsvariante der Nutzung des Kfz ist, sind nicht allgemein aussagekräftig. Es bedarf der Prüfung im Einzelfall. Von zunehmender Bedeutung auch für die Entscheidung zwischen den einzelnen Finanzierungsvarianten ist der im Kfz-Leasing weitreichende Dienstleistungsanteil bei dem Leasinggeschäft, der in den von dem Leasinggeber angebotenen flankierenden Dienst- und Serviceleistungen besteht, welche neben die Hauptpverpflichtungen des Leasinggebers, nämlich die der Finanzierung und der Gebrauchsüberlassung treten.

[18] *Hinterberger*, Kaufen oder Leasen? Der Versuch eines Vorteilhaftigkeitsvergleichs, NotBZ 1997, 129; *Böttcher*, Darstellung und Würdigung von quantitativen Vergleichen zwischen Leasing und konventioneller Finanzierung, BB Beil. 1994, 69.

27 Im Rahmen eines **Vorteilhaftigkeitsvergleichs** werden gewöhnlich Leasing und Kreditfinanzierung gegenübergestellt. Leasing wird als inzwischen etablierte kombinierte produkt- und zeitgerechte Investitions- und Finanzierungsalternative mit speziellen rechtlichen Auswirkungen vorrangig steuerrechtlicher Natur insbes. ab dem Jahre 1983 im Kfz-Leasinggeschäft sowohl im gewerblichen Bereich als auch bei dem Privatleasing zusammen mit der klassischen Kreditfinanzierung angeboten. Die Frage nach der Vorteilhaftigkeit des Leasings, insbes. im Vergleich zu anderen Finanzierungsalternativen, ist eine für den potentiellen Leasingnehmer zentrale Frage, welche nicht auf die Leasingbranche des Kfz-Leasings beschränkt ist, sondern sich allgemeinhin für jeden an einer Finanzierungsvariante interessierten Kunden stellt und mit zunehmender Größe und Dauer der Investition sich komplexer darstellt. Hierbei sind die Argumente für und gegen Leasing abgesehen von einigen Besonderheiten im Kfz-Leasinggeschäft die gleichen.

28 Jede Leasingentscheidung ist eine **Einzelfallentscheidung** unter Würdigung der quantitativen und der qualitativen Faktoren. Bei der Vorteilhaftigkeitsanalyse ist eine zahlenmäßige Erfassung der Faktoren in einem Wirtschaftlichsvergleich möglich. Hierzu gibt es zahlreiche Angebote von spezieller Software, d.h. computergestützten Analysen, welche für den Einzelfall die für den potentiellen Leasingnehmer günstigste Finanzierungsalternative ermitteln. Die für das Leasing ins Feld geführten Entscheidungsfaktoren sind vorrangig die folgenden: **geringe Kapitalbindung** und **Liquiditätsschonung**, **Erweiterung** der **Verschuldengrenze**, **Flexibilität**, **kurze Vertragslaufzeiten** und **Rentabilität**. Leasing ist eine, sieht man einmal von der bei Vertragsbeginn ggf. zu leistenden Sonderzahlung ab, **hundertprozentige Fremdfinanzierung**, sog. **Goldene Finanzierungsregel**. Leasing hat sich daher neben den herkömmlichen Finanzierungsalternativen als **„Quasi-100%-Kredit“** etabliert. Die Leasingraten können ferner im gewerblichen Bereich aus den Erträgen finanziert werden, sog. **pay-as-you-earn-Effekt**. Bei seiner Bonitätsprüfung legt der Leasinggeber die gleichen strengen Kriterien an wie ein Kreditinstitut bei der Kreditwürdigkeitsprüfung. Das anfänglich im Kfz-Leasinggeschäft vorgebrachte Argument der Erweiterung der Verschuldensgrenze hat sich im Laufe der Jahre relativiert. Die Verschuldenskapazität lässt sich durch Leasing nur begrenzt ausweiten. Leasing bietet auf der einen Seite für den Leasingnehmer flexiblen Handlungsspielraum aus dem Gesichtspunkt der Schonung der Eigenmittel und der Kreditlinie, andererseits aber auch aus dem Gesichtspunkt, dass flexible Vereinbarungen zwischen den Leasingvertragsparteien möglich sind. Ein Beispiel bilden Sondervereinbarungen im gewerblichen Bereich. Die relativ kurzen Vertragslaufzeiten beim Leasing haben zum einen den Vorteil, dass der Leasingnehmer einen kürzeren Zeitraum als ein Eigentümer an das Kfz gebunden ist. Ferner verringert sich das Investitionsrisiko, womit die Verringerung des Risikos der technischen Veralterung des Kfz verbunden ist. Durch Anschlussverträge ist es dem Leasingnehmer möglich, kein überaltertes, vielmehr jeweils das neueste Modell mit der entsprechend modernsten Technik zu nutzen. Der Rentabilitäts- oder Kostenvergleich der unterschiedlichen Finanzierungsalternativen betrifft in erster Linie den **betriebswirtschaftlichen Aspekt**. Der gewerbliche Kunde hat insbes. die steuer- und bilanzrechtlichen Vorteile des Geschäfts in seine Überlegungen mit

einzubeziehen, welche ein gewichtiges Argument für Leasing ist. Konkret kann sich Leasing gegenüber der Kreditfinanzierung im Einzelfall für den Leasingnehmer als die bessere Alternative erweisen, wenn sich die zu tragende Steuerlast geringer als bei der Kreditfinanzierung erweist. Die Rentabilität der Finanzierungsform Leasing wird daher entscheidend in dem gewerblichen Bereich auch von einem steuerlichen Belastungsvergleich beeinflusst. Gerade der steuerliche Aspekt wird als Hauptargument für die Attraktivität des Finanzierungsinstruments Leasing genannt.[19]

C. Kfz-Leasingvertrag in rechtlicher Einordnung und praktischem Verlauf (Vertragsschluss – Abwicklung – Beendigung)

29 Rechtlich gesehen ist der Kfz-Leasingvertrag wie der gewöhnliche Leasingvertrag auch ein **gegenseitiger Vertrag** i.S.d. **§§ 320 ff. BGB** und ein **Dauerschuldverhältnis** und wird nach der h.M. und höchstrichterlichen Rechtsprechung als **atypischer Mietvertrag** qualifiziert. Der **Kfz-Leasingvertrag** wird nach ständiger gefestigter höchstrichterlicher Rechtsprechung als **atypischer Mietvertrag** gewertet, auf den „in erster Linie" Mietrecht gemäß §§ 535 ff. BGB Anwendung findet. Gemeinsames Merkmal von Miete und Leasing ist die **entgeltliche Gebrauchsüberlassung**.Leasing als Finanzierungsgeschäft ist geprägt durch die Gebrauchsüberlassungs- und die Finanzierungsfunktion. Entsprechend sind die Hauptverpflichtungen der Leasingvertragsparteien: die Hauptverpflichtung des Leasinggebers, nämlich die Gebrauchsüberlassungspflicht sowie die Finanzierungspflicht und die Entgeltpflicht des Leasingnehmers, welche im Gegenseitigkeitsverhältnis stehen. Daher sind die von dem Leasingnehmer zu entrichtenden Leasingraten Entgelt für die Gebrauchsüberlassung und die Finanzierungsleistung zugleich.

30 Ist Leasing mithin für den Hersteller eine Möglichkeit der Absatzförderung, liegen für den Leasingnehmer die Vorteile in dem Komplettangebot des Leasinggebers, bestehend aus Finanzierung, Gebrauchsüberlassung und Dienstleistungen, verkürzt auch bezeichnet „alles aus einer Hand, bzw. **„all-in-Leasing"**.

31 Neben diesen klassischen Funktionen der Gebrauchsüberlassung und Finanzierung hat sich im Verlauf der Entwicklung des Kfz-Leasinggeschäfts wie auch des Leasinggeschäfts allgemein eine dritte Funktion etabliert: die **Dienstleistungskomponente**, auch je nach der differenzierten Servicepalette mit den Begriffen Service-Leasing (Full- oder Teilserviceleasing), Fuhrpark-Leasing oder Flottenleasing gekennzeichnet. Betriebsfremde Leistungen werden ausgelagert – Stichwort outsourcing. Ein wesentlicher Grund für die zunehmende Beliebtheit im privaten, im gewerblichen wie im kommunalen Bereich ist, dass das Serviceleasing mit erheblichen Vorteilen für den Leasingnehmer verbunden ist. So wer-

[19] *Büschgen*, Die Leasingentscheidung des Leasingnehmers, in: *Büschgen* (*Hrsg.*), Praxishandbuch Leasing, § 38 Rdn. 27 ff.

den von dem Leasinggeber bzw. von einem von diesem beauftragten Dritten wie der Händlerwerkstatt u.a. Leistungen wie Übernahme von Wartungen, Reparaturen, Reifenerneuerung sowie Zahlung der Kfz-Steuer und der Kfz-Versicherung angeboten. Bei Großabnehmern, ca. bei über 30 Fahrzeugen, umfasst das Angebot der Leasinggesellschaften im Rahmen des **Fleet Management Systems** eine umfassende individuelle Fuhrparkverwaltung. Der betriebliche Fuhrpark bildet aufgrund des Fahrzeugbetriebs und der Fahrzeugverwertung einen hohen Kostenfaktor. Hierdurch verursacht dieser Verwaltungsaufwand unnötigen Zeitaufwand, der an anderer Stelle sinnvoller eingesetzt werden könnte. Die für die Fahrzeugbeschaffung gebundenen Geldmittel gehen zu Lasten von Kapital und Liquidität. Mit dem fleet management verbundener Vorteil ist es, diese Kosten zu senken und die Leistungsfähigkeit des Fuhrparks zu steigern. Eigene Kontrolle und Analysesysteme des Kunden sind nicht mehr notwendig. Hierbei ist auch die Automarke nicht entscheidend. Bei den sog. Mischflotten finden sich unterschiedliche Automarken. Mit dem outsourcing kann eine Dienstleistung kostengünstiger und effizienter von einem spezialisierten Unternehmen erbracht werden als dies in eigener Regie möglich wäre. Hierdurch ist eine volle Konzentration auf das Kerngeschäft, d.h. auf die originären Unternehmeraufgaben möglich. Speziell im Bereich des Kfz-Leasings bedeutet outsourcing die Auslagerung der Fuhrparkverwaltung eines Unternehmens. Das outsourcing an Leasinggesellschaften ist eine interessante Alternative zur Entlastung der mit dem Fuhrpark im Zusammenhang stehenden Kosten.

Beispiele aus der umfangreichen **Dienstleistungspalette** sind hier u.a.: Intensive Beratung einschl. detaillierter Analyse des Fuhrparks, bei Neugründungen isolierte Bedarfsplanung; Ermittlung der optimalen Beschaffungsalternative unter Wirtschaftlichkeitsvergleich Kauf und Leasing; Tankstellenservice incl. Tankkarten, Kostenreporting, Ausreißeranalysen, Prüfung der Werkstattrechnung, Abwicklung von Unfallschäden, Verbrauchskontrolle, Kostenanalyse und umfassendes Berichtswesen per EDV, Kfz-Versicherungen mit komplettem Schadenservice; Wartung und Verschleißreparturen; Reifenersatz; Zahlung der Kfz-Steuer und der Rundfunkgebühren; Kraftstoff-Abrechnung und Kraftstoff-Analyse etc.

Das Fuhrpark-Leasing wird insbes. von den **Hersteller-Leasinggesellschaften** betrieben. Diese können die Dienstleistungen am besten koordinieren und aufgrund ihres großen Händler- und Werkstattnetzes an dem Fahrzeug auftretende technische Probleme relativ einfach lösen. Einen wichtigen Bereich der Angebotspalette der herstellerunabhängigen wie der herstellergebundenen Leasinggesellschaften machen hierbei die Mischflotten aus, bei denen die Fahrzeuge von unterschiedlichen Herstellern stammen. Im Beispielsfall Volkswagen Leasing werden daher nicht nur Fahrzeuge der Konzernmarken Volkswagen, Audi, Seat und Skoda angeboten, sondern auch eine Ergänzung durch Fremdmarken. 32

Entsprechend der vorbezeichneten auf den Grundinteressen der Leasingvertragsparteien beruhenden leasingtypischen Risikoverteilung in dem Leasinggeschäft allgemein wie speziell im Kfz-Leasinggeschäft auch haben sich in Abweichung von dem dispositiven Mietrecht **leasingtypische Vertragsinhalte** gebildet, welche nach gefestigter höchstrichterlicher Rechtsprechung im Grundsatz 33 vorbehaltlich einer weiteren Zulässigkeitsprüfung im Einzelfall angemessen und zulässig sind. An dieser gefestigten rechtlichen Wertung hat auch die Schuldrechtsreform trotz wichtiger Änderungen für das Leasingrecht nichts geändert. Hier sind insbes. die Kernbereiche zu nennen, die auch regelmäßig in den **Leasingbedingungen niedergelegt** sind, nämlich: Abwälzung der Sach- und Preisgefahr auf den Leasingnehmer, Freizeichnung des Leasinggebers von der mietrechtlichen Mängelhaftung gegen Abtretung der ihm als Käufer zustehenden Sachmängelansprüche an den Leasingnehmer und Anspruch des Leasinggebers auf volle Amortisation seiner Gesamtaufwendungen.

Hierneben finden sich auch andere leasingtypische Vertragsregelungen, wie der bereits erwähnte Ausschluss des Erwerbsrechts des Leasingnehmers.[20]

34 Es haben sich in dem Kfz-Leasinggeschäft neben weiteren Vertragsmodellen **zwei marktbeherrschende Vertragstypen** herausgebildet: **Kfz-Leasingvertrag mit Gebrauchtwagenabrechnung** und **Kfz-Leasingvertrag mit Kilometerabrechnung**. Das erste Vertragsmodell beruht auf einem Leasingerlass der Finanzverwaltung und stellt mithin einen sog. erlasskonformen Vertragstyp dar. Das zweite Vertragsmodell, auch verkürzt Kilometervertrag genannt, ist ein aus den Bedürfnissen der Praxis des Kfz-Leasinggeschäfts heraus entwickelter Vertragstyp. Auf diesen beiden Vertragtypen bauen die vereinheitlichten Allgemeinen Geschäftsbedingungen der am Markt bedeutenden Kfz-Leasinggesellschaften auf. Beide Vertragstypen unterscheiden sich insbes. in der Abrechnung des Leasingvertrags.[21]

35 Der Kfz-Leasingvertrag weist in seinem praktischen Verlauf vom Vertragsschluss bis zur Beendigung des Leasingvertrags unterschiedliche **Einzelphasen** mit den **entsprechenden rechtlichen Problemkreisen** auf. Wichtig ist es, den ordnungsgemäßen Ablauf des Vertrags mit seinem regulärem Vertragsende von den Vertragsstörungen bzw. der vorzeitigen, nämlich der einseitigen oder einvernehmlichen, Vertragsbeendigung zu unterscheiden.

36 Die **Verwaltung** des Kfz-Leasingvertrags durch den Leasinggeber, im wesentlichen Bestandsverwaltung, hat sowohl den ordnungsgemäßen wie den gestörten Vertragsablauf im Fall von Leistungsstörungen zum Gegenstand und umfasst daher alle wesentlichen Vorgänge zwischen den Leasingvertragsparteien während der Leasingzeit[22] wie Terminüberwachung, Verwaltung der Sicherheiten des Leasingnehmers, Schriftverkehr mit dem Leasingnehmer z.B. betreffend Änderungen von persönlichen Daten, Stundungen sowie Vertragsablösungen etc. Ist hierbei bei der Vorprüfung des Vertrags eine sorgfältige Bonitätsprüfung des Leasingnehmers erfolgt, minimiert sich dadurch das Risiko von außerplanmäßigen Vertragsstörungen. Die Verwaltung des Leasingvertrags nimmt abgesehen von der organisatorischen Erfassung aller wichtigen Vorgänge im Verlauf eines Leasingvertrags insbes. auch eine kundenorientierte und damit auch vertriebsunterstützende Hilfsfunktion wahr.

---

[20] S. auch je Ziff. XVI/5 der Privat- und Geschäftsfahrzeug-Leasingbedingungen (Anhang).

[21] § 9 Rdn. 93.

[22] S. zu dem Beginn der Leasingzeit je Ziff. III der Privat- und Geschäftsfahrzeug-Leasing-Bedingungen (Anhang).

37 Betriebswirtschaftlich entstehen bei der laufenden Verwaltung (Bestandsverwaltung) eines in seinem Ablauf ungestörten Leasingvertrags kaum Verwaltungskosten. Die Bestandsverwaltung wird in der Regel bei den Leasingunternehmen vollautomatisch durch die **elektronische Datenverarbeitung** erledigt. Diese schreibt alle Rechnungen und zieht nahezu vollständig per Lastschrift das Leasingentgelt ein. Das Kammergericht Berlin geht davon aus[23], dass infolge der **vorzeitigen Beendigung** des **Leasingvertrags** keine **Verwaltungskostenanteile** erspart werden, die bei der Berechnung eines Vollamortisationsanspruchs zu berücksichtigen wären. Ferner verursache die Abwicklung durch die elektronische Datenverarbeitung so geringe Kosten, dass diese durch die Kosten für die manuelle Mehrarbeit im Zusammenhang mit einer vorzeitigen Beendigung des Leasingvertrags (Schätzung des Fahrzeugs, Verkaufsbemühungen usw.) mehr als kompensiert werde. Sofern es einem Leasingnehmer nicht möglich ist, die genaue Verwaltungskostenersparnis im Wege der konkreten Schadensberechnung darzulegen, toleriert die Rechtsprechung durchaus auch pauschalierte Ansätze. Pauschal werden mindestens EUR 5,11 pro Monat der Restlaufzeit des Leasingvertrags an ersparten Verwaltungskosten geschätzt, maximal EUR 10,22 pro Monat.[24] In der Praxis überholt ist die Rechtsprechung des Oberlandesgerichts Stuttgart mit durchzuführender Kostenanalyse anhand angenommener Kostenparameter, um die unverbrauchten kalkulatorischen laufzeitabhängigen Verwaltungskostenanteile aus den Leasingraten herauszurechnen. Das Oberlandesgericht Stuttgart setzt mittlerweise auch EUR 10,22 pauschal an.[25]

D. Entwicklung des Kfz-Leasings als spezielles Leasinggeschäft und besonderes Rechtsinstitut

38 Das **Kfz-Leasing** ist eine **Schöpfung** des **Markts**. Der Gesetzgeber hat hierfür ursprünglich keinen gesetzlichen Regelungsrahmen vorgegeben. Nach der Schuldrechtsreform ist der Finanzierungsleasingvertrag ausdrücklich in der Vorschrift des § 500 BGB gesetzlich niedergelegt. Zuvor fand das Finanzierungsleasing in der Regelung des § 3 Abs. 2 Nr. 1 VerbrKrG seine gesetzliche Erwähnung. Insofern beruhen die Regeln des Kfz-Leasings auf gemeinsam geschaffenem Recht der Automobil-Leasingwirtschaft und der Verbraucherverbandseite in Form von weitgehend vereinheitlichten Allgemeinen Geschäftsbedingungen, der Rechtsprechung des Bundesgerichtshofs und den steuerlichen Leasing-Erlassen der Finanzverwaltung.

39 Die nunmehr 41-jährige Entwicklung des Leasinggeschäfts allgemein in der Bundesrepublik Deutschland ist zumindest in den letzten zwanzig Jahren eng mit der Geschichte des Kfz-Leasings verbunden. Ende der sechziger bzw. Anfang der siebziger Jahre wurden **spezielle Kfz-Leasinggesellschaften** gegründet, insbes.

[23] Urt. v. 15.4.1993, 22 U 2960/92, BB 12/1994, 818 ff.

[24] *OLG Köln*, Urt. v. 31.1.1990, 13 U 173/89, VersR 6/1992, 242 f.; *OLG Celle*, Urt. v. 5.1.1994, 2 U 177/91, NJW-RR 12/1994, 743 ff.

[25] Urt. v. 8.9.1987, 6 U 7/87, NJW-RR 8/1988, 501; Urt. v. 6.2.1996, 6 U 112/95 n.v.

die Volkswagen Leasing GmbH im Jahre 1966. Dies resultierte im wesentlichen daraus, dass markenorientierte Kfz-Händler ihr Finanzierungsangebot durch die Gründung rechtlich selbständiger Leasinggesellschaften erweiterten. Diese Unternehmen waren nämlich gezwungen, alle wesentlichen Rechtsbeziehungen zu ihren Kunden in Allgemeinen Geschäftsbedingungen niederzulegen, da zu diesem Zeitpunkt sogar Experten den genauen Inhalt des Vertrags aus dem Wort Leasing ohne vollständige schriftliche Abbildung aller wesentlichen Rechtsbeziehungen nicht ermitteln konnten. Eine Rechtsprechung zu dem Thema Leasing existierte zu diesem Zeitpunkt nicht. So entstanden die **ersten Allgemeinen Geschäftsbedingungen** der Kfz-Leasingfirmen gewissermaßen als Gebrauchsanweisung für die beiden Vertragspartner Leasinggeber und Leasingnehmer, um möglichst alle künftigen Streitfälle durch eine umfassende Regelung des Gesamtgeschäfts von vornherein auszuräumen. Hiermit begann die Entstehung des Kfz-Leasings als eigenes Rechtsinstitut innerhalb des Kontextes der Mobilien-Leasingverträge in der Bundesrepublik Deutschland. Freie, auf das Kfz-Leasing spezialisierte Leasinganbieter gab es zunächst kaum. Teilweise wurden auch Tochterunternehmen großer Mobilien-Leasinggesellschaften auf diesem Gebiet tätig. Das Kfz-Leasing galt als Geschäft eigener Art und wurde vorwiegend von Spezialisten betrieben. In den Anfängen war das Kfz-Leasing insbes. Full-pay-out-Leasing. Das Finanzierungsleasing in der heutigen Form existierte noch nicht. Anfang der 80er Jahre, insbes. ab dem Jahre 1983, etablierten sich inländische Leasinggesellschaften im Kfz-Leasing mit attraktiven Modellen für die Verkaufsförderung für den gewerblichen und den privaten Bereich als Finanzierungsalternative zu der klassischen Kreditfinanzierung. Längerfristige Kooperationsabkommen wurden mit Herstellern bzw. Importeuren ausländischer Kfz-Marken getroffen, welche über keine eigene Leasinggesellschaften verfügten.

40 Ende der 60iger Jahre bestand noch nicht einmal Klarheit über die Rechtsnatur des allgemeinen Mobilien-Leasings. Das **Mobilien-Leasing** wurde in gängigen Publikationen in Operational-Lease und Finanzierungs-Leasing unterschieden. Bei letzterem wurden im wesentlichen vier unterschiedliche Auffassungen über die Rechtsnatur vorgetragen.[26] In der friedensstiftenden Absicht bei der Ausgestaltung der wesentlichen Punkte ging es der anbietenden Leasingwirtschaft im wesentlichen darum, den **Vollamortisationsanspruch des Leasinggebers** bei **vorzeitigem Abbruch** des Leasingvertrags im Klauselwerk festzuschreiben, da sich dieser weder aus dem Institut der klassischen Miete noch aus dem Rechtskauf oder aus dem Geschäftsbesorgungsvertrag herleiten ließ und die in der Literatur vertretene Deutung als Vertrag sui generis die einzige Zielrichtung hatte, die Finanzierungsfunktion dieses Vertrags in der rechtlichen Betrachtung nicht aus der Sicht kommen zu lassen.

41 Unverkennbar waren aber auch schon bei den ersten Verträgen der Kfz-Leasingbranche Einflüsse aus der **Konditionengestaltung** für **Neuwagen**. Dies erklärt sich daraus, dass mit der Konzeption der ersten Verträge AGB-Rechtler der einzelnen Kfz-Hersteller betraut wurden und dass Leasing ohnehin in seiner Ausgestaltung gewisse kaufrechtliche Elemente beinhaltet, so z.B. gleiche Rege-

[26] Statt vieler: *Plate*, Die rechtliche Beurteilung des Leasing-Geschäftes, Dissertation 1969.

lungen hinsichtlich der Gefahrtragung und der Ausgestaltung der Mängelbedingungen sowie Regelungen zu Lieferung und Lieferverzug sowie Abnahme und Abnahmeverzug. Bis zum heutigen Tage ist die inhaltlich fast gleiche Ausgestaltung in den Allgemeinen Geschäftsbedingungen für Leasing-Neufahrzeug-Verträge und Neuwagen-Verträge ein wesentliches Charakteristikum.

Erst mit dem Jahre 1984 wurde damit begonnen, die Allgemeinen Geschäftsbedingungen der Leasing-Anbieter der Kfz-Leasingbranche zu **vereinheitlichen**. In diesem Jahre kamen alle wesentlichen Anbieter zusammen, um entsprechend den im Markt schon existierenden Konditionenempfehlungen für den Neuwagenkauf den Versuch zu unternehmen, ein einheitliches Klauselwerk zu schaffen, mit der Minimalzielsetzung, zumindest ein einheitliches Gliederungsschema zu erreichen. Zu Beginn waren auch die Rechtsvertreter maßgeblicher unabhängiger Leasinganbieter wie ALD und Schwaben-Garage anwesend. Diese Leasinganbieter haben dann aber später ihre Mitwirkung an dem Werk eingestellt.

Allen Beteiligten war klar, dass wegen der Regelung des §38 Abs. 2 Nr. 3 GWB (a.F.), §22 Abs. 3 Nr. 2 GWB (n.F.) die Verhandlungen in eine Konditionenanmeldung bei dem Kartellamt münden und damit wegen der Aufnahme der Verhandlungen ein Minimalerfolg angestrebt werden musste. Die Beweggründe für dieses Handeln lagen darin, dass die Gesellschaften erkannt hatten, dass über Allgemeine Geschäftsbedingungen, wenn sie denn keine **Preisklauseln** enthalten, ein Wettbewerb gegenüber dem Verbraucher nicht geführt werden kann. Ganz im Gegenteil würde der Verbraucher in hohem Maße von einer Vereinheitlichung der Bedingungen durch die dadurch entstehende Transparenz in jedem Fall profitieren, ohne dass der wirtschaftliche Konditionenwettbewerb ausgeschlossen wäre. Außerdem bringt es die Technik des Verfahrens mit sich, dass vor Einreichung einer Konditionenempfehlung die Stellungnahme der betroffenen Wirtschafts- und Berufsvereinigungen eingeholt werden muss, hier insbes. diejenige des ADAC. Damit war gewährleistet, dass auch eine geistige Auseinandersetzung mit den Vertretern der Verbraucherorganisationen stattfinden musste.

Eine förmliche Schwierigkeit für eine solche Konditionenempfehlung tat sich deshalb auf, weil die interessierten Leasinganbieter zum damaligen Zeitpunkt keinen eigenen Verband hatten, der die Konditionenempfehlung beim Kartellamt hätte anmelden können und im Bundesanzeiger hätte bekannt machen können. Aus diesem Grunde haben sich die betroffenen Leasingunternehmen, deren Mutter im Verband der Deutschen Automobilindustrie e.V. (VDA) organisiert waren, an diesen Verband mit der Bitte gewandt, die Schirmherrschaft für dieses Verfahren zu übernehmen. Im November 1985 konnte dann der VDA dem ADAC einen Diskussionsentwurf vorlegen, der ausdrücklich wegen des Vorsichtsprinzips solche Bedingungen aussparte, die in dem Verdacht stehen könnten, mit Horizontaleffekt über Preise oder Preisbestandteile Empfehlungen auszusprechen. Bereits im Vorfeld hatte der ADAC in seinem juristischen Publizitätsorgan, der Zeitschrift Deutsches Autorecht (DAR), Mustergeschäftsbedingungen veröffentlicht, und zwar erklärtermaßen als Geschäftsgrundlage für die anstehenden Gespräche im Rahmen der Konditionenempfehlung.[27] Wie

[27] *Mehnle*, Reform der Kraftfahrzeug-Leasing-Bedingungen, DAR 11/1984, 368ff.

schwierig ein angemessener Interessenausgleich herbeizuführen war, und zwar nicht nur im Verhältnis zum ADAC, sondern auch unter den einzelnen beteiligten Gesellschaften, zeigt die Dauer der Verhandlungen. Die oben genannten Konditionenempfehlungen konnten erst im Jahre 1988 im Bundesanzeiger veröffentlicht werden.[28]

42 Technisch fällt auf, dass die **Konditionenempfehlung** sich nur auf das Privat-Leasing ausrichtet. So verweist denn auch der ADAC im Jahre 1987 darauf, dass es ihm gelungen sei, kundenfreundlichere Leasing-Bedingungen für privates Kfz-Leasing mit dem Verband der Automobilindustrie auszuhandeln.[29] Es war jedoch allen Beteiligten klar, dass die ausgehandelten Privat-Leasing-Bedingungen auch auf das gewerbliche Leasing ausstrahlen würden, weil insofern keine wesentliche Unterscheidung erforderlich wäre. Technisch wurde diese Form gewählt, damit nicht auch noch Abstimmungen mit einer ganzen Reihe anderer Verbände erforderlich gewesen wäre, z.B. mit dem Speditionsgewerbe.

Noch bevor die Konditionenempfehlung im Jahre 1988 verabschiedet wurde, führte ein Urteil des Bundesgerichtshofs überhaupt erst dazu, dass man zulässigerweise von einem Kfz-Leasingvertrag als einer **Vertragsform eigener Prägung** sprechen kann, denn bis dahin gab es keine rechtliche Unterscheidung auf der Rechtsfolgenseite, die einen Kfz-Leasingvertrag von einem sonstigen Mobilien-Leasingvertrag unterschieden hätte. Das Urteil des BGH vom 15.10.1986[30] besagt, dass die Abwälzung der Sachgefahr auf den Leasingnehmer nur dann möglich ist, wenn dem Leasingnehmer gleichzeitig ein kurzfristiges Lösungsrecht für den Fall des Untergangs des Leasingfahrzeugs und im Falle seines Totalschadens oder Diebstahls eingeräumt wird, während für das allgemeine Mobilien-Leasingrecht eine Überwälzung der Sach- und Preisgefahr ohne diese Einschränkung für zulässig erachtet wurde. Diese Differenzierung des Kfz-Leasings gegenüber dem allgemeinen Mobilienleasing wurde mit der Möglichkeit der Versicherung der spezifischen Kfz-Risiken begründet. Im übrigen ist darauf hinzuweisen, dass die vorerwähnte Konditionenempfehlung diesem Aspekt der Rechtsprechung durch Einräumung des Kündigungsrechts unter Ziffer X/6 der Leasingbedingungen Rechnung getragen hat.

Hinsichtlich der **Fortentwicklung** des **Kfz-Leasings** ist ferner zu erwähnen, dass die vorerwähnte VDA-Konditionenempfehlung über die Allgemeinen Geschäftsbedingungen für das Leasing von Neufahrzeugen zur privaten Nutzung im Jahre 1994 geändert wurde und diese Änderung im Bundesanzeiger I, Nr. 234 unter dem 5.12.1994 bekannt gemacht wurde. Diese Änderung berücksichtigte im wesentlichen das im Jahre 1992 in Kraft getretene Verbraucherkreditgesetz durch Einführung eines zwingenden Widerrufsrechts für Unternehmensgründer und Privatleute. Ferner wurde ein Käuferbenennungsrecht durch den Leasingnehmer im Nichteinigungsfalle über den Wert des Fahrzeugs bei Fahrzeugrückgabe aufgenommen. Zu diesem Zeitpunkt konnte keine Einigung mit dem ADAC über eine praktikable Umsetzung der Kündigungsvoraussetzun-

[28] Bundesanzeiger 1988, 1213.
[29] ADAC Motorwelt 1987, Nr. 7.
[30] VIII ZR 319/85, BB 3/1987, 150 ff.

gen des Verbraucherleasingvertrags in Hinblick auf das Leasing erzielt werden. Inzwischen ist diese Frage von dem Bundesgerichtshof entschieden worden.[31] Insofern war es jedoch zunächst jedem einzelnen Leasinganbieter überlassen, für eine entsprechende Umsetzung des vorgenannten Paragraphen in die Allgemeinen Geschäftsbedingungen zu sorgen oder letztlich nur einen Hinweis auf diesen Paragraphen in seinen Allgemeinen Geschäftsbedingungen zu verankern.

Die Konditionenempfehlung geht von der Vorstellung aus, dass der Leasingnehmer zur Beschaffung seines Kfz nur eine einzige Vertragsbeziehung, nämlich die zum Leasinggeber, einzugehen braucht und daher nicht erst noch einen Kaufvertrag mit einem Fahrzeuglieferanten abschließen muss.

In dem sonstigen **Mobilienleasing** ist es dagegen üblich, dass der Leasing- 43
nehmer während des Beschaffungsvorgangs als Investor und künftiger Käufer auftritt, alle wesentlichen Entscheidungen insbes. über die Spezifikation, den Preis und die Lieferkonditionen selbst trifft und diese in einem Kaufvertrag zwischen dem späteren Leasingnehmer und dem Lieferanten festgelegt werden. Lediglich als besondere Zahlungsmodalität wird der Eintritt eines Leasinggebers in diesen Kaufvertrag vorbehalten. Schließt der Leasingnehmer dann einen Leasingvertrag über das ausgewählte Investitionsgut mit einem Leasinggeber, tritt dieser mit schuldbefreiender Wirkung für den Leasingnehmer in den Kaufvertrag ein. Auch diese Form, allgemein als Eintrittsmodell bezeichnet, ist in der Kfz-Leasingbranche weit verbreitet. Die meisten Klauseln der Konditionenempfehlung sind auch für dieses Modell anwendbar.

Eine Überprüfung der Allgemeinen Geschäftsbedingungen von Kfz-Leasing- 44
verträgen findet fortwährend durch die Spruchpraxis der Gerichte statt. Hier ist besonders die rechtsgestaltende Wirkung der Rechtsprechung des 8. Zivilsenats des Bundesgerichtshofs zu erwähnen. Diese hat zu einer weitestgehenden Klärung aller wesentlichen Streitpunkte geführt und damit zu **Rechtssicherheit** auch bei dem Kfz-Leasing. Besonders ist hier die Anerkennung der Finanzierungsfunktion des Leasings und damit des Vollamortisationsanspruchs bei vorzeitigem Abbruch eines Leasingvertrags durch den Bundesgerichtshof hervorzuheben, auch ohne dass eine entsprechende wirksame AGB-Regelung zu diesem Punkt bestehen müsste.[32] Wahrscheinlich hat die Rechtsprechung des Bundesgerichtshofs eine detaillierte Kodifizierung des Rechtsinstituts Leasing und damit auch des Kfz-Leasings, abgesehen von der teilweisen Erwähnung des Finanzierungsleasings im früheren Verbraucherkreditgesetz und nunmehr in der Regelung des §500 BGB, verhindert, weil eine Notwendigkeit hierfür aufgrund der gerichtlichen Klärung aller wesentlichen Streitpunkte bei den beteiligten Kreisen nicht ersichtlich war. Ob diese deutsche Besonderheit der nicht differenzierten Kodifizierung innerhalb der Europäischen Union im Hinblick auf die wachsende Integration der europäischen Rechtsordnungen in der Zukunft durchgehalten werden kann, erscheint zweifelhaft.

Ein wesentlicher Grund für die heutige zunehmende Beliebtheit des Finan- 45
zierungsinstruments Leasing dürfte in einem funktionierenden Kfz-second-

[31] §9 Rdn. 20.
[32] §2 Rdn. 68.

hand-Markt liegen, der es ermöglicht, **Restwerte** auch über eine längere Periode hinaus zutreffend einzuschätzen. Ein weiterer Grund dürfte nicht zuletzt auch darin zu sehen sein, dass das Allgemeinwissen über Leasing im Laufe der Jahre zugenommen hat, so dass zumindest Grundkenntnisse darüber bestehen, dass Leasing die Liquidität schont, u.a. auch aus dem Gesichtspunkt des pay-as-you-earn-Effekts, welcher beinhaltet, dass der Leasingnehmer die Leasingraten direkt aus den erwirtschafteten Erträgen des genutzten Wirtschaftsguts zahlen kann. Hinzu kommen die Kenntnisse über die steuerlichen Vorteile des Leasings. Der gewerbliche Leasingnehmer kann die Leasingraten sofort als Betriebsausgaben steuerlich absetzen.

§ 2
Leasingtypische Regelungen des Kfz-Leasingvertrags

Schrifttum: *Berger*, Typus und Rechtsnatur des Herstellerleasing, Heidelberg 1988; *Bernstein*, Der Tatbestand des Mobilien-Finanzierungs-Leasingvertrags und seine rechtliche Einordnung als Vertrag „sui generis", Frankfurt a.M. 1982; *Binder*, Rechtsnatur und Inhalt des Leasingvertrags, München 1967, 37 ff.; *Bordewin/Tonner*, Leasing im Steuerrecht, 6 ff.; *Brunotte*, Der Finanzierungsleasingvertrag – ein Beispiel richterlicher Rechtsfortbildung im Schuldrecht, DRiZ 1990, 396; *Canaris*, Interessenlage, Grundprinzipien und Rechtsnatur des Finanzierungsleasing, AcP 190 (1990), 410 ff.; *Beckmann/Kügel*, Zustandekommen und Inhalt des Finanzierungsleasinggeschäfts, in: *Büschgen (Hrsg.)*, Praxishandbuch Leasing, § 6 Rdn. 127 ff.; *Berninghaus*, Fahrzeugleasing, in: *Büschgen* (*Hrsg.*), Praxishandbuch Leasing, § 15 Rdn. 13 ff.; *Flume*, Das Rechtsverhältnis des Leasing in zivilrechtlicher und steuerrechtlicher Sicht, DB 1972, 1; *ders.*, Die Rechtsfigur des Finanzierungsleasing, DB 1991, 265 ff.; *Klamroth*, Inhaltskontrolle von Finanzierungs-Leasing-Verträgen über bewegliche Gegenstände nach dem „Leitbild" des Leasingvertrags, BB 1982, 1949; *Knebel*, Zur typologischen Einordnung des Leasingvertrags, WM 1993, 1026 ff.; *Kügel*, Rechtsnatur des typischen Finanzierungsleasingvertrages und von Sonderformen des Leasing, in: *Büschgen* (*Hrsg.*), Praxishandbuch Leasing, § 5; *Lieb*, Das Leitbild des Finanzierungs-Leasing im Spannungsfeld von Vertragsfreiheit und Inhaltskontrolle, DB 1988, 946; *Nitsch*, Amortisationsprinzip und relativer Ratenrückstand (§ 12 VerbrKrG) beim Kfz-Leasing, FLF 1/1998, 18 ff.; *Reinking*, Autoleasing, 44 ff.; *Reinking/Eggert*, Der Autokauf, 533 ff.; *Roth*, Zur gerichtlichen Inhaltskontrolle von Finanzierungsleasingverträgen, AcP 190 (1990), 292 ff.; *v. Westphalen*, Rechtliche Qualifizierung des Leasing, BB 1988, 1829 ff.

Übersicht:

A. Einleitung

Im Zuge der Schuldrechtsreform ist das **Finanzierungsleasing** nunmehr in 1
der Regelung des **§ 500 BGB** als **Vertragstyp** in das **BGB**, wenngleich auch unter einem Untertitel[33], aufgenommen worden.[34] Eine partielle gesetzliche Erwähnung hatte das Finanzierungsleasing zuvor in der Regelung des vormaligen

[33] Vgl. Titel 3: Darlehensvertrag, Finanzierungshilfen und Ratenlieferungsverträge zwischen einem Unternehmer und einem Verbraucher, Untertitel 2: Finanzierungshilfen zwischen einem Unternehmer und einem Verbraucher.

[34] S. hierzu auch *Beckmann*, Auswirkungen des Schuldrechtsmodernisierungsgesetzes auf die Leasing-Branche, FLF 2/2002, 46 ff.; *Bordewin/Tonner*, Leasing im Steuerrecht, 2.

§ 3 Abs. 2 Nr. 1 VerbrKrG erfahren. Der Leasingvertrag ist ursprünglich nicht als gesetzlicher Vertragstyp im BGB festgelegt worden. Das BGB ist im Jahre 1900 in Kraft getreten. Leasing ist hingegen erst ca. seit dem Jahre 1970 in der Bundesrepublik Deutschland ein Begriff geworden. Wie z.B. das Factoring hat sich der Leasingvertrag als verkehrstypischer und **moderner Vertragstyp** entsprechend den Bedürfnissen des Rechts und des Wirtschaftsverkehrs aufgrund des schuldrechtlichen Grundsatzes der Vertragsfreiheit und des mangelnden Typenzwangs herausgebildet. Leasing ist ein **Finanzierungsgeschäft** von eigener Art, welches aufgrund der besonderen Interessenverteilung zwischen den am Geschäft Beteiligten (Leasinggeber, Leasingnehmer, Hersteller bzw. Händler) durch seine Finanzierungs- und Nutzungsfunktion geprägt ist. Eine eindeutige Zuordnung dieses Vertragstyps zu einem der gesetzlich geregelten Vertragtypen ist nicht möglich. Man kann jedoch aufgrund der leasingtypischen Vertragsinhalte, welche das sog. **Leitbild** des **Leasingvertrags**[35] prägen, Gemeinsamkeiten und Unterschiede zu den gesetzlich geregelten Vertragstypen feststellen und so zu einer abschließenden zivilrechtlichen Qualifizierung kommen, wie diese der BGH in gefestigter Rechtsprechung als atypischer Mietvertrag vorgenommen hat.

2 **Leasingrecht** ist im wesentlichen **Richterrecht** sowie **Formularrecht**, wobei speziell das Kfz-Leasing wie das Mobilien-Leasing weitgehend allgemein ein **Massengeschäft** ist. Hierbei unterscheidet sich die Leasingvertragsgestaltung der einzelnen Kfz-Leasinggeber aufgrund der formularvertraglichen Ausgestaltung der Leasingverträge nicht gravierend voneinander. Bis auf einige spezifische Besonderheiten unterscheidet sich der Kfz-Leasingvertrag auch nicht zivilrechtlich von einem anderen Mobilienleasingvertrag. Es ist von wesentlicher Bedeutung, die aktuelle Rechtsprechung zum Leasingrecht fortlaufend zu verfolgen. Im Lauf der letzten beiden Jahrzehnte sind in weitgehend erschöpfender Weise durch eine **umfangreiche Rechtsprechung**, durch **Schreiben** des **Bundesministers der Finanzen** und **Erlasse der Finanzverwaltung** zu dem Leitbild des Leasingvertrags **leasingtypische Vertragsinhalte**, welche von dem dispositivem Recht der Miete abweichen, zu dem ursprünglich nicht kodifizierten Leasingrecht herausgebildet und weitgehend typisiert worden und ihre formularmäßige Niederlegung in den Leasingbedingungen im Grundsatz als angemessen und zulässig gewertet worden. Aufgrund dieser Absicherung durch die höchstrichterliche Rechtsprechung sind die **wesentlichen leasingtypischen Klauseln** daher für den Leasingnehmer **weder überraschend** i.S.d. **§ 305 c Abs. 1 BGB noch** stellen sie für diesen eine **unangemessene Benachteiligung** i.S.d. **§ 307 BGB** dar. Da das Kfz-Leasing seit Jahren eine unangefochtene Schlüsselstellung im Leasinggeschäft einnimmt, ist ein entsprechend **umfangreicher Teil** der **Rechtsprechung** zum Leasingrecht auf das **Kfz-Leasing** bezogen. Die Leasingbedingungen der Kfz-Leasinggesellschaften müssen sich zu ihrer Wirksamkeit jeweils in ihrem aktuellen Stand an dem Stand der Rechtsprechung und aufgrund ihrer formularvertraglichen Natur als Allgemeine Ge-

[35] S. auch *BGH*, Urt. v. 31.3.1982, VIII ZR 125/81, NJW 32/1982, 1747 f.; v. 16.9.1981, VIII ZR 265/80, NJW 3/1982, 105 ff.

schäftsbedingungen insbes. an der Übereinstimmung mit den Regelungen der §§305–310 BGB messen lassen, wie auch jüngst eine Überprüfung und Anpassung der Leasingbedingungen nach der Schuldrechtsreform erforderlich wurde.[36]

Neben den vorbezeichneten Kernbereichen eines Kfz-Leasingvertrags weist dieser neben der Ausprägung der Hauptleistungspflichten der Leasingvertragsparteien, der Gebrauchsüberlassung und Finanzierung durch den Leasinggeber und der Entgeltpflicht des Leasingnehmers, **weitere typische Vertragsinhalte** auf, die auch als dem Leasinggeschäft als Anschaffungsfinanzierung wesentlich bezeichnet werden können, wie z.B. der regelmäßig formularmäßige **Ausschluss** des **Erwerbsrechts** von dem Leasinggeber[37]. Hierneben bestehen weitere, auch regelmäßig in den Leasingbedingungen niedergelegte Vertragsbestimmungen, wie z.B. Obhuts- und Verhaltenspflichten, die der rechtlichen Einordnung des Leasingvertrags als atypischer Mietvertrag entspringen und auf der Stellung des Leasinggebers als Eigentümer des Kfz und auf der des Leasingnehmers als Nutzer beruhen, wie z.B. das dem Mietrecht ähnliche Verbot der Untervermietung. Ferner sind Regelungen anzuführen, die speziell auf die Eigenart des Leasingguts Kfz zugeschnitten sind. 3

Das Leitbild des Leasingvertrags ist geprägt durch eine **spezifische Interessenlage** der am Leasinggeschäft als Finanzierungsgeschäft **Beteiligten** (sog. **leasingtypische Dreiecksbeziehung**) und der hieraus resultierenden **Hauptverpflichtungen** bzw. **Risikoverteilungen** in den vertraglichen Beziehungen unter den Beteiligten. Es ist für das praktische und rechtliche Verständnis des Leasings, insbes. im Fall der Störungen in den Vertragsverhältnissen, wichtig, diese Grundkonstellation zu kennen. 4

Der **Leasinggeber** ist in diesem Beziehungsgeflecht der **Financier**, der die Gebrauchsnutzung durch den Leasingnehmer im Rahmen der von dem Leasingnehmer gewünschten Investition, dem von dem Leasingnehmer bei dem Händler ausgesuchten Kfz, finanziert, woraus sein Recht entspringt, seine gesamten Aufwendungen für die Anschaffung bzw. Herstellung des Kfz voll amortisiert zu erhalten, sog. leasingtypische Amortisation. Der Leasingnehmer will das vertragsgemäße Kfz ungestört nutzen und weitere mit dem Geschäft verbundene Vorteile nutzen, wie insbes. als gewerblicher Leasingnehmer den bilanz- und steuerrechtlichen Vorteil, die Leasingraten als Betriebsausgaben absetzen zu können. Um diesen Vorteil zu erreichen, gestalten die Leasingvertragsparteien entsprechend der bilanz- und steuerrechtlichen Vorgaben den Vertrag gewöhnlich derart, dass der Leasinggeber als Eigentümer und der Leasingnehmer als Besitzer des Kfz gewertet werden. Der **Leasingnehmer** als **unmittelbarer Nutzer** hat die größere Sachnähe zu diesem als der Leasinggeber. Der Leasinggeber hat ohnehin kein eigenes Nutzungsinteresse an dem Kfz. Ihm dient dieses jedoch als Sicherungsmittel für seine Ansprüche aus dem Leasingvertrag. Mithin korrespondieren Nutzungsverschaffungspflicht des Leasinggebers und Nutzungsrecht des Leasing- 5

[36] S. u.a. *Tiedtke/Möllmann*, Auswirkungen der Schuldrechtsreform im Leasingrecht, DB 11/2004, 583ff., 583; *dies.*, Entwicklung der aktuellen Rechtsprechung des BGH zum Leasingrecht, DB 17/2004, 915ff.

[37] §1 Rdn. 10.

nehmers. Entsprechend der zivilrechtlichen Einordnung des Leasingvertrags als atypischer Mietvertrag will sich der Leasinggeber in seiner Funktion als Ersatzinvestor regelmäßig von den ihn treffenden Risiken aus dem Vertrags befreien und mithin eine Risikoverlagerung vornehmen. Hieraus resultiert zum einen die höchstrichterlich anerkannte leasingtypische Besonderheit der Abwälzung von Sach- und Preisgefahr von dem Leasinggeber auf den Leasingnehmer, zu welcher der BGH aus der spezifischen Interessenlage im Kfz-Leasing speziell für diese Leasingbranche zudem die besondere Zulässigkeitsvoraussetzung der Einräumung eines kurzfristigen Kündigungsrechts für die Gefahrabwälzung aufgestellt hat.[38] Zum anderen zeichnet sich der Leasinggeber gleichfalls zulässigerweise – auch nach der Schuldrechtsreform[39] – von der mietrechtlichen Mängelhaftung gegen Abtretung der ihm als Käufer zustehenden Mängelansprüche an den Leasingnehmer frei, sog. leasingtypisches Abtretungs- bzw. Ermächtigungskonzept.

B. Rechtsnatur des Leasingvertrags: atypischer Mietvertrag

6 Trotz der in gefestigter höchstrichterlicher Rechtsprechung anerkannten leasingtypischen Vertragsinhalte wurde der Leasingvertrag im Gegensatz zu anderen modernen Vertragstypen nicht als gesetzlicher Vertragstyp im vormaligen Besonderen Schuldrecht des BGB niedergelegt. Der Grund hierfür dürfte in der weitgehenden Typisierung dieses Vertragstyps seit ca. dem Jahr 1970 durch Rechtsprechung, Schreiben des Bundesministers der Finanzen, Erlasse der Finanzverwaltung und Literatur zum Leasinggeschäft zu sehen sein.[40] Hierbei weist der Kfz-Leasingvertrag in allen seinen unterschiedlichen Vertragsmodellen in seiner grundsätzlichen zivilrechtlichen Einordnung und Typisierung zu der des Leasingvertrags allgemeinhin keine Besonderheiten auf.

7 Die **Rechtsnatur** des Leasingvertrags ist unter unterschiedlichen rechtlichen Gesichtspunkten von erheblicher **Bedeutung**: so u.a. für die bilanz- und steuerrechtliche Behandlung des Leasings, die Behandlung des Leasings in der Insolvenz, die Inhaltskontrolle von AGB-Klauseln, insbes. hinsichtlich des Vorliegens einer überraschenden Klausel gemäß § 305 c BGB oder einer unangemessenen Benachteiligung des Leasingnehmers, § 307 BGB, für die ergänzende Vertragsauslegung, etc.[41]

8 Der **Leasingvertrag** ist auch nach der Schuldrechtsreform[42] nach gefestigter höchstrichterlicher Rechtsprechung und der h.M. in der Literatur zivilrechtlich als **atypischer Mietvertrag** zu werten, auf welchen **„in erster Linie“** die Vor-

---

[38] § 9 Rdn. 21.

[39] Vgl. zur Diskussion um die Abtretbarkeit von Gewährleistungsansprüchen auch nach der Schuldrechtsreform § 2 Rdn. 26.

[40] So auch *Beckmann*, Auswirkungen des Schuldrechtsmodernisierungsgesetzes auf die Leasing-Branche, FLF 2/2002, 46 ff.

[41] S. u.a. *Bordewin/Tonner*, Leasing im Steuerrecht, Rdn. 4 ff.

[42] Vgl. zu dem Einfluss der Schuldrechtsreform auf die Wirksamkeit der wesentlichen leasingtypischen Regelungen § 2 Rdn. 24.

schriften des Mietrechts, d.h. die **Regelungen** der **§§ 535 ff. BGB** und damit primär Mietrecht, anzuwenden ist.[43] Im Gesamtergebnis sind mit dieser Einordnung und damit mit der Anwendung der mietrechtlichen Regelungen **klare Strukturen** für die Leasingvertragsgestaltung für die Leasingvertragsparteien geschaffen und damit wird auch dem Bedürfnis der Leasingvertragsparteien nach **Rechtssicherheit** Genüge getan.

Die Einschränkung „in erster Linie" beruht auf der Berücksichtigung der von 9 den dispositiven Regelungen des Mietrechts abweichenden **Besonderheiten** der **typischen leasingvertraglichen Gestaltung** des Finanzierungsgeschäfts Leasing, welches durch eine spezifische, von dem gesetzlichen Mietrecht abweichende Interessen- bzw. Risikoverteilung geprägt ist und bei welchem daher die strikte Anwendung der mietrechtlichen Bestimmungen nicht angezeigt ist. Hierbei handelt es sich um die folgenden Bereiche: die Abwälzung von Sach- und Preisgefahr von dem Leasinggeber auf den Leasingnehmer, die Freizeichnung des Leasinggebers gegenüber dem Leasingnehmer von der mietrechtlichen Mängelhaftung gegen Abtretung der ihm als Käufer zustehenden Mängelansprüche an diesen bzw. gegen Ermächtigung zur Geltendmachung solcher Ansprüche, sog. **Abtretungs- bzw. Ermächtigungskonzept** sowie die Rechtsfolgen bei ordentlicher und außerordentlicher Vertragsbeendigung vor Ablauf der Vertragszeit.[44] Der aus dem Wesen des Leasings als Anschaffungsfinanzierung resultierende vertragsimmanente Anspruch des Leasinggebers auf die **vollständige Amortisation** seiner Aufwendungen einschl. des kalkulierten Gewinns auch bei vorzeitigem Vertragsende, unabhängig von dem gewählten Vertragstyp und der gewählten Vertragsgestaltung sowie gleichfalls unabhängig von einer überhaupt getroffenen bzw. wirksam getroffenen Vereinbarung zwischen den Leasingvertragsparteien, stellt jedoch keine Abweichung von dem dispositivem Mietrecht dar, sondern ist ein spezifisches Unterscheidungsmerkmal zwischen Miete und Leasing.

Die **Wertung** als **atypischer Mietvertrag** und damit die Nähe zu dem 10 gesetzlich geregelten Vertragstyp der Miete ist zum einen auf eine negative Ausgrenzung von vornherein nicht passender gesetzlicher Vertragstypen zurückzuführen, zum anderen darauf, dass zu dem gesetzlichen Vertragstyp Miete weitgehende Übereinstimmung trotz leasingtypischer Unterschiedlichkeiten besteht. Die wesentlichen **Übereinstimmungen** bestehen darin, dass beide Vertragstypen **entgeltliche Gebrauchsüberlassungsverträge** sowie **gegenseitige Verträge** i.S.d. **§§ 320 ff. BGB** sind sowie **Dauerschuldverhältnisse** darstellen. Nach dem Leitbild des Leasingvertrags trägt ähnlich wie bei der Miete der Leasinggeber als Vermieter die Nutzungsverschaffungspflicht und dem Leasingnehmer steht das Nutzungsrecht aufgrund des Leasingvertrags zu. Die Hauptvertragsverpflichtungen der Leasingvertragsparteien, die Entgeltpflicht des Leasingnehmers und die Gebrauchsüberlassungspflicht des Leasinggebers, stehen im

[43] *BGH*, Urt. v. 9.10.1985, VIII ZR 217/84, DB 49/1985, 2553 ff.

[44] S. u.a. *BGH*, Urt. v. 28.10.1981, VIII ZR 302/80, DB 9/1982, 480 f.; v. 9.10.1985, VIII ZR 217/84, BB 1/1986, 19 ff.; v. 17.12.1986, VIII ZR 279/85, BB 14/1987, 926 ff.; v. 30.9.1987, VIII ZR 226/86, BB 33/1987, 2260 ff.; v. 8.11.1989, VIII ZR 1/89, ZIP 3/1990, 173 ff.; v. 14.12.1989, IX ZR 283/88, DB 7/1990, 372 ff.; v. 10.10.1990, VIII ZR 296/89, WM 49/1990, 2043 ff.; *Kügel*, in: *Büschgen* (Hrsg.), Praxishandbuch Leasing, § 5 Rdn. 15, 18 ff.

Synallagma. Die eine Vertragspartei erbringt ihre Leistung um der Leistung der anderen willen. Leistung und Gegenleistung sind durch das Äquivalenzprinzip verknüpft. Eine Störung des Synallagmas der gegenseitigen Hauptpflichten der Leasingvertragsparteien kann eine Äquivalenzstörung darstellen. Zu der Miete besteht das wichtige **Unterscheidungsmerkmal** der Finanzierungsfunktion und damit die **leasingtypische Amortisation.** Finanzierungs- und Nutzungsfunktion des Leasings bilden zusammen das rechtliche Gepräge des Leasingvertrags. Daher sind z.B. auch die Leasingraten Entgelt für die Gebrauchsüberlassung und Finanzierungsleistung zugleich.[45]

11 In Gesamtbetrachtung kann man zwischem speziell einem **Kfz-Leasingvertrag** und einem **normalem Mietvertrag** mindestens die folgenden vier **Unterscheidungsmerkmale** ausmachen:

- dem Leasingnehmer wird vertraglich die Sach- und Preisgefahr für das Kfz zugewiesen;
- der Leasinggeber darf sich von der mietrechtlichen Mängelhaftung durch vertragliche Vereinbarung freizeichnen, indem er gleichzeitig dem Leasingnehmer seine kaufrechtlichen Sachmängelansprüche aus dem Kaufvertrag zwischen dem Leasinggeber und dem Lieferanten abtritt oder ihn zu deren Geltendmachung ermächtigt;
- für den Fall einer vorzeitigen Beendigung des Leasingvertrags hat der Leasinggeber nicht nur Anspruch auf Rückgabe des Kfz, sondern auch Anspruch auf Vollamortisation seiner in das Kfz seinerzeit getätigten Investitionsmittel. Hier tritt der im Hintergrund stehende Finanzierungscharakter in den Vordergrund;
- als Besonderheit des Kfz-Leasings, die für das Leasing anderer Güter nicht gilt, ist dem Leasingnehmer bei Diebstahl und Totalschaden ein kurzfristiges Kündigungsrecht[46] einzuräumen, natürlich mit der im vorgenannten Punkt erwähnten Vollamortisationsfolge. Fehlt dieses, unterbleibt zwangsläufig die Überwälzung der Sachgefahr und es kann in diesen Fällen auch kein Vollamortisationsanspruch entstehen.

12 Trotz der gefestigten höchstrichterlichen Einordnung des Leasingvertrags und der entsprechenden h.M. in der Literatur finden sich in der Literatur **abweichende zivilrechtliche Einordnungsversuche**, welche jedoch den wesentlichen Wertungen des BGH zum Finanzierungsgeschäft Leasing entgegenstehen. Diese wären u.a.: **Darlehen**, **Kauf**[47], **reiner Mietvertrag**[48], entgeltliches **Auftrags- bzw. Geschäftsbesorgungsverhältnis**[49], **Ratenkauf**, **Vertrag sui generis**[50] etc.[51] Von Bedeutung im Hinblick auf die bilanz- bzw. steuerrechtli-

[45] *BGH*, Urt. v. 4.7.1990, VIII ZR 288/89, DB 41/1990, 2061 ff.

[46] § 9 Rdn. 21.

[47] *Ebenroth*, Der Finanzierungs-Leasing-Vertrag als Rechtsgeschäft zwischen Miete und Kauf – BGH, Betr 1977, 395, JuS 9/1978, 588 ff., 593.

[48] *Flume*, Das Rechtsverhältnis des Leasing in zivilrechtlicher und steuerrechtlicher Sicht, Teil I, DB 1/1972, 1 ff., 4.

[49] *Canaris*, NJW 1982, 305 f.

[50] *Lieb*, § 9 Verbraucherkreditgesetz und Finanzierungsleasing, WM 1991, 1533 ff.

[51] S. die eingangs dieses Kapitel aufgeführte Literatur sowie u.a. m.w.N. *Reinking*, Autoleasing, 56.

che Betrachtung des Geschäfts, insbes. für die Frage der Zurechnung, ist die **Abgrenzung** zwischen **Leasingvertrag** und **Mietkauf**, welche gleichermaßen Finanzierungsfunktion haben[52].

Auch das Vertragsmodell des **Kfz-Leasingvertrags mit Kilometerabrechnung**, neben dem Kfz-Leasingvertrag mit Gebrauchtwagenabrechnung eines der beiden marktgängigen Vertragsmodelle im Kfz-Leasing[53], ist nach höchstrichterlicher Rechtsprechung als **Finanzierungsleasing** zu werten und zivilrechtlich als **atypischer Mietvertrag** einzuordnen. Der Leasingnehmer schuldet dem Leasinggeber auch bei diesem Vertragstyp **Vollamortisation.** Bei diesem Vertragstyp ist regelmäßig **keine** vom Bundesgerichtshof so bezeichnete **Amortisationslücke** zu erwarten. Wesentlich ist, dass es nach höchstrichterlicher Rechtsprechung für die Annahme von Finanzierungsleasing ausreicht, dass Aufwand und Kosten des Leasinggebers ganz überwiegend durch die Zahlungen des Leasingnehmers amortisiert werden und dass Finanzierungsleasing auch dann anzunehmen ist, wenn der Leasinggeber zwar das Verwertungsrisiko trägt, das Amortisationsziel jedoch durch Zahlungen des Leasingnehmers und Verwertung des zurückgegebenen Kfz, für dessen ordnungsgemäßen Zustand der Leasingnehmer haftet, erreicht wird. Es ist daher ausreichend, dass ein so wesentlicher Teil durch die Zahlung der Leasingraten ausgeglichen wird, dass die Vollamortisation nach Rückgabe des Kfz ohne erneutes Verleasen an weitere Leasingnehmer durch anschließende Verwertung erreicht wird und hierdurch keine Amortisationslücke für den Leasinggeber zu erwarten ist. 13

Anlass zu der Frage nach der Wertung des Kilometervertrags als Finanzierungsleasing war, dass es sich bei diesem Vertragsmodell um einen aus der Praxis des Kfz-Leasinggeschäfts entwickelten, nicht erlasskonformen Vertragstyp mit einer besonderen Risikoverteilung dergestalt handelt, dass hier der Leasinggeber im Unterschied zu dem weiteren marktbeherrschenden Vertragsmodell mit Gebrauchtwagenabrechnung das Verwertungsrisiko trägt. Aufgrund dieser besonderen Risikoverteilung war die rechtliche Einordnung dieses Vertragstyps als Finanzierungsleasing und Kreditvertrag im Sinne des vormaligen Verbraucherkreditgesetzes[54] bzw. dessen Vorgängers, des Abzahlungsgesetzes, auf diesen lange Zeit umstritten, da für das Vorliegen eines Finanzierungsleasingvertrags gewöhnlich gefordert wird, dass das Amortisationsrisiko bei dem Leasingnehmer liegt. 14

In der Gesamtbetrachtung von Wertung als atypischer Mietvertrag, Anwendbarkeit der gesetzlichen mietrechtlichen Regelungen „in erster Linie“ sowie der Berücksichtigung der Besonderheiten des Leasings könnte man daher zusammenfassend bei der **rechtlichen Prüfung** eines **Kfz-Leasingvertrags** in **folgenden Schritten** vorgehen: 15

Vorrangige Frage ist, ob überhaupt eine der beiden typischen **Vertragsformen** im **Kfz-Leasing** – Kfz-Leasingvertrag mit Kilometerabrechnung oder Kfz-Leasingvertrag mit Gebrauchtwagenabrechnung – vorliegt. Liegt keiner dieser Vertragstypen vor, ist zu prüfen, ob es sich überhaupt um einen **Leasingver-**

[52] S. hierzu insbes. *Bordewin/Tonner*, Leasing im Steuerrecht, Rdn. 19.
[53] §3 Rdn. 21.
[54] Vgl. die vormaligen Regelungen §§1 Abs. 1, 3 Abs. 2 Nr. 1 VerbrKrG.

trag handelt. Liegt jedoch eine der beiden Vertragsformen vor, richten sich die gegenseitigen Rechte und Pflichten nach den in dem Leasingvertrag getroffenen **Individualvereinbarungen** und den abgedruckten **Allgemeinen Geschäftsbedingungen**, ggf. unter Berücksichtigung der in das BGB durch das Schuldrechtsmodernisierungsgesetz integrierten verbraucherschützenden Regelungen. Erst wenn sich für die zu bearbeitende Problemstellung in dem Leasingvertrag keine Regelung findet oder die einschlägige Klausel hinsichtlich der Vereinbarkeit mit den Regelungen der §§ 305 ff. BGB Zweifel aufwirft, ist auf die **Rechtsprechung zum Leasingrecht** zurückzugreifen. Bei der Auswertung der Rechtsprechung ist sorgfältig darauf zu achten, dass Vertragsform und Vertragsausgestaltung des zu prüfenden Vertrags mit der des in der Rechtsprechung behandelten Vertrags vergleichbar sind, denn der Rechtsprechung allgemein zum Leasinggeschäft liegen vielfach völlig andere Vertragsformen für andere Leasinggüter als ein Kfz zugrunde. Da der Leasingvertrag vor der Schuldrechtsreform überhaupt keine bzw. nur eine teilweise gesetzliche Erwähnung in dem vormaligen Verbraucherkreditgesetz aufwies, hatte die Rechtsprechung vielfach überhaupt erst **Anspruchsgrundlagen** entwickelt. Hierbei wurde tendenziell stark auf die von der Rechtsprechung selbst erst konkretisierte Rechtsnatur des Leasingvertrags abgestellt, die aus den Komponenten Gebrauchsüberlassung und Finanzierungscharakter besteht. Der Finanzierungscharakter des Leasings verleiht dem Leasinggeber grundlegend einen Anspruch auf Vollamortisation, der auch im Zusammenhang mit der regulären Beendigung des Leasingvertrags von Bedeutung ist.

Bei der rechtlichen Beurteilung eines Kfz-Leasingvertrags ist auf das gesetzliche Mietrecht allenfalls dann zurückzugreifen, wenn die vorgenannten Rechtsquellen für das zu prüfende Problem nichts aussagen. Ob in diesem Zusammenhang überhaupt eine Aussage vorliegt, ist beim Leasing nicht ohne weiteres offensichtlich. Wegen fehlender Legaldefinitionen werden viele Begriffe synonym in vielfacher Ausprägung benutzt. Insbesondere die Entwicklung der Rechtsprechung hat dazu geführt, dass von der ursprünglich betriebswirtschaftlichen Konzeption des Leasings als einer besonderen Form der Finanzierung zivilrechtlich eine besondere Form des Mietvertrags mit im Hintergrund stehendem Finanzierungscharakter wurde. Die nach gefestigter höchstrichterlicher Rechtsprechung und h.M. in der Literatur vorzunehmende zivilrechtliche Einordnung des Leasingvertrags als atypischer Mietvertrag ist jedoch unabhängig von der von den Parteien gewählten Bezeichnung des konkreten Vertrags bzw. der Parteien. Diese können jedoch als ein wichtiges Indiz für die Vertragsauslegung dienen. **Entscheidend** für die zivil- und steuerrechtliche **Einordnung** im Rahmen der Feststellung eines Leasingvertrags ist der **konkrete leasingtypische Vertragsinhalt**.

C. Leasing als Formularrecht, §§ 305–310 BGB

Schrifttum: *Berninghaus*, Fahrzeugleasing, in: *Büschgen* (*Hrsg.*), Praxishandbuch Leasing, § 15 Rdn. 4 ff., 13; *Beckmann*, Zustandekommen und Inhalt des Finanzierungsleasinggeschäfts, in: *Büschgen* (*Hrsg.*), Praxishandbuch Leasing, § 6 Rdn. 55 ff., 129 ff., 157 ff.; *Godefroid*, Finanzierungsleasingverträge und Schuldrechtsmodernisierungsgesetz, Beil. 5 zu H 27/2002, 2 ff., 2; *Hartleb*, Leasingvertragsklauseln und Inhaltskontrolle nach dem AGB-Gesetz, NZM 8/1998, 295 ff.; *Löbbe*, Der Finanzierungsleasingvertrag nach der Schuldrechtsreform, in: Verbraucherleasing nach der Schuldrechtsreform, BB Beil. 6 H 35/2003, 7 ff., 10; *Reinking*, Autoleasing, 66 ff., 79 f.; *v. Westphalen*, Der Leasingvertrag, 79 ff.; *Wolf/Eckert/Ball*, Handbuch des gewerblichen Miet-, Pacht- und Leasingrechts, 477, 488 f.

Das Rechtsinstitut des Leasings hat ausgenommen der mit der Schuldrechtsreform neu eingefügten Regelung des § 500 BGB keine gesetzliche Regelung in dem Bürgerlichen Gesetzbuch erfahren. Aufgrund der mangelnden gesetzlichen Typisierung hat sich in der Praxis des Leasinggeschäfts das Bedürfnis nach einer **Standardisierung** insbes. im Massengeschäft herausgebildet. Leasingverträge werden daher in dem Leasinggeschäft allgemein aufgrund der mangelnden gesetzlichen Typisierung überwiegend als Formularverträge unter Einschluss Allgemeiner Geschäftsbedingungen des Leasinggebers geschlossen. Dies gilt insbes. für das **Kfz-Leasing** als **Massengeschäft**. **Leasing** ist **Formularrecht par excellence**. Auch hinsichtlich der Lieferverträge findet gewöhnlich eine Einbeziehung der Einkaufs- bzw. Verkaufsbedingungen statt. Die meisten Kfz-Leasinggeber legen ihren Leasingbedingungen die jeweils gültigen **„Allgemeinen Geschäftsbedingungen für das Leasing von Neufahrzeugen zur privaten Nutzung"**, einer unverbindlichen Empfehlung des Verbandes der Automobilindustrie e. V. **(VDA)**, aktueller Stand v. 12.11.2003, jeweils zugrunde.[55] 16

Leasingrecht ist ferner **Richterrecht**. Da das Leasingrecht ausgenommen nunmehr der Regelung des § 500 BGB gesetzlich nicht kodifiziert ist, ist dieses weitgehend in den wesentlichen Bereichen durch die Rechtsprechung mit Inhalten ausgefüllt worden. Hierdurch kann im Lauf der Jahre auf eine umfangreiche Rechtsprechung zum Leasingrecht zurückgegriffen werden. Die Inhaltskontrolle der Leasingbedingungen macht hierbei in der Rechtsprechung einen großen Anteil aus. Der einzelne Leasingvertrag ist daher grds. auf seine inhaltliche Übereinstimmung mit den Regelungen der §§ 305 ff. BGB zu überprüfen. Insbesondere muss für den Leasingnehmer die von dem Leasinggeber gewählte Berechnungsweise klar und verständlich sein, sog. **Transparenzgebot, nunmehr gesetzlich geregelt** in **§ 307 Abs. 1 S. 2 BGB.**[56] Die Leasinggeber überprüfen demzufolge anhand der neuesten Rechtsprechung fortlaufend ihre Leasingbedingungen. Nach der Schuldrechtsreform kann weitgehend auf die bisherige Rechtsprechung zum AGB-Recht zurückgegriffen werden. 17

[55] Bundesanzeiger, Bekanntmachung Nr. 170, 2003.

[56] S. insbes. *Beckmann*, Auswirkungen des Schuldrechtsmodernisierungsgesetzes auf die Leasing-Branche, FLF 2/2002, 46 ff., 53 u. *Godefroid*, Finanzierungsleasingverträge und Schuldrechtsmodernisierungsgesetz, BB Leasing-Berater, Beil. 5 zu H 27/2002, 2 ff., 2; *Wolf/Eckert/Ball*, Handbuch des gewerblichen Miet-, Pacht- und Leasingrechts, 546; *Reinking/Eggert*, Der Autokauf, Rdn. 751.

18 Leasingverträge sind grds. formfrei abzuschließen. Die Regelungen über den Vertragsschluss ergeben sich aus den **§§ 145 ff. BGB**. Für das **Verbraucherleasing** besteht jedoch **Schriftformerfordernis, §§ 500 BGB, 492 Abs. 1**.[57] Die **formellen Voraussetzungen** für die **Einbeziehung Allgemeiner Geschäftsbeziehungen** in den Vertrag finden sich nach der Schuldrechtsreform nunmehr in den **§§ 305 ff. BGB**. Regelmäßig wird auf der Leasingbestellung auf die Geltung der oft auf der Rückseite der Vertragsurkunde abgedruckten Leasingbedingungen hingewiesen. Der Hinweis muss deutlich vor der Unterschriftsrubrik erfolgen.[58]

19 Die mit der Schuldrechtsreform verbundenen Änderungen im Bürgerlichen Gesetzbuch, vornehmlich die Eingliederung verbraucherschützender Vorschriften und die Neukonzeption des Sachmängelrechts, führten zu einer Überprüfung der Wirksamkeit der Allgemeinen Geschäftsbedingungen der Leasinggeber.[59] Aus den Regelungen der §§ 305 c Abs. 2, 307 Abs. 1 S. 1, Abs. 2 Nr. 1 BGB ergibt sich das Verbot der geltungserhaltenden Reduktion einer Klausel.[60]

In den Vorschriften der §§ 305 bis 310 BGB ist weitgehend der materielle Teil des bisherigen AGBG (§§ 1 bis 11, 23 und 24 AGBG) übernommen worden. Neue Vorschriften des Gesetzes zur Modernisierung des Schuldrechts sind: Klarheit und Verständlichkeit der AGB (§ 307 Abs. 1 S. 2 BGB), Einbeziehung der AGB bei körperlicher Behinderung des Vertragspartners (§ 305 Abs. 2 Nr. 2 BGB), pauschalierter Schadensersatz (§ 309 Nr. 5 b BGB) und Grenzen des Haftungsausschlusses (§ 309 Ziff. 7 a) BGB).[61] Die Regelungen der §§ 305 Abs. 2 und 3, 308 und 309 BGB finden keine Anwendung auf Leasingbedingungen, die gegenüber einem Unternehmer, § 14 BGB, gestellt werden, § 310 Abs. 1 S. 1 BGB. Die Prüfung hat anhand der Vorschrift des § 307 Abs. 2 Nr. 1 BGB zu erfolgen, § 310 Abs. 1 S. 2 BGB.[62]

D. Kfz-Leasing nach der Schuldrechtsreform

20 Mit dem am 1.1.2002 in Kraft getretenen Gesetz zur Modernisierung des Schuldrechts sind drei EU-Richtlinien – **Richtlinie** über den **Verbrauchsgü-**

---

[57] § 11 Rdn. 17. S. auch *Tiedtke/Möllmann*, Entwicklung der aktuellen Rechtsprechung des BGH zum Leasingrecht, DB 17/2004, 915 ff., 919.

[58] S. Privat- und Geschäftsfahrzeug-Leasing-Bestellungen; *Reinking/Koyka*, Mobilienleasing: in: *Kroiß* (*Hrsg.*), Klauselbuch Schuldrecht, Rdn. 14; *Reinking/Eggert*, Der Autokauf, Rdn. 798.

[59] *Reinking/Eggert*, Der Autokauf, Rdn. 746, 877; *Reinking/Koyka*, Mobilienleasing, in: *Kroiß* (*Hrsg.*), Klauselbuch Schuldrecht, Rdn. 7, 131.

[60] *Palandt/Heinrichs*, BGB, Vorb. v. § 307 BGB Rdn. 8; *Reinking/Koyka*, Mobilienleasing, in: *Kroiß* (*Hrsg.*), Klauselbuch Schuldrecht, Rdn. 11 f., 12, 60.

[61] S. ausführlich *Godefroid*, Finanzierungsleasingverträge und Schuldrechtsmodernisierungsgesetz, BB Leasing-Berater, Beil. 5 zu H 27/2002, 2 ff., 2; *Reinking/Koyka*, Mobilienleasing, in: *Kroiß* (*Hrsg.*), Klauselbuch Schuldrecht, Rdn. 17.

[62] *Palandt/Heinrichs*, BGB, § 310 BGB Rdn. 3; *Reinking/Koyka*, Mobilienleasing, in: *Kroiß* (*Hrsg.*), Klauselbuch Schuldrecht, Rdn. 15.

terkauf, Richtlinie zur **Bekämpfung von Zahlungsverzug im Geschäftsverkehr** und Richtlinie über den **elektronischen Geschäftsverkehr** – umgesetzt worden, wobei der Richtlinie über den Verbrauchsgüterkauf angesichts ihrer Wirkung auf die Struktur des Schuldrechts besondere Bedeutung zukam. Ziel der angestrebten Rechtsangleichung war die **Integration des sondergesetzlich geregelten Verbraucherrechts** und die **Neuordnung** des **Schuldrechts** sowie des **Verjährungsrechts** des BGB, kurz bezeichnet als „große Lösung". Der **Verbraucherschutz** zeigt sich nach der Reform als wesentliches Schutzprinzip des bürgerlichen Rechts insbes. darin, dass das BGB nunmehr fast alle wesentlichen verbraucherschützenden Vorschriften des Privatrechts enthält, insbes. diejenigen, die zuvor in dem Verbraucherkreditgesetz und in dem AGB-Gesetz enthalten waren.[63]

Wichtige mit dem Schuldrechtsmodernisierungsgesetz verbundene Änderungen im Vergleich zu der alten Rechtsordnung sind in einer Kurzbetrachtung die nachfolgenden[64]. Mit dem Schuldrechtsmodernisierungsgesetz ist das **Kaufrecht** in **wesentlichen Bereichen geändert** worden. Dies gilt insbes. für das **Gewährleistungsrecht** des Kaufvertrags, welches seine eigenständige Bedeutung verloren hat und in das **Leistungsstörungsrecht eingliedert** wurde. Dies ist u.a. Ausfluss der Umsetzung der EU-Richtlinie über den Verbrauchsgüterkauf und stellt eine umfassende Neuordnung dieses Rechtsbereichs dar.[65] Die kaufrechtlichen Sachmängelansprüche haben durch diese Neuordnung eine Änderung ihrer Rechtsnatur erfahren, was z.B. für die Wirksamkeit der leasingtypischen Abtretungkonstruktion von Bedeutung, letztlich jedoch nicht relevant ist.[66] Zentraler Begriff im neuen Leistungsstörungsrecht ist der Zentraltatbestand der **Pflichtverletzung, §280 BGB**, unter welchem nunmehr sämtliche Erscheinungsformen der Leistungsstörungen – Unmöglichkeit, Verzug und positive Forderungsverletzung – zusammengefasst werden.[67] Ferner ist das **Ver-** 21

[63] Schuldrechtsmodernisierungsgesetz – SMG v. 26.11.2001, BGBl. I S. 3138; Richtlinie des Europäischen Parlaments und des Rates zu bestimmten Aspekten des Verbrauchsgüterkaufs und der Garantien für Verbrauchsgüter (RL 1999/44/EG v. 25.5.1999), AblEG Nr. L 171 S 12, NJW 1999, 2421; Richtlinie des Europäischen Parlamentes und des Rates zur Bekämpfung von Zahlungsverzug im Geschäftsverkehr (RL 2000/35/EG v. 25.6.2000), AblEG Nr. L 200 S 35, NJW 2001, 132; Richtlinie des Europäischen Parlamentes und des Rates über den elektronischen Geschäftsverkehr (RL 2000/31/EG v. 8.6.2000), AblEG Nr. L 178 S 1, EuZW 2000, 527. S. auch *Palandt/Heinrichs*, BGB, Einleitung Rdn. 21; *Rolland*, Einführung, in: *Haas/Medicus/Rolland/Schäfer/Wendtland*, Das neue Schuldrecht, 2ff.; *Henssler*, Einführung in das Schuldrechtsmodernisierungsgesetz, in: *Henssler/v. Westphalen (Hrsg.)*, Praxis der Schuldrechtsreform, 3ff., 8.

[64] S. *Palandt/Heinrichs*, BGB Einl. Rdn. 13ff.; *Henssler*, Einführung in das Schuldrechtsmodernisierungsgesetz, in: *Henssler/v. Westphalen (Hrsg.)*, Praxis der Schuldrechtsreform, 3ff.

[65] *Rolland*, Grundzüge des Schuldrechtsmodernisierungsgesetzes, in: *Haas/Medicus/Rolland/Schäfer/Wendtland*, Das neue Schuldrecht, 14ff.; *Henssler*, Einführung in das Schuldrechtsmodernisierungsgesetz, in: *Henssler/v. Westphalen*, Praxis der Schuldrechtsreform, 13, 16ff.

[66] *Reinking/Koyka*, Mobilienleasing, in: *Kroiß (Hrsg.)*, Klauselbuch Schuldrecht, Rdn. 54,55; §2 Rdn. 26.

[67] *Rolland*, Grundzüge des Schuldrechtsmodernisierungsgesetzes, in: *Haas/Medicus/Rolland/Schäfer/Wendtland*, Das neue Schuldrecht, Rdn. 4; *Reinking/Koyka*, Mobilienleasing, in: *Kroiß (Hrsg.)*, Klauselbuch Schuldrecht, Rdn. 76; *Henssler*, Einführung in das Schuldrechtsmo-

jährungsrecht umfangreich geändert worden.[68] Wichtiger Bestandteil der mit der Schuldrechtsreform verfolgten „großen Lösung“ war die **Integration** der **Verbraucherschutzgesetze**, nämlich des **AGB-Gesetzes** und des **Verbraucherkreditgesetzes** sowie anderer Gesetze[69] in das **BGB**[70]. Der **materielle Teil** des **bisherigen AGB-Gesetzes** ist in die **§§ 305–310 BGB** übernommen worden. Die Übernahme des Verbraucherkreditgesetzes in das BGB erforderte eine Neustrukturierung der Vorschriften über das Darlehen. Das Gelddarlehen ist nunmehr in den Vorschriften §§ 488 ff. BGB geregelt. Die Vorschriften über den entgeltlichen Zahlungsaufschub und sonstige Finanzierungshilfen sind in den §§ 499–504 zusammengefasst.[71] Über die zentrale Verweisungsnorm **§§ 500, 499 Abs. 2** ist das **Finanzierungsleasing** zwischen einem Unternehmer und einem Verbraucher als **Finanzierungshilfe** erfasst. Wichtiger Bestandteil des mit dem Schuldrechtsmodernisierungsgesetz angestrebten Verbraucherschutzes sind insbes. die – im Zuge des Fernabsatzgesetzes v. 27.6.2000 in das BGB neu aufgenommenen – Regelungen der **§§ 13, 14 BGB**, in denen die Zentralbegriffe des bürgerlichen Rechts **Unternehmer** und **Verbraucher** als Gegenbegriffe gesetzlich definiert werden.[72]

22 Das **Schuldrechtsmodernisierungsgesetz** ist am 1.1.2002 in Kraft getreten. Das neue Recht gilt für ab dem 1.1.2002 entstandene Schuldverhältnisse und mit Wirkung ab dem 1.1.2003 auch für vor dem 1.1.2002 geschlossene Dauerschuldverhältnisse und damit für Leasingverträge, Art. 229 § 5 EGBGB. Gemäß Art. 2 § 4 SchuldRModG hatten die Leasinggeber ihre **Leasingbedingungen** dem neuen Recht bis zum 1.1.2003 anzupassen und angepasst.[73] Im Zuge der Schuldrechtsreform war hiermit gesetzlich eine Überprüfung der Leasingbedingungen angeordnet. Aufgrund der Ausprägung des Leasingrechts als Richterrecht und Formularrecht bedürfen Leasingbedingungen ohnehin fortwährend einer Überprüfung ihrer Wirksamkeit durch die aktuelle Rechtsprechung. Gleichwohl ist festzuhalten, dass das Leasingrecht in seinen wesentlichen

---

dernisierungsgesetz, in: *Henssler/v. Westphalen (Hrsg.)*, Praxis der Schuldrechtsreform, 12 ff.; § 5 Rdn. 4.

[68] *Reinking/Koyka*, Mobilienleasing, in: *Kroiß (Hrsg.)*, Klauselbuch Schuldrecht, Rdn. 83 ff.; *Henssler*, Einführung in das Schuldrechtsmodernisierungsgesetz, in: *Henssler/v. Westphalen (Hrsg.)*, Praxis der Schuldrechtsreform, 11 ff., 16.

[69] Gesetz über Fernabsatzverträge, Gesetz über den Widerruf von Haustürgeschäften und das Teilzeitwohnrechtsgesetz. Für das Leasinggeschäft sind die Vorschriften zu den Haustürgeschäften, §§ 312 f. BGB und zum Fernabsatzvertrag, §§ 312 b ff. BGB nicht von praktischer Relevanz, s. näher *Reinking/Koyka*, Mobilienleasing, in: *Kroiß (Hrsg.)*, Klauselbuch Schuldrecht, Rdn. 14.

[70] *Henssler*, Einführung in das Schuldrechtsmodernisierungsgesetz, in: *Henssler/v. Westphalen (Hrsg.)*, Praxis der Schuldrechtsreform, 10; *Godefroid*, Finanzierungsleasingverträge und Schuldrechtsmodernisierungsgesetz, Leasing-Berater, Beil. 5 zu H 27/2002, 2 ff., 2.

[71] *Rolland*, Grundzüge des Schuldrechtsmodernisierungsgesetzes, in: *Haas/Medicus/Rolland/Schäfer/Wendtland*, Das neue Schuldrecht, 17 f.; *Schäfer*, Darlehens- und Verbraucherkreditvertrag, in: *Haas/Medicus/Rolland, Schäfer/Wendtland*, Das neue Schuldrecht, 335.

[72] *Palandt/Heinrichs*, BGB, § 14 Rdn. 1.

[73] *Godefroid*, Finanzierungsleasingverträge und Schuldrechtsmodernisierungsgesetz, BB Leasing-Berater, Beil. 5 zu H 27/2002, 2 ff., 2.

Bereichen bereits durch eine gefestigte höchstrichterliche Rechtsprechung inhaltlich ausgefüllt ist.

In das Schuldrechtsmodernisierungsgesetz wurden keine besonderen gesetzlichen neuen Regelungen für das Finanzierungsleasing aufgenommen. Der Gesetzgeber hat angesichts der gefestigten höchstrichterlichen Rechtsprechung zum Leasingrecht offenbar keinen Anlass zu einer Veränderung gesehen, auch nicht im Rahmen der mit der Schuldrechtsreform verfolgten Ziele. Der **Finanzierungsleasingvertrag** zwischen einem **Unternehmer** und einem **Verbraucher** ist jedoch statt der bisherigen bloßen gesetzlichen Erwähnung in der vormaligen Regelung des § 3 Abs. 2 Nr. 1 VerbrKrG, welche Regelung die Anwendung bestimmter Vorschriften des VerbrKrG ausgenommen hatte, nunmehr als **Vertragstyp** in der neu eingefügten **Regelung** des **§ 500 BGB**[74], welcher der Vorgängerreglung ähnlich ist, unter einem Untertitel, nämlich Titel 3 „Darlehensvertrag; Finanzierungshilfen und Ratenlieferungsverträge zwischen einem Unternehmer und Verbraucher/Untertitel 2 „Finanzierungshilfen" zwischen einem Unternehmer und einem Verbraucher" aufgeführt. § 500 BGB regelt u.a., welche Vorschriften des Verbraucherdarlehensrechts und des Widerrufsrechts auf Finanzierungsleasingverträge zwischen einem Unternehmer (§ 14 BGB) und einem Verbraucher (§ 13 BGB) entsprechend Anwendung finden. Für Finanzierungsleasingverträge zwischen Unternehmern enthält das BGB keine besonderen Vorschriften.[75] 23

Das Leasingrecht ist von der Schuldrechtsreform in einigen wesentlichen Bereichen, nämlich in denen, die in gefestigter höchstrichterlicher Rechtsprechung als leasingtypisch anerkannt sind, gar nicht, in anderen Bereichen, wie der Eingliederung des Gewährleistungsrechts des Kaufvertrags in das Leistungsstörungsrechts, der Änderung des Verjährungsrechts und der systematischen Verschiebungen der Vorschriften des AGB-Gesetzes und des Verbraucherkreditgesetzes in das BGB, jedoch erheblich betroffen. 24

Unverändert geblieben von der Schuldrechtsreform sind im einzelnen die folgenden typischen Inhalte des gewachsenen Leasingrechts: Der gesetzlich geregelte Vertragstyp der **Miete** ist weiterhin **Leitbild** für das **Finanzierungs-**

---

[74] „*§ 500 Finanzierungsleasingverträge* Auf Finanzierungsleasingverträge zwischen einem Unternehmer und einem Verbraucher finden lediglich die Vorschriften der §§ 358, 359, 492 Abs. 1 Satz 1 bis 4, § 492 Abs. 2 und 3 und § 495 Abs. 1 sowie der §§ 496 bis 498 entsprechende Anwendung." S. hierzu u.a. *Schäfer*, Darlehens- und Verbraucherkreditvertrag, in: *Haas/Medicus/Rolland/Schäfer/Wendtland*, Das neue Schuldrecht, 336 f.

[75] S. auch *Palandt/Putzo*, BGB § 500 Rdn. 1; *Arnold*, Gewährleistung beim Finanzierungsleasing nach der Schuldrechtsreform, DStR 25/2002, 1049 ff., 1049; *Beckmann*, Auswirkungen des Schuldrechtsmodernisierungsgesetzes auf die Leasing-Branche, FLF 2/2002, 46 ff., 46; *Reinking*, Die Auswirkungen der Schuldrechtsreform auf das private Kraftfahrzeugleasing, DAR 4/2002, 145 ff., 145; *Godefroid*, Finanzierungsleasingverträge und Schuldrechtsmodernisierungsgesetz, BB Leasing-Berater, Beil. 5 zu H 27/2002, 2 ff., 2; *Müller-Sarnowski*, Privat-Autoleasing nach der Schuldrechtsreform, DAR 11/2002, 485 ff. S. zur Verwendung von Leasingbedingungen gegenüber Verbrauchern und gegenüber Unternehmern insbes. *Godefroid*, Finanzierungsleasingverträge und Schuldrechtsmodernisierungsgesetz, BB Leasing-Berater, Beil. 5 zu H 27/2002, 2 ff., 2 u. *Müller-Sarnowski*, Privat-Autoleasing nach der Schuldrechtsreform, DAR 11/2002, 485 ff.

leasing i.S.d. **§ 307 BGB**. Die Regelungen über den Vertragsschluss sind, abgesehen von der Berücksichtigung der in das BGB eingefügten verbraucherschützenden Regelungen des neuen Rechts, insoweit unverändert geblieben, §§ 145 ff. BGB. Die **leasingtypische Interessenlage** in dem **Dreiecksverhältnis** zwischen Leasinggeber, Leasingnehmer und Lieferant besteht unverändert. Das **Vertragsverhältnis** aus dem Leasingvertrag mit den Rechten und Pflichten als **gegenseitiger Vertrag i.S.d. §§ 320 ff.**, geprägt durch die nebeneinander stehende Nutzungsüberlassungs- und Finanzierungsfunktion des Leasings zwischen den **Leasingvertragsparteien,** bleibt in seiner typischen Struktur unverändert bestehen.[76] Insbes. ist die Finanzierungsfunktion des Finanzierungsgeschäfts Leasing durch die Reform nicht verstärkt worden. Da sich an der leasingtypischen Dreiecksbeziehung und den getrennten Vertragsbeziehungen zwischen den Beteiligten durch die Reform nichts geändert hat, stehen dem Leasingnehmer auch kaufrechtliche Mängelansprüche gegenüber dem Lieferanten nur aus abgetretenem Recht zu.[77] Die im Zuge der Schuldrechtsreform erfolgte Neuordnung der kaufrechtlichen Gewährleistung hat kein Leistungsverweigerungsrecht gegenüber dem Leasinggeber im Leasingvertragsverhältnis geschaffen. Der **Leasingnehmer** hat daher auch nach der Neuregelung der kaufrechtlichen Gewährleistung, nachdem der Leasingvertrag in Vollzug gesetzt wurde, **kein Zurückbehaltungsrecht** hinsichtlich der **Leasingraten,**[78] d.h. ihm steht nicht die Einrede des nichterfüllten Vertrags zu, **§ 320 BGB**. In diesem Ausschluss ist auch kein Verstoß gegen die Regelung des § 309 Abs. 1 Nr. 2 BGB zu sehen.[79] Letztlich ist auch festzustellen, dass das Schuldrechtsmodernisierungsgesetz nichts an den **Formen** der **Vertragsbeendigung** geändert hat.[80]

25 Unverändert geblieben in ihrer Wirksamkeit sind durch die Schuldrechtsreform insbes. die leasingtypischen regelmäßig formularmäßig niedergelegten Kernbereiche des Finanzierungsleasings: **Überwälzung** von **Sach- und Preisgefahr** von dem Leasinggeber auf den Leasingnehmer, **Amortisationsprinzip bzw. vertragsimmanenter Ausgleichsanspruch des Leasinggebers** und – wenngleich auch anlässlich der Schuldrechtsreform in der Literatur diskutiert[81],

---

[76] *Reiner/Kaune*, Die Gestaltung von Finanzierungsleasingverträgen nach der Schuldrechtsreform, WM 47/2002, 2314 ff.; *Reinking*, Auswirkungen der geänderten Sachmängelhaftung auf den Leasingvertrag, ZGS 6/7/2002, 229 ff., 232; *Godefroid*, Finanzierungsleasingverträge und Schuldrechtsmodernisierungsgesetz, BB Leasing-Berater Beil. 5 zu H 27/2002, 2 ff., 4.

[77] § 6 Rdn. 2.

[78] So *v. Westphalen*, Die Auswirkungen der Schuldrechtsreform auf die „Abtretungskonstruktion“ beim Leasing, ZIP 51–52/2001, 2258 ff.

[79] Vgl. *Jaggy*, Kaufvertragliche Ersatzlieferung und Leasingvertrag, BB Leasing-Berater, Beil. 5/2002, 14 ff., 18; *Beckmann*, Auswirkungen des Schuldrechtsmodernisierungsgesetzes auf die Leasing-Branche, FLF 2/2002, 46 ff.; *Godefroid*, Finanzierungsleasingverträge und Schuldrechtsmodernisierungsgesetz, BB Leasing-Berater, Beil. 5 zu H 27/2002, 2 ff., 4.; *Arnold*, Gewährleistung beim Finanzierungsleasing nach der Schuldrechtsreform, DStR 25/2002, 1049 ff., 1052.

[80] S. auch *Reinking/Eggert*, Der Autokauf, Rdn. 826; *Reinking/Koyka*, Mobilienleasing, in: *Kroiß (Hrsg.)*, Klauselbuch Schuldrecht, § 14 Rdn. 54, 14, 140, 152.

[81] So aufgeworfen von *v. Westphalen*, Die Auswirkungen der Schuldrechtsreform auf die „Abtretungskonstruktion“ beim Leasing, ZIP 51–52/2001, 2258 ff., 2259.

im Ergebnis aber von der h.M. bestätigt[82] – die sog. **Abtretungskonstruktion** im Bereich der Sachmängelhaftung.

Insbes. kann auch nach der Schuldrechtsreform unverändert von der Wirksamkeit der **leasingtypischen Abtretungskonstruktion**[83] ausgegangen werden, wie nachfolgend ausgeführt wird. 26

Zusammenfassend sei das leasingtypische Abtretungskonzept bzw. Ermächtigungskonzept noch einmal in Kürze vorgestellt: Der **Leasinggeber zeichnet sich** regelmäßig von **seiner mietrechtlichen Eigenhaftung** für **Sachmängel**, d.h. seiner mietrechtlichen Mängelhaftung, **frei** bzw. ermächtigt den Leasingnehmer, diese Ansprüche gegenüber dem Lieferanten geltend zu machen, § 185 BGB. Im Gegenzug **tritt** er dem **Leasingnehmer stattdessen seine kaufrechtlichen Mängelansprüche** aus dem Kaufvertrag mit dem **Lieferanten** sowie ggf. etwaige Garantieansprüche gegen den Hersteller/Importeur **ab**.[84] Der **BGH** hat dieses als leasingtypische Regelung regelmäßig formularmäßig niedergelegtes Abtretungskonzept in gefestigter Rechtsprechung als im Grundsatz **zulässig** gewertet, sofern die von dem BGH für die Wirksamkeit dieser Konstruktion aufgestellten Voraussetzungen beachtet sind, nämlich: die dem Leasinggeber aus dem Kaufvertrag mit dem Lieferanten zustehenden Mängelrechte müssen von dem Leasinggeber an den Leasingnehmer ausdrücklich und unbeschränkt übertragen werden. In diesem Fall ist der **Leasingnehmer** durch den Ausschluss der mietrechtlichen Eigenhaftung des Leasinggebers **nicht rechtlos gestellt**. Seine Interessen sind angemessen gewahrt. Insbes. stellt diese Regelung für den Leasingnehmer keine überraschende oder unangemessene Regelung dar.[85]

Anlass zu der Diskussion, ob sich nach der Schuldrechtsreform die Zulässigkeit der leasingtypischen Abtretungskonstruktion geändert habe, insbes. ob diese 27

---

[82] *Beckmann*, Auswirkungen des Schuldrechtsmodernisierungsgesetzes auf die Leasing-Branche, FLF 2002, 18 ff.; *Godefroid*, Finanzierungsleasingverträge und Schuldrechtsmodernisierungsgesetz, BB Leasing-Berater, Beil. 5 zu H 27/2002, 2 ff., 5; *Arnold*, Gewährleistung beim Finanzierungsleasing nach der Schuldrechtsreform, DStR 25/2002, 1049 ff., 1049.

[83] Bzw. Ermächtigungskonstruktion. Die Abtretungskonstruktion ist jedoch in der Praxis vorherrschend.

[84] § 6 Rdn. 2. S. ferner näher *Wolf/Eckert/Ball*, Handbuch des gewerblichen Miet-, Pacht- und Leasingrechts, Rdn. 1918; *Reinking/Eggert*, Der Autokauf, Rdn. 772 ff.; *Reinking*, Autoleasing, 50; *Beckmann*, Auswirkungen des Schuldrechtsmodernisierungsgesetzes auf die Leasing-Branche, FLF 2/2002, 16 ff., 18; *Arnold*, Gewährleistung beim Finanzierungsleasing nach der Schuldrechtsreform, DStR 25/2002, 1049 ff., 1049; *Reinking*, Die Auswirkungen der Schuldrechtsreform auf das private Kraftfahrzeugleasing, DAR 4/2002, 145 ff., 146; *Godefroid*, Finanzierungsleasingverträge und Schuldrechtsmodernisierungsgesetz, BB Leasing-Berater, Beil. 5 zu H 27/2002, 2 ff., 4.

[85] S. u.a. *BGH*, Urt. v. 23.2.1977, VIII ZR 124/75, NJW 19/1977, 848 ff.; v. 16.9.1981, VIII ZR 265/80, NJW 1982, 105 ff.; v. 24.4.1985, VIII ZR 65/84, DB 21/1985, 1125 ff.; v. 17.12.1986, VIII ZR 279/985, ZIP 1987, 240 ff., 241; v. 25.1.1989, VIII ZR 302/87, ZIP 1989, 377 ff., 379; *Reinking*, Auswirkungen der geänderten Sachmängelhaftung auf den Leasingvertrag, ZGS 6/7/2002, 229 ff., 230; *ders.*, Der Nacherfüllungsanspruch auf Lieferung eines mangelfreien Fahrzeugs im Rahmen des Kfz-Leasingvertrags, DAR 11/2002, 496 ff., 497; *Jendrek*, Miet-, Leasing- und Pachtrecht, 64 f., 142; *Apel*, in: *Büschgen* (Hrsg.), Praxishandbuch Leasing, § 6 Rdn. 27.

durch die Ermächtigungskonstruktion zu ersetzen sei, war die **Änderung** der **Rechtsnatur** der **kaufrechtlichen Sachmängelansprüche** durch die grundlegende **Reform** des **Kaufmängelgewährleistungsrechts**. Der Gegenstand der Diskussion war beschränkt auf die Abtretbarkeit der Mängelrechte des neuen Rechts **Rücktritt** und **Minderung**, welche **ihrer Rechtsnatur** nach **Gestaltungsrechte** darstellen und bezog sich auf die Wirksamkeit der isolierten Abtretung dieser Rechte. Die Zulässigkeit der Abtretung wurde nicht hinsichtlich anderer Rechte diskutiert, welche keine Gestaltungsrechte sind, wie Nacherfüllungsanspruch, Rücktrittsrecht wegen Schlechtleistung, Schadensersatz oder Aufwendungsersatz.[86]

28 Die anlässlich der Schuldrechtsreform aufgeworfenen **Bedenken** an der **Zulässigkeit** der **leasingtypischen Abtretungskonstruktion** sind nach der h.M. im Ergebnis mangels zwingender bzw. überzeugender Gründe[87] zu **verwerfen**. Gestaltungsrechte wie das Rücktrittsrecht und das Minderungsrecht können vor und nach der Schuldrechtsreform ohne gleichzeitige Abtretung sämtlicher Rechte und Pflichten aus dem Kaufvertrag auf Dritte übertragen werden, wenn sie wesensmäßig nicht untrennbar mit dem Hauptrecht verbunden sind.[88] Dies gilt auch nach der verstärkten Verankerung des Verbraucherschutzes nach der Schuldrechtsreform im BGB im Geschäftsverkehr mit Verbrauchern. Die formularmäßig niedergelegte Abtretungskonstruktion stellt weder für den Leasingnehmer eine unangemessene Benachteilung dar und daher liegt auch kein Verstoß gegen die Regelung des § 307 Abs. 1 S. 1 BGB vor, noch verstößt diese gegen die Regelung des § 309 Nr. 8b BGB.[89] Auch die aus bilanz- bzw. steuerrechtlicher Sicht nach der Schuldrechtsreform, insbes. nach der Neuordnung des Gewährleistungsrechts, vereinzelt angemeldeten Bedenken an der Wirksamkeit der Abtretungskonstruktion[90] sind zu verwerfen. Das wirtschaftliche Eigentum des Leasinggebers nach § 39 AO steht bei entsprechender leasingtypischer Vertragsgestaltung nach wie vor außer Frage.[91]

[86] S. hierzu *Reinking*, Auswirkungen der geänderten Sachmängelhaftung auf den Leasingvertrag, ZGS 6/7/2002, 229 ff., 230; *Reinking/Eggert,* Der Autokauf, Rdn. 773; *Arnold*, Gewährleistung beim Finanzierungsleasing nach der Schuldrechtsreform, DStR 25/2002, 1049 ff., 1050, 1051 m.w.N.

[87] *Reinking*/Eggert, Der Autokauf, Rdn. 773.

[88] Vgl. u.a. *Tiedtke/Möllmann*, Auswirkungen der Schuldrechtsreform im Leasingrecht, DB 11/2004, 583 ff., 583; *Jaggy*, Kaufvertragliche Ersatzlieferung und Leasingvertrag, BB Leasing-Berater, Beil. 5/2002, 14 ff., 16.

[89] *Arnold*, Gewährleistung beim Finanzierungsleasing nach der Schuldrechtsreform, DStR 25/2002, 1049 ff., 1049, 1055; *Reinking/Eggert*, Der Autokauf, Rdn. 773, 774; *Reinking/Koyka*, Mobilienleasing, in: *Kroiß (Hrsg.)*, Klauselbuch Schuldrecht, Rdn. 55; *Godefroid*, Finanzierungsleasingverträge und Schuldrechtsmodernisierungsgesetz, BB Leasing-Berater, Beil. 5 zu H 27/2002, 2 ff., 2; *Zahn*, Der kaufrechtliche Nacherfüllungsanspruch – ein Trojanisches Pferd im Leasingvertrag?, DB 19/2002, 985 ff., 989.

[90] Vgl. *v. Westphalen*, Die Auswirkungen der Schuldrechtsreform auf die „Abtretungskonstruktion" beim Leasing, ZIP 51–52/2001, 2258 ff.

[91] *Arnold*, Gewährleistung beim Finanzierungsleasing nach der Schuldrechtsreform, DStR 25/2002, 1049 ff., 1050; *Godefroid*, Finanzierungsleasingverträge und Schuldrechtsreform, BB Leasing-Berater, Beil. 5 zu H 27/2002, 2 ff., 4. S. näher zu § 39 AO *Bordewin/Tonner*, Leasing im Steuerrecht, Rdn. 54.

Die **Schuldrechtsreform** hat hingegen in den nachfolgend dargestellten Bereichen **erhebliche Änderungen** für das **Leasingrecht** mit sich gebracht: 29

Eine der zentralen Neuerungen im Schuldrechtsmodernisierungsgesetz ist die auch für das Kfz-Leasingrecht bedeutsame Einräumung eines **Nacherfüllungsanspruchs, §§437 Abs. 1 Nr. 1, 439 BGB** auf Beseitigung des Mangels oder Lieferung einer mangelfreien Sache. Dieser Anspruch ist nicht mit dem ursprünglichen Erfüllungsanspruch identisch, sondern ist eine Modifikation dieses. Dies ist der bei einem Sach- und Rechtsmangel dem Käufer primär zustehende Anspruch. Die Erfüllung dieses Anspruchs stellt die Erfüllung der Pflicht aus §433 Abs. 1 S. 2 BGB durch Nachbesserung oder Nachlieferung dar.[92] Der Liefervertrag als Geschäftsgrundlage des Leasingvertrags bleibt im Falle der Nacherfüllung bestehen.[93] Für die Praxis des Kfz-Leasinggeschäfts ist insbes. die Regelung des **§439 Abs. 3 BGB** relevant, in welcher auf **unverhältnismäßige Kosten** und damit auf die **Zumutbarkeit** der **Nacherfüllung** durch **Ersatzlieferung** abgestellt wird. Der Lieferant dürfte daher in der Praxis weitreichend davon Gebrauch machen dürfen, sich aus dem Grunde der Unzumutbarkeit gegen die Nachlieferung zu wenden und statt dessen Nachbesserung anzubieten. Die Unverhältnismäßigkeit der Kosten i.S.d. §439 Abs. 3 BGB bestimmt sich nicht nach dem Verhältnis der Nacherfüllungskosten zum Kaufpreis, sondern zum objektiven Wert der Sache.[94] Für das spezielle Leasinggut Kfz sind hinsichtlich einer Unverhältnismäßigkeit im Vergleich zu einem anderen Leasinggut be-

[92] *Palandt/Putzo*, BGB §439 Rdn. 1.

[93] §6 Rdn. 29 sowie *Beckmann*, Auswirkungen des Schuldrechtsmodernisierungsgesetzes auf die Leasing-Branche, FLF 2/2002, 46ff., 50; *Reinking*, Der Nacherfüllungsanspruch auf Lieferung eines mangelfreien Fahrzeugs im Rahmen des Kfz-Leasingvertrages, DAR 11/2002, 496ff., 496; *ders.*, Auswirkungen der geänderten Sachmängelhaftung auf den Leasingvertrag, ZGS 6/7/2002, 229ff., 232; *Zahn*, Der kaufrechtliche Nacherfüllungsanspruch ein Trojanisches Pferd im Leasingvertrag?, DB 19/2002, 985ff.; *Godefroid*, Finanzierungsleasingverträge und Schuldrechtsmodernisierungsgesetz, BB Leasing-Berater, Beil. 5 zu H 27/2002, 2ff., 4; *Arnold*, Gewährleistung beim Finanzierungsleasing nach der Schuldrechtsreform, DStR 25/2002, 1049ff., 1049, 1050; *Jaggy*, Kaufvertragliche Ersatzlieferung und Leasingvertrag, BB Leasing-Berater, Beil. 5/2002,14ff., 14; *Müller-Sarnowski*, Privat-Autoleasing nach der Schuldrechtsreform, DAR 11/2002, 485ff., 488; *Reiner/Kaune*, Die Gestaltung von Finanzierungsleasingverträgen nach der Schuldrechtsreform, WM 47/2002, 2314ff., 2315, 2317; *Lorenz*, Schadensersatz wegen Pflichtverletzung ein Beispiel für die Überlastung der Kritik an der Schuldrechtsreform, JZ 14/2001, 742ff., 743; *Henssler*, Einführung in das Schuldrechtsmodernisierungsgesetz, in: *Henssler/v. Westphalen (Hrsg.)*, Praxis der Schuldrechtsreform, 17.

[94] *OLG Braunschweig*, Beschl. v. 4.2.2003, 8 W 83/02, NJW 14/2003, 1053f.; *Bitter/Meidt*, Nacherfüllungsrecht und Nacherfüllungspflicht des Verkäufers im neuen Schuldrecht, ZIP 48/2001,, 2121; *Jaggy*, Kaufvertragliche Ersatzlieferung und Leasingvertrag, BB Leasing-Berater, Beil. 5/2002, 14ff., 15; *Müller-Sarnowski*, Privat-Autoleasing nach der Schuldrechtsreform, eine Bestandsaufnahme, DAR 11/2002, 485ff., 489; *Reinking*, Der Nacherfüllungsanspruch auf Lieferung eines mangelfreien Fahrzeugs im Rahmen des Kfz-Leasingvertrages, DAR 11/2002, 496ff., 498; *Godefroid*, Finanzierungsleasingverträge und Schuldrechtsmodernisierungsgesetz, BB Leasing-Berater, Beil. 5 zu H 27/2002, 2ff., 4; *Zahn*, Der kaufrechtliche Nacherfüllungsanspruch – ein Trojanisches Pferd im Leasingvertrag?, DB 19/2002, 985ff., 988, 992.

sondere Gesichtspunkte in die Abwägung einzubeziehen. So ist beispielsweise anzuführen, dass aufgrund ständiger Modellpflege Probleme entstehen können, das ursprüngliche Kfz zu liefern. Auch können sich längere Lieferzeiten problematisch auswirken. Ferner ist zu bedenken, dass bei einem Fahrzeug ein großer Wertverlust bereits mit der Erstzulassung entsteht. Auch ist der Gesichtspunkt von Bedeutung, dass die Lieferanten regelmäßig durch Andienungsrechte eingebunden sind, wodurch sich die Restwertabsicherung als problematisch erweisen kann. Insgesamt ist es daher geboten, zurückhaltend mit der Nachlieferung bei dem Leasinggut Fahrzeug umzugehen. Weitere Rechte des Leasingnehmers im Rahmen der Mängelhaftung sind die Gestaltungsrechte Rücktritt und Minderung sowie Schadensersatz. Diese sind anstelle des bisherigen Anspruchs auf Wandelung oder Minderung des Kaufvertrags getreten, vgl. §§ 462, 465 BGB a.F.[95]

30 Ferner sind die systematischen Verschiebungen der Vorschriften der vormals sondergesetzlich in dem AGB-Gesetz und in dem Verbraucherkreditgesetz geregelten **Verbraucherschutzvorschriften** in das BGB – **§§ 305 ff. bis 310 BGB** sowie **§§ 499 ff. BGB** – für das Leasinggeschäft von erheblicher Bedeutung. Der materielle Teil des vormaligen AGB-Gesetzes (§§ 1 bis 11, 23 und 24 AGBG) ist weitgehend unverändert in die Regelungen der §§ 305 ff. BGB übernommen worden. Das von der Rechtsprechung zu der vormaligen Regelung des § 9 AGBG entwickelte **Transparenzgebot** ist nunmehr **gesetzlich geregelt, § 307 Abs. 1 S. 2 BGB**. Als neue Vorschriften sind ferner anzuführen: Einbeziehung der AGB bei körperlicher Behinderung des Vertragspartners, § 305 Abs. 2 Nr. 2 BGB, pauschalierter Schadensersatz, § 309 Nr. 5 b BGB sowie Grenzen des Haftungsausschlusses, § 309 Ziff. 7 a) BGB.[96] Bis auf einige auch für das Leasingrecht erhebliche Änderungen kann ansonsten überwiegend auf die bisherige Rechtsprechung zum AGB-Recht zurückgegriffen werden.[97] Von dem **Verbraucherschutz** ist neben dem **privaten Leasingnehmer** der **Existenzgründer** erfasst, d.h. derjenige, der den Leasingvertrag für die Aufnahme einer gewerblichen oder selbständigen beruflichen Tätigkeit schließt, es sei denn, dass der Nettodarlehensbetrag oder Barzahlungspreis (bzw. Anschaffungspreis des Kfz) den Betrag von EUR 50.000.- übersteigt, **§ 507 BGB**.[98]

---

[95] § 6 Rdn. 22. Vgl. ferner ausführlich *Beckmann*, Auswirkungen des Schuldrechtsmodernisierungsgesetzes auf die Leasing-Branche, FLF 2/2002, 46 ff., 48 ff.; *Arnold*, Gewährleistung beim Finanzierungsleasing nach der Schuldrechtsreform, DStR 25/2002, 1049 ff.; *Reiner/Kaune*, Die Gestaltung von Finanzierungsleasingverträgen nach der Schuldrechtsreform, WM 47/2002, 2314 ff., 2315 f.; *Godefroid*, Finanzierungsleasingverträge und Schuldrechtsmodernisierungsgesetz, BB Leasing-Berater, Beil. 5 zu H 27/2002, 2 ff., 4, 8 ff.; *Müller-Sarnowski*, Privat-Autoleasing nach der Schuldrechtsreform, DAR 11/2002, 485 ff., 487.

[96] § 2 Rdn. 19. S. ferner ausführlich *Godefroid*, Finanzierungsleasingverträge und Schuldrechtsmodernisierungsgesetz, BB Leasing-Berater, Beil. 5 zu H 27/2002, 2 ff., 2.

[97] *Reinking/Koyka*, Mobilienleasing, in: *Kroiß (Hrsg.)*, Klauselbuch Schuldrecht, Rdn. 14, 15; *Godefroid*, Finanzierungsleasingverträge und Schuldrechtsmodernisierungsgesetz, BB Leasing-Berater, Beil. 5 zu H 27/2002,2 ff., 3, 4.; *Beckmann*, Auswirkungen des Schuldrechtsmodernisierungsgesetzes auf die Leasing-Branche, FLF 2/2002, 46 ff., 53.

[98] Rdn. § 11 Rdn. 9. S. ferner *Reinking/Koyka*, Mobilienleasing, in: *Kroiß (Hrsg.)*, Klauselbuch Schuldrecht, Rdn. 11; *Palandt/Heinrichs*, § 312 b Rdn. 12, 21; *Reinking/Eggert*, Der Auto-

Der **Finanzierungsleasingvertrag** zwischen einem Unternehmer und einem Verbraucher ist eine **sonstige Finanzierungshilfe**, § 499 Abs. 2 BGB, auf welche nach der **zentralen Verweisungsnorm** des **500 BGB** verschiedene Regelungen über Verbraucherdarlehen und verbundene Verträge entsprechend anzuwenden sind[99]: 31

§§ 500, 358 BGB:	Leasing und Kauf als verbundene Verträge[100]
§§ 500, 359 BGB:	Einwendungsdurchgriff [101]
§§ 500, 492 Abs. 1 Satz 1 bis 4 BGB:	Schriftformzwang[102]
§§ 500, 492 Abs. 2 und 3 BGB:	Definition des effektiven Jahreszinses[103] Aushändigung der Vertragserklärungen durch den Leasinggeber[104]
§§ 500, 495 Abs. 1 i.V.m. §§ 355, 358, 357 BGB:	Widerrufsrecht des Leasingnehmers[105]

---

kauf, Rdn. 764 ff.; *Reinking*, Die Auswirkungen der Schuldrechtsreform auf das private Kraftfahrzeugleasing, DAR 4/2002, 145 ff., 145, 148.

[99] *Palandt/Putzo*, BGB, § 499 Rdn. 7, § 500 Rdn. 2; *Reinking/Eggert*, Der Autokauf, Rdn. 764; *Reinking*, Die Auswirkungen der Schuldrechtsreform auf das private Kraftfahrzeugleasing, DAR 4/2002, 145 ff., 145; *Müller-Sarnowski*, Privat-Autoleasing nach der Schuldrechtsreform, eine Bestandsaufnahme, DAR 11/2002, 485 ff., 486; *Reinking*, Auswirkungen der geänderten Sachmängelhaftung auf den Leasingvertrag, ZGS 6/7/2002, 229 ff., 235; *Godefroid*, Finanzierungsleasingverträge und Schuldrechtsmodernisierungsgesetz, BB Leasing-Berater, Beil. 5 zu H 27/2002, 2 ff., 7 f. Zu einer Reformbedürftigkeit der Regelung des § 500 BGB s. u.a. *Habersack*, Verbraucherleasing nach der Schuldrechtsreform, in: Finanzierungsleasing und Verbrauchergeschäfte, BB Beil. 6 zu H 35/2003, 2 ff., 6 f.

[100] § 11 Rdn. 3; *Habersack*, Verbraucherleasing nach der Schuldrechtsreform, in: Finanzierungsleasing und Verbrauchergeschäfte, BB Beil. 6 H 35/2003, 2 ff., 4; *Godefroid*, Finanzierungsleasingverträge und Schuldrechtsmodernisierungsgesetz, BB Leasing-Berater, Beil. 5 zu H 27/2002, 2 ff., 8.

[101] § 11 Rdn. 26; *Tiedtke/Möllmann*, Auswirkungen der Schuldrechtsreform im Leasingrecht, DB 11/2004, 583 ff., 585; *Arnold*, Gewährleistung beim Finanzierungsleasing nach der Schuldrechtsreform, DStR 25/2002, 1049 ff., 1054; *Habersack*, Verbraucherleasing nach der Schuldrechtsreform, in: Finanzierungsleasing und Verbrauchergeschäfte, BB Beil. 6 zu H 35/2003, 2 ff., 5; *Zahn*, Der kaufrechtliche Nacherfüllungsanspruch – ein Trojanisches Pferd im Leasingvertrag?, DB 19/2002, 985 ff., 986.

[102] § 11 Rdn. 17; *Reinking/Eggert*, Der Autokauf, Rdn. 798; *Reinking*, Die Auswirkungen der Schuldrechtsreform auf das private Kraftfahrzeugleasing, DAR 4/2002, 145 ff., 145; *Godefroid*, Finanzierungsleasingverträge und Schuldrechtsmodernisierungsgesetz, BB Leasing-Berater, Beil. 5 zu H 27/2002, 2 ff., 7.

[103] Nach § 500 BGB bedarf es nicht der Angabe des Effektivzinses. Die Bezugnahme auf § 492 Abs. 2 BGB kommt wohl nur insoweit Bedeutung zu, als der Effektivzins gleichwohl angegeben wird (*Habersack*, Verbraucherleasing nach der Schuldrechtsreform, in: Finanzierungsleasing und Verbrauchergeschäfte, BB Beil. 6 H 35/2003, 2 ff., 4.; *Reinking*, Die Auswirkungen der Schuldrechtsreform auf das private Kraftfahrzeugleasing, DAR 4/2002, 145 ff., 145; *Godefroid*, Finanzierungsleasingverträge und Schuldrechtsmodernisierungsgesetz, BB Leasing-Berater, Beil. 5 zu H 27/2002, 2 ff.,7).

[104] Diese Regelungen beinhalten keine Änderungen gegenüber den Vorschriften des Verbraucherkreditgesetzes (*Godefroid*, Finanzierungsleasingverträge und Schuldrechtsmodernisierungsgesetz, BB Leasing-Berater, Beil. 5 zu H 27/2002, 2 ff., 7).

[105] § 11 Rdn. 19; *Reinking/Eggert*, Der Autokauf, Rdn. 799; *Godefroid*, Finanzierungsleasing-

§§ 500, 496 BGB:	Verbot von Einwendungsverzicht, Wechsel- und Scheckverbot[106]
§§ 500, 497 BGB:	Behandlung von Verzugszinsen, Anrechnung von Teilleistungen[107]
§§ 500, 498 BGB:	Gesamtfälligstellung wegen Zahlungsverzugs/Fristlose Kündigung des Verbraucherleasingvertrags[108]

32 Abschließend kann zu den **Wirkungen** der **Schuldrechtsreform** auf das **Kfz-Leasinggeschäft** und der hiermit verbundenen Stärkung des Verbraucherschutzes festgestellt werden, dass die wesentlichen leasingtypischen Vertragsinhalte wie insbes. die Abtretungskonstruktion ihre Wirksamkeit behalten haben, eine gravierende Neuerung insbes. der Nacherfüllungsanspruch darstellt, wobei hier für die Zumutbarkeit einer Ersatzlieferung entsprechend auf das spezielle Leasinggut, hier im Fall des Kfz-Leasings auf das Kfz, abgestellt werden muss und vorbehaltlich der weiteren höchstrichterlichen Rechtsprechung zum Leasingrecht nach dem Schuldrechtsmodernisierungsgesetz auf der bisherigen Rechtsprechung zum Leasingrecht weiterhin aufgebaut werden kann.[109]

E. Zentralregelungen des Kfz-Leasings im einzelnen

33 Kfz-Leasing ist wie das Mobilienleasing allgemein in der Praxis als Formularrecht ausgestaltet. In den Kfz-Leasingbedingungen sind daher regelmäßig insbes. die nachfolgend dargestellten **drei klassischen Zentralbereiche** des Leasingrechts, welche in gefestigter höchstrichterlicher Rechtsprechung als grds. zulässig anerkannt sind, niedergelegt.[110] Hierbei handelt es sich bei den ersten beiden

verträge und Schuldrechtsmodernisierungsgesetz, BB Leasing-Berater, Beil. 5 zu H 27/2002, 2 ff., 7; *Müller-Sarnowski*, Privat-Autoleasing nach der Schuldrechtsreform, eine Bestandsaufnahme, DAR 11/2002, 485 ff., 486.

[106] § 500 BGB und § 3 Abs. 2 Nr. 1 VerbrKrG entsprechen sich inhaltlich weitgehend (*Beckmann*, Auswirkungen des Schuldrechtsmodernisierungsgesetzes auf die Leasing-Branche, FLF 2/2002, 46 ff., 48; *Godefroid*, Finanzierungsleasingverträge und Schuldrechtsmodernisierungsgesetz, BB Leasing-Berater, Beil. 5 zu H 27/2002, 2 ff., 7).

[107] Ebenda.

[108] § 9 Rdn. 20.

[109] *Beckmann*, Auswirkungen des Schuldrechtsmodernisierungsgesetzes auf die Leasing-Branche, FLF 2/2002, 46 ff., 50; *Reinking*, Die Auswirkungen der Schuldrechtsreform auf das private Kraftfahrzeugleasing, DAR 4/2002, 145 ff., 150; *ders.*, Auswirkungen der geänderten Sachmängelhaftung auf den Leasingvertrag, ZGS 6/7/2002, 229 ff., 231, 235; *Reinking/Koyka*, Mobilienleasing, in: *Kroiß (Hrsg.)*, Klauselbuch Schuldrecht, Rdn. 1; *Godefroid*, Finanzierungsleasingverträge und Schuldrechtsmodernisierungsgesetz, BB Leasing-Berater, Beil. 5 zu H 27/2002, 2 ff., 2.

[110] S. hierzu u.a. *Wolf/Eckert/Ball*, Handbuch des gewerblichen Miet-, Pacht- und Leasingrechts, Rdnr. 1893 ff., 1918 ff.; 2080 ff.; 2035 ff.; *Palandt/Weidenkaff*, BGB, Einf. v. § 535 Rdn. 56 f., 59 f.; *Reinking/Koyka*, Mobilienleasing, in: *Kroiß (Hrsg.)*, Klauselbuch Schuldrecht, Rdn. 5; *Reinking*, Die Auswirkungen der Schuldrechtsreform auf das private Kraftfahrzeugleasing, DAR 4/2002, 145 ff., 146.

behandelten Regelungsbereichen der Gefahrabwälzung und des sog. Abtretungskonzepts im Bereich der Mängelhaftung um Abweichungen von den dispositiven Regeln des Mietrechts, hingegen bei dem Anspruch des Leasinggebers auf volle Amortisation um einen spezifischen Anspruch, der aus dem Wesen des Leasings als Finanzierungsgeschäft folgt. Im Endergebnis hat auch das leasingtypische Abtretungskonzept nach wie vor Bestand, trotz anlässlich der Schuldrechtsreform aufgeworfener Diskussion.[111] Neben den drei im folgenden behandelten klassischen Zentralbereichen des (Kfz-)Leasingrechts finden sich auch andere regelmäßig formularvertraglich niedergelegte Regelungen im Kfz-Leasingvertrag, die unter den anderen Regelungen hervorragen und welche neben weiteren auf das Leasinggut Kfz zugeschnittenen Vertragsregelungen[112], inzwischen auch klassischen Rang erhalten haben, wie z.B. der Ausschluss der Erwerbsrechts beim Kfz-Leasing[113].

I. Abwälzung von Sach- und Preisgefahr

Der BGH hat die formularmäßige Risikoabwälzung grds. als zulässig gewertet und speziell für den Bereich des Kfz-Leasings eine weitere Zulässigkeitsvoraussetzung aufgestellt, nämlich die nachstehend behandelte Einräumung eines kurzfristigen Kündigungsrechts bzw. Lösungsrechts für den Leasingnehmer.[114] Diese **leasingtypische Risikoverlagerung** wurde von der **Schuldrechtsreform unberührt** gelassen.[115] 34

Sach- und Preisgefahr treffen nach dem gesetzlichen Leitbild des Mietvertrags den Vermieter. Beide Gefahren stehen in **engem Zusammenhang**. Die **Preisgefahr** ist **Konsequenz** der **Sachgefahr**. Aufgrund der zivilrechtlichen Wertung des **Leasingvertrags** als **atypischer Mietvertrag** trifft den Leasinggeber die Sach- und Preisgefahr. Leasing als Finanzierungsgeschäft ist jedoch mit seinen Funktionen Gebrauchsüberlassung und Finanzierung geprägt durch eine besondere Interessenverteilung zwischen den Beteiligten. Die Wertung des Leasingvertrags als atypischer und nicht als reiner Mietvertrag beruht auf dieser Konstruktion des Leasings. Aufgrund dieser Wertung sind in erster Linie die Vorschriften des Mietrechts anzuwenden. Die mietrechtlichen Vorschriften, die sich mit Sach- und Preisgefahr befassen, sind jedoch für das Leasinggeschäft nicht passend. Die Abwälzung von Sachgefahr und Preisgefahr werden entsprechend in den Leasingbedingungen im Zusammenhang geregelt. Auch werden beide 35

[111] § 2 Rdn. 17.

[112] S. je Ziff. VIII der Privat- und Geschäftsfahrzeug-Leasing-Bedingungen (Anhang).

[113] S. je Ziff. XVI/5 der Privat- und Geschäftsfahrzeug-Leasing-Bedingungen (Anhang).

[114] S. z.B. zu den anzupassenden Leasingbedingungen nach der Schuldrechtsreform *Reinking/Koyka*, Mobilienleasing, in: *Kroiß (Hrsg.)*, Klauselbuch Schuldrecht, Rdn. 12.

[115] S. zu der leasingtypischen Risikoabwälzung u.a.: *Wolf/Eckert/Ball*, Handbuch des gewerblichen Miet-, Pacht- und Leasingrechts, Rdn. 1893ff.; 2080ff.; *Palandt/Weidenkaff*, BGB, Einf. v. § 535 Rdn. 59; *Reinking/Eggert*, Der Autokauf, Rdn. 761, 767ff.; *Reinking/Koyka*, Mobilienleasing, in: *Kroiß (Hrsg.)*, Klauselbuch Schuldrecht, Rdn. 140; *Zahn/Bahmann*, Kfz-Leasingvertrag, Rdn. 16ff.

Tatbestände in Rechtsprechung und Literatur aufgrund ihres inhaltlichen Zusammenhangs auch zumeist gemeinsam behandelt.[116]

36 **Sachgefahr** ist das Risiko des Leasinggebers, Verlust, Beschädigung oder sonstige Gebrauchsbeeinträchtigung des Kfz zu tragen und beinhaltet mithin die Gefahr, in den vorgenannten Fällen neu leisten zu müssen. Realisiert sich die Sachgefahr, hat der Leasingnehmer die geschuldete Gegenleistung weiterhin zu erbringen.[117] Die **Preisgefahr** bzw. auch Gegenleistungsgefahr ist das Risiko für den Leasingnehmer, die vereinbarten Leasingraten auch dann zahlen zu müssen, wenn das Kfz infolge eines zufälligen Untergangs oder einer zufälligen Verschlechterung in Fortfall geraten bzw. unbrauchbar geworden ist.[118] Es ist nicht üblich, die Gefahrabwälzung individualvertraglich zu regeln. Die übliche **Sachgefahrklausel bzw. Gefahrtragungsklausel** lautet daher in der Praxis dahingehend, dass der Leasingnehmer dem Leasinggeber für Untergang, Verlust, Beschädigung und Wertminderung des Kfz durch Dritte auch ohne Verschulden haftet und zwar auch für zufällige, d.h. weder von ihm noch von dem Leasinggeber zu vertretende, Beschädigungen und auf höherer Gewalt beruhende Ereignisse, es sei denn, den Leasinggeber trifft ein Verschulden.[119]

37 Der **BGH** hat die formularmäßige Abwälzung der Sach- und Preisgefahr von dem Leasinggeber auf den Leasingnehmer in gefestigter höchstrichterlicher Rechtsprechung als **zulässig** und **angemessen** gewertet. Hierin ist für den Leasingnehmer weder eine überraschende Regelung, **§ 305 c BGB**, noch eine unangemessene Benachteiligung, **§ 307 Abs. 2 Nr. 2 BGB**, zu sehen.[120] Dem Leasingnehmer müssen jedoch alle Ersatzansprüche gegen etwaige Schädiger unbedingt abgetreten sein. Der Leasinggeber darf sich keine eigene Rechtsverfolgung vorbehalten. Zudem muss der Ausschluss ausdrücklich formuliert sein.[121]

38 Der **Leasinggeber** hat ein **schützenswertes Interesse** an einer Risikoverlagerung. Dieser erwirbt das Kfz im Interesse des Leasingnehmers und stellt ihm dieses zum Gebrauch zur Verfügung. Das Interesse an dem Kfz und seinem Gebrauch liegt vorrangig beim Leasingnehmer. Aber auch die Äquivalenz im Lea-

---

[116] S. auch je Ziff. XI der Privat- und Geschäftsfahrzeug-Leasing-Bedingungen (Anhang). S. hierzu insbes.: *Reinking/Koyka*, Mobilienleasing, in: *Kroiß (Hrsg.)*, Klauselbuch Schuldrecht, Rdn. 138 ff.; *Bordewin/Tonner*, Leasing im Steuerrecht, Rdn. 64; *Beckmann/Kügel*, in: *Büschgen (Hrsg.)*, Praxishandbuch Leasing, § 6 Rdn. 157; *Jendrek*, Miet-, Leasing- und Pachtrecht, 131.

[117] *Reinking*, Autoleasing, 44; *Bordewin/Tonner*, Leasing im Steuerrecht, Rdn. 8.

[118] *Reinking/Eggert*, Der Autokauf, Rdn. 768 ff.; *Reinking*, Autoleasing, 45; *Bordewin/Tonner*, Leasing im Steuerrecht, Rdn. 8.

[119] S. je Ziff. XI der Privat- und Geschäftsfahrzeug-Leasing-Bedingungen (Anhang). S. ferner *Beckmann/Kügel*, in: *Büschgen (Hrsg.)*, Praxishandbuch Leasing, § 6 Rdn. 57; *Reinking/Koyka*, Mobilienleasing, in: *Kroiß (Hrsg.)*, Klauselbuch Schuldrecht, Rdn. 138; *Reinking*, Autoleasing, 203 f.

[120] Vgl. insbes.: *BGH*, Urt. v. 22.1.1986, VIII ZR 318/84, BB 11/1986, 693 ff.; v. 15.10.1986, VIII ZR 319/85, NJW 7/1987, 377 ff.; v. 30.9.1987, VIII ZR 226/87, NJW 4/1988, 198 ff.; v. 27.2.1985, VIII ZR 328/83, NJW 27/1985, 1535 ff.; v. 9.3.1977, VIII ZR 192/75, NJW 1977, 1058; v. 13.7.1976, VI ZR 78/75, MDR 12/1976, 1009 f.; *Reinking/Koyka*, Mobilienleasing, in: *Kroiß (Hrsg.)*, Klauselbuch Schuldrecht, Rdn. 141.

[121] *BGH*, Urt. v. 17.12.1986, VIII ZR 279/85, NJW 18/1987, 1072 ff.; v. 27.4.1988, VIII ZR 84/87, WM 26/1988, 979 ff.; *Reinking/Eggert*, Der Autokauf, Rdn. 775.

singvertrag und damit die Interessen des Leasingnehmers müssen angemessen gewahrt sein.[122] Die Angemessenheit der Abwälzung der Sachgefahr folgt insbes. aus der **tatsächlichen Sachherrschaft** des **Leasingnehmers** und der sich entsprechend hieraus ergebenden mangelnden Orts- und Sachnähe des Leasinggebers zu dem Kfz. Das Kfz befindet sich von dem Zeitpunkt der Übernahme an ausschließlich in der Einflußsphäre des Leasingnehmers. Die formularmäßige Gefahrverlagerung darf nur zufällige Ereignisse erfassen, die weder von dem Leasinggeber noch von dem Leasingnehmer zu vertreten sind. Demzufolge ist es nicht zulässig, dass sich der Leasinggeber von Risiken entlastet, die mit der Erfüllung seiner Hauptpflicht verbunden sind und vor dem Zeitpunkt der Gebrauchsüberlassung des Kfz liegen. Eine wirksame Gefahrverlagerung ist daher erst ab dem Zeitpunkt nach Erfüllung der Hauptverpflichtung des Leasinggebers möglich, dem Leasingnehmer ein gebrauchstaugliches und funktionstaugliches Kfz zur Verfügung zu stellen.

Das Leasinggut muss sich im **Einfluss- und Verantwortungsbereich des** 39 **Leasingnehmers befinden**. Lediglich eine Gefahr, die sich in diesem der **Obhut** des **Leasingnehmers** unterliegendem Bereich realisiert, wird von der Gefahrverlagerung erfasst. Wird das Leasinggut daher dem Lieferanten vertragsgemäß zur Mangelbeseitigung bzw. Nachbesserung übergeben und geht dieses dort unter, verliert die formularmäßige Verlagerung der Sachgefahr und damit die Verlagerung der Gefahr des zufälligen Untergangs des Leasingguts für diesen Fall ihre Wirkung.[123]

Die **Belastung**, die sich für den **Leasingnehmer** aus der Abwälzung der 40 Sachgefahr ergibt, kann für diesen auch **nicht** als **unerträglich** gewertet werden. Der Leasingnehmer ist regelmäßig durch eine **Vollkaskoversicherung** für das Kfz zugunsten des Leasinggebers abgesichert, zu welchem Abschluss er gewöhnlich in den Leasingbedingungen für die Dauer des Leasingvertrags auf seine Kosten verpflichtet wird und mit welcher die mit der Verlagerung der Sachgefahr auf den Leasingnehmer verbundenen Risiken abgeschwächt werden. Der Leasingnehmer schließt die Versicherung zu Gunsten des Leasinggebers, welcher Eigentümer des Kfz bleibt, ab, **§75 VVG**. Da der Leasingnehmer die Sachgefahr trägt, ist der Leasinggeber verpflichtet, die Entschädigungsleistung, die er z.B. bei Untergang des Kfz erhält, an den Leasingnehmer auszukehren. Die formularmäßige Begründung der Versicherungspflicht ist angemessen und zulässig und

---

[122] *BGH*, Urt. v. 1.10.1987, IX R ZR 116/66, NJW 1988, 198; v. 30.9.1987, VIII ZR 226/86, ZIP 2/1987, 1390ff., 1392; v. 19.2.1986, VIII ZR 91/85, DB 22/1986, 1168ff.; *Reinking/Eggert*, Der Autokauf, Rdn. 767, 770, 776; *Reinking/Koyka*, Mobilienleasing, in: *Kroiß (Hrsg.)*, Klauselbuch Schuldrecht, Rdn. 139. S. zur Aufspaltung der Gefahrtragungsklausel Untergang, Zerstörung und Abhandenkommen sowie Beschädigung *BGH*, Urt. v. 25.3.1998, VIII ZR 244/97, NJW 31/1998, 2284ff.; *Reinking/Eggert*, Der Autokauf, Rdn. 770; *Bordewin/Tonner*, Leasing im Steuerrecht, Rdn. 8.

[123] *BGH*, Urt. v. 27.2.1985, VIII ZR 328/83, NJW 27/1985, 1535ff.; *Wolf/Eckert/Ball*, Handbuch des gewerblichen Miet-, Pacht- und Leasingrechts, Rdn. 1900; *Reinking*, Autoleasing, 44; *Reinking/Eggert*, Der Autokauf, Rdn. 767; *Reinking/Koyka*, Mobilienleasing, in: *Kroiß (Hrsg.)*, Klauselbuch Schuldrecht, Rdn. 139; *Beckmann/Kügel*, in: *Büschgen (Hrsg.)*, Praxishandbuch Leasing, §6 Rdn. 162.

verstößt insbes. nicht gegen die Regelung des § 307 BGB. Der Umfang der Versicherung muss in dem Leasingvertrag hinreichend konkretisiert sein.[124]

41 Der **Leasingvertrag** bleibt durch die wirksame Gefahrverlagerung **unberührt**. Die Pflicht des Leasinggebers nach Übergabe des Kfz beschränkt sich darauf, dem Leasingnehmer den Gebrauch des Kfz zu überlassen, diesen nicht im Gebrauch zu stören und bei Störungen durch Dritte zu unterstützen. Der Leasinggeber haftet nach Übergabe des Kfz nicht mehr für dessen Gebrauchstauglichkeit. Der Leasingnehmer kann den Leasingvertrag wegen Nichtgewährung des Gebrauchs des Kfz grds. nur dann fristlos kündigen, solange die Sach- und Preisgefahr noch bei dem Leasinggeber liegt. Eine Kündigung wegen eingeschränkter oder entfallender Gebrauchstauglichkeit eines zunächst in ordnungsgemäßem und funktionsfähigem Zustand angelieferten Kfz ist ausgeschlossen. Der Leasingnehmer muss im Fall der Beschädigung, des Teil- oder Totalschadens bei einem Unfall oder des Diebstahls des Kfz daher seine Vertragspflichten aus dem Leasingvertrag weiterhin erfüllen. Insbes. muss er die Leasingraten entrichten und das Kfz auf seine Kosten reparieren lassen.[125] Dem **Leasingnehmer** steht aus dem Leasingvertrag gegenüber dem Leasinggeber mithin **kein Leistungsverweigerungsrecht** hinsichtlich der **Leasingraten**, **§ 320 BGB,** für die Zeit zu, in der er das Kfz in einem der vorgenannten Fälle, in denen sich das Risiko verwirklicht, nicht nutzen kann. Im Innenverhältnis ist der Leasingnehmer dem Leasinggeber für Schäden am Fahrzeug verantwortlich.[126] Der Leasingnehmer muss insbes. das Kfz auf seine Kosten in vertragsgemäßem Zustand erhalten und im Reparaturfall das Kfz nach von ihm in eigenem Namen und für eigene Rechnung erteilten Reparaturauftrag auf seine Kosten reparieren lassen.[127] Der Leasingnehmer kann keinen Ersatz für das Kfz verlangen und im Fall eines Totalschadens ist er verpflichtet, für das Kfz ein gleichwertiges Kfz wiederzubeschaffen. Da dem Leasingnehmer jedoch in diesem Fall zugleich ein Recht zur außerordentlichen Kündigung des Leasingvertrags zusteht, wird er regelmäßig von diesem Recht Gebrauch machen.

42 Ist die **Gefahrabwälzungsklausel** im konkreten Einzelfall als Ganzes als **unzulässig** zu werten, fällt diese ersatzlos mit der Folge weg, dass wiederum das **gesetzliche Mietrecht** gilt.[128] Der Leasingnehmer ist berechtigt, den Leasingvertrag wegen dauernden Gebrauchsentzugs fristlos zu kündigen, wenn sich das Risiko der Gefahrtragung verwirklicht, **§ 543 Abs. 2 Nr. 1 BGB**.[129]

43 Der BGH hat eine **besondere Zulässigkeitsvoraussetzung speziell** in dem **Bereich** des **Kfz-Leasings** aufgrund der Eigenarten in dieser Branche für

---

[124] § 8 Rdn. 1. S. ferner hierzu: *BGH*, Urt. v. 8.3.1995, VIII ZR 313/93, NJW 23/1995, 1541 ff.; *Reinking/Eggert*, Der Autokauf, Rdn. 767,786; *Reinking*, Autoleasing, 45, 48 f., 182, 200 f.; *Reinking/Koyka*, Mobilienleasing, in: *Kroiß (Hrsg.)*, Klauselbuch Schuldrecht, Rdn. 139; *Beckmann/Kügel*, in: *Büschgen (Hrsg.)*, Praxishandbuch Leasing, Rdn. 161, 172 ff., 174.

[125] *Reinking*, Autoleasing, 189 f.

[126] § 2 Rdn. 62; *Reinking/Eggert*, Der Autokauf, Rdn. 842.

[127] S. auch zur Rückgabe des Kfz in reparaturbedürftigem Zustand *OLG Düsseldorf*, Urt. v. 6.11.2003, 1-24 – U 105/03, DB 13/2004, 700 f.

[128] *Reinking*, Autoleasing, 47; *Reinking/Eggert*, Der Autokauf, Rdn. 770, 811.

[129] *Reinking/Eggert*, Der Autokauf, Rdn. 882.

eine wirksame Gefahrverlagerung aufgestellt: dem **Leasingnehmer** muss ein **kurzfristiges Kündigungsrecht** bei **Verlust, Untergang** oder **wesentlicher Beschädigung** des Kfz eingeräumt sein.[130] Gleichgestellt ist, wenn dem Leasingnehmer wahlweise ein Lösungsrecht eingeräumt ist, das einem kurzfristigen, mit der Verpflichtung zur Leistung einer Ausgleichszahlung verbundenen Kündigungsrecht gleichkommt. **Unberührt** von der Kündigung bzw. Lösung bleibt daher der **Vollamortisationsanspruch** des Leasinggebers. Die Rechtsfolgen der Kündigung wegen Verlusts des Kfz sind hierbei weitgehend die gleichen wie bei einem Totalschaden und einer erheblichen Beschädigung des Kfz. Der Ausgleichsanspruch des Leasinggebers wird mit der Kündigung fällig.[131] In den vorgenannten Fällen, in denen dem Leasingnehmer ein Kündigungsrecht einzuräumen ist, d.h. bei **substantiellen Schäden**, die eine **Wiederverwendung ausschließen**, wertet der Bundesgerichtshof eine weitere Bindung des Leasingnehmers an den Leasingvertrag als unzumutbar, § 242 BGB. Dieser muss sich kurzfristig von dem Leasingvertrag lösen und eine Abrechnung herbeiführen können. Ein über die Ausgleichszahlung hinausgehendes schutzwürdiges Interesse des Leasinggebers an einer formalen Aufrechterhaltung des Leasingvertrags ist nach der Auffassung des BGH nicht gegeben.

Als Grenzwert für eine eine außerordentliche Kündigung rechtfertigende **erhebliche Beeinträchtigung bzw. Beschädigung des Kfz** wird vom BGH 44
angenommen, dass eine solche nicht erst vorliegt, wenn die Reparaturkosten nach einem Unfall 80% des Zeitwerts des Kfz betragen. Der BGH hat Bedenken, ob eine Begrenzung des Kündigungsrechts auf Fälle, in denen die Reparaturkosten mehr als 2/3 des Zeitwerts betragen, nicht gleichfalls zu hoch angesetzt sind. Nach den vom Verband der Automobilindustrie empfohlenen Allgemeinen Geschäftsbedingungen liegt eine erhebliche Beschädigung des Kfz vor, wenn die schadensbedingten Reparaturkosten mehr als 60% des Wiederbeschaffungswerts des Kfz betragen.[132]

Diese mit der Einräumung eines kurzfristigen Kündigungrechts verbundene 45
Ausnahme im Bereich des Kfz-Leasings im Vergleich zu den anderen Leasingbranchen beruht auf den **besonderen Verhältnissen** beim **Kfz-Leasing** und kann daher nicht ohne weiteres auf weitere Leasingbranchen übertragen werden.[133] Zunächst hat der BGH diese Einschränkung in dem Bereich der Gefahrverlagerung auf Leasingverträge über Neufahrzeuge begrenzt, später jedoch

---

[130] *BGH*, Urt. v. 25.3.1998, VIII ZR 244/97, NJW 31/1998, 2284 ff. ; Urt. v. 6.3.1996, VIII ZR 98/95, BB 23/1996, 1190 ff.; v. 15.7.1998, VIII ZR 348/97, BB 41/1998, 2078 ff.; v. 15.10.1986, VIII ZR 319/85, NJW 7/1987, 377 ff.; v. 19.3.1986, VIII ZR 81/85, NJW 28/1986, 1746 ff.; *Jendrek*, Miet-, Leasing- und Pachtrecht, 132 f.; *Beckmann/Kügel*, in: *Büschgen (Hrsg.)*, Praxishandbuch Leasing, § 6 Rdn. 163; *Berninghaus*, in: *Büschgen (Hrsg.)*, Praxishandbuch Leasing, § 15 Rdn. 19; § 9 Rdn. 21.

[131] *Reinking/Eggert*, Der Autokauf, Rdn. 854; *Reinking*, Autoleasing, 193.

[132] *BGH*, Urt. v. 25.3.1998, VIII ZR 244/97, NJW 31/1998, 2284 ff.; v. 15.10.1986, VIII ZR 319/85, NJW 7/1987, 377 ff.; *Reinking/Eggert*, Der Autokauf, Rdn. 770, 848; *Reinking*, Autoleasing, 46, 190; *Reinking/Koyka*, Mobilienleasing, in: *Kroiß (Hrsg.)*, Klauselbuch Schuldrecht, Rdn. 145.

[133] *BGH*, Urt. v. 15.10.1986, VIII ZR 319/85, NJW 7/1987, 377 ff.; v. 30.9.1987, VIII ZR 226/86, NJW 4/1988, 198 ff.

auf **Gebrauchtfahrzeuge** erweitert. Entscheidend ist hiernach, dass der Leasingnehmer erwartet, bei einem Neufahrzeug ein fabrikneues[134], nicht reparaturanfälliges Kfz zu nutzen und daher ein besonderes Interesse daran hat, vor der Gefahr versteckter Schäden und Reparaturausfallschäden geschützt zu sein. Im Fall einer erheblichen Beschädigung des Kfz steht dem Leasingnehmer jedoch nur noch ein stark repariertes Kfz zur Verfügung. Dies ist ihm im Rahmen der Nutzung eines Kfz über einen Leasingvertrag nicht dauerhaft über die reguläre Vertragslaufzeit zuzumuten. Der Vertragszweck, bestehend in der Nutzungsmöglichkeit des Kfz, ist bei Totalschaden, Verlust und erheblicher Beschädigung besonders gefährdet, weil der Ausfall zu weiteren Schäden führt.[135]

II. Abtretungs- bzw. Ermächtigungskonzept

46 Es entspricht neben der formularmäßigen Verankerung der vorbehandelten Gefahrabwälzungsklausel in den Leasingbedingungen gleichfalls gängiger Leasingvertragspraxis, das verkürzt so genannte Abtretungskonzept bzw. Ermächtigungskonzept formularverträglich in einer sog. **Freizeichnungsklausel** in den Leasingbedingungen niederzulegen. Diese leasingtypische Konstruktion setzt sich aus den zwei miteinander verbundenen Elementen Freizeichnung und Abtretung zusammen. Inhalt dieser Klausel ist im Näheren, dass sich der **Leasinggeber** gegenüber dem Leasingnehmer von der ihn aufgrund der Wertung des Leasingvertrags als atypischer Mietvertrag treffenden **mietrechtlichen Mängelhaftung** für Sach- und Rechtsmängel gemäß **§§ 535, 536 ff. BGB freizeichnet** und dem Leasingnehmer hierfür alle seine **Rechte** aus einer Leistungsstörung, einschl. des Rechts auf Wandlung und Minderung sowie des Rücktrittsrechts aus dem **Kaufvertrag** mit dem **Lieferanten, §§ 434 f., 437 ff. BGB**, zur vorrangigen Durchsetzung gegenüber dem Lieferanten abtritt bzw. den Leasingnehmer zu deren Geltendmachung gegenüber dem Lieferanten ermächtigt, § 185 BGB sowie dem Leasingnehmer ggf. Ansprüche aus Garantie gegen den Lieferanten abtritt. Im Kfz-Leasing übernehmen auch verschiedene **markengebundene Leasinggesellschaften** eine **eigene Gewährleistunghaftung** und zwar in dem Umfang, in dem dem Leasinggeber gegen den Lieferanten bzw. Hersteller Gewährleistungs- und Garantieansprüche aus dem Kaufvertrag zustehen. Der Umfang der Freizeichnung ist daher vergleichsweise beschränkter. Im Hintergrund steht hier die Vertriebspolitik des Hauses. Die markengebundenen Leasinggeber sind eher in der Lage, die aus der Gewährleistungshaftung resultierenden Verpflichtungen durch eigene Vertragshändler vorzunehmen.[136]

[134] *BGH*, Urt. v. 22.3.2000, VIII ZR 325/98, BB 26/2000, 1316 ff.

[135] Vgl. ferner: *BGH*, Urt. v. 15.10.1986, VIII ZR 319/85, ZIP 23–24/1986, 1566 ff.; v. 30.9.1987, VIII ZR 226/86, ZIP 21/1987, 1390 ff.; *Reinking*, Autoleasing, 45 f.; *Reinking/Eggert*, Der Autokauf, Rdn. 769, 848, 854; *Reinking/Koyka*, Mobilienleasing, in: *Kroiß (Hrsg.)*, Klauselbuch Schuldrecht, Rdn. 144.

[136] S. zu selbstständigen Garantien mit dem Gegenstand eines über die Mangelfreiheit hinausgehenden Erfolgs, welche im Gegensatz zu unselbständigen Garantien von der leasingtypi-

Das im Verhältnis zu dem Ermächtigungskonzept in der Praxis vorherrschende sog. **Abtretungskonzept** behält **auch nach** der **Schuldrechtsreform** und der hiermit verbundenen umfassendem Neugestaltung des Sachmängelrechts seine **Wirksamkeit** und ist insbes. nicht zwingend in eine Ermächtigungskonstruktion umzudeuten, § 140 BGB. Ist eine in Allgemeinen Geschäftsbedingungen enthaltene Abtretung vertraglicher Gewährleistungsansprüche von dem Leasinggeber an den Leasingnehmer nicht unbedingt und vorbehaltlos erfolgt und deshalb unwirksam, kann die unwirksame Abtretung umzudeuten sein in eine rechtswirksame Ermächtigung des Leasingnehmers, die betreffenden Ansprüche des Leasinggeber in eigenem Namen geltend zu machen.[137] 47

Diese leasingtypische Abtretungkonstruktion ist eine sachgerechte, der Interessenlage der Parteien entsprechende Regelung, die dem Finanzierungsleasing sein typisches, insoweit vom Leitbild des Mietvertrags abweichendes Gepräge gibt und wird daher vom **BGH** in gefestigter Rechtsprechung für angemessen und **zulässig** gewertet. Die **Freizeichnungsklausel** ist **nicht überraschend** für den **Leasingnehmer**, **§ 305 c Abs. 1 BGB** und beinhaltet auch im Geschäftsverkehr mit Verbrauchern **keine unangemessene Benachteiligung** des Leasingnehmers, **§ 307 Abs. 1 S. 1 BGB**.[138] Die Freizeichnungsklausel verstößt 48

---

schen Abtretungskonzeption nicht ohne weiteres erfasst werden *Reiner/Kaune*, Die Gestaltung von Finanzierungsleasingverträgen nach der Schuldrechtsreform, WM 47/2002, 2314 ff., 2315 f.; *Löbbe*, Der Finanzierungsleasingvertrag nach der Schuldrechtsreform, in: Finanzierungsleasing und Verbrauchergeschäfte, BB Beil. zu H 35/2003, 7 ff., 9 sowie *Godefroid*, Finanzierungsleasingverträge und Schuldrechtsmodernisierungsgesetz, BB Leasing-Berater, BB Leasing-Berater, Beil. 5 zu H 27/2002, 2 ff., 4. S. ferner *Reinking*, Autoleasing, 52, 120, 123; *Reinking/Eggert*, Der Autokauf, Rdn. 782; *Godefroid*, Finanzierungsleasingverträge und Schuldrechtsmodernisierungsgesetz, BB Leasing-Berater, Beil. 5 zu H 27/2002, 2 ff., 4.

[137] S. u.a. *BGH*, Urt. v. 9.7.2002, X ZR 70/00, DB 2002, 2529; *Tiedtke/Möllmann*, Auswirkungen der Schuldrechtsreform im Leasingrecht, DB 11/2004, 583 ff., 583; *Löbbe*, Der Finanzierungsleasingvertrag nach der Schuldrechtsreform, in: Finanzierungsleasing und Verbrauchergeschäfte, BB Beil. 6 H 35/2003, 7 ff., 8. S. ferner zu dem leasingtypischen Abtretungskonzept u.a. BGH, Urt. v. 9.7.2002, X ZR 70/00, DB 48/2002, 2529 f.; *Wolf/Eckert/Ball*, Handbuch des gewerblichen Miet-, Pacht- und Leasingrechts, Rdn. 1918; *Palandt/Weidenkaff*, BGB, Einf. v. § 535 Rdn. 56 ff.; *Reinking/Koyka*, Mobilienleasing, in: *Kroiß (Hrsg.)*, Klauselbuch Schuldrecht, Rdn. 54 ff., 63; *Reinking*, Autoleasing, 49 ff.; *Reinking/Eggert*, Der Autokauf, Rdn. 761, 771 ff., 773, 776, 812; *Bordewin/Tonner*, Leasing im Steuerrecht, Rdn. 2, 8; *Beckmann*, Auswirkungen des Schuldrechtsmodernisierungsgesetzes auf die Leasing-Branche, FLF 2/2002, 46 ff., 48; *Godefroid*, Finanzierungsleasingverträge und Schuldrechtsmodernisierungsgesetz, BB Leasing-Berater, Beil. 5 zu H 27/2002, 2 ff., 5; *Zahn/Bahmann*, Kfz-Leasingvertrag, Rdn. 27 ff.

[138] S. u.a. *BGH*, Urt. v. 24.6.1992, VIII ZR 188/91, WM 39/1992, 1609 ff.; v. 28.3.1990, VIII ZR 18/80, NJW 29/1990, 1785 ff.; v. 16.9.1981, VIII ZR 265/80, NJW 3/1982, 105 ff., v. 24.4.1985, VIII ZR 31/84, NJW 27/1985, 1546 f., 1547; v. 17.12.1986, VIII ZR 279/85, ZIP 4/1987, 240 ff., 241; v. 19.2.1986, VIII ZR 91/85, BB 14/1986, 900 f.; v. 30.9.1987, VIII ZR 226/86, NJW 4/1988, 198 ff.; v. 16.9.1981, VIII ZR 265/80, NJW 3/1982, 105; v. 9.3.1977, VIII ZR 192/75, NJW 1977, 1058; v. 23.2.1977, VIII ZR 124/75, NJW 19/1977, 848 ff.; *Reinking*, Autoleasing, 50; *Reinking/Eggert*, Der Autokauf, Rdn. 772, 774: *Reinking/Koyka*, Mobilienleasing, in: *Kroiß (Hrsg.)*, Klauselbuch Schuldrecht, Rdn. 59; *Apel*, in: *Büschgen (Hrsg.)*, Praxishandbuch Leasing, § 9 Rdn. 107 ff.; *Beckmann*, in: *Büschgen (Hrsg.)*, Praxishandbuch Leasing, § 6 Rdn. 26 ff.

auch nicht gegen §§ 309 Nr. 7a, 7b und 8b BGB.[139] Auch nach der Schuldrechtsreform besteht kein Anlass, in der leasingtypischen Abtretungskonstruktion einen Verstoß gegen § 307 BGB (§ 9 AGBG a.F.) zu sehen. Ist die Freizeichnung unwirksam, haftet der Leasinggeber nach Mietrecht.[140]

49 Auch in Betrachtung der im Zuge der Schuldrechtsreform neu in das BGB eingefügten Regelungen über den **Verbrauchsgüterkauf, §§ 474 ff. BGB**, welche nicht für Verträge zwischen Unternehmern gelten, auf das Leasinggeschäft ergibt sich keine schwächere Rechtsposition und damit keine unangemessene Benachteiligung des Leasingnehmers als Verbraucher gemäß § 307 Abs. 1 BGB. Hier gilt zunächst, dass die Vorschriften über den Verbrauchsgüterkauf, §§ 474 ff. BGB auf den **Leasingvertrag anwendbar** sind, wenn es sich um das **sog. Eintrittsmodell** handelt, bei welchem ein Leasingnehmer, der Verbraucher ist, zunächst einen Kaufvertrag mit dem Lieferanten schließt, der Leasinggeber sodann in diesen Kaufvertrag eintritt und die kaufrechtlichen Rechte an den Leasingnehmer abtritt. Es liegt jedoch bereits kein Verbrauchsgüterkauf nach §§ 474 ff. BGB vor, wenn der Leasinggeber als Unternehmer direkt den Kaufvertrag mit dem Lieferanten schließt. Aufgrund der Regelungen über den Verbrauchsgüterkauf, insbes. der Regelung des § 475 BGB, welche zwingendes Recht darstellt, müssen bei einem mit einem Leasingnehmer als Verbraucher geschlossenen Vertrag diesem die Sachmängelrechte abgetreten sein, die er bei einem direkt mit dem Lieferanten geschlossenen Vertrag erhalten hätte.[141]

50 Aufgrund der zivilrechtlichen Wertung des Leasingvertrags als atypischer Mietvertrag ist auf den Leasingvertrag in erster Linie Mietrecht anzuwenden. Den Leasinggeber würde daher bei einem Sachmangel die mietrechtliche Mängelhaftung und Haftung eines Vermieters treffen.[142] Das Abtretungs- bzw. Ermächtigungskonzept stellt eine Abweichung vom dispositivem Mietrecht dar. Da

---

[139] S. ferner *Reinking/Eggert*, Der Autokauf, Rdn. 774, 783; *Reinking/Koyka*, Mobilienleasing, in: *Kroiß (Hrsg.)*, Klauselbuch Schuldrecht, Rdn. 60, 61.

[140] *BGH*, Urt. v. 23.2.1977, VIII ZR 124/75, BGHZ 68, 118, 123 ff.; v. 16.9.1981, VIII ZR 265/80, NJW 3/1982, 105; ; v. 25.1.1989, VIII ZR 302/87, ZIP 1989, 377 ff., 379; v. 17.12.1986, VIII ZR 279/985, ZIP 1987, 240 ff., 241; v. 24.4.1985, VIII ZR 65/84, NJW 27/1985, 1547 ff.; v. 20.6.1984, VIII ZR 131/83, NJW 3/1985, 129 f.; *Wolf/Eckert/Ball*, Handbuch des gewerblichen Miet-, Pacht- und Leasingrechts, Rdn. 1918 ff.; *Palandt*, BGB, Einf. v. § 535 BGB Rdn. 56 f.; *Beckmann*, Auswirkungen des Schuldrechtsmodernisierungsgesetzes auf die Leasing-Branche, FLF 2/2002, 46 ff., 48, 51; *Löbbe*, Der Finanzierungsleasingvertrag nach der Schuldrechtsreform, in: Finanzierungsleasing und Verbrauchergeschäfte, BB Beil. 6, H 35/2003, 2 ff., 8; *Reinking/Eggert*, Der Autokauf, Rdn. 771 f., 839; *Godefroid*, Finanzierungsleasingverträge und Schuldrechtsmodernisierungsgesetz, BB Leasing-Berater, Beil. 5 zu H 27/2002, 2 ff., 4; *Apel*, Leistungsstörungen und Gewährleistung, in: *Büschgen* (*Hrsg.*), Praxishandbuch Leasing, § 9 Rdn. 146 ff.

[141] S. hierzu: *Reinking*, Die Auswirkungen der Schuldrechtsreform auf das private Kraftfahrzeugleasing, DAR 4/2002, 146 f.; *Gebler/Müller*, ZBB 2002, 111 f.; *Godefroid*, Finanzierungsleasingverträge und Schuldrechtsmodernisierungsgesetz, BB Leasing-Berater, Beil. 5 zu H 27/2002, 2 ff., 6; *Reinking/Eggert*, Der Autokauf, Rdn. 774, 778; *Reinking/Koyka*, Mobilienleasing, in: *Kroiß (Hrsg.)*, Klauselbuch Schuldrecht, Rdn. 54, 57 f. m.w.N., 59. S. ferner *Reinking*, Autoleasing, 50.

[142] S. u.a. *BGH*, Urt. v. 10.7.1996, VIII ZR 282/95, NJW 43/1996, 2860 ff.

der Leasingnehmer mit der regelmäßig formularvertraglichen Freizeichnung seine ihm gegen den Leasinggeber nach gesetzlichem Mietrecht zustehenden Mängelrechte verliert, müssen seine schutzwürdigen Rechte durch einen angemessenen Ausgleich gewahrt werden. Dem Leasingnehmer müssen wichtige Rechte verbleiben. Er darf nicht **rechtlos gestellt** werden. Dem **Leasinggeber** darf **keine eigene Rechtsverfolgung vorbehalten** bleiben.

Es müssen dem Leasingnehmer daher **alle gesetzlich möglichen kauf-** 51
rechtlichen Sachmängelrechte ausdrücklich, vollständig, unbedingt, vorbehaltlos und **unmittelbar** übertragen werden. Nur in diesem Fall sind die Interessen des Leasingnehmers als Ausgleich durch die Freizeichnung und damit die Äquivalenz, d.h. das Gleichgewicht von Leistung und Gegenleistung, im Leasingvertrag gewahrt.[143] Hierbei muss der Leasinggeber dem Leasingnehmer jedoch nur die Rechte verschaffen, die der Leasingnehmer auch nach Kaufrecht zu beanspruchen hat.

Mit der Abtretung der kaufrechtlichen Ansprüche sind die Grundinteressen 52
der Leasingvertragsparteien gewahrt, insbes. die schutzwürdigen Belange des Leasingnehmers hinreichend gewahrt. Der **Leasingnehmer** verfügt durch die Nutzung des Kfz über die **größere Sachnähe** zu dem **Kfz**, weil er dieses nach seinen Vorstellungen ausgesucht hat und dessen Tauglichkeit für die eigenen Zwecke und Bedürfnisse prüft und bestimmt und er ist daher am ehesten in der Lage, zu beurteilen, ob ein Sachmangel vorliegt. Es ist daher sachangemessen, dass er die Stellung erhält, als hätte er das Kfz gekauft.

Die dem Leasingnehmer **abgetretenen Rechte** folgen aus dem zwischen 53
dem Leasinggeber und dem Lieferant geschlossenen **Liefervertrag**. Erfasst sind die Anspruche nach **§§434f., 437ff. BGB**.[144] Es ist insofern ohne Belang, ob die Abtretungskonstruktion oder die in der Praxis seltener vorkommende Ermächtigungskonstruktion von den Leasingvertragsparteien gewählt wurde. Die Rechtsnatur der nach neuem Recht nach der Schuldrechtsreform nunmehr abzutretenden **Ansprüche** auf **Nacherfüllung, §439 BGB**, vergleicht man diese mit den vor der Reform abzutretenden kaufrechtlichen Mängelrechten der §§459ff. BGB a.F., ist ohne Einfluss auf die Wertigkeit von Finanzierungs- und Nutzungsfunktion des Leasings und der zivilrechtlichen Wertung des Leasings als atypischer Mietvertrag sowie der regelmäßigen Zurechnung des wirtschaftlichen Eigentums an dem Kfz zu dem Leasinggeber nach §39 AO.[145]

Der Leasingnehmer erhält durch die Abtretungskonstruktion die Stellung ei- 54
nes Käufers, eine käuferähnliche Position, die den Grundinteressen im Leasinggeschäft entspricht. Der Bereich der **Mängelhaftung** im Leasinggeschäft wird

---

[143] *Reinking*, Autoleasing, 51; *Godefroid*, Finanzierungsleasingverträge und Schuldrechtsmodernisierungsgesetz, BB Leasing-Berater, Beil. 5 zu H 27/2002, 2ff., 4; *Beckmann*, in: *Büschgen (Hrsg.)*, Praxishandbuch Leasing, §6 Rdn. 27ff.; *ders.*, Auswirkungen des Schuldrechtsmodernisierungsgesetzes auf die Leasing-Branche, FLF 2/2002, 46ff., 51.

[144] §6 Rdn. 21.

[145] *Godefroid*, Finanzierungsleasingverträge und Schuldrechtsmodernisierungsgesetz, BB Leasing-Berater, Beil. 5 zu H 27/2002, 2ff., 4; a.A.: *v. Westphalen*, Die Auswirkungen der Schuldrechtsreform auf die „Abtretungskonstruktion“ beim Leasing, ZIP 51–52/2001, 2258ff., 2263.

daher insgesamt **nach kaufrechtlichem Vorbild** geregelt, als sei der Leasingnehmer Käufer des Kfz. Diese Position ist nicht mit der eines Käufers zu verwechseln.[146] Aufgrund dieser Rechtsstellung ist es daher sinnvoll, dass sich der Leasingnehmer auch hinsichtlich eines Mangels und der hieraus resultierenden Mängelansprüche mit dem Lieferanten auseinandersetzt.

55 Es gilt grds. auch unter Beachtung des nunmehr gesetzlich verankerten Transparenzgebots, § 307 Abs. 1 S. 2 BGB, dass es nicht möglich ist, in einer Freizeichnungsklausel umfassende, weitgehend detaillierte Regelungen aufzunehmen. Diese können gerade umgekehrt zu einer Nichtdurchschaubarkeit der Klausel führen. Ggf. bedarf die leasingtypische Abtretungskonstruktion hinsichtlich des Umfangs der Abtretung der **Auslegung, §§ 133, 157 BGB.**[147] Soweit die Abtretung unwirksam ist, kommt eine Umdeutung in eine Ermächtigung in Betracht, § 140 BGB.[148]

56 Der **Ausschluss** der **Sachmängelhaftung** ist auch bei **Gebrauchtfahrzeugen** zulässig und stellt insbes. keine unangemessene Benachteiligung des Leasingnehmers nach § 307 Abs. 1 S. 2 BGB dar. Die Grenze für den Sachmängelausschluss liegt in der Regelung des **§ 444 BGB**. Danach ist der Haftungsausschluss unwirksam, wenn der Verkäufer den Mangel arglistig verschwiegen oder eine Garantie für die Beschaffenheit der Sache übernommen hat.[149]

57 Die gewöhnliche Abtretungsklausel ist auf Sachmängelansprüche beschränkt.[150] **Ansprüche** wegen **Sach- und Rechtsmängeln** sind grds. isoliert von den Primäransprüchen aus dem Kauf abtretbar. Ebenso sind nach **§ 413 BGB** Rechte und damit grds. selbstständige **Gestaltungsrechte** ohne gleichzeitige Abtretung sämtlicher Rechte und Pflichten aus dem Kaufvertrag auf Dritte **getrennt abtretbar**, die nicht wesensmäßig mit dem Hauptrecht un-

[146] So aber *v. Westphalen*, Die Auswirkungen der Schuldrechtsreform auf die Abtretungskonstruktion beim Leasing, ZIP 51–52/2001, 2258 ff., 2258, wo in Fußn. 5 das Urteil des *BGH* v. 17.12.1986, VIII ZR 279/85, ZIP 1987, 240, 241 insofern unzutreffend zitiert wird, als hätte der BGH von einer „kaufrechtlichen Rechtsposition" gesprochen, was nicht der Fall ist. S. ferner hierzu: *Beckmann*, in: *Büschgen* (*Hrsg.*), Praxishandbuch Leasing, § 6 Rdn. 28; *Apel*, in: *Büschgen* (*Hrsg.*), Praxishandbuch Leasing, § 9 Rdn. 104 f., 108.

[147] *Reinking/Koyka,* Mobilienleasing, in: *Kroiß (Hrsg.),* Klauselbuch Schuldrecht, Rdn. 118.

[148] *BGH*, Urt. v. 9.7.2002, X ZR 70/00, DB 48/2002, 2529 f. S. u.a. *Godefroid*, Finanzierungsleasingverträge und Schuldrechtsmodernisierungsgesetz, BB Leasing-Berater, Beil. 5 zu H 27/2002, 2 ff., 4.

[149] Vgl. ferner näher hierzu: *Godefroid*, Finanzierungsleasingverträge und Schuldrechtsmodernisierungsgesetz, BB Leasing-Berater, Beil. 5 zu H 27/2002, 2 ff., 9; *Reinking*, Autoleasing, 53, 120, 121; *Reinking/Eggert*, Der Autokauf, Rdn. 784; *Reinking/Koyka*, Mobilienleasing, in:*Kroiß (Hrsg.),* Klauselbuch Schuldrecht, Rdn. 121 ff., 133. S. zum Leasing gebrauchter Kfz *Reinking/Eggert*, Der Autokauf, Rdn. 784; *Reinking/Koyka*, Mobilienleasing, in: *Kroiß* (*Hrsg.*), Klauselbuch Schuldrecht, Rdn. 120 ff.

[150] S. auch die Sonderbedingungen für gebrauchte Fahrzeuge, Privat- und Geschäftsfahrzeug-Leasing-Bedingungen (Anhang). S. u.a. *Reinking/Eggert*, Der Autokauf, Rdn. 772, 817, 839; *Reinking/Koyka*, Mobilienleasing, in: *Kroiß (Hrsg.),* Klauselbuch Schuldrecht, Rdn. 59; *Godefroid*, Finanzierungsleasingverträge und Schuldrechtsmodernisierungsgesetz, BB Leasing-Berater, 2, Beil. 5 zu H 27/2002, 5 ff. S. insbes. zu den Rechten des Leasingnehmers bei dem dem Kauf nachgeschalteten Leasingvertrag *Reinking/Eggert*, Der Autokauf, Rdn. 782; *Reinking*, Autoleasing, 90 ff.

trennbar verbunden sind. Anlässlich der Schuldrechtsreform wurde, letztlich unbegründet, die Frage nach der Abtretbarkeit von Gestaltungsrechten wie des Rücktritts- und Minderungsrechts nach neuem Recht aufgeworfen. Bereits nach altem Recht waren dem Leasingnehmer anerkanntermaßen regelmäßig auch die Sekundäransprüche gemäß §§ 325, 326 BGB a.F. und Rechte für die Fälle der Nichterfüllung des Leasingvertrags und im Rahmen der Rechtsmängelhaftung abgetreten, also auch insbes. das Rücktrittsrecht gemäß § 326 BGB a.F.[151]

58 Neben der **formularmäßigen Freizeichnung** von der **Mängelhaftung** findet man jedoch auch Klauseln, welche noch umfassender auch eine **Freizeichnung** von der Schadensersatzpflicht hinsichtlich **aller Anspruchsgrundlagen** unter gleichzeitiger Abtretung der Schadensersatzansprüche aus dem Liefervertrag beinhalten. So werden auch Ansprüche des Leasinggebers gegen den Lieferanten wegen Nichterfüllung oder verspäteter Erfüllung des Leasingvertrags, teilweise sogar der Erfüllungsanspruch selbst, abgetreten. Teilweise wird auch die Abtretung bereicherungsrechtlicher Ansprüche bei Nichtigkeit des Liefervertrags wegen Sittenwidrigkeit oder nach Anfechtung sowie die Abtretung von Ansprüchen des Leasinggebers gegen den Hersteller im Rahmen der Produkthaftung für zulässig erachtet. Die Abtretung weiterer Ansprüche muss jedoch ausdrücklich erfolgen. So ist die Abtretung nicht ohne weiteres auf die Hauptansprüche des Leasinggebers aus dem Kaufvertrag und die hieraus resultierenden Rechte im Fall der Nichtlieferung oder des Verzugs erfasst.[152]

59 Durch die mit dem Schuldrechtsmodernisierungsgesetz neu in das BGB eingefügte Vorschrift des **§ 439 BGB**, welche sich mit der Nacherfüllung befasst und welche eine der wesentlichen Neuerungen nach der Schuldrechtsreform darstellt, wurde die **Frage** aufgeworfen, ob sich das Wahlrecht des Leasingnehmers im Rahmen der Abtretungskonstruktion bezogen auf den **Nachlieferungsanspruch formularvertraglich ausschließen lässt**. Hierbei ist zunächst zu beachten, dass Abweichungen von § 439 BGB ohnehin nur in Betracht kommen, wenn der Leasingnehmer Unternehmer und nicht Verbraucher ist, § 475 BGB. Nach § 439 Abs. 1 BGB kann der Käufer aufgrund der Abtretung der Rechte des Käufers von dem Lieferanten als Nacherfüllung nach seiner Wahl die Beseitigung des Mangels oder die Lieferung einer mangelfreien Sache (Nachlieferung) verlangen. Die Nacherfüllung gehört im neuen Recht zum Leitbild der kaufrechtli-

---

[151] *Beckmann*, Auswirkungen des Schuldrechtsmodernisierungsgesetzes auf die Leasing-Branche, FLF 2002, 46 ff., 48; *Godefroid*, Finanzierungsleasingverträge und Schuldrechtsmodernisierungsgesetz, BB Leasing-Berater, Beil. 5 zu H 27/2002, 2 ff., 5; *Palandt/Heinrichs*, BGB, § 413 Rdn. 1, 5; *Reinking/Koyka*, Mobilienleasing, in: *Kroiß (Hrsg.)*, Klauselbuch Schuldrecht, Rdn. 55; *Reinking/Eggert*, Der Autokauf, Rdn. 743, 773; *Beckmann*, in: *Büschgen (Hrsg.)*, Praxishandbuch Leasing, § 10 Rdn. 12. S. zu den einzelnen Gestaltungsrechten Rücktritt und Minderung § 6 Rdn. 40, 42.

[152] S. hierzu u.a. *Beckmann*, Auswirkungen des Schuldrechtsmodernisierungsgesetzes auf die Leasing-Branche, FLF 2/2002, 46 ff., 48; *ders.*, in: *Büschgen (Hrsg.)*, Praxishandbuch Leasing, § 6 Rdn. 29 ff. m.w.N., § 10 Rdn. 3, 27; *Apel*, in: *Büschgen (Hrsg.)*, Praxishandbuch Leasing, § 9 Rdn. 105; *Godefroid*, Finanzierungsleasingverträge und Schuldrechtsmodernisierungsgesetz, BB Leasing-Berater, Beil. 5 zu H 27/2002, 2 ff., 4.

chen Sachmängelhaftung. Nach gefestigter höchstrichterlicher Rechtsprechung müssen dem Leasingnehmer die Ansprüche aus dem Liefervertrag uneingeschränkt, unbedingt und vorbehaltlos abgetreten werden. Hiervon abweichende Regelungen im Rahmen der Abtretungskonstruktion und im Geschäftsverkehr mit Unternehmern dürften daher nicht hinnehmbar und wegen Verstoßes gegen § 307 Abs. 1 S. 1 BGB unwirksam sein. Die Geltendmachung des Nacherfüllungsanspruchs durch den Leasingnehmer schließlich und der Austausch des Leasingguts haben keinen Einfluss auf das Bestehen des Liefervertrags.[153]

60 Die ursprüngliche **mietrechtliche Eigenhaftung** des **Leasinggebers** kommt in den nachfolgenden Fällen zum Tragen. Zum einen ist diese von vornherein gegeben, wenn die Leasingvertragsparteien ausnahmsweise diese gar nicht ausgeschlossen haben und damit keine von dem gesetzlichen Mietrecht abweichende Regelung getroffen haben. Zum anderen lebt die mietrechtliche Eigenhaftung des Leasinggebers wieder auf, wenn seine Freizeichnung von der mietrechtlichen Mängelhaftung fehlgeschlagen ist. Konsequenz ist, dass der Leasingnehmer den Leasinggeber unmittelbar in Anspruch nehmen kann.[154]

61 Ist jedoch die Freizeichnung und Abtretung wirksam vorgenommen worden, treffen hiernach die Leasingvertragsparteien bestimmte Verpflichtungen wie sie auch Rechte haben.

Der **Leasingnehmer** trägt das **Risiko** der **ordnungsgemäßen** und **fristgerechten Geltendmachung** der **abgetretenen Rechte**.[155] Der **Leasinggeber trägt** grds. das **Insolvenzrisiko** des **Lieferanten**, d.h. das Risiko, dass die an den Leasingnehmer abgetretenen Ansprüche nicht durchsetzbar sind. Aus diesem Grunde ist eine Klausel in den Leasingbedingungen des Inhalts, dass dem Leasingnehmer das Insolvenzrisiko des Lieferanten auferlegt wird, wegen Verstoßes gegen § 307 BGB unwirksam. Hier wäre die Äquivalenz gestört und der Leasingnehmer rechtlos gestellt.[156] Sinn des Abtretungskonzepts ist es, dass sich im Verhältnis der Leasingvertragsparteien untereinander der Leasinggeber dem Leasingnehmer gegenüber durch eine **wirksame Abtretung** der Rechte aus §§ 437 ff. BGB von seiner **mietrechtlichen Haftung abschließend befreit** hat. Dem Leasinggeber hingegen verbleibt die Geltendmachung der Rechte, die

---

[153] *Godefroid*, Finanzierungsleasingverträge und Schuldrechtsmodernisierungsgesetz, BB Leasing-Berater, Beil. 5 zu H 27/2002, 2 ff., 6; *Reinking/Eggert*, Der Autokauf, Rdn. 778 ff. Vgl. zur erforderlichen Eigentumsverschaffung an den Leasinggeber im Falle der Nachlieferung *Godefroid*, Finanzierungsleasingverträge und Schuldrechtsmodernisierungsgesetz, BB-Leasing-Berater, Beil. 5 zu H 27/2002, 2 ff., 6; *Beckmann*, Auswirkungen des Schuldrechtsmodernisierungsgesetzes auf die Leasing-Branche, FLF 2/2002, 46 ff., 50, 51; *Beckmann*, in: *Büschgen* (*Hrsg.*), Praxishandbuch Leasing, § 10 Rdn. 14. S. auch § 6 Rdn. 31.

[154] S. auch *Reinking*, Autoleasing, 52, 66 f.; *Reinking/Eggert*, Der Autokauf, Rdn. 782, 812; *Reinking/Koyka*, Mobilienleasing, in: *Kroiß (Hrsg.)*, Klauselbuch Schuldrecht, Rdn. 57, 111, 125; *Jendrek*, Miet-, Leasing- und Pachtrecht, 143; *Apel*, in: *Büschgen (Hrsg.)*, Praxishandbuch Leasing, § 9 Rdn. 104, 131 f.; *Beckmann*, in: *Büschgen (Hrsg.)*, Praxishandbuch Leasing, § 6 Rdn. 31, § 10 Rdn. 24.

[155] *Reinking/Eggert*, Der Autokauf, Rdn. 775; *Beckmann*, Auswirkungen des Schuldrechtsmodernisierungsgesetzes auf die Leasing-Branche, FLF 2/2002, 46 ff., 48.

[156] *Beckmann*, in: *Büschgen* (*Hrsg.*), Praxishandbuch Leasing, § 6 Rdn. 27, 30; *Reinking*, Autoleasing, 51, 174 f.

nicht ausdrücklich mit in die Abtretung an den Leasingnehmer einbezogen wurden, so die Hauptansprüche des Leasinggebers aus dem Kaufvertrag mit dem Lieferanten und die hieraus resultierenden Rechte im Fall der Nichtlieferung oder des Verzugs. Tritt jedoch eine Leistungsstörung im Verhältnis zwischen Lieferant und Leasingnehmer auf, die von der Abtretung erfasst ist, lebt hierdurch diese zwischen Leasinggeber und Leasingnehmer ausgeschlossene Haftung nicht wieder auf. Der Streit über die Mangelhaftigkeit des Leasingguts ist nicht zwischen Leasingnehmer und Leasinggeber auszutragen.

Aus diesem Grunde hat der **Leasingnehmer** auch vor und nach der Schuld- 62
rechtsreform **kein Leistungsverweigerungsrecht** aus dem Leasingvertrag gegenüber dem Leasinggeber bzgl. der Leasingraten wegen eines Mangels nach Abnahme des Kfz und Gegenzeichnung der Übernahmebestätigung, **§ 320 BGB.** Vor diesem Zeitpunkt besteht ohnehin weder ein Anspruch des Leasinggebers auf Zahlung der Leasingraten und dementsprechend kein Leistungsverweigerungsrecht des Leasingnehmers. An ein Leistungsverweigerungsrecht des Leasingnehmers ist erst zu denken, wenn er die abgetretenen Ansprüche, wie es ihm durch die leasingtypische Abtretungskonstruktion auferlegt ist, durchsetzt. Ungeachtet eines einem Käufer einzuräumenden Zurückbehaltungsrechts gemäß § 320 BGB vor erfolgter Nacherfüllung, 439 BGB, wäre eine Übertragung dieses Leistungsverweigerungsrechts aus der zweiseitigen Vertragsbeziehung zwischen Käufer und Verkäufer auf das spezielle Finanzierungsleasingsgeschäft mit seiner leasingtypischen Dreiecksbeziehung zwischen Leasinggeber, Leasingnehmer und Lieferant, nicht angemessen.[157]

Grundsätzlich erhält der **Leasingnehmer** durch die wirksame Freizeichnung 63
und Abtretung im **Außenverhältnis** die **volle Gläubigerstellung**. Im Innenverhältnis zu dem Leasinggeber ist er jedoch in seinem Verfügungsrecht beschränkt. Anspruchsgegner für die Durchsetzung der abgetretenen Rechte ist der Lieferant und nicht der Leasinggeber.[158]

Der Leasingnehmer muss die abgetretenen Ansprüche, d.h. regelmäßig die Sachmängelansprüche, **in eigenem Namen** gegenüber dem Lieferanten auch im **Klagewege** geltend machen. Dem Leasingnehmer steht hierbei ein Wahlrecht hinsichtlich der bei einer Leistungsstörung geltend zu machenden Ansprüche zu. Er muss in diesem Rahmen jedoch auf die berechtigten Interessen des Leasinggebers Rücksicht nehmen. Da die Sachmängelrechte unbedingt und vorbehaltlos abgetreten werden müssen, ist der Leasingnehmer berechtigt, diese

---

[157] S. ferner *BGH*, Urt. v. 20.6.1984, VIII ZR 131/83, NJW 3/1985. 129f.; v. 19.2.1986, VIII ZR 91/85, NJW 28/1986, 1744ff.; *Reinking*, Autoleasing, 127, 131; *Reinking/Eggert*, Der Autokauf, Rdn. 826ff.; *Apel*, in: *Büschgen (Hrsg.)*, Praxishandbuch Leasing, § 9 Rdn. 136f., 146ff.; *Godefroid*, Finanzierungsleasingverträge und Schuldrechtsmodernisierungsgesetz, BB Leasing-Berater, Beil. 5 zu H 27/2002, 2ff., 5; *Beckmann*, Auswirkungen des Schuldrechtsmodernisierungsgesetzes auf die Leasing-Branche, FLF 2/2002, 46ff., 49; *Zahn*, Der kaufrechtliche Nacherfüllungsanspruch – ein Trojanisches Pferd im Leasingvertrag?, DB 19/2002, 985ff., 986.

[158] S. *Reinking/Koyka*, Mobilienleasing, in: *Kroiß (Hrsg.)*, Klauselbuch Schuldrecht, Rdn. 69f. m.w.N., 105; *Beckmann*, Durchsetzung der Rechte durch den Leasingnehmer, in: *Büschgen (Hrsg.)*, Praxishandbuch Leasing, § 10 Rdn. 6f.

ohne Mitwirkung des Leasinggebers gegen den Lieferanten durchzusetzen. Macht der Leasingnehmer von dem ihm durch die Abtretungskonstruktion abgetretenen **Rücktrittsrecht** Gebrauch und entsteht hierüber Streit mit dem Lieferanten, muss der Leasingnehmer diesen Streit nofalls gerichtlich austragen, bevor die Rückabwicklung tatsächlich durchgeführt wird, §§ 346 ff. BGB. Auch nach der Schuldrechtsreform wird der Liefervertrag durch die Rücktrittserklärung nicht automatisch in ein Rückgewährschuldverhältnis verwandelt.[159] Der **Leasinggeber** wiederum ist an das Ergebnis der Abwicklung zwischen Händler und Leasingnehmer, insbes. an das Ergebnis des Prozesses, gebunden. Er **muss** die **rechtlichen Folgen hinnehmen.**[160]

64 Die Regelung des vormaligen § 464 BGB ist im Zuge der Schuldrechtsreform ersatzlos gestrichen worden. Nach dieser Vorschrift musste sich der Leasingnehmer bei Abnahme des Kfz und Kenntnis der Mängel die Geltendmachung seiner Rechte vorbehalten. Die **kaufmännischen Untersuchungs- und Rügeobliegenheiten, §§ 377 ff. HGB,** sind von der Schuldrechtsreform unbelassen geblieben. Diese Obliegenheiten treffen nach höchstrichterlicher Rechtsprechung den Leasinggeber als den Käufer des Kfz. Der Leasingnehmer ist auf besondere Anweisung des Leasinggebers verpflichtet, das Kfz bei Übernahme vom Lieferanten auf Mängel bzw. Unvollständigkeit hin zu untersuchen.[161]

III. Vertragsimmanenter Vollamortisationsanspruch des Leasinggebers

65 Neben den beiden vorgenannten beim Leasing von dem dispositiven Mietrecht abweichenden typischen zulässigen formularvertraglichen Regelungen stellt die leasingtypische Amortisation ein **leasingtypisches Unterscheidungsmerkmal** zur **Miete** dar. Diese ist der Miete im Grundsatz fremd. Bei der Miete wird in größerem Umfang Eigenkapital eingesetzt. Im Leasinggeschäft als Anschaffungsfinanzierung ist die **Fremdfinanzierung** der Investitionskosten bzw. der mangelnde Einsatz von Eigenkapital typisch. Hierdurch sind auch die Risikopositionen der Vertragsparteien unterschiedlich. Gleich ist Miete und Leasing, dass diese gegenseitige entgeltliche Gebrauchsüberlassungsverträge sind. Bei dem

---

[159] Vgl. zum Rücktritt auch § 6 Rdn. 40. S. hierzu auch *Beckmann*, Auswirkungen des Schuldrechtsmodernisierungsgesetzes auf die Leasing-Branche, FLF 2/2002, 46 ff., 49.

[160] S. zu der Verpflichtung des Leasingnehmers zur gerichtlichen Durchsetzung der Gewährleistungsrechte insbes. *Tiedtke/Möllmann*, Auswirkungen der Schuldrechtsreform im Leasingrecht, DB 11/2004, 583 ff.; *Beckmann*, in: *Büschgen (Hrsg.)*, Praxishandbuch Leasing, § 6 Rdn. 54; § 10 Rdn. 4 f., 8, 13, 15, 28, § 11 Rdn. 8; *Apel*, in: *Büschgen (Hrsg.)*, Praxishandbuch Leasing, § 9 Rdn. 136 f.; § 10 Rdn. 7; *Reinking*, Autoleasing, 120, 125, 130 ff.; *Reinking/Koyka*, Mobilienleasing, in: *Kroiß (Hrsg.),*, Klauselbuch Schuldrecht, Rdn. 54, 59, 108; *Reinking/Eggert*, Der Autokauf, Rdn. 826 ff., 828, 831, 836.

[161] *Beckmann*, Auswirkungen des Schuldrechtsmodernisierungsgesetzes auf die Leasing-Branche, FLF 2/2002, 46 ff., 51; *Reinking/Eggert*, Der Autokauf, Rdn. 812, 815; *Reinking/Koyka*, Mobilienleasing, in: *Kroiß (Hrsg.)*, Klauselbuch Schuldrecht, Rdn. 47,48; *Apel*, in: *Büschgen (Hrsg.)*, Praxishandbuch Leasing, § 9 Rdn. 174 ff.

Leasing tritt zu der Nutzungskomponente die Finanzierungskomponente hinzu. Daher ist das **Leasingentgelt Entgelt** für die **Gebrauchsüberlassung** und **Finanzierung** zugleich. Leasing ist Gebrauchsüberlassung und Finanzierung. Letzteres Merkmal wird durch die Amortisation ausgefüllt.[162]

Typisch für das Leasing als Form der **Anschaffungsfinanzierung** und 66
als **Finanzierungsgeschäft** ist die leasingtypische Amortisation. Unter **Amortisation** ist allgemeinhin die planmäßige Rückzahlung einer Verbindlichkeit neben der Zinszahlung bzw. die Deckung der Aufwendungen für ein Investitionsobjekt durch erwirtschaftete Erträge zu verstehen. Der Anspruch auf Amortisation umfasst daher die gesamten Herstellungs- oder Anschaffungskosten für das Leasinggut, welche gewöhnlich in vollem Umfang von dem Leasinggeber zu Beginn des Leasingvertrags getragen werden sowie die Nebenkosten einschl. der Finanzierungskosten, eine angemessene Risikomarge für das von dem Leasinggeber zu tragende Bonitätsrisiko und eine Gewinnmarge des Leasinggebers. Der Leasinggeber finanziert mit dem Leasinggeschäft eine von dem Leasingnehmer gewählte Investition, verkürzt auch als Finanzierungsfunktion des Leasings bezeichnet, welche neben die weitere Funktion der Gebrauchsüberlassung tritt. Die **Finanzierungsfunktion** ist dadurch gekennzeichnet, dass der Leasinggeber zum Zwecke der Befriedigung eines Investitionsbedarfs des Leasingnehmers das zum Gebrauch zu überlassende Leasinggut beschafft und vorfinanziert, wobei sich der Leasingnehmer von dieser Art der Investition häufig auch steuerliche Vorteile verspricht.[163]

Die Amortisation ist unmittelbar in Zusammenhang mit dem **Wertver-** 67
brauch des **Kfz** während der **Leasingzeit** zu sehen, welcher wiederum auch der Kalkulation des Leasingentgelts zugrunde gelegt wird. Der Leasinggeber räumt dem Leasingnehmer mit dem Leasingvertrag das Recht ein, das Kfz zu nutzen und den Wert des Kfz durch die Nutzung dieses weitgehend aufzubrauchen. Diesem Recht des Leasingnehmers **entspricht dessen Verpflichtung zur** Vollamortisation. Die vertraglichen Leistungen des Leasinggebers bestehen daher in der Überlassung des Kfz zum Gebrauch und damit verbunden in der Duldung des Wertverbrauchs des Kfz durch den Leasingnehmer. Typischerweise erhält der Leasinggeber hierdurch bei Vertragsende ein Kfz zurück, welches je nach Vertragsdauer lediglich noch einen Bruchteil seines ursprünglichen Werts aufweist.

Es gehört zum Wesen der Leasingfinanzierung als Finanzierungsgeschäft, dass 68
die eingesetzten Mittel an den Leasinggeber als Financier zurückfließen. Der Leasinggeber hat daher einen Anspruch auf volle Amortisation seiner im Zusammenhang mit der Anschaffung und Finanzierung des Kfz getätigten Aufwendungen. Ihm steht ein auch so bezeichneter **vertragsimmanenter Ausgleichsanspruch** gegen den Leasingnehmer **auf volle Amortisation bzw.**

[162] S. hierzu auch *Wolf/Eckert/Ball*, Handbuch des gewerblichen Miet-, Pacht- und Leasingrechts, Rdn. 2035 ff.; *Reinking*, Autoleasing, 109; *Reinking/Eggert*, Der Autokauf, Rdn. 819.

[163] S. u.a. *BGH*, Urt. v. 4.7.1990, VIII ZR 288/89, DB 41/1990, 2061 ff., 2062; v. 15.10.1986, VIII ZR 319/85, NJW 7/1987, 377 ff.; v. 12.6.1985, VIII ZR 148/84, DB 1985, 1730 ff.; *OLG Frankfurt*, Urt. v. 14.10.1986, 5 U 10/86, NJW-RR 4/1987, 241 ff.; *Kügel*, in: *Büschgen (Hrsg.)*, Praxishandbuch Leasing, § 5 Rdn. 23; *Nitsch*, Amortisationsprinzip und relativer Ratenrückstand, FLF 1998, 18 ff.

Restamortisation zu, **auch** wenn dieser **gar nicht** oder **nicht wirksam** zwischen den Leasingvertragsparteien **vereinbart** wurde.[164]

69 Da beide Funktionen der Gebrauchsüberlassung und Finanzierung für das Leasing prägend sind, hat der Eintritt der Vollamortisation nicht automatisch den Fortfall der Zahlungspflicht des Leasingnehmers zur Folge. Trotz Eintritts der Vollamortisation besteht das Erfordernis einer Kündigung des Leasingvertrags. Der **Vollamortisationsanspruch** des **Leasinggebers** bleibt von dem Gebrauch des speziell im Kfz-Leasing dem Leasingnehmer in dem Bereich der Gefahrabwälzung eingeräumten **kurzfristigen Kündigungsrecht** bzw. Lösungsrecht von dem Leasingvertrag daher bei wirksamer Gefahrabwälzung von dem Leasinggeber auf den Leasingnehmer **unberührt**. Deutlich wird mithin der Unterschied zur Miete in Abgrenzung zu dem gemeinsamen Merkmal der Gebrauchsüberlassung anhand des Beispiels des Teilamortisationsvertrags, dem im Kfz-Leasing vorherrschenden Vertragstyp, bei welchem der leasingtypische Vollamortisationsanspruch auch nach der für die Miete konstitutiven Gebrauchsüberlassungspflicht fortbesteht.

70 Der vertragliche Anspruch des Leasinggebers auf volle Amortisation seiner Aufwendungen ist bei beiden Formen des Finanzierungsleasings, dem **Teilamortisationsleasing** und dem **Vollamortisationsleasing**, gegeben und ist auch im Fall der vorzeitigen Vertragsbeendigung zu erfüllen, mithin vor dem Zeitpunkt, zu welchem bei Vertragsbeginn im Rahmen der Kalkulation die volle Amortisation der Aufwendungen des Leasinggebers angestrebt wurde und der leasingtypische Vollamortisationsanspruch noch vollständig zu erfüllen ist. Die Erfüllung dieses Vollamortisationsanspruchs kann daher je nach Zeitabschnitten des Vertrags und entsprechend je nach Vertragstyp unterschiedlich aussehen. Im Fall der vorzeitigen Vertragsbeendigung ist die erstrebte kalkulierte volle Amortisation noch nicht erreicht. Bei dem Modell des Vollamortisationsvertrags wird die Leasingzeit regelmäßig derart bemessen, dass der Leasinggeber bereits während der festen Grundmietzeit die volle Amortisation seiner Aufwendungen durch die Entrichtung der Leasingraten durch den Leasingnehmer erzielt. Bei dem Teilamortisationsvertrag hingegen reichen die während der Grundmietzeit gezahlten Leasingraten zu der vollen Amortisation nicht aus. Hier wird die **Restamortisation** zu Vertragsende je nach gewähltem Vertragstyp durch **Andienungsrechte**, **Restwertgarantien** oder **Abschlusszahlungen** gesichert. Dem Leasinggeber steht daher hier ein einheitlicher Amortisationsanspruch zu, welcher jedoch in verschiedenen Zeitabschnitten und auf unterschiedlichem Wege erfüllt wird. In dem Kfz-Leasinggeschäft herrschen Teilamortisationsverträge vor.[165]

71 Der **leasingtypische vertragsimmanente Vollamortisationsanspruch** des **Leasinggebers** ist **unabhängig** von dem **gewählten Vertragstyp** gegeben. Zu Zeiten der Geltung des Abzahlungsgesetzes und des späteren Verbraucherkreditgesetzes war dies bei dem Vertragstyp des Kfz-Leasingvertrags mit

---

[164] § 9 Rdn. 4.

[165] S. zum Andienungsrecht des Leasinggebers auch *Tiedtke/Möllmann*, Auswirkungen der Schuldrechtsreform im Leasingrecht, DB 11/2004, 583 ff., 588.

Kilometerabrechnung, verkürzt auch Kilometervertrag genannt, streitig. Inzwischen wurde aber auch diese Frage höchstrichterlich geklärt. Auch der **Kfz-Leasingvertrag mit Kilometerabrechnung**, ein **Teilamortisationsmodell,** bei welcher Vertragsform der Leasinggeber ausnahmsweise das Risiko des kalkulierten Restwerts trägt[166], ist bei **wirtschaftlicher Betrachtungsweise** auf **Vollamortisation angelegt**. Bei diesem Vertragsmodell ist bei typischer Vertragsgestaltung nach höchstrichterlicher Rechtsprechung nämlich keine Amortisationslücke zu erwarten. Diese Feststellung war insbes. im Rahmen des Anwendungsbereichs des vormaligen Verbraucherkreditgesetzes von Bedeutung. Auch der Kfz-Leasingvertrag mit Kilometerabrechnung ist demzufolge Finanzierungsleasing und Kreditvertrag in Form der sonstigen Finanzierungshilfe gemäß des vormaligen §§ 1 Abs. 2, 3 Abs. 2 Nr. 1 VerbrkrG. An dieser Wertung hat sich im Zuge der Schuldrechtsreform nichts geändert.[167]

---

166 § 3 Rdn. 22.
167 § 3 Rdn. 29.

§ 3
Vertragstypen des Kfz-Leasings

Schrifttum: *Berninghaus*, Fahrzeugleasing, in: *Büschgen (Hrsg.)*, Praxishandbuch Leasing, § 15; *Bordewin*, Leasingverträge in Handels- und Steuerbilanz, NWB F. 17/1996, 1435 ff., 1450; *Kratzer/Kreuzmair*, Leasing in Theorie und Praxis, 56 ff.; *Melsheimer*, Kilometerabrechnungsvertrag und Verbraucherkreditgesetz, MDR 6/1997, 522 ff.

Übersicht:

A. Grundeinteilung der erlasskonformen Leasingverträge

Mit seinem **Grundsatzurteil v. 26.1.1970**, allgemeinhin schlicht als **Leasingurteil** bekannt, hat der Bundesfinanzhof klargestellt, dass für die steuerrechtliche Beurteilung von Leasingverträgen nicht die von den Leasingvertragsparteien gewählte zivilrechtliche Vertragsgestaltung entscheidend ist, sondern aufgrund der Anknüpfung des Steuerrechts an wirtschaftliche Sachverhalte vielmehr allein die wirtschaftliche Betrachtungsweise maßgeblich ist. Wirtschaftlicher Eigentümer des Leasingguts, dem das Leasinggut steuerrechtlich zuzuordnen ist, ist hiernach derjenige, der die tatsächliche Herrschaft über das Leasinggut derart ausübt, dass der nach dem Bürgerlichen Recht Berechtigte von seiner Einwirkung ausgeschlossen wird und ein Herausgabeanspruch nach Vertragsende keine wirtschaftliche Bedeutung mehr aufweist. Entscheidend sind die Umstände des Einzelfalls. Wirtschaftlicher Eigentümer ist daher auf jeden Fall derjenige, der die Substanz und den Ertrag des Leasingguts vollständig und auf Dauer hat. Eingeschlossen ist sowohl die Chance der Wertsteigerung als auch das Risiko der Wertminderung des Leasingguts.[168] Der Bundesminister für Finanzen bzw. der Bundesminister für Wirtschaft und Finanzen hat diese von dem Bundesfinanzhof entwickelten Grundsätze in der Folgezeit durch **vier Erlasse zum Leasinggeschäft** ausgefüllt. Die wirtschaftliche Betrachtungsweise ist daher auch für die Beurteilung der steuerrechtlichen Fragen, die in diesen vier wichtigsten Erlassen zum Leasinggeschäft, daher auch allgemeinhin nur als Leasingerlasse bezeich- 1

[168] *BFH*, Urt. v. 26.1.1970, IV R 144/66, BStBl. II 1970, 264; *Jendrek*, Miet-, Leasing- und Pachtrecht, 121.

net,[169] eingehend geregelt sind, entscheidend. Hierbei muss die zivilrechtliche Vertragsgestaltung eingehend betrachtet werden. Für das **Kfz-Leasing** ist insbes. der **Teilamortisationsleasingerlass v. 22.12.1975**, BB 1976, 72 wichtig. Kfz-Leasing ist heute überwiegend Teilamortisationsleasing.

2 Die erlasskonformen Leasingverträge über bewegliche Leasinggüter sind dadurch gekennzeichnet, dass diese bereits im Verlauf des Leasinggeschäfts zu der vollen Amortisation des von dem Leasinggeber aufgewandten Kapitals führen. Der dem Leasinggeber zu entgeltende Aufwand umfasst die Anschaffungs- oder Herstellungskosten sowie alle Nebenkosten, insbes. die Finanzierungs- und Refinanzierungskosten sowie den Gewinn.[170]

3 Bei dem erlasskonformen Leasing ist sichergestellt, dass die Finanzverwaltung die Zurechnung des wirtschaftlichen Eigentums des Leasingguts bei dem Leasinggeber vornimmt. Die heute von den einzelnen Leasinggebern angebotenen Vertragstypen sind jedoch keineswegs durchweg erlasskonform. Hinsichtlich der hierin liegenden Abweichungen von dem in dem Teilamortisationsleasingerlass v. 22.12.1975 festgelegten Rahmenbedingungen ist wichtige Folge, dass jeweils im Einzelfall das wirtschaftliche Eigentum an dem Leasinggut entweder auf Seiten des Leasingnehmers oder auf Seiten des Leasinggebers festgestellt sein muss.

4 Nicht erlasskonforme Leasingverträge über mobile Leasinggüter werden heute vornehmlich im Bereich des Kfz-Leasings geschlossen. Bekanntes Beispiel ist der Kfz-Leasingvertrag mit Kilometerabrechnung, bei welchem der Leasinggeber in Abweichung zu den erlasskonformen klassischen Leasingverträgen das Restwertrisiko trägt.[171] Auf der Grundlage der Unterscheidung von Vollamortisation und Teilamortisation in Abhängigkeit von dem Umfang der Abzahlung des Anschaffungswerts während der Grundmietzeit des Leasingvertrags wird das Finanzierungsleasing in klassischer Unterscheidung in Vollamortisationsverträge und Teilamortisationsverträge unterteilt.[172]

I. Vollamortisationsvertrag

5 Bei dem Vollamortisationsvertrag tritt die **volle Amortisation** der Aufwendungen des Leasinggebers für das Leasinggut bereits mit der Entrichtung der

[169] Leasingerlass über die ertragssteuerliche Behandlung von Leasing-Verträgen über bewegliche Wirtschaftsgüter v. 19.4.1971, BStBl. 1971 I S. 264 (sog. Vollamortisationserlass); Leasingerlass über die steuerliche Zurechnung des Leasing-Gegenstandes beim Leasinggeber v. 22.12.1975, BB 1976, 72 (sog. Teilamortisationserlass); Leasingerlass über die Behandlung von Finanzierungs-Leasing-Verträgen über unbewegliche Wirtschaftsgüter vom 21.3.1972, BB 1972, 433 (sog. Vollamortisations-Immobilienerlass); Leasingerlass über die ertragsteuerliche Behandlung von Teilamortisations-Leasingverträgen über unbewegliche Wirtschaftsgüter (sog. Teilamortisations-Immobilienerlass) v. 23.12.1991. S. hierzu u.a. *Jendrek*, Miet-, Leasing- und Pachtrecht, 121; abgedruckt im Anhang.

[170] *BGH*, Urt. v. 12.6.1985, VIII ZR 148/84, NJW 38/1985, 2253 f.; *Jendrek*, Miet-, Leasing- und Pachtrecht, 121 f.

[171] *Hastedt/Mellwig*, Leasing, 19.

[172] *Büschgen*, Grundlagen des Leasings, in: *Büschgen* (*Hrsg.*), Praxishandbuch Leasing, § 1 Rdn. 21; *Kügel*, Rechtsnatur des typischen Finanzierungsleasingvertrags, in: *Büschgen* (*Hrsg.*), Praxishandbuch Leasing, § 5 Rdn. 17.

Leasingraten in der grundsätzlich unkündbaren **Grundmietzeit** des Leasingvertrags ein. Während der Grundmietzeit zahlt der Leasingnehmer mit den Leasingraten die gesamten Anschaffungskosten des Leasinguts zzgl. Zinsen, Nebenkosten und eines Gewinns für den Leasinggeber. Die Grundmietzeit muss bei diesem Vertragstyp aus steuerrechtlichen Gründen zwischen 40% und 90% der betrieblichen Nutzungsdauer des Leasingguts liegen.[173]

Da die Vertragsdauer bei diesem Vertragstyp mithin höchstens 90% der betriebsgewöhnlichen Nutzungsdauer beträgt, muss der Leasingnehmer den Gesamtaufwand des Leasinggebers bereits in diesem Zeitraum amortisieren.

Vollamortisationsleasingverträge sind aus diesem Grund allgemein im Leasinggeschäft im Verhältnis zu dem Typus des Teilamortisationsvertrags schlechter zu vermitteln.

Auch die in dem Kfz-Leasing angebotenen Vollamortisationsverträge beruhen 6
auf dem Vollamortisationsleasingerlass v. 19.4.1972, BB 1971, 264.[174] Vollamortisationsverträge sind in dem Kfz-Leasinggeschäft jedoch im Bereich des Pkw-Leasings relativ selten. Die Vertragsform des Vollamortisationsvertrags wird jedoch im Bereich der Nutzfahrzeuge verwendet, so vereinzelt für Lastkraftwagen. Die Verwendung des Vollamortisationsmodells macht insgesamt ca. einen Anteil in Höhe von 5% der Fahrzeuge aus.[175]

II. Teilamortisationsvertrag

Auch bei dem Modell des Teilamortisationsvertrags wird das Leasinggut dem 7
Leasinggeber nur dann zugerechnet, wenn die vereinbarte Grundmietzeit höchstens 90% der betriebsgewöhnlichen Nutzungsdauer des Leasingguts beträgt.[176] Bei dem Typus des Teilamortisationsvertrags werden im Gegensatz zu dem Vollamortisationsvertrag die Aufwendungen des Leasinggebers während der Grundmietzeit durch die Leasingraten nur teilweise gedeckt. Der Leasingnehmer amortisiert in der Grundmietzeit nur einen von vornherein festgelegten bestimmten Prozentsatz der Anschaffungs- oder Herstellungskosten des Leasingguts. Hierdurch verbleibt zum Ende der Grundmietzeit ein noch nicht amortisierter Betrag in Höhe eines vorab kalkulierten Restwerts. Das Modell des Teilamortisationsleasingvertrags ist in dem Leasingerlass v. 22.12.1975 geregelt. Die Praxis hat zudem unterschiedliche Vertragsmodelle zu diesem Modell entwickelt. Den einzelnen unterschiedlichen Varianten des Teilamortisationsvertrags ist gemein, dass diese leasingtypisch dem Leasinggeber den bis zu dem Ablauf der Grundmietzeit noch

[173] S. zu dem Typus des Vollamortisationsvertrags (auch full-pay-out-Modell) insbes. *Büschgen*, Mobilienleasing, in: *Büschgen (Hrsg.)*, Praxishandbuch Leasing, § 3 Rdn. 5 ff.; *Jendrek*, Miet-, Leasing- und Pachtrecht, 122; *Hock/Frost*, Ratgeber Leasing, Rdn. 11.

[174] *Büschgen*, Mobilienleasing, in: *Büschgen (Hrsg.)*, Praxishandbuch Leasing, § 3 Rdn. 18; abgedruckt im Anhang.

[175] Z.B. im Bereich der Baustellenfahrzeuge, wenn wegen intensiver Nutzung des Leasingguts von einem völligen Wertverzehr während der Vertragszeit auszugehen ist. Vgl. hierzu *Büschgen*, Mobilienleasing, in: *Büschgen (Hrsg.)*, Praxishandbuch Leasing, § 3 Rdn. 18; *Michalski/Schmitt*, Der Kfz-Leasingvertrag, Rdn. 33.

[176] S. zu der Mindestgrenze von 40% § 1 Rdn. 13.

nicht amortisierten Restwert im Anschluss an die Grundmietzeit durch ergänzende Maßnahmen gewährleisten. Die **Absicherung des Restwerts** erfolgt jeweils durch **unterschiedliche Abschlussabreden**. Grundsätzlich gilt hierbei, dass die klassischen erlasskonformen Leasingverträge im Gegensatz zu den nicht erlasskonformen Teilamortisationsverträgen wie den gerade in dem Kfz-Leasing üblichen Kfz-Leasingverträgen mit Kilometerabrechnung sich dadurch auszeichnen, dass der Leasingnehmer oder ein Dritter für den am Ende der Grundmietzeit noch nicht amortisierten Restwert einzustehen hat. So erfolgt z.B. bei dem Teilamortisationsmodell mit Andienungsrecht des Leasinggebers die volle Amortisation durch die während der Grundmietzeit entrichteten Leasingraten und durch die Zahlung des Kaufpreises bei Vertragsende. Bei dem Teilamortisationsmodell mit Mehrerlösbeteiligung des Leasingnehmers hingegen wird die volle Amortisation durch die in der Grundmietzeit gezahlten Leasingraten und eine Ausgleichszahlung bei Vertragsende amortisiert. Die Vereinbarung einer Verlängerungsoption oder einer Kaufoption in einem Teilamortisationsvertrag als Mittel zur Herbeiführung der vollen Amortisation kann jedoch nur bei besonderer Vertragsgestaltung in Erwägung gezogen werden. Bei einer derartigen Vertragsgestaltung ist darauf zu achten, dass die steuerliche Zurechnung des Leasingguts bei dem Leasinggeber nicht gefährdet wird.[177]

8 Das **Kfz-Leasinggeschäft** wird heute **vorwiegend** in Form des **Teilamortisationsleasings** betrieben. Auch in dem Kfz-Leasinggeschäft sind grds. alle Varianten des in dem Erlass v. 22.12.1975, BB 1976, 72ff. niedergelegten Typus des Teilamortisationsvertrags anwendbar. Unterschiedlich ist jedoch jeweils die heutige Marktbedeutung der einzelnen Modelle. So kommt dem Teilamortisationsvertrag mit Andienungsrecht des Leasinggebers und insbes. dem kündbaren Teilamortisationsvertrag lediglich eine geringe Marktbedeutung zu. In der Praxis des Kfz-Leasinggeschäfts sind diese erlasskonformen Vertragstypen vielmehr durch besondere Vertragstypen mit marktbeherrschender Bedeutung zurückgedrängt worden.[178]

Die in dem Kfz-Leasinggeschäft gängigen Vertragstypen werden von den freien und markengebundenen Leasinggesellschaften in unterschiedlicher Intensität eingesetzt. Wichtig hierbei ist auch, ob das einzelne Vertragsmodell in dem Bereich des privaten Leasings oder dem des Geschäftsleasings Verwendung findet. Diese Unterscheidung ist insbes. für die Frage der Anwendbarkeit der verbraucherschützenden Regelungen des Bürgerlichen Gesetzbuchs auf den Kfz-Leasingvertrag wichtig.

[177] Auch als non-full-pay-out Vertrag bzw. als Leasingvertrag der zweiten Generation bezeichnet (Institut für Finanzen und Steuern, Leasing, Bonn 1976, 12ff.); *Büschgen*, Grundlagen des Leasing, in: *Büschgen (Hrsg.)*, Praxishandbuch Leasing, § 1 Rdn. 21, 23; § 3 Rdn. 12ff.; *Jendrek*, Miet-, Leasing- und Pachtrecht, 122f.; *Hastedt/Mellwig*, Leasing, 19. Vgl. auch zu einem Vorteilhaftigkeitsvergleich der unterschiedlichen Vertragstypen *Büschgen*, Die Leasingentscheidung des Leasingnehmers, in: *Büschgen (Hrsg.)*, Praxishandbuch Leasing, § 38 Rdn. 25, 32.

[178] *Büschgen*, Mobilienleasing, in: *Büschgen (Hrsg.)*, Praxishandbuch Leasing, § 3 Rdn. 18; *Berninghaus*, Fahrzeugleasing, in: *Büschgen (Hrsg.)*, Praxishandbuch Leasing, § 15 Rdn. 2; § 12 Rdn. 41.

B. Marktbeherrschende Vertragsformen des Kfz-Leasings

Entsprechend der unterschiedlichen Struktur der Leasingnehmer, aber auch der Vielfalt der Leasinggeber, ist auch die Ausgestaltung der angebotenen Leasingverträge unterschiedlich. So gibt es u.a. Restwertverträge mit oder ohne Andienungsrecht des Leasinggebers bzw. Mehrerlösbeteiligung des Leasingnehmers, Verträge mit sog. risikolosem Andienungsrecht für Privatkunden, Vollamortisationsverträge mit Kaufoption des Leasingnehmers und insbes. die Kfz-Leasingverträge mit Kilometerabrechnung. 9

In der Praxis des Kfz-Leasinggeschäfts gibt es jedoch heute fast ausschließlich nur zwei Vertragstypen des Teilamortisationsleasings, welche Marktbedeutung erlangt haben und daher als Standardform in dieser Branche anzusehen sind: den erlasskonformen Kfz-Leasingvertrag mit Gebrauchtwagenabrechnung und den aus der Praxis entwickelten Kfz-Leasingvertrag mit Kilometerabrechnung.[179]

Die in dem Teilamortisationsleasingerlass v. 22.12.1975, BB 1976, 72ff., gleichfalls geregelten Vertragstypen des Leasingvertrags mit Andienungsrecht des Leasinggebers und des kündbaren Leasingvertrags werden grds. auch in der Kfz-Leasingbranche verwandt, sind jedoch in dem heutigen Kfz-Leasinggeschäft **von geringerer Marktbedeutung**. Gleiches gilt von der Sonderform des sale-and-lease-back, welche jedoch im Leasinggeschäft allgemein, insbes. aufgrund steuer- und bilanzrechtlicher Vorteile, eine zunehmende Bedeutung hat. 10

Bei der erstgenannten marktbeherrschenden Vertragsform trägt der Leasingnehmer das Risiko, dass sich nach Ablauf der vereinbarten Vertragszeit das zurückgegebene Kfz zu dem bei Vertragsbeginn kalkulierten Gebrauchtwagen (-Rest)-Wert verkaufen lässt. Bei der zweitgenannten Vertragsform trägt der Leasinggeber dieses Risiko bzw. er sichert es durch Dritte ab. Gegenüber dem Leasingnehmer wird nur die Abweichung zwischen einer vereinbarten Gesamtkilometerleistung und der tatsächlichen Fahrleistung zu vereinbarten Cent/Sätzen je Kilometer abgerechnet. Zu dem geschuldeten Kilometerausgleich tritt in der Praxis oft eine Abrechnung über Schäden bzw. über auf übermäßige Benutzung des Kfz zurückführende Mängel, für welche der Leasingnehmer aufzukommen hat, hinzu. 11

I. Kfz-Leasingvertrag mit Gebrauchtwagenabrechnung

Dieses Vertragsmodell ist ein in dem **Mobilienleasingerlass v. 22.12.1975**, BB 1976, 72ff., geregelter Typus eines Teilamortisationsvertrags.[180] 12

Dieses allgemeine Leasingvertragsmodell wird vorwiegend in dem Kfz-Leasinggeschäft und zwar sowohl in dem gewerblichen Bereich als auch in dem Be- 13

[179] *Paul*, in: Der Kfz-Leasing-Vertrag, 47.

[180] Vgl. zu diesem Vertragstyp insbes. *Bordewin*, Leasingverträge in Handels- und Steuerbilanz, NWB F. 17/1996, 1435ff., 1449; *Berninghaus*, Fahrzeugleasing, in: *Büschgen (Hrsg.)*, Praxishandbuch Leasing, § 15 Rdn. 3; *Büschgen*, Grundlagen des Leasing, in: *Büschgen (Hrsg.)*, Praxishandbuch Leasing, § 1 Rdn. 23, § 3 Rdn. 14; *Jendrek*, Miet-, Leasing- und Pachtrecht, 153; *Kratzer/Kreuzmair*, Leasing in Theorie und Praxis, 65; *Hastedt/Mellwig*, Leasing, 45; *Spittler*, Leasing für die Praxis, 23f.

reich des Privatleasings angewandt. Die Verwendung bei anderen Leasinggütern ist im Vergleich als gering einzustufen. Diese Vertragsform macht ca. 30% der mit gewerblichen Leasingnehmern geschlossenen Kfz-Leasingverträge aus. Im Bereich des Privatleasings nutzen die einzelnen Leasinggeber diesen Vertragstyp unterschiedlich. Hier findet sich auch das Vertragsmodell mit Andienungsrecht des Leasinggebers. Bei dieser Vertragsform wird bei Vertragsbeginn ein **kalkulierter Restwert** zwischen den Leasingvertragsparteien vereinbart, welcher über die Leasingraten nicht amortisiert wird. Es wird weder ein Mietverlängerungs- noch ein Kaufrecht des Leasingnehmers vereinbart.

14 Auch bei diesem Vertragsmodell beträgt die Grundmietzeit höchstens 90% der betriebsgewöhnlichen Nutzungsdauer. Der Leasingnehmer ist verpflichtet, das Leasinggut nach Ablauf der Grundmietzeit an den Leasinggeber bzw. an den Händler zurückzugeben. Der Leasinggeber hat die Verpflichtung, das Kfz zu verkaufen. Der Verkauf an einen Dritten kann bei diesem Vertragsmodell grds. auch nach Weisung des Leasinggebers durch den Leasingnehmer selbst vorgenommen werden. Bei dem Verkauf trifft den Leasinggeber die Sorgfaltspflicht, das Kfz bestmöglich unter Wahrung auch der Interessen des Leasingnehmers zu veräußern. Andernfalls können dem Leasingnehmer gegen den Leasinggeber Regressansprüche zustehen. Auch bei diesem Vertragsmodell hat der Leasinggeber den Anspruch auf Vollamortisation. Anders als bei anderen Vertragstypen wird bei diesem Vertragsmodell der Verwertungserlös in voller Höhe auf den Restamortisationsanspruch des Leasinggebers nach Ablauf der Grundmietzeit angerechnet. Der **Leasingnehmer** trägt bei diesem Vertrag das **Restwertrisiko**, d.h. das Risiko des kalkulierten Restwerts bzw. das Risiko der Wertminderung. Ist daher der Veräußerungserlös niedriger als die von dem Leasingnehmer noch geschuldete Restamortisation, muss der Leasingnehmer, da er den kalkulierten Restwert garantiert hat, eine **Abschlusszahlung** an den Leasinggeber in Höhe der **Differenz** zwischen **Restamortisation** und **Veräußerungserlös** leisten. Für den Fall des nicht vertragsgemäßen Gebrauchs des Kfz durch den Leasingnehmer werden im Ergebnis durch diese Nachzahlung die Leasingzahlungen nachträglich an den tatsächlichen Wertverzehr angepasst. Übersteigt hingegen der Verkaufserlös den kalkulierten Restwert, wird ein über die fehlende Restamortisation hinausgehender Mehrerlös erzielt. An diesem Mehrerlös bzw. an dieser Differenz sind beide Leasingvertragsparteien aufgeteilt zu beteiligen. Der Leasingnehmer erhält einen Anteil von 75% des Mehrerlöses und der Leasinggeber einen Anteil von 25%. Der Leasinggeber hat daher z.B. im Gegensatz zu dem Vertrag mit Andienungsrecht des Leasinggebers nicht Anspruch auf den gesamten Mehrerlös.

15 Die in dem vorgenannten Leasingerlass vorgesehene Quotierung des Mehrerlöses in Höhe von 25% bzw. 75% auf die Leasingvertragsparteien bzw. die Begrenzung der Mehrerlösbeteiligung auf 75% des Mehrerlöses ist steuerrechtlicher Natur und wird vorab bei Vertragsbeginn festgelegt. Mit der Aufteilung des Mehrerlöses nimmt der Leasinggeber an der Chance der Wertsteigerung teil. Durch die **Teilhabe** des **Leasinggebers** an der **Chance der Wertsteigerung**, welche in seiner Beteiligung in Höhe von 25% bzw. in dem Ansatz der Höchstgrenze der Mehrerlösbeteiligung des Leasingnehmers von 75% liegt, ist der Leasinggeber nämlich noch in einem wirtschaftlich ins Gewicht fallenden Umfang an Wertsteigerun-

gen des Kfz beteiligt. Andernfalls ist die Beteiligung des Leasinggebers an evtl. Wertsteigerungen als geringfügig anzusehen. In diesem Fall wäre das Kfz dem Leasingnehmer, da dieser eine eigentümerähnliche Herrschaft über das Kfz ausüben würde, zuzurechnen, und dieser wäre hierdurch als wirtschaftlicher Eigentümer zu werten. Der Leasinggeber wird als wirtschaftlicher Eigentümer des Kfz gewertet, wenn er noch zu einem wirtschaftlich ins Gewicht fallenden Teil an der Wertsteigerung teilnimmt. Ein in diesem Sinne ausreichender gewichtiger Anteil wird in der in dem vorgenannten Leasingerlass vorgesehenen Beteiligung in Höhe von 25% angenommen. Diese räumt dem Leasinggeber eine angemessene Mehrerlöschance ein und rechtfertigt daher die Zurechnung des Kfz bei ihm. Die steuerrechtlich gebotene Ausnutzung der Mehrerlöschance entspricht dem Interesse des Leasinggebers und ist ein Indiz für dessen erforderliche Verfügungsmacht über das Kfz.

Aufgrund dieser steuerlich gebotenen Mehrerlöschance ist der **Leasinggeber** 16
daher **wirtschaftlicher Eigentümer i.S.d. §39 AO**. Gleichwohl werden in der Praxis des Leasinggeschäfts allgemein insbes. bei den großvolumigen Leasinggütern, den big-tickets, auch Mehrerlöse zu erzielen sein, deren Höhe auch bei einer geringeren Beteiligungsquote des Leasinggebers noch erhebliche wirtschaftliche Bedeutung für diesen hat. Die vorgenannte in dem Leasingerlass von der Finanzverwaltung gezogene Grenze bei der Quotierung war jedoch aus Gründen der Praktikabilität erforderlich.[181]

Der zukünftige, von der Erzielung eines Mehrerlöses abhängige Anspruch des 17
Leasingnehmers auf Auskehrung seines Anteils an einem etwaigen Mehrerlös ist gemäß §§829, 835 ZPO pfändbar.[182] In der Praxis des Leasinggeschäfts verzichtet der Leasinggeber oft insbes. in dem Bereich des gewerblichen Leasings auf seine Mehrerlösbeteiligung in Höhe von 25% für den Fall, dass der Leasingnehmer einen gleichwertigen Anschlussleasingvertrag schließt. Der Bonus wird hierbei jedoch nicht ausgezahlt, sondern vielmehr auf die mit dem Anschlussleasingvertrag geschuldeten neuen Leasingraten verrechnet. Hierin liegt praktisch eine Bonusvergütung auf den **Anschlussvertrag** an den Leasingnehmer. Aus den Gründen der steuerrechtlichen Zurechnung ist aber erforderlich, dass die Bonusvergütung als unterstützende Maßnahme im Rahmen eines Anschlussleasingvertrags erfolgt. Die vorgenannte Bonifikation stellt der Leasinggeber dem Leasingnehmer zumeist bei Vertragsschluss des ursprünglichen Leasingvertrags in Aussicht. Da die Realisierung der Überlassung des Mehrerlöses kein feststehender wirtschaftlicher Vorteil bei Abschluss des Erstvertrags ist, bleibt die Zurechnung des Kfz zum Leasinggeber durch diese Vereinbarung unbelassen.[183]

---

[181] S. insbes. *BGH*, Urt. 10.7.1996, VIII ZR 282/95, NJW 43/1996, 2860ff.; *Büschgen*, Grundlagen des Leasings, in: *Büschgen (Hrsg.)*, Praxishandbuch Leasing, §1 Rdn. 23, §3 Rdn. 14, 19; *Bordewin*, Leasingverträge in Handels- und Steuerbilanz, NWB F. 17/1996, 1435ff., 1449f.; *Hastedt/Mellwig*, Leasing, 19, 46; *Jendrek*, Miet-, Leasing- und Pachtrecht, 154; *Kratzer/Kreuzmair*, Leasing in Theorie und Praxis, 53, 60, 65, 67, 166; *Spittler*, Leasing für die Praxis, 23, 106; *Gabele/Kroll*, Leasingverträge optimal gestalten, 44, 45; *Hock/Frost*, Ratgeber Leasing, Rdn. 17, 171, 330; *Maus*, Leasing im Handels- und Steuerrecht, Rdn. 241.

[182] *Berninghaus*, Leasing in der Zwangsvollstreckung und im Konkurs, in: *Büschgen (Hrsg.)*, Praxishandbuch Leasing, §13 Rdn. 12.

[183] *Büschgen*, Mobilienleasing, in: *Büschgen (Hrsg.)*, Praxishandbuch Leasing, §3 Rdn. 19; *Kratzer/Kreuzmair*, Leasing in Theorie und Praxis, 65, 166; *Hastedt/Mellwig*, Leasing, 46.

18 Eine Mehrerlösklausel ist zulässig und verstößt insbes. nicht gegen § 307 BGB.[184] Der **kalkulierte Restwert** kann grds. nur dann seine Funktion erfüllen, wenn er bei Vertragsbeginn wie gewöhnlich aufgrund der Erfahrung der Leasinggeber mit aller Sorgfalt derart von dem Leasinggeber eingeschätzt wird, dass er sich bei normaler Entwicklung des Markts und möglichst optimaler Verwertung des Kfz voraussichtlich mit dem tatsächlichen Wert des gebrauchten Kfz decken kann. Der Restwert muss daher realitätsnah auf den Zeitpunkt der Beendigung des Leasingvertrags angesetzt werden. Unvorhergesehene Änderungen der Marktverhältnisse sind von dem Leasingnehmer hinnehmbar. Dieser trägt das Risiko eines hierdurch bedingten Mindererlöses und damit ggf. die Ausgleichspflicht. Bei der Schätzung des Restwerts sind unterschiedliche Größen zu berücksichtigen, da der bei Vertragsende zu erzielende Erlös von unterschiedlichen Bedingungen wie u.a Marktlage, Modellwechsel, technischen Neuerungen, umweltschutzrechtlichen Auflagen etc. abhängt, auf die der Leasingnehmer mit seinem Verhalten anders als bei der Behandlung des Kfz keinen Einfluss hat. Hierdurch ist die Ermittlung des tatsächlichen Werts nicht ohne Schwierigkeiten behaftet. Es ist üblich, dass der Händlereinkaufspreis bei Vertragsende von einem Sachverständigen geschätzt wird.[185]

19 Die Leasingvertragsparteien können insbes. entsprechend der Interessenlage des Leasingnehmers den Restwert variabel ansetzen. Grds. gilt hier im Rahmen der Kalkulation des Leasingentgelts, dass die Leasingraten umso geringer sind, je höher der Restwert angesetzt wird und umgekehrt. Bei niedrig angesetztem Restwert ist jedoch die ggf. erhebliche Nachzahlungspflicht des Leasingnehmers bei Vertragsende zu beachten. Für den Leasingnehmer kann die Vereinbarung geringer Leasingraten insbes. aus dem Grund bei Vertragsbeginn gering vorhandener Liquidität von Interesse sein.[186] Die **Restwertklausel** muss zum Schutze des Leasingnehmers dem **Transparenzgebot** Genüge tun. Das Transparenzgebot erfordert jedoch nicht die Offenlegung der Kalkulation, die dem garantierten Restwert zugrunde liegt. Die Restwertklausel muss vielmehr in Verbindung mit dem übrigen Vertragsinhalt alle Angaben enthalten, deren es zu der Ermittlung des nach der Klausel geschuldeten Betrags bedarf. Der Leasinggeber muss den Leasingnehmer deutlich auf das Restwertrisiko hinweisen. Andernfalls kann die Klausel ggf. als überraschend und daher unwirksam gewertet werden.[187] Der **Anspruch auf Restwertausgleich**, d.h. der Anspruch des Leasinggebers auf Zahlung der Differenz zwischen dem bei Vertragsschluss kalkulierten Restwert und

[184] *BGH*, Urt. v. 29.6.1983, VIII ZR 141/82, ZIP 9/1983, 1084 ff.; *v. Westphalen*, Leitlinien und Tendenzen der BGH-Judikatur zum Leasingvertrag, DB 1982 Beil. 6, S. 2 ff., 9; *Kurstedt*, Finanzierungsleasing und AGB-Gesetz – Zur Wirksamkeit der vertraglichen Bestimmungen für die ordentliche Beendigung des Finanzierungsleasingvertrages über bewegliche Güter, DB 1981, 2525 ff., 2528 f.

[185] *Hock/Frost*, Ratgeber Leasing, Rdn. 171.

[186] *Engel*, Die Verjährung im Kraftfahrzeug-Leasinggeschäft. Der Restwertausgleichsanspruch des Leasinggebers bei vorzeitiger und ordentlicher Vertragsbeendigung, DB 15/1997, 761 ff., 764.

[187] *BGH*, Urt. v. 4.6.1997, VIII ZR 312/96, NJW 47/1997, 3166; *OLG Oldenburg*, Urt. v. 18.2.1987, 3 U 211/86, NJW-RR 1987, 1003; *Jendrek*, Miet-, Leasing- und Pachtrecht, 154.

dem nach Vertragsbeendigung erzielten Verwertungserlös, ist ein Primäranspruch und unterliegt daher bei vorzeitiger und bei ordentlicher Vertragsbeendigung der dreijährigen Verjährungsfrist des § 195 BGB.[188]

20 Das insbes. in dem Kfz-Leasinggeschäft weit verbreitete Vertragsmodell mit Gebrauchtwagenabrechnung ist insbes. dann von Interesse, wenn das Verhalten des Leasingnehmers durch die entspr. Inanspruchnahme des Kfz während der Vertragszeit auf den nach Ablauf der Grundmietzeit am Markt zu erzielenden Nettoerlös von erheblichem Einfluss ist. Die Werterhaltung kommt dem Leasingnehmer in Form einer Mehrerlösbeteiligung zugute. Der Leasingnehmer hat daher neben seiner leasingvertraglichen Verpflichtung auch unter diesem Gesichtspunkt ein Interesse, das Kfz pfleglich wie ein Eigentümer zu behandeln. Ferner ermöglicht dieses Vertragsmodell bei entspr. Gestaltung der Laufzeit und des Restwerts einen relativ kurzfristigen und problemlosen Modellwechsel.[189]

II. Kfz-Leasingvertrag mit Kilometerabrechnung

21 Das Vertragsmodell des Kfz-Leasingvertrags mit Kilometerabrechnung ist nicht in dem Leasingerlass v. 22.12.1975, BB 1976, 72f. geregelt. Es handelt sich bei diesem Vertragstyp vielmehr um eine **Sonderform**, die speziell aus den **Bedürfnissen der Praxis** des Kfz-Leasinggeschäfts heraus entwickelt worden ist. Obgleich dieser Vertragstyp nicht in dem vorerwähnten Leasingerlass geregelt ist, ist auch bei diesem Vertragstyp der Leasinggeber wirtschaftlicher Eigentümer des Kfz.[190] Bei dem Vertragsmodell des Kfz-Leasingvertrags mit Kilometerabrechnung ist stärker als bei den anderen Vertragstypen der mietrechtliche Charakter des Leasingvertrags betont.

22 Das Vertragsmodell des Kfz-Leasingvertrags mit Kilometerabrechnung hat sich insbes. in dem Bereich des privaten Leasings durchgesetzt und wird auch von verschiedenen Verbraucherverbänden empfohlen. Diese Vertragsform macht zum Teil nahezu 100% des Privatkundengeschäfts aus. Insbes. herstellerabhängige Leasinggesellschaften nutzen diesen Vertragstyp, der nicht an einem festen Restwert, sondern an gefahrenen Kilometern ausgerichtet ist. Der Kfz-Leasingvertrag mit Kilometerabrechnung wird jedoch vermehrt auch von herstellerunabhängigen Leasinggeber angeboten.[191] Typisch ist bei dem Vertragstyp des Kfz-Leasingvertrags mit Kilo-

[188] *BGH*, Urt. v. 10.7.1996, VIII ZR 282/95, NJW 43/1996, 2860ff.; v. 22.1.1986, VIII ZR 318/84, BB 11/1986, 693ff.; *OLG München*, Urt. v. 14.10.1993, 32 U 3691/93, NJW-RR 12/1994, 738f.; *OLG Hamm*, Urt. v. 6.10.1995, 30 U 39/95, NJW-RR 8/1996, 502; *OLG Koblenz*, Urt. 12.4.1990, 2 U 369/88, WM 47/1991, 2001ff.; *LG Hamburg*, Urt. v. 20.9.1995, 317 S 306/94, WM 1996, 501.

[189] *Kratzer/Kreuzmair*, Leasing in Theorie und Praxis, 172; *Spittler*, Leasing, 23f.

[190] S. auch folgende Bezeichnungen: kilometerbegrenzter Vertrag; Leasingvertrag mit Kilometerabrechnung; closed-end-vertrag; Vertrag mit fixem Restwert und ohne Restwertbeteiligung des Leasingnehmers, Vertrag mit Restwertrisiko beim Leasinggeber; *Berninghaus*, Fahrzeugleasing, in: *Büschgen (Hrsg.)*, Praxishandbuch Leasing, § 15 Rdn. 8, § 12 Rdn. 42; *Kratzer/Kreuzmair*, Leasing in Theorie und Praxis, 77f.; *Jendrek*, Miet-, Leasing- und Pachtrecht, 154; *Beckmann*, Finanzierungsleasinggeschäfte, 97; *Hastedt/Mellwig*, Leasing, 19; *Hock/Frost*, Ratgeber Leasing, Rdn. 20, 253.

[191] *Kratzer/Kreuzmair*, Leasing in Theorie und Praxis, 77.

meterabrechnung, dass die **Festlegung** eines kalkulierten bzw. die Ermittlung des tatsächlichen **Restwerts** aufgrund der Orientierung bei diesem Vertragtyp an angesetzten und gefahrenen Kilometern und der Vornahme einer Verrechnung dieser bei Vertragsende im Verhältnis zu dem Leasingnehmer **entbehrlich** ist. Da der **Leasinggeber** das **Restwertrisiko** trägt, ist die Angabe des Restwerts in dem Leasingvertrag nicht erforderlich. Die Bestimmung des kalkulierten Restwerts erfolgt daher allein auf Seiten des Leasinggebers im Rahmen seiner Kalkulation. Bei diesem Vertragstyp legt der Leasinggeber bei Vertragsbeginn nach der Vorstellung des Leasingnehmers eine bestimmte Kilometerleistung innerhalb der Leasingzeit fest. Es wird ein bei normaler Nutzung verbleibender Zeitwert zugrunde gelegt. Weicht der Leasingnehmer durch seine Fahrleistung von diesem Ansatz ab, ergeben sich andere Restwerte, welche bei Vertragsende durch die vertraglich festgelegten Mehr- oder Minderleistungen ausgeglichen werden.

23 Die Bemessung des Nutzungsentgelts wird derart vorgenommen, dass dieses den geschätzten Werteverzehr des Kfz während der Vertragszeit, ausgedrückt durch die kalkulatorisch vorgesehene Gesamtkilometerleistung, einschl. aller Neben- und Finanzierungskosten sowie des Gewinns des Leasinggebers abdeckt. Die monatliche Leasingrate wird hierbei unter Abzug des kalkulierten Gebrauchtwagenerlöses nach Ende der unkündbaren Grundmietzeit, der anhand der erwarteten Fahrleistung geschätzt wird, errechnet. Der Wertverlust lässt sich nicht exakt im voraus kalkulieren. Es kommt eine bonitätsmäßige Sicherung hinzu. Der Kalkulation wird eine durchschnittliche Fahrleistung von 70–80.000 km für ein Kfz zugrunde gelegt. Üblich wird ferner eine Toleranzgrenze von 2.500 km zur Vermeidung von Kleinabrechnungen zugrunde gelegt. Neben der Vornahme der Berechnung der Leasingraten wie bei anderen Typen des Teilamortisationsvertrags auch ist daher für diesen Vertragstyp der zusätzliche Ansatz einer Kilometerbegrenzung unter der Vereinbarung typisch, dass Mehr- oder Minderfahrleistungen gegenüber der bei Vertragsbeginn angesetzten Fahrleistung durch eine km-bezogene Vergütung, z.B. 7,7 Cent/km, bei Vertragsende auszugleichen sind. Bei diesem Vertragsmodell erreicht der Leasinggeber die volle Amortisation mittels der während der Grundmietzeit von dem Leasingnehmer geleisteten Leasingraten und dem Erlös aus dem Verkauf des Kfz bei Vertragsende.[192]

24 Typisch für das Modell des Kfz-Leasingvertrags mit Kilometerabrechnung ist, dass der Leasinggeber und nicht der Leasingnehmer das Risiko trägt, dass der kalkulierte Restwert bei Vertragsende nicht erreicht wird. Dies stellt einen Unterschied zu den in dem Vollamortisationsleasingerlass und in dem Teilamortisationsleasingerlass zu dem Mobilienleasing geregelten Vertragstypen dar. Da der Leasinggeber bei dieser Vertragsform ausnahmsweise das Restwertrisiko, d.h. das Risiko des Wertverlusts bzw. das Risiko des kalkulierten Restwerts trägt und Ereignisse, die einen überproportionalen Wertverlust des Kfz herbeiführen, wie z.B. eine übermäßige Beanspruchung des Kfz durch den Leasingnehmer, nicht voraussehen kann, wird ein entsprechender Risikozuschlag einkalkuliert. Der Anteil für Verwaltungskosten, Gewinn und Risiko fällt bei diesem Vertragsmodell wegen des gestiegenen Risikos für den Leasinggeber daher etwas höher als bei den

[192] S. auch je Ziff. IV/3 der Privat- und Geschäftsfahrzeug-Leasing-Bedingungen (Anhang).

anderen Vertragstypen aus. Bei den anderen Vertragstypen, d.h. den Verträgen mit Übernahme des Restwertrisikos durch den Leasingnehmer, ist dies nicht erforderlich, da z.B. eine am Vertragsende gegebene Beschädigung des Kfz zu einem geringeren Verwertungserlös führt.

Nach Ablauf der Grundmietzeit hat der Leasingnehmer dem Leasinggeber bzw. 25
dem Händler das Kfz zurückzugeben. So weit die Rückgabe des Kfz bei Vertragsende in ordnungsgemäßem Zustand erfolgt, entstehen dem Leasingnehmer bei diesem Vertragsmodell keine weiteren Verpflichtungen. Insbes. hat der Leasinggeber keinen Anspruch auf den kalkulierten Restwert. Es werden vielmehr die tatsächlich gefahrenen Kilometer ermittelt, den für die Leasingzeit vertraglich vorgesehenen Kilometern gegenübergestellt und eine **Verrechnung** mit bestimmten Beträgen für **Mehr- und Minderkilometer** vorgenommen. Grundsätzlich dient die Vereinbarung einer Kilometerbegrenzung der Vermeidung eines außerordentlichen Wertminderungsrisikos. Überschreitet der Leasingnehmer daher die mit der Kilometerbegrenzung festgelegte Grenze, hat er für jeden zu viel gefahrenen Kilometer eine Nachzahlung zu leisten. Umgekehrt erhält der Leasingnehmer hingegen eine Rückvergütung, so weit die festgelegte Grenze nicht erreicht wird. Gibt der Leasingnehmer das Kfz bei Vertragsende nicht in ordnungsgemäßem, sondern in überdurchschnittlich beanspruchtem Zustand zurück, hat der Leasingnehmer neben dem geschuldeten Mehrkilometerausgleich zusätzlich dem Leasinggeber die Instandsetzungsaufwendungen bzw. Wertminderungen zu ersetzen, die hierauf beruhen. Der Leasingnehmer bleibt daher zur Nachzahlung verpflichtet, wenn das Kfz einen höheren Wertverzehr, z.B. durch Schäden oder durch eine höhere Fahrleistung, als bei Vertragsbeginn kalkuliert wurde, bei der Rückgabe des Kfz, aufweist. Hierin liegt letztlich das Wertrisiko des Leasingnehmers, obgleich nicht er, sondern der Leasinggeber das Restwertrisiko trägt.[193] In der Praxis prägen diesen Vertragstyp **Schwierigkeiten bzw. Auseinandersetzungen** bei **Vertragsende** über den **Erhaltungszustand des Kfz**. Hiermit ist zum einen ein tatsächliches Moment betroffen, aber auch ein rechtliches.[194]

Eine Umstellung der ursprünglich vorgesehenen Abrechnung auf Kilometer- 26
basis auf eine Restwert-Abrechnung in einer AGB-Klausel ist nicht zulässig. Eine entsprechende Klausel ist als überraschende Klausel zu werten.[195]

Der **Leasinggeber** ist auch bei dieser nicht in dem Teilamortisationsleasing- 27
erlass v. 22.12.1975 geregeltem Vertragsform wirtschaftlicher Eigentümer des Kfz. Die Begründung liegt darin, dass der Leasinggeber bei dieser Vertragsform sowohl das **Wertsteigerungsrisiko** als auch das **Wertminderungsrisiko** trägt. Es ist bei diesem Vertragstyp Chance und Risiko des Leasinggebers, durch eine Verwertung nach Beendigung des Leasingvertrags den von ihm bei Vertragsbeginn kalkulierten Restwert zu erreichen.[196]

---

[193] *Reinking/Koyka*, Mobilienleasing, in: *Kroiß (Hrsg.)*, Klauselbuch Schuldrecht, Rdn. 9; *Reinking/Eggert*, Der Autokauf, Rdn. 749, 875.

[194] *Berninghaus*, Fahrzeugleasing, in: *Büschgen (Hrsg.)*, Praxishandbuch Leasing, § 15 Rdn. 8.

[195] S. u.a. *v. Westphalen*, Der Leasingvertrag, Rdn. 1263.

[196] S. u.a. *Jendrek*, Miet-, Leasing- und Pachtrecht, 154; *Kratzer/Kreuzmair*, Leasing in Theorie und Praxis, 78; *Beckmann*, Finanzierungsleasinggeschäfte, Rdn. 359 f.; *Groß*, Kraftfahrzeugleasing, DAR 1996, 438 ff., 441.

28 Der Kfz-Leasingvertrag mit Kilometerabrechnung ist für den Leasingnehmer in Vergleich zu den anderen grds. im Kfz-Leasinggeschäft angebotenen Modellen daher mit geringerem Risiko behaftet. Aufgrund des bei dem gewerblichen Leasing gut funktionierendem Gebrauchtwagenmarkts mit relativ gut kalkulierbaren Restwertrisiken sind die Leasinggeber in der Lage, das Verwertungsrisiko zu übernehmen. Erforderlich ist jedoch, dass es sich um ein marktgängiges, nicht überdurchschnittlich beanspruchtes Fahrzeug handelt. Der Vorteil dieser Vertragsform für den Leasingnehmer ist daher eindeutig bei dem für ihn mangelndem Verwertungsrisiko bzw. Restwertrisiko zu sehen. Ferner kommt diese Vertragsform dem Interesse des Leasingnehmers entgegen, nicht an der Verwertung des Fahrzeugs interessiert sein zu müssen. Allerdings nimmt der Leasingnehmer im Gegenzug auch nicht an einer positiven Differenz zwischen Verkehrswert und kalkuliertem Restwert am Ende der Vertragszeit teil. Ein weiterer Vorteil liegt darin, dass der Leasingnehmer eine transparente Übersicht über die zukünftigen Nutzungskosten hat. Dieser Vertragstyp ist daher gerade für den Leasingnehmer interessant, der sich nicht auf ein Restwertrisiko einlassen will, ferner auch für den Leasingnehmer, der ungefähr abschätzen kann, wieviele Kilometer er im Jahr zurücklegt. Da bei diesem Vertragstyp das Restwertrisiko wegfällt und damit die rechnerisch auf den ersten Blick nicht leicht einsehbare Wechselwirkung zwischen Leasingraten und kalkulatorischem Restwert entfällt, ist ferner eine leichtere Vergleichbarkeit dieses Vertragsmodells mit Konkurrenzangeboten möglich. Der Leasingnehmer muss bei dieser Vertragsform lediglich Leasingraten und Sonderzahlung miteinander vergleichen. Der sonst gegebene Unsicherheitsfaktor durch die Kalkulation des Restwerts entfällt. Letztlich beurteilt sich die Vorteilhaftigkeit dieser Vertragsform für den Leasingnehmer wie auch die der anderen Vertragsformen am Ende der Vertragszeit.[197]

29 Auch der Kfz-Leasingvertrag mit Kilometerabrechnung wird als **Finanzierungsleasing** gewertet. Auch dieser ist im Sinne der Definition des Finanzierungsleasings darauf angelegt, dem Leasingnehmer den Gebrauch der Sache auf unbestimmte oder begrenzte Dauer zu verschaffen, und es gehört zur Gegenleistung, dass dem Leasinggeber das von ihm für die Gebrauchsverschaffung eingesetzte Kapital einschließlich des kalkulierten Gewinns zurückzugewährt wird. Der Wertung als Finanzierungsleasing steht auch nicht entgegen, dass das Amortisationsziel durch Zahlungen des Leasingnehmers und durch die Verwertung des zurückgegebenen Kfz erreicht wird, selbst wenn das Verwertungsrisiko von dem Leasinggeber zu tragen ist. Entscheidend ist, dass bei dem **Leasinggeber keine Amortisationslücke** entsteht. Dies ist auch dann grds., jedoch nicht ausnahmslos, auszuschließen, wenn der Leasinggeber das Restwertrisiko trägt, weil der kalkulierte Restwert typischerweise unter dem tatsächlich erzielten Erlös liegt. Der Leasinggeber hat damit die Chance, die Wertsteigerung für sich zu nutzen. Er bleibt wirtschaftlicher Eigentümer.[198] In der Literatur wird oft das Argument genannt, bei dem Typus des Kfz-Leasingvertrags mit Kilometerabrechnung versu-

---

[197] *Kratzer/Kreuzmair*, Leasing in Theorie und Praxis, 78; *Beckmann*, Finanzierungsleasinggeschäfte, Rdn. 360.

[198] *Berninghaus*, Fahrzeugleasing, in: *Büschgen (Hrsg.)*, Praxishandbuch Leasing, Rdn. 10.

che der Leasinggeber, die Verwertungskosten und das Preisrisiko durch eine Rückkaufvereinbarung mit dem Händler zu minimieren. Im wesentlichen wird hier argumentiert, die Leasinggeber machten sich auf diese Weise von den Schwankungen der Gebrauchtwagenmärkte unabhängig und verschafften sich so eine sichere Kalkulations- und Ertragsbasis.[199] In der Praxis gibt es jedoch solche Rückkaufsvereinbarungen gewöhnlich nicht, auch nicht bei dem Leasingvertrag mit Gebrauchtwagenabrechnung des Leasingnehmers. In der Literatur wird mit der Schilderung von Rückkaufsvereinbarungen im Grunde ein anderer Sachverhalt gemeint sein, nämlich der, dass bei dem Kfz-Leasingvertrag mit Kilometerabrechnung oft steuerunschädliche Andienungsrechte vereinbart werden, nach denen der Leasinggeber von dem Leasingnehmer den Ankauf des Kfz zu dem kalkulierten Restwert verlangen kann, ohne dass jedoch dem Vertragshändler ein Anspruch zustünde, das Kfz von dem Leasingeber auch anzukaufen.[200]

---

[199] So z.B. *Kratzer/Kreuzmair*, Leasing in Theorie und Praxis, 77.

[200] S. zu Rückkaufsvereinbarungen u.a. *BGH*, Urt. v. 19.3.2003, VIII ZR 135/02, NJW 36/2003, 2607 ff.; *BFH*, Urt. v. 25.7.2000, VIII ZR 35/97, DB 51/52 2000, 2563 ff.; *OLG Oldenburg*, Urt. v. 2.4.1998, 14 U 48/97, NZV 8/1999, 335 f.; *Zahn*, Leasingvertrag: Keine Änderung der Rechtsprechung zur Nutzungsentschädigung. Missverständliche Leitsätze zu BGH – Urteilen, DB 21/2004, 1141 ff., 1142; *Tiedtke/Möllmann*, Entwicklung der aktuellen Rechtsprechung des BGH zum Leasingrecht, DB 17/2004, 915 ff., 917; *Reinking/Eggert*, Der Autokauf, Rdn. 873, 879; *Reinking*, Autoleasing, 168.

§ 4
Abschluss des Leasingvertrags

Übersicht:

Vorbemerkung

Die **typische Vertragsanbahnungssituation** geschieht beim herstellerunab- 1
hängigen Leasing derart, dass der Interessent ein Autohaus seiner bevorzugten Marke aussucht und seinen Wunsch mitteilt, ein bestimmtes Produkt künftig nutzen zu wollen. Sodann wird das Produkt hinsichtlich seiner Ausstattung, Motorisierung etc. zusammengestellt und der Kaufpreis errechnet. Häufig wird der Kunde noch seinen Wunsch äußern, sein Gebrauchtfahrzeug „in Zahlung zu geben", d.h. den Ankaufspreis dafür mit dem Kaufpreis für das Neufahrzeug verrechnen zu lassen. Daran werden sich Gespräche über die Kaufpreiszahlung und damit über die Möglichkeiten Barkauf, Kreditfinanzierung, Leasing anschließen. Entscheidet sich der Kunde für Leasing, wird der Händler verschiedene Angebote präsentieren, sei es von herstellereigenen oder von herstellerfremden Leasinggesellschaften oder er bietet das Eigenleasing seines Hauses an.[201] Die Inzahlungnahme des Gebrauchtfahrzeugs kann für eine dem Leasinggeber zu erbringende Sonderzahlung verwandt werden. Der Händler nutzt den Ankaufspreis des Gebrauchtfahrzeugs dazu, die Anschaffungskosten für das neue Leasingfahrzeug zu reduzieren, so dass der Leasinggeber dem Lieferanten lediglich den um die Sonderzahlung reduzierten Anschaffungspreis zahlt.[202] Nimmt der Händler und Leasinggeber einen Gebrauchtwagen des Leasingnehmers zum Betrag der in dem Leasingvertrag genannten Sonderzahlung in Zahlung, liegt im Regelfall kein gesonderter Kaufvertrag über den Gebrauchtwagen, sondern ein einheitlicher Leasingvertrag vor, bei dem der Leasingnehmer das Recht hat, die vertraglich vereinbarte Sonderzahlung durch Hingabe des Gebrauchtwagens zu tilgen.[203] Abge-

---

[201] *Reinking/Eggert*, Der Autokauf, Rdn. 751; *EUGH*, Urt. v. 24.10.1995, Rs. C – 266/93, ZIP 21/1995, 1769 ff.

[202] *BGH*, Urt. v. 30.10.2002, VIII ZR 119/02, DAR 3/2003, 114 ff.; *Reinking*, Autoleasing, 114; *Tiedtke/Möllmann*, Entwicklung der aktuellen Rechtsprechung des BGH zum Leasingrecht, DB 17/2004, 915 ff., 915.

[203] *BGH*, Urt. v. 30.10.2002, VIII ZR 119/02, DB 4/2003, 196 ff.

sehen von der bei dem Ankauf des Gebrauchtsfahrzeugs entstehenden vertraglichen Beziehung gibt es keine weitere rechtliche Bindung des Lieferanten zum Leasingnehmer. Der Lieferant hat keine Vollmacht des Leasinggebers zum Abschluss des Leasingvertrags, sondern vermittelt lediglich den Abschluss des Vertrags zwischen Leasingnehmer und Leasinggeber.[204]

2 Wegen der Einheitlichkeit des vorbezeichneten Erwerbsvorgangs zwischen Händler bzw. Lieferant und Leasinggeber spricht man in diesem Fall von dem sog. **Einheitsmodell**.[205] Der Leasingnehmer ist an sein Angebot zum Abschluss des Vertrags vier Wochen gebunden.[206] Der Leasingvertrag ist zustandegekommen, wenn der Leasinggeber das Angebot des Leasingnehmers binnen vier Wochen schriftlich angenommen hat. Der Händler bestellt das Kfz beim Herstellerwerk, sobald das Zustandekommen des Leasingvertrags feststeht. Mit der Lieferung hat er das Kfz bei dem Herstellerwerk zu bezahlen und erwirbt dieses von dem Herstellerwerk zu Eigentum. Aufgrund des Leasingvertrags verkauft der Händler das Kfz dem Leasinggeber zu dem Verkaufspreis weiter, der zu der Grundlage der Kalkulation des Leasingvertrags zwischen dem Händler und dem Leasingnehmer geworden ist. Der Kfz-Brief[207] wird dem Leasinggeber als Sicherungsmittel übergeben. Die Übergabe des Leasingfahrzeugs erfolgt im Wege des Besitzkonstituts von dem Händler direkt an den Leasingnehmer. Der Leasinggeber stellt dem Leasingnehmer als Entgelt für die Gebrauchsüberlassung die vereinbarten Leasingraten in Rechnung.

A. Bindungsfrist

3 Der Leasingnehmer ist regelmäßig an seinen Antrag (§ 145 BGB) auf Abschluss eines Leasingvertrags bei Neuwagen 4 bis 6 Wochen und bei Vorführ- oder Gebrauchtwagen 10 Tage bis 2 Wochen gebunden. Bei einer Bestätigung durch den Leasinggeber innerhalb dieser Annahmefrist kommt der Leasingvertrag zustande. Bei der Angemessenheit einer Annahmefrist sind Inhalt und wirtschaftliche Bedeutung des Vertrags, die Umstände des Einzelfalls bzw. die Interessen der Vertragspartner sowie die Verkehrsanschauung und die Grundwertung der Regelungen der §§ 305 ff. BGB zu berücksichtigen. Der Leasinggeber braucht für die Prüfung des Angebots des Leasingnehmers durch den Leasinggeber zum Abschluss des Finanzierungsgeschäfts seine Zeit, insbes. zu der Überprüfung der Bonität des potentiellen Leasingnehmers und des Zustandekommens des Kaufvertrags über das gewünschte Fahrzeug.[208] Gemäß § 308 Abs. 1

[204] § 4 Rdn. 6.

[205] § 4 Rdn. 4.

[206] § 4 Rdn. 3.

[207] S. zum Kfz-Brief auch *BGH*, Urt. v. 13.5.1996, II ZR 222/95, BB 31/1996, 1577 f., *LG Darmstadt*, Urt. v. 30.8.2001, 8 O 490/00, DAR 11/2002, 516 f. sowie je Ziff. VIII/4 der Privat- und Geschäftsfahrzeug-Leasingbedingungen (Anhang).

[208] S. je Ziff. I/1 Privat- und Geschäftsfahrzeug-Leasingbedingungen (Anhang); *BGH*, Urt. v. 13.12.1989, VIII ZR 94/89, NJW 1990, 1784.; *OLG Frankfurt*, Urt. v. 23.7.1997, 23 U 228/96, NJW-RR 1998, 566; näher *Reinking/Eggert*, Der Autokauf, Rdn. 802.

Nr. 1 BGB ist eine Bestimmung in den Leasingbedingungen unwirksam, durch die sich der Verwender eine unangemessen lange oder nicht hinreichend bestimmte Frist für die Annahme (§ 147 BGB) vorbehält. Für den Fall der verspäteten Annahme ist § 150 Abs. 1 BGB einschlägig. Bei einem Verbraucherleasingvertrag kann das Angebot binnen Wochenfrist widerrufen werden.[209]

B. Eintrittsmodell/Einheitsmodell

Neben dem Einheitsmodell gibt es – insbes. in dem Bereich des herstellerunabhängigen Leasings – das sog. **Eintrittsmodell,** bei dem sich der Erwerbsvorgang zunächst zwischen dem Händler und dem Leasingnehmer vollzieht. In dieses Vertragsverhältnis tritt dann der Leasinggeber für den Leasingnehmer ein, sofern der Leasingnehmer dies wünscht und die Voraussetzungen im übrigen dafür vorliegen. 4

Es gibt mithin im wesentlich zwei Alternativen der Vertragsanbahnung, welche Sachverhalte verkürzt als Eintritts- bzw. Einheitsmodell bezeichnet werden. Die Bezeichnung Einheitsmodell verdeutlicht die Einheitlichkeit des Erwerbsvorgangs des Kfz zwischen Händler bzw. Lieferant und Leasinggeber. Für den Leasingnehmer ist zur Beschaffung des von ihm gewünschten Kfz nur die eine Vertragsbeziehung zum Leasinggeber erforderlich und es ist nicht zuvor noch ein Kaufvertrag mit dem Lieferanten abzuschließen. Bei dem Eintrittsmodell, auch Einsteigermodell, handelt es sich hingegen um ein im Mobilienleasing übliches und in dem Kfz-Leasinggeschäft insbes. in dem Bereich des herstellerunabhängigen Leasings anzutreffendes Modell. Der Erwerbsvorgang vollzieht sich zunächst zwischen dem Händler und dem Leasingnehmer. Der Leasingnehmer wird im Rahmen des Beschaffungsvorgangs als Investor und künftiger Käufer tätig und trifft alle wesentlichen Entscheidungen über die Vertragsmodalitäten, welche in einem Kaufvertrag zwischen dem späteren Leasingnehmer und dem Lieferanten festgelegt werden. Als besondere Zahlungsmodalität wird der Eintritt eines Leasinggebers in diesen Kaufvertrag vorbehalten. Mit Abschluss des Leasingvertrags über das von dem Leasingnehmer gewählte Kfz tritt der Leasinggeber mit schuldbefreiender Wirkung für den Leasingnehmer in den Kaufvertrag zwischen Leasingnehmer und Lieferant ein.[210]

---

[209] S. auch Ziff. XVII der PrivatLeasing-Bedingungen (Anhang); *Reinking/Koyka*, Mobilienleasing, in: *Kroiß (Hrsg.)*, Mobilienleasing, Rdn. 19; *Kügel*, Zustandekommen und Inhalt des Finanzierungsleasinggeschäfts, in: *Büschgen (Hrsg)*, Praxishandbuch Leasing, § 6 Rdn. 92ff., 95.

[210] *Beckmann*, Zustandekommen und Inhalt des Finanzierungsleasinggeschäfts, in: *Büschgen (Hrsg.)*, Praxishandbuch Leasing, § 6 Rdn. 3ff.; *Berninghaus*, Leasing und Verbraucherkreditgesetz, in: *Büschgen (Hrsg.)*, Praxishandbuch Leasing, § 14 Rdn. 18.

C. Stillschweigender Vertragsschluss

5 Stehen keine Formvorschriften entgegen, können Willenserklärungen auch im Wege schlüssigen Verhaltens abgegeben werden. Der Leasingnehmer kann das Angebot des Leasinggebers durch ausdrückliche Willenserklärung annehmen oder konkludent die Annahme des Angebots erklären, indem er ohne eine solche mit der **Ingebrauchnahme** des **Kfz** die Leistungen des Leasinggebers in Anspruch nimmt. Der Leasingvertrag kann somit auch durch **stillschweigendes Kontrahieren** zustandekommen, wenn der Leasingvertrag beispielsweise wegen eines Dissenses oder wegen Überschreitens der Annahmefrist nicht wirksam geschlossen ist und der Leasingnehmer das Kfz über einen Zeitraum von drei bis vier Monaten genutzt hat und als Nutzungsentgelt die vereinbarten Raten gezahlt hat. Bei einem Verbraucherleasingvertrag ist ein konkludenter Vertragsschluss wegen des Schriftformerfordernisses nicht möglich.[211]

D. Stellung des Händlers als Vermittler

6 Die Beteiligung des Händlers bei dem Zustandekommen des Leasingvertrags kann je nachdem unterschiedlich sein, welche Form der Vertragsanbahnung vorliegt, d.h. welche der beiden gängigen Formen des Einheitsmodells oder des Eintrittsmodells in der Praxis gegeben ist.[212] Abgesehen von der bei dem Ankauf des Gebrauchtfahrzeugs entstehenden vertraglichen Beziehung zwischen Lieferant und Leasingnehmer bestehen keine weiteren rechtlichen Bindungen zwischen Lieferant und Leasingnehmer. Es besteht im wesentlichen nur die eine Vertragsbeziehung zwischen Leasingnehmer und Leasinggeber. Der Lieferant verfügt über keine Vollmacht des Leasinggebers zum Abschluss des Leasingvertrags. Vielmehr vermittelt der Lieferant lediglich den Abschluss des Leasingvertrags zwischen Leasingnehmer und Leasinggeber. Bei dem Eintrittsmodell vollzieht sich der Erwerbsvorgang zunächst zwischen dem Händler und dem Leasingnehmer, in welches Vertragsverhältnis der Leasinggeber unter bestimmten Voraussetzungen eintritt. Nach dem Vertragsschluss ist der Händler derart beteiligt, dass die Übergabe des Kfz im Wege des Besitzkonstituts direkt von diesem an den Leasingnehmer erfolgt. Dementsprechend liefert der Leasingnehmer bei Vertragsende das Kfz auch gewöhnlich wieder bei dem Händler ab. Der **Lieferant** ist **Erfüllungsgehilfe** des **Leasinggebers, § 278 BGB,** wenn sich der Leasinggeber dessen Hilfe tatsächlich bedient und sich dadurch ein eigenes Tätigwerden

---

[211] *BGH*, Urt. v. 8.3.1995, VIII ZR 313/93, NJW 23/1995, 1541 ff.; *Reinking/Koyka*, in: *Kroiß (Hrsg.)*, Klauselbuch Schuldrecht, Rdn. 14, 17; *Reinking/Eggert*, Der Autokauf, Rdn. 797; *Kügel*, Zustandekommen und Inhalt des Finanzierungsleasinggeschäfts, in: *Büschgen (Hrsg.)*, Praxishandbuch Leasing, § 6 Rdn. 96; *Reinking/Eggert*, Der Autokauf, Rdn. 1166; *Schölermann/Schmid-Burgk*, Das Schriftformerfordernis bei Leasingverträgen nach dem Verbraucherkreditgesetz, DB 38/1991, 968 ff.; § 11 Rdn. 17.

[212] *Kügel*, Zustandekommen und Inhalt des Finanzierungsleasinggeschäfts, in: *Büschgen (Hrsg.)*, Praxishandbuch Leasing, § 6 Rdn. 104.

erspart. Der Lieferant muss mit Wissen und Wollen des Leasinggebers tätig geworden sein und im Falle einer Pflichtverletzung gerade in seiner Eigenschaft als Hilfsperson die Pflichtverletzung begangen haben. Die Erfüllungsgehilfeneigenschaft des Lieferanten endet spätestens mit der Auslieferung des Kfz. Im Regelfall ist der Lieferant **nicht** als **Stellvertreter** für den Leasinggeber tätig.[213]

E. Leasingfinanzierungsklausel

Kaufvertrag und **Leasingvertrag** über ein Kfz können in ihrer **Wirksamkeit** 7
durch eine sog. Leasingfinanzierungsklausel, auch als Leasingklausel bzw. Bedingungsklausel bezeichnet, welche in der Verbindlichen Kfz-Kaufbestellung unter der Rubrik Besondere Vereinbarungen niedergelegt ist, miteinander verbunden sein.[214] Für die inhaltliche Ausfüllung einer Leasingfinanzierungsklausel gibt es in der Praxis unterschiedliche Formulierungen: „Finanzierung über Leasing", „Zahlung auf Leasingbasis", „auf Finanzierungsbasis per Leasingvertrag" sowie die Formulierung, dass der Kaufpreis „im Wege des Leasing finanziert werden soll." Leasingfinanzierungsklauseln finden sich sowohl bei dem Eintrittsmodell als auch bei dem Einheitsmodell, den beiden gängigen Formen des Zustandekommens des Leasingvertrags. Denkbar ist daher aufgrund der Unterschiedlichkeit der Modelle, dass der Kaufvertrag von dem späteren Zustandekommen des Leasingvertrags abhängig ist oder dass der zunächst geschlossene Leasingvertrag den Hinweis enthält, dass der Leasingvertrag unter der auflösenden Bedingung des rechtswirksamen Zustandekommens des Kaufvertrags zwischen Leasinggeber und Händler steht.

Im Mittelpunkt der Würdigung einer derartigen Klausel steht die Frage, ob der potentielle Leasingnehmer das Risiko des wirksamen Zustandekommens eines Leasingvertrags trägt oder das Zustandekommen eines Leasingvertrags aufschiebende Bedingung bzw. das Nichtzustandekommen des Leasingvertrags auflösende Bedingung des Liefervertrags i.S.d. § 158 BGB ist. Der BGH hat hierzu entschieden, dass Kaufverträge mit einer Leasingfinanzierungsklausel unter der auflösenden Bedingung des Zustandekommens des Leasingvertrags stehen.[215]

---

[213] § 5 Rdn. 14; *BGH*, Urt. v. 30.9.1987, VIII ZR 226/86, NJW 4/1988, 198; *OLG Frankfurt*, Urt. v. 16.2.1988, 5 U 316/86, NJW-RR 14/1989, 885 ff.; *OLG Dresden*, Urt. v. 5.6.2002, 8 U 280/02, NJW-RR 4/2003, 269 f.; v. 8.3.2000, 8 U 3010/99, BB 26/2000, 1321; v. 30.9.1998, 8 U 880/98, DAR 9/2000, 403; *OLG Hamm*, Urt. v. 26.6.1987, 30 U 96/86, NJW-RR 18/1987, 1142 ff.; *LG Dortmund*, Urt. v. 4.6.1997, 21 S 48/97, NJW-RR 10/1998, 707 f.; *OLG Köln*, Urt. v. 16.7.2002, 15 U 30/02, DAR 11/2002, 513 f.; *Kügel*, Zustandekommen und Inhalt des Finanzierungsleasinggeschäfts, in: *Büschgen (Hrsg.)*, Praxishandbuch Leasing, § 6 Rdn. 104; *Reinking/Eggert*, Der Autokauf, Rdn. 803 ff.; *OLG München*, Urt. v. 12.4.2002, 21 U 4262/00, DB 45/2002, 2373 f.

[214] *BGH*, Urt. v. 9.5.1990, VIII ZR 222/89, BB 19/1990, 1296 ff.; v. 19.12.1979, VIII ZR 95/79, WM 4/1980, 79 f.; *OLG Braunschweig*, Urt. v. 12.8.1997, 4 U 13/97, NJW-RR 8/1998, 567 f.; *OLG Düsseldorf*, Urt. v. 3.12.1993, 22 U 123/93, NZV 11/1994, 431; *OLG Köln*, Urt. v. 22.10.1987, 1 U 40/87, NJW-RR 8/1988, 504 f.; *LG Zweibrücken*, Urt. v. 14.2.1995, 3 S 283/94, NJW-RR 13/1995, 816 f.; *Beckmann*, Zustandekommen und Inhalt des Finanzierungsleasinggeschäfts, in: *Büschgen (Hrsg.)*, Praxishandbuch Leasing, § 6 Rdn. 4.

[215] *BGH*, Urt. v. 9.5.1990, VIII ZR 222/89, DB 27–28/1990, 1402 ff., 1403.

Sind sich die Beteiligten bei der Bestellung einig, dass der Käufer zur Barzahlung nicht in der Lage ist und das Kfz anstelle einer Finanzierung geleast werden soll, hat der Hinweis auf die Leasingkonditionen in der Bestellung daher nach Ansicht des LG Zweibrücken[216] die Bedeutung, dass der Kaufvertrag unter der auflösenden Bedingung des Nichtzustandekommens des Leasingvertrags steht. Unterzeichnet ein Interessent eine „Verbindliche Bestellung" über ein Neufahrzeug, in der als Zahlungsweise „Leasing über 36 Monate" eingetragen ist sowie gleichzeitig einen Leasingantrag, und wird das Kfz ihm durch den Händler ausgehändigt, bevor der Leasinggeber den Leasingantrag angenommen hat, übernimmt der Leasinggeber nach einer Entscheidung des OLG Düsseldorf[217] mit dieser nachträglichen Annahme den Kaufvertrag, weshalb nunmehr keine vertraglichen Beziehungen zwischen Händler und Leasingnehmer bestehen.

Kommt der Leasingvertrag nicht zustande, ist auch der Kaufbestellung die Grundlage entzogen, da beide Verträge als wirtschaftliche Einheit zu betrachten sind. Eine Verpflichtung des gescheiterten Leasingnehmers kann hier aber zu bejahen sein, wenn dieser das Scheitern des Leasingvertrags unter Treu und Glauben herbeigeführt hat.[218]

---

[216] *LG Zweibrücken*, Urt. v. 14.2.1995, 3 S 283/94, NJW-RR 13/1995, 816f.

[217] *OLG Düsseldorf*, Urt. v. 3.12.1993, 22 U 123/93, NZV 11/1994, 431f.

[218] *BGH*, Urt. v. 16.5.1990, VIII ZR 108/89, WM 1990, 1241; *Zahn*, Leasingvertrag und Widerrufsbelehrung nach dem Verbraucherkreditgesetz, DB 1991, 687ff., 688; *ders.*, Leasingpraxis nach Inkrafttreten des Verbraucherkreditgesetzes, DB 1991, 2171ff., 2175; *Schmid-Burgk/Schölermann*, Probleme bei der Anwendung des neuen Verbraucherkreditgesetzes auf Leasingverträge, BB 1991, 566ff., 568; *Seifert*, Verbraucherkreditgesetz und Finanzierungsleasing, FLF 1991, 54f., 55; *Scholz*, Das Verbraucherkreditgesetz, DB 4/1991, 215ff., 216; *Lieb*, Verbraucherkreditgesetz und Finanzierungsleasing, WM 1991, 1533ff., 1536; *Reinicke/Tiedtke*, Zweifelsfragen bei der Anwendung des neuen Verbraucherkreditgesetzes, ZIP 4/1992, 217ff., 227; *Reinking/Nießen*, Das Verbraucherkreditgesetz, ZIP 2/1991, 79ff., 86; *dies.*, Problemschwerpunkte im Verbraucherkreditgesetz, ZIP 10/1991, 634ff.; *v. Westphalen*, Der Leasingvertrag, Rdn. 1744.

§ 5
Leistungsstörungen im Kfz-Leasingvertragsverhältnis

Schrifttum: *Apel*, Leistungsstörungen und Gewährleistung, in: *Büschgen (Hrsg.)*, Praxishandbuch Leasing, § 9; *Beckmann*, Haftung für Verschulden bei Vertragsschluss und Vertragsdurchführung, in: *Büschgen (Hrsg.)*, Praxishandbuch Leasing, § 7; *Berninghaus*, Fahrzeugleasing, in: *Büschgen (Hrsg.)*, Praxishandbuch Leasing, § 15 Rdn. 13 ff.; *Jendrek*, Miet-, Pacht- und Leasingrecht, 134 ff., 139 ff.; *Reiner/Kaune*, Die Gestaltung von Finanzierungsleasingverträgen nach der Schuldrechtsreform, WM 47/2002, 2314 ff.; *Reinking*, Autoleasing, 105 ff.; *Reinking/Eggert*, Der Autokauf, 557 ff.; *Reinking/Koyka*, Mobilienleasing, in: *Kroiß (Hrsg.)*, Klauselbuch Schuldrecht, 527 ff.; *Palandt/Weidenkaff*, BGB, Einf. v. § 535 BGB Rdn. 55.

Übersicht:

Vorbemerkung

1 Das Schuldverhältnis ist eine Rechtsbeziehung zwischen zwei Personen, kraft deren die eine, der Gläubiger, von der anderen, dem Schuldner, eine Leistung zu fordern berechtigt ist, § 241 BGB. Zweck des Schuldverhältnisses ist die Erbringung der Leistung. Mit der hierin liegenden Erfüllung, § 362 BGB, hat das Schuldverhältnis seinen Zweck erreicht und erlischt. Das Schuldverhältnis kann auch aus anderen Tatbeständen als dem der Erfüllung erlöschen. In dem Rahmen der Abwicklung der Schuldverhältnisses können Hindernisse hinsichtlich einer ordnungsgemäßen Erfüllung bzw. Schädigungen auftreten. Diese Störungen werden seit Stoll[219] unter dem **Sammelbegriff „Leistungsstörungen"** erfasst. Rechtsfolge der Leistungsstörungen ist eine inhaltliche Änderung des Schuldverhältnisses, sei es, dass die ursprüngliche Leistungspflicht ganz oder teilweise entfällt, sich in eine Rückgewähr- oder Schadensersatzpflicht umwandelt oder durch eine Schadensersatzpflicht ergänzt wird.

2 In dem **Leistungsstörungrecht** des **Gesetzes zur Modernisierung des Schuldrechts** sind auch das bislang ungeschriebene Rechtsinstitut der culpa in contrahendo (c.i.c.), numehr gesetzlich verankert in § 311 Abs. 2 und 3 BGB sowie die anfängliche Unmöglichkeit und das anfängliche Unvermögen erfasst, nicht jedoch der Gläubigerverzug.[220]

---

[219] *Stoll*, Die Lehre von den Leistungsstörungen, 1936.

[220] *Palandt/Heinrichs*, BGB Ergänzungsband, Vorbem. § 275 BGB Rdn. 1, 9.

3 Hinsichtlich der Auswirkungen des allgemeinen Leistungsstörungsrechts des Gesetzes zur Modernisierung des Schuldrechts auf das **Leistungsstörungsrecht** des **(Kfz-)Leasingvertrags** ist festzustellen, dass in Teilbereichen für das Leasingvertragsrecht wie für andere Vertragstypen auch Änderungen eingetreten sind, ein besonderes Leistungsstörungsrecht des Leasingvertrags jedoch nach wie vor nicht existiert. In den wesentlichen Wertungen hat die Schuldrechtsreform das durch eine gefestigte Rechtsprechung und durch das Schrifttum inhaltlich ausgefüllte Leasingrecht unbelassen gelassen[221] – so insbes. die zivilrechtliche Wertung des Leasingvertrags als atypischer Mietvertrag, die grundsätzliche Stellung der Leasingvertragsparteien zueinander sowie die leasingtypische Dreiecksbeziehung zwischen Leasinggeber, Leasingnehmer und Lieferant.[222]

A. Zentraler Tatbestand der Pflichtverletzung

4 Das Gesetz zur Modernisierung des Schuldrechts enthält als wesentliche Neuerung im Leistungsstörungsrecht den gesetzlich niedergelegten **Begriff** der **Pflichtverletzung.**[223] Generalnorm und einheitlicher Haftungstatbestand für die Schadensersatzregelungen des Leistungsstörungsrechts ist **§§ 280 Abs. 1 S. 1 BGB,** welcher, neben diese Regelung ergänzenden Spezialvorschriften, als einzige Anspruchsgrundlage zentral **alle Leistungsstörungen** erfasst. Erfasst ist mit diesem umfassenden Pflichtverletzungstatbestand der objektive Verstoß gegen Pflichten aus Vertrag, einseitigem Rechtsgeschäft oder gesetzlichem Schuldverhältnis, welche sich im einzelnen aus den für das jeweilige Schuldverhältnis maßgebenden Normen ergeben, seien diese Pflichten **Hauptleistungspflichten, Nebenleistungspflichten oder Schutzpflichten i.S.v. § 241 Abs. 2 BGB.** Die Norm umfasst daher nicht nur Pflichten i.S.d. §§ 362 ff. BGB, sondern auch das Integritätsinteresse schützende weitere Verhaltens- oder Schutzpflichten. Verkürzt genannt fallen drei Typen der Pflichterfüllung unter diesen einheitlichen Haftungstatbestand: Nichterfüllung einer vertraglichen oder gesetzlichen Leistungspflicht, Schlechterfüllung und Verletzung von Nebenpflichten. Erfasst sind mithin auch Schadensersatzansprüche aus den bislang nicht gesetzlich geregelten, durch Richterrecht ausgefüllten Rechtsinstituten culpa in contrahendo und positive Forderungsverletzung.[224] **Schuldnerverzug** und **Unmöglichkeit** sind

---

[221] Nimmt man die mit der Schuldrechtsreform vorgenommene Integration des kaufrechtlichen Gewährleistungsrechts in das allgemeine Leistungsstörungsrecht an dieser Stelle aus, vgl. § 2 Rdn. 21.

[222] § 2 Rdn. 24.

[223] Vgl. zu der Wahl dieses – in der Lehre schon früher verwendeten – Begriffs *Medicus*, Leistungsstörungen, in: *Haas/Medius/Rolland/Schäfer/Wendtland*, Das neue Schuldrecht, 3. Kapitel, Rdn. 2 ff, 115; *Palandt/Heinrichs*, Ergänzungsband BGB § 280 BGB Rdn. 3.

[224] Mit der Schaffung normativer Grundlagen für diese bislang ungeschriebenen Rechtsinstitute sollte einer der Mängel des Leistungsstörungsrechts vor der Schuldrechtsreform beseitigt werden (ausführlich *Palandt/Heinrichs*, BGB Ergänzungsband, Vorbem v. § 275 BGB Rdn. 5 ff.). Vgl. ferner näher zur Störung der Geschäftsgrundlage, § 313 BGB, *Medicus*, Leistungsstörungen, in: *Haas/Medius/Rolland/Schäfer/Wendtland*, Das neue Schuldrecht, Kap. 3,

als selbststständige Anspruchsgrundlagen normiert, **§ 280 Abs. 2 und 3.** Die Pflichtverletzung erfordert einen **objektiven Verstoß** gegen den Pflichtenkatalog des Schuldners. Das **Vertretenmüssen** ist als eine **eigenständige Kategorie** normiert, § 280 Abs. 1 S. 2 BGB.[225]

B. Einzelne Leistungsstörungen

In dem leasingtypischen Beziehungsgeflecht können unterschiedliche Leistungsstörungen auftreten. Die nachfolgenden Ausführungen beschränken sich auf die wesentlichen Bereiche.[226] 5

I. Unmöglichkeit

Wird das Kfz nicht geliefert, stellt die hierin liegende Leistungsstörung entweder eine Unmöglichkeit der Lieferung oder einen Lieferverzug dar. Der Fall der Unmöglichkeit tritt in der Praxis des Kfz-Leasinggeschäfts vergleichsweise selten ein. Die Leasingbedingungen enthalten hierzu keine Regelungen. Die **Gebrauchsüberlassungsverpflichtung** des **Leasinggebers** gegenüber dem Leasingnehmer ist **Hauptverpflichtung** aus dem gegenseitigen Leasingvertrag, §§ 535 ff., §§ 320 ff. BGB. Der Leasingvertrag ist geprägt durch seine gleichwertigen Funktionen der Gebrauchsüberlassung und der Finanzierung. Entsprechend ist auch das von dem Leasingnehmer an den Leasinggeber zu entrichtende Leasingentgelt Entgelt für die Gebrauchsüberlassung und die Finanzierung zugleich.[227] 6

Bei Unmöglichkeit gelten die **allgemeinen Regeln des Schuldrechts.** Der Leasingnehmer ist von der Zahlung der Leasingraten befreit, § 326 Abs. 1 BGB.

Rdn. 173 ff. S. auch den Überblick zu den sachlichen Änderungen des Leistungsstörungsrechts nach der Schuldrechtsmodernisierung *Medicus*, Leistungsstörungen in: *Haas/Mediuc/Rolland/Schäfer/Wendtland,* Das neue Schuldrecht, Rdn. 6 ff., 228 ff.

[225] *„§ 280 Schadensersatz wegen Pflichtverletzung (1) Verletzt der Schuldner eine Pflicht aus dem Schuldverhältnis, so kann der Gläubiger Ersatz des hierdurch entstandenen Schadens verlangen. Dies gilt nicht, wenn der Schuldner die Pflichtverletzung nicht zu vertreten hat (2) …".* S. hierzu u.a. *Palandt/Heinrichs*, Ergänzungsband BGB, Vorbem v. § 275 Rdn. 2, 11; *Reinking/Koyka*, Mobilienleasing, in: *Kroiß (Hrsg.)*, Klauselbuch Schuldrecht, Rdn. 76; *Beckmann*, Auswirkungen des Schuldrechtsmodernisierungsgesetzes auf die Leasing-Branche, FLF 2/2002, 46 ff., 47; *Godefroid*, Finanzierungsleasingverträge und Schuldrechtsmodernisierungsgesetz, BB Leasing-Berater, Beil. 5 zu H 27/2002, 2 ff., 2; *v. Westphalen*, Das Schuldrechtsmodernisierungsgesetz und Leasing, DB 24/2001, 1291 ff., 1293; *Rolland*, Grundzüge des Schuldrechtsmodernisierungsgesetzes, in: *Haas/Medicus/Rolland/Schäfer/Wendtland*, Das neue Schuldrecht, Rdn. 5 f., 23 ff., 33 ff.; *Medicus*, Leistungsstörungen, in: *Haas/Medicus/Rolland/Schäfer/Wendtland*, Das neue Schuldrecht, Leistungsstörungsrecht, Rdn. 5, 113 ff., 122, 137; *Palandt/Heinrichs*, Vorbem. v. § 275 BGB Rdn. 11, § 280 BGB Rdn. 2 ff., 12 ff., 32 ff; *Dedek*, in: *Henssler/v. Westphalen (Hrsg.)*, Praxis der Schuldrechtsreform, Vorbem. §§ 280–291 BGB Rdn. 2, § 280 Rdn. 1, 3.

[226] Zur ausführlicheren Information wird auf die eingangs dieses Kapitels aufgeführte Literatur verwiesen.

[227] *BGH*, Urt. v. 4.7.1990, VIII ZR 288/89, DB 41/1990, 2061 ff.

Er kann ohne vorherige Fristsetzung von dem Leasingvertrag zurücktreten, § 326 Abs. 5 BGB. Hat der Leasinggeber die Unmöglichkeit zu vertreten, haftet er dem Leasingnehmer im Fall der anfänglichen Unmöglichkeit gemäß §§ 311 a Abs. 2, 241 Abs. 2, 280 BGB und im Fall der nachträglichen Unmöglichkeit gemäß § 280 Abs. 1, 3, 283 BGB auf Schadensersatz. Eine **Haftungsfreizeichnung** des Leasinggebers in den Leasingbedingungen von seiner Hauptverpflichtung aus dem Leasingvertrag benachteiligt den Leasingnehmer unangemessen und verstößt daher gegen **§ 307 BGB.**[228]

II. Vorvertragliche Pflichtverletzung

7 Die Leistungsstörung vorvertragliche Pflichtverletzung – **culpa in contrahendo** – ist in dem Gesetz zur Modernisierung des Schuldrechts nunmehr gesetzlich normiert, **§ 311 Abs. 2 und 3 BGB.**[229]

Im Leasinggeschäft überlassen gewöhnlich die Leasinggeber den Händlern die Vertragsverhandlungen über den Abschluss des Leasingvertrags. Dies bedeutet, dass der erste Kontakt zwischen Leasingnehmer und Händler zustandekommt. Ein **pflichtwidriges Verhalten** des **Händlers** bei den **Vertragsverhandlungen**, welche auf das Zustandekommen des Erwerbsgeschäfts und des Leasingvertrags abzielen, besteht regelmäßig in der **Verletzung** von **Aufklärungs-, Hinweis- und Beratungspflichten** und zwar vorwiegend im Zusammenhang mit der Auswahl des Kfz, aber auch bzgl. Einzelheiten der Vertragsgestaltung. Diese **Nebenpflichten** im Vorfeld des Erwerbsgeschäfts treffen den Händler.[230] Entsteht dem Leasingnehmer aus der Verletzung vorvertraglicher Pflichten durch den von ihm als Erfüllungsgehilfe eingeschalteten Händler ein Schaden, muss sich der Leasinggeber die schuldhafte Pflichtverletzung des Händlers zurechnen lassen. Der Leasinggeber haftet dem Leasingnehmer auf **Schadensersatz, § 280 BGB**. Da die Erfüllungsgehilfeneigenschaft des Lieferanten lediglich bis zu der vollständigen Auslieferung des Kfz an den Leasingnehmer andauert, kommt eine Haftung des Leasinggebers für eine vorvertragliche Pflichtverletzung des Lieferanten auch,

---

[228] *Wolf/Eckert/Ball*, Handbuch des gewerblichen Miet-, Pacht- und Leasingrechts, Rdn. 1901; *Apel*, in: *Büschgen* (*Hrsg.*), Praxishandbuch Leasing, § 9 Rdn. 4, 14; *Reinking/Eggert*, Der Autokauf, Rdn. 816; *Reinking*, Autoleasing, 105; *v. Westphalen*, Der Leasingvertrag, Rdn. 375 ff.; *Palandt/Weidenkaff*, BGB, Einf. v. § 535 BGB Rdn. 55. Vgl. zu der Leistungsstörung Unmöglichkeit auch *Medicus*, Leistungsstörungen, in: *Haas/Medicus/Rolland/Schäfer/Wendtland*, Das neue Schuldrecht, 3. Kapitel Rdn. 32 ff., 228; *Rolland*, Grundzüge des Schuldrechtsmodernisierungsgesetzes, in: *Haas/Medicus/Rolland/Schäefer/Wendtland*, Das neue Schuldrecht, Rdn. 7 ff. sowie *Palandt/Heinrichs*, BGB Ergänzungsband, Vorbem. v. § 275 BGB Rdn. 6, 19.

[229] Vgl. zu der Leistungsstörung culpa in contrahendo auch *Palandt/Heinrichs*, Ergänzungsband BGB, Vorbem. v. § 275 BGB Rdn. 16 sowie *Medicus*, Leistungsstörungen, in: *Haas/Medicus/Rolland/Schäfer/Wendtland*, Das neue Schuldrecht, Rdn. 158 ff., 236.

[230] *BGH*, Urt. v. 11.3.1987, VIII ZR 215/86, NJW-RR 18/1987, 1139; v. 3.7.1985, VIII ZR 102/84, NJW 38/1985, 2258 ff.; *Wolf/Eckert/Ball*, Handbuch des gewerblichen Miet-, Pacht- und Leasingrechts, Rdn. 1835; *Reinking/Eggert*, Der Autokauf, Rdn. 804; *Reinking*, Autoleasing, 81, insbes. 82 f. zu der Verletzung von Aufklärungs- und Beratungspflichten.

grds. vorbehaltlich einer weiteren Beauftragung durch den Leasinggeber, nur bis zu diesem Zeitpunkt in Betracht. So nimmt der Lieferant z.B. die Abmeldung des Kfz wie auch zuvor die Zulassung als Erfüllungsgehilfe des Leasingnehmers als Halter des Kfz und nicht als Erfüllungsgehilfe des Leasinggebers vor.[231]

Atypische Sondervereinbarungen des Händlers mit dem Lieferanten muss sich der Leasinggeber nicht zurechnen lassen.[232]

In der Praxis sieht die **typische Vertragsanbahnungssituation** wie folgt aus: der potentielle Leasingnehmer sucht sich einen Händler seiner bevorzugten Marke aus und teilt dort seinen Wunsch mit, ein bestimmtes Fahrzeug künftig nutzen zu wollen. Das Gespräch wird sodann ggf. über die Alternativen Barkauf, Kreditfinanzierung, Leasing geführt. Entscheidet sich der Kunde für den Beschaffungsweg Leasing, stellt der Händler verschiedene Angebote von herstellereigenen und herstellerfremden Leasinggesellschaften vor oder bietet das Eigenleasing seines Hauses an.[233] Der Leasingnehmer sucht sich sodann das von ihm präferierte Fahrzeug aus und Leasingnehmer und Händler stellen das Fahrzeug in seiner Ausstattung sowie die wesentlichen Vertragsmodalitäten zusammen. Der Händler berechnet insbes. die Höhe der Leasingraten und füllt die ihm von dem Leasinggeber ihm überlassenen Vertragsantragsformulare abschlussreif aus, welche er später dem Leasinggeber zur Prüfung und Vertragsannahme vorlegt. Es kommt auch häufig vor, dass der Kunde sein Gebrauchtfahrzeug in Zahlung gibt. Nur in dieser Beziehung entsteht eine rechtliche Beziehung des Lieferanten zum Leasingnehmer.[234] Die Inzahlungnahme des Gebrauchtfahrzeugs kann bei entsprechender Vereinbarung die für den Leasingvertrag geschuldete Entrichtung der Sonderzahlung in bar ersetzen. Die Sonderzahlung vereinnahmt der Händler namens und für Rechnung des Leasinggebers.

Es gibt sodann im wesentlichen **zwei Alternativen** des Erwerbsvorgangs, 8
verkürzt als **Eintrittsmodell** oder als **Einheitsmodell** bezeichnet.[235]

Die Bezeichnung **Einheitsmodell** verdeutlicht die Einheitlichkeit des Erwerbsvorgangs des Kfz zwischen Händler und Leasinggeber. Der Leasinggeber schließt direkt im eigenem Namen mit dem Händler einen Kaufvertrag über die von dem Leasingnehmer gewünschte Investition ab. Für den Leasingnehmer ist zur Beschaffung des von ihm gewünschten Kfz nur die eine Leasingvertragsbeziehung zum Leasinggeber erforderlich und nicht zuvor noch ein Kaufvertrag mit dem Lieferanten. Der Leasingnehmer handelt lediglich mit dem Händler die Vertragsbedingungen aus. Bei dem im Mobilienleasing und im **Kfz-Leasinggeschäft,** insbes. im Bereich des herstellerunabhängigen Leasings **gängigen** Modells des **Eintrittsmodells**[236] hingegen, vollzieht sich der Erwerbsvorgang

[231] *Reinking/Eggert*, Der Autokauf, Rdn. 804.

[232] *OLG München*, Urt. v. 12.4.2002, 21 U 4262/00, DB 45/2002, 2373ff.

[233] S. hierzu auch *EuGH* v. 24.10.1995, Rs. – C – 266/93, ZIP 21/1995, 1769ff.

[234] Vgl. zur Inzahlungnahme des Gebrauchtfahrzeugs auch §4 Rdn. 1, §5 Rdn. 8.

[235] Vgl hierzu *Reinking/Eggert*, Der Autokauf, Rdn. 559, 808; *Kügel*, in: *Büschgen* (*Hrsg.*), Praxishandbuch Leasing, §6 Rdn. 104; *Berninghaus*, in: *Büschgen* (*Hrsg.*), Praxishandbuch Leasing, §14 Rdn. 18; *Beckmann*, in: *Büschgen* (*Hrsg.*), Praxishandbuch Leasing, §6 Rdn. 3ff.; *v. Westphalen*, Der Leasingvertrag, Rdn. 290; *Zahn/Bahmann*, Kfz-Leasingvertrag, Rdn. 413, 417.

[236] Vgl. zu dem Eintrittsmodell ferner §4 Rdn. 4.

zunächst zwischen dem Händler und dem Kunden. Die Vertragsmodalitäten werden in einem Kaufvertrag zwischen ihm als späteren Leasingnehmer und dem Lieferanten festgelegt. Der Eintritt des Leasinggebers in diesen Kaufvertrag wird vorbehalten und erfolgt, wenn die Voraussetzungen im übrigen vorliegen. Oft unterzeichnet der Leasingnehmer eine verbindliche Kaufbestellung, in welcher unter der Rubrik Besondere Vereinbarungen eine sog. Leasingfinanzierungsklausel eingetragen ist, nach welcher der Kaufpreis „im Wege des Leasings finanziert werden soll."[237] Mit Abschluss des Leasingvertrags über das von dem Leasingnehmer gewählte Kfz tritt der Leasinggeber mit schuldbefreiender Wirkung für den Leasingnehmer in den Kaufvertrag zwischen Leasingnehmer und Lieferant ein.[238]

9 Es sind folgende **Konstellationen** der vorvertraglichen Pflichtverletzung zu unterscheiden:[239] Hat der **Leasinggeber** eigene Pflichtverletzungen begangen, trifft ihn eine **Eigenhaftung**. Ist dem Leasinggeber das Verhalten des Lieferanten als dessen Erfüllungsgehilfe bzw. Verhandlungsgehilfen zuzurechnen, trifft den **Leasinggeber** eine **Fremdhaftung**. Es kann auch eine **Eigenhaftung** des **Lieferanten** gegeben sein, falls er die Vertragsverhandlungen nicht als Erfüllungsgehilfe des Leasinggebers geführt hat.[240]

10 Der Händler ist gewöhnlich **Erfüllungsgehilfe** des Leasinggebers bei den Vertragsvorverhandlungen bis spätestens zu der **vollständigen Auslieferung** des Kfz an den Leasingnehmer, **§ 278 BGB**.[241] Zu einem späteren Zeitpunkt nach der Auslieferung des Kfz haftet der Leasinggeber dem Leasingnehmer nur dann für eine Pflichtverletzung des Händlers, wenn und soweit der Leasinggeber den Lieferanten wiederum durch ausdrücklichen Auftrag eingeschaltet hat, z.B. bei Vertragverhandlungen zwischen dem Leasingnehmer und einem Dritten im Stadium einer angestrebten Vertragsaufhebung bzw. Vertragsübernahme.[242]

---

[237] S. zu der Leasingfinanzierungsklausel ferner § 4 Rdn. 7.

[238] *Reinking/Eggert*, Der Autokauf, Rdn. 761, 782, 800.

[239] Vgl. zu der vorvertraglichen Pflichtverletzung insbes. *Palandt/Weidenkaff*, BGB Einf. v. § 535 BGB Rdn. 54; *Wolf/Eckert/Ball*, Handbuch des gewerblichen Miet-, Pacht- und Leasingrechts, Rdn. 1835 ff.; *Beckmann*, in: *Büschgen (Hrsg.)*, Praxishandbuch Leasing, § 7 Rdn. 2,4; *v. Westphalen*, Der Leasingvertrag, Rdn. 285 ff.; *Reinking*, Autoleasing, 82 ff.

[240] Vgl. zur Eigenhaftung des Lieferanten *v. Westphalen*, Der Leasingvertrag, Rdn. 337 f.; *Reinking/Eggert*, Der Autokauf, Rdn. 806; *Reinking*, Autoleasing, 83.

[241] S. zu dem Zeitraum der Nachbesserung Rdn. § 6 Rdn. 29; *BGH*, Urt. v. 3.7.1985, VIII ZR 102/84, BGHZ 95, 170, 177; v. 4.11.1987, VIII ZR 313/86, NJW-RR 1988, 1622; v. 30.9.1987, VIII ZR 226/86, NJW 4/1988, 198 f.; v. 15.6.1988, VIII ZR 316/870, NJW 39/1988, 2463 ff.; v. 28.9.1988, VIII ZR 160/87, NJW 1989, 287; v. 31.5.1989, VIII ZR 97/88, ZIP 20/1989, 1337 ff.; *OLG Frankfurt*, Urt. v. 9.3.1990, 14 U 190/89, NJW-RR 1990, 1207; *OLG Koblenz, Urt.* v. 11.11.1988, 2 U 4/86, NJW-RR 7/1989, 436 ff.; *Reinking/Eggert*, Der Autokauf, Rdn. 767, 803; *Reinking/Koyka*, Mobilienleasing, in: *Kroiß (Hrsg.)*, Klauselbuch Schuldrecht, Rdn. 46; *Beckmann*, in: *Büschgen (Hrsg.)*, Praxishandbuch Leasing, § 7 Rdn. 3, 42; *Kügel*, in: *Büschgen (Hrsg.)*., Praxishandbuch Leasing, § 6 Rdn. 104; *Zahn/Bahmann*, Kfz-Leasingvertrag, Rdn. 13.

[242] *BGH*, Urt. v. 31.5.1989, VIII ZR 97/88, DB 34/1989, 1720 f.; v. 28.9.1988, VIII ZR 169/87, BB 33/1988, 2273 f.; v. 30.9.1987, VIII ZR 226/86, NJW 4/1988, 198 ff.; *OLG Frankfurt*, Urt. v. 16.2.1988, 5 U 316/86, NJW-RR 14/1989, 885 ff.; *OLG Hamm*, Urt. v. 17.4.1991, 30 U 202/90, n.v.; v. 10.1.1997, 30 U 143/96, 4 f., n.v.

Schuldhafte Pflichtverletzungen des Händlers als Erfüllungsgehilfe in diesen Vertragsstadien muss sich der Leasinggeber daher zurechnen lassen.[243] Bei der Vertragsanbahnung treten Lieferant und Leasingnehmer in eine **rechtliche Sonderverbindung,** in welcher eine Verletzung von vorvertraglichen Pflichten der Aufklärung, Beratung, Schutz, Obhut und Fürsorge in Betracht kommt. Den Händler trifft die Verpflichtung, den Leasingnehmer sorgfältig zu beraten und aufzuklären. Er erweckt in dem Leasingnehmer besonderes Vertrauen und hat ein erhebliches eigenes Interesse an dem Abschluss des Geschäfts. Er ist Fachmann und steht in Geschäftsverbindung zum Leasinggeber, sei diese von gelegentlicher Natur oder eine engere Dauerverbindung. Der Händler führt die Vertragsgespräche mit dem Kunden über die näheren Konditionen und bereitet die ihm von dem Leasinggeber überlassenen Vertragsformulare bis zur Unterschriftsreife vor.

Bei der Auslieferung ist der Händler Erfüllungsgehilfe des Leasinggebers für 11
dessen **Abnahmepflicht** aus dem **Kaufvertrag** mit dem Lieferanten, **§433 Abs.2 BGB**. Zugleich erfüllt der Leasinggeber mit der vollständigen Übergabe des Kfz an den Leasingnehmer seine **Gebrauchsüberlassungspflicht** aus dem **Leasingvertrag.**[244] Der Leasingnehmer liefert das Kfz bei Vertragsende auch wieder bei dem ausliefernden Händler auf eigene Gefahr und Kosten ab. Dies entspricht seiner vertraglichen Verpflichtung. Der Händler ist lediglich befugt, das Kfz entgegenzunehmen. Eine Vollmacht zur Abgabe oder Entgegennahme rechtsgeschäftlicher Erklärungen im Namen der Klägerin hat er nicht.[245] Der **Leasinggeber** bedient sich bei allen diesen Vorgängen bis zur vollständigen Auslieferung des Kfz tatsächlich der Hilfe des Händlers und **erspart** sich hierdurch auch ein **eigenes Tätigwerden**. Die Einschaltung des Händlers durch den Leasinggeber bringt unterschiedliche Vorteile sowohl für den Leasinggeber als auch für den Leasingnehmer. Für den Leasingnehmer ist nicht zuletzt der persönliche Kontakt zum Lieferanten anzuführen. Die Erfüllungseigenschaft des Händlers erfordert, dass dieser **mit Wissen** und **Wollen** des **Leasinggebers tätig** geworden ist und gerade in seiner Eigenschaft als Hilfsperson die Pflichtverletzung begangen hat. Es ist nicht erforderlich, dass eine ständige oder enge Geschäftsbeziehung zwischen Leasinggeber und Händler besteht. Der Händler ist z.B. nicht als Erfüllungsgehilfe des Leasinggebers zu werten, wenn er mit dem Leasingnehmer zum Nachteil des Leasinggebers kollusorisch oder deliktisch zusam-

---

[243] Vgl. zu der Erfüllungsgehilfeneigenschaft des Händlers insbes. *BGH*, Urt. v. 31.5.1989, VIII ZR 97/88, DB 34/1989, 1720f.; v. 4.11.1987, VIII ZR 313/86, NJW-RR 1988, 241ff., 242; v. 1.7.1987, VIII ZR 117/86, NJW 1988, 204; v. 30.9.1987, v. 30.9.1987, VIII ZR 226/86, NJW 4/1988, 198ff.; *Palandt/Weidenkaff*, BGB, Einf. v. §535 BGB Rdn. 54; *Reinking/Eggert*, Der Autokauf, Rdn. 803ff.

[244] *BGH*, Urt.v. 31.5.1989, VIII ZR 97/88, ZIP 20/1989, 1337ff.; v. 30.9.1987, VIII ZR 226/86, NJW 4/1988, 198ff.; v. 28.9.1988, VIII ZR 169/87, BB 33/1988, 2273f.; *OLG Hamm*, Urt. v. 17.4.1991, 30 U 202/90, n.v.; v. 10.1.1997, 30 U 143/96, n.v.; *OLG Frankfurt*, Urt. v. 16.2.1988, 5 U 316/86, NJW-RR 14/1989, 885; *Wolf/Eckert/Ball*, Handbuch des gewerblichen Miet-, Pacht- und Leasingrechts, Rdn. 1851; *Reinking/Eggert*, Der Autokauf, Rdn. 803.

[245] S. zur Rückgabe des Kfz bei Vertragende §9 Rdn. 40; *Zahn/Bahmann*, Kfz-Leasingvertrag, Rdn. 14.

menwirkt.[246] Wendet sich aber der Leasingnehmer im Vertragsablauf aus eigenem Antrieb an den Händler, z.B. damit dieser für ihn Erklärungen an den Leasinggeber weiterleitet, handelt der Händler vielmehr als Erfüllungsgehilfe des Leasingnehmers und nicht als ein solcher des Leasinggebers.

12 Ist ein Erwerbsrecht des Leasingnehmers von dem Leasinggeber in den Leasingbedingungen wie leasingtypisch aus steuerrechtlichen Gründen (§ 39 AO) ausdrücklich ausgeschlossen worden, ist der **Leasinggeber** an die unberechtigte **Zusage** des **Lieferanten**, es werde dem Leasingnehmer ein **Erwerbsrecht** eingeräumt, **nicht gebunden**. Der Lieferant ist regelmäßig nicht Vertreter des Leasinggebers. Mit einem Weiterverkauf des Kfz an den Leasingnehmer nach Rückkauf des Kfz durch den Händler von dem Leasinggeber nach Vertragsende hat der Leasinggeber nichts zu tun.[247]

13 Die **Erfüllungshaftung** des Leasinggebers gemäß **§ 278 BGB** kann **nicht formularmäßig abbedungen** werden, da es um die Verletzung von Hauptverpflichtungen aus dem Leasingvertrag durch den Händler geht.[248]

14 Rechtsgeschäftliche Erklärungen des Lieferanten gegenüber dem Leasingnehmer wirken nur dann unmittelbar für und gegen den Leasinggeber, wenn der Lieferant bevollmächtigter Stellvertreter ist. Aus der leasingtypischen Dreiecksbeziehung zwischen Leasinggeber, Lieferant und Leasingnehmer folgt jedoch, dass der **Händler** regelmäßig **nicht Vertreter** des **Leasinggebers gemäß § 164 Abs. 1 BGB** ist. Rechtsgeschäftliche Erklärungen des Lieferanten können dem Leasinggeber nicht unmittelbar zugerechnet werden. Der Leasinggeber hat dem Lieferanten im Regelfall keine Vertretungsmacht zum Abschluss des Leasingvertrags erteilt und es ist regelmäßig auch nicht von einer Duldungs- oder Anscheinsvollmacht auszugehen. Der Händler bereitet lediglich die ihm von dem Leasinggeber überlassenen Vertragsangebotsunterlagen zur Vorlage bei dem Leasinggeber zur Prüfung und Annahme abschlussreif vor. Er vermittelt lediglich den Abschluss des Vertrags zwischen Leasingnehmer und Leasinggeber. Die von ihm abgegebenen Erklärungen sind stets seine eigenen.[249]

15 Bei einer Anfechtung des Leasingvertrags von dem Leasingnehmer gegenüber dem Leasinggeber wegen einer arglistigen Täuschung durch den Lieferanten gilt, dass der **Händler**, der mit Wissen und Wollen des Leasinggebers die Vertragsverhandlungen führt und dabei den Leasingnehmer arglistig täuscht, als Repräsentant und Vertrauensperson des Leasinggebers handelt. Sein arglistiges Verhalten

---

[246] *OLG Frankfurt*, Urt. v. 6.5.1986, NJW 1987, 2447 ff.

[247] *BGH*, Urt. v. 15.6.1988, VIII ZR 316/87, BB 24/1988, 1622 f.; v. 4.11.1987, VIII ZR 313/86, NJW-RR 2/1988, 108; *Reinking/Eggert*, Der Autokauf, Rdn. 761, 804, 805; *Wolf/Eckert/Ball*, Handbuch des gewerblichen Miet-, Pacht und Leasingrechts, Rdn. 1850; *Zahn/Bahmann*, Kfz-Leasingvertrag, Rdn. 91, 180. S. zum Erwerbsrecht auch § 1 Rdn. 10.

[248] *BGH*, Urt. v. 3.7.1985, VIII ZR 102/84, NJW 38/1985, 2258 ff. ; *Beckmann*, in: *Büschgen* (*Hrsg.*), Praxishandbuch Leasing, § 7 Rdn. 5.

[249] *BGH*, Urt. v. 15.3.1989, VIII ZR 303/87, ZIP 10/1989, 650 ff.; v. 26.3.1986, VIII ZR 85/85, NJW 29/1986, 1809 ff.; v. 4.11.1987, VIII ZR 313/86, ZIP 3/1988, 165 ff.; v. 3.7.1985, VIII ZR 102/84, NJW 38/1985, 2258 ff. S. hierzu auch *OLG Dresden*, Urt. v. 30.9.1998, 8 U 880/98, DAR 9/2000, 403; *Reinking/Eggert*, Der Autokauf, Rdn. 803; *Reinking*, Autoleasing, 82; *v. Westphalen*, Der Leasingvertrag, Rdn. 316 f.

gegenüber dem Leasingnehmer ist **nicht** die arglistige Täuschung **eines Dritten i.S.d. §123 Abs. 2 BGB**. Der Leasinggeber muss sich daher das arglistige Verhalten des Leasingnehmers nach **§278 BGB** zurechnen lassen. Ist im gegenteiligen Fall hingegen das arglistige Verhalten des Händlers dem Leasinggeber nicht zuzurechnen, ist der Händler Dritter gemäß §123 Abs. 2 BGB und der Leasingnehmer hat gegenüber dem Leasinggeber kein Anfechtungsrecht. Im übrigen bestehen hinsichtlich der möglichen typischen Abschlussmängel wie Irrtum und arglistige Täuschung keine Besonderheiten im Leasingvertragsverhältnis wie bei einem sonstigen Vertragsverhältnis auch.[250] Die Zurechnung findet auch im Fall einer von dem Händler verübten arglistigen Täuschung des Leasinggebers statt, es sei denn, Leasingnehmer und Händler haben deliktitsch oder kollusorisch zum Nachteil des Leasinggebers zusammengewirkt.[251]

III. Lieferverzug

Der Leasinggeber bedient sich wie bei dem Vertragsschluss mit dem Leasingnehmer so auch bei seiner Hauptverpflichtung aus dem Leasingvertrag, dem Leasingnehmer den Gebrauch an dem Kfz – rechtzeitig – zu überlassen (§§535ff. BGB), d.h. bei der **Auslieferung** bis zur **vollständigen Übergabe des Kfz**, regelmäßig der Person des **Händlers** als **Erfüllungsgehilfe, §278 BGB**, ohne dass die Anweisung des Leasinggebers zur Auslieferung ausdrücklich erfolgen müsste.[252] Liefert der Händler überhaupt nicht oder verspätet, muss der Leasinggeber die Rechte aus Nichtlieferung und Verzug geltend machen. Etwas anderes gilt nur dann, wenn diese Ansprüche ausdrücklich zum Gegenstand der leasingtypischen Freizeichnung des Leasinggebers von seiner Haftung für Mängel gemacht wurde.[253] 16

Der Zeitpunkt der Lieferung wird jeweils vertraglich niedergelegt. Die wesentlichen Regelungen zum Lieferverzug sind ferner regelmäßig in den **Leasingbedingungen** niedergelegt.[254]

---

[250] *BGH*, Urt. v. 8.2.1979, III ZR 2/77, WM 1979, 429ff., 431; v. 27.11.1985, VIII ZR 316/84, NJW-RR 8/1986, 473; v. 27.11.1985, VIII ZR 816/84, DB 1986, 475; v. 15.6.1988, III ZR 316/87, NJW 39/1988, 2463ff. ; v. 28.9.1988, VIII ZR 169/87, BB 33/1988, 2273f.; v. 16.7.2002, DAR 2002, 513; *OLG Köln*, Urt. v. 12.6.1995, 19 U 15/95, WiB 15/1996, 700f.; *Beckmann*, in: *Büschgen* (*Hrsg.*), Praxishandbuch Leasing, §6 Rdn. 189ff.; *Palandt/Weidenkaff*, BGB, Einf. v. §535 BGB Rdn. 51; *Wolf/Eckert/Ball*, Handbuch des gewerblichen Miet-, Pacht- und Leasingrechts, Rdn. 1857; *Reinking/Eggert*, Der Autokauf, Rdn. 803; *Reinking*, Autoleasing, 84f.; *v. Westphalen*, Der Leasingvertrag, Rdn. 322, 328ff.

[251] *OLG Frankfurt*, Urt. 6.5.1986, NJW 1987, 2447ff.

[252] *BGH*, Urt.v. 30.9.1987, VIII ZR 226/86, ZIP 21/1987, 1390ff., 1391. S. zum Lieferverzug insbes. *Reinking/Eggert*, Der Autokauf, Rdn. 761, 783, 803; *Reinking*, Autoleasing, 106ff; *Reinking/Koyka*, Mobilienleasing, in: *Kroiß* (*Hrsg.*), Klauselbuch Schuldrecht, Rdn. 46; *Wolf/Eckert/Ball*, Handbuch des gewerblichen Miet-, Pacht- und Leasingrechts, Rdn. 1912ff.; *v. Westphalen*, Der Leasingvertrag, Rdn. 411ff.

[253] *Reinking/Eggert*, Der Autokauf, Rdn. 772; *Reinking/Koyka*, Mobilienleasing, in: *Kroiß (Hrsg.)*, Klauselbuch Schuldrecht, §14 Rdn. 59.

[254] S. je Ziff. VI der Privat- und Geschäftsfahrzeug-Leasing-Bedingungen (Anhang).

17 Es wird zwischen **verbindlichen** und **unverbindlichen Lieferfristen** und **Lieferterminen** unterschieden, welche schriftlich anzugeben sind. Ist eine verbindliche Lieferfrist oder ein verbindlicher Liefertermin zwischen Leasinggeber und Leasingnehmer vereinbart, welche Vereinbarung eine Individualvereinbarung darstellt, gerät der Leasinggeber bereits mit Überschreiten der Lieferfrist oder des Liefertermins in Verzug. Sechs Wochen nach Überschreiten eines unverbindlichen Liefertermins oder einer unverbindlichen Lieferfrist kann der Leasingnehmer den Leasinggeber auffordern, zu liefern. In diesem Fall kommt der Leasinggeber mit dem Zugang der Aufforderung in Verzug. Mit Eintritt des **Verzugs** ist der Leasinggeber dem Leasingnehmer zum **Schadensersatz** verpflichtet.

18 Wie auch im Fall der Unmöglichkeit der Lieferung des Kfz liegt in einer **vollständigen Haftungsfreizeichnung** des Leasinggebers gegenüber dem Leasingnehmer in den Leasingbedingungen von seiner Hauptverpflichtung der – rechtzeitigen – Gebrauchsverschaffung aus dem Leasingvertrag eine unangemessene Benachteiligung des Leasingnehmers und damit ein Verstoß gegen **§ 307 BGB** vor. Eine prozentuale **Haftungsbeschränkung** für den Fall der Haftung für **leichte Fahrlässigkeit** ist jedoch zulässig.[255] Die Leasingbedingungen sehen daher regelmäßig ferner vor, dass sich bei einem Anspruch des Leasingnehmers auf Ersatz eines **Verzugsschadens** dieser bei leichter Fahrlässigkeit des Leasinggebers auf höchstens **5 % des Fahrzeugpreises** und bei einem Anspruch des Leasingnehmers auf Schadensersatz auf höchstens **25 % des Fahrzeugpreises** für den **Nichterfüllungsschaden** beschränkt.

IV. Übernahmeverzug

19 Der Leasingvertrag ist aufgrund seiner zivilrechtlichen Wertung als atypischer Mietvertrag in erster Linie nach den mietvertraglichen Regelungen der §§ 535 ff. BGB zu beurteilen.[256] Das gesetzliche Mietrecht sieht keine der Gebrauchsüberlassungspflicht des Vermieters (Leasinggebers) korrespondierende Pflicht des Mieters (Leasingnehmers) zu der Übernahme der Mietsache vor. Aufgrund des leasingtypischen Dreiecksverhältnisses Leasinggeber – Lieferant – Leasingnehmer ist der Leasinggeber jedoch notwendigerweise darauf angewiesen, die Pflicht zur Abnahme des Kfz, welches der Leasingnehmer typischerweise von dem Lieferanten als des Erfüllungsgehilfen des Leasinggebers bei der Auslieferung überlassen erhält, auf den Leasingnehmer zu delegieren und eine **Abnahmeverpflichtung** des **Leasingnehmers** mit diesem zu vereinbaren. Der Leasingnehmer wird hierdurch nicht benachteiligt, da der Leasinggeber ihm leasingtypisch die kaufrechtlichen Sachmängelansprüche abtritt.[257]

---

[255] Vgl. *BGH*, Urt. v. 12.1.1994, VIII ZR 165/92, ZIP 1994, 461 ff., 465; v. 27.6.1990, VIII ZR 72/89, DB 40/1990, 2016 f.; v. 16.5.1990, VIII ZR 108/89, NJW 38/1990, 2377 ff.; v. 19.1.1984, VII ZR 220/82, NJW 1984, 1350; v. 18.1.1989, VIII ZR 142/88, BB 19/1989, 1293 ff.; *Reinking/Eggert*, Der Autokauf, Rdn. 816; *Reinking*, Autoleasing, 106. Str., s. *v. Westphalen*, Der Leasingvertrag, Rdn. 414 ff.; *Zahn/Bahmann*, Kfz-Leasingvertrag, Rdn. 415.

[256] § 2 Rdn. 6.

[257] *Kügel*, Zustandekommen und Inhalt des Finanzierungsleasinggeschäfts, in: *Büschgen (Hrsg.)*, Praxishandbuch Leasing, § 6 Rdn. 105 f.; *Reinking*, Autoleasing, 95.

Mit der vollständigen Übergabe des Kfz von dem Händler an den Leasingnehmer ist regelmäßig die Erfüllungsgehilfeneigenschaft des Händlers beendet und lebt zu einem späteren Zeitpunkt nur auf, wenn und soweit der Leasinggeber den Händler erneut einschaltet. Dies gilt auch für den Fall, dass der Händler die Nachbesserung im Rahmen der kaufrechtlichen Nacherfüllungsverpflichtung des Leasinggebers vornimmt.[258] Mit der Übernahme des Kfz erfüllt der Leasingnehmer seine eigene **Abnahmeverpflichtung** gegenüber dem Leasinggeber aus dem **Leasingvertrag** und zugleich die als Nebenpflicht ausgestaltete **Abnahmeverpflichtung** des **Leasinggebers** gegenüber dem Händler aus dem **Kaufvertrag**, § 433 Abs. 2 BGB.[259] 20

In den **Leasingbedingungen** ist daher entsprechend regelmäßig geregelt, dass das Kfz innerhalb von 14 Tagen nach der Bereitstellungsanzeige am vereinbarten Übernahmeort, d.h. regelmäßig beim Händler, abzuholen ist.[260] Bei der Übernahme des Kfz von dem Händler ist der kaufmännische Leasingnehmer nur auf besondere Anweisung des Leasinggebers verpflichtet, die dem Leasinggeber aus dem Leasinggeschäft als Handelsgeschäft ihm gegenüber dem Lieferanten obliegenden **kaufmännischen Untersuchungs- und Rügepflichten** gemäß **§§ 377, 378 HGB** auszuuben und das Kfz auf Mangelhaftigkeit bzw. Unvollständigkeit zu überprüfen.[261] Nach der Vorschrift des § 464 BGB a.F. musste sich der Leasingnehmer bei der Abnahme des Kfz und der Kenntnis von Mängeln die Geltendmachung seiner Rechte vorbehalten. Diese Regelung ist im Zuge der Schuldrechtsreform ersatzlos gestrichen.[262] Die Lieferung eines mangelfreien Kfz ist Hauptleistungsverpflichtung des Leasinggebers. Ist das Kfz vertragsgemäß und in fehlerfreiem Zustand geliefert worden, ist der Leasingnehmer zu der Abnahme verpflichtet. Der Leasingnehmer muss hierzu eine Übernahmebestätigung unterzeichnen. Weigert sich der Leasingnehmer unberechtigterweise zur Abnahme, ist er dem Leasinggeber gegenüber schadensersatzpflichtig. Ist das Kfz nicht vertragsgemäß oder mangelhaft geliefert worden, kann der Leasingnehmer die Abnahme des Kfz verweigern.[263] 21

Die **schriftliche Übernahmebestätigung** ist eine **Abnahmebestätigung** des Leasingnehmers und **Quittung** für die empfangene Leistung, **§ 368 Abs. 1 BGB**, welche **Beweisfunktion** hat. Die Übernahmebestätigung des Leasingnehmers ist jedoch **kein Schuldanerkenntnis** i.S.d. **§ 781 BGB**. Weder wird eine Fehlerfreiheit des Kfz anerkannt noch wird auf Einwendungen wegen nicht 22

[258] Die mit dem Gesetz zur Modernisierung des Schuldrechts verbundene Änderung der Sachmängelhaftung hat hieran nichts geändert. Vgl. *Reinking/Eggert*, Der Autokauf, Rdn. 811; *Reinking/Koyka*, Mobilienleasing, in: *Kroiß (Hrsg.)*, Klauselbuch Schuldrecht, Rdn. 46.

[259] *Reinking/Eggert*, Der Autokauf, Rdn. 811; *Reinking*, Autoleasing, 95.

[260] S. je Ziff. VII/1 der Privat- und Geschäftsfahrzeug-Leasingbedingungen (Anhang).

[261] *BGH*, Urt. v. 24.1.1990, VIII ZR 22/89, NJW 20/1990, 1290 ff.; *Reinking/Eggert*, Der Autokauf, Rdn. 815; *Reinking/Koyka*, in: *Kroiß (Hrsg.)*, Klauselbuch Schuldrecht, Rdn. 43, 48; *Reinking*, Autoleasing, 96. S. auch *Zahn/Bahmann*, Kfz-Leasingvertrag, Rdn. 416; *v. Westphalen*, Der Leasingvertrag, Rdn. 472 ff.

[262] § 2 Rdn. 64. Vgl. insbs. *Reinking/Eggert*, Der Autokauf, Rdn. 812; *Reinking/Koyka*, Mobilienleasing, in: *Kroiß (Hrsg.)*, Klauselbuch Schuldrecht, Rdn 47.

[263] *Reinking/Eggert*, Der Autokauf, Rdn. 812.

vertragsgemäßer Lieferung verzichtet.[264] Der **Leasinggeber** ist Schuldner der Gebrauchsüberlassung. Ihm steht daher ein **Anspruch** auf **Erteilung** der **Übernahmebestätigung** zu.[265] Der Leasinggeber ist dem Händler zur Zahlung des Kaufpreises verpflichtet, wenn dieser ihm die Übernahmebetätigung und damit die Bestätigung vorlegt, dass der Leasingnehmer das Kfz erhalten hat. Hat der Händler dem Leasingnehmer ein mangelhaftes Kfz übergeben, kann der Leasinggeber den Kaufpreis zurückhalten, **§ 320 BGB**. Stellt der Leasingnehmer eine unrichtige Übernahmebestätigung aus, kann er sich ggf. gegenüber dem Leasinggeber schadensersatzpflichtig machen.[266]

23 Gewöhnlich sehen die Leasingbedingungen zulässigerweise bei **unberechtigter Nichtabnahme des Kfz** durch den Leasingnehmer eine **Schadenspauschale** in Höhe von **15 %** des **Kaufpreises einschl. MwSt.** vor.[267] Aufgrund der Regelung des **§ 309 Nr. 5 b BGB** (Pauschalierung von Schadensersatzansprüchen) findet sich zudem in den Leasingbedingungen die Regelung, dass der Schadenbetrag höher oder niedriger anzusetzen ist, wenn der Leasinggeber einen höheren oder der Leasingnehmer einen geringeren Schaden nachweist. Für den Leasingnehmer ist mit dieser Regelung auch eine Begrenzung seines Haftungsrisikos verbunden.[268]

---

[264] *BGH*, Urt. v. 27.6.1990, VIII 72/89, DB 40/1990, 2016 f.; v. 30.9.1987, VIII ZR 226/86, NJW 4/1988, 198 ff.; v. 1.7.1987, VIII ZR 117/86, NJW 1988, 204 f.; *Reinking/Eggert*, Der Autokauf, Rdn. 813; *Reinking/Koyka*, Mobilienleasing, in: *Kroiß (Hrsg.)*, Mobilienleasing, Rdn. 44; *Wolf/Eckert/Ball*, Handbuch des gewerblichen Miet-, Pacht- und Leasingrechts, Rdn. 1881 ff.; *v. Westphalen*, Der Leasingvertrag, Rdn. 515 ff.; *Palandt/Weidenkaff*, BGB, Einf. v. § 535 BGB Rdn. 49; *Eckert*, Die Übernahmebestätigung beim Leasing, ZIP 1987, 1510 f.

[265] *Reinking/Eggert*, Der Autokauf, Rdn. 813. S. ferner zum Übernahmeverzug *Kügel*, Zustandekommen und Inhalt des Finanzierungsleasingsgeschäfts, in: *Büschgen* (*Hrsg.*), Praxishandbuch Leasing, § 6 Rdn. 105 f.; *Reinking/Eggert*, Der Autokauf, Rdn. 811, 813 f.; *Reinking/Koyka*, Mobilienleasing, in: *Kroiß* (*Hrsg.*), Klauselbuch Schuldrecht, Rdn. 44.

[266] *Reinking/Eggert*, Der Autokauf, Rdn. 812, 814; *Reinking/Koyka*, Mobilienleasing, in: *Kroiß* (*Hrsg.*), Klauselbuch Schuldrecht, Rdn. 43 ff., 51, 67; *Reinking*, Autoleasing, 97 f.

[267] S. je Ziff. VII/2 der Privat- und Geschäftsfahrzeug-Leasingbedingungen (Anhang). S. ferner *BGH*, Urt. v. 26.11.1997, VIII ZR 22/97, ZIP 5/1998, 212 ff.; v. 10.10.1995, VIII ZR 325/94, NJW 1995, 3386; v. 16.6.1982, VIII ZR 89/81, NJW 1982, 2316; v. 7.10.1981, VIII ZR 229/80, NJW 1982, 331; *OLG Düsseldorf*, Urt. v. 1.12.1995, 14 U 16/95, OLG-Rep, 7/1996, 78 ff.; *OLG Hamm*, OLG-Rep. 1992, 77; *OLG Celle*, Urt. v. 16.2.1995, 7 U 51/94 n.v.; *LG Bonn*, Urt. v.12.10.1994, 5 S 97/94, NZV 1995, 194; *AG Mettmann*, Urt. v. 7.9.1992, 22 C 168/92 n.v.; *Reinking/Eggert*, Der Autokauf, Rdn. 812; *Reinking*, Autoleasing, 147.

[268] *Reinking/Koyka*, Mobilienleasing, in: *Kroiß* (*Hrsg.*), Klauselbuch Schuldrecht, Rdn. 49; *Reinking/Eggert*, Der Autokauf, 812.

§ 6
Sachmängelrecht des Kfz-Leasingvertrags

Schrifttum: *Apel*, Leistungsstörungen und Gewährleistung, in: *Büschgen* (*Hrsg.*), Praxishandbuch Leasing, § 9; *Arnold*, Gewährleistung beim Finanzierungsleasing nach der Schuldrechtsreform, DStR 25/2002, 1049 ff.; *Beckmann*, Auswirkungen des Schuldrechtsmodernisierungsgesetzes auf die Leasing-Branche, FLF 2/2002, 46 ff., 48 ff.; *ders.*, Durchsetzung der Rechte aus dem Liefergeschäft durch den Leasingnehmer, § 10, 248 ff.; *Berninghaus*, Fahrzeugleasing, in: *Büschgen* (*Hrsg.*), Praxishandbuch Leasing, § 15 Rdn. 13; *Godefroid*, Finanzierungsleasingverträge und Schuldrechtsmodernisierungsgesetz, BB Leasing-Berater, Beil. 5 zu H 27/2002, 2 ff., 4 ff.; *Habersack*, Verbraucherleasing nach der Schuldrechtsreform, in: Finanzierungsleasing und Verbrauchergeschäfte, BB Beil. 6 zu H 35/2003, 2 ff.; *Jaggy*, Kaufvertragliche Ersatzlieferung und Leasingvertrag, BB Leasing-Berater, Beil. 5/2002, 14 ff.; *Löbbe*, Der Finanzierungsleasingvertrag nach der Schuldrechtsreform, in: Finanzierungsleasing und Verbrauchergeschäfte, BB Beil. 6 zu H 35/2003, 7 ff.; *Müller-Sarnowski*, Privat-Autoleasing nach der Schuldrechtsreform, eine Bestandsaufnahme, DAR 11/2002, 485 ff., 487 ff.; *Reiner/Kaune*, Die Gestaltung von Finanzierungsleasingverträgen nach der Schuldrechtsreform, WM 47/2002, 2314 ff., 2315 ff.; *Reinking*, Autoleasing, 49 ff., 125 ff., 130 ff.; *ders.*, Auswirkungen der geänderten Sachmängelhaftung auf den Leasingvertrag, ZGS 6/7/2002, 229 ff.; *ders.*, Die Auswirkungen der Schuldrechtsreform auf das private Kraftfahrzeugleasing, DAR 4/2002, 145 ff.; *ders.*, Der Nacherfüllungsanspruch auf Lieferung eines mangelfreien Fahrzeugs im Rahmen des Kfz-Leasingvertrages, DAR 11/2002, 496 ff.; *Reinking/Eggert*, Der Autokauf, Rdn. 771 ff., 826 ff.; *Reinking/Koyka*, Mobilienleasing, in: *Kroiß (Hrsg.)*, Klauselbuch Schuldrecht, Rdn. 54 ff.; *Tiedtke/Möllmann*, Auswirkungen der Schuldrechtsreform im Leasingrecht, DB 11/2004, 583 ff.; *Zahn*, Der kaufrechtliche Nacherfüllungsanspruch – ein Trojanisches Pferd im Leasingvertrag?, DB 19/2002, 985 ff.; *v. Westphalen*, Die Auswirkungen der Schuldrechtsreform auf die „Abtretungskonstruktion" beim Leasing, ZIP 51–52/2001, 2258 ff.; *ders.*, Das Schuldrechtsmodernisierungsgesetz und Leasing, DB 24/2001, 1291 ff.

Übersicht:

Vorbemerkung

1 Das **Sachmängelrecht** des **Gesetzes** zur **Modernisierung** des **Schuldrechts** beruht auf der Umsetzung der **EU-Verbrauchsgüterkauf-Richtlinie** und bildet das Kernstück der Änderungen der Vorschriften des Bürgerlichen Gesetzbuchs über den Kaufvertrag durch die Schuldrechtsreform. In diesem Gesetz sind nunmehr das bislang gesonderte Gewährleistungsrecht des Kaufvertrags und

damit die **Mängelrechte** für Sach- und Rechtsmängel in einer Neukonzeption zusammengefasst in das allgemeine **Leistungsstörungsrecht** integriert. Insbes. der für das Kaufrecht neue gesetzliche **Nacherfüllungsanspruch** auf Beseitigung des Mangels oder Lieferung einer mangelfreien Sache, **§§ 437 S. 1 Nr. 1, 439 Abs. 1 BGB,** nimmt eine besondere, weil **primäre Stellung** innerhalb des Katalogs der Mängelrechte ein.[269]

2 Das Sachmängelrecht des Gesetzes zur Modernisierung des Schuldrechts hat für das **Sachmängelrecht** des Leasingvertrags, eines der **klassischen Zentralbereiche** des **Leasingrechts,** Veränderungen im Sinne von **Neuerungen** mit sich gebracht, welche jedoch diesen durch eine gefestigte höchstrichterliche Rechtsprechung und durch das Schrifttum inhaltlich ausgefüllten leasingtypischen Teilbereich des Leasingrechts in seinen **wesentlichen Aussagen unverändert** gelassen haben.[270] Dies trifft trotz anlässlich der Schuldrechtsreform zu der fortbestehenden Zulässigkeit aufgeworfenen Diskussion insbes. auf die zentrale Regelung des Sachmängelrechts des Leasingvertrags, das leasingtypische Abtretungs- bzw. Ermächtigungskonzept, zu.[271] Auch nach der Schuldrechtsreform besteht kein Anlass, in der leasingtypischen Abtretungskonstruktion einen Verstoß gegen § 307 BGB (§ 9 AGBG a.F.) zu sehen. Ist die Freizeichnung unwirksam, haftet der Leasinggeber nach Mietrecht.[272] Der Leasingnehmer wird sowohl auf dem Wege der Abtretung wie auch auf dem der Ermächtigung in die

---

[269] Richtlinie 1999/44/EG des Europäischen Parlaments und des Rates vom 25. Mai 1999 zu bestimmten Aspekten des Verbrauchsgüterkaufs und der Garantien für Verbrauchsgüter (AblEG Nr. L 171 S. 12 ff.); *Haas*, Kaufrecht, in: *Haas/Medicus/Rolland/Schäfer/Wendtland*, Das neue Schuldrecht, Rdn. 1 ff., 9 ff., 87 ff., 140 ff., 142 ff.; *Jaggy*, Kaufvertragliche Ersatzlieferung und Leasingvertrag, BB Leasing-Berater, Beil. 5/2002, 14 ff., 14; *Apel*, Leistungsstörungen und Gewährleistung, in: *Büschgen (Hrsg.)*, Praxishandbuch Leasing, § 9 Rdn. 150 ff.

[270] S. zur weiteren Information zu den kaufrechtlichen Gewährleistungsrechten des Leasingnehmers nach altem Recht *Reinking/Eggert*, Der Autokauf, Rdn. 771 ff., 826; *Reinking*, Autoleasing, 120 ff.; *Zahn*, Der kaufrechtliche Nacherfüllungsanspruch – ein Trojanisches Pferd im Leasingvertrag?, DB 19/2002, 985 ff., 988.

[271] S. näher Rdn. 2, 46 sowie *Löbbe*, Der Finanzierungsleasingvertrag nach der Schuldrechtsreform, in: Finanzierungsleasing und Verbrauchergeschäfte, BB Beil. 6 zu H 35/2003, 7 ff., 8; *Beckmann*, Auswirkungen des Schuldrechtsmodernisierungsgesetzes auf die Leasing-Branche, FLF 2/2002, 46 ff., 48; *Tiedtke/Möllmann*, Auswirkungen der Schuldrechtsreform im Leasingrecht, DB 11/2004, 583 ff., 583, 588; *Arnold*, Gewährleistung beim Finanzierungsleasing nach der Schuldrechtsreform, DStR 25/2002, 1049 ff., 1049.

[272] *BGH*, Urt. v. 23.2.1977, VIII ZR 124/75, BGHZ 68, 118, 123 ff.; v. 16.9.1981, VIII ZR 265/80, NJW 3/1982, 105; v. 25.1.1989, VIII ZR 302/87, ZIP 1989, 377 ff., 379; v. 17.12.1986, VIII ZR 279/985, ZIP 4/1987, 240 ff., 241; v. 24.4.1985, VIII ZR 654/84, NJW 27/1985, 1547 ff.; v. 20.6.1984, VIII ZR 131/83, NJW 3/1985, 129 f.; *Wolf/Eckert/Ball*, Handbuch des gewerblichen Miet-, Pacht- und Leasingrechts, Rdn. 1918 ff.; *Palandt*, BGB, Einf. v. § 535 BGB Rdn. 56 f.; *Beckmann*, Auswirkungen des Schuldrechtsmodernisierungsgesetzes auf die Leasing-Branche, FLF 2/2002, 46 ff., 48, 51; *Löbbe*, Der Finanzierungsleasingvertrag nach der Schuldrechtsreform, in: Finanzierungsleasing und Verbrauchergeschäfte, BB Beil. 6 H 35/2003, 2 ff., 8; *Reinking/Eggert*, Der Autokauf, Rdn. 771 f., 839; *Godefroid*, Finanzierungsleasingverträge und Schuldrechtsmodernisierungsgesetz, BB Leasing-Berater, Beil. 5 zu H 27/2002, 2 ff., 4; *Apel*, Leistungsstörungen und Gewährleistung, in: *Büschgen* (*Hrsg.*), Praxishandbuch Leasing, § 9 Rdn. 146 ff.

Lage versetzt, die Gewährleistungsrechte gegenüber dem Lieferanten durchzusetzen.[273]

3 Im Ergebnis halten sich die **Auswirkungen** des nach der Schuldrechtsreform **geänderten gesetzlichen Sachmängelrechts** auf das Sachmängelrecht des Leasingvertrags in **Grenzen**. Der Gesetzgeber hat in das Gesetz zur Modernisierung des Schuldrechts ausgenommen die neu eingefügte Regelung des **§500 BGB** keine besonderen Regelungen für das Finanzierungsleasing aufgenommen. Dies spricht grds. dafür, dass das **Recht** des **Leasingvertrags** in seinen durch Rechtsprechung und Schrifttum herausgebildeten **Grundzügen nicht verändert** werden sollte. Es bleibt, der höchstrichterlichen Rechtsprechung zu den durch das Gesetz zur Modernisierung des Schuldrechts eingeführten Neuerungen entgegenzusehen. Diese wird weitere Rechtssicherheit mit sich bringen.

4 Der Leasingvertrag wird zivilrechtlich als atypischer Mietvertrag qualifiziert. Zu den mietrechtlichen Vorschriften enthält das Gesetz zur Modernisierung des Schuldrechts ohnehin nur einige Anpassungen. Die **umfassenden Änderungen** des Gesetzes zur Modernisierung des Schuldrechts, insbes. im allgemeinen Leistungsstörungsrecht und im Kaufrecht, haben jedoch ihre **Wirkung** auf das **Leasingrecht**, auch wenn festzustellen ist, dass sich durch die wichtige **neue Regelung** des **Sachmangels** als **Nichterfüllung, §§433 Abs. 1 S. 2, 434 ff. BGB** und der Rechtsfolgen das Sachmängelrecht des Leasingrechts in seinem durch Rechtsprechung und Schrifttum gefestigten Inhalt nicht geändert hat. Dies gilt auch hinsichtlich des Rechts zum Rücktritt statt des Rechts zur Wandlung und für den **nunmehr gesetzlichen Anspruch** auf **Nacherfüllung** durch Lieferung einer mangelfreien Sache, der vor der Schuldrechtsreform nur bei vertraglicher Vereinbarung bestand. Zu den Sonderbestimmungen uber den Verbrauchsgüterkauf, §§474 ff. BGB, ist anzumerken, dass für das Leasing kein gesetzgeberischer Handlungsbedarf gegeben ist. Es ist insgesamt festzuhalten, dass die Änderungen des Kaufrechts zu einer **Stärkung** der **Rechte** des **Leasingnehmers** und zu einer **Erhöhung** des wirtschaftlichen **Risikos** des **Leasinggebers** geführt haben. Diesem Ergebnis wird teils durch **gesetzliche Schranken**, teils durch **vertragliche Gestaltungen begegnet** werden können.[274]

[273] *Tiedtke/Möllmann*, Auswirkungen der Schuldrechtsreform im Leasingrecht, DB 11/2004, 583 ff., 583, 588.

[274] § 2 Rdn. 32. S. insbes. *Palandt/Putzo*, BGB Einf. v. §535 BGB Rdn. 56; *Palandt/Weidenkaff*, BGB, Einf. v. §535 BGB Rdn. 56, 77g; *Löbbe*, Der Finanzierungsleasingvertrag nach der Schuldrechtsreform, in: Finanzierungsleasing und Verbrauchergeschäfte, BB Leasing-Berater 2003, Beil. 6 H 35, 7 ff., 7, 14; *Habersack*, Verbraucherleasing nach der Schuldrechtsreform, in: Finanzierungsleasing und Verbrauchergeschäfte, BB Leasing-Berater 2003, Beil. 6 H 35, 2 ff., 7; *Arnold*, Gewährleistung beim Finanzierungsleasing nach der Schuldrechtsreform, DStR 25/2002, 1049 ff., 1049, 1055; *Jaggy*, Kaufvertragliche Ersatzlieferung und Leasingvertrag, BB Leasing-Berater, Beil. 5/2002, 14 ff., 16; *Beckmann*, Auswirkungen des Schuldrechtsmodernisierungsgesetzes auf die Leasing-Branche, FLF 2/2002, 46 ff., 50; *Godefroid*, Finanzierungsleasingverträge und Schuldrechtsmodernisierungsgesetz, BB Leasing-Berater, Beil. 5 zu H 27/2002, 2 ff., 2, 4 f., 8, 10; *Müller-Sarnowski*, Privat-Autoleasing nach der Schuldrechtsreform, DAR 11/2002, 485 ff., 488; *Reinking*, Der Nacherfüllungsanspruch auf Lieferung eines mangelfreien Fahrzeugs im Rahmen des Kfz-Leasingvertrags, DAR 11/2002, 496 ff.; *ders.*, Auswirkungen der geänderten Sachmängelhaftung auf den Leasingvertrag, ZGS 6/7/2002, 229 ff.,

5 Die einzelnen **Neuerungen** des gesetzlichen Sachmängelrechts haben jeweils auch einzelne Problembereiche für das Sachmängelrecht des Leasingrechts, nicht zuletzt aufgrund der dem Leasinggeschäft eigenen leasingtypischen Dreieckbeziehung zwischen Leasingnehmer, Leasinggeber und Lieferant/Hersteller, aufgeworfen. Von den Neuerungen ist vorrangig die Einführung des als Primäranspruch ausgestalteten **Nacherfüllungsanspruchs** zu nennen. Im Falle eines reinen Kaufvertrags ist der Kaufvertrag mit der Nachlieferung erfüllt. Der Leasingvertrag hingegen wird als atypischer Mietvertrag qualifiziert. Leasing ist ein Finanzierungsgeschäft in einem dreiseitigen Beziehungsgeflecht. Das Recht des Leasingnehmers aus einem Leasingvertrag über ein Neufahrzeug, die Nacherfüllung neben der Alternative der Nachbesserung in der Alternative der **Lieferung** eines **mangelfreien Kfz** wählen zu können, ist nicht, wie zunächst aufgrund einer befürchteten regelmäßigen Vollamortisationseinbuße des Leasinggebers prognostiziert, ein „Trojanisches Pferd"[275] im Leasingvertrag. In der Praxis wird die Schranke für die von dem Leasingnehmer gewählte Alternative der Nachlieferung regelmäßig die **Einrede** der **Unverhältnismäßigkeit** der **Kosten** gemäß **§ 439 Abs. 3 BGB** bilden und daher in der Praxis im Ergebnis regelmäßig der leasingtypische Amortisationsanspruch des Leasinggebers nicht eingeschränkt sein.[276]

6 In das Gesetz zur Modernisierung des Schuldrechts wurden die verbraucherschützenden **Sonderregelungen** zum **Verbrauchsgüterkauf**, **§§ 474 ff. BGB,** neu eingefügt. Der Verbrauchsgüterkauf, § 474 Abs. 1 S. 1 BGB, ist der **Verkauf beweglicher Sachen** von einem **Unternehmer** als Verkäufer **(§ 14 BGB) an** einen **Verbraucher** als Käufer **(§ 13 BGB)**. Gebrauchte Sachen sind nicht grds. ausgenommen. Die Sonderbestimmungen zum Verbrauchsgüterkauf gelten nicht für alle Kaufverträge. Diese verfolgen spezifische Ziele des Verbraucherschutzes. Auch in diesen, das allgemeine Kaufrecht ergänzenden oder modifizierenden, Sonderbestimmungen wurde die EU-Richtlinie über den Verbrauchsgüterkauf umgesetzt. Zu einem weitgehenden Teil erfolgte die Umsetzung jedoch in den allgemeinen kaufrechtlichen Vorschriften. Die **Rechtsposition** des **Käufers** wird durch die Sonderbestimmungen zum Verbrauchsgüterkauf **erheblich verbessert**. Als wichtige Neuregelungen sind insbes. die Regelung des **§ 475 BGB (abweichende Vereinbarungen)** und die des **§ 476 BGB (Beweislastumkehr)** zu nennen, mit denen Art. 7 I und Art. 5 III der Verbraucherkreditrichtlinie umgesetzt wurden.

235; *Reinking/Eggert*, Der Autokauf, Rdn. 771 ff., 774, 826 ff.; *Reiner/Kaune*, Die Gestaltung von Finanzierungsleasingverträgen nach der Schuldrechtsreform, WM 47/2002, 2314 ff., 2315, 2317 f., 2319 f.; *Reinking/Koyka*, Mobilienleasing, in: *Kroiß (Hrsg.)*, Klauselbuch Schuldrecht, Rdn. 5, 54 ff., 60 ff., 63, 65, 72; *Haas*, Kaufrecht, in: *Haas/Medicus/Rolland/Schäfer/Wendtland*, Das neue Schuldrecht, Rdn. 157 ff.; a.A. insbes.: *v. Westphalen*, Die Auswirkungen der Schuldrechtsreform auf die „Abtretungskonstruktion" beim Leasing, ZIP 51–52/2001, 2258 ff., 2259.

[275] *Zahn*, Der kaufrechtliche Nacherfüllungsanspruch – ein Trojanisches Pferd im Leasingvertrag?, DB 2002, 985 ff.

[276] § 2 Rdn. 29; *Reinking/Eggert*, Der Autokauf, Rdn. 779, 827; *Bitter/Meidt*, Nacherfüllungsrecht und Nacherfüllungspflicht des Verkäufers im neuen Schuldrecht, ZIP 48/2001, 2114 ff., 2122; *Jaggy*, Kaufvertragliche Ersatzlieferung und Leasingvertrag, BB Leasing-Berater, Beil. 5/2002, 14 ff., 15.

Nach der Regelung des **§475 Abs. 1 BGB** kann sich der Unternehmer auf 7
eine vor Mitteilung eines Mangels an ihn getroffene Vereinbarung, die zum Nachteil des Verbrauchers von den §§ 433 bis 435, 437, 439 bis 443 BGB sowie von den §§ 474ff. BGB abweicht, nicht berufen. Die **verkehrstypischen Pflichten** aus dem **Kaufvertrag** sowie die **Regeln** zu **Ansprüchen** und **Rechten** bei **Mängeln** sind **zu Lasten** des **Käufers unabdingbar**. Nach der Vorschrift des **§475 Abs. 2 BGB** kann die Verjährung der in der Regelung des § 437 BGB bezeichneten Ansprüche vor Mitteilung eines Mangels an den Unternehmer nicht durch Rechtsgeschäft erleichtert werden, wenn die Vereinbarung zu einer Verjährungsfrist ab dem gesetzlichen Verjährungsbeginn von weniger als zwei Jahren, bei gebrauchten Sachen von weniger als einem Jahr führt. Die tatsächliche Verjährungsfrist kann nicht verkürzt werden. Die **Verjährungsregelung** bzgl. der in der Regelung des **§437 BGB aufgeführten Ansprüche** bei einem Sachmangel ist **zugunsten** des **Verbrauchers zwingend**. Nach der Vorschrift des **§475 Abs. 3 BGB** gilt das Verbot einer Verkürzung der tatsächlichen Verjährungsfrist nicht für **Schadensersatzansprüche**.

Zeigt sich innerhalb von sechs Monaten seit dem Gefahrübergang, mithin der 8
Übergabe, § 446 S. 1 BGB, ein Sachmangel, § 434 Abs. 1 S. 1 BGB, d.h. wird dieser erkennbar, wird grds. vermutet, dass der Mangel schon bei Gefahrübergang vorhanden war, es sei denn, diese Vermutung ist mit der Art der Sache oder des Mangels unvereinbar. Die **Beweislastumkehr zugunsten** des **Verbrauchers** in den **ersten sechs Monaten** bei einem **Sachmangel**, **§476 BGB,** stärkt die Stellung des Käufers. Es muss nunmehr der Unternehmer entgegen der Vorschrift des § 363 BGB beweisen, dass die Sache bei Gefahrübergang den nach diesem Zeitpunkt aufgetretenen Sachmangel noch nicht aufgewiesen hat.

Der **Mobilienleasingvertrag** zwischen Leasinggeber und privatem Leasing- 9
nehmer als Verbraucher ist bereits begrifflich **kein Verbrauchsgüterkauf**.[277] Der **Leasingvertrag** ist **kein Kaufvertrag**, auch kein kaufähnlicher Vertrag. Dem Leasingnehmer wird lediglich durch die leasingtypische Abtretungskonstruktion eine käuferähnliche Stellung eingeräumt. Er wird hierdurch jedoch nicht zum Käufer. Die Regelungen der §§ 474ff. BGB sind daher zumindest nicht unmittelbar anwendbar.[278] **Leasing** ist die Finanzierung einer **mittelfristigen Gebrauchsüberlassung.** Ein Recht des Leasingnehmers auf **Erwerb** des **Leasingguts** von dem Leasinggeber nach Ablauf der Vertragszeit wird gerade aus steuerrechtlichen Gründen regelmäßig **ausgeschlossen**. Beim Leasinggeschäft ist der **Leasinggeber Käufer** der Sache. Dieser ist regelmäßig keine Privatperson und damit Verbraucher i.S.d. § 474 BGB, sondern **Unternehmer**, **§ 14**

---

[277] S. zu Abtretungskonstruktion und Anwendbarkeit der §§ 474ff. BGB bzw. der Wertung des Leasingvertrags zwischen Leasinggeber und Leasingnehmer sowie des Kaufvertrags zwischen Leasinggeber und Lieferant als Verbrauchsgüterkauf insbes. *Habersack*, Verbraucherleasing nach der Schuldrechtsreform, in: Finanzierungsleasing und Verbrauchergeschäfte, BB 6 H 35/2003, 2ff., 5; *Tiedtke/Möllmann*, Auswirkungen der Schuldrechtsreform im Leasingrecht, DB 11/2004, 583ff., 586; *Zahn*, Der kaufrechtliche Nacherfüllungsanspruch – ein Trojanisches Pferd im Leasingvertrag?, DB 19/2002, 985ff., 990.

[278] *Habersack*, Verbraucherleasing nach der Schuldrechtsreform, in: Finanzierungsleasing und Verbrauchergeschäfte, BB Beil. 6 H 35/2003, 2ff., 5.

BGB. Für den Mobilienleasingvertrag mit einem Verbraucher könnte nur dann das Kaufrecht und damit die Regelungen über den Verbrauchsgüterkauf einschlägig sein, wenn der konkrete Leasingvertrag nach dem Willen der Parteien von vornherein nicht, wie es wesentlich für das Leasing ist, auf eine mittelfristige Gebrauchsüberlassung, sondern auf den Erwerb der Sache ausgerichtet ist. Der **Kaufvertrag** zwischen **Leasinggeber** und **Lieferant** ist **kein Verbrauchsgüterkauf**.[279] Der Leasingnehmer erhält durch die Abtretungskonstruktion die Ansprüche und Rechte des Leasinggebers gegen den Lieferanten aus dem mit diesem geschlossenen Kaufvertrag, welche qualitativ im wesentlichen den dem Leasingnehmer abgetretenden Gewährleistungsansprüchen vor der Schuldrechtsreform entsprechen. Der Leasinggeber erlangt aufgrund des Kaufvertrags mit dem Lieferanten jedoch keine Verbraucherrechte aus einem Verbrauchsgüterkauf, welche er dem Leasingnehmer verschaffen könnte. Dies bedeutet, dass der private Leasingnehmer von dem Schutz des Verbrauchsgüterkaufs ausgeschlossen ist.

10 Eine **andere Wertung** gilt, wenn der Leasingvertrag im Wege des **Eintrittsmodell** zustandegekommen ist, d.h. wenn der potentielle Leasingnehmer als Verbraucher zunächst einen Kaufvertrag mit dem Lieferanten abgeschlossen hat, in welchen der Leasinggeber sodann eintritt und dem Leasingnehmer die Rechte aus dem Kaufvertrag abtritt. In diesem Fall ist der von dem Verbraucher geschlossene Kaufvertrag ein **Verbrauchsgüterkauf**. Die Übernahme des Vertrags durch den Leasinggeber lässt diese Wertung unberührt.[280]

---

[279] *Arnold*, Gewährleistung beim Finanzierungsleasing nach der Schuldrechtsreform, DStR 25/2002, 1049 ff., 1051; *Habersack*, Verbraucherleasing nach der Schuldrechtsreform, in: Finanzierungsleasing und Verbrauchergeschäfte, BB Beil. 6 H 35/2003, 2 ff., 6. S. zu der Problematik der Verschaffung der Verbraucherrechte nach §§ 474 ff. BGB in Bezug auf die Abtretungskonstruktion u.a. *Tiedtke/Möllmann*, Auswirkungen der Schuldrechtsreform im Leasingrecht, DB 11/2004, 583 ff., 586 m.w.N.

[280] § 2 Rdn. 49. *Habersack*, Verbraucherleasing nach der Schuldrechtsreform, in: Finanzierungsleasing und Verbrauchergeschäfte, BB Beil. 6 H 35 2003, 2 ff., 6; *Godefroid*, Finanzierungsleasingverträge und Schuldrechtsmodernisierungsgesetz, BB Leasing-Berater, Beil. 5 zu H 27/2002, 2 ff., 8; *Palandt/Putzo*, BGB, Vorbem. § 474 BGB Rdn. 3; *Haas*, Kaufrecht, in: *Haas/Medicus/Rolland/Schäfer/Wendtland*, Das neue Schuldrecht, Rdn. 423 ff., 435, 450, 457, 516; *Rolland*, Grundzüge des Schuldrechtsmodernisierungsgesetzes, in: *Haas/Medicus/Rolland/Schäfer/Wendtland*, Das neue Schuldrecht, Rdn. 53; *Habersack*, Verbraucherleasing nach der Schuldrechtsreform, 2 ff., 5 ff., in: Finanzierungsleasing und Verbrauchergeschäfte, BB Beil. 6 H 35/2003, 1 ff.; *Jaggy*, Kaufvertragliche Ersatzlieferung und Leasingvertrag, BB Leasing-Berater, Beil. 5/2002, 14 ff., 15; *Müller-Sarnowski*, Privat-Autoleasing nach der Schuldrechtsreform, eine Bestandsaufnahme, DAR 11/2002, 485 ff., 491 f.; *Arnold*, Gewährleistung beim Finanzierungsleasing nach der Schuldrechtsreform, DStR 25/2002, 1049 ff., 1051; *Godefroid*, Finanzierungsleasingverträge und Schuldrechtsmodernisierungsgesetz, BB Leasing-Berater, Beil. 5 zu H 27/2002, 2 ff., 6 f., 9; *Reinking*, Die Auswirkungen der Schuldrechtsreform auf das private Kraftfahrzeugleasing, DAR 4/2002, 145 ff., 146; *ders.*, Auswirkungen der geänderten Sachmängelhaftung auf den Leasingvertrag, ZGS 2002, 229 ff., 231; *ders.*, Der Nacherfüllungsanspruch auf Lieferung eines mangelfreien Fahrzeugs im Rahmen des Kfz-Leasingvertrags, DAR 11/2002, 496 ff., 498, 501; *Reinking/Koyka*, Mobilienleasing, in: *Kroiß (Hrsg.)*, Klauselbuch Schuldrecht, Rdn. 58, 75, 85; *Reinking/Eggert*, Der Autokauf, Rdn. 760, 762, 782 f., 905; *v. Westphalen*, Options- und Andienungsrechte in Leasingverträgen mit Verbrauchern, ZGS 2002, 89 ff., 90.

Der **private Leasingnehmer** kann sich **außerhalb** des **Eintrittsmodells nicht** auf den **Schutz** der **§§474 BGBff.** berufen. Es besteht auch **keine Veranlassung**, ihn diesem Schutz unter dem Gesichtspunkt zu unterstellen, eine wirksame Abtretung und damit eine angemessene Interessenwahrung des privaten Leasingnehmers erfordere zur weiteren Stärkung seiner Stellung die Abtretung aller Sachmängelansprüche, die er erhalten hätte, wenn er das Kfz als Verbraucher bei dem Lieferanten als Unternehmer unmittelbar gekauft statt geleast hätte. Der Leasingvertrag ist regelmäßig noch nicht einmal als ein kaufähnlicher Vertrag zu werten. Sowohl der Leasingvertrag zwischen Leasinggeber und Leasingnehmer als auch der Kaufvertrag zwischen Leasinggeber und Lieferant ist kein Verbrauchsgüterkauf. Dem Leasingnehmer standen zudem vor Abschluss des Leasingvertrags die Alternativen Kauf oder Leasing zur Auswahl. Wenn sich der Leasingnehmer für Leasing und nicht für Kauf und damit gegen einen Erwerb des Kfz entscheidet, ist auch unter dem Gesichtspunkt einer weiteren Verstärkung seiner Position als Verbraucher nicht ersichtlich, warum er den Schutz der Sonderregelungen über den Verbrauchsgüterkauf in Anspruch nehmen können sollte.[281] 11

Wird der Nacherfüllungsanspruch zwischen Lieferant und Leasinggeber ausgeschlossen oder wird das Wahlrecht des Käufers entsprechend eingeschränkt, erhält der Leasingnehmer keine schlechtere Rechtsposition als ein Mieter. Dies ist ausreichend. Der Leasingnehmer kann nicht wie ein Erwerber der Sache gestellt werden.[282] 12

In der Praxis werden Leasinggeber im Interesse der Kundenzufriedenheit Wert darauf legen, in den Lieferverträgen mit den Lieferanten sicherzustellen, dass sich der Leasingnehmer im Falle der Abtretung der kaufrechtlichen Ansprüche und Rechte wegen Sachmängeln auf den Standard des Verbrauchsgüterkaufs berufen kann. Mit dieser Gestaltung im Bereich des Einheitsmodells tritt keine Verkürzung der Käuferrechte ein.[283] 13

---

[281] *Löbbe*, Der Finanzierungsleasingvertrag nach der Schuldrechtsreform, in: Finanzierungsleasing und Verbrauchergeschäfte, BB Beil. 6/2003, H 35, 7ff., 10; *Habersack*, Verbraucherleasing nach der Schuldrechtsreform, in: Finanzierungsleasing und Verbrauchergeschäfte, BB Leasing-Berater H 35/2003, Beil. 6, 2ff., 6; *Winneke*, Diskussionsbericht zu den Referaten *Habersack* und *Löbbe*, in: Finanzierungsleasing und Verbrauchergeschäfte, BB Beil. 6 zu H 35/2003, 15f. (insbes. zu dem Hintergrund der Richtlinie über den Verbrauchsgüterkauf), *Arnold*, Gewährleistung beim Finanzierungsleasing nach der Schuldrechtsreform, DStR 2002, 1049ff., 1052; *Reinking/Eggert*, Der Autokauf, Rdn. 776, 778f., 782f.; *Godefroid*, Finanzierungsleasingverträge und Schuldrechtsmodernisierungsgesetz, BB Leasing-Berater, Beil. 5 zu H 27/2002, 2ff., 8; *Reinking/Koyka*, Mobilienleasing, in: *Kroiß (Hrsg.)*, Klauselbuch Schuldrecht, Rdn. 57f.; *Haas*, Kaufrecht, in: *Haas/Medicus/Rolland/Schäfer/Wendtland*, Das neue Schuldrecht, Rdn. 423ff; *Müller-Sarnowski*, Privat-Autoleasing nach der Schuldrechtsreform, eine Bestandsaufnahme, DAR 11/2002, 485ff., 487f.; *Reinking*, Auswirkungen der geänderten Sachmängelhaftung auf den Leasingvertrag, ZGS 6/7/2002, 229ff., 231; *ders.*, Die Auswirkungen der Schuldrechtsreform auf das private Kraftfahrzeugleasing, DAR 2002, 245ff., 146f.

[282] S. *Löbbe*, Der Finanzierungsleasingvertrag nach der Schuldrechtsreform, in: Finanzierungsleasing und Verbrauchergeschäfte, BB Beil. 6 H 35/2003, 7ff., 10; *Tiedtke/Möllmann*, Auswirkungen der Schuldrechtsreform im Leasingrecht, DB 11/2004, 583ff., 586. S. hierzu auch *Habersack*, Verbraucherleasing nach der Schuldrechtsreform, in: Finanzierungsleasing und Verbrauchergeschäfte, BB Beil. 6/H 35/2003, 2ff., 6.

[283] *Godefroid*, Finanzierungsleasingverträge und Schuldrechtsmodernisierungsgesetz, BB

14 Zwischen Leasinggeber und Lieferant vereinbarte **Haftungsausschlüsse** und **Haftungsbegrenzungen** wirken auch gegenüber dem Leasingnehmer. Insbes. liegt **kein Verstoß** gegen die **Regelungen** der **§§ 309 Nr. 7 a, 7 b und 8 b BGB** vor. Nach **§§ 309 Nr. 7 a und b BGB** sind Bestimmungen in Allgemeinen Geschäftsbedingungen unwirksam, wenn dadurch ein Ausschluss oder eine Begrenzung der Haftung für Schäden aus der Verletzung des Lebens, des Körpers oder der Gesundheit folgt oder ein Ausschluss oder eine Begrenzung der Haftung für sonstige Schäden, die auf einer grob fahrlässigen Pflichtverletzung des Verwenders oder auf einer vorsätzlichen oder grob fahrlässigen Pflichtverletzung eines gesetzlichen Vertreters oder Erfüllungsgehilfen des Verwenders folgt. Für sonstige Schäden ist der Ausschluss für leichte Fahrlässigkeit zulässig.[284] Das Klauselverbot des **§ 309 Nr. 8 b BGB** betrifft mit dem Begriff der Werkleistung im Gegensatz zu dem Begriff der Leistung in § 11 Nr. 10 AGBG a.F Kauf- und Werkverträge, nicht Mietverträge und ist daher auf **Finanzierungsleasingverträge nicht anwendbar**.

15 Die **Grenze** für den **Ausschluss** der **Sachmängelhaftung** gegenüber einem Unternehmer ergibt sich aus der Regelung des **§ 444 BGB**. Danach ist ein Haftungsausschluss unwirksam, wenn der Verkäufer den Mangel arglistig verschwiegen oder eine Garantie für die Beschaffenheit der Sache übernommen hat.

16 Der **Ausschluss** der **Sachmängelhaftung** beim **Spezieskauf** über **gebrauchte Kfz** in Geschäften zwischen **Unternehmern** ist **zulässig**. Auch bei dem in der Praxis im Vergleich zu einem Leasingvertrag über ein Neufahrzeug selteneren Leasingvertrag über ein Gebrauchtfahrzeug zeichnet sich der Leasinggeber gewöhnlich von seiner mietvertraglichen Eigenhaftung frei. Im Gebrauchtwagenhandel ist es üblich und zulässig, dass der Verkäufer seine Sachmängelansprüche vollständig ausschließt. Dies ist weder für den Leasingnehmer überraschend noch wird er hierdurch unangemessen benachteiligt, obgleich ihm der Leasinggeber als Ausgleich keine kaufrechtlichen Sachmängelansprüche abtreten kann. Wählt der Leasingnehmer bei einem Sachmangel des gebrauchten Kfz die Lieferung eines mangelfreien Kfz von dem Lieferanten und ist es diesem nicht möglich, einen Gegenstand gleicher Art und Güte zu liefern, kann er sich auf § 275 Abs. 1 BGB berufen. Das **Klauselverbot** des **§ 309 Nr. 8 b BGB** umfasst **nicht gebrauchte Sachen.** Eine Freizeichnung von der Sachmängelhaftung ist mit Ausnahme der Schadensersatzansprüche für gebrauchte Sachen gegenüber Verbrauchern unzulässig. Nach der Regelung des § 475 Abs. 2 BGB kann die Verjährung der in § 437 BGB bezeichneten Ansprüche und Rechte des Käufers wegen Mängeln vor Mitteilung des Mangels an den Verkäufer nicht

---

Leasing-Berater, Beil. 5 zu H 27/2002, 2 ff., 8. S. zudem PrivatLeasing Bestellung, 1. Zeile: „Ich/wir beantrage(n) bei der Volkswagen Leasing den Abschluss eines Leasing-Vertrages für ein Fahrzeug in serienmäßigem Lieferumfang zu umseitigen PrivatLeasing-Bedingungen (plus Auszug aus VW Verkaufsbedingungen), das die Volkswagen Leasing bei dem vermittelnden Betrieb (Verkäufer) auf meinen/unseren Wunsch *nach den Regeln des Verbrauchsgüterkaufs* erwirbt."

[284] S. zur Freizeichnung von Schadensersatzansprüchen u.a. *Löbbe*, Der Finanzierungsleasingvertrag nach der Schuldrechtsreform, in: Finanzierungsleasing und Verbrauchergeschäfte, BB Beil. 6 H 35/2003, 7 ff., 8.

durch ein Rechtsgeschäft erleichtert werden, wenn die Vereinbarung zu einer Verjährungsfrist von weniger als einem Jahr seit Verjährungsbeginn führt.[285]

Nach einer wirksamen, insbes. uneingeschränkten, unbedingten und vorbe- 17
haltlosen Übertragung der Sachmängelrechte zumindest im Wege der **Abtretung** stehen dem Leasingnehmer gegen den Leasinggeber keine Ansprüche und Rechte wegen Mängeln des Kfz zu. Eine uneingeschränkte Übertragung der Käuferrechte ist für das Eintrittsmodell auch dann zu bejahen, wenn der Leasingnehmer nicht die Beweislastumkehr in Anspruch nehmen kann, nämlich wenn auch der Leasinggeber von dem Lieferanten nach den Regeln des Verbrauchsgüterkaufs erwirbt, so dass keine Verkürzung der Käuferrechte vorliegt.

Der **Leasinggeber** widerum **muss** die sich aus der Geltendmachung der 18
Sachmängelansprüche durch den Leasingnehmer ergebenden **rechtlichen Folgen** als für sich **verbindlich hinnehmen**. Der **Leasingnehmer** ist ohne Mitwirkung des Leasinggebers sowohl berechtigt als auch verpflichtet, die abgetretenen **Sachmängelansprüche** in **eigenem Namen** gegenüber dem Lieferanten, auch im Klagewege, mit der Maßgabe **durchzusetzen**, dass im Falle des Rücktritts und der Minderung etwaige **Zahlungen** des Lieferanten direkt **an** den **Leasinggeber** zu leisten sind. Ein Verzicht auf Ansprüche gegen den Lieferanten bedarf der Einwilligung des Leasinggebers. Der Leasingnehmer ist verpflichtet, den Leasinggeber über die Geltendmachung von Sachmängelansprüchen zu **unterrichten**, andernfalls er dem Leasinggeber gegenüber zum Schadensersatz verpflichtet sein kann. Der **Streit** über die **Mangelhaftigkeit** des **Kfz** ist nach wirksamer Abtretung auf der **Ebene** zwischen **Leasingnehmer** und **Lieferant** auszutragen. Liefert der Händler jedoch nicht oder zu spät, muss der Leasinggeber die sich aus diesen Leistungsstörungen ergebenden Rechte geltend machen. Dem Leasingnehmer fehlt für eine Durchsetzung dieser Rechte die Aktivlegitimation. Von der Abtretung sind regelmäßig nicht die Hauptansprüche des Leasinggebers aus dem Kaufvertrag und die daraus resultierenden Rechte im Fall der Nichtlieferung oder des Verzugs umfasst.[286]

---

[285] S. hierzu *Reinking/Eggert,* Der Autokauf, Rdn. 774, 777, 782 ff., 784; *Reinking/Koyka,* Mobilienleasing, in: *Kroiß (Hrsg.),* Klauselbuch Schuldrecht, Rdn. 15, 60 ff., 116, 120 ff.; *Haas,* Kaufrecht, in: *Haas/Medicus/Rolland/Schäfer/Wendtland,* Das neue Schuldrecht, Rdn. 272 ff., 516 ff.; *Godefroid,* Finanzierungsleasingverträge und Schuldrechtsmodernisierungsgesetz, BB Leasing-Berater, Beil. 5 zu H 27/2002, 2 ff., 4, 9; *Löbbe,* Der Finanzierungsleasingvertrag nach der Schuldrechtsreform, in: Finanzierungsleasing und Verbrauchergeschäfte, BB Beil. 6, H 35/2003, 8; *Arnold,* Gewährleistung beim Finanzierungsleasing nach der Schuldrechtsreform, DStR 25/2002, 1049 ff., 1049; *Reiner/Kaune,* Die Gestaltung von Finanzierungsleasingverträgen nach der Schuldrechtsreform, WM 2002, 2314 ff., 2320; a.A. *v. Westphalen,* Die Auswirkungen der Schuldrechtsreform auf die „Abtretungskonstruktion" beim Leasing, ZIP 51–52/2001, 2258 ff., 2262; *Berninghaus,* Fahrzeugleasing, in: *Büschgen (Hrsg.),* Praxishandbuch Leasing, § 15 Rdn. 15.

[286] § 2 Rdn. 46; *Reinking/Eggert,* Der Autokauf, 772, 775, 828, 831; *Reinking,* Der Nacherfüllungsanspruch auf Lieferung eines mangelfeien Fahrzeugs im Rahmen des Kfz-Leasingvertrags, DAR 2002, 496 ff., 499; *Reinking/Koyka,* Mobilienleasing, in: *Kroiß (Hrsg.),* Klauselbuch Schuldrecht, Rdn. 54, 59, 70; *Beckmann,* Auswirkungen des Schuldrechtsmodernisierungsgesetzes auf die Leasing-Branche, FLF 2002, 46, 49; *Godefroid,* Finanzierungsleasingverträge und Schuldrechtsmodernisierungsgesetz, BB Leasing-Berater, Beil. 5 zu H 27/2002, 2 ff., 5; *Apel,*

A. Übersicht über den Katalog der Rechte des Käufers bei einem Sachmangel, § 437 BGB

19 Die grds. einheitlich gestalteten Rechtsfolgen bei einem Sachmangel, § 434 BGB und einem Rechtsmangel, § 435 BGB, finden sich in dem Gesetz zur Modernisierung des Schuldrechts nunmehr einheitlich in den §§ 437 BGB ff. Diese Neukonzeption der Rechte des Käufers bei einem Mangel stellt die **wichtigste Änderung** nach der **Schuldrechtsreform** dar. Es sollte ein dem modernen Rechtsverkehr entsprechendes Gewährleistungssystem eingeführt werden. Die mangelfreie Nacherfüllung sollte sowohl dem Interesse des Verkäufers – zweite Andienung – wie dem des Käufers – mangelfreie Lieferung – am besten entsprechen. Eine Vertragsauflösung sollte möglichst vermieden werden.[287]

20 Gemäß **§ 434 BGB** ist eine **Sache frei** von **Sachmängeln**, wenn sie bei Gefahrübergang die **vereinbarte Beschaffenheit** hat. Das Gesetz zur Modernisierung des Schuldrechts stellt nicht mehr auf einen Fehler (§ 459 Abs. 1 BGB a.F.) und auf das Fehlen zugesicherter Eigenschaften (§ 459 Abs. 2 BGB a.F.) ab. Der Begriff des Sachmangels beruht auf dem **subjektiven Fehlerbegriff** und umfasst verschiedene Arten. Die **Hauptleistungspflicht** des **Verkäufers** aus **§ 433 Abs. 1 S. 2 BGB** ist vertragsgemäß **erfüllt**, wenn der Verkäufer die **Sache** dem **Käufer frei** von **Sach- und Rechtsmängeln verschafft** hat. Die Lieferung einer mangelfreien Sache zählt zu den Leistungspflichten des Verkäufers. Mit der Eingliederung der Sachmängelhaftung in das allgemeine Leistungsstörungsrecht gibt es nicht mehr zwei nebeneinander stehende Haftungssysteme.[288]

21 In der Regelung des **§ 437 BGB** werden **abschließend** und zusammenfassend die **Rechte** des **Käufers** bei einem **Mangel** der Sache, d.h. genauer nach der Schuldrechtsreform die **Ansprüche** des Käufers aus dem Kaufvertrag wegen **Nichterfüllung**, aufgezählt: Nacherfüllung (S. 1 Nr. 1), Rücktritt vom Vertrag (S. 1 Nr. 2 1. Alt.), Minderung (S. 1 Nr. 2 2. Alt.), Schadensersatz bei Verschulden

---

Leistungsstörungen und Gewährleistung, in: *Büschgen (Hrsg.)*, Praxishandbuch Leasing, § 9 Rdn. 136 f., 149; *Beckmann*, Durchsetzung der Rechte gegen den Leasingnehmer, in: *Büschgen (Hrsg.)*, Praxishandbuch Leasing, § 10 Rdn. 13; *ders.*, Auswirkungen von Störungen des Liefervertrags auf den Leasingvertrag, in: *Büschgen (Hrsg.)*, Praxishandbuch Leasing, § 11 Rdn. 8.

[287] §§ 462, 463, 480 a.F. (Sachmangel) u. §§ 440, 441 a.F. (Rechtsmangel). S. auch § 3 III VerbrGKRL; *Palandt*, BGB, § 437 Rdn. 1; *Haas*, Kaufrecht, in: *Haas/Medicus/Rolland/Schäfer/Wendtland*, Das neue Schuldrecht, Rdn. 140; *Reinking/Koyka*, Mobilienleasing, in: *Kroiß (Hrsg.)*, Klauselbuch Schuldrecht, Rdn. 65 ff.

[288] *Haas*, Kaufrecht, in: *Haas/Medicus/Rolland/Schäfer/Wendtland*, Das neue Schuldrecht, Rdn. 35 ff., 36, 87 ff. sowie *Reiner/Kaune*, Die Gestaltung von Finanzierungsleasingverträgen nach der Schuldrechtsreform, WM 2002, 2314 ff., 2315 zu dem Theorienstreit vor der Schuldrechtsreform um die Natur der Leistungspflicht des Verkäufers (Erfüllungstheorie/Gewährleistungstheorie), nunmehr im Sinne der Erfüllungstheorie entschieden; *Palandt/Putzo*, BGB, § 434 BGB Rdn. 1; *Rolland*, Grundzüge des Schuldrechtsmodernisierungsgesetzes, in: *Haas/Medicus/Rolland/Schäfer/Wendtland*, Das neue Schuldrecht, Rdn. 44; *Müller-Sarnowski*, Privat-Autoleasing nach der Schuldrechtsreform, eine Bestandsaufnahme, DAR 11/2002, 485 ff., 488; *Reinking*, Autoleasing, 98 f.; *Jaggy*, Kaufvertragliche Ersatzlieferung und Leasingvertrag, BB Leasing-Berater, Beil. 5/2002, 14 ff., 14; *Apel*, Leistungsstörungen und Gewährleistung, in: *Büschgen (Hrsg.)*, Praxishandbuch Leasing, § 9 Rdn. 38, 140.

(S. 1 Nr. 3 1. Alt.), Ersatz vergeblicher Aufwendungen (S. 1 Nr. 3 2. Alt.). Die Rechtsfolgen der Lieferung einer mangelhaften Sache als Nichterfüllung sind Teil des allgemeinen Leistungsstörungrechts.[289] Aufgrund der leasingtypischen Dreiecksbeziehung und damit des Vorliegens sowohl eines Kaufvertrags wie auch eines Leasingvertrags ist hinsichtlich einer Nichterfüllung zwischen der **Nichterfüllung** des **Kaufvertrags** sowie der **Nichterfüllung** des **Leasingvertrags** zu **unterscheiden**. Die Nichterfüllung des Kaufvertrags durch mangelhafte Lieferung einer Sache bedeutet nicht die Nichterfüllung des Leasingvertrags. Minderung und Rücktritt sind Gestaltungsrechte. Diese Rechte stehen dem Käufer, sofern nichts anderes bestimmt ist, unter den Voraussetzungen der §§ 437 ff. BGB zu und bei Mangelhaftigkeit der Sache bei Gefahrübergang. **Weitere Rechte** hat der **Käufer nicht**. Das Recht des Käufers auf Ersatzvornahme ist entfallen. Der Verkäufer ist nach der Regelung des § 433 Abs. 1 S. 2 BGB verpflichtet, das Kaufgut mangelfrei zu liefern. Liegt ein Sachmangel vor, kann der Käufer, ohne dass insoweit weitere Voraussetzungen vorliegen müssen, Nacherfüllung verlangen.[290]

Das Verhältnis der Rechte untereinander ist dergestalt, dass die Rechte des 22
Käufers aus § 437 BGB S. 1 Nr. 2–3 (Rücktritt, Minderung, Schadensersatz, Ersatz vergeblicher Aufwendungen) grds unabhängig voneinander, jedoch in einem **Stufenverhältnis,** stehen. Es besteht der sog. **Vorrang der Nacherfüllung**. Der **primäre Anspruch** des **Käufers** geht auf **Nacherfüllung**, § 437 S. 1 Nr. 1 BGB. Dies ergibt sich bereits aus § 433 Abs. 1 S. 2 BGB. Die **Lieferung** einer **mangelfreien Sache** gehört nach dem Gesetz zur Modernisierung des Schuldrechts nunmehr zu der Erfüllungspflicht als **Hauptleistungspflicht** des **Verkäufers, § 433 Abs. 1 S. 2 BGB**. Es ist nicht Anspruchsvoraussetzung, dass der Verkäufer die Mangelhaftigkeit der Sache zu vertreten hat. Die der Nacherfüllung folgenden Rechte Rücktritt und Minderung sowie die Rechte aus Nr. 3 setzen voraus, dass der Käufer zunächst mit einer **angemessen Fristsetzung** die primäre Nacherfüllung geltend gemacht hat, §§ 437 S. 1 Nr. 2, 323 Abs. 1 BGB und diese fehlgeschlagen ist. Ist die von dem Leasingnehmer gewählte Art der Nacherfüllung nicht möglich, § 275 BGB oder wird sie von dem Lieferanten zu Recht verweigert, § 439 Abs. 3 BGB, muss der Käufer die andere Alternative der Nacherfüllung geltend machen. Sodann folgen die Gestaltungsrechte des Rücktritts und der Minderung, welche anstelle des bisherigen Anspruchs auf Wandelung oder Minderung des Kaufvertrags getreten sind sowie das Recht, Schadensersatz bzw. den Ersatz vergeblicher Aufwendungen geltendzumachen. Eine **fehlgeschlagene Nacherfüllung** beinhaltet damit insgesamt, dass eine Nacherfüllung von vornherein unmöglich ist, fehlschlägt, unzumutbar ist, zu Unrecht verweigert wurde und keine Ersatzlieferung in Betracht kommt.

Aus der Tatsache, dass nach dem Gesetz zur Modernisierung des Schuldrechts 23
die Lieferung einer mangelfreien Sache nunmehr Hauptleistungspflicht des Verkäufers ist, § 433 Abs. 1 S. 2 BGB, ist nicht zu schließen, dass der Leasinggeber

[289] S. zu den Ansprüchen und Rechten bei Fahrzeugmängeln je Ziff. XIII der Privat- und Geschäftsfahrzeug-Leasingbedingungen. (Anhang).

[290] *Jaggy*, Kaufvertragliche Ersatzlieferung und Leasingvertrag, BB Leasing-Berater, Beil. 5/2002, 14 ff., 14, 17; *Reinking/Koyka*, Mobilienleasing, in: *Kroiß (Hrsg.)*, Klauselbuch Schuldrecht, Rdn. 65.

dem Leasingnehmer die Lieferung eines mangelfreien Kfz als kaufvertragliche Hauptleistungspflicht schuldet. Leasinggeber und Leasingnehmer stehen in keiner kaufrechtlichen Vertragsbeziehung zueinander. Zwischen Leasinggeber und Leasingnehmer tritt daher keine Nichterfüllung ein. Hat sich der **Leasinggeber** nach einer **wirksamen Abtretung** von seiner **mietrechtlichen Eigenhaftung befreit, lebt diese nicht wieder** dadurch **auf**, wenn der Händler an den Leasingnehmer ein mangelhaftes Kfz liefert.

24 Tritt ein Mangel auf, lässt dies den Leasingvertrag zunächst unberührt. Dem **Leasingnehmer** steht vor und nach der Schuldrechtsreform nach Abnahme des Kfz und Gegenzeichnung der Übernahmebestätigung aus dem Leasingvertrag als gegenseitigem Vertrag **nicht** die **Einrede** des **nichterfüllten Vertrags** gemäß **§ 320 BGB** und damit **kein sofortiges Zurückbehaltungsrecht** der **Leasingraten** gegenüber dem Leasinggeber bei **Lieferung** eines **mangelhaften Kfz** zu, **§ 320 BGB.**[291] Das **kaufrechtliche Leistungsverweigerungsrecht wirkt** sich **nicht** auf den **Leasingvertrag** aus. Vor Abnahme und Gegenzeichnung der Übernahmebestätigung besteht ohnehin noch kein Anspruch auf die Leasingraten und kann damit bereits begrifflich kein entsprechendes Leistungsverweigerungsrecht des Leasingnehmers gegeben sein. Sowohl der Leasingnehmer als Verbraucher als auch der Leasingnehmer als Unternehmer haben **im Stadium der Nacherfüllung, bis diese fehlgeschlagen ist, kein gesondertes Zurückbehaltungsrecht**. Der **Leasinggeber** hat auch in der Zeit der Ersatzlieferung Anspruch darauf, dass ihm die Leasingraten gezahlt werden und er darf **gezahlte Leasingraten behalten**. Dem Leasingnehmer kann erst mit Durchsetzung der ihm abgetretenen Ansprüche ein Leistungsverweigerungsrecht zustehen. Auch nach der Schuldrechtsreform findet ein sofortiges Zurückbehaltungsrecht des Leasingnehmers bei Lieferung eines mangelhaften Kfz keine Begründung. Die Schuldrechtsreform hat das Vertragsverhältnis zwischen den Leasingvertragsparteien unangetastet gelassen. Auch vor der Schuldrechtsreform war der Leasingnehmer erst zum Einbehalt der Leasingraten berechtigt, wenn er aus abgetretenem Recht Sachmängelansprüche gegen den Lieferanten im Wege der Klage geltend gemacht bzw. durch Wandlung oder Minderung durchgesetzt hatte.

25 Man kann zur Begründung, dass dem Leasingnehmer kein sofortiges Zurückbehaltungsrecht zusteht, zusätzlich noch die Regelung des **§ 359 S. 3 BGB** heranziehen, auf welche die Vorschrift des § 500 BGB verweist. Nach dieser Regelung steht **sogar** dem **Verbraucher** beim **verbundenen Vertrag kein sofortiges Zurückbehaltungsrecht**, sondern erst ein Zurückbehaltungsrecht zu, wenn die kaufrechtliche Nachbesserung fehlgeschlagen ist. Erst recht steht dem Unternehmer beim nicht verbundenen Vertrag kein sofortiges Zurückbehaltungsrecht zu. Der Leasingnehmer als Verbraucher ist bei Einwendungen aus dem verbundenen Vertrag erst zu dem Zeitpunkt berechtigt, die Leasingrate einzubehalten, wenn die Nacherfüllung fehlgeschlagen ist, §§ 359, 440 BGB. Dem Unternehmer und dem

[291] S. zu der Einrede des nicht erfüllten Vertrags, § 320 BGB, im Leasingverhältnis nach der Schuldrechtsreform insbes. *Löbbe*, Der Finanzierungsleasingvertrag nach der Schuldrechtsreform, in: Finanzierungsleasing und Verbrauchergeschäfte, BB Beil. 6 H 35/2003, 7 ff., 11.

Verbraucher außerhalb eines verbundenen Vertrags stehen das Recht zu, die Leasingraten ab Klageerhebung gegen den Lieferanten einzubehalten. Ist die Nacherfüllung noch nicht fehlgeschlagen, was auch während einer Reparatur der Fall ist, zu welcher Zeit das Kfz nicht genutzt werden kann, besteht weiterhin die Verpflichtung, die Leasingraten zu zahlen. Ohnehin ist bis zu einer Entdeckung des Mangels die Zahlung der Leasingraten geschuldet.[292]

Nach der Regelung des **§ 438 Abs. 1 Nr. 3 BGB verjähren** die **Sachmängelansprüche** bei beweglichen Sachen gemäß **§ 437 S. 1 Nr. 1 und 3 BGB** (also Nacherfüllung sowie Schadensersatz- und Aufwendungsersatzanspruch) **in zwei Jahren**. Die **Gestaltungsrechte Rücktritt und Minderung** sind **keine verjährbaren Ansprüche**, § 194 Abs. 1 BGB. Für diese Gestaltungsrechte gilt ein eigenes Verjährungsrecht. Die Regelungen der § 438 BGB Abs. 4 und 5 verweisen auf die Vorschrift des **§ 218 BGB**. Rücktritt und Minderung sind unwirksam, wenn die Sachmängelansprüche verjährt sind. Dem Käufer steht in diesem Fall das Recht zu, die Zahlung des Kaufpreises zu verweigern. Der Verkäufer hat ein Recht zum Rücktritt. Die Regelung des **§ 438 Abs. 1 Nr. 3 BGB** steht unter bestimmten Schranken zur **Disposition** der Vertragsparteien. Es ist zulässig, dass der Leasinggeber sein mit der Sachmängelhaftung verbundenes Risiko durch Verkürzung der Verjährung mindert. In dieser Vorschrift ist bereits eine Verkürzung der Verjährung des Nacherfüllungsanspruchs, §§ 437 S. 1 Nr. 1, 439 Abs. 1 BGB, enthalten, da dieser Erfüllungsanspruch ist und als solcher der dreijährigen Verjährung des § 195 BGB unterliegen würde. Mit der Vorschrift des **§ 202 Abs. 1 BGB** ist die Grenze gesetzt, dass eine **Reduzierung** der **Verjährung** bei **Haftung wegen Vorsatzes** nicht im voraus erleichtert werden kann. Eine auf ein Jahr begrenzte Verkürzung der Verjährung ist nicht ausgeschlossen. Für den **Verbrauchsgüterkauf** bildet die Regelung des **475 Abs. 2 BGB** die Schranke. Die **Verjährung** ist als **Einrede** geltend zu machen und **beginnt** mit **Ablieferung** der Kfz beim Leasingnehmer. Nach der Regelung des **§ 203 BGB** ist die **Ver-** 26

[292] § 11 Rdn. 26. S. hierzu *Reinking/Eggert*, Der Autokauf, Rdn. 826; *Beckmann*, Auswirkungen des Schuldrechtsmodernisierungsgesetzes auf die Leasing-Branche, FLF 2/2002, 46 ff., 49 f.; *Arnold*, Gewährleistung beim Finanzierungsleasing nach der Schuldrechtsreform, DStR 25/2002, 1049 ff., 1052; *Reiner/Kaune*, Die Gestaltung von Finanzierungsleasingverträgen nach der Schuldrechtsreform, WM 47/2002, 2314 ff., 2322 ff.; *Löbbe*, Der Finanzierungsleasingvertrag nach der Schuldrechtsreform, in: Finanzierungsleasing und Verbrauchergeschäfte, BB Beil. 6/2003, 7 ff., 11 f.; *Jaggy*, Kaufvertragliche Ersatzlieferung und Leasingvertrag, BB Leasing-Berater, Beil. 5/2002, 14 ff., 18; *Müller-Sarnowski*, Privat-Autoleasing nach der Schuldrechtsreform, eine Bestandsaufnahme, DAR 11/2002, 485 ff., 490; *Reinking*, Auswirkungen der geänderten Sachmängelhaftung auf den Leasingvertrag, ZGS 6/7/2002, 229 ff., 232; *Reinking/Eggert*, Der Leasingvertrag, Rdn. 826; *Godefroid*, Finanzierungsleasingverträge und Schuldrechtsmodernisierungsgesetz, BB Leasing-Berater, Beil. 5 zu H 27/2002, 2 ff., 5, 9; *Reinking/Koyka*, Mobilienleasing, in: *Kroiß* (*Hrsg.*), Klauselbuch Schuldrecht, Rdn. 67 ff., 71, 89; *Zahn*, Der kaufrechtliche Nacherfüllungsanspruch – ein Trojanisches Pferd im Leasingvertrag?, DB 19/2002, 985 ff., 986 f.; insbes. a.A.: *v. Westphalen*, Die Auswirkungen der Schuldrechtsreform auf die „Abtretungskonstruktion“ beim Leasing, ZIP 2002, 2258 ff. S. zu der Rechtslage vor der Schuldrechtsreform *Wolf/Eckert/Ball*, Handbuch des gewerblichen Miet-, Pacht- und Leasingrechts, Rdn. 1918 ff.; *Tiedtke/Möllmann*, Auswirkungen der Schuldrechtsreform im Leasingrecht, DB 11/2004, 583 ff., 584.

jährung für den Zeitraum von Verhandlungen zwischen Leasingnehmer und Lieferant, z.B. im Rahmen der Nacherfüllung, **gehemmt**.[293]

B. Vorrangiger Anspruch auf Nacherfüllung, §§ 437 S. 1 Nr. 1, 439 Abs. 1 BGB

27 Dem Leasingnehmer steht aufgrund der leasingtypischen Abtretung der Sachmängelrechte des Käufers gegen den Lieferanten der Nacherfüllungsanspruch bei Vorliegen eines behebbaren Mangels, ohne dass weitere Vorausetzungen vorliegen müssen, in Gestalt eines **Wahlrechts** in **zwei Alternativen** zu: Beseitigung des Mangels (**Nachbesserung** in eine mangelfreie Sache, d.h. Reparatur) oder Lieferung einer mangelfreien Sache **(Ersatzlieferung, Nachlieferung, Neulieferung, Umtausch)**. Eine **Nachbesserung** liegt vor, wenn der **Mangel (§§ 434, 435 BGB)** der verkauften und gelieferten Sache durch den Verkäufer unentgeltlich so beseitigt wird, dass die Sache vertragsgemäß mangelfrei ist. Eine **Nachlieferung** stellt die von dem Verkäufer vorgenommene oder veranlasste unentgeltliche Lieferung einer anderen Sache dar, die der verkauften Sache gleich, aber mangelfrei ist.[294] Ist der Leasingvertrag über ein **gebrauchtes Kfz** geschlossen, beschränkt sich die Nacherfüllung auf die Alternative der Beseitigung des Mangels. Die Alternative der Nachlieferung eines anderen Kfz ist bei diesem Spezieskauf nicht möglich. Das **Wahlrecht** zwischen den beiden Alternativen der Nacherfüllung steht dem **Käufer** zu. Liegt ein Stückkauf und nicht ein Gattungskauf vor, kann sich nach dem Vertrag das Wahlrecht des Käufers verengen. Der **Verkäufer** ist **berechtigt**, die von dem Käufer gewählte Alternative der Nacherfüllung im Fall der **Unmöglichkeit, § 275 BGB** oder dem der **Unverhältnismäßigkeit, § 439 Abs. 3 BGB,** zu **verweigern**.[295]

---

[293] § 10 Rdn. 4; *Palandt/Putzo*, BGB, § 438 BGB Rdn. 11, 17; *Beckmann*, Auswirkungen des Schuldrechtsmodernisierungsgesetzes auf die Leasing-Branche, FLF 2/2002, 46 ff., 47; *Wendtland*, Verjährung von Ansprüchen, in: *Haas/Medicus/Rolland/Schäfer/Wendtland*, Das neue Schuldrecht, Rdn. 53 ff., 70; *Haas*, Kaufrecht, in: *Haas/Medicus/Rolland/Schäfer/Wendtland*, Das neue Schuldrecht, Rdn. 304 ff.; *Reinking/Eggert*, Der Autokauf, Rdn. 905 ff.; *Reinking/Koyka*, Mobilienleasing, in: *Kroiß* (*Hrsg.*), Klauselbuch Schuldrecht, Rdn. 83 ff.; *Zahn*, Der kaufrechtliche Nacherfüllungsanspruch – ein Trojanisches Pferd im Leasingvertrag?, DB 19/2002, 985 ff., 988, 992.

[294] S. auch je Ziff. XIII der Privat- und Geschäftsfahrzeug-Leasingbedingungen (Anhang); *Palandt/Putzo*, BGB, § 437 BGB Rdn. 5 ff.; § 439 BGB Rdn. 1; *Bitter/Meidt*, Nacherfüllungsrecht und Nacherfüllungspflicht des Verkäufers im neuen Schuldrecht, ZIP 48/2001, 2114 ff.; *Haas,* Kaufrecht, in: *Haas/Medicus/Rolland/Schäfer/Wendtland*, Das neue Schuldrecht, Rdn. 142 ff., 148; *Reiner/Kaune*, Die Gestaltung von Finanzierungsleasingverträgen nach der Schuldrechtsreform, WM 47/2002, 2314 ff., 2317; *Reinking/Eggert*, Autoleasing, Rdn. 827; *Beckmann*, Auswirkungen des Schuldrechtsmodernisierungsgesetzes auf die Leasing-Branche, FLF 2/2002, 46 ff., 50; *Arnold*, Gewährleistung beim Finanzierungsleasing nach der Schuldrechtsreform, DStR 25/2002, 1049 ff., 1050; *Zahn*, Der kaufrechtliche Nacherfüllungsanspruch – ein Trojanisches Pferd im Leasingvertrag?, DB 19/2002, 985 f., 987.

[295] *Reinking/Eggert*, Autoleasing, Rdn. 827; *Godefroid*, Finanzierungsleasingverträge und

Der Anspruch des Käufers auf Lieferung einer mangelfreien Sache, d.h. auf Nachlieferung, soll die Primärleistungspflicht des Verkäufers im Interesse einer Aufrechterhaltung des Kaufvertrags stärken. **Nachbesserung** und **Nachlieferung** werden im Rahmen des **fortbestehenden Kaufvertrags vollzogen**. Der kaufrechtliche Nacherfüllungsanspruch als Gewährleistungsanspruch ist von der leasingtypischen Abtretungskonstruktion trotz Ausgestaltung der Mangelfreiheit als kaufvertraglicher Hauptpflicht in dem Gesetz zur Modernisierung des Schuldrechts von der leasingtypischen Abtretungskonstruktion mitumfasst. Mit der leasingtypischen Abtretungskonstruktion soll der Ausschluss der mietvertraglichen Gewährleistungsansprüche gegenüber dem Leasinggeber kompensiert werden.[296] Dessen ungeachtet ist der Leasinggeber aufgrund regelmäßig erlasskonformer Vertragsgestaltung zivilrechtlicher und wirtschaftlicher Eigentümer des Kfz. Ihm steht der Herausgabeanspruch aus § 985 BGB zu.[297] Der **Leasinggeber** muss **Eigentümer** des **nachgelieferten neuen Kfz** werden. Der Leasingnehmer verlangt demzufolge Lieferung des mangelfreien Kfz an sich und Übereignung an den Leasinggeber.[298] **28**

Die von dem Leasingnehmer gewählte **Nachlieferung** wird daher in der Praxis mit nachfolgendem näheren Inhalt geregelt. **Erkennt** der **Lieferant** den **Nachlieferungsanspruch** an und hatte der **Leasinggeber Gelegenheit** zur **Stellungnahme**, wird das ursprüngliche Kfz durch ein fabrikneues und baugleiches Kfz mit identischer Ausstattung ersetzt. Der Leasingnehmer ist berechtigt und verpflichtet, das mangelfreie Kfz für den Leasinggeber in Empfang zu nehmen. Das Ersatzfahrzeug, zugleich Objekt des Kaufvertrags, tritt damit durch Austausch an die Stelle des ursprünglichen Fahrzeugs als Gegenstand des zwischen Leasingnehmer und Leasinggeber geschlossenen Leasingvertrags, welches der Leasingnehmer über die restliche Vertragslaufzeit hin nutzt. Über die für die Nutzung und Finanzierung gezahlten Leasingraten werden die Investitionskosten des Leasinggebers weiterhin amortisiert. Durch den **Austausch** des Kfz bleiben die **Zahlungsverpflichtungen** des **Leasingnehmers unberührt**. Dem **Leasingnehmer** steht **kein Zurückbehaltungsrecht gegen** die **Verpflich-** **29**

Schuldrechtsmodernisierungsgesetz, BB Leasing-Berater, Beil. 5 zu H 27/2002, 2 ff., 9; *Beckmann*, Auswirkungen des Schuldrechtsmodernisierungsgesetzes auf die Leasing-Branche, FLF 2/2002, 46 ff., 50.

[296] *Löbbe*, Der Finanzierungsleasingvertrag nach der Schuldrechtsreform, in: Finanzierungsleasing und Verbrauchergeschäfte, BB Beil. 6 H 35/2003, 7 ff., 8.

[297] S. je Ziff. VIII/1 der Privat- und Geschäftsfahrzeug-Leasing-Bedingungen (Anhang). S. auch *Tiedtke/Möllmann*, Auswirkungen der Schuldrechtsreform im Leasingrecht, DB 11/2004, 583 ff., 588.

[298] *Beckmann*, Auswirkungen des Schuldrechtsmodernisierungsgesetzes auf die Leasing-Branche, FLF 2/2002, 46 ff., 50; *Löbbe*, Der Finanzierungsleasingvertrag nach der Schuldrechtsreform, in: Finanzierungsleasing und Verbrauchergeschäfte, BB Beil. 6/2003, 7 ff., 9; *Godefroid*, Finanzierungsleasingverträge und Schuldrechtsmodernisierungsgesetz, BB Leasing-Berater, Beil. 5 zu H 27/2002, 2 ff., 6; *Reinking/Koyka*, Mobilienleasing, in: *Kroiß (Hrsg.)*, Klauselbuch Schuldrecht, Rdn. 98; *Reiner/Kaune*, Die Gestaltung von Finanzierungsleasingverträgen nach der Schuldrechtsreform, WM 2002, 2314 ff., 2317 f.; *Beckmann*, Auswirkungen von Störungen des Liefervertrags auf den Leasingvertrag, in: *Büschgen* (*Hrsg.*), Praxishandbuch Leasing, § 11 Rdn. 41.

tung zur **Zahlung** der **Leasingraten** wegen einem **Sachmangels** zu, da der Haftungsausschluss des Leasinggebers für Sachmängel leasingtypisch ist. Die vor dem Zeitpunkt des Austauschs der Kfz geleisteten Zahlungen werden nicht rückerstattet. Diese sind mit Rechtsgrund geleistet. Die Nichterfüllung des Kaufvertrags, die in der Lieferung eines mangelhaften Kfz liegt, bedeutet nicht eine Nichterfüllung des Leasingvertrags. Das **Kfz** hat durch die Nachlieferung bei **Vertragsende** einen **höheren Restwert** als ursprünglich kalkuliert, von welchem der Leasingnehmer bei den im Kfz-Leasing gängigen Vertragstypen bei Vertragsende wirtschaftlich profitiert. Die **Nachlieferung verlängert nicht** die **Dauer** des **Leasingvertrags**. Es tritt durch die Nachlieferung **keine Störung** der **Geschäftsgrundlage,** § 313 Abs. 1 BGB, ein.[299] Vielmehr liegt ein angemessener Interessenausgleich zwischen Leasinggeber und Leasingnehmer vor, womit eine Vertragsanpassung entbehrlich ist.

30 Für den **Fall**, dass der **Lieferant** den **Nachlieferungsanspruch nicht anerkennt**, ist der Leasingnehmer zur Klageerhebung binnen eines Zeitraums von sechs Wochen nach Ablehnung durch den Lieferanten verpflichtet. Ab dem Ablehnungszeitpunkt ist der Leasingnehmer berechtigt, die Leasingraten zurückzubehalten. Bei nicht fristgerechter Klageerhebung besteht das Zurückbehaltungsrecht ab dem Tag der Klageerhebung. Ist das Klagebegehren erfolglos, entfällt das Zurückbehaltungsrecht rückwirkend und die zurückbehaltenen Raten sind unverzüglich in einem Betrag zu zahlen. Der Leasingnehmer ist verpflichtet, den durch die Zurückbehaltung entstandenen Verzugsschaden zu ersetzen.[300]

31 Nach der Regelung des **§ 439 Abs. 4 BGB** sind im Fall der Alternative, dass der Käufer die Nacherfüllung in Form der **Nachlieferung wählt,** beschränkt auf den Austausch der Leistungen, nämlich der **Rückgewähr** des **mangelhaften Kfz** an den Lieferanten und die **Erfüllung** des Nachlieferungsanpruchs, im näheren die **Regelungen** des **Rücktrittsrechts, §§ 346–348 BGB** entsprechend anzuwenden.[301] Es wird **nicht** der **gesamte Kaufvertrag** in ein **Rückgewährschuldverhältnis** umgewandelt. Die **Rechtsfolgen** von **Nachlieferung** (§ 437 S. 1 Nr. 1 BGB) und **Rücktritt** (§ 437 S. 1 Nr. 2 1. Alt. BGB) sind

---

[299] S. hierzu *Löbbe*, Der Finanzierungsleasingvertrag nach der Schuldrechtsreform, in: Finanzierungsleasing und Verbrauchergeschäfte, Beil. 6 H 35/2003, 7 ff., 9; *Tiedtke/Möllmann*, Auswirkungen der Schuldrechtsreform im Leasingrecht, DB 11/2004, 583 ff., 586.

[300] S. je Ziff. XIII/3 der Privat- und Geschäftsfahrzeug-Leasingbedingungen (Anhang).

[301] *Reinking/Eggert*, Der Autokauf, Rdn. 827; *Jaggy*, Kaufvertragliche Ersatzlieferung und Leasingvertrag, BB Leasing-Berater, Beil. 5/2002, 14 ff., 15, 17; *Godefroid*, Finanzierungsleasingverträge und Schuldrechtsmodernisierungsgesetz, BB Leasing-Berater, Beil. 5 zu H 27/2002, 2 ff., 6; *Löbbe*, Der Finanzierungsleasingvertrag nach der Schuldrechtsreform, in: Finanzierungsleasing und Verbrauchergeschäfte, BB Beil. 6/2003, 7 ff., 9; *Reinking/Koyka*, Mobilienleasing, in: *Kroiß (Hrsg.)*, Klauselbuch Schuldrecht, Rdn. 90; *Arnold*, Gewährleistung beim Finanzierungsleasing nach der Schuldrechtsreform, DStR 25/2002, 1049, 1050; *Reiner/Kaune*, Die Gestaltung von Finanzierungsleasingverträgen nach der Schuldrechtsreform, WM 2002, 2314 ff., 2321; a.A.: *Beckmann*, Auswirkungen des Schuldrechtsmodernisierungsgesetzes auf die Leasing-Branche, FLF 2002, 46 ff., 50; *Zahn*, Der kaufrechtliche Nacherfüllungsanspruch – ein Trojanisches Pferd im Leasingvertrag?, DB 2002, 985 ff., 987; a.A.: *v. Westphalen*, Die Auswirkungen der Schuldrechtsreform auf die „Abtretungskonstruktion" beim Leasing, ZIP 2001, 2258 ff., 2260.

nicht gleich. Auch entsprechen die Rechtsfolgen des Rücktritts nicht denen der Wandlung vor der Schuldrechtsreform, §§ 463, 465, 467 BGB a.F. Die Nacherfüllung setzt einen bestehenden Kaufvertrag voraus und dient der Stärkung der Primärleistungspflicht des Verkäufers und damit der Erfüllung eines fortgeführten Kaufvertrags. In diesem Zuge soll der Kaufvertrag als Geschäftsgrundlage des Leasingvertrags aufrechterhalten und gerade nicht aufgelöst werden.[302]

Der **Nachlieferungsanspruch** bringt für das **Kfz-Leasing** mit der auf das Leasinggut Kfz zugeschnittenen besonderen Vertragsgestaltung die **Problematik** mit sich, dass eine **Nachlieferung** in der **Praxis problematisch** ist. Kfz-Leasingverträge werden oft aus steuerrechtlichen Gründen über eine Vertragslaufzeit von 24 Monaten geschlossen. Der Nacherfüllungsanspruch verjährt in zwei Jahren, § 438 Abs. 1 Nr. 3 BGB. Die **Vertragslaufzeit kann** daher in der Praxis dem **Verjährungszeitraum** entsprechen. Der Leasingnehmer ist berechtigt, die Nachlieferung während der gesamten Verjährungszeit, somit sogar lange nach Vertragsbeginn bis sogar noch kurz vor Vertragsende zu fordern. Auch muss der Zeitraum einer evtl. Auseinandersetzung zwischen Leasingnehmer und Lieferant über die Nacherfüllung ggf. berücksichtigt werden. Eine Nachlieferung bis kurz vor Vertragsende könnte den vertragsimmanten leasingtypischen Anspruch des Leasinggebers auf volle Amortisation einschränken. Im Ergebnis wird die von dem Leasingnehmer gewählte Alternative der Nachlieferung im Kfz-Leasinggeschäft in der Praxis überwiegend an der **Einrede der Unverhältnismäßigkeit der Kosten, §§ 439 Abs. 3, 275 BGB** und damit an der **Unzumutbarkeit** der **Nacherfüllung** ihre Grenze finden und dem Lieferanten das Recht zustehen, stattdessen dem Leasingnehmer die Alternative der Nachbesserung anzubieten. Fälle der Nachlieferung dürften daher im Ergebnis im Kfz-Leasinggeschäft selten sein. Für die Unverhältnismäßigkeit der Kosten ist im einzelnen abzustellen auf den Wert der Sache in mangelfreiem Zustand, die Bedeutung des Mangels und die Frage, ob auf die andere Art der Nacherfüllung ohne erheblichen 32

[302] Vgl. § 462, 465 BGB a.F., s. zu den Rechten des Käufers nach § 437 BGB u.a. *Palandt/Heinrichs*, BGB Ergänzungsband, Einl. Rdn. 9; *Palandt/Putzo*, § 437 BGB Rdn. 4 sowie Rdn. 48 ff. zu anderen Rechten des Käufers aufgrund eines Mangels. S. hierzu insbes. *Palandt/Putzo*, BGB, § 437 BGB Rdn. 4; *Bitter/Meidt*, Nacherfüllungsrecht und Nacherfüllungspflicht des Verkäufers im neuen Schuldrecht, ZIP 48/2001, 2114 ff.; *Jaggy*, Kaufvertragliche Ersatzlieferung und Leasingvertrag, BB Leasing-Berater, Beil. 5/2002, 14 ff., 16; *Löbbe*, Der Finanzierungsleasingvertrag nach der Schuldrechtsreform, in: Finanzierungsleasing und Verbrauchergeschäfte, BB Beil. 6, H 35/2003, 7 ff., 8; *Müller-Sarnowski*, Privat-Autoleasing nach der Schuldrechtsreform, eine Bestandsaufnahme, DAR 11/2002, 485 ff., 487, 489; *Arnold*, Gewährleistung beim Finanzierungsleasing nach der Schuldrechtsreform, DStR 25/2002, 1049 f.; *Beckmann*, Auswirkungen des Schuldrechtsmodernisierungsgesetzes auf die Leasing-Branche, FLF 2/2002, 46 ff., 48 ff.; *Godefroid*, Finanzierungsleasingverträge und Schuldrechtsmodernisierungsgesetz, BB Leasing-Berater, Beil. 5 zu H 27/2002, 2 ff., 4, 8 ff.; *Müller-Sarnowski*, Privat-Autoleasing nach der Schuldrechtsreform, DAR 11/2002, 485 ff., 487; *Reiner/Kaune*, Die Gestaltung von Finanzierungsleasingverträgen nach der Schuldrechtsreform, WM 47/2002, 2314 ff., 2315 f.; *Reinking/Koyka*, Mobilienleasing, in: *Kroiß* (*Hrsg.*), Klauselbuch Schuldrecht, Rdn. 65; *Zahn*, Der kaufrechtliche Nacherfüllungsanspruch – ein Trojanisches Pferd im Leasingvertrag?, DB 19/2002, 985 ff. S. zudem *Tiedtke/Möllmann*, Auswirkungen der Schuldrechtsrefom im Leasingrecht, DB 11/2004, 583 ff., 588.

Nachteil für den Käufer zurückgegriffen werden könnte, **§ 439 Abs. 3 S. 2 BGB**.[303]

33 In einem **Kaufvertrag** zwischen **Unternehmern** können die Sachmängelansprüche grds. **ausgeschlossen** werden, bei einem **Verbrauchsgüterkauf nicht, § 475 Abs. 1 BGB**. Dies führt zu der **Frage**, ob das **Wahlrecht** des **Käufers** zwischen **Nachbesserung** und **Nachlieferung, §§ 437 S. 1 Nr. 1, 439 Abs. 1 BGB, ausgeschlossen** oder auf den **Leasinggeber verlagert werden** werden kann. Es wird zum einen die Meinung vertreten, der Anspruch des Käufers auf Nacherfüllung stehe nicht zu der Disposition der Parteien und habe Leitbildfunktion im Sachmängelrecht. Andernfalls würde ein Verstoß gegen § 307 BGB vorliegen. Zum anderen wird auch die Ansicht vertreten, nach der Regelung des § 309 Nr. 8 b) bb) BGB könne „ein" Recht auf Nacherfüllung beschränkt werden, wenn für den Fall des Fehlschlagens die Gestaltungsrechte Minderung oder Rücktritt eingeräumt sind. Aus dieser Formulierung wie auch der Einrede der Unverhältnismäßigkeit der Kosten, §§ 439 Abs. 3, 275 BGB, könne man schließen, dass der Nacherfüllungsanspruch des Leasingnehmers einschränkbar sei. In der Praxis dürfte davon ausgegangen werden, dass die Leasinggeber zur Vermeidung des Risikos, dass die für die Zulässigkeit einer **wirksamen Abtretung** aufgestellten Voraussetzungen nicht eingehalten sind und damit ihre mietrechtliche Eigenhaftung gegeben ist, **entsprechende vertragliche Regelungen** finden, die die Entscheidungsfreiheit des Leasingnehmers nicht in unzulässiger Weise einschränken.[304]

---

[303] § 2 Rdn. 29; *Haas*, Kaufrecht, in: *Haas/Medicus/Rolland/Schäfer/Wendtland*, Das neue Schuldrecht, Rdn. 157 ff.; *Godefroid*, Finanzierungsleasingverträge und Schuldrechtsmodernisierungsgesetz, BB Leasing-Berater, Beil. 5 zu H 27/2002, 2 ff., 6; *Jaggy*, Kaufvertragliche Ersatzlieferung und Leasingvertrag, BB Leasing-Berater, BB Beil. 5/2002, 14 ff., 15; *Reinking*, Der Nacherfüllungsanspruch auf Lieferung eines mangelfreien Fahrzeugs im Rahmen des Kfz-Leasingvertrags, DAR 11/2002, 496 ff., 498; *Müller-Sarnowski*, Privat-Autoleasing nach der Schuldrechtsreform, eine Bestandsaufnahme, DAR 11/2002, 485 ff., 489; *Reinking/Eggert*, Autoleasing, Rdn. 827; *Reinking/Koyka*, Mobilienleasing, in: *Kroiß* (*Hrsg.*), Klauselbuch Schuldrecht, Rdn. 72; *Reiner/Kaune*, Die Gestaltung von Finanzierungsleasingverträgen nach der Schuldrechtsreform, WM 47/2002, 2314 ff., 2321; *Zahn*, Der kaufrechtliche Nacherfüllungsanspruch – ein Trojanisches Pferd im Leasingvertrag?, DB 19/2002, 985 ff., 988.

[304] Je Ziff. XIII der Privat- und Geschäftsfahrzeug-Leasingbedingungen (Anhang). S. hierzu *Beckmann*, Auswirkungen des Schuldrechtsmodernisierungsgesetzes auf die Leasing-Branche, FLF 2/2002, 46 ff., 51; *Müller-Sarnowski*, Privat-Autoleasing nach der Schuldrechtsreform, eine Bestandsaufnahme, DAR 11/2002, 485 ff., 488; *Jaggy*, Kaufvertragliche Ersatzlieferung und Leasingvertrag, BB Leasing-Berater, Beil. 5/2002, 14 ff., 15 f.; *Reinking*, Der Nacherfüllungsanspruch auf Lieferung eines mangelfreien Ersatzfahrzeugs im Rahmen des Kfz-Leasingvertrages, DAR 11/2002, 496 ff., 496 f., 498; *Reinking/Eggert*, Der Autokauf, Rdn. 778 ff.; *Reinking/Koyka*, Mobilienleasing, in: *Kroiß* (*Hrsg.*), Klauselbuch Schuldrecht, Rdn. 72 ff., 79; *Godefroid*, Finanzierungsleasingverträge und Schuldrechtsmodernisierungsgesetz, BB Leasing-Berater, Beil. 5 zu H 27/2002, 2 ff., 5 f.; *Arnold*, Gewährleistung beim Finanzierungsleasing nach der Schuldrechtsreform, DStR 25/2002, 1049 ff., 1049; *Zahn*, Der kaufrechtliche Nacherfüllungsanspruch – ein Trojanisches Pferd im Leasingvertrag?, DB 19/2002, 985 ff., 988 f.; *ders.*, Auswirkungen der geänderten Sachmängelhaftung auf den Leasingvertrag, ZGS 6/7/2002, 229 ff., 232; *Reiner/Kaune*, Die Gestaltung von Finanzierungsleasingverträgen nach der Schuldrechtsreform, WM 2002, 2314 ff., 2320.

Wählt der Leasingnehmer die Nacherfüllung in der Alternative **Mängelbeseitigung**, ist er berechtigt und verpflichtet, diese bei einem vom **Hersteller anerkannten Betrieb** entsprechend den hierfür geltenden Bedingungen geltend zu machen. Ist die erste Mängelbeseitigung erfolglos, unterstützt der Leasinggeber den Leasingnehmer nach schriftlicher Aufforderung bei der Durchsetzung des Mängelbeseitigungsanspruchs.[305] Wählt der Leasingnehmer die Nacherfüllung in der Alternative der **Nachlieferung,** ist diese in der Weise zu erfüllen, dass im Zuge des Austauschs das mangelfreie Leasinggut dem mangelhaften Leasinggut entspricht. Dies bedeutet, dass beide Leasinggüter zumindest **wert- und baugleich** sein müssen. Im Kfz-Leasing wird der Nachlieferungsanspruch erfüllt, indem das mangelhafte Kfz gegen ein **fabrikneues** und **baugleiches Kfz mit identischer Ausstattung** ausgetauscht wird.[306] 34

Der **Lieferant** ist gemäß **§ 439 Abs. 2 BGB** verpflichtet, die zum Zwecke der **Nacherfüllung** für die Nachbesserung bzw. die Nachlieferung erforderlichen **Aufwendungen**, insbes. **Transport-, Wege-, Arbeits- und Materialkosten**, zu tragen. Diese Kosten können nicht auf den Leasingnehmer abgewälzt werden. Der Leasingnehmer erhält den Ersatz vergeblicher Aufwendungen, die er tätigen muss, weil er das Kfz während der Nachbesserung nicht nutzen kann, nach **§§ 437 S. 1 Nr. 3 2. Alt., 284 BGB. Erfüllungsort** der **Nacherfüllung** in beiden Alternativen der Nacherfüllung, der Nachbesserung und der Nachlieferung, ist der **Sitz** des **Leasinggebers** bzw. die **Niederlassung** des **Händlers**, **§ 269 BGB**. Die Parteien können eine **Vereinbarung** über den **Erfüllungsort** treffen. 35

Auf die Rückerstattungspflicht des Käufers nach **§ 439 Abs. 4 BGB** finden die **Rücktrittsvorschriften** der **§§ 346 bis 348 BGB** Anwendung. Nach **§ 346 Abs. 1 BGB** sind die empfangenen Leistungen zurückzugewähren und die gezogenen Nutzungen herauszugeben. Der **Lieferant** hat als Verkäufer ungeachtet einer wirksamen Abtretung **gegen** den **Leasinggeber** als Käufer einen **Anspruch** auf **Nutzungsentschädigung**, **§§ 439 Abs. 4, 346 Abs. 2 Nr. 1 BGB** für die Nutzung des ursprünglichen Kfz durch den Leasingnehmer in dem Zeitraum zwischen Übergabe bei Vertragsbeginn und Austausch der Kfz im Zuge der Nacherfüllung.[307] Die **Nutzung** des **mangelhaften Kfz** ist mit der **Zahlung** des **Leasingentgelts nicht abgegolten**. Der Leasinggeber erhält für den von ihm bereits gezahlten Kaufpreis ein mangelfreies Kfz, das bei Vertragsende einen höheren Restwert aufweist. Der Leasinggeber kann im Ergebnis die Verpflichtung zur Zahlung der Nutzungsentschädigung auf den **Leasingnehmer**, der das Kfz zwischenzeitlich käuferähnlich wirtschaftlich genutzt hat, im **Innenverhältnis abwälzen**, obgleich der Leasingnehmer für den gleichen Zeitraum bis zum Austausch der Kfz auch die Leasingraten zahlen muss. Andernfalls könnte man den Nachlieferungsanspruch des Leasingnehmers ausschließen durch eine ent- 36

[305] S. je Ziff. XIII/2 der Privat- und Geschäftsfahrzeug-Leasingbedingungen (Anhang).

[306] S. je Ziff. XIII/3 der Privat- und Geschäftsfahrzeugleasing-Bedingungen (Anhang). *Reinking*, Der Nacherfüllungsanspruch auf Lieferung eines mangelfreien Fahrzeugs im Rahmen des Kfz-Leasingvertrages, DAR 11/2002, 496 ff., 498; *Reinking/Koyka*, Mobilienleasing, in: *Kroiß* (*Hrsg.*), Klauselbuch Schuldrecht, Rdn. 97.

[307] S. hierzu u.a. *Löbbe*, Der Finanzierungsleasingvertrag nach der Schuldrechtsreform, in: Finanzierungsleasing und Verbrauchergeschäfte, Beil. 6 H 35/2003, 7 ff., 9.

sprechende Vereinbarung zwischen Leasinggeber und Lieferant, dass hier der Neulieferungsanspruch abbedungen ist. Eine Kollision mit dem Erfordernis der uneingeschränkten Abtretung der Käuferrechte an den Leasingnehmer wäre hierin nicht zu sehen.[308] Der Leasinggeber ist aus dem Kaufvertrag mit dem Lieferanten verpflichtet, sowohl den Kaufpreis als auch die Nutzungsentschädigung zu zahlen. In Höhe der Nutzungsentschädigung würde der Leasinggeber einen Schaden erleiden, da diese bei der Kalkulation nicht berücksichtigt wurde. Die Belastung mit der Nutzungsentschädigung wird dadurch ausgeglichen, dass dem Leasingnehmer bei Vertragsende der höhere Restwert wirtschaftlich zugute kommt. Die Nutzungsentschädigung berechnet sich bei einem Kfz nach der in der Rechtsprechung anerkannten Formel **0,4 % bis 0,67 % des Bruttokaufpreises auf 1.000 gefahrene Kilometer.**[309]

37 Der Leasingnehmer hat die **handelsrechtlichen Untersuchungs- und Rügeobliegenheiten, §§ 377, 381 HGB,** auch bei einer Nacherfüllung zu beachten.[310]

38 Der **Leasingnehmer** ist **aufgrund abgetretenen Rechts** verpflichtet, den **Anspruch** auf **Nacherfüllung** in den Alternativen der Nachbesserung oder Nachlieferung gegen den Lieferanten geltendzumachen und ggf. im Klagewege **durchzusetzen.** Erhebt der Leasingnehmer gegen den Lieferanten Klage auf Durchführung der Nacherfüllung in der Alternative der Nacherfüllung, ist die Klage gegen den Lieferanten auf Leistung an den Leasinggeber zu richten.

39 Ist das **Kfz** in dem Zeitraum der Nacherfüllung und im Besitz des Leasingnehmers **untergegangen** oder **beschädigt**, ist der **Leasingnehmer** dem **Leasinggeber** gegenüber in dem Umfang zum **Wertersatz** verpflichtet, in welchem der Leasinggeber dem Lieferanten Wertersatz schuldet, **§ 439 Abs. 4, 346 Abs. 2 und 3 BGB,** es sei denn, die Verschlechterung des Kfz ist eingetreten, obgleich der Leasingnehmer die in eigenen Angelegenheiten erforderliche Sorgfalt beachtet hat, § 346 Abs. 3 S. 1 Nr. 3 BGB.[311]

---

[308] *Löbbe*, Der Finanzierungsleasingvertrag nach der Schuldrechtsreform, in: Finanzierungsleasing und Verbrauchergeschäfte, BB Beil. 6 H 35/2003, 7 ff., 8.

[309] S. hierzu *Beckmann*, Auswirkungen des Schuldrechtsmodernisierungsgesetzes auf die Leasing-Branche, 46 ff., 50 f.; *Jaggy*, Kaufvertragliche Ersatzlieferung und Leasingvertrag, BB Leasing-Berater, Beil. 5/2002, 14 ff., 17 f., 18; *Reinking*, Der Nacherfüllungsanspruch auf Lieferung eines mangelfreien Fahrzeugs im Rahmen des Kfz-Leasingvertrages, DAR 11/2002, 496 ff., 497; *Müller-Sarnowski*, Privat-Autoleasing nach der Schuldrechtsreform, DAR 11/2002, 485 ff., 489; *Godefroid*, Finanzierungsleasingverträge und Schuldrechtsmodernisierungsgesetz, BB Leasing-Berater, Beil. 5 zu H 27/2002, 2 ff., 6 f.; *Löbbe*, Der Finanzierungsleasingvertrag nach der Schuldrechtsreform, in: Finanzierungsleasing und Verbrauchergeschäfte, BB Beil. 6/2003, 7 ff., 9 f.; *Reinking/Eggert*, Der Autokauf, Rdn. 779, 827; *Reinking/Koyka*, Mobilienleasing, in: *Kroiß* (*Hrsg.*), Klauselbuch Schuldrecht, Rdn. 88 f., 91, 92 f., 94 f., 99; *Haas*, Kaufrecht, in: *Haas/Medicus/Rolland/Schäfer/Wendtland*, Das neue Schuldrecht, Rdn. 154, 168; *Reiner/Kaune*, Die Gestaltung von Finanzierungsleasingverträgen nach der Schuldrechtsreform, WM 2002, 2314 ff., 2321; *Zahn*, Der kaufrechtliche Nacherfüllungsanspruch – ein Trojanisches Pferd im Leasingvertrag?, DB 2002, 985, 987.

[310] § 2 Rdn. 64; *Beckmann*, Auswirkungen des Schuldrechtsmodernisierungsgesetzes auf die Leasing-Branche, FLF 2/2002, 46 ff., 51; *Reinking*, Autoleasing, 96.

[311] *Reinking/Eggert*, Autoleasing, Rdn. 834, 837 ff.; *Reinking/Koyka*, Mobilienleasing, in: *Kroiß* (*Hrsg.*), Klauselbuch Schuldrecht, Rdn. 98.

C. Rücktritt, §§ 437 S. 1 Nr. 2 1. Alt., 440 BGB

Die **Gestaltungsrechte Rücktritt** und **Minderung** sind mit dem Anspruch auf Nacherfüllung als Primäranspruch in der Weise verbunden, dass nach **Fehlschlagen** der **Nacherfüllung** nach Wahl des Käufers wie im Fall der Rücktritts ein **Rückabwicklungsverhältnis** eintritt oder wie im Fall der Minderung eine **Herabsetzung** des **Kaufpreises**.[312] 40

Der Leasingnehmer ist bei einem Sachmangel berechtigt und verpflichtet, nach Scheitern der Nacherfüllung dem Lieferanten gegenüber den Rücktritt von dem Kaufvertrag zu erklären. Der **Rücktritt** ist in dem Gesetz zur Modernisierung des Schuldrechts nunmehr ein **für alle Verträge geltendes Auflösungsrecht** des **allgemeinen Schuldrechts** und nicht lediglich wie die Wandlung (§§ 462, 465, 467 a.F.) vor der Schuldrechtsreform auf das Kaufrecht bezogen. Wie der Rücktritt aufgrund eines Sachmangels war auch das Rücktrittsrecht gemäß § 326 BGB a.F. von der leasingtypischen Abtretung erfasst. Ist eine wirksame Abtretung gegeben, muss der Leasinggeber den Rücktritt des Leasingnehmers nach Fehlschlagen der Nacherfüllung gegen sich gelten lassen. Der Rücktritt ist eine **einseitige Gestaltungserklärung** und muss von dem Leasingnehmer **durchgesetzt** werden.[313] 41

Erteilt der **Lieferant** seine **Zustimmung** oder wird er **rechtskräftig verurteilt**, **entfällt** die **Verpflichtung** des **Leasingnehmers** zur **Zahlung** der **Leasingraten**. Erkennt der Lieferant das Rücktrittsrecht des Leasinggebers nicht an, ist der Leasingnehmer ab der Erklärung des Rücktritts zu der Zurückbehaltung der Leasingraten berechtigt, sofern er spätestens innerhalb von sechs Wochen nach der Rücktrittserklärung Klage erhebt. Wird die Klage nicht fristgerecht erhoben, besteht das Zurückbehaltungsrecht hinsichtlich der Leasingraten ab dem Tag der Klageerhebung. Ist das Klagebegehren erfolglos, entfällt das Zurückbehaltungsrecht rückwirkend. Die zurückbehaltenen Leasingraten sind unverzüglich in einem Betrag zu zahlen. Der Leasingnehmer hat den durch die 42

---

[312] S. auch je Ziff. XIII der Privat- und Geschäftsfahrzeug-Leasing-Bedingungen (Anhang); *Reinking/Eggert*, Der Autokauf, Rdn. 831.

[313] S. hierzu *Palandt/Putzo*, BGB, § 437 BGB Rdn. 20, § 440 BGB Rdn. 1 ff.; *Reinking/Koyka*, Mobilienleasing, in: *Kroiß (Hrsg.)*, Klauselbuch Schuldrecht, Rdn. 100 ff.; *Reinking/Eggert*, Der Autokauf, Rdn. 773, 780 f., 828 f., 832, 836; *Haas*, Kaufrecht, in: *Haas/Medicus/Rolland/Schäfer/Wendtland*, Das neue Schuldrecht, Rdn. 170 ff.; *Arnold*, Gewährleistung beim Finanzierungsleasing nach der Schuldrechtsreform, DStR 25/2002, 1049 ff., 1050; *Reiner/Kaune*, Die Gestaltung von Finanzierungsleasingverträgen nach der Schuldrechtsreform, WM 2002, 2314 ff., 2319; *Müller-Sarnowski*, Privat-Autoleasing nach der Schuldrechtsreform, eine Bestandsaufnahme, DAR 11/2002, 485 ff., 489; *Godefroid*, Finanzierungsleasingverträge und Schuldrechtsreform, BB Leasing-Berater, Beil. 5 zu H 27/2002, 2 ff., 6 f.; *Reinking*, Auswirkungen der geänderten Sachmängelhaftung auf den Leasingvertrag, ZGS 6/7/2002, 229 ff.; a.A. *Beckmann*, Auswirkungen des Schuldrechtsmodernisierungsgesetzes auf die Leasing-Branche, FLF 2/2002, 46, 48; *v. Westphalen*, Die Auswirkungen der Schuldrechtsreform auf die „Abtretungskonstruktion" beim Leasing, ZIP 52/2001, 2258, 2261; *Beckmann*, Auswirkungen von Störungen des Liefervertrags auf den Leasingvertrag, in: *Büschgen* (*Hrsg.*), Praxishandbuch Leasing, § 11 Rdn. 30 ff.; *ders.*, Durchsetzung der Rechte durch den Leasingnehmer, § 10 Rdn. 63.

Zurückbehaltung entstandenen Verzugsschaden zu ersetzen. Ist der Rücktritt berechtigt, **erhält** der **Leasingnehmer** die **gezahlten Leasingraten** und eine etwaige **Sonderzahlung**, jeweils einschl. Umsatzsteuer, **zurück**. Hiervon sind die Aufwendungen für die im Vertrag eingeschlossenen Dienstleistungen sowie ein Nutzungsausgleich für die Gebrauchsüberlassung abzuziehen.[314]

43 Eine Klage des Leasinggebers auf Zahlung der Leasingraten ist wegen **Vorgreiflichkeit** des einen Sachmangel betreffenden Rechtsstreits zwischen Leasingnehmer und Verkäufer bis zur Entscheidung über den Rücktritt des Leasingnehmers im Rechtsstreit gegen den Lieferanten auszusetzen, **§ 148 ZPO.**[315]

44 Der **Rücktritt** vom Kaufvertrag aufgrund abgetretenem Recht bewirkt **nicht automatisch** die **Rückabwicklung** des **Leasingvertrags**, **§ 313 Abs. 3 BGB**. Dies steht im Gegensatz zu der vor der Schuldrechtsreform bestehenden Rechtslage[316]: dem Leasingvertrag wurde aufgrund Vollzugs der Wandlung des Kaufvertrags automatisch die Geschäftsgrundlage entzogen, was zu einem Wegfall der wechselseitigen Verpflichtungen aus dem Leasingvertrag und einer Abwicklung nach Bereicherungsrecht führte. Vor der Schuldrechtsreform beruhte das **Rechtsinstitut** des **Fehlens** bzw. des **Wegfalls** der **Geschäftsgrundlage** auf der Regelung des § 242 BGB. In dem Gesetz zur Modernisierung des Schuldrechts ist dieses Rechtsinstitut ohne wesentliche inhaltliche Änderungen nunmehr in der Vorschrift des **§ 313 BGB normiert**. Nach **§ 313 Abs. 3 BGB** besitzt die benachteiligte Partei eines **Dauerschuldverhältnisses**, welches nicht anpassungsfähig ist, statt des Rücktrittsrechts ein **Kündigungsrecht.** Hiermit wird das **Rücktrittsrecht** des Leasingnehmers aus dem Leasingvertrag als Dauerschuldverhältnis nach § 437 S. 1 Nr. 2 1. Alt. BGB nicht ausgeschlossen.[317]

45 Durch den **Rücktritt** aus abgetretenem Recht verwandelt sich der **Leasingvertrag** in ein **Rückabwicklungsschuldverhältnis**, dessen **Abwicklung** nach

---

314 S. je Ziff. XIII/4 und 5 der Privat- und Geschäftsfahrzeug-Leasingbedingungen (Anhang).

315 *Reinking/Eggert*, Autoleasing, Rdn. 829; *Reinking/Koyka*, Mobilienleasing, in: *Kroiß (Hrsg.)*, Klauselbuch Schuldrecht, Rdn. 108.

316 S. hierzu insbes. *Löbbe*, Der Finanzierungsleasingvertrag nach der Schuldrechtsreform, in: Finanzierungsleasing und Verbrauchergeschäfte, BB Beil. 6 H 35/2003, 7 ff., 12 f.

317 S. hierzu *Palandt/Weidenkaff*, BGB, Einf. v. § 535 BGB Rdn. 58; *Löbbe*, Der Finanzierungsleasingvertrag nach der Schuldrechtsreform, in: Finanzierungsleasing und Verbrauchergeschäfte, BB Beil. 6 H 35/2003, 7 ff., 13; *Beckmann*, Auswirkungen des Schuldrechtsmodernisierungsgesetzes auf die Leasing-Branche, FLF 2/2002, 46 ff., 48; *Godefroid*, Finanzierungsleasingverträge und Schuldrechtsmodernisierungsgesetz, BB Leasing-Berater, Beil. 5 zu H 27/2002, 2 ff., 7; *Müller-Sarnowski*, Privat-Autoleasing nach der Schuldrechtsreform, eine Bestandaufnahme, DAR 11/2002, 485 ff., 489; *Reiner/Kaune*, Die Gestaltung von Finanzierungsleasingverträgen nach der Schuldrechtsreform, WM 47/2002, 2314 ff., 2319, 2321; *Löbbe*, Der Finanzierungsleasingvertrag nach der Schuldrechtsreform, in: Finanzierungsleasing und Verbrauchergeschäfte, BB Beil. 6 H 35/2003, 7 ff., 12 f; *Arnold*, Gewährleistung beim Finanzierungsleasing nach der Schuldrechtsreform, DStR 25/2002, 1049 ff., 1050 f., 1052 ff.; *Reinking*, Auswirkungen der geänderten Sachmängelhaftung auf den Leasingvertrag, ZGS 6/2002, 229 ff., 233; *Reinking/Eggert*, Der Autokauf, Rdn. 780 ff., 828 ff.; *Reinking/Koyka*, Mobilienleasing, in: *Kroiß (Hrsg.)*, Klauselbuch Schuldrecht, Rdn. 100 ff.; a.A. *v. Westphalen*, Die Auswirkungen der Schuldrechtsreform auf die „Abtretungskonstruktion" beim Leasing, ZIP 52/2001, 2258 ff., 2260 f.

Rücktrittsvorschriften, nicht wie vor der Schuldrechtsreform, nach Bereicherungsrecht, vorzunehmen ist. Die **empfangenen Leistungen** sind nach den **§§ 346 ff. BGB zurückzugewähren**. Der **Leasingnehmer** ist **Zug um Zug** gegen **Erstattung** des **Leasingentgelts** verpflichtet, das **Kfz herauszugeben** und die **Nutzungen** zu **vergüten**. Der Leasingnehmer schuldet dem Leasinggeber eine Nutzungsentschädigung wie im Fall der Nacherfüllung, mit dem Unterschied jedoch, dass bei der Nacherfüllung der Kaufvertrag bestehen bleibt.[318] Die **Beweislast** für Umfang und Höhe der **Nutzungsentschädigung** trägt der **Lieferant,** bezogen auf den Kaufvertrag bzw. der **Leasinggeber**, bezogen auf den Leasingvertrag. Der **Leasinggeber** trägt das **Insolvenzrisiko** des **Lieferanten.**[319]

Die Regelungen des **§§ 499, 500 BGB** verweisen für das Finanzierungslea- 46
sing auf die entsprechende Anwendung der Regelungen der **§§ 358, 359 BGB** (§ 9 VerbrKrG a.F.) und damit auf den Widerrufs- und Einwendungsdurchgriff bei verbundenen Verträgen mit Verbrauchern. Vor der Schuldrechtsreform schloss die h.M. vorbehaltlich des Eintrittsmodells die Anwendbarkeit des § 9 VerbrKrG a.F. auf das Finanzierungsleasing aus, da dem Finanzierungsleasing die für einen verbundenen Vertrag typische Verknüpfung fehle und der **Finanzierungsleasingvertrag** daher seinem Wesen nach **kein verbundenes Geschäft** darstelle. Aufgrund der leasingtypischen Dreiecksbeziehung zwischen Leasinggeber, Lieferant und Leasingnehmer ist der Leasingnehmer nicht gleichzeitig Vertragspartei des Kaufvertrags mit dem Lieferanten, sondern vielmehr der Leasinggeber, sowie des Leasingvertrags mit dem Leasinggeber. An dieser Wertung vermag auch die Verweisung der im Zuge der Schuldrechtsreform neu eingefügten Regelung des § 500 BGB auf die Vorschriften der §§ 358, 359 BGB nichts zu ändern. Der Leasingnehmer als Verbraucher ist daher gegenüber dem Leasinggeber nicht zum Einbehalt der Leasingraten bereits bei Auftreten eines Mangels vor Erklärung des Rücktritts berechtigt.[320]

---

[318] *Beckmann*, Auswirkungen des Schuldrechtsmodernisierunsgesetzes auf die Leasing-Branche, FLF 2/2002, 46 ff., 48 f.; *Reinking/Eggert*, Autoleasing, Rdn. 773, 827, 832 ff.; *Reinking/Koyka*, Mobilienleasing, in: *Kroiß (Hrsg.)*, Klauselbuch Schuldrecht, Rdn. 106; *Löbbe*, Der Finanzierungsleasingvertrag nach der Schuldrechtsreform, in: Finanzierungsleasing und Verbrauchergeschäfte, BB Beil. 6/2003, H 35, 7 ff., 12 f.

[319] S. je Ziff. XIII/7 der Privat- und Geschäftsfahrzeug-Leasingbedingungen (Anhang); *Reinking/Koyka*, Mobilienleasing, in: *Kroiß (Hrsg.)*, Klauselbuch Schuldrecht, Rdn. 107; *Reinking/Eggert*, Der Autokauf, Rdn. 835; *Löbbe*, Der Finanzierungsleasingvertrag nach der Schuldrechtsreform, in: Finanzierungsleasing und Verbrauchergeschäfte, Beil. 6/2003, H 35, 7 ff., 13; *Arnold*, Gewährleistung beim Finanzierungsleasing nach der Schuldrechtsreform, DStR 2002, 1049 ff., 1054; *Godefroid*, Finanzierungsleasingverträge und Schuldrechtsmodernisierungsgesetz, BB Leasing-Berater, Beil. 5 zu H 27/2002, 2 ff., 10.

[320] S. hierzu *Reinking/Eggert*, Der Autokauf, Rdn. 800, 829 f., 830; *Palandt*, BGB, Einf. v. § 535 BGB Rdn. 58; *Arnold*, Gewährleistung beim Finanzierungsleasing nach der Schuldrechtsreform, DStR 25/2002, 1049 ff., 1054; *Habersack*, Verbraucherleasing nach der Schuldrechtsreform, in: Finanzierungsleasing und Verbrauchergeschäfte, BB 35/2003 Beil. 6, 2 ff., 4 f.; *Reiner/Kaune*, Die Gestaltung von Finanzierungsleasingverträgen nach der Schuldrechtsreform, WM 47/2002, 2314 ff., 2321 f.; *Wolf/Eckert/Ball*, Handbuch des gewerblichen Miet-, Pacht- und Leasingrechts, Rdn. 2129 ff.; *Reinking*, Autoleasing, 93 f.; *ders.*, Auswirkungen der geänderten Sachmängelhaftung auf den Leasingvertrag, ZGS 6/7/2002, 229 ff., 235; *ders.*, Die

D. Minderung, §§ 437 S. 1 Nr. 2, 2. Alt., 441 Abs. 1 S. 1 BGB

47 Der Käufer kann den Kaufpreis mindern statt vom Kaufvertrag zurückzutreten. Bei der Minderung verbleibt im Gegensatz zum Rücktritt das Kaufgut beim Käufer und es wird der Kaufpreis dem geminderten Wert des Kaufguts angepasst. Minderung ist die **verhältnismäßige Herabsetzung** des **Kaufpreises** um den **Betrag**, der dem durch den **Mangel geminderten Wert** der **gekauften Sache entspricht**, § 441 Abs. 3 BGB.[321] Im Gegensatz zum Rücktritt, der in dem Gesetz zur Modernisierung des Schuldrechts nunmehr ein für alle Verträge geltendes allgemeines Auflösungrecht darstellt, ist die **Minderung** eine **Besonderheit** des **Kaufsvertrags** und des **Mietvertrags.** Die Minderung ist nunmehr ein **Gestaltungsrecht** des **Käufers**.

48 Verlangt der Leasingnehmer aus abgetretenem Recht von dem Lieferanten die Minderung des Kaufpreisanspruchs, ist er berechtigt und verpflichtet, die Minderung für den Leasinggeber gegenüber dem Lieferanten zu erklären und den schuldrechtlichen Anspruch gerichtlich im Wege der Klage durchzusetzen, sofern der Lieferant der Kaufpreisminderung widerspricht. Der Leasingnehmer muss **Zahlung an** den **Leasinggeber** verlangen; er geht nur aus abgetretenem Recht vor. Der Leasingnehmer ist nicht berechtigt, das Leasingentgelt durch einseitige Gestaltungserklärung dem geminderten Kaufpreis anzupassen. Er ist jedoch berechtigt, von dem Leasinggeber die **Anpassung** des **Leasingentgelts** an den geminderten Kaufpreis durch entsprechende Neuberechnung der Leasingraten und ggf. Neufestsetzung des kalkulierten Restwerts zu verlangen, **§ 313 Abs. 1 BGB**. Der Leasinggeber hat den vollen Kaufpreis an den Lieferanten entrichtet. Der Lieferant ist mit der Erklärung der Minderung durch den Leasingnehmer verpflichtet, dem Leasinggeber die Differenz zu dem geminderten Kaufpreis und damit den **Mehrbetrag inkl. Zinsen** zu **erstatten**, **§ 441 Abs. 4 S. 1 BGB**. Einen **anerkannten** und **gezahlten** oder **gerichtlich festgestellten** und **gezahlten Minderungsanspruch** setzt der Leasinggeber ein, um die noch **ausstehenden Leasingraten** und den **Restwert** unter Berücksichtigung bereits gezahlter Leasingentgelte **neu** zu **berechnen.** Die Herabsetzung der ausstehenden Leasingraten erfolgt in dem Verhältnis der Wertunterschiede von mangelhaftem zu mangelfreiem Kfz. Liegt keine wirksame Freizeichnung von der Sachmängelhaftung vor, ist der Leasingnehmer berechtigt, die Minderung unmittelbar gegenüber dem Leasinggeber geltend zu machen.[322]

Auswirkungen der Schuldrechtsreform auf das private Kraftfahrzeugleasing, DAR 4/2002, 145 ff., 147; *Godefroid*, Finanzierungsleasingverträge und Schuldrechtsmodernisierungsgesetz, BB Leasing-Berater, Beil. 5 zu H 27/2002, 2 ff., 8, 9; *Reinking/Koyka*, Mobilienleasing, in: *Kroiß (Hrsg.)*, Klauselbuch Schuldrecht, Rdn. 105; *Rolland*, Widerrufs- und Rückgaberecht bei Verbraucherverträgen, in: *Haas/Medicus/Rolland/Schäfer/Wendtland,* Das neue Schuldrecht, Rdn. 110 ff.

[321] S. auch je Ziff. XIII der Privat- und Geschäftsfahrzeug-Leasingbedingungen (Anhang); *Palandt/Putzo*, BGB, § 437 BGB Rdn. 28, § 441 BGB Rdn. 1 ff.; *Haas*, Kaufrecht, in: *Haas/Medicus/Rolland/Schäfer/Wendtland*, Das neue Schuldrecht, Rdn. 209 ff.

[322] S. je Ziff. XIII/6 der Privat- und Geschäftsfahrzeug-Leasingbedingungen (Anhang); *Reinking/Koyka*, Mobilienleasing, in: *Kroiß (Hrsg.)*, Klauselbuch Schuldrecht, Rdn. 109 ff., 111 f.;

Ist die **Minderung unbegründet**, ist der Leasingnehmer verpflichtet, dem Leasinggeber die einbehaltenen **Leasingraten nebst Zinsen** zu **erstatten** und haftet ggf. auf Schadensersatz. Die **Verzugszinsen** betragen bei einem Leasingvertrag mit einem **Unternehmer** acht Prozentpunkte über dem aktuellen Basiszinzsatz, **§ 288 Abs. 2 BGB** und bei einem Leasingvertrag mit einem **Verbraucher** fünf Prozentpunkte über dem aktuellen Basiszinssatz, **§ 288 Abs. 1 S. 2 BGB.** Der Leasinggeber kann bei vertraglicher Vereinbarung oder konkret nachgewiesenem Schaden höhere Zinsen fordern, § 288 Abs. 3 und 4 BGB. Der Leasinggeber und der Leasingnehmer als Verbraucher können einen geringeren oder höheren Schaden nachweisen, **§§ 500, 497 Abs. 1 S. 3 BGB**. Die Grenze bildet der gesetzliche Zinssatz von 4%, **§§ 497 Abs. 2 S. 2, 289 S. 2 BGB.**[323] 49

E. Schadensersatz, §§ 437 S. 1 Nr. 3 1. Alt., 440 BGB und Ersatz vergeblicher Aufwendungen, §§ 437 S. 1 Nr. 3 2. Alt., 284 BGB

Der Verkäufer ist dem Käufer **statt Rücktritt** oder **Minderung** zum Schadensersatz verpflichtet, wenn er seine Hauptverpflichtung zur Lieferung einer mangelfreien Sache verletzt, § 433 Abs. 1 S. 2 BGB und ihn ein Verschulden trifft, §§ 280, 281 BGB. In der Vorschrift des **§ 440 BGB** sind spezielle Voraussetzungen festgelegt, unter denen eine **Fristsetzung**, **§ 281 Abs. 1 BGB**, vor der Geltendmachung von Schadensersatz nicht erforderlich ist. Auf den Schadensersatzanspruch wegen eines Mangels sind die **Schadensersatzregelungen** des **allgemeinen Leistungsstörungsrechts** anzuwenden, **§§ 437 S. 1 Nr. 3, 1. Alt. BGB, 280 ff. BGB**. Die Neuregelung bedeutet eine erhebliche Änderung und Stärkung der Rechte des Käufers im Vergleich zu der Rechtslage vor der Schuldrechtsreform und dürfte in der Praxis von größerer Bedeutung sein als der anders konzipierte Schadensersatzanspruch vor der Schuldrechtsreform. Die einschlägige Schadensersatzregelung vor der Schuldrechtsreform, § 463 a.F. BGB, war ein Spezifikum des Kaufvertrags. Das Erfordernis des Fehlens zugesicherter Eigenschaften oder des arglistigen Verschweigens eines Mangels ist nicht mehr gegeben. In dem Gesetz zur Modernisierung des Schuldrechts ist zu unterscheiden zwischen **Schadensersatz neben der Leistung** und **Schadensersatz statt der Leistung.**[324] 50

Reinking/Eggert, Der Autokauf, Rdn. 773, 781, 837; *Arnold*, Gewährleistung beim Finanzierungsleasing nach der Schuldrechtsreform, DStR 25/2002, 1049 ff., 1050.

[323] *Reinking/Eggert*, Der Autokauf, Rdn. 838; *Reinking/Koyka*, Mobilienleasing, in: *Kroiß* (*Hrsg.*), Klauselbuch Schuldrecht, Rdn. 110; *Beckmann*, Auswirkungen des Schuldrechtsmodernisierungsgesetzs auf die Leasing-Branche, FLF 2/2002, 46 ff., 52.

[324] *Haas*, Kaufrecht, in: *Haas/Medicus/Rolland/Schäfer/Wendtland*, Das neue Schuldrecht, Rdn. 220; *Palandt/Putzo*, BGB, § 437 BGB Rdn. 32 ff., § 440 BGB Rdn. 1 ff.; *Arnold*, Gewährleistung beim Finanzierungsleasing nach der Schuldrechtsreform, DStR 25/2002, 1049 ff., 1051; *Reiner/Kaune*, Die Gestaltung von Finanzierungsleasingverträgen nach der Schuldrechtsreform, WM 2002, 2314 ff., 2316 f., 2318; *Reinking/Eggert*, Der Autokauf, Rdn. 839; *Löb-*

51 Aufgrund des Schadensersatzes **statt der Leistung erlischt** der **Erfüllungsanspruch**, § 281 Abs. 4 BGB. Der Schadensersatz statt der Leistung entspricht dem Schadensersatz wegen Nichterfüllung vor der Schuldrechtsreform. Der Kaufvertrag ist nach **Rücktrittsrecht, § 281 Abs. 5 BGB,** abzuwickeln.[325]

52 Der Schadensersatzanspruch **neben** der **Leistung**, § 280 BGB, führt **nicht** zu einer **Störung** der **Geschäftsgrundlage** des Leasingvertrags. Die Geltendmachung des Schadensersatzanspruchs neben der Leistung ist für den Leasingnehmer von Interesse, wenn er das Kfz behalten will und wegen der Mangelhaftigkeit des Kfz verauslagte Kosten aufgrund von Leistungen ersetzt haben will, die er im Vertrauen auf die Mangelfreiheit des Kfz getätigt hat.[326] Das Recht des Leasingnehmers, bei einem Sachmangel **Schadensersatz** gemäß **§ 437 S. 1 Nr. 3 BGB** zu verlangen, kann in den Leasingbedingungen in den Grenzen der **§§ 276 Abs. 1 und 3, §§ 307, 309, 444 BGB** ausgeschlossen werden.

53 Der Käufer kann bei einem Mangel des Kfz anstelle des Schadensersatzes statt der Leistung **Ersatz** seiner **vergeblichen Aufwendungen** verlangen. Dieser Anspruch ist ein **eigenständiger Anspruch**, der selbst keinen Schadensersatzanspruch darstellt, sondern nur **anstelle von Schadensersatz** verlangt werden kann.[327]

---

be, Der Finanzierungsleasingvertrag nach der Schuldrechtsreform, in: Finanzierungsleasing und Verbrauchergeschäfte, BB Leasing-Berater, Beil. 6/2003, 7 ff. ,14.

[325] *Arnold*, Gewährleistung beim Finanzierungsleasing nach der Schuldrechtsreform, DStR 25/2002, 1049 ff., 1051; *Reinking/Eggert*, Der Autokauf, Rdn. 781, 839; *Reiner/Kaune*, Die Gestaltung von Finanzierungsleasingverträgen nach der Schuldrechtsreform, WM 47/2002, 2314 ff., 2316 f., 218; *Reinking/Koyka*, Mobilienleasing, in: *Kroiß* (*Hrsg.*), Klauselbuch Schuldrecht, Rdn. 115 ff.; *Godefroid*, Finanzierungsleasingverträge und Schuldrechtsmodernisierungsgesetz, BB Leasing-Berater, Beil. 5 zu H 27/2002, 2 ff., 10; *Löbbe*, Der Finanzierungsleasingvertrag nach der Schuldrechtsreform, in: Finanzierungsleasing und Verbrauchergeschäfte, BB Beil. 6 H 35/2003, 7 ff., 14.

[326] *Reinking/Koyka*, Mobilienleasing, in: *Kroiß (Hrsg.)*, Klauselbuch Schuldrecht, Rdn. 114, 117; *Arnold*, Gewährleistung beim Finanzierungsleasing nach der Schuldrechtsreform, DStR 2002, 1049, 1052; *Reinking/Eggert*, Der Autokauf, Rdn. 839.

[327] *Palandt/Putzo*, BGB, § 437 BGB Rdn. 37, § 284 BGB Rdn. 5; *Haas*, Kaufrecht, in: *Haas/Medicus/Rolland/Schäfer/Wendtland*, Das neue Kaufrecht, Rdn. 252.

§7
Unfall mit dem Leasingfahrzeug

Schrifttum: *Becker/Böhme/Biela*, Kraftverkehrs-Haftpflichtschäden, 22. Aufl., Heidelberg 2002, Kap. D II Rdn. 86 ff.; *Berninghaus*, Fahrzeugleasing, in: *Büschgen (Hrsg.)*, Praxishandbuch Leasing, § 15; *van Bühren*, Anwalts-Handbuch Verkehrsrecht, Köln 2003; *ders.*, Unfallregulierung, 3. Aufl., Bonn 2002; *Engel*, Kraftfahrzeugleasing, in: *Ludovisy (Hrsg.)*, Praxis des Straßenverkehrsrechts, Recklinghausen 2001, 120 ff., *Gitter*, Haftung des Arbeitnehmers bei Beschädigung eines geleasten Dienstwagens, NZV 1990, 415; *Krahe*, Leasingrecht, in: *Ferner (Hrsg.)*, Handbuch Straßenverkehrsrecht, München 2003, 820 ff.; *Kuckuk/Notthoff*, Schadensrecht, in: *Ludovisy (Hrsg.)*, Praxis des Straßenverkehrsrechts, Recklinghausen 2001, 167 ff.; *Hällmayer*, Aufklärungsobliegenheit bei Alleinunfall mit Leasingfahrzeug, NZV 3/1999, 105 ff.; *Heß/Jahnke*, Das neue Schadensrecht. Das Zweite Schadensrechtsänderungsgesetz und die Schadensregulierungspraxis, München 2002; *Hohloch*, Schadensersatzprobleme bei Unfällen mit Leasingfahrzeugen, NZV 1/1992, 1 ff.; *Lemcke*, Haftungsvoraussetzungen, in: *van Bühren* (*Hrsg.*), Anwaltshandbuch Verkehrsrecht, Teil 2, 219 ff., 249 ff.; *Lücke*, Die Kaskoentschädigung beim Kfz-Leasing, NVersZ 1998, 109; *Notthoff*, Versicherungsrecht, in: *Ludovisy* (*Hrsg.*), Praxis des Straßenverkehrsrechts, Recklinghausen 2001, 118 ff.; *Paul*, Der Unfall mit dem Leasingfahrzeug und sein Verlust, Versicherungsfälle und ihre Regulierung, FLF 5/1989, 174 ff.; *Pamer*, Die Mehrwertsteuer beim Fahrzeugschaden, Bonn 2003; *Reinking*, Autoleasing, 48, 176 ff.; *ders.*, 130% Reparaturkosten auch für Leasingfahrzeuge, DAR 11/1997, 425 ff.; *ders.*, Mehrwertsteuerprobleme beim Unfall und Diebstahl des privat genutzten Leasingfahrzeugs, DAR 1998, 333 ff.; *Reinking/Eggert*, Der Autokauf, Rdn. 840 ff.; *Rischar*, Leasingfahrzeuge: Besonderheiten bei der Regulierung von Kaskoschäden, NZV 2/1998, 59 ff.; *Schmitz*, Voller Schadensersatzanspruch der Leasingfirma gegen den Unfallgegner auch bei Mitverschulden des eigenen Fahrers?, NJW 5/1994, 301 ff.; *ders.*, Nochmals: Voller Schadensersatz der Leasingfirma gegen den Unfallgegner trotz mitwirkender Betriebsgefahr des eigenen Kfz?, NJW 42/2002, 3070 ff.; *Schnauder*, Schadensersatz beim Kraftfahrzeug-Leasing – BGHZ 116,22, JuS 1992, 820; *Sieg*, Versicherungsschutz beim Kraftfahrzeugleasing, Anmerkungen zum BGH – Urteil vom 10.3.1993 – XII ZR 252/91, BB 1993, S. 1171, BB 1993, 1746; *Hofmann*, Die Versicherung eines Kfz über einen Strohmann, NZV 1998, 54; *Nägele*, Probleme beim Einsatz von Dienstfahrzeugen, NZA 1997, 1196; *Nägele/Schmidt*, Das Dienstfahrzeug, BB 1993, 1797; *Wolf/Eckert/Ball*, Handbuch des gewerblichen Miet-, Pacht- und Leasingrechts, Rdn. 2085 ff.; *Zahn/Bahmann*, Kfz-Leasingvertrag, Rdn. 317.

Übersicht:

Vorbemerkung

Der Unfall unter Beteiligung eines Leasingfahrzeugs ist eine **häufige Störung** im **Verlauf** eines **Leasingvertrags** mit unterschiedlichen Abwicklungsebenen zwischen den Beteiligten. 1

Weitergehend als bei den sonstigen denkbaren Störungen im Verlauf eines Leasingvertrags sind bei einem Unfall mit dem Leasingfahrzeug nicht nur die **Leasingvertragsparteien** bzw. auf Seiten des **Leasingnehmers** als Verkehrsteilnehmer ein diesem nach § 278 BGB zuzurechnender Dritter involviert, sondern auch der außerhalb des Leasingvertragsverhältnisses stehende Fremdverursacher und Drittschädiger sowie die Versicherungen. Ferner wirkt sich insbes. bei der Schadensabwicklung bei einem Unfall aus, dass die Eigentümerstellung und Halterstellung beim Kfz-Leasing typischerweise auseinander fallen. Der **Leasinggeber** ist regelmäßig rechtlicher und wirtschaftlicher **Eigentümer** des Kfz und Berechtigter aus der Kaskoversicherung. Der **Leasingnehmer** ist Besitzer und **Halter** des Kfz mit der Verantwortlichkeit für den Betrieb des Kfz sowie Versicherungsnehmer.

2 Der unfallbedingte Schaden – **Teilschaden oder Totalschaden –** und der hiermit verbundene Entzug oder Ausfall der Sachnutzung ist ein **Kaskoschaden** bzw. ein **Haftpflichtschaden**. Der Leasingnehmer wird regelmäßig in den Leasingbedingungen in dem erforderlichen hinreichend konkretisiertem Umfang verpflichtet, das Kfz mit einer gesetzlichen **Haftpflichtversicherung mit Mindestdeckungssume** sowie durch eine **Vollkaskoversicherung** zu versichern.[328] Entweder versichert der Leasingnehmer das Kfz selbst oder der Leasinggeber versichert im Auftrag des Leasingnehmers. Mit diesen Alternativen ist auf jeden Fall sichergestellt, dass das Kfz versichert ist. Die Verpflichtung des Leasingnehmers aus dem Leasingvertrag, eine Vollkaskoversicherung abzuschließen, gründet auf dem berechtigten Interesse des Leasinggebers als Eigentümer des Kfz an der Erhaltung des Kfz. Der **Schutz** des **Sacherhaltungsinteresses** des Leasinggebers ist Zweck der Kaskoversicherung. Unterlässt es der Leasingnehmer entgegen seiner vertraglichen Verpflichtung, das Kfz zu versichern, liegt eine Vertragsverletzung vor. Der Leasinggeber ist u.a. nach dem Vertrag berechtigt, für diesen die Versicherung abschließen. Neben dem Abschluss der Versicherung dient dem Schutz des Sicherungsinteresses des Leasinggebers die Abtretung der Rechte aus der Fahrzeugvollversicherung an ihn.[329]

3 Die **leasingtypische Abwälzung** von **Sach- und Preisgefahr** von dem Leasinggeber auf den Leasingnehmer und die **Versicherungspflicht** des Leasingnehmers stehen in einem **engem Zusammenhang**. Die Versicherung gleicht für den Leasingnehmer das Risiko aus, welches sich für ihn bei einem Unfall mit dem Kfz aus der leasingtypischen Gefahrabwälzung auf ihn realisiert

[328] Je Ziff. X der PrivatLeasing-Bestellung und Geschäftsfahrzeug-Leasing-Bestellung (Anhang).

[329] § 8 Rdn. 7; *BGH*, Urt. v. 11.12.1991, VIII ZR 31/91, BB 12/1992, 807 ff.; v. 5.7.1989, IVa ZR 189/88, NJW 47/1989, 3021 f.; *EuGH*, Urt. v. 21.3.2002, Rs. C – 451/99, EWS 6/2002, 284 ff. (Versicherungspflicht beim grenzüberschreitenden Leasing); *OLG München*, Urt. v. 13.1.1995, 23 U 4631/94, NJW-RR 1/1996, 48 f.; *OLG Koblenz*, Urt. v. 8.1.2002, 3 U 406/01, MDR 12/2002, 694 f. (Nachweis der Versicherung); *OLG Köln*, Urt. v. 14.7.1995, 19 U 222/94, OLG-Report 1996, 1; *Römer*, Kraftfahrzeug- Haftpflicht- und Fahrzeug(Kasko)versicherung, in: *van Bühren (Hrsg.)*, AnwaltsHandbuch Verkehrsrecht, Rdn. 244 ff., 311 ff.; *Xanke*, Versicherung, in: *Ferner (Hrsg.)*, Handbuch Straßenverkehrsrecht, 569 ff.; *Nitsch*, Amortisationsprinzip und relativer Ratenrückstand, FLF 1998, 18; *Zahn/Bahmann*, Kfz-Leasingvertrag, Rdn. 323, 420, 421, 427.

und damit seine Belastung aus der Gefahrabwälzung. Die **Versicherungsleistung** dient der **Minimierung** der **Gegenleistungsgefahr**. Es wird gleichzeitig das Interesse des Leasinggebers als Investor geschützt.[330]

Der unfallbedingte Schaden kann **Teilschaden** oder **Totalschaden** sein. Bei einem Teilschaden ist die **Reparatur** des Kfz vorzunehmen. Bei einem Totalschaden kann es zu einer **einvernehmlichen Aufhebung** des Leasingvertrags durch die Leasingvertragsparteien kommen. Ferner kann eine vorzeitige Beendigung des Leasingvertrags durch Ausübung eines auf das Kfz-Leasing beschränkten und für den Fall des Totalschadens, der erheblichen Beschädigung oder des Verlusts des Kfz jeder Leasingvertragspartei eingeräumten **kurzfristigen außerordentlichen Kündigungs- bzw. Lösungsrechts** herbeigeführt werden. Die Einräumung dieses Kündigungsrechts für den Leasingnehmer oder eines dem Leasingnehmer wahlweise eingeräumten Lösungsrechts, das einem kurzfristigen, mit der Verpflichtung zur Leistung einer Ausgleichszahlung verbundenen Kündigungsrecht gleichkommt, ist aufgrund der Besonderheiten des Kfz-Leasings Voraussetzung für die Zulässigkeit der Abwälzung von Sach- und Preisgefahr von dem Leasinggeber auf ihn. Der Anspruch des Leasinggebers gegen den Leasingnehmer auf volle Amortisation bleibt unberührt.[331] 4

Die **Ansprüche** aus dem **Schaden** sind regelmäßig von dem **Leasingnehmer** aufgrund ihm von dem Leasinggeber mit dem Leasingvertrag erteilter **Ermächtigung** unter Abstimmung mit dem Leasinggeber **geltendzumachen**.[332] Es ist im wesentlichen bei der Schadensabwicklung danach zu unterscheiden, ob ein Teilschaden oder ein Totalschaden vorliegt und ob der Unfall von dem Lea- 5

---

[330] § 2 Rdn. 40; *BGH*, Urt. v. 12.2.1985, X ZR 31/84, NJW 27/1985, 1537 ff.; v. 30.9.1987, VIII ZR 226/86, NJW 4/1988, 198 ff.; v. 28.3.1990, VIII ZR 18/80, NJW 29/1990, 1785 ff., 1788; v. 15.10.1986, VIII ZR 319/85, ZIP 23–24/86, 1566 ff.; v. 9.10.1996, VIII ZR 298/95, NZV 2/1997, 72 ff; v. 6.3.1996, VIII ZR 98/95, BB 23/1996, 1190 f.; *OLG Frankfurt*, Urt. v. 30.3.1990, 2 U 249/89, VersR 27/1990, 1005; *OLG Celle*, Urt. v. 12.1.1994, 2 U 28/93, NJW-RR 9/1994, 562; *OLG München*, Urt. v. 13.1.1995, 23 U 4631/94, NJW-RR 1/1996, 48 f.; *OLG Koblenz*, Urt. v. 31.10.1995, 6 U 690/94, DB 49/1995, 2470 f.; *OLG Hamm*, Urt. v. 26.2.1993, 20 U 308/92, NZV 11/1994, 443; *LG Hamburg*, Urt. v. 7.7.1994, 323 S 61/93, VersR 11/1995, 411; *LG Braunschweig*, Urt. v. 31.5.1996, 6 S 404/95, NJW-RR 5/1998, 342 f.; *LG Hannover*, Urt. v. 24.4.1997, 3 S 375/96, NJW 41/1997, 2760 f.; *LG Bad Kreuznach*, Urt. v. 26.11.1996, 1 S 137/96, DAR 3/1997, 113 f.; *Nitsch*, Amortisationsprinzip und relativer Ratenrückstand, FLF 1998, 18; *Reinking*, Autoleasing, 176; *Reinking/Eggert*, Der Autokauf, Rdn. 768; *Berninghaus*, Fahrzeugleasing, in: *Büschgen (Hrsg.)*, Praxishandbuch Leasing, § 15 Rdn. 6, 16, 18 f., 22, 32 f.; *Wolf/Eckert/Ball*, Handbuch des gewerblichen Miet-, Pacht- und Leasingrechts, Rdn. 2080.

[331] *BGH*, Urt. v. 15.7.1998, VIII ZR 348/97, BB 41/1998, 2078 ff.; v. 25.3.1998, VIII ZR 244/97, DB 21/1998, 1076 f.; v. 15.10.1986, VIII ZR 319/85, NJW 7/1987, 377 ff.; v. 22.1.1986, VIII ZR 318/84, ZIP 7/1986, 439 ff.; v. 6.3.1996, VIII ZR 98/95, NJW 29/1996, 1888 f.; v. 9.10.1996, VIII ZR 298/95, NZV 2/1997, 72 f.; v. 11.12.1991, VIII ZR 31/91, NJW 11/1992, 683 ff.; *Wolf/Eckert/Ball*, Handbuch des gewerblichen Miet-, Pacht- und Leasingrechts, Rdn. 2080; *Reinking/Eggert*, Der Autokauf, Rdn. 848, 768; *Tiedtke/Möllmann*, Entwicklung der aktuellen Rechtsprechung des BGH zum Leasingrecht, DB 17/2004, 915 ff., 916.

[332] S. je Ziff. X/4 der Privat- und Geschäftsfahrzeug-Leasingbedingungen (Anhang); *OLG Koblenz*, Urt. v. 31.10.1995, 6 U 690/94, NJW-RR 3/1996, 174 f.

singnehmer oder von einem Dritten verursacht wurde. So haften bei einem Mitverschulden des Leasingnehmers der Vierte und der Leasingnehmer entsprechend ihrer Beteiligung als Gesamtschuldner.[333] Die Versicherung reguliert oder kann sich auch insbes. bei Obliegenheitsverletzungen des Leasingnehmers auf eine Leistungsfreiheit berufen oder Rückforderungsansprüche geltend machen.

A. Obliegenheiten des Leasingnehmers nach einem Unfall

6 Den Leasingnehmer treffen nach einem Unfall mit dem Leasingfahrzeug, mithin nach einem **Schadensfall**, unterschiedliche aus allgemeinen Verhaltenspflichten oder aus dem Leasingvertrag und dem Versicherungsvertrag folgende Obliegenheiten gegenüber dem Dritten, dem Leasinggeber und der Versicherung, insbes. Informations- und Mitwirkungspflichten gegenüber Leasinggeber und Versicherung.[334]

7 Der Leasingnehmer muss die Unfallstelle sichern, ggf. Hilfe leisten, die Polizei benachrichtigen, Beweismittel sichern und seine Personalien bekanntgeben. Ist bei einem Unfall ohne Drittbeteiligung lediglich das Leasingfahrzeug beschädigt und ansonsten kein fremder Sach- und Personenschaden entstanden und entfernt sich der Leasingnehmer, ohne die Polizei hinzuzuziehen, vom Unfallort, macht er sich nicht wegen unerlaubten Entfernens vom Unfallort strafbar und verletzt gegenüber der Versicherung keine Aufklärungsobliegenheit. Dies gilt auch für den Repräsentanten des Leasingnehmers. Der Tatbestand des **§ 142 StGB** dient der Feststellung der durch einen Unfall entstandenen zivilrechtlichen Ansprüche der Unfallbeteiligten und Geschädigten und erfordert daher ein Feststellungsinteresse. Es besteht **kein Feststellungsinteresse** des Leasinggebers. Aufgrund der leasingtypischen Gefahrabwälzung auf den Leasingnehmer ist der Schaden an dem Leasingfahrzeug kein Fremdschaden, weil der Leasingnehmer vertraglich für jeden Schaden einzustehen hat.[335]

---

[333] *Berninghaus*, Fahrzeugleasing, in: *Büschgen (Hrsg.)*, Praxishandbuch Leasing, § 15 Rdn. 17 ff.

[334] S. je Ziff. X/2–6 der Privat- und Geschäftsfahrzeug-Leasingbedingungen (Anhang); *Reinking/Eggert*, Der Autokauf, Rdn. 841; *Reinking*, Autoleasing, 47, 176; *Bethäuser*, Überlegungen zum privaten Pkw-Leasing – insbes. zur Abwicklung von Haftpflicht- und Kaskoschäden, DAR 4/1987, 107ff.

[335] BGHSt 9, 267; *OLG Hamm*, Beschluss v. 5.12.1989, 1 Ss 1051/89, NJW 31/1990, 1925 ff.; v. 6.12.1991, 20 U 228/91, NJW-RR 15/1992, 925 f.; v. 14.5.1997, 20 U 10/97, NJW-RR 1/1998, 29; *OLG Hamm*, Urt. v. 5.12.1989, 1 Ss 1051/89, NJW 31/1990, 1925 ff.; *OLG Hamburg*, Urt. v. 9.3.1990, 14 U 190/89, NZV 1/1991, 33 f.; *OLG Frankfurt*, Urt. v. 30.3.1990, 2 U 249/89, NZV 1/1991, 34; a.A. *OLG Karlsruhe*, Urt. v. 5.12.1991, 12 U 94/91, ZfS 13/1992, 269 f.; *OLG Oldenburg*, Urt. v. 9.5.1990, 2 U 26/90, NZV 1/1991, 35 (Feststellungsinteresse auch bei Alleinbeschädigung des Leasingfahrzeugs); *Hällmayer*, Aufklärungsobliegenheit bei Alleinunfall mit Leasingfahrzeug, NZV 3/1999, 105 ff., 107; *Burmann*, in: *Janiszewski/Jagow/Burmann*, Straßenverkehrsrecht, 18. Aufl., München, 2004, § 142 StGB Rdn. 19; *Grönefeld*, Unerlaubtes Entfernen vom Unfallort, in: *Ludovisy (Hrsg.)*, Praxis des Straßenverkehrsrechts, Rdn. 115, 167; *Reinking/Eggert*, Der Autokauf, Rdn. 841; *Reinking*, Autoleasing, 176.

Aufgrund der leasingtypischen **Abwälzung** der **Sachgefahr** ist der **Leasingnehmer verpflichtet**, bei einem Teilschaden das Kfz zu **reparieren**. Bei einem Totalschaden kommt wegen der Schwere bzw. des Umfangs des Schadens eine Reparatur nicht in Betracht. **Ist das Kfz erheblich beschädigt**, kann der Leasingnehmer das Kfz reparieren lassen oder ihm das u.a. für diesen Fall eingeräumte **kurzfristige Kündigungsrecht** ausüben. Die **Unverhältnismäßigkeit** einer Reparatur ist bei einem Grenzwert von voraussichtlichen **Reparaturkosten** in Höhe von mehr als **60 % des Wiederbeschaffungswerts** des Kfz anzusetzen und nicht erst bei einem Reparaturkostenaufwand von mehr als 80 % des Zeitwerts.[336] 8

Wählt der Leasingnehmer die Reparatur und hat er das Kfz versichert, muss er die Reparatur bei einem **von dem Hersteller anerkannten Betrieb unverzüglich in eigenem Namen** und **auf eigene Rechnung** in Auftrag geben. Ist das Kfz über den Leasinggeber versichert, muss er die Reparatur unter Vorlage des Leasingausweises im Namen und für Rechnung des Leasinggebers durchführen lassen. Im Notfall kann der Leasingnehmer, falls die Hilfe eines von dem Hersteller anerkannten Betriebs nicht oder nur unter unzumutbaren Schwierigkeiten erreichbar ist, die Reparatur auch einem anderen Kfz-Reparaturbetrieb, der die Gewähr für sorgfältige handwerksmäßige Arbeit bietet, in Auftrag geben.[337] Aufgrund der **leasingtypischen Abwälzung** der **Preisgefahr** von dem Leasinggeber auf den Leasingnehmer hat der **Leasingnehmer** hinsichtlich der Leasingraten **kein Zurückbehaltungsrecht** während der Reparatur und des unfallbedingten Nutzungsausfalls.[338] 9

Aus dem Leasingvertrag ist der **Leasingnehmer** verpflichtet, den Leasinggeber im Schadensfall **unverzüglich** zu **unterrichten** und zwar bei voraussichtlichen Reparaturkosten von über EUR 2.500.- fernmündlich vor Erteilung des Reparaturauftrags, so weit ihm dies möglich und zumutbar ist, sowie eine Verwertung des Kfz mit dem Leasinggeber abzustimmen. Dem Leasinggeber ist ferner unverzüglich eine Kopie der an den Versicherer gerichteten Schadenanzeige und der Rechnung über die durchgeführte Reparatur zu übersenden. Ist der **Leasinggeber nicht** von einem Unfallschaden, weder von dem Leasingnehmer noch von der Versicherung, **unterrichtet** worden, trifft ihn, ohne dass besondere Umstände hinzutreten, **keine Untersuchungspflicht** des Kfz auf **Unfallschäden**. Sichert der Leasinggeber bei einem späteren Verkauf des Kfz nach Vertragsende die Unfallfreiheit des Kfz zu, liegt hierin keine Zusicherung „ins Blaue hinein“.[339] 10

[336] *BGH*, DAR 1998, 234, 235; *Reinking/Eggert*, Der Autokauf, Rdn. 769.

[337] S. je Ziff. X/3 der Privat- und Geschäftsfahrzeug-Leasingbedingungen (Anhang); *BGH*, Urt. v. 15.10.1986, VIII ZR 319/85, NJW 7/1987, 377 ff.; v. 15.7.1998, VIII ZR 348/97, NJW 1998, 3270; v. 25.3.1998, VIII ZR 244/97, NJW 31/1998, 2248 ff.; *Wolf/Eckert/Ball*, Handbuch des gewerblichen Miet-, Pacht- und Leasingrechts, Rdn. 2083 a, 2088; *Reinking/Eggert*, Der Autokauf, Rdn. 848; *Zahn/Bahmann*, Kfz-Leasingvertrag, Rdn. 422.

[338] *BGH*, Urt. v. 23.10.1990, VI ZR 310/89, NJW-RR 5/1991, 280 f., 281; v. 5.11.1991, VI ZR 145/91, DB 6/1992, 320 f.; *OLG Düsseldorf*, Urt. v. 4.6.1991, 24 U 13/91, OLG-Report 5/1991, 6 f.,7; *Reinking/Eggert*, Der Autokauf, Rdn. 842, 846.

[339] *OLG Nürnberg*, Urt. v. 14.4.1999, 4 U 4132/98, NJW-RR 17/1999, 1208 ff.; *Reinking/Eggert*, Der Autokauf, Rdn. 841. S. auch *OLG Koblenz*, Urt. v. 5.9.2002, 5 U 44/02,

11 Leistet die Kaskoversicherung **Entschädigungsleistungen** zum Ausgleich des Fahrzeugschadens, muss der zur Reparatur verpflichtete Leasingnehmer diese für die Reparaturrechnung verwenden und andernfalls an den Leasinggeber abführen. Aufgrund der Abwälzung der Sachgefahr ist diese auf die Verpflichtung des Leasingnehmers zur Wiederherstellung des Kfz anzurechnen. Die Entschädigungsleistung kann nicht mit rückständigen oder künftigen Leasingraten verrechnet werden.[340]

B. Mitwirkende Betriebsgefahr und Verschuldenszurechnung

12 Leasingtypisch fallen die Eigentümerstellung des Leasinggebers und die Halterstellung des Leasingnehmers auseinander. Der **Leasinggeber** ist regelmäßig rechtlicher und wirtschaftlicher **Eigentümer** des Leasingfahrzeugs und der **Leasingnehmer** regelmäßig **Halter** des Leasingfahrzeugs.[341] Halter eines Kfz ist, wer dieses nicht nur vorübergehend für **eigene Rechnung in Gebrauch** hat und die **tatsächliche Verfügungsgewalt** besitzt, d.h. die tatsächliche Möglichkeit, den Einsatz des Kfz zu bestimmen, die ein solcher Gebrauch voraussetzt. Dies trifft auf den Leasingnehmer zu. Dieser Halterbegriff gilt einheitlich für das gesamte Straßenverkehrsrecht. Die Haltereigenschaft endet entsprechend, wenn die Verfügungsgewalt auf eine nicht nur vorübergehende Zeit entzogen wird. Dem Leasingnehmer ist regelmäßig das Kfz von dem Leasinggeber auf längere Zeit zur Nutzung überlassen. Der Leasingnehmer trägt grds. die Betriebskosten, auch wenn der Leasinggeber aufgrund besonderer vertraglicher Vereinbarung besondere Dienstleistungen übernimmt, wie z.B. Steuer und Versicherung, Wartungs- oder Reparaturkosten. Mehrere Leasingnehmer können Halter sein, wenn diese den Leasingvertrag gemeinsam geschlossen haben. Der **Leasinggeber** ist regelmäßig **nicht Mithalter**. Er hat während der vertraglichen Nutzungsüberlassung an den Leasingnehmer keinen Einfluss auf den Einsatz des Kfz. Etwas anderes kann gelten, wenn der Leasinggeber sich die Weisungsbefugnisse bzgl. des Einsatzes des Kfz während der Vertragszeit vorbehält.[342] Da der **Lea-**

DAR 11/2002, 510ff., s. ferner zur Zusicherung des Verkäufers gegenüber dem Leasingnehmer *OLG Düsseldorf*, Urt. v. 18.6.1999, 22 U 256/98, NZV 12/1999, 514f.

[340] S. je Ziff. X/4 der Privat- und Geschäftsfahrzeug-Leasingbedingungen (Anhang); *BGH*, Urt. v. 12.2.1985, X ZR 31/84, NJW 27/1985, 1537ff.; *Wolf/Eckert/Ball*, Handbuch des gewerblichen Miet-, Pacht- und Leasingrechts, Rdn. 2089; *Reinking/Eggert*, Der Autokauf, Rdn. 845; *Reinking*, Autoleasing, 182.

[341] S. auch je Ziff. VIII/1 u. 4 der Privat- und Geschäftsfahrzeug-Leasing-Bedingungen (Anhang).

[342] S. Ziff. IX und Ziff. VIII/1 und 4 der Leasingbedingungen (Anhang); *BGH*, Urt. v. 26.11.1996, VI ZR 97, 96, NJW 1997, 660; v. 22.3.1983, VI ZR 108/81, NJW 27/1983, 1492f.; v. 26.11.1985, VI ZR 149/84, NJW 16/1986, 1044; *OLG Hamm*, Urt. v. 14.11.1994, 6 U 101/94, NJW 34/1995, 2233f.; *AG Stuttgart*, Urt. v. 15.6.1987, 40 C 968/87, VersR 16/1988, 410f.; a.A.: *LG Halle*, Urt. v. 16.7.2002, 4 O 466/01, NZV 1/2003, 34ff., 36.; *BVerwG*, Urt. v. 20.2.1987, 7 C 14/84, NJW 47/1987, 3020ff.; *Jagow*, in: *Janiszewski/*

singgeber nur Eigentümer des dem Leasingnehmer zum Gebrauch überlassenen Kfz ist, das Kfz jedoch weder selbst nutzt noch Einfluss auf die konkrete Nutzung des Kfz hat, ist er auch nicht als **Gebührenschuldner** von **Mautgebühren** anzusehen

Verletzte als **Anspruchsinhaber** bei einem Unfall sind der **Leasinggeber** als Eigentümer hinsichtlich des Substanzschadens und der **Leasingnehmer** aufgrund der Beeinträchtigung seines Besitzrechts an dem Leasingfahrzeug. Schädiger als Anspruchsverpflichtete können der gegnerische Kfz-Halter, der gegnerische Kfz-Fahrer und die gegnerische Versicherung sein. Gegen den gegnerischen Halter kann aus **Gefährdungshaftung, §7 Abs. 1 StVG** und aus **Verschuldenshaftung, §§823 ff. BGB** vorgegangen werden sowie gegen den Fahrer des gegnerischen Kfz aus Gefährdungshaftung, §18 Abs. 1 StVG und aus Verschuldenshaftung.[343] **13**

Die Vorschrift des §17 Abs. 1 StVG regelt den Schadensausgleich zwischen den beteiligten Kfz-Haltern. Die Ausgleichspflicht des §17 Abs. 1 S. 2 StVG erfasst den Halter, nicht den Eigentümer des Kfz. Die Regelungen der **§§9, 17 Abs. 1 S. 2 StVG, §254 BGB** finden im **Verhältnis** zwischen **Leasinggeber**, der Eigentümer, aber nicht Halter des Leasingfahrzeugs ist und dem **Unfallgegner** im Rahmen der Verschuldenshaftung **keine**, auch keine analoge, **Anwendung**. Dem Leasinggeber wird nicht der Haftungsanteil der von seinem Leasingfahrzeug ausgehenden Betriebsgefahr und nicht ein Mitverschulden des Leasingnehmers als Halter anspruchsmindernd angerechnet. Der Leasinggeber kann seine Ansprüche in vollem Umfang gegenüber dem Unfallgegner und dessen Haftpflichtversicherung geltend machen. Mit dem am 1.8.2002 in Kraft getretenen zweiten Gesetz zur Änderung schadensersatzrechtlicher Vorschriften (SchadRÄndG) wurde die Gefährdungshaftung nach dem StVG für Kfz verschärft. Die Haftung ist nur noch im Fall höherer Gewalt ausgeschlossen, nicht bereits bei einem unabwendbaren Ereignis, §7 Abs. 2 StVG. Bei dem Zusammenstoß zweier Fahrzeuge schließt bereits ein unabwendbares Ereignis die Haftung aus, §17 Abs. 2, Abs. 3 StVG. Nach §17 Abs. 3 S. 3 StVG ist der Unabwendbarkeitsbeweis gegenüber dem nichthaltenden Eigentümer möglich.[344] **14**

Jagow/Burmann, Straßenverkehrsrecht, §23 StVO Rdn. 29; *Becker/Böhme/Biela*, Kraftverkehrs-Haftpflicht-Schäden, A I Rdn. A 33 ff.; a.A.: *Schmitz*, Nochmals: Voller Schadensersatz der Leasingfirma gegen den Unfallgegner trotz mitwirkender Betriebsgefahr des eigenen Kfz?, NJW 12/2002, 3070 ff.; *v. Gerlach*, DAR 1997, 217, 230; *Hentschel*, Straßenverkehrsrecht, §7 StVG Rdn. 21, 16, 16a, 14; *Reinking/Eggert*, Der Autokauf, Rdn 788; *Wolf/Eckert/Ball*, Handbuch des gewerblichen Miet-, Pacht- und Leasingrechts, Rdn. 2097; *Berninghaus*, Fahrzeugleasing, in: *Büschgen (Hrsg.)*, Praxishandbuch Leasing, §15 Rdn. 1; *Engel*, Fahrzeugleasing, in: *Ludovisy (Hrsg.)*, Praxis des Straßenverkehrsrechts, Rdn. 119.

343 *Becker/Böhme/Biela*, Kraftverkehrs-Haftpflicht-Schäden, D II, Rdn. D 88; *Lemcke*, Haftungsvoraussetzungen, in: *van Bühren (Hrsg.)*, Anwaltshandbuch Verkehrsrecht, Haftungsgrundlagen, Rd. 60 ff., 114 ff., 219 ff., 249 ff.; *Heß/Jahnke*, Das neue Schadensersatzrecht, 8.

344 BGBl I, 2674; *BGH*, Urt. 22.3.1983, VI ZR 108/81, NJW 27/1983, 1492 ff.; v. 26.11.1985, VI ZR 149/84, NJW 16/1986, 1044; *OLG Hamm*, Urt. v. 14.11.1994, 6 U 101/94, NJW 34/1995, 2233 f.; a.A. *LG Halle*, Urt. v. 16.7.2002, 4 O 466/01, NZV 1/2003, 34 ff., 36; *LG Berlin*, Urt. v. 12.10.2000, ZfS 9/2001, 397 f.; a.A. *LG Nürnberg – Fürth*, Urt. v. 30.5.2001, 8 S 1802/01, DAR 11/2002, 517 f.; a.A.: *Schmitz*, Nochmals: Voller Schadensersatz

15 Der **Leasinggeber** als Eigentümer des Kfz muss sich jedoch das **Verschulden** des **Leasingnehmers**, der die tatsächliche Gewalt über das Leasingfahrzeug ausübt, nach der Regelung des **§ 9 StVG** wie eigenes Mitverschulden unter einer Haftungsabwägung nach § 254 BGB **zurechnen lassen**, wenn er seine Ansprüche aus der **Gefährdungshaftung** herleitet. Dem Verschulden des Leasingnehmers steht das Verschulden des die tatsächliche Sachherrschaft ausübenden Fahrers des Kfz als sog. Hilfsperson des Leasingnehmers gleich. Das dolose Verhalten des Fahrers muss sich der Leasinggeber als nichthaltender Eigentümer nicht anrechnen lassen, jedoch erfolgt eine Zurechnung nach §§ 9 StVG, 254 BGB.[345]

C. Materielle Anspruchsberechtigung

16 Wurde der **Unfall** von einem Dritten **schuldhaft verursacht**, haben Leasinggeber und Leasingnehmer gegen den Schädiger und dessen gesetzliche Haftpflichtversicherung weitgehend deckungsgleiche Schadensersatzansprüche. Es sind Ansprüche aus Deliktshaftung und aus Gefährdungshaftung gegeben. Leasinggeber und Leasingnehmer sind nebeneinander in **Anspruchskonkurrenz** materiell anspruchsberechtigt. Die Ansprüche des **Leasinggebers** folgen aus der **Verletzung** seines **Eigentumsrechts**, §§ 823 Abs. 1, 2 ff. BGB, § 7 StVG und die des **Leasingnehmers** aus der **Verletzung** seines unmittelbaren **Besitzrechts** als Halter des Kfz, §§ 823 Abs. 2, 854 BGB, § 7 StVG.[346]

17 Der Leasingnehmer überträgt regelmäßig zulässigerweise in den Leasingbedingungen zur weiteren Sicherung des Leasinggebers seine künftigen fahr-

---

der Leasingfirma gegen den Unfallgegner trotz mitwirkender Betriebsgefahr des eigenen Kfz?, NJW 42/2002, 3070 ff.; a.A. *OLG Celle*, Urt. v. 27.9.2001, 14 U 296/00 (nimmt nicht zutreffend Bezug auf *BGH*, Urt. v. 18.11.1999, III ZR 63/98, NJW-RR 8/2000, 549 f., welche letztere Entscheidung speziell zur Gefährdungshaftung im Luftverkehr aufgrund der Besonderheiten des Schadensfalls ergangen ist). S. ferner *Bethäuser*, Die aktuelle Rechtsprechung zum Pkw-Leasing, DAR 11/2002, 481 ff., 484; *Lemcke*, DAR 1997, 41, 43; *Hentschel*, Straßenverkehrsrecht, § 9 StVG Rdn. 17, § 17 StVG Rdn. 3; *Heß/Jahnke*, Das neue Schadensrecht, 13, 24; *Becker/Böhme/Biela*, Kraftverkehrs-Haftpflicht-Schäden, D II Rdn. D 88; *Lemcke*, Haftungsgrundlagen, in: *van Bühren* (Hrsg.), Anwalts-Handbuch Verkehrsrecht, Rdn. 198, 206; *Reinking/Eggert*, Der Autokauf, Rdn. 840 m.w.N.; *Reinking*, Autoleasing, 177; *Berninghaus*, Fahrzeugleasing, in: *Büschgen* (*Hrsg.*), Praxishandbuch Leasing, § 15 Rdn. 16; *Zahn/Bahmann*, Kfz-Leasingvertrag, Rdn. 317 f.

[345] *BGH*, Urt. v. 22.3.1983, VI ZR 108/81, NJW 27/1983, 1492; v. 26.11.1985, VI ZR 149/84, NJW 16/1986, 1044; v. 18.11.1980, VI ZR 215/78, NJW 1981, 750; *OLG Hamm*, Urt. v. 14.11.1994, 6 U 101/94, NJW 34/1995, 2233 f.; *LG Hamburg*, Urt. v. 21.2.1985, 6 S 251/84, VersR 1986, 583; *Berninghaus*, Fahrzeugleasing, in: *Büschgen* (*Hrsg.*), Praxishandbuch Leasing, § 15 Rdn. 34 f., 35; *Hohloch*, Schadensersatzprobleme bei Unfällen mit Leasingfahrzeugen, NZV 1/1992, 1 ff., 5; *Reinking*, Autoleasing, 177; *Reinking/Eggert*, Der Autokauf, Rdn. 840.

[346] *BGH*, Urt. v. 12.2.1985, X ZR 31/84, NJW 27/1985, 1537 ff.; *KG*, Urt. v. 12.9.2002, 12 U 9199/00, NZV 2/2003, 84 ff.; *Berninghaus*, Fahrzeugleasing, in: *Büschgen (Hrsg.)*, Praxishandbuch Leasing, § 15 Rdn. 21; *Hohloch*, Schadensersatzprobleme bei Unfällen mit Leasingfahrzeugen, NZV 1992, 1 ff.

zeugspezifischen Ersatzansprüche gegen Drittschädiger und deren Versicherung unwiderruflich im Wege der **Vorausabtretung** auf den Leasinggeber. Eine vertragliche Regelung Zug um Zug ist erforderlich, wenn nicht bereits ein gesetzlicher Forderungsübergang gemäß § 426 Abs. 2 BGB stattfindet.[347]

Die **Kaskoversicherung** ist in erster Linie eine Sachversicherung und im 18
Hinblick auf die Erhaltung des Kfz und damit auf das Eigentümerinteresse und **Sacherhaltungsinteresse** des Leasinggebers an dem Kfz eine **Versicherung für fremde Rechnung** zu Gunsten des Leasinggebers. Umfasst ist auch das Sacherhaltungsinteresse des Leasingnehmers. Die **Ansprüche gegen** die **Kaskoversicherung** stehen dem **Leasinggeber** zu. Er ist Versicherter und besitzt die materielle Rechtszuständigkeit. Mit dem ihm erteilten **Sicherungsschein** kann er selbst die Ansprüche aus der Fahrzeugversicherung geltendmachen, § 75 Abs. 2 VVG. Der Leasingnehmer als Versicherungsnehmer kann hierdurch nicht Entschädigungsleistungen des Versicherers zu anderen Zwecken als zur Wiederherstellung des Kfz verwenden. Bei Erteilung des Sicherungsscheins muss der Versicherer den Leasinggeber auf diesem nicht bekannte Umstände hinweisen, die für die Werthaltigkeit des Versicherungsanspruchs von wesentlicher Bedeutung sind. Der Leasingnehmer schließt regelmäßig die Versicherung ab. Er ist Versicherungsnehmer und kann über die Rechte, die dem Leasinggeber als Inhaber des Sicherungsscheins gemäß § 75 Abs. 1 VVG zustehen, formell verfügen. Da die Kaskoversicherung eine Versicherung für fremde Rechnung ist, richten sich die Ansprüche des Leasinggebers dem Grunde und der Höhe nach aus dem von dem Leasingnehmer geschlossenen Versicherungsvertrag. Die Forderung des Leasinggebers gegen den Leasingnehmer aus dem Leasingvertrag ist nicht ohne weiteres mitumfasst. Der Leasinggeber muss dem Leasingnehmer eine erhaltene Versicherungsleistung aufgrund der **Zweckbindung** der **Versicherungsleistung** zur Verfügung stellen. Der Leasinggeber kann gegenüber dieser Forderung nicht mit einer ihm zustehenden Forderung auf rückständige Leasingraten aufrechnen oder sich auf ein allgemein vereinbartes Abtretungsverbot berufen.[348]

[347] *BGH*, Urt. v. 12.2.1985, X ZR 31/84, NJW 27/1985, 1537 ff.; v. 11.12.1991, VIII ZR 31/91, NJW 11/1992, 683 ff.; v. 8.3.1995, VIII ZR 313/93, BB 18/1995, 894 f.; *OLG Köln*, Urt. v. 14.7.1995, OLGR 1996, 1 (Rückübertragung); *Berninghaus*, Fahrzeugleasing, in: *Büschgen* (Hrsg.), Praxishandbuch Leasing, § 15 Rdn. 21; *Reinking*, Autoleasing, 49; *Reinking/Eggert*, Der Autokauf, Rdn. 842, 786; *Hohloch*, Schadensersatzprobleme bei Unfällen mit Leasingfahrzeugen, NZV 1992, 1 ff., 9; *Wolf/Eckert/Ball*, Handbuch des gewerblichen Miet-, Pacht- und Leasingrechts, Rdn. 2094.

[348] *BGH*, Urt. v. 6.12.2000, IV ZR 28/00, NJW-RR 5/2001, 314 ff.; v. 12.2.1985, X ZR 31/84, NJW 27/1985, 1537 ff.; v. 11.12.1991, VIII ZR 31/91, NJW 11/1992, 683 ff.; v. 5.7.1989, IVa ZR 189/88, NJW 47/1989, 3021 ff.; *OLG Düsseldorf*, Urt. v. 14.1.2003, 24 U 13/02, DB 22/2003, 1219 ff.; *OLG Hamm*, Urt. v. 28.9.2001, 20 U 48/01, NZV 9/2002, 405; v. 5.12.1997, VersR 1999, 45; *OLG Frankfurt*, Beschl. v. 7.8.2001, 7 U 30/01, NZV 1/2002, 44 f.; *OLG Frankfurt/M.*, Urt. v. 19.1.2000, 7 U 1/99, VersR 29/2000, 1232 f.; *OLG Saarbrücken*, Urt. v. 22.3.2000, 5 U 818/99–53, VersR 8/2001, 323 ff.; *OLG Karlsruhe*, Urt. v. 5.5.1994, 12 U 310/93, VersR 27/1995, 1087 f.; *LG Hamburg*, Urt. v. 12.2.1987, 3 a S 4/87, DAR 9/1987, 292 (Sammelversicherung); *Römer*, Die Rechtsprechung des BGH zum Kraftfahrtversicherungsrecht, DAR 6/2001, 258 ff., 261; *Berninghaus*, Fahrzeugleasing, in: *Büschgen (Hrsg.)*, Praxishandbuch Leasing, § 15 Rdn. 22 ff., 24.; *Reinking*, Autoleasing, 48 f., 182,

19 Der Leasinggeber **ermächtigt** und verpflichtet regelmäßig den **Leasingnehmer** in den Leasingbedingungen **unter Widerrufsvorbehalt,** alle fahrzeugbezogenen eigenen Ansprüche und die des Leasinggebers aus dem Schadensfall im eigenem Namen und auf eigene Rechnung gegenüber dem Schädiger und/oder dem Kaskoversicherer auch über das Vertragsende hinaus geltendzumachen. Die Ermächtigung umfasst die gerichtliche Geltendmachung in **gewillkürter Prozesstandschaft** auf Zahlung an den Leasinggeber. Die Ermächtigung wird hinfällig, wenn der Leasinggeber das kurzfristige Kündigungsrecht im Fall des Totalschadens oder des Diebstahls ausübt.[349]

20 Im **Innenverhältnis** zwischen **Leasingnehmer** und **Leasinggeber** ist der **Leasingnehmer** dem Leasinggeber aus dem Leasingvertrag aufgrund der **leasingtypischen Abwälzung** der **Sachgefahr** von dem Leasinggeber auf ihn für einen Fahrzeugschaden **verantwortlich**. Zudem haftet er im Verschuldensfall dem Leasinggeber nach Deliktsrecht. Die Haftung des Leasingnehmers nach § 7 StVG deckt nur Schäden, die an anderen Sachen oder bei anderen Personen entstehen und kommt dem Leasinggeber nicht zugute. Kaskoversicherer und Leasingnehmer haften dem Leasinggeber als **Gesamtschuldner**. Ist ein Mitverschulden von Leasingnehmer und Drittem gegeben, haften diese dem Leasinggeber gesamtschuldnerisch. Den Innenausgleich zwischen Schädiger und Leasingnehmer regelt § 426 Abs. 1 BGB.[350] Die **Ersatzansprüche** des durch die Versicherung für fremde Rechnung versicherten Leasinggebers gegen den berechtigten Fahrer des Leasingfahrzeugs unterliegen dem **Forderungsübergang, § 67 VVG**.[351] Wird das Kfz durch einen **Arbeitnehmer** des Leasingnehmers beschädigt, kann dessen Haftung gegenüber dem Leasinggeber nicht nach den Grundsätzen zur **gefahrgeneigten Arbeit** beschränkt werden.[352]

---

201 f.; *Zahn/Bahmann*, Kfz-Leasingvertrag, Rdn. 421; *Hohloch*, Schadensersatzprobleme bei Unfällen mit Leasingfahrzeugen, NZV 1992, 1 ff., 6; *Reinking/Eggert*, Der Autokauf, Rdn. 842; *Engel*, Kraftfahrzeug-Leasing, in: *Ludovisy (Hrsg.)*, Praxis des Straßenverkehrsrechts, Recklinghausen 2001, Rdn. 120; *Wolf/Eckert/Ball*, Handbuch des gewerblichen Miet-, Pacht- und Leasingrechts, Rdn. 2085.

[349] S. je Ziff. X/4 der Privat- und Geschäftsfahrzeug-Leasingbedingungen (Anhang); *BGH*, Urt. 30.9.1987, VIII ZR 226/86, NJW 1988, 198; v. 21.12.1989, VII ZR 49/89, NJW 1990, 1117; *BGH*, NJW 1985, 1537; *OLG Hamm*, Urt. v. 5.12.1997, 20 U 230/96, OLGR 1999, 45; *OLG Hamm*, Urt. v. 24.6.1998, 20 U 32/98, NJW-RR 1998, 1720; *OLG Hamm*, VersR 1998, 311; *OLG Köln*, Urt. v. 7.7.1992, 22 U 32/92, BB 30/1992, 2105 f.; *OLG Köln*, Urt. v. 29.6.1993, 9 U 237/92, NJW-RR 1994, 27; *OLG Köln*, Urt. v. 14.6.1984, 5 U 2/84, VersR 1986, 229; *OLG Saarbrücken*, Urt. v. 20.4.1988, 5 U 99/87, VersR 1989, 38; *KG*, Urt. v. 12.9.2002, 12 U 9199/00, NZV 2/2003, 84; *Reinking/Eggert*, Der Autokauf, Rdn. 844, 1230; *Zahn/Bahmann*, Kfz-Leasingvertrag, Rdn. 326.

[350] *Hohloch*, Schadensersatzprobleme bei Unfällen mit Leasingfahrzeugen, NZV 1/1992, 1 ff., 5; *Reinking/Eggert*, Der Autokauf, Rdn. 842 (Quotenbevorrechtigung).

[351] *OLG Köln*, Urt. v. 3.6.1996, VersR 1997, 57; *Reinking/Eggert*, Der Autokauf, Rdn. 842.

[352] *BGH*, Urt. v. 19.9.1989, VI ZR 349/88, NJW 51/1989, 3273 ff., s. ferner zu einem von einem Arbeitnehmer geleasten Kfz auch *BAG*, Urt. v. 9.9.2003, 9 AZR 574/02, DB 18/2004, 988 f.; *BFH*, Urt. v. 6.11.2001, VI R 62/96, NJW 22/2002, 1671 ff.; *OFD Hannover*, Verfügung v. 15.5.1998 – S 7100–240 – StO 335/S7100 – 544 – StH 533, BB 41/1998, 2094 (Gemeinschaftsleasing); *Berninghaus*, Fahrzeugleasing, in: *Büschgen (Hrsg.)*, Praxishandbuch Leasing, § 15

D. Teilschaden

Es ist zu unterscheiden, ob ein Dritter oder ob der Leasingnehmer den Unfall verursacht hat. Der Leasinggeber kann Ansprüche gegen Dritte, den Leasingnehmer und die Kaskoversicherung haben. Leasingnehmer und Dritte haften dem Leasinggeber als Gesamtschuldner. Im Innenverhältnis findet der Ausgleich nach §426 BGB statt.[353] 21

Hat ein **Dritter** den **Unfall** verursacht, sind **weitgehend** deckungsgleiche **Schadensersatzansprüche** von Leasingnehmer und Leasinggeber **gegen** den **Schädiger** und **dessen gesetzliche Haftpflichtversicherung** gegeben. Leasinggeber und Leasingnehmer sind nebeneinander materiell anspruchsberechtigt und zwar der Leasinggeber aus Verletzung seines Eigentumsrechts und der Leasingnehmer aus Verletzung seines Besitzrechts. Die Haftung des Halters/Fahrers des gegnerischen Unfallfahrzeugs folgt aus §§7 und 18 StVG und die Haftung des Haftpflichtversicherers aus §3 PflVG. Liegt ein **mitwirkendes Verschulden** des **Leasingnehmers** vor, ist dessen Quotenvorrecht zu beachten.[354] 22

Zum Ersatz verpflichtende **Schadensposten** bei einem Teilschaden und dem hiermit verbundenen Ausfall der Sachnutzung sind die folgenden: **Reparaturkosten**, merkantile **Wertminderung** und **sonstige Ansprüche**.[355] 23

Der Leasingvertrag verpflichtet regelmäßig den Leasingnehmer zu der Durchführung der Reparatur. Auf dessen Vorsteuerabzugsberechtigung wird abgestellt. Am 1.8.2002 ist das Gesetz zur Änderung schadensersatzrechtlicher Vorschriften in Kraft getreten. Die Mehrwertsteuer ist nunmehr gemäß §249 Abs. 2 S. 2 BGB nur zu ersetzen, wenn und soweit sie tatsächlich angefallen ist. Der Ersatz fiktiver Umsatzsteuer ist ausgeschlossen. Ist der nicht zum Vorsteuerabzug berechtigte Leasingnehmer nach dem Leasingvertrag zur Durchführung der Reparatur verpflichtet und nimmt er diese tatsächlich vor, §249 Abs. 2 S. 2 BGB, sind Kaskoversicherung und Schädiger verpflichtet, die **Reparaturkosten zzgl. MwSt.** zu erstatten. Auch das Sacherhaltungsinteresse des Leasingnehmers ist von der Kaskoversicherung umfasst. Kfz-Leasing ist ein Massengeschäft. Die Mehrwertsteuerbelastung durch den Leasingnehmer kann nicht durch Durchführung der Reparaturen auf der Seite des Leasinggebers abgewendet werden.[356] 24

Rdn. 31; *Reinking*, Autoleasing, 177f.; *Reinking/Eggert*, Der Autokauf, Rdn. 843; *Wolf/Eckert/Ball*, Handbuch des gewerblichen Miet-, Pacht- und Leasingrechts, Rdn. 2103f.

[353] *Reinking*, Autoleasing, 178, 182.

[354] *BGH*, Urt. v. 18.11.1980, VI ZR 215/78, VersR 1981, 161; BGHZ 35, 396, 397; *OLG Hamm*, NZV 1993, 65; *LG Kaiserslautern*, Urt. v. 22.2.1991, 2 O 317/90, DAR 1993, 196; *Berninghaus*, Fahrzeugleasing, in: *Büschgen (Hrsg.)*, Praxishandbuch Leasing, §15 Rdn. 21, 24, 28; *Wolf/Eckert/Ball*, Handbuch des gewerblichen Miet-, Pacht- und Leasingrechts, Rdn. 2099; *Reinking*, Autoleasing, 185f., 193; *Reinking/Eggert*, Der Autokauf, Rdn. 841, 846ff.; *Hohloch*, Schadensersatzprobleme bei Unfällen mit Leasingfahrzeugen, NZV 1992, 1ff., 5, 7.

[355] *Reinking/Eggert*, Der Autokauf, Rdn. 845; *Reinking*, Autoleasing, 178ff.; *Wolf/Eckert/Ball*, Handbuch des gewerblichen Miet-, Pacht- und Leasingrechts, Rdn. 2091.

[356] S. je Ziff. Xder Privat- und Geschäftsfahrzeug-Leasingbedingungen (Anhang). S. hierzu *BGH*, Urt. v. 15.10.1986,VIII ZR 319/85, NJW 7/1987, 377ff.; v. 5.11.1991,VI ZR 145/91, NJW 9/1992, 553f.; v. 14.7.1993,, NJW 44/1993, 2870f.; v. 30.1.1985, IVa ZR 109/83,

Leasinggeber und **Kaskoversicherung** sind **nicht verpflichtet,** den nicht vorsteuerabzugsberechtigten Leasingnehmer bei Abschluss des Leasingvertrags darauf **hinzuweisen**, dass die **Mehrwertsteuer** von der Kaskoversicherung ggf. **nicht ersetzt** wird.[357]

25 Aufgrund der leasingtypischen Abwälzung der Sachgefahr auf ihn muss der Leasingnehmer dem Leasinggeber als Eigentümer Ausgleich für den Schaden in Form der **Wertminderung** leisten, die das Kfz bei Vertragsende aufweist.[358] Hat der Leasingnehmer aufgrund einer ihm von dem Leasinggeber erteilten Ermächtigung eine Entschädigungsleistung für die Wertminderung erhalten, muss er diese **an** den **Leasinggeber weiterleiten.** Die Verwendung der Entschädigungsleistung bei dem Leasinggeber richtet sich nach dem gewählten Vertragsmodell. Bei

---

NJW 21/1985, 1222f.; *BGH,* Urt. v. 14.7.1993, IV ZR 181/92, NZV 10/1993, 391; *OLG Frankfurt,* Urt. v. 17.6.1997, 10 U 122/96, NZV 1/1998, 31f.; *OLG Hamm,* Urt. v. 14.9.2000, 27 U 84/00, VersR 20/2002, 858f.; v. 29.5.1991, 20 U 343/90, VersR 11/1992, 440; *OLG Saarbrücken,* Urt. v. 13.1.1995, ZfS 1995, 95; *Ludovisy,* ZAP F. 9 R, 107, 110; *LG Stade,* Urt. v. 10.12.1986, 1 S 55/86, DAR 4/1987, 123; *LG Hamburg,* VersR 1995, 411; *AG Schorndorf,* Urt. v. 20.1.1987, 2 C 1014/86, DAR 4/1987, 123; *AG Freiburg,* Urt. v. 31.10.1986, 4 C 3580/86, NJW-RR 6/1987, 345f.; *AG Stuttgart,* Urt. v. 15.6.1987, 40 C 968/87, VersR 16/1988, 410f.; *AG Bad Homburg,* Urt. v. 4.3.1997, 2 C 4639/96–19, n.v.; *AG Fürstenfeldbruck,* Urt. v. 4.3.1986, 1 C 2583/85, DAR 2/1987, 59; *LG Duisburg,* Urt. v. 6.2.1998, 24 S 350/97; *LG Hannover,* Urt. v. 24.4.1997, 3 S 375/96, NJW 41/1997, 2760f.; *LG Bad Kreuznach,* Urt. v. 26.11.1996, I S 137/96, DAR 3/1997, 113f.; *LG Nürnberg-Fürth,* Urt. v. 20.6.2001, 8 S 2936/01, DAR 9/2001, 409f.; *AG Essen,* Urt. v. 9.12.1992, 20 C 321/92, n.v.; *AG Bad Homburg,* ZfS 1985, 43; *Dörner,* VersR 1978, 884; *AG Stuttgart,* DAR 1998, 98; *LG Hamburg,* Urt. v. 16.5.1997, 306 S 12/97, DAR 9/1997, 361; *LG Hamburg,* Urt. v. 7.7.1994, 323 S 61/93, VersR 11/1995, 411; *Bethäuser,* DAR 11/1999, 481ff., 484; *van Bühren,* Unfallregulierung, § 9 Rdn. 1f.; *Heß/Jahnke,* Das neue Schadensersatzrecht, 96, 122; *Paul,* Der Unfall mit dem Leasingfahrzeug und sein Verlust, Versicherungsfälle und ihre Regulierung, FLF 45/1989, 174; *Rischar,* Leasingfahrzeuge: Besonderheiten bei der Regulierung von Kaskoschäden, NZV 1998, 59ff., 61; *Pamer,* Die Mehrwertsteuer beim Fahrzeugschaden, § 1 Rdn. 73ff., § 4 Rdn. 175, 178; *Becker/Böhme/Biela,* Kraftverkehrs-Haftpflicht-Schäden, D II Rdn. D 91; *Hohloch,* Schadensersatzprobleme bei Unfällen mit Leasingfahrzeugen, NZV 1992, 1ff., 5, 7; *Reinking/Eggert,* Der Autokauf, Rdn. 845ff. m.w.N., 1231; *Reinking,* Autoleasing, 178, 184, 185ff., 188, 200f.; *Engel,* Kraftfahrzeugleasing, in: *Ludovisy (Hrsg.),* Praxishandbuch Leasing, Rdn. 127; *Zahn/Bahmann,* Kfz-Leasingvertrag, Rdn. 324 m.w.N.

[357] *BGH,* Urt. v. 14.7.1993, IV ZR 181/92, BB 26/1993, 1831f.; v. 5.11.1991, VI ZR 145/91, NJW 9/1992, 553ff., s. ferner *OLG Frankfurt,* Urt. v. 17.6.1997, 10 U 122/96, NZV 1/1998, 31ff.; *OLG Düsseldorf,* Urt. v. 27.10.1998, 4 U 172/97, DAR 2/1999, 68f.; *LG Braunschweig,* Urt. v. 31.5.1996, 6 S 404/95, NJW-RR 5/1998, 342f.; *LG Hamburg,* Urt. v. 16.5.1997, 306 S 12/97, DAR 9/1997, 361; *LG Hamburg,* Urt. v. 7.7.1994, 323 S 61/93, VersR 11/1995, 411; *LG Hannover,* Urt. v. 24.4.1997, 3 S 375/96, NJW 41/1997, 2760; *LG Mainz,* Urt. v. 14.5.1986, 9 O 2/86, DAR 2/1987, 58; *LG Stade,* Urt. v. 10.12.1986, 1 S 55/86, DAR 4/1987, 123; *AG Fürstenfeldbruck,* Urt. v. 4.3.1986, 1 C 2583/85, DAR 32/1987, 59; *AG Schlöndorf,* Urt. v. 20.1.1987, 2 C 1014/86, DAR 4/1987, 123; *AG Stuttgart,* Urt. v. 15.6.1987, 40 C 968/87, VersR 16/1988, 410f.; *Struppek,* Vollamortisationsanspruch und Mehrwertsteuer, FLF 2/1999, 82ff., 86; *Berninghaus,* Fahrzeugleasing, in: *Büschgen* (*Hrsg.*), Praxishandbuch Leasing, § 15 Rdn. 28, 31; *Reinking/Eggert,* Der Autokauf, 845; *Zahn/Bahmann,* Kfz-Leasingvertrag, Rdn. 319.

[358] Zur Schadenspauschalierung, § 309 BGB, vgl. *Müller-Sarnowski,* Privat-Autoleasing, eine Bestandsaufnahme, DAR 11/2002, 485ff., 495

dem Vertragstyp des **Kfz-Leasingvertrags mit Gebrauchtwagenabrechnung** trägt der Leasingnehmer das Restwertrisiko. Seine garantiemäßige Absicherung des Restwerts umfasst auch den merkantilen Minderwert. Bei dem **Vertragstyp** des **Kfz-Leasingvertrags mit Kilometerabrechnung** trägt der Leasinggeber das Verwertungsrisiko. Er hat daher die Wertminderung zu beanspruchen.[359]

Sonstige ersatzfähige Schadensposten sind **Abschleppkosten**[360], **Sachverständigenkosten**[361], **Kosten** einer **unfallbedingten Anmietung eines Ersatzfahrzeugs** bzw. **Kosten** des **Nutzungsausfalls**[362], **Rechtsverfolgungskosten**[363] und **Rechtsanwaltskosten**[364], weitere schadensbedingte **Auslagen** wie Porto- und Telefonkosten sowie **entgangener Gewinn**.[366] Hinsichtlich der **Sachverständigenkosten** muss die Einschaltung eines Sachverständigen zur Beweissicherung geboten sein und hinsichtlich der Schadenshöhe vertreten werden können. Bei den **Rechtsverfolgungskosten** ist nicht danach zu differenzieren, ob der Leasingnehmer aus eigenem Recht vorgeht oder aufgrund Ermächtigung des Leasinggebers. Hinsichtlich der mit der Einschaltung eines Rechtsanwalts zur Kaskoregulierung verursachten **Rechtsanwaltskosten** verstößt der Leasinggeber regelmäßig nicht gegen seine Schadensminderungspflicht. Der Schädiger hat die erforderlichen **Mietwagenkosten** zu ersetzen. Nimmt der Leasingnehmer kein Mietfahrzeug in Anspruch, hat er einen Anspruch auf Nutzungsausfall in Höhe der aktuellen Tagessätze der Tabelle von Sanden/Danner/Küppersbusch. 26

Aufgrund der weggefallenen Nutzungsmöglichkeit des Leasingnehmers steht dem **Leasinggeber kein Anspruch** auf eine **Nutzungsentschädigung** zu.[367] Auch hat der **Leasingnehmer** gegen den Schädiger **keinen Anspruch** auf **Ersatz** der **Leasingraten**, die er während des Nutzungsausfalls an den Leasinggeber weiter zahlen muss. Die fortlaufende Verpflichtung zur Zahlung der Leasingraten stellt keinen ersatzfähigen Schaden dar.[368] 27

---

[359] S. je Ziff. X/5 der Privat- und Geschäftsfahrzeug-Leasingbedingungen (Anhang); *Reinking/Eggert*, Der Autokauf, Rdn. 841, 846; *Reinking*, Autoleasing, 178 f., 181, 188; *Hohloch*, Schadensersatzprobleme bei Unfällen mit Leasingfahrzeugen, NZV 1992, 1 ff., 6.

[360] *Reinking*, Autoleasing, 181.

[361] Ebenda.

[362] *BGH*, Urt. v. 18.5.1997, BGHZ 56, 214, 219; *Reinking/Eggert*, Der Autokauf, Rdn. 847; *Reinking*, Autoleasing, 186.

[363] *Reinking*, Autoleasing, 188; *AG München*, Urt. v. 21.12.1983, 27 C 3256–183, ZfS 5/1984, 101; *LG Bielefeld*, Urt. v. 8.8.1989, 18 S 109/89, NJW-RR 23/1989, 1431 f.; *LG Kaiserslautern*, Urt. v. 22.2.1991, DAR 1993, 196.

[364] *LG Kaiserslautern*, Urt. v. 22.2.1991, DAR 62/1993, 196; *LG Bielefeld*, Urt. v. 8.8.1989, 18 S 109/89, NJW-RR 23/1989, 1431 f.; *AG München*, Urt. v. 21.12.1983, 27 C 3256–83, ZfS 1984, 101; *Reinking/Eggert*, Der Autokauf, Rdn. 846 f.; *Reinking*, Autoleasing, 180.

[366] *Reinking/Eggert*, Der Autokauf, Rdn. 846; *Berninghaus*, Fahrzeugleasing, in: *Büschgen (Hrsg.)*, Praxishandbuch Leasing, § 15 Rdn. 21, 24; *Reinking*, Autoleasing, 188.

[367] *OLG Düsseldorf*, Urt. v. 7.11.1991, 10 U 24/01, BB 35/36/1991, 2471; *Reinking/Eggert*, Der Autokauf, Rdn. 847.

[368] *BGH*, Urt. v. 23.10.1190, VI ZR 310/89, NJW-RR 5/1991, 280 f.; v. 5.11.1991, VI ZR 145/91, NJW 9/1992, 553 ff.; *LG München I*, Urt. v. 8.11.2001, 19 S 9428/01, NZV 4/2002, 191; *Reinking*, Autoleasing, 186.

28 Hat **nicht** ein **Dritter, sondern** der **Leasingnehmer** den **Unfall verursacht**, gibt es keine Ansprüche gegen den Unfallgegner bzw. dessen Haftpflichtversicherung. Der Leasinggeber kann sich nicht auf die Halterhaftung des Leasingnehmers nach § 7 StVG berufen. Der Leasinggeber hat gegen den Leasingnehmer Ansprüche aus dem Leasingvertrag aus der leasingtypischen Abwälzung der Sachgefahr auf diesen. Dem Leasinggeber steht zwar grds. auch ein Anspruch aus Verletzung seines Eigentumsrechts nach § 823 BGB zu. Da er jedoch seinen Vollamortisationsanspruch gegen den Leasingnehmer hat, fehlt ein Schaden.[369]

E. Totalschaden

29 Bei einem Totalschaden ist die **Instandsetzung** des beschädigten Kfz entweder **nicht möglich** oder diese ist **unwirtschaftlich**, weil sie einen unverhältnismäßigen Aufwand erfordert, nämlich weil die Summe von Reparaturkosten und Wertminderung die Differenz aus Wiederbeschaffungswert und Restwert übersteigt, § 251 Abs. 2 BGB.[370] Wie bei einem Teilschaden ist danach zu unterscheiden, ob der Unfall durch den Leasingnehmer oder durch einen Dritten verursacht wurde. Bei einem fremdverschuldeten Totalschaden hat der Leasinggeber Ansprüche gegen den Schädiger und bei einem Mitverschulden auch gegen den Leasingnehmer sowie gegen die Kaskoversicherung. Dem Leasingnehmer stehen Ansprüche gegen den Schädiger zu.[371]

30 Ist der **Totalschaden** von einem **Dritten verursacht** worden, ist der Leasingnehmer verpflichtet, die Leasingraten weiter zu entrichten, obgleich er das Kfz nicht mehr nutzen kann. Regelmäßig ist auf ihn leasingtypisch in den Leasingbedingungen die Preis- und die Sachgefahr abgewälzt worden, die sich mit dem Totalschaden realisiert haben. Ein Leistungsverweigerungrecht steht ihm nicht zu und er ist dem Leasinggeber verpflichtet, diesem aufgrund des Total-

---

[369] *OLG Koblenz*, Urt. v. 31.10.1995, 6 U 690/94, NJW-RR 3/1996, 174 f.; *Berninghaus*, Fahrzeugleasing, in: *Büschgen (Hrsg.)*, Praxishandbuch Leasing, § 15 Rdn. 25; *Reinking*, Autoleasing, 181; *Hohloch*, Schadensersatzprobleme bei Unfällen mit Leasingfahrzeugen, NZV 1/1992, 1 ff., 5.

[370] S. zu einer Anwendung der Rechtsprechung zur Opfergrenze von 130% auf Leasingfahrzeuge: *BGH*, Urt. v. 15.10.1991, NJW 1992, 302; v. 17.3.1992, VI ZR 226/91, DAR 61/1992, 259; ; *Reinking/Eggert*, Der Autokauf, Rdn. 849; *Reinking*, Autoleasing, 176, 189 f.; *ders.*, DAR 1997, 425 ff.; *OLG München*, Urt. v. 1.12.1999, 7 U 4239/99, DAR 3/2000, 121; *Hentschel*, Straßenverkehrsrecht, § 12 Rdn. 10; *Balke*, Schadensrecht, in: *Ferner (Hrsg.)*, Handbuch Straßenverkehrsrecht, 339 f.; *van Bühren*, Unfallregulierung, § 6 Rdn. 21 ff.; *Pamer*, Die Mehrwertsteuer beim Fahrzeugschaden, § 1 Rdn. 44 ff.

[371] *Hentschel*, Straßenverkehrsrecht, § 12 Rdn. 10; *Reinking*, Autoleasing, 189, 191; *ders.*, 130% Reparaturkosten auch für Leasingfahrzeuge, DAR 11/1997, 425 ff.; *Bethäuser*, Überlegungen zum privaten Pkw-Leasing, DAR 4/1987, 107; *Berninghaus*, Fahrzeugleasing, in: *Büschen (Hrsg.)*, Praxishandbuch Leasing, § 15 Rdn. 26, 28; *Wolf/Eckert/Ball*, Handbuch des gewerblichen Miet-, Pacht- und Leasingrechts, Rdn. 2098; *Hohloch*, Schadensersatzprobleme bei Unfällen mit Leasingfahrzeugen, NZV 1992, 1 ff., 5. Zur Abgrenzung von Teil- und Totalschaden s. näher *Reinking/Eggert*, Der Autokauf, Rdn. 849; *Reinking*, Autoleasing, 189.

schadens ein gleichwertiges Kfz wiederzubeschaffen. Diese Verpflichtung wird der Leasingnehmer jedoch regelmäßig umgehen und sein ihm für den Fall des Totalschadens eingeräumtes kurzfristiges Kündigungsrecht ausüben.[372]

Dieses **außerordentliche kurzfristige Kündigungsrecht bzw. Lösungsrecht** ist bei einem Totalschaden wie auch bei einer **erheblichen Beschädigung**, nämlich **schadenbedingten Reparaturkosten** von **mehr** als **60%** des **Wiederbeschaffungswerts** des Kfz oder bei einem Verlust des Kfz den **Leasingvertragsparteien** zum Ende eines Vertragsmonats eingeräumt. Liegt eine erhebliche Beschädigung des Kfz vor, kann der Leasingnehmer innerhalb von drei Wochen nach Kenntnis dieser Voraussetzung zum Ende eines Vertragsmonats kündigen und ist berechtigt, bereits vor Vertragsende das Kfz an den ausliefernden Händler zurückzugeben. Dieses Kündigungsrecht steht dem Leasingnehmer auch dann zu, wenn er das Unfallereignis alleinverschuldet oder mitverschuldet hat. Die Kündigungsmodalitäten folgen aus dem jeweiligen Leasingvertrag.[373] Die der Kündigung nachfolgende **Abrechnung** des Leasingvertrags nach Totalschaden entspricht in den Grundsätzen der jeder fristlosen Kündigung, die zu der vorzeitigen Vertragsbeendigung führt. Der Leasingnehmer ist zu der **vollen Amortisation** verpflichtet. Entschädigungsleistungen aufgrund des Totalschadens werden auf den Ausgleichsanspruch im Rahmen der Vorteilsanrechnung angerechnet. Regelmäßig wird in den Leasingbedingungen auch die Möglichkeit eingeräumt, den Leasingvertrag einvernehmlich zwischen den Leasingvertragsparteien aufzuheben.[374] 31

Bei einem Totalschaden schuldet die Kaskoversicherung lediglich den **Ersatz** des **Netto-Wiederbeschaffungswerts**.[375] Es ist auf den regelmäßig vorsteuer- 32

[372] *Berninghaus*, Fahrzeugleasing, in: *Büschgen (Hrsg.)*, Praxishandbuch Leasing, § 15 Rdn. 27.

[373] S. je Ziff. X/6 der Privat- und Geschäftsfahrzeug-Leasingbedingungen (Anhang); *BGH*, Urt. v. 11.12.1991, VIII ZR 31/91, NJW 11/1992, 683ff.; v. 15.10.1986, VIII ZR 319/85, NJW 7/1987, 377ff.; v. 25.3.1998, VIII ZR 244/97, NJW 31/1998, 2284ff.; *OLG Düsseldorf*, Urt. v. 12.2.1998, OLG-Rep. 1998, 220; *Reinking*, Autoleasing, 190; *Reinking/Eggert*, Der Autokauf, Rdn. 848, 768; *Wolf/Eckert/Ball*, Handbuch des gewerblichen Miet-, Pacht- und Leasingrechts, Rdn. 2083a; *v. Westphalen*, Der Leasingvertrag, Rdn. 934ff.; *Wolf/Eckert/Ball*, Handbuch des gewerblichen Miet-, Pacht- und Leasingrechts, Rdn. 2083a, 2090.

[374] § 9 Rdn. 30; S. auch je Ziffer X/6 und Ziffer XIV/1 der Privat- und Geschäftsfahrzeug-Leasingbedingungen (Anhang); *Reinking/Eggert*, Der Autokauf, Rdn. 849; *Reinking*, Autoleasing, 190, 193f.; *Zahn/Bahmann*, Kfz-Leasingvertrag, Rdn. 321f., 322, 350; *Berninghaus*, Fahrzeugleasing, in: *Büschgen (Hrsg.)*, Praxishandbuch Leasing, § 15 Rdn. 26; *Wolf/Eckert/Ball*, Handbuch des gewerblichen Miet-, Pacht- und Leasingrechts, Rdn. 2080f. S. ferner *BGH*, Urt. v. 23.10.1990, VI ZR 310/89, BB 35/36/1990, 2441; *LG Wuppertal*, Urt. v. 29.3.1979, 9 S 327/78, n.v.

[375] *BGH*, Urt. v. 23.10.1990, VI ZR 310/89, NJW-RR 5/1991, 280f.; v. 22.6.1988, IVa ZR 25/87, NZV 1988, 216; v. 5.7.1989, IVa ZR 189/88, NJW 47/1989, 3021ff.; v. 6.7.1988, IVa ZR 241/87, NJW 44/1988, 2803; v. 14.7.1993, IV ZR 181/92, DAR 1993, 385; v. 5.11.1991, VI ZR 145/91, NJW 9/1992, 553ff.; *OLG Frankfurt/M.*, Urt. v. 19.1.2000, 7 U 1/99, VersR 29/2000, 1232f.; *OLG Düsseldorf*, Urt. v. 12.4.1983, 4 U 187/82, NJW 1983, 2949; *OLG Celle*, Urt. v. 26.6.1987, 8 U 100/86, n.v.; *OLG Köln*, Urt. v. 18.6.1996, OLG-Rep. 1996, 274; v. 17.9.1996, 9 U 27/96, VersR 21/1997, 870; *OLG Braunschweig*, Urt. v. 13.2.1997, 2 U 131/96, n.v.; *OLG Dresden*, Urt. v. 18.9.1996, 8 U 1018/96, VersR 6/1998, 231ff.; *OLG Düsseldorf*, Urt. v. 27.10.1998, 4 U 172/97, DAR 8/1999, 68; *OLG Hamm*, Urt. v. 14.9.2000, 27 U 84/00, VersR 20/2002, 858ff.; v. 2.11.1994, 20 U 165/94, NJW-

abzugsberechtigten Leasinggeber abzustellen. Deckungslücken gehen zu Lasten des Leasingnehmers, es sei denn, dieser hat dieses spezielle Risiko gesondert versichert. Es besteht kein Anspruch auf Erstattung der nicht amortisierten Kosten des Leasinggebers.[376]

33 Da die Versicherer netto ohne Mehrwertsteuer lediglich auf Wiederbeschaffungskostenbasis abrechnen, sind derartige Kaskoversicherungen für einen Leasingvertrag wenig geeignet. Es ergeben sich in der Regel im Diebstahls- und Totalschadensfall Zuzahlungen. Die für einen Leasingvertrag geeignete Kaskoversicherung ist diejenige mit einer sog. GAP-(Lücken)-Deckung, die den Vollamortisationsanspruch des Leasinggebers abdeckt, welche Versicherung allerdings nur von wenigen Versicherungsunternehmen angeboten wird. Diese Versicherung führt im Ergebnis dazu, dass beim vorzeitigen Ende des Leasingvertrags lediglich eine vereinbarte Selbstbeteiligung zu zahlen ist.[377]

34 Der ersatzfähige Schaden besteht aus dem **Fahrzeugschaden** und aus sonstigen **leasingspezifischen Schäden**.[378] Der Restwert, abgegolten durch die

---

RR 17/1995, 1057f.; *LG Arnsberg*, Urt. v. 12.7.1994, 5 S 64/94, NZV 11/1994, 444; *LG Braunschweig*, Urt. v. 31.5.1996, 6 S 404/95, n.v.; *LG Itzehoe*, Urt. v. 30.10.2001, 1 S 145/01, DAR 11/2002, 517ff.; *LG Hannover*, Urt. v. 18.6.1997, 12 S 162/96, n.v.; *LG Mainz*, Urt. v. 14.5.1986, 9 O 2/86, DAR 2/1987, 58; *AG Bad Kreuznach*, Urt. v. 25.6.1996, 2 C 357/96, n.v.; *AG Osnabrück*, Urt. v. 29.5.1996, 42 C 121/96, n.v.; *AG Hannover*, Urt. v. 2.7.1996, 503 C 3902/96, n.v.; *AG Hannover*, Urt. v. 17.9.1996, 534 C 5322/96, n.v.; *AG Hamburg*, Urt. v. 31.7.1997, 50 A C 522/97, n.v.; *AG Neustadt a. Rübenberge*, Urt. v. 18.8.1997, 50 C 793/97, n.v.; *AG Flensburg*, Urt. v. 18.4.1986, 61 C 394/85, DAR 10/1986, 324; *AG Kleve*, Urt. v. 25.5.1987, 2 C 123/87, DAR 12/1987, 388; a.A. *LG Gießen*, Urt. v. 10.12.1986, 1 S 300/86, DAR 4/1987, 122; s. auch *LG Ravensburg*, Urt. v. 8.3.2001, 3 S 8/2001, DAR 2/2002, 74; s. auch *Rischar*, Leasingfahrzeuge: Besonderheiten bei der Regulierung von Kaskoschäden, NZV 1998, 59ff., 61; *Reinking*, Autoleasing, 190f.; *Reinking/Eggert*, Der Autokauf, Rdn. 850ff.; *Reinking*, Autoleasing, 191; *Berninghaus*, Fahrzeugleasing, in: *Büschgen (Hrsg.)*, Praxishandbuch Leasing, § 15 Rdn. 26; *Pamer*, Die Mehrwertsteuer beim Fahrzeugschaden, Rdn. 77.

[376] *OLG Düsseldorf*, Beschl. v. 26.8.1996, 9 U 5/96, FLF 2/1997, 79f.; *OLG Braunschweig*, Urt. v. 13.2.1997, 2 U 131/96, n.v.; *OLG Frankfurt*, Urt. v. 3.11.1998, 14 U 272/97, FLF 2/1999, 82ff. mit Anm. von *Struppek*; *Reinking*, Autoleasing, 194f., s. zu einer Abrechnung auf Neuwertbasis u.a. *BGH*, Urt. v. 14.7.1993, IV ZR 181/92, NJW 44/1993, 2870f.; v 5.11.1991, VI ZR 145/91, NJW 9/1992, 553ff.; *OLG Köln*, Urt. v. 17.9.1996, 9 U 27/96, VersR 21/1997, 870; v. 11.12.1984, 15 U 108/84, ZfS 1985, 357f.; v. 18.9.1985, 13 U 51/85, NJW-RR 8/1986, 475f.; *OLG Nürnberg*, Urt. v. 7.6.1994, 3 U 1020/94, NZV 11/1994, 430f.; *OLG Frankfurt*, Urt. v. 10.11.1983, 1 U 1/83 ZfS 5/1984, 5; *BGH*, BB 1993, 1831; *OLG Dresden*, Urt. v. 18.9.1996, 8 U 1018/96, VersR 6/1998, 231ff.; *Reinking/Eggert*, Der Autokauf, Rdn. 849, 851; *Reinking*, Autoleasing, 190; *Rischar*, Leasingfahrzeuge: Besonderheiten bei der Regulierung von Kaskoschäden, NZV 1998, 59ff., 60; *Zahn/Bahmann*, Kfz-Leasingvertrag, Rdn. 324. S. zu Vollamortisationsanspruch und Inanspruchnahme der Kaskoversicherung *BGH*, Urt. v. 31.10.1995, NJW-RR 1996, 174; v. 11.12.1991, VIII ZR 31/91, BB 12/1992, 807ff; v. 23.10.1990, VI ZR 310/89, NJW-RR 5/1991, 280f.; *OLG Hamburg*, Urt. v. 29.9.1995, 11 U 99/95, OLG-Rep. 2/1995, 17; *OLG Koblenz*, Urt. v. 9.12.1991, FLF 1992, 144, 145.

[377] *Müller-Sarnowski*, Privat-Autoleasing nach der Schuldrechtsreform, eine Bestandsaufnahme, DAR 11/2002, 485ff., 495.

[378] *Reinking/Eggert*, Der Autokauf, Rdn. 851.

Wiederbeschaffungskosten, die vorzeitige Fälligstellung der Leasingraten, die abgesehen von Mehraufwendungen keine höhere Verbindlichkeit für den Leasingnehmer mit sich bringt und der entgangene Gewinn stellen keinen gesonderten Schadensposten dar.[379] Der Schädiger schuldet dem Leasingnehmer für die Zeit der Wiederbeschaffung eines Ersatzfahrzeugs die Mietwagenkosten und Nutzungsausfall. Ist der Leasingnehmer nicht vorsteuerabzugsberechtigt, ist die Mehrwertsteuer auf die Mietwagenkosten zu zahlen. Ferner sind die Kosten für das Abschleppen und Sicherstellen des Kfz, die An- und Abmeldekosten, Umrüstungskosten und die Kosten der Rechtsverfolgung zu erstatten. Zum Wert der Sachnutzung gehören die Steuervorteile des Leasingnehmers. Die Steuernachteile sind ersatzfähiger Folgeschaden. Zum Haftungsschaden gehört ferner der Gewinnausfall. Der Leasingnehmer hat keinen Anspruch auf Ersatz der Kosten eines Folgeleasingvertrags.[380]

Hat der **Leasingnehmer** den **Unfall verursacht**, ist er aufgrund leasingtypischer Abwälzung der Preisgefahr verpflichtet, die **Leasingraten** weiter an den Leasinggeber zu **entrichten**. Ferner trifft ihn die Verpflichtung zur Wiederbeschaffung. Diese wird er regelmäßig umgehen durch die Ausübung des ihm für den Fall des Totalschadens eingeräumten kurzfristigen Kündigungsrechts. Seine Verpflichtung zur vollen Amortisation bleibt bestehen. Hinsichtlich des grds. gegebenen Anspruchs des Leasinggebers aus Verletzung seines Eigentumsrechts gemäß §823 Abs. 1 BGB mangelt es aufgrund der Verpflichtung des Leasingnehmers zur Fortentrichtung der Leasingraten und aufgrund des Vollamortisationsanspruchs des Leasinggebers an einem Schaden. Der Leasinggeber hat eine erhaltene Entschädigung auf seinen Vollamortisationsanspruch anzurechnen.[381] 35

[379] *BGH*, Urt. v. 5.11.1991, VI ZR 145/91, NJW 9/1992, 553ff.; v. 23.10.1990, VI ZR 310/89, NJW-RR 5/1991, 280f.; v. 13.7.1976, VI ZR 78/75 VersR 38/1976, 943ff.; v. 23.11.1976, VI ZR 191/74, VersR 10/1977, 227f.; *Zahn/Bahmann*, Kfz-Leasingvertrag, Rdn. 320; *Reinking/Eggert*, Der Autokauf, Rdn. 851f.; *Berninghaus*, Fahrzeugleasing, in: *Büschgen (Hrsg.)*, Praxishandbuch Leasing, §15 Rdn. 28; Reinking, Autoleasing, 190, 197f.

[380] *BGH*, Urt. v. 5.11.1991, VI ZR 145/91, NJW 9/1992, 553ff.; *LG München*, Urt. v. 13.10.1983, 19 S 7372/83, ZfS 5/1984, 100; *Berninghaus*, Fahrzeugleasing, in: *Büschgen (Hrsg.)*, Praxishandbuch Leasing, §15 Rdn. 28; *Reinking*, Autoleasing, 198, 200.

[381] *BGH*, Urt. v. 14.7.1993, IV ZR 181/92, NJW 44/1993, 2870f.; v. 23.10.1990, VI ZR 310/89, NJW-RR 5/1991, 280f.; *Berninghaus*, Fahrzeugleasing, in: *Büschgen (Hrsg.)*, Praxishandbuch Leasing, §15 Rdn. 29f.; *Reinking*, Autoleasing, 194f.

§ 8
Versicherung und Eintreten des Versicherungsfalls

Schrifttum: *Beckmann/Kügel*, Zustandekommen und Inhalt des Finanzierungsleasinggeschäfts, in: *Büschgen (Hrsg.)*, Praxishandbuch Leasing, § 6 Rdn. 172 ff.; *Paul*, Der Unfall mit dem Leasingfahrzeug und sein Verlust, Versicherungsfälle und ihre Regulierung, FLF 5/1989, 174 ff.; *Reinking*, Autoleasing, 48 f., 200 f.; *Reinking/Eggert*, Der Autokauf, Rdn. 785 ff.; *Sieg*, Versicherungsschutz beim Kraftfahrzeugleasing, BB 25/1993, 1746; *Wolff/Eckert/Ball*, Handbuch des gewerblichen Miet-, Pacht- und Leasingrechts, Rdn. 2085 ff.; *v. Westphalen*, Der Leasingvertrag, Rdn. 924 ff.

Übersicht:

A. Versicherungsvertragsschluss

1 Der Leasingnehmer wird regelmäßig in den Leasingbedingungen verpflichtet, das Kfz für die Vertragszeit auf seine Kosten zugunsten des Leasinggebers mit einer **Haftpflichtversicherung** und einer **Vollkaskoversicherung** zu versichern, es sei denn, der Leasinggeber schließt für ihn die Versicherung ab. Auf jeden Fall ist die ordnungsgemäße Versicherung des Kfz sichergestellt. Die Versicherung gleicht die Risiken aus, die sich für den Leasingnehmer aus der leasingtypischen Gefahrabwälzung auf ihn ergeben.[382] Schließt hingegen der Leasinggeber für den Leasingnehmer auf dessen Wunsch die Versicherungen ab, nimmt er dies im Namen und für Rechnung des Leasingnehmers vor.[383] Der Leasinggeber berechnet dem Leasingnehmer die Versicherungsbeträge neben der monatlichen Leasingrate aufgrund einer Einzugsermächtigung des Versicherers nach Ausfertigung der Versicherungsbestätigung. Wird die Versicherung über den Leasinggeber abgeschlossen, werden die **Versicherungsprämien** in die **monatlichen Leasingraten eingerechnet**.

2 Die **Kaskoversicherung** ist auch als Fremdversicherung reine Sachversicherung. Diese deckt das Interesse des Leasinggebers als Eigentümer des versicherten Kfz an der Erhaltung des Kfz. Die vertraglich übernommene Verpflichtung des Leasingnehmers zum Abschluss einer Kaskoversicherung lebt wieder auf, wenn das gestohlene Kfz, nachdem es zwischenzeitlich polizeilich abgemeldet und der Versicherungsschutz erloschen war, in beschädigtem, aber reparaturfähigem Zustand wieder aufgefunden wird.[384]

---

[382] *Reinking/Eggert*, Der Autokauf, Rdn. 786; *v. Westphalen*, Der Leasingvertrag, Rdn. 924 ff.; *Reinking*, Autoleasing, 48.

[383] S. je Ziff. X1 der Privat- und Geschäftsfahrzeug-Leasingbedingungen (Anhang).

[384] *BGH*, Urt. v. 11.12.1991, VIII ZR 31/91, ZIP 3/1992, 179 ff.; v. 6.7.1988, IVa ZR

3 Der **Versicherungsvertrag** wird von dem Leasingnehmer in eigenem Namen zugunsten des Leasinggebers, d.h. für fremde Rechnung, geschlossen, **§§ 74 ff. VVG.** Versichert ist das Interesse des Leasinggebers als Eigentümer des Kfz. Der Leasinggeber ist daher gegenüber dem Versicherer Berechtigter, § 75 Abs. 1 VVG. Der Leasingnehmer kann jedoch gemäß § 76 Abs. 1 VVG über die Rechte aus dem Versicherungsvertrag verfügen. Zu seinem Schutz gegen zweckwidrige Verfügungen lässt sich der Leasinggeber aufgrund des Leasingvertrags von dem Leasingnehmer die Rechte aus dem Versicherungsvertrag abtreten und den **Sicherungsschein** aushändigen, §§ 75 Abs. 2 VVG. Mit Erteilung des Sicherungsscheins wird eine **Versicherung für fremde Rechnung** begründet. Der Leasinggeber besitzt als Inhaber des Sicherungsscheins alle Rechte aus dem Versicherungsvertrag, § 75 Abs. 1 VVG.[385] Wegen **Obliegenheitsverletzungen**, z.B. bei einer Fahrt unter Alkoholeinfluss, kann die Kaskoversicherung den Versicherungsschutz ablehnen. Ferner können **Rückforderungsansprüche** der Versicherung gegeben sein.[386]

B. Schadensfall

4 Nach einem Schadenfall treffen den Leasingnehmer unterschiedliche Obliegenheiten gegenüber Leasinggeber und Versicherung.[387] Der **Leasingnehmer** hat die **Versicherung** darüber zu **informieren**, dass es sich um ein **Leasingfahrzeug** handelt, andernfalls Leistungsfreiheit der Kaskoversicherung wegen Obliegenheitsverletzung eintreten kann.[388]

5 Der **Leasingnehmer** wird regelmäßig von dem Leasinggeber unter Widerrufsvorbehalt **ermächtigt**, die **fahrzeugbezogenen Ansprüche** aus dem Schadensfall gegenüber dem Schädiger und gegenüber der Kaskoversicherung **geltend** zu **machen.**[389] Bei einem Totalschaden ist für die Bemessung der Ent-

241/87, NJW 44/1988, 2803; *OLG München*, Urt. v. 13.1.1995, 23 U 4631/94, NJW-RR 1/1996, 48 f.; *OLG Hamm*, Urt. v. 20.5.1988, 20 U 315/87, DAR 10/1988, 345 ff.; *Reinking/Eggert*, Der Autokauf, Rdn. 786.

[385] S. je Ziff. X/1 der Privat- und Geschäftsfahrzeug-Leasingbedingungen (Anhang); *BGH*, Urt. v. 6.7.1988, IVa ZR 241/87, NJW 44/1988, 2803; v. 6.12.2000, IV ZR 28/00, NJW-RR 5/2001, 314 f.; *OLG Koblenz*, Urt. v. 8.1.2002, 3 U 406/01, MDR 12/2002, 694 f.; *Reinking*, Autoleasing, 48; *Reinking/Eggert*, Der Autokauf, Rdn. 786; *v. Westphalen*, Der Leasingvertrag, Rdn. 927 ff.

[386] *OLG Frankfurt/M.*, Urt. v. 30.3.1990, 2 U 249/89, VersR 27/1990, 1005; *OLG Hamm*, Urt. v. 26.2.1993, 20 U 308/92, NZV 11/1994, 443; *Bethäuser*, Die aktuelle Rechtsprechung zum Pkw-Leasing, DAR 11/2002, 481 ff., 484.

[387] S. auch je Ziff. X der Privat- und Geschäftsfahrzeug-Leasing-Bedingungen (Anhang); *Hällmayer*, Aufklärungsobliegenheit bei Alleinfall mit Leasingfahrzeug, NZV 3/1999, 105 ff.

[388] *BGH*, Urt. v. 6.7.1988, IVa ZR 241/87, NJW 44/1988, 2803; *OLG Koblenz*, Urt. v. 10.11.1995, 1 O 396/95 n.v.; *AG Gießen*, Urt. v. 13.9.1994, 44 C 1718/94, VuR 1/1996, 31 ff.; *Reinking/Eggert*, Der Autokauf, Rdn. 841.

[389] *OLG Koblenz*, 31.10.1995, 6 U 690/94, NJW-RR 3/1996, 174 f.; *Reinking/Eggert*, Der Autokauf, Rdn. 841.

schädigungsleistung auf den i.d.R. vorsteuerabzugsberechtigten Leasinggeber abzustellen, §251 BGB. Der Kaskoversicherer schuldet lediglich den **Ersatz** des **Netto-Wiederbeschaffungswerts**. Deckungslücken gehen zu Lasten des Leasingnehmers, es sei denn, er hat dieses spezielle Risiko gesondert versichert. Zweck der Kaskoversicherung ist es, das Sacherhaltungsinteresse des Leasinggebers als Eigentümer abzudecken.[390]

6 Der Leasinggeber kann bei einem **manipulierten Unfall** zwischen dem berechtigten Fahrer des Leasingfahrzeugs und dem Mieter eines Mietwagens von dem Vermieter und dem Versicherer nur 50% seines Schadens ersetzt verlangen. Der Leasinggeber muss sich zwar nicht gemäß §17 StVG das dolose Verhalten seines Fahrers anrechnen lassen, da er nicht Halter des Kfz ist, jedoch nach §§9 StVG, 254 BGB.[391]

7 Nach dem Innenverhältnis zwischen Leasinggeber und Leasingnehmer richtet sich die **Verwendung** der **Versicherungsleistung**. Entscheidend ist das versicherte Risiko. Ohne weitere Abrede umfasst die Abtretung der Rechte aus der Kaskoversicherung, die den Schutz des Sacherhaltungsinteresses des Leasinggebers bezweckt, nur die Befriedigung von Ansprüchen des Leasinggebers aus Beschädigung oder Verlust des Kfz.[392] Eine erhaltene Versicherungsleistung muss entsprechend der Natur der Versicherungsleistung, das mit der Gefahrverlagerung verbundene Risiko auszugleichen und damit entsprechend der **Zweck- und Treuebindung** der **Versicherungsleistung** im Innenverhältnis dem Leasingnehmer zugute kommen. Dies bedeutet, dass diese für eine erforderliche Reparatur oder eine Ersatzbeschaffung des Kfz verwandt werden oder auf den Vollamortisations- oder Schadensersatzanspruch des Leasinggebers angerechnet werden muss. Die Versicherungsleistungen können nicht anderweitig angerechnet werden.[393]

---

[390] *BGH*, Urt. v. 14.7.1993, IV ZR 181/92, VersR 1993, 1223; v. 11.12.1991, VIII ZR 31/91, NJW 11/1992, 683ff.; v. 23.10.1990, VI ZR 310/89, NJW-RR 5/1991, 280f.; v. 5.11.1991, VI ZR 145/91, NJW 9/1992, 555ff.; v. 6.7.1988, IVa ZR 241/87, NJW 44/1988, 2803; *OLG Frankfurt*, Urt. v. 17.6.1997, 10 U 122/96, NZV 1/1998, 31ff.; *OLG Düsseldorf*, Urt. v. 27.10.1998, 4 U 172/97, DAR 2/1999, 68; *LG Hamburg*, Urt. v. 16.5.1997, 306 S 12/97, DAR 9/1997, 361; v. 7.7.1994, 323 S 61/93, VersR 11/1995, 411; *LG Hannover*, Urt. v. 24.4.1997, 3 S 375/96, NJW 41/1997, 2760; *LG Arnsberg*, Urt. v. 12.7.1994, 5 S 64/94, NZV 1994, 444; *LG Mainz*, Urt. v. 14.5.1986, 9 O 2/86, DAR 2/1987, 58; *LG Stade*, Urt. v. 10.12.1986, 1 S 55/86, DAR 4/1987, 123; *AG Fürstenfeldbruck*, Urt. v. 4.3.1986, 1 C 2583/85, DAR 32/1987, 59; *AG Schorndorf*, Urt. v. 20.1.1987, 2 C 1014/86, DAR 4/1987, 123; *AG Stuttgart*, Urt. v. 15.6.1987, 40 C 968/87, VersR 16/1988, 410f., *Berninghaus*, Fahrzeugleasing, in: *Büschgen (Hrsg.)*, Praxishandbuch Leasing, §15 Rdn. 26, 28f., 31; *Struppek*, Vollamortisationsanspruch und Mehrwertsteuer, FLF 27/1999, 82ff., 86.

[391] *OLG Hamm*, Urt. v. 30.5.1996, 6 U 16/96 r+s 1996, 339; v. 14.11.1994, 6 U 101/94, NJW 34/1995, 2233f.; *Lemcke*, Die Rechtsprechung des Oberlandesgerichts Hamm zum Verkehrs-Haftpflichtrecht in den Jahren 1994–1996, DAR 2/1997, 41, 53; *Lemcke*, Der Gestellte Verkehrsunfall, in: *van Bühren (Hrsg.)*, Anwalts-Handbuch Verkehrsrecht, Rdn. 124; *Berninghaus*, Fahrzeugleasing, in: *Büschgen (Hrsg.)*, Praxishandbuch Leasing, §15 Rdn. 35.

[392] *BGH*, Urt. v. 11.12.1991, VIII ZR 31/91, ZIP 3/1992, 179ff.; v. 12.2.1985, X ZR 31/84, NJW 27/1985, 1537ff.

[393] *BGH*, Urt. v. 13.7.1976, VI ZR 78/75, BB 26/1976, 1194f.; v. 23.11.1976, VI ZR 191/74, VersR 10/1977, 227f.; v. 12.2.1985, X ZR 31/84, NJW 27/1985, 1537ff.; v. 30.9.1987, VIII ZR 226/86, NJW 4/1988, 198ff.; v. 11.12.1991, VIII ZR 31/91, ZIP 3/1992, 179ff.,

8 Wird der **Bürge** des Leasingnehmers aus der Bürgschaft in Anspruch genommen, kann er der Inanspruchnahme nicht erfolgreich entgegenhalten, der Leasinggeber habe nicht dafür gesorgt, dass das Kfz kaskoversichert bleibt.[394]

9 Bei einem **Diebstahl** des Kfz ist der Leasingnehmer aufgrund der leasingtypischen Abwälzung der Preisgefahr von dem Leasinggeber auf ihn zu der **Fortentrichtung** der **Leasingraten** verpflichtet.[395] Der Leasingnehmer hat zum Ausgleich seines Risikos aus der leasingtypischen Gefahrabwälzung auf ihn im Falle des Diebstahls das **kurzfristige Kündigungsrecht**.[396] Dieses Kündigungrecht ist jedoch nicht gegeben, wenn das Kfz innerhalb kurzer Zeit wieder aufgefunden wird und ohne konkrete Befürchtung verbleibender Restmängel repariert werden kann.[397] Die **Rechtsfolgen** der Kündigung wegen Diebstahl entsprechen weitgehend den weiteren Tatbeständen einer kurzfristigen Kündigung, des Totalschadens und der erheblichen Beschädigung des Kfz.[398]

10 Der **Anspruch** des **Leasinggebers** auf **Ersatz** des **Restwerts** eines **gestohlenen Kfz** gegen den Leasingnehmer ist **gestundet**, bis dessen zuerst zu unter-

---

181; v. 14.7.1993, IV ZR 181/92, NJW 44/1993, 2870f.; v. 6.3.1996, VIII ZR 98/95, ZIP 27/1996, 1172ff.; v. 10.3.1993, XII ZR 253/91, NJW 24/1993, 1578ff.; *OLG Koblenz*, Urt. v. 31.10.1995, 6 U 690/94, DB 49/1995, 2470f.; *OLG Hamm*, Urt. v. 8.7.1982, 4 U 67/82, BB 1983, 2074; *OLG Düsseldorf*, Urt. v. 22.6.1983, 15 U 168/82, ZIP 1983, 1092; *LG Köln*, Urt. v. 22.4.1987, 24 O 341/86, DAR 12/1987, 386f.; *LG Kaiserslautern*, Urt. v. 22.2.1991, 2 O 317/90, DAR 1993, 196; *Wolf/Eckert/Ball*, Handbuch des gewerblichen Miet-, Pacht- und Leasingrechts, Rdn. 2085f.; *Berninghaus*, Fahrzeugleasing, in: *Büschgen* (*Hrsg.*), Praxishandbuch Leasing, § 15 Rdn. 22ff.; *Hohloch*, Schadensersatzprobleme bei Unfällen mit Leasingfahrzeugen, NZV 1992, 1ff., 5f.

[394] *OLG Köln*, Urt. v. 7.2.1995, 22 U 246/94, DB 43/1995, 2159.

[395] *BGH*, Urt. v. 23.10.1996, IV ZR 159/95, VersR 1997, 55; Urt. v. 15.10.1986, VIII ZR 319/85, ZIP 23–24/1986, 1566ff.; *OLG Düsseldorf*, Urt. v. 16.1.1997, 10 U 223/95, DB 21/1997, 1071f.; *OLG Hamm*, Urt. v. 21.12.1995, 6 U 54/95, BB 20/1996, 1029f.; *OLG München*, Urt. v. 13.1.1995, 23 U 4631/94, NJW-RR 1/1996, 48f.; *OLG Frankfurt*, Urt. v. 18.1.1996, 12 U 71/95, VersR 1996, 1532; *OLG Karlsruhe*, Urt. v. 7.12.1989, 12 U 253/89, VersR 1990, 1222; *OLG Düsseldorf*, Urt. v. 9.8.1995, 4 U 219/94, VersR 1996, 1267; *OLG Köln*, Urt. v. 3.6.1996, 12 U 29/96, VersR 1997, 57; *Berninghaus*, Fahrzeugleasing, in: *Büschgen (Hrsg.)*, Praxishandbuch Leasing, § 15 Rdn. 32f.

[396] Zum Diebstahl s. auch BGH, Urt. v. 17.5.1995, IV ZR 279/94, NJW 33/1995, 2169f.; *v. Westphalen*, Der Leasingvertrag, Rdn. 938; *Reinking/Eggert*, Der Leasingvertrag, Rdn. 854.

[397] *BGH*, Urt. v. 15.10.1986, VIII ZR 319/85, ZIP 23–24/1986, 1566ff.; *OLG München*, Urt. v. 13.1.1995, 23 U 4631/94, NJW-RR 1/1996, 48f.; *Berninghaus*, Fahrzeugleasing, in: *Büschgen* (*Hrsg.*), Praxishandbuch Leasing, § 15 Rdn. 32; *Reinking/Eggert*, Der Autokauf, Rdn. 854.

[398] *BGH*, Urt. v. 23.10.1996, IV ZR 93/95, NZV 2/1997, 74; Urt. v. 11.12.1991, VIII ZR 31/91, NJW 11/1992, 683ff.; Urt. v. 19.3.1986, VIII ZR 81/85, BB 17/1986, 1112ff.; *OLG Dresden*, 16.6.1999, 8 U 443/99, DAR 10/1999, 454; *OLG Düsseldorf*, Urt. v. 27.10.1998, 4 U 172/97, DAR 8/1999, 68; *OLG Koblenz*, Urt. v. 17.4.1998, 10 U 306/97, NVersZ 3/1998, 123f.; *OLG München*, Urt. v. 13.1.1995, 23 U 4631/94, NJW-RR 1/1996, 48f.; *OLG Hamm*, Urt. v. 12.12.1997, 7 U 67/97, NJW-RR 10/1998, 706f.; *OLG Düsseldorf*, Urt. v. 29.4.1996, OLGR 1996, 265; *OLG Köln*, Urt. v. 24.6.1994, 19 U 94/93, BB 28/1994, 1958f.; *Reinking/Eggert*, Der Autokauf, Rdn. 854; *Reinking*, Autoleasing, 203f.; *Zahn/Bahmann*, Kfz-Leasingvertrag, Rdn. 328.

nehmender Versuch, insoweit Befriedigung aus den abgetretenen Versicherungsansprüchen zu erlangen, fehlschlägt. Dies gilt nicht, wenn nach dem Leasingvertrag allein der Leasingnehmer verpflichtet ist, den Anspruch auf Kaskoentschädigung zugunsten des Leasinggebers bei dem Versicherer geltend zu machen.[399] **Zahlt** der **Kaskoversicherer** in **Unkenntnis** des leistungsbefreienden Tatbestands des **Diebstahls** des Leasingfahrzeugs direkt an den **Leasinggeber**, weil diesem die Rechte aus dem Versicherungsvertrag abgetreten waren und ein Sicherungsschein erteilt war, ist der Rückzahlungsanspruch gegen den Leasingnehmer gerichtet.[400] In der Insolvenz des Leasingnehmers steht die Entschädigungsleistung des Kaskoversicherers dem Leasinggeber zu. Der **Leasinggeber** hat einen **Aussonderungsanspruch**, §§ 47 ff. InsO. Dies entspricht seiner materiellen Anspruchsberechtigung aus dem Versicherungsvertrag, mit welchem in erster Linie das Eigentümerinteresse versichert ist.[401] Der Diebstahl begründet keine höhere Wahrscheinlichkeit für einen vorgetäuschten Versicherungsfall. Der **Leasinggeber** trägt die **Darlegungs- und Beweislast** für das äußere Bild des behaupteten Diebstahls.[402]

[399] *OLG Koblenz*, Urt. v. 31.10.1995, 6 U 690/94, DB 49/1995, 2470 f., s. auch *Tiedtke/Möllmann*, Entwicklung der aktuellen Rechtsprechung des BGH zum Leasingrecht, DB 17/2004, 915 ff., 917.

[400] *BGH*, Urt. v. 14.7.1993, IV ZR 179/92, BB 26/1993, 1832 f.; v. 10.3.1993, XII ZR 253/91, NJW 24/1993, 1578 f.; *Reinking/Eggert*, Der Autokauf, Rdn. 854.

[401] *OLG Frankfurt*, Beschl. v. 7.8.2001, 7 U 30/01 (mit Anmerkung Nitsch) NZV 1/2002, 44 ff., s. zur Insolvenz im Leasinggeschäft insbes.: *Löbbe*, Der Finanzierungsleasingvertrag nach der Schuldrechtsreform, in: Finanzierungsleasing und Verbrauchergeschäfte, BB Beil. 6 H 35/2003, 7 ff., 13; *Bien*, Die Insolvenzfestigkeit von Leasingverträgen nach § 108 I S. 2 InsO, ZIP 1998, 1017; *Bornholdt*, Leasingnehmer und refinanzierende Bank in der Insolvenz des Leasinggebers nach der Insolvenzordnung, Frankfurt/M. etc. 1999; *Eckert*, Miete, Pacht und Leasing im neuen Insolvenzrecht, ZIP 1996, 897 ff.; *Engel*, Leasingrelevante Regelungen der neuen Insolvenzordnung, BB-Leasing-Berater, Beil. 6 zu H 18/1999, 23 ff.; *Fehl*, Leasingverträge in der Insolvenz nach geltendem und zukünftigem Insolvenzrecht, BB Leasing- und Finanz-Berater, Beil. 5 zu H 19/1998, 12 ff.; *ders.*, Leasing in der Insolvenz, DZWiR 1999,89; *Kalt*, Die Vorausabtretung von Leasingraten und die Verfügung über den Leasinggegenstand beim Mobilien-Leasing im Lichte der Insolvenzordnung, BB 1996, Beil. 8 zu H 18; *Reinking*, Autoleasing, 174 ff.; *Reinking/Eggert*, Der Autokauf, Rdn. 795 ff.; *Schmid – Burgk/Dietz*, Die Refinanzierung beim Leasing nach der Insolvenzrechtsreform, ZIP 1996, 1123; *Seifert*, Refinanzierung von Leasingverträgen nach § 108 InsO, NZM 1998, 217 ff.; *de With*, Zur Zweitrefinanzierung von Leasingverträgen nach § 108 InsO, FLF 1998, 21 ff.; *Zahn*, Die Rechte der Bank in der Insolvenz der Leasinggesellschaft bei Doppelstock – Refinanzierung, DB 44/2003, 2371 ff.; *ders.*, Die Leistung des Leasinggebers nach Übergabe – wertlos?, DB 34/1998, 1701 ff.; *ders.*, Der Leasingvertrag über Mobilien in der Insolvenz des Leasinggebers nach der Novellierung der InsO, DB 1996, 1393 ff.; *ders.*, Leasingnehmer und refinanzierende Bank in der Insolvenz des Leasinggebers nach der Insolvenzordnung, DB 1995, 1649 ff.; *Minuth/Wolf*, Kündigung und Gestaltung von Mietverträgen im Hinblick auf die Insolvenzordnung, NZM 7/1999, 289 ff.; *Michalski/Ruess*, Rechtsfolgen der Insolvenz des Leasinggebers bei im Wege des Factoring veräußerten Leasingforderungen, NZI 6/2000, 250 ff.

[402] *BGH*, Urt. v. 23.10.1996, IV ZR 159/95, VersR 1997, 55; v. 9.10.1996, VIII ZR 298/95, NZV 2/1997, 72 ff., 74; *OLG Frankfurt*, Urt. v. 18.1.1996, 12 U 71/95, VersR 1996, 1532; *OLG Dresden*, Urt. v. 16.6.1999, 8 U 443/99, DAR 10/1999, 454; *OLG Karlsruhe*, Urt. v. 7.12.1989, 12 U 253/89, VersR 1990, 1222; *OLG Naumburg*, Urt. v. 17.2.2000, 2 U 90/99,

VersR 12/2001, 500f.; *Berninghaus*, Fahrzeugleasing, in: *Büschgen* (*Hrsg.*), Praxishandbuch Leasing, § 15 Rdn. 24, 33, 31. S. ferner zum Diebstahl des Leasingfahrzeugs: *BGH*, Urt. v. 17.5.1995, IV ZR 279/94, NJW 33/1995, 2169f.; v. 10.3.1993, XII ZR 253/91, NJW 24/1993, 1578ff.; v. 14.7.1993, IV ZR 179/92, BB 26/1993, 1832f.; *OLG Koblenz*, Urt. v. 31.10.1995, 6 U 690/94, DB 49/1995, 2470f.; v. 31.1.1995, 6 U 690/94, WiB 19/1996, 910f.; *OLG Hamm*, Urt. v. 21.12.1995, 6 U 54/95, BB 20/1996, 1029f.; *OLG München*, Urt. v. 13.1.1995, 23 U 4631/94, NJW-RR 1/1996, 48f.; *OLG Köln*, Urt. v. 19.9.1995, 9 U 400/94, VersR 1996, 1409; *KG Berlin*, Urt. v. 15.4.1993, 22 U 2960/92, BB 1994, 818f.; *LG Berlin*, Urt. v. 30.5.1985, 17 O 91/84, n.v.; *OLG Oldenburg*, Urt. v. 3.3.1993, 2 U 213/92, VersR 5/1994, 170; *AG Kassel*, Urt. v. 12.5.1986, 89 C 5641/85, NJW-RR 18/1986, 1114f.; *Reinking*, Autoleasing, 203.

§ 9
Beendigung des Kfz-Leasingvertrags

Schrifttum: *Berninghaus*, Beendigung des Leasingvertrags durch Kündigung oder Zeitablauf, in: *Büschgen (Hrsg.)*, Praxishandbuch Leasing, § 12; *ders.*, Fahrzeugleasing, in: *Büschgen (Hrsg.)*, Praxishandbuch Leasing, *Bernstein*, Kündigung des Mobilienleasingvertrages beim Tode des Leasingnehmers, DB 1987, Beil. Nr. 12, 16 ff.; *Engel*, Zum außerordentlichen Kündigungrecht des Leasinggebers im privaten Kraftfahrzeug-Leasinggeschäft, BB 1997, Beil. 6 zu H 18, 24 ff.; *dies.*, Die Verjährung im Kraftfahrzeug-Leasinggeschäft. Der Restwertausgleichsanspruch des Leasinggebers bei vorzeitiger und ordentlicher Vertragsbeendigung, DB 1997, 761 ff.; *dies.*, Finanzierungsleasing, in: *Amend/Heidel/Pauly (Hrsg.)*, Handbuch Anwaltformulare, 4. Aufl., Bonn 2003, 1337 ff.; *dies.*, Kraftfahrzeug-Leasing, in: *Ludovisy (Hrsg.)*, Praxis des Straßenverkehrsrechts, 388 ff.; *Groß*, Kraftfahrzeugleasing, DAR 1996, 438 ff.; *Müller-Sarnowski*, Die vertragsgemäße Rückgabe des Leasingfahrzeugs, DAR 4/1997, 142 ff.; *dies.*, Privat-Autoleasing nach der Schuldrechtsreform, eine Bestandsaufnahme, DAR 11/2002, 485 ff., 490 ff.; *Nägele*, Die vorzeitige Beendigung des Leasing-Kilometervertrags, BB 24/1996, 1233 ff.; *Nägele/Bauer*, Die Abrechnung vorzeitig beendeter Kilometerverträge im Kfz-Leasing, DB Spezial 6/1995, 20 ff.; *Nitsch*, Der Restwert- Ausgleich beim Kfz-Hersteller-Leasing, BB 1998, 1323 ff.; *ders.*, Sorgfaltspflichten bei der Verwertung von Leasing-Fahrzeugen, NZV 10/1999, 405 ff.; *ders.*, Amortisationsprinzip und relativer Ratenrückstand (§ 12 VerbrKrG) beim Kfz-Leasing, FLF 1/1998, 18 ff.; *ders.*, Selbst- oder Drittbenennungsrechte als Obliegenheiten des Kfz-Nehmers, NZV 4/2001, 160 ff.; *ders.*, Drittkäuferbenennungsrechte beim Kraftfahrzeug-Leasing. Kommentierung des Berufungsurteils des OLG Braunschweig v. 14.7.1999–3 U 287/98, FLF 2/2001, 75 ff.; *ders.*, Der Ausschluss des Erwerbsrechts beim Leasing, NZV 5/2003, 216 ff.; *ders.*, Amortisationspflicht für Fahrzeugschäden beim Kilometerabrechnungsvertrag, FLF 1/1999, 32 ff.; *Palandt/Weidenkaff*, BGB, Einf. v. § 535 BGB Rdn. 60 ff.; *Reinking*, Autoleasing, 140 ff., 160 ff.; *ders.*, Verwertungserlös und Zustand des Leasingfahrzeugs am Vertragsende – die Achillesferse des Kfz-Leasingvertrages, NZV 1/1997, 1 ff.; *Reinking/Eggert*, Der Autokauf, 627 ff.; *Reinking/Koyka*, in: *Kroiß* (*Hrsg.*), Klauselbuch Schuldrecht, 551 ff.; *Struppek*, Aktuelle Abrechnungsmethoden für fristlos gekündigte Automobil-Leasingverträge, BB 1992, Beil. 9, 1 ff.; *ders.*, Vollamortisationsanspruch und Mehrwertsteuer, FLF 2/1999, 82 ff.; *ders.*, Kfz-Leasing: kein Anspruch des Vermittlers auf die Leasing-Rückläufer, LG Braunschweig, Urteil vom 18.2.1999–21 O 305/98, FLF 2/2000, 70 ff; *v. Westphalen*, Der Leasingvertrag, 404 ff., 477 ff.; *Wolf/Eckert/Ball*, Handbuch des gewerblichen Miet-, Pacht- und Leasingrechts, 552 ff., 571 ff., 585 ff.; *Zahn/Bahmann*, Kfz-Leasingvertrag, 144 ff.

Übersicht:

Vorbemerkung

1 Die Möglichkeiten der Vertragsbeendigung sind durch das Gesetz zur Modernisierung des Schuldrechts unverändert geblieben. Der Leasingvertrag wird im wesentlichen im Wege der ordentlichen Vertragsbeendigung mit **Ablauf** der zwischen den Leasingvertragsparteien vereinbarten **Leasingzeit** und aufgrund von Tatbeständen der vorzeitigen Vertragsbeendigung beendet, nämlich durch **Ausübung** eines **einseitigen Gestaltungsrechts** durch **eine Leasingvertragspartei**, sei es wie überwiegend eine außerordentliche fristlose Kündigung des Leasinggebers wegen Zahlungsverzugs des Leasingnehmers oder eine außerordentliche kurzfristige Kündigung einer der beiden Leasingvertragsparteien wegen Totalschadens, erheblicher Beschädigung oder Verlusts des Kfz oder aber auch im Wege der **einvernehmlichen Aufhebungsvereinbarung** zwischen den Leasingvertragsparteien. Das Leasingvertragsverhältnis kann aufgrund seiner Natur als **Dauerschuldverhältnis** aus **wichtigem Grund** fristlos ohne Einhaltung einer Kündigungsfrist gekündigt werden, wenn einer der Leasingvertragsparteien die Vertragsfortsetzung unzumutbar ist, § 314 BGB. Der Leasingvertrag wird nach gefestigter höchstrichterlicher Rechtsprechung zivilrechtlich als atypischer Mietvertrag qualifiziert. Es sind daher die einschlägigen **Kündigungstatbestände** des **Mietrechts** entsprechend auf den Leasingvertrag anwendbar.[403] In dem einvernehmlichem Aufhebungvertrag verpflichtet sich der Leasingnehmer zwecks Herbeiführung der geschuldeten Vollamortisation an den Leasinggeber eine Abstandszahlung zu zahlen.[404]

2 Die **Rechtsfolgen** der **Vertragsbeendigung** vor Ablauf der vorgesehenen Amortisationszeit des Leasingvertrags bilden neben der Abwälzung von Sach- und Preisgefahr und dem Abtretungskonzept im Sachmängelrecht **leasingtypische Besonderheiten** im Leasingrecht, auf welche nicht „in erster Linie" die mietrechtlichen Regelungen der §§ 535 ff. BGB anzuwenden sind, sondern eigene Regeln in Abweichung von dem dispositiven Mietrecht gelten.[405]

---

[403] § 2 Rdn. 6

[404] *Reinking/Eggert*, Der Autokauf, Rdn. 855 ff., 880 ff.; *Reinking/Koyka*, Mobilienleasing, in: *Kroiß (Hrsg.)*, Klauselbuch Schuldrecht, Rdn. 152; *Struppek*, Vollamortisationsanspruch und Mehrwertsteuer, FLF 2/1999, 83 ff., 84.

[405] *BGH*, Urt. v. 22.1.1986, VIII ZR 318/84, NJW 1986, 1335 ff.; v. 28.3.1990, VIII ZR 17/89, NJW 29/1990, 1785 ff.; *Engel*, Die Verjährung im KraftfahrzeugLeasinggeschäft. Der Restwertausgleichsanspruch des Leasinggebers bei vorzeitiger und ordentlicher Vertragsbeendigung, DB 15/1997, 761 f.

Die **Beendigung** des Leasingvertrags folgt bei ordentlicher und bei vorzeitiger Vertragsbeendigung **bestimmten gleichen Schritten**. **Unterschiede** in den Rechtsfolgen der Vertragsbeendigung, insbes. in der Abrechnung, ergeben sich aus der Verschiedenartigkeit der beiden im Kfz-Leasinggeschäft marktbeherrschenden Vertragsmodellen, dem Leasingvertrag mit Kilometerabrechnung und dem Leasingvertrag mit Gebrauchtwagenabrechnung, insbes. aus der diesen Vertragstypen zugrundeliegenden unterschiedlichen eigenen **Risikoverteilung**. Bei dem Kfz-Leasingvertrag mit Kilometerabrechnung trägt ausnahmsweise der Leasinggeber das Restwertrisiko. 3

Der gegen den Leasingnehmer gerichtete **Vollamortisationsanspruch** des **Leasinggebers** ist eine **Besonderheit** des **Leasingrechts**. Bei vorzeitiger Vertragsbeendigung ist der Vollamortisatisationsanspruch noch nicht vollständig erfüllt und muss noch erfüllt werden. Dieser Ausgleichsanspruch als Gegenleistung für die von dem Leasinggeber erbrachte Finanzierung steht dem Leasinggeber auch zu, wenn er keine oder nur eine unwirksame Vereinbarung über die Ausgleichszahlung getroffen hat. Die Rückführung des eingesetzten Kapitals ist Wesen jeglicher Finanzierung, so auch der Leasingfinanzierung. Die Leasingraten sind Entgelt für die Gebrauchsüberlassung und die Finanzierung zugleich. Dieses Leasingentgelt hat Tilgungsfunktion bzgl. des Kapitaleinsatzes und des kalkulierten Gewinns. Der Leasinggeber kalkuliert derart, dass er mit Vertragsende seine Anschaffungskosten in voller Höhe zurückerhält und die von ihm in die Leasingraten einkalkulierten Zinsen zur Deckung von Refinanzierungszinsen, Verwaltungskosten und Gewinn erhält.[406] 4

Der Vollamortisationsanspruch steht dem Leasinggeber sowohl bei dem Typus des **Vollamortisationsvertrags** als auch bei dem des **Teilamortisationsvertrags** zu. Beim Kfz-Leasing wird überwiegend der Teilamortisationsvertrag eingesetzt. Die Vollamortisation wird durch die Zahlung der Leasingraten durch den Leasingnehmer und die Verwertung des Kfz erreicht, ausnahmsweise über eine Restwertbeteiligung des Leasingnehmers. Bei dem Teilamortisationsvertrag fließen die Gesamtaufwendungen des Leasinggebers somit nicht ausschließlich durch die Leasingraten, sondern auch durch den Verkaufserlös des verwerteten Kfz zurück. Entscheidend ist, dass Aufwand und Kosten des Leasinggebers ganz überwiegend durch die Leistungen des Leasingnehmers amortisiert werden und dieses Ergebnis erst durch den Verwertungserlös des zurückgegebenen Kfz erzielt wird, auch wenn eine Erlösbeteiligung des Leasingnehmers nach der gewählten Vertragsform nicht vorgesehen war.[407] 5

---

[406] *BGH*, Urt. v. 19.3.1986, VIII ZR 81/85, NJW 28/1986, 1746 ff.; v. 12.6.1985, VIII ZR 148/84, WM 28/1985, 860 ff.; v. 22.1.1986, VIII ZR 318/84, NJW 21/1986, 1335 ff.; v. 4.7.1990, VIII ZR 288/89, DB 41/1990, 2061 ff.; v. 15.10.1986, VIII ZR 319/85, NJW 7/1987, 377 ff.; v. 24.4.1996, VIII ZR 150/95, NJW 31/1996, 2033 ff.; v. 10.7.1996, VIII ZR 282/95, BB 35/1996, 1794 ff.; v. 4.6.1997, VIII ZR 312/96, NJW 47/1997, 3166; *Reinking*, Autoleasing, 151.

[407] *BGH*, Urt. v. 24.6.1996, VIII ZR 150/95, NJW 1996, 2033; v. 19.3.1986, VIII ZR 81/85, NJW 28/1986, 1744 ff., 1746; v. 28.3.1990, VIII ZR 17/89, NJW 29/1990, 1785 ff.; *Nitsch*, Amortisationsprinzip und relativer Ratenrückstand, FLF 1998, 18 ff., 18.

A. Reguläre Vertragsbeendigung durch Ablauf der Vertragszeit

6 Der Leasingvertrag endet bei ordentlicher Vertragsbeendigung automatisch durch **Zeitablauf**, nämlich durch Ablauf der zwischen den Leasingvertragsparteien vereinbarten festen unkündbaren Grundmietzeit, auch Laufzeit oder Vertragszeit, **§ 542 Abs. 2 BGB**. Eine ordentliche Kündigung des Leasingvertrags ist, ausgenommen bei der Vertragsform des kündbaren Leasingvertrags, während der Grundmietzeit ausgeschlossen. Der Leasingvertrag ist, abgesehen von dem Recht zur außerordentlichen Kündigung, unkündbar. In dieser Zeit kann der Leasingvertrag wie jedes andere Dauerschuldverhältnis auch nur aus wichtigem Grunde von einer der Vertragsparteien im Wege der außerordentlichen Kündigung beendet werden oder zwischen den Vertragsparteien einvernehmlich ein Aufhebungsvertrag geschlossen werden. Die **Unkündbarkeit** des Leasingvertrags während der **Grundmietzeit** im Wege der ordentlichen Kündigung ist Ausdruck des leasingtypischen **Amortisationsprinzips** und entspricht der Eigenart des Leasinggeschäfts.[408]

B. Vorzeitige Vertragsbeendigung

7 Neben der einvernehmlichen Aufhebungvereinbarung zwischen den Leasingvertragsparteien ist bei der vorzeitigen Vertragsbeendigung zwischen den folgenden **Tatbeständen** zu differenzieren[409]: fristlose Kündigung des Leasinggebers

---

[408] *BGH*, Urt. v. 12.6.1985, VIII ZR 148/84, NJW 38/1985, 2253 ff.; *Reinking/Eggert*, Der Autokauf, Rdn. 855 ff.; *Reinking*, Autoleasing, 160 ff.; *Reinking/Koyka*, Mobilienleasing, in: *Kroiß (Hrsg.)*, Klauselbuch Schuldrecht, Rdn. 143 ff.; *Nitsch*, Amortisationsprinzip und relativer Ratenrückstand, FLF 1998, 18 ff.

[409] S. zur vorzeitigen Vertragsbeendigung insbes.: *BGH*, Urt. v. 24.4.1996, VIII ZR 150/95, NJW 31/1996, 2033 ff.; v. 22.11.1995, VIII ZR 57/95, BB 4/1996, 180 ff.; v. 8.3.1995, VIII ZR 313/93, WM 21/1995, 935 ff.; v. 11.1.1995, VIII ZR 61/94, ZIP 4/1995, 286 ff.; v. 10.10.1990, VIII ZR 246/89, NJW 4/1991, 221 ff.; v. 15.10.1986, VIII ZR 319/85, ZIP 23–24/1986, 1566 ff.; v. 19.3.1986, VIII ZR 81/85, NJW 28/1986, 1746 ff.; v. 22.1.1986, VIII ZR 318/84, NJW 20–21/1986, 1335 ff.; v. 12.6.1985, VIII ZR 148/84, NJW 38/1985, 2253 ff.; *OLG Düsseldorf*, Urt. v. 12.6.1998, 10 U 113/97, BB 43/1998, 2179 f.; *OLG Celle*, Urt. v. 17.12.1997, 2 U 2/97, NJW-RR 10/1998, 704 ff.; *OLG Hamm*, Urt. v. 12.12.1997, 7 U 67/97, NJW-RR 10/1998, 706 ff.; *OLG Düsseldorf*, Urt. v. 16.1.1997, 10 U 11/96, BB 14/1997, 701 f.; *OLG Düsseldorf*, Urt. v. 10.10.1996, 10 U 217/95, BB 1/1997, 13; *OLG Celle*, Urt. v. 5.1.1994, 2 U 177/91, NJW-RR 12/1994, 743 ff.; v. 3.11.1993, 2 U 212/92, NJW-RR 21/1994, 1334 ff.; *OLG Düsseldorf*, Urt. v. 7.6.1990, 10 U 195/89, NJW-RR 23/1990, 1469; *OLG Braunschweig*, Urt. v. 16.7.1998, 2 U 65/98, BB 41/1998, 2081; *OLG Köln*, Urt. v. 16.1.1995, 16 U 92/94, BB 18/1995, 892 ff.; *OLG Köln*, Urt. v. 15.3.1993, 12 U 56/92, NJW-RR 16/1993, 1016 ff.; *OLG Hamm*, Urt. v. 14.6.1996, 30 U 147/95, BB 2/1997, 67; v. 20.12.1991, 30 U 93/91, NJW-RR 8/1992, 502 ff.; v. 5.6.1986, 4 U 55/86, ZIP 22/1986, 1473 ff.; *OLG Stuttgart*, Urt. v. 8.9.1987, 6 U 7/87, NJW-RR 8/1988, 501 ff.

aufgrund Zahlungsverzugs des Leasingnehmers oder aufgrund einer schuldhaften nicht unerheblichen Pflichtverletzung des Leasingnehmers mit der Folge eines Schadensersatzanspruchs des Leasinggebers auf Vollamortisation sowie außerordentliche Kündigung des Leasingnehmers oder eine solche des Leasinggebers wegen Totalschadens oder Diebstahls.[410]

I. Außerordentliche Kündigung

Mit einer außerordentlichen Kündigung können sowohl auf bestimmte Zeit als auch auf unbestimmte Zeit geschlossene Verträge beendet werden. Es müssen die besonderen gesetzlichen oder vereinbarten Voraussetzungen bzw. Kündigungsgründe vorliegen. Angesichts der mit der Kündigung verbundenen Rechtsfolgen berechtigt nicht jede Verfehlung auf Seiten einer Vertragspartei zu der Beendigung des Vertrags. Erforderlich ist stets ein wichtiger Grund persönlicher oder sachlicher Natur, der die Fortsetzung des Vertrags für den Kündigenden unzumutbar macht und daher zu der vorzeitigen Vertragsbeendigung berechtigt. Es müssen besondere Umstände vorliegen, die so erheblich sind, dass dem Kündigenden nicht mehr zuzumuten ist, an dem Vertrag festzuhalten und er demgemäß befugt ist, die eigentlich geschuldete Vertragstreue hintanzustellen. Nur in einem solchen Fall verdient das Vertrauen der Gegenseite auf den Bestandsschutz, der bei Dauerschuldverhältnissen wie dem Leasingvertrag zu den wesentlichen Grundgedanken der gesetzlichen Regelung gehört, keine Beachtung.[411] 8

Auf den Leasingvertrag anwendbare gesetzliche mietrechtliche Kündigungsgründe sind insbes. der vertragswidrige Gebrauch des Kfz durch den Leasingnehmer, § 543 Abs. 2 Nr. 2 BGB[412], der Zahlungsverzug des Leasingnehmers, § 543 Abs. 2 Nr. 3 BGB[413] und der Tod des Leasingnehmers, § 580 BGB[414]. Ausdrücklich beschränkt auf das Kfz-Leasing ist jeder Leasingvertragspartei ein kurzfristiges Kündigungsrecht bzw. Lösungsrecht für den Fall des Totalschadens, des Verlusts oder der wesentlichen Beschädigung des Kfz eingeräumt.[415] 9

Die vorzeitige **Vertragsbeendigung** ausgenommen den Aufhebungsvertrag erfordert unabhängig von dem Eintritt der Vollamortisation eine **rechtswirksame Kündigung** des Leasingvertrags.[416] Zur **Sicherung** seiner Ansprüche gegen 10

[410] *Nitsch*, Amortisationsprinzip und relativer Ratenrückstand, FLF 1998, 18 ff.; *Reinking/Eggert*, Der Autokauf, Rdn. 880 ff.

[411] S. auch Ziff. XIV/2 der Geschäftsfahrzeug-Leasingbedingungen und XIV/3 der Privatleasing-Bedingungen (Anhang); *BGH*, Urt. v. 12.6.1985, IVa ZR 108/83, NJW 41/1985, 2478 ff.; v. 23.10.1990, VI ZR 310/89, BB 35/36/1990, 2441 ff.; v. 8.10.1990, VIII ZR 247/89, ZIP 21/1990, 1406 ff., 1409; *Palandt/Heinrichs*, BGB, § 314 Rdn. 7; *Reinking/Koyka*, Mobilienleasing, in: *Kroiß* (*Hrsg.*), Klauselbuch Schuldrecht, Rdn. 143 ff.; *Reinking*, Autoleasing, 158.

[412] Ziff. XIV/3 der PrivatLeasing-Bedingungen (Anhang).

[413] Je Ziff. XIV/2 der Privat-Geschäftsfahrzeug-Leasing-Bedingungen (Anhang).

[414] Je Ziff. XIV/3 der Privat- und Geschäftsfahrzeug-Leasing-Bedingungen(Anhang).

[415] Je Ziff. X/6 der Privat- und Geschäftsfahrzeug-Leasingbedingungen (Anhang); *Reinking/Eggert*, Der Autokauf, Rdn. 768, 881; *Reinking/Koyka*, Mobilienleasing, in: *Kroiß* (*Hrsg.*), Klauselbuch Schuldrecht, Rdn. 144.

[416] *BGH*, Urt. v. 20.9.1989, VIII ZR 239/88, NJW 4/1990, 247 ff.; v. 8.11.1989, VIII ZR

den Leasingnehmer aus dem Leasingvertrag bei Zahlungsverzug des Leasingnehmers ist der Leasinggeber berechtigt, vor Beendigung des Leasingvertrags auch ohne Kündigung das Kfz sicherzustellen. Dies ist eine die Interessen des Vermieters berücksichtigende, den nicht vertragstreuen Mieter aber nicht unbillig belastende Vereinbarung, die dem Vermieter das Recht gibt, die Gebrauchsüberlassung solange zu verweigern, bis der Mieter die rückständige Miete beglichen hat. Die Sicherstellung ist kostengünstiger als eine Durchsetzung im Wege der einstweiligen Verfügung. Ist der Zahlungsverzug beendet, ist dem Leasingnehmer der Gebrauch an dem Kfz wieder zu verschaffen.[417] Mit einer **Verfallklausel** wird bezweckt, alle noch ausstehenden Leasingraten unabhängig von einer Kündigung unter Fortbestehen des Leasingvertrags fälligzustellen. Dies führt zu einer Äquivalenzstörung des Leasingvertrags. Hierdurch wird der Leasingnehmer unangemessen benachteiligt, § 307 BGB.[418]

11 Die **Kündigung** ist eine **einseitige, empfangsbedürftige, bedingungsfeindliche** und **unwiderrufliche Willenserklärung**. Der Kündigende kann auch einen anderen zu der Abgabe der Kündigungserklärung bevollmächtigen.[419] Beendet ein von dem Leasingnehmer beauftragter Rechtsanwalt den Leasingvertrag für den Leasingnehmer, verletzt er seine anwaltliche Sorgfaltspflicht, wenn er durch Verwendung eines unzutreffenden Fachausdrucks – Rücktritt statt Kündigung – das Risiko eines Missverständnisses hervorruft, was den Erfolg des Gestaltungsversuchs gefährden kann. Ein Rechtsanwalt muss wissen, dass man sich von einem Mietvertrag bzw. einem mietähnlichem Vertrag wie dem Leasingvertrag durch Kündigung und nicht durch Rücktritt löst.[420] Die **Kündigungsmodalitäten** ergeben sich aus dem **jeweils vorliegenden Vertragstyp**. Es bedarf ausgenommen den Verbraucherleasingvertrag keiner vorherigen Nachfristsetzung des Leasinggebers.[421]

12 Die Kündigung ist nach dem Gesetz formfrei. **Leasingverträge** werden jedoch grundsätzlich **schriftlich abgeschlossen** wie auch die **Kündigung schriftlich** erklärt werden muss. Kfz-Leasing ist ein Massengeschäft, das seine

---

1/89, NJW-RR 3/1990, 182 ff.; *OLG Hamm*, Urt. v. 20.12.1991, 30 U 93/91, NJW-RR 8/1992, 502 ff.

[417] S. auch Ziff. V/5 der Privat- und Geschäftsfahrzeug-Leasing-Bedingungen (Anhang); *BGH*, Urt. v. 1.3.1978, VIII ZR 183/76, BB 11/1978, 523 f., 524; v. 7.10.1998, ZAP 23/1998, F. 1, 185; *OLG Celle*, Urt. v. 1.7.1992, 2 U 220/91, Nds. Rpfl. 6/1994, 184 f., 185; v. 27.10.1993, 2 U 255/92, Nds. Rpfl. 8/1994, 247 f.; v. 3.3.1993, 2 U 54/92, Nds. Rpfl. 6/1994, 184; str.: a.A. *Reinking/Koyka*, Mobilienleasing, in: *Kroiß (Hrsg.)*, Klauselbuch Schuldrecht, Rdn. 148; *Reinking*, Autoleasing, 145; *Reinking/Eggert*, Der Autokauf, Rdn. 857; *Beckmann*, Offene Fragen bei Finanzierungsleasinggeschäften, DStR 28/2000, 1185 ff., 1191.

[418] *BGH*, Urt. v. 28.10.1981, VIII ZR 175/80, WM 51/52/1982, 1378 ff.; v. 1.3.1978, VIII ZR 183/76, BB 11/1978, 523; *OLG Köln*, Urt. v. 25.1.1988, 12 U 210/87, ZIP 7/1988, 445 f.; *OLG Celle*,, Urt. v. 1.7.1992, 2 U 220/91, Nds. Rpfl. 6/1994, 184 f., 185; *OLG Düsseldorf*, Urt. v. 18.2.1988, 10 U 132/87, BB 13/1988, 863 f.; *Reinking*, Autoleasing, 146; *Reinking/Eggert*, Der Autokauf, Rdn. 857, 889.

[419] *OLG Naumburg*, Urt. v. 10.12.1999, 6 U 1107/97, NJW-RR 6/2001, 423.

[420] *BGH*, Urt. v. 4.6.1996, IX ZR 51/95, DB 37/1996, 1866 f.; *Reinking/Eggert*, Der Autokauf, Rdn. 855.

[421] *BGH*, Urt. v. 4.4.1984, VIII ZR 313/82, NJW 47/1984, 2687 ff.

vertragliche Regelung durch Leasingbedingungen findet. Hinsichtlich eines **Verbraucherleasingvertrags** besteht Schriftformerfordernis.[422] Mündliche Nebenabreden sind ohnehin nicht rechtswirksam.[423]Maßgeblicher Zeitpunkt für die Wirksamkeit der Kündigung ist der **Zugang** der **Kündigungserklärung**, **§§ 130 ff. BGB**. Der Kündigende trägt die Beweislast für den Zugang.[424]

Die beabsichtigte Rechtsänderung muss sich klar und unzweideutig aus der 13
Erklärung ergeben. Eine **Angabe** des **Kündigungsgrunds** ist für die Wirksamkeit jeglicher Form der Kündigung nur dann erforderlich, wenn die Kündigung lediglich aus bestimmten Gründen zulässig ist.[425] Ist bei einem Leasingvertrag über ein Kfz dem Leasinggeber für den Fall des Diebstahls des Kfz nach den Leasingbedingungen ein Kündigungsrecht mit der Maßgabe eingeräumt, dass jeder Vertragspartner im Falle des Wiederauffindens des Kfz vor dem Eintritt der Leistungsverpflichtung des Versicherers die Fortsetzung des Vertrags verlangen kann, kann für eine auf Vertragsverletzungen gestützte Kündigungserklärung wegen der andersartigen Rechtsfolge nicht nachträglich der Kündigungsgrund „Entwendung des Kfz" nachgeschoben werden. Die Angabe eines unzutreffenden Grundes in der Kündigungserklärung ist unschädlich, sofern lediglich in dem Zeitpunkt des Zugangs der Kündigung tatsächlich ein Kündigungsgrund bestanden hat. Wird die Kündigung von dem angegebenen Grund nicht gestützt, können nicht bekannt gegebene Gründe mit der Wirkung nachgeschoben werden, dass diese die zuvor erklärte Kündigung rechtfertigen. Dieser im Mietrecht anerkannte Grundsatz gilt auch für das Leasinggeschäft.[426]

Die fristlose Kündigung bedarf keiner Abmahnung durch den Leasinggeber, 14
wenn der Leasingnehmer das Kfz z.T. unter erheblicher Alkoholeinwirkung benutzt, ohne im Besitz einer gültigen Fahrerlaubnis zu sein.[427] Eine fristlose Kündigung wegen vertragswidrigem Gebrauch des Kfz setzt voraus, dass der Leasinggeber den Leasingnehmer vor der Kündigung vergeblich abgemahnt hat.[428]

Sind **zwei Personen Leasingnehmer** und ist nur gegenüber einer der bei- 15
den Personen die Kündigung des Leasingvertrags erklärt worden, ist der Vertrag regelmäßig nicht rechtswirksam beendet worden. Die Kündigung muss gegenüber beiden Leasingnehmern erklärt werden.[429] Eine Mehrheit von Personen kann sich gegenseitig durch Allgemeine Geschäftsbedingungen zur Empfangnahme von Kündigungserklärungen bevollmächtigen.[430]

---

[422] § 11 Rdn. 17; *Reinking/Eggert*, Der Autokauf, Rdn. 798.

[423] Je Ziff. I/3 der Privat- und Geschäftsfahrzeug-Leasingbedingungen (Anhang).

[424] *Reinking*, Autoleasing, 145.

[425] *OLG Düsseldorf*, Urt. v. 7.6.1990, 10 U 195/89, NJW-RR 23/1990, 1469; *OLG Hamm*, Urt. v. 20.12.1991, 30 U 93/91, NJW-RR 8/1992, 502 ff., 503.

[426] *OLG Hamm*, Urt. v. 12.12.1997, 7 U 67/97, NJW-RR 10/1998, 706 ff.

[427] *OLG Düsseldorf*, Urt. v. 16.1.1997, 10 U 245/95, BB 14/1997, 702. S. auch *BGH*, Urt. v. 25.11.1982, III ZR 92/81, NJW 1983, 1542.

[428] S. auch Ziff. XIV/2 der Geschäftsfahrzeug-Leasingbedingungen und Ziff. XIV/3 der PrivatLeasing-Bedingungen (Anhang)

[429] BGHZ 26, 102, 103; *BGH*, Urt. v. 28.6.2000, VIII ZR 240/99, NJW 42/2000, 3133 ff. Vgl. zum Verbraucherleasingvertrag Rdn. 20.

[430] *OLG Celle*, Urt. v. 27.10.1993, 2 U 255/92, Nds.Rpfl. 8/1994, 247 f., 248; *BGH*, Beschluss v. 10.9.1997, VIII ARZ 1/97, NJW 51/1997, 3437 ff.

16 Die **Kündigung** hat **unterschiedliche Rechtsfolgen**. Die beiderseitigen Hauptpflichten der Leasingvertragsparteien erlöschen mit sofortiger Wirkung und der Leasingvertrag verwandelt sich in ein Abwicklungsschuldverhältnis. Der Leasingnehmer verliert sein Besitzrecht und ist zu der Rückgabe des Kfz verpflichtet wie auch zum Ausgleich des noch nicht getilgten Teils der Gesamtkosten des Leasinggebers. Auf die Rückgabe des Kfz folgt die Schätzung und die Verwertung des Kfz. Der Leasinggeber erteilt dem Leasingnehmer ggf. eine Schlussrechnung.[431]

1. Kündigung wegen Zahlungsverzugs des Leasingnehmers

17 Der Leasingnehmer ist aufgrund des Leasingvertrags dem Leasinggeber gegen-über verpflichtet, die vereinbarten **Leasingraten** als **Gegenleistung** für die **Gebrauchsüberlassung** des Kfz und die **Finanzierung** seiner Investition zu entrichten, § 535 Abs. 2 BGB.[432] Zahlungsverzug des Leasingnehmers ist gegeben, wenn dieser aus einem von ihm zu vertretenden Grund das Leasingentgelt nicht zu dem kalendermäßig bestimmten Zeitpunkt entrichtet. Bei Zahlungsverzug des Leasingnehmers hat der Leasinggeber ein außerordentliches Kündigungsrecht gemäß § 543 Abs. 2 Nr. 3 BGB, welche Regelung auf den Leasingvertrag anwendbar ist.[433] Der Leasingnehmer muss sich mit der Zahlung von **mindestens zwei aufeinander folgenden monatlichen Leasingraten** oder eines nicht unerheblichen Teils der Leasingraten in Verzug befinden.[434] Es ist **Verzug** und damit **Verschulden** des **Leasingnehmers** erforderlich, § 286 BGB. Der bloße Rückstand mit Beträgen, die den Leasingraten für zwei Monate entsprechen, reicht nicht aus. Die Regelung des § 543 Abs. 2 S. Nr. 3 BGB erfordert Zahlungsverzug und nicht lediglich einen Rückstand. Dies folgt aus dem Schutzbedürfnis des Mieters bzw. Leasingnehmers. Eine fristlose Kündigung wäre andernfalls schon bei bloßem Ausbleiben fälliger Zahlungen möglich.[435]

---

[431] *OLG Frankfurt a.M.*, Urt. v. 24.2.2000, 3 U 2/99, DAR 4/2001, IV; *LG Darmstadt*, Urt. v. 14.11.1997, 3 O 1231/97, DAR 4/2001, IV; *Reinking/Koyka*, Mobilienleasing, in: *Kroiß (Hrsg.)*, Klauselbuch Schuldrecht, Rdn. 149.

[432] S. auch je Ziff. IV/1 der Privat- und Geschäftsfahrzeug-Leasing-Bedingungen (Anhang).

[433] S. zur Kündigung wegen Zahlungsverzugs u.a. *BGH*, Urt. v. 24.4.1996, VIII ZR 150/95, NJW 31/1996, 2033 ff.; v. 8.3.1995, VIII ZR 313/93, WM 21/1995, 935 ff.; v. 3.11.1993, 2 U 212/92, NJW-RR 21/1994, 1334 ff.; v. 11.1.1995, VIII ZR 61/94, ZIP 4/1995, 286 ff.; v. 10.10.1990, VIII ZR 296/89, NJW 4/1991, 221 ff.; v. 5.4.1978, VIII ZR 49/77, NJW 29/1978, 1432 ff.; *OLG Düsseldorf*, Urt. v. 12.6.1998, 10 U 113/97, BB 43/1998, 2179; *OLG Celle*, Urt. v. 17.12.1997, 2 U 2/97, NJW-RR 10/1998, 704 ff.; *OLG Hamm*, Urt. v. 12.12.1997, 7 U 67/97, NJW-RR 10/1998, 706 ff.; *OLG Düsseldorf*, Urt. v. 10.10.1996, 10 U 217/95, BB 1/1997, 13; *OLG Celle*, Urt. v. 5.1.1995, 2 U 177/91, NJW-RR 12/1994, 743 ff.; *OLG Köln*, Urt. v. 15.3.1993, 12 U 56/92, NJW-RR 16/1993, 1016 ff.; *OLG Hamm*, Urt. v. 20.12.1991, 30 U 93/91, NJW-RR 8/1992, 502 ff.

[434] S. auch je Ziff. XIV/2 der Privat- und Geschäftsfahrzeug-Leasingbedingungen (Anhang); BGHZ 94, 195, 215; *OLG Hamm*, Urt. v. 20.12.1991, 30 U 93/91, NJW-RR 8/1992, 502 ff., 503; *OLG Düsseldorf*, Urt. v. 12.6.1998, 10 U 113/97, BB 43/1998, 2179 f.; *Reinking*, Autoleasing, 140.

[435] *BGH*, Urt. v. 25.3.1987, VIII ZR 71/86, NJW 1987, 2506; *OLG Hamm*, Urt. v. 20.12.1991, 30 U 93/91, NJW-RR 8/1992, 502 ff.; *OLG Köln*, Urt. v. 9.8.1995, 19 U 268/94, BB 2/1996,

Befindet sich der Leasingnehmer mit zwei Leasingraten in Verzug, entfällt das hierauf gestützte Recht des Leasinggebers zur fristlosen Kündigung nicht dadurch, dass der Leasingnehmer vor Zugang der Kündigung eine Leasingrate bezahlt. Das gilt jedenfalls dann, wenn er danach jegliche Ratenzahlung einstellt, das Kfz aber weiter nutzt.[436]

Die Leasingraten sind i.d.R. jeweils zu einem bestimmten Kalenderzeitpunkt, 18
nämlich am Monatsersten, im voraus fällig, wobei die erste Leasingrate und auch die Sonderzahlung, so weit nichts anderes vereinbart ist, zu Beginn der Leasingzeit fällig sind.[437] Mit dieser **Vorauszahlungspflicht** tritt **ohne Mahnung Verzug** ein, wenn der Leasingnehmer zum Fälligkeitszeitpunkt nicht zahlt. Liegt kein Verbraucherleasingvertrag vor, beträgt der gesetzliche Verzugszinssatz acht Prozentpunkte über dem aktuellen Basiszinssatz, § 288 Abs. 2 BGB.[438]

Bei Zahlungsverzug des Leasingnehmers hat der Leasinggeber Anspruch auf 19
Ersatz seines **Verspätungsschadens**. Der Verzugsschaden kann im Wege der abstrakten Schadenspauschalierung berechnet werden.[439] Die Höhe des Verzugsschadens richtet sich nach dem gewöhnlich eintretenden Verzugsschaden. Eine **Schadenspauschalierung** in Höhe von **5 Prozentpunkten über dem jeweiligen Basiszinssatz** der Deutschen Bundesbank ist angemessen. Entsprechend den Grundsätzen der Schadenspauschalierung darf dem Leasingnehmer nicht der Nachweis eines geringeren Schadens abgeschnitten werden. Dies gilt auch hinsichtlich eines Nachweises, dass dem Leasinggeber überhaupt kein Schaden entstanden ist. Eine Pauschalierung der Mahnkosten ist zulässig.[440] Nach der Neuregelung der Schadenspauschalierung bei Verbraucherverträgen in § 309 Nr. 5 b BGB ist, im Gegensatz zu § 11 Nr. 5 b AGBGB, dem anderen Vertragsteil ausdrücklich der Nachweis zu gestatten, ein Schaden oder eine Wertminderung sei überhaupt nicht entstanden oder wesentlich niedriger als die Pauschale.[441]

Die **Kündigung** des **Verbraucherleasingvertrags** ist in **§§ 500, 498 Abs. 1** 20
S. 1 Nr. 1 BGB geregelt. Der Leasingnehmer ist in Zahlungsverzug, wenn er aufeinander folgend zwei Bruttoleasingraten nicht gezahlt hat. Der Leasingnehmer muss mit mindestens zwei aufeinander folgenden Teilzahlungen ganz oder teilweise und mindestens 10 v.H. bei einer Laufzeit des Kreditvertrags über drei

---

80; *Reinking/Koyka*, Mobilienleasing, in: *Kroiß (Hrsg.)*, Klauselbuch Schuldrecht, Rdn. 146; *Reinking/Eggert*, Der Autokauf, Rdn. 887 f.

[436] *Reinking/Eggert*, Der Autokauf, Rdn. 887; *Reinking/Koyka*, Mobilienleasing, in: *Kroiß (Hrsg.)*, Klauselbuch Schuldrecht, Rdn. 146, *OLG Köln*, Urt. v. 30.6.1995, 19 U 221/94, BB 2/1996, 80.

[437] S. auch Privat-Leasing-Bestellung sowie je Ziff. IV/2 u.V/1der Privat-Leasing- und Geschäftsfahrzeug-Leasingbedingungen (Anhang).

[438] *Berninghaus*, Beendigung des Leasingvertrags durch Kündigung oder Zeitablauf, in: *Büschgen (Hrsg.)*, Praxishandbuch Leasing, § 12 Rdn. 86.; *Reinking/Eggert*, Der Autokauf, Rdn. 820.

[439] Vormals § 11 Nr. 5 a BGB; *OLG Düsseldorf*, Urt. v. 12.6.1998, 10 U 113/97, BB 43/1998, 2179 f.; *OLG Celle*, Urt. v. 5.1.1994, 2 U 177/91, NJW-RR 12/1994, 743 ff.; *Reinking*, Autoleasing, 147.

[440] *BGH*, Urt. v. 8.11.1994, VII ZR 256/83, NJW 1985, 632.

[441] *Beckmann*, Auswirkungen des Schuldrechtsmodernisierungsgesetzes auf die Leasing-Branche, FLF 2/2002, 46 ff., 52; *Godefroid*, Finanzierungsleasingverträge und Schuldrechtsmodernisierungsgesetz, BB Leasing-Berater, Beil. 5 zu H 27/2002, 2 ff., 3.

Jahre mit 5 v.H. des Nennbetrags des Kredits oder des Teilzahlungspreises in Verzug sein und der Leasinggeber dem Verbraucher erfolglos eine zweiwöchige Frist zur Zahlung des rückständigen Betrags mit der Erklärung gesetzt haben, dass er bei Nichtzahlung innerhalb der Frist die gesamte Restschuld verlange. Für die Berechnung der Rückstandsquote ist die Summe der Brutto-Leasingraten maßgebend. Weder Sonderzahlung noch Restwert finden Berücksichtigung. Ist nur einer von mehreren Leasingnehmern Verbraucher, ist eine gegenüber sämtlichen Leasingnehmern ausgesprochene Kündigung nur wirksam, wenn die Voraussetzungen des § 498 BGB zuvor gegenüber dem Leasingnehmer erfüllt sind, der Verbraucher ist.[442]

2. Kündigung wegen Totalschadens, Verlusts oder wesentlicher Beschädigung des Kfz

21 Jeder Leasingvertragspartei steht das Recht zu, den Leasingvertrag bei Totalschaden, wesentlicher Beschädigung oder Verlust des Kfz zum Ende eines Vertragsmonats zu kündigen. Dieses Kündigungsrecht ist ein nicht entziehbares, außerordentliches, kurzfristiges, allein auf den **Bereich** des **Kfz-Leasings beschränktes Kündigungsrecht**. Es beruht auf den besonderen Verhältnissen bei dem Kfz-Leasing und gilt sowohl bei einem Leasingvertrag über ein Neufahrzeug als auch bei einem Leasingvertrag über ein Gebrauchtfahrzeug. Bei anderen Leasinggütern ist nicht in vergleichbarer Weise das für einen Leasingnehmer, der ein Kfz least, typische Interesse an einem fabrikneuen[443] und damit risikofreien Kfz gegeben. Gleichzustellen ist die wahlweise Einräumung eines **Lösungsrechts** für die Fälle des Verlusts und der erheblichen Beschädigung des Kfz, welches einem kurzfristigem, mit der Verpflichtung zur Leistung einer Ausgleichszahlung verbundenem Kündigungsrecht gleichkommt.[444]

22 Eine erhebliche Beschädigung des Kfz liegt jedenfalls vor, wenn die schadenbedingten Reparaturkosten 60% des Wiederbeschaffungswerts des Kfz über-

[442] Vormals § 12 Abs. 1 S. 1 Ziff. 1 BGB. S. auch Ziff. XIV/2 der PrivatLeasing-Bedingungen (Anhang); *BGH*, Urt. v. 14.2.2001, VIII ZR 277/99, ZIP 15/2001, 641 ff.; *OLG Düsseldorf*, Urt. v. 20.2.1997, 24 U 54/96, OLG-Rep. 1997, 270; *OLG Celle*, Urt. v. 29.1.1997, 2 U 38/96, NJW-RR 18/1997, 1144 ff.; *Reinking/Eggert*, Der Autokauf, Rdn. 766, 824, 888; *Reinking*, Autoleasing, 143; *Reinking/Koyka*, Mobilienleasing, in: *Kroiß (Hrsg.)*, Klauselbuch Schuldrecht, Rdn. 147; *Engel*, Zum außerordentlichen Kündigungsrecht des Leasinggebers im privaten KraftfahrzeugLeasinggeschäft wegen Zahlungsverzug des Leasingnehmers, DB 1997, Beil. 6 S. 24, 25; *Nitsch*, Amortisationsprinzip und relativer Ratenrückstand (§ 12 VerbrKrG) beim Kfz-Leasing, FLF 1/1998, 18 ff.; *Tiedtke/Möllmann*, Entwicklung der aktuellen Rechtsprechung des BGH zum Leasingrecht, DB 17/2004, 915 ff., 918; *Müller-Sarnowski*, Privat-Autoleasing nach der Schuldrechtsreform, eine Bestandsaufnahme, DAR 11/2002, 485 ff., 494.

[443] *BGH*, Urt. v. 22.3.2000, VIII ZR 325/98, BB 26/2000, 1316 ff.

[444] *BGH*, Urt. v. 6.3.1996, VIII ZR 98/95, NJW 29/1996, 1888 ff.; v. 11.12.1991, VIII ZR 31/91, NJW 11/1992, 683 ff.; v. 15.10.1986, VIII ZR 319/85, ZIP 23–24/1986, 1566 ff.; v. 15.7.1998, VIII ZR 348/97, BB 41/1998, 2078 ff.; v. 23.10.1990, VI ZR 310/89, NJW-RR 5/1991, 280 f.; v. 9.10.1996, VIII ZR 298/95, NZV 2/1997, 72 f.; v. 1.4.1996, VIII ZR 98/95, DB 1996, 1181; v. 17.4.1996, VIII ZR 44/95, BB 1996, 1191; *OLG Köln*, Urt. v. 2.12.1992, 13 U 144/92, NJW 19/1993, 1273 f.; *Reinking/Koyka*, Mobilienleasing, in: *Kroiß (Hrsg.)*, Klauselbuch Schuldrecht, Rdn. 144.

schreiten. Ist lediglich ein kurzfristiges Kündigungsrecht für den Fall einer Beschädigung zu mehr als 80% des Zeitwerts eingeräumt, ist die Risikoverlagerung auf den Leasingnehmer unwirksam.[445] Die Einräumung dieses Kündigungsrechts ist Voraussetzung für die Wirksamkeit der leasingtypischen Verlagerung der Sachgefahr von dem Leasinggeber auf den Leasingnehmer. Der Leasingnehmer kann sich vor derartigen Risiken bei dem Kfz-Leasing durch den Abschluss einer Fahrzeugvollversicherung schützen.[446] Das außerordentliche Kündigungsrecht steht jedoch dem Leasingnehmer nicht zu, wenn das Kfz gestohlen, nach wenigen Tagen jedoch wieder aufgefunden wird und fachgerecht repariert worden ist, ohne dass zu befürchten ist, dass Restmängel verbleiben.[447] Die Wirksamkeit der formularmäßigen Gefahrabwälzung setzt nicht eine ausdrückliche Regelung voraus, dass die Ansprüche des Leasinggebers aus einer von dem Leasingnehmer für das Kfz abzuschließenden Versicherung sowie die Ersatzansprüche des Leasinggebers aus der Verletzung seines Eigentums an dem Kfz bzw. die entsprechenden Leistungen an den Leasinggeber dem Leasingnehmer zugute kommen.[448]

3. Kündigung wegen Tod des Leasingnehmers

23 Bei Tod des Leasingnehmers können sowohl dessen Erben als auch der Leasinggeber den Leasingvertrag vorzeitig unter Einhaltung der gesetzlichen Frist kündigen, **§ 580 BGB**.[449] Das Kündigungsrecht kann abbedungen werden. Es handelt sich um eine **außerordentliche fristgebundene Kündigung**, welche zum Entstehungstatbestand den **Tod** einer **natürlichen Person** hat. Die Beendigung einer juristischen Person ist kein Fall des § 580 BGB. Die Ausübung des Kündigungsrechts hängt nicht davon ab, dass der Erbe die Erbschaft angenommen hat. Mit der Regelung des § 580 BGB soll berücksichtigt werden, dass es dem Vermieter bzw. Leasinggeber oftmals auf die Person des Mieters bzw. Leasingnehmers besonders ankommt und auch die Erben oftmals kein Interesse an der Fortsetzung des Vertrags haben. Eine Regelung des Inhalts, nach welcher der Leasinggeber bei Tod des Leasingnehmers berechtigt ist, den Leasingvertrag fristlos zu kündigen und Schadensersatz wegen vorzeitiger Vertragsbeendigung zu verlangen, ist nicht zulässig. Der Rechtsnachfolger des Leasingnehmers würde unangemessen benachteiligt. Er könnte der Schadensersatzforderung auch dann

---

445 *BGH*, Urt. v. 25.3.1998, VIII ZR 244/97, DB 21/1998, 1076 f.; *Tiedtke/Möllmann*, Entwicklung der aktuellen Rechtsprechung des BGH zum Leasingrecht, DB 17/2004, 915 ff., 916; *Zahn/Bahmann*, Kfz-Leasingvertrag, Rdn. 19.

446 *BGH*, Urt. v. 15.10.1986, 5 U 10/86, NJW-RR 1987, 241 ff.; v. 9.10.1996, VIII ZR 298/95, NZV 2/1997, 72 ff.; v. 1.4.1996, VIII ZR 98/95, DB 1996, 1181; v. 17.4.1996, VIII ZR 44/95, BB 1996, 1191; v. 11.12.1991, VIII ZR 31/92, NJW 11/1992, 683 ff.; v. 6.3.1996, VIII ZR 98/95, NJW 29/1996, 1888 f.; *Nitsch*, Amortisationsprinzip und relativer Ratenrückstand, FLF 1998, 18 ff.

447 *BGH*, Urt. v. 15.10.1986, VIII ZR 319/85, ZIP 23–24/1986, 1566 ff.; *Reinking/Koyka*, Mobilienleasing, in: *Kroiß* (*Hrsg.*), Klauselbuch Schuldrecht, Rdn. 145.

448 *BGH*, Urt. v. 8.10.2003, VIII ZR 55/03, NJW 14/2004, 1041 ff. mit Anmerkung von RiBGH *Wellner* in Gewerbemiete und Teileigentum (GuT) H 15/2004, 47 ff., s. auch *Weber*, NJW 2003, 2348 ff.

449 S. auch Ziff. XIV/4 der PrivatLeasing-Bedingungen (Anhang).

nicht entgehen, wenn er zu der Fortsetzung des Leasingvertrags bereit sei. Inhalt, Form und Zugang der Kündigungserklärung richten sich nach allgemeinen Regeln. Entscheidend ist der Zeitpunkt der Kenntniserlangung vom Tod des Leasingnehmers. Steht dem Erben das Kündigungsrecht des § 580 BGB zu, so soll nach einer Entscheidung des LG Wuppertal bei der Vertragsabrechnung der von dem Leasinggeber darzulegende kalkulierte Gewinnanteil aus dem Vertrag für die Zeit nach der Kündigung dem Leasingnehmer bzw. seinen Erben zustehen.[450]

4. Kündigung aus wichtigem Grund

24 Ein außerordentliches Kündigungsrecht aus wichtigem Grund kann sich aus **Gesetz** ergeben, § 314 BGB, aus **Vertrag** oder dem allgemeinen, aus dem Rechtsgedanken des **§ 242 BGB** abgeleiteten Recht zur Kündigung von Dauerschuldverhältnissen entsprechen. Das letztere Kündigungsrecht aus wichtigem Grund steht gleichrangig neben den gesetzlich vorgesehenen Kündigungsrechten und kann durch Parteivereinbarung nicht wirksam ausgeschlossen werden. Der **Leasingvertrag** ist gegenseitiger Vertrag i.S.d. §§ 320 ff. BGB und wie die Miete Dauerschuldverhältnis.[451] Der Leasingvertrag kann daher auch ohne besondere vertragliche Regelung von jeder Vertragspartei gekündigt werden, wenn ein wichtiger Grund gegeben ist. Ein **wichtiger Grund** ist gegeben, wenn Tatsachen vorliegen, die unter Berücksichtigung aller Umstände und unter Abwägung der beiderseitigen Interessen die Fortsetzung des Vertrags für den Kündigenden unzumutbar machen. Ein Verschulden des anderen Teils ist weder erforderlich noch ausreichend.[452] Auf der Seite des Leasinggebers kann man einen wichtigen Grund immer dann bejahen, wenn dessen Rechte erheblich gefährdet bzw. verletzt sind. Hierzu zählt insbes. eine **Gefährdung des Anspruchs des Leasinggebers** auf das **Leasingentgelt** und seines Rückgabe- bzw. Herausgabeanspruchs als Eigentümer des Kfz.

25 Ein wichtiger Grund kann ferner in dem Eintritt einer **Vermögensverschlechterung** des **Leasingnehmers** in einem für den Leasinggeber gewichtigem Ausmaß liegen, welche zu einer Gefährdung des Anspruchs des Leasinggebers auf die Gegenleistung führt.[453] Beispielsweise im Fall einer Zahlungseinstel-

[450] *OLG Düsseldorf*, Urt. v. 7.6.1990, 10 U 195/89, NJW-RR 23/1990, 1469; *LG Gießen*, Urt. v. 11.4.1986, 2 O 489/85, NJW 18/1986, 2116 ff.; *LG Wuppertal*, Urt. v. 18.11.1998, 8 S 88/98, NJW-RR 7/1999, 493; *Reinking/Eggert*, Der Autokauf, Rdn. 883; *Reinking*, Autoleasing, 158.

[451] BGHZ 29, 172; 41, 108; 112, 279; *BGH*, Urt. v. 4.6.1996, IX ZR 51/95, DB 37/1996, 1866 f.; *OLG Hamm*, Urt. v. 20.12.1991, 30 U 93/91, NJW-RR 8/1992, 502 ff.; *Engel*, Die Verjährung im Leasinggeschäft. Der Restwertausgleichsanspruch des Leasinggebers bei vorzeitiger und ordentlicher Vertragsbeendigung, DB 1997, 761 ff.

[452] *OLG Hamm*, Urt. v. 20.12.1991, 30 U 93/91, NJW-RR 8/1992, 502 ff.

[453] S. auch Ziff. XIV/3 der Privatleasing-Bedingungen und Ziff. XIV/2 der Geschäftsfahrzeug-Leasingbedingungen (Anhang); *BGH*, Urt. v. 8.10.1990, VIII ZR 247/89, DB 47/1990, 2367 ff.; *Reinking/Koyka*, Mobilienleasing, in: *Kroiß (Hrsg.)*, Klauselbuch Schuldrecht, Rdn. 144; *Reinking/Eggert*, Der Autokauf, Rdn. 886; *Reinking*, Autoleasing, 140; *Berninghaus*, Beendigung des Leasingvertrags durch Kündigung oder Zeitablauf, in: *Büschgen (Hrsg.)*, Praxishandbuch Leasing, § 12 Rdn. 91.

lung sind die in der Person des Leasingnehmers eingetretenen Umstände als so erheblich anzusehen, dass kaum noch in realistischer Einschätzung davon ausgegangen werden kann, dass der Leasinggeber das von dem Leasingnehmer geschuldete Leasingentgelt erhält. Das außerordentliche Kündigungsrecht aus dem Gesichtspunkt einer anspruchsgefährdenden Vermögensverschlechterung des Leasingnehmers soll dem Leasinggeber dann nicht zustehen, wenn sich der Leasingnehmer für diesen erkennbar schon bei Vertragsschluss in finanziellen Schwierigkeiten befunden hat oder der Leasinggeber es verabsäumt hat, die Leasingraten in dem mit dem Leasingnehmer vereinbarten **Lastschriftverfahren** einzuziehen, da diese Fälle der Risikosphäre des Leasinggebers zuzurechnen seien. Hat der Leasingnehmer jedoch den Leasinggeber bevollmächtigt, monatlich zu zahlende Raten von seinem Konto abzubuchen und unterbleibt diese Abbuchung für einige Monate durch ein Versehen des Leasinggebers, gerät der Leasingnehmer in Verzug, wenn er nach Aufforderung durch den Leasinggeber den Betrag nicht innerhalb der von dem Leasinggeber gesetzten Frist bezahlt. Die Ermächtigung zur Abbuchung ist nicht einer Verpflichtung zur Abbuchung gleichzusetzen.[454]

Der Leasinggeber muss weder mit einem Kunden von mangelnder Bonität ei- 26
nen Leasingvertrag abschließen noch ist er bei bestehendem Leasingvertrag verpflichtet, einem Leasingnehmer mit **schlechter Bonität** das Kfz bei Vertragsende zum Schätzpreis anzubieten. Finanzielle Schwierigkeiten des Leasingnehmers, welche den Anspruch des Leasinggebers aus dem Leasingvertrag auf die Gegenleistung gefährden, sind nicht der Risikosphäre des Leasinggebers zuzurechnen, mit der Folge, dass ein dem Leasinggeber zustehendes Kündigungsrecht aus wichtigem Grund zu versagen wäre. Allenfalls kann der Gesichtspunkt der Erkennbarkeit von finanziellen Schwierigkeiten des Leasingnehmers im Rahmen eines mitwirkenden Verschuldens gemäß § 254 BGB berücksichtigt werden.

Der Tatbestand der **Zwangsvollstreckung** in das Vermögen des Leasingneh- 27
mers ist zumindest als Zeichen zu werten, dass der Leasingnehmer nicht in der Lage bzw. nicht willens ist, sogar gerichtlich festgestellte Leistungspflichten freiwillig zu erfüllen. Der Leasinggeber muss sich hier nicht nur mit seinem Vertragspartner, sondern auch mit Dritten auseinander setzen und ist ggfs. gezwungen, erst mittels einer Drittwiderspruchsklage sein Eigentum an dem Kfz geltend machen zu können.[455]

---

454 *OLG Düsseldorf*, Urt. v. 13.10.1988, 10 U 37/88, BB 32/1988, 2208 f.

455 *BGH*, Urt. v. 6.6.1984, VIII ZR 257/82, NJW 1984, 871; *OLG Hamm*, Urt. v. 14.3.1986, 4 U 197/85, NJW-RR 1986, 927; *Reinking*, Autoleasing, 170 ff. Kfz-Leasing ist Leasen mobiler Leasinggüter. Bei der Zwangsvollstreckung durch Gläubiger des Leasingnehmers kommen als Vollstreckungsgegenstand in Betracht: das Kfz, das Nutzungsrecht des Leasingnehmers und der Restwert. Der Leasingnehmer ist aufgrund des Leasingvertrags unmittelbarer Besitzer des Kfz, der Leasinggeber rechtlicher Eigentümer des Kfz. Bei der Zwangsvollstreckung durch Gläubiger des Leasinggebers kommen als Vollstreckungsgegenstände in Betracht: das Kfz, der Rückgabe- bzw. Herausgabeanspruch des Leasinggebers und der Anspruch des Leasinggebers auf das Leasingentgelt. S. weiterführend zur Zwangsvollstreckung: *Berninghaus*, Leasing in der Zwangsvollstreckung und im Konkurs, in: *Büschgen (Hrsg.)*, Praxishandbuch Leasing, § 13; *Borggräfe*, Die Zwangsvollstreckung in bewegliches Leasinggut, 1976; *Mohrbutter*, Zwangsvollstreckung, Konkurs und Vergleich auf Seiten des Leasinggebers, ZAP 1989 F. 14, 23.

28 Ein wichtiger Grund liegt ferner vor, wenn der Leasingnehmer **schwerwiegende Vertragsverletzungen** nicht unterlässt oder bereits eingetretene Folgen solcher Vertragsverletzungen nicht unverzüglich beseitigt, § 543 Abs. 2 Nr. 2 BGB. Ein **vertragswidriger Gebrauch** des Kfz durch den Leasingnehmer ist z.B. gegeben, wenn dieser das Kfz nicht entsprechend den vertraglichen Bestimmungen sach- und fachgerecht einsetzt. Dies ist u.a. der Fall, wenn das Kfz entgegen der vertraglichen Vereinbarung an Dritte überlassen wird oder der Leasingnehmer die ihm obliegenden Instandhaltungs- und Pflegepflichten verletzt. Voraussetzung ist, dass der Leasinggeber den Leasingnehmer vor Ausspruch der Kündigung vergeblich abgemahnt hat. Die Abmahnung hat Warnfunktion. Diese ist entbehrlich, wenn diese nicht geeignet ist, künftige Vertragsverletzungen zu vermeiden.[456]

29 Weitere Kündigungsgründe, die den Leasinggeber zur außerordentlichen Kündigung des Leasingvertrags aus wichtigem Grund berechtigen, sind u.a: **unzutreffende vertragswesentliche Angaben bei Vertragsschluss** bzw. Verschweigen von erheblichen Tatsachen, z.B. hinsichtlich der Kreditwürdigkeit, Verlagerung des Wohn- oder Geschäftssitzes ins Ausland und weitere erhebliche Vertragsverletzungen, welche der Leasingnehmer trotz schriftlicher Abmahnung nicht einstellt bzw. deren Folgen er nicht unverzüglich beseitigt.[457] Das außerordentliche fristlose Kündigungsrecht bei **Verlagerung des Wohn- bzw. Geschäftssitzes** des Leasingnehmers ins Ausland gründet darauf, dass das regelmäßig im Eigentum des Leasinggebers stehende Kfz dessen Sicherheit dient und daher bei einer Verbringung ins Ausland die Gefahr besteht, dass das Sicherungsgut Kfz dem Zugriff des Leasinggebers entzogen wird. Der Leasingnehmer muss dem Leasinggeber einen Wohnsitzwechsel unverzüglich anzeigen. Dem Leasinggeber ist bei diesem Sachverhalt nicht zuzumuten, ggf. kostspielige Nachforschungen anzustellen oder sogar ausländische Gerichte in Anspruch nehmen zu müssen. Ferner steht dem Leasinggeber ein fristloses Kündigungsrecht für den Fall zu, dass der Leasingnehmer das Kfz z.T. unter erheblicher Alkoholeinwirkung mehrfach benutzt, ohne im Besitz einer gültigen Fahrerlaubnis zu sein. Es bedarf in diesem Fall nach Ansicht des OLG Düsseldorf keiner Abmahnung durch den Leasinggeber.[458]

II. Aufhebungsvertrag

30 Der Leasingvertrag kann nach frühestens sechs Monaten durch Aufhebungsvertrag vorzeitig beendet werden. Es wird regelmäßig in den Leasingbedingungen vereinbart, dass auf Wunsch des Leasingnehmers sechs Monate nach Vertragsbeginn, bei Totalschaden, Verlust oder unfallbedingten Reparaturkosten von

[456] *BGH*, Urt. v. 1.7.1987, VIII ZR 117/86, WM 38/1987, 1131 ff.; *OLG Dresden*, Urt. v. 1.12.1999, 8 U 2662/99, DAR 3/2000, 118 ff.; *Reinking/Eggert*, Der Autokauf, Rdn. 882, 885; *Reinking*, Autoleasing, 140; *Berninghaus*, Beendigung des Leasingvertrags durch Kündigung oder Zeitablauf, in: *Büschgen* (*Hrsg.*), Praxishandbuch Leasing, § 12 Rdn. 89.

[457] S. u.a. Ziff. XIV/3 der PrivatLeasing-Bedingungen (Anhang).

[458] *OLG Düsseldorf*, Urt. v. 16.1.1997, 10 U 245/95, BB 14/1997, 702.

mehr als 60% des Wiederbeschaffungswerts des Kfz jederzeit eine vorzeitige Beendigung des Leasingvertrags durch schriftlichen Aufhebungsvertrag erfolgen kann. Der Leasingnehmer kann zur Herbeiführung einer Aufhebungsvereinbarung unter Vorführung des Kfz und Angabe der tatsächlichen Kilometerleistung bei dem Leasinggeber erfragen, zu welchen finanziellen Bedingungen dieser den Leasingvertrag aufzuheben bereit ist. Für die Vertragsannahme des Leasinggebers ist die Niederschrift des Vertragstextes ohne handschriftliche Unterschrift ausreichend. Anlass für den Abschluss eines Aufhebungsvertrags kann beispielsweise der Diebstahl des Kfz sein. Die Aufhebung kann auf diese Weise eine Kündigung wegen des Untergangs des Kfz oder auch wegen eines Totalschadens überflüssig machen.[459]

Das Kündigungsrecht des Leasinggebers wegen Zahlungsverzugs des Leasing- 31
nehmers, die Kündigungsrechte beider Leasingvertragsparteien bei Totalschaden, wesentlicher Beschädigung oder Verlust des Kfz sowie das Kündigungsrecht der Erben sind unabhängig von der Möglichkeit einer Aufhebungsvereinbarung gegeben.

Dem Aufhebungsvertrag liegen die Interessen der Leasingvertragsparteien zu- 32
grunde. Das Interesse des Leasingnehmers ist es, an dem Leasingvertrag nicht festgehalten zu werden. Der Leasinggeber hat das Interesse, durch die vorzeitige Vertragsbeendigung keinen Schaden zu erleiden. Der noch nicht amortisierte Teil der Gesamtaufwendungen des Leasinggebers, mithin die konkrete Restforderung zum vereinbarten Aufhebungstermin, muss gedeckt werden. Im Schadensfall kann hierzu eine Versicherungsleistung und der Fahrzeugwert (Rest) verwandt werden. Aufgrund der mit der Verwertung des Kfz verbundenen Schwierigkeiten bedient sich der Leasingnehmer häufig des Lieferanten. Ansonsten macht der Leasingnehmer einen Dritten ausfindig, der bereit ist, das Kfz zu der Restforderung des Leasinggebers abzulösen. Besteht eine Unterdeckung, kann sich der Leasingnehmer bereit erklären, den Differenzbetrag zu übernehmen. Erfolgt zwischen den Leasingvertragsparteien keine Einigung über die Konditionen des anvisierten Aufhebungsvertrags, wird der Leasingvertrag weitergeführt.

Die Aufhebung eines Schuldverhältnisses ist gesetzlich nicht geregelt. Diese 33
bedarf aufgrund der verfügenden Natur wie die Begründung eines Schuldverhältnisses eines Vertrags. Der **Aufhebungsvertrag** betrifft das gesamte Schuldverhältnis und nicht nur lediglich eine einzelne Forderung. Es liegt im Wesen der Privatautonomie, dass die Vertragsparteien mit dem Aufhebungsvertrag eine **neue vertragliche Regelung** treffen, auf deren Abschluss weder nach Gesetz noch nach Vertrag ein Anspruch besteht, wobei die Grenzen durch die Regelungen der §§ 134, 138 u. 119 f. BGB gezogen sind und die Vertragsparteien durch die getroffene Regelung auch einem möglichen Streit untereinander vorbeugen wollen. Mit dem Aufhebungsvertrag soll vereinfacht und einvernehmlich geklärt sein, welche wechselseitigen Leistungen von den Vertragsparteien **zur**

---

[459] S. auch je Ziff. XIV/1 der Privat- und Geschäftsfahrzeug-Leasingbedingungen (Anhang); *OLG Hamm*, Urt. v. 14.1.1997 – 7 U 70/96 n.v.; *OLG Hamm*, Urt. v. 12.12.1997, 7 U 67/97, NJW-RR 10/1998, 706 ff.; *OLG Düsseldorf*, Urt. v. 1.12.1988, 10 U 48/88, NJW-RR 7/1989, 435.

endgültigen Abwicklung des Leasingvertrags noch zu erbringen sind. Der Aufhebungsvertrag steht gesondert neben dem Leasingvertrag. Die wirtschaftlichen Folgen der vorzeitigen Vertragsbeendigung einschl. der Amortisation der Aufwendungen des Leasinggebers sind in dem Aufhebungsvertrag abschließend geregelt. Der **Aufhebungsvertrag** ist hinsichtlich der gegenseitigen Rechte und Pflichten von abschließendem und daher **schuldbegrenzendem Charakter**. Die Geltendmachung weiterer Ansprüche ist ausgeschlossen. Sinn des Aufhebungsvertrags ist es, einem evtl. Streit der Leasingvertragsparteien über die Höhe des Vollamortisationsanspruchs des Leasinggebers vorzubeugen, woraus sich auch der abschließende Charakter der Vereinbarung ergibt. Der Aufhebungsvertrag wird zwischen den Leasingvertragsparteien durch Angebot und Annahme i.S.d. §§ 145 ff. BGB geschlossen.[460]

34 Dogmatischer Anknüpfungspunkt für den abschließenden Regelungsgehalt der Aufhebungsvereinbarung sind die Regelungen der §§ 779 bis 781 BGB. Es hängt von der Formulierung des Aufhebungsvertrags im Einzelfall ab, ob man diesen als Vergleich i.S.v. § 779 Abs. 1 BGB, als deklaratorisches Schuldanerkenntnis gemäß § 781 BGB oder als konstitutives Schuldanerkenntnis würdigt. Für alle drei rechtlichen Erscheinungsformen ist kennzeichnend, dass Einwendungen aus dem Grundgeschäft – beispielsweise eine angebliche Nichtigkeit des Leasingvertrags infolge Sittenwidrigkeit[461] oder ein vermeintliches Verwertungsverschulden des Leasinggebers im Zusammenhang mit der Abrechnung des Leasingvertrags – nicht mehr geltend gemacht werden können, da der Vergleich oder das Schuldanerkenntnis hierdurch nicht berührt würden. Mit Abschluss des Auf-

[460] *OLG Hamm*, Urt. v. 14.1.1997 – 7 U 70/96 n.v.; *OLG Braunschweig*, Urt. v. 8.9.1995 – 5 U 21/95 n.v.; *OLG Frankfurt*, Urt. v. 15.12.1992 – 8 U 110/92 n.v.; *OLG Braunschweig*, Urt. v. 5.9.1990 – 3 U 69/90 n.v.; *AG Braunschweig*, Urt. v. 31.5.1996 – 120 C 1807/96 n.v.; *Nitsch*, Amortisationsprinzip und relativer Ratenrückstand, FLF 1998, 18 ff., 19.

[461] S. zur Sittenwidrigkeit des Leasingvertrags insbes.: *Beckmann*, Zustandekommen und Inhalt des Finanzierungsleasinggeschäfts, in: *Büschgen (Hrsg.)*, Praxishandbuch Leasing, § 6 Rdn. 198 ff.; *ders.*, Finanzierungsleasinggeschäfte, 66 ff.; *Bernstein*, Spezielle Rechtsfragen des Leasing, FLF 1997, 68; *Krebs*, Sittenwidrigkeit beim Finanzierungsleasing von Mobilien wegen Wucherähnlichkeit, NJW 1996, 1177 ff.; *Reinking*, Autoleasing, 65 ff.; *Reinking/Eggert*, Der Autokauf, Rdn. 1157 f.; *Reinking/Nießen*, NZV 1993, 49 ff.; *Schmidt/Schrumm*, Zur Übertragbarkeit der Rechtsprechung zur Sittenwidrigkeit von Ratenkreditverträgen auf Konsumentenleasingverträge, DB 1989, 2109 ff.; Scholz, FLF 2/1996, 76; *ders.*, FLF 2/1997, 78; *ders.*, FLF 3/1995, 108; *v. Westphalen*, Zur Sittenwidrigkeit von Leasingverträgen, BB 1992, Beil. Nr. 9/1992, 1 ff.; *Wolf/Eckert*, Handbuch des gewerblichen Miet-, Pacht- und Leasingrechts, Rdn. 1858 f.; *Zahn*, Die Leistung des Leasinggebers nach Übergabe – wertlos?, DB 34/1998, 1701 ff.; *BGH*, Urt. v. 12.1.1996, V ZR 289/94, NJW 1996, 1204; v. 30.3.1995, IX ZR 98/94, NJW 29/1995, 1886 ff.; v. 30.1.1995, VIII ZR 316/93, NJW 1995, 1146 ff.; v. 11.1.1995, VIII ZR 82/94, NJW 15/1995, 1019 ff.; v. 24.1.1979, VIII ZR 16/78, NJW 1979, 758; v. 25.10.1979, VIII ZR 182/77, NJW 1980, 446; v. 24.4.1985, VIII ZR 31/84, NJW 27/1985, 1546 f.; v. 7.2.1980, VIII ZR 141/78, 1155; *OLG Nürnberg*, Urt. v. 4.7.1995, 3 U 63/95, BB 13/1995, 659 f.; *OLG Hamm*, Urt. v. 28.6.1994, 7 U 53/93, NJW-RR 23/1994, 1467; *OLG Karlsruhe*, Urt. v. 24.10.1985, 9 U 71/84, BB 2/1986, 94; *OLG Saarbrücken*, Urt. v. 10.11.1987, 7 U 22/86, NJW-RR 1988, 243; *OLG Düsseldorf*, Urt. v. 22.11.1996, 10 U 54/95, WM 1996, 1693; *OLG Köln*, Urt. v. 31.5.1996, 19 U 80/94, NJW-RR 1997, 1549; *OLG Dresden*, Beschl. v. 8.12.1999, 8 U 2462/99, BB 10/2000, 480.

hebungsvertrags entsteht eine neue selbständige Verpflichtung des Leasingnehmers.[462]

35 Der wesentliche Unterschied zwischen der Beendigung des Leasingvertrags durch Aufhebungsvertrag und der Vertragsbeendigung durch Kündigung ist der, dass die Aufhebung einen zweiseitigen Vertrag und die Kündigung einen einseitigen Gestaltungsakt darstellt sowie bei einer Kündigung jede Leasingvertragspartei ihre verbleibenden Ansprüche begründen und beziffern muss, was aufgrund der im Aufhebungsvertrag genannten einmaligen Abschlusszahlung entfällt. Die **Aufhebungsvereinbarung** enthält daher gewöhnlich **kein Abrechnungskriterium**. Es soll gerade nicht mehr über einzelne Abrechnungspositionen gestritten werden müssen: es soll einvernehmlich in einem vereinfachten Verfahren abschließend geklärt werden, welche gegenseitigen Leistungen von den Leasingvertragsparteien zu der endgültigen Abwicklung des Leasingvertrags noch zu erbringen sind. Hierdurch **entfällt** das **Erfordernis** für den Leasinggeber, seine Ansprüche zu spezifizieren, mithin seine aus der **Abrechnung** entstandene Forderung **aufzuschlüsseln**. Der Leasingnehmer hat den Aufhebungsvertrag aus freien Stücken geschlossen und sich mit der pauschalen Bezifferung der Abschlusszahlung bereitgefunden. Aufgrund der abschließenden Natur der Vereinbarung und der Begründetheit der vereinbarten Ansprüche bei wirksamem Vertrag sind Einwendungen gegen diesen Vertrag, die außerhalb des Aufhebungsvertrags ihre Grundlage haben, verwehrt. Der Leasingnehmer ist an die Vereinbarung gebunden und muss sich an dieser festhalten lassen. Andernfalls wäre der Vertragszweck gefährdet.

36 Gleichfalls ist eine Berufung auf den Wegfall der Geschäftsgrundlage sowohl bei nur einseitigem Irrtum ausgeschlossen als auch hinsichtlich des Einwands, der Leasinggeber habe sich durch den Aufhebungsvertrag eine Rechtsposition verschafft, die ihm aufgrund des Leasingvertrags nicht zustehe. Ausreichende Rechtfertigung für den Aufhebungsvertrag ist, dass die Leasingvertragsparteien aufgrund des Grundsatzes der Privatautonomie eine neue vertragliche Regelung treffen können, auf deren Abschluss weder nach Gesetz noch nach Vertrag ein Anspruch besteht und mithin auch eine von dem Gesetz und den Grundsätzen der höchstrichterlichen Rechtsprechung abweichend berechnete Abstandszahlung vereinbart werden kann. Die durch die Privatautonomie durch die Regelungen der §§ 134, 138, 119f. BGB gezogenen Grenzen müssen eingehalten sein. Weder die Aufhebungsvereinbarung noch die Aufhebung selbst verstoßen gegen die guten Sitten gemäß §§ 138, 242 BGB.[463]

37 Da mit dem Aufhebungsvertrag alle gegenseitigen Ansprüche der Leasingvertragsparteien abgegolten sind, steht dem Leasingnehmer kein Rückzahlungsanspruch zu. Er hat auch keinen Anspruch gegen den Leasinggeber, dass ihm dieser Auskunft über seine Finanzierungs- und Nichtfinanzierungskosten gibt. Auf die **Aufhebungsvereinbarung** sind die Regelungen über die Allgemeinen Geschäftsbedingungen, §§ 305ff. BGB, auch nicht eingeschränkt anzuwenden. Es

[462] *AG Pinneberg*, Urt. v. 19.5.1995 – 66 C 36/95 n.v.; *LG Saarbrücken*, Urt. v. 30.4.1998 – 6 O 483/97 n.v.; *LG Mainz*, Urt. v. 27.1.1998 – 6 S 183/97 n.v.; *LG Braunschweig*, Urt. v. 16.1.1997 – 10 S 124/96 n.v.

[463] *BGH*, Urt. v. 22.1.1986, VIII ZR 318/84, NJW 20–21/1986, 1335ff.; *OLG Braunschweig*, Urt. v. 8.9.1995 – 5 U 21/95 n.v.; *LG Braunschweig*, Urt. v. 16.1.1997, 10 S 124/96 n.v.

handelt sich um eine **Individualvereinbarung**. Dies gilt ungeachtet dessen, dass ggf. der Text des Antrags auf Aufhebung des Leasingvertrags von dem Leasinggeber vorformuliert ist. Die handschriftlich eingetragene Abstandssumme stellt nach Ansicht des OLG Braunschweig eine sog. unselbständige Ergänzung dar, aus welcher sich allein die Unangemessenheit der Abfindungsvereinbarung ergeben könnte. Insbes. ist ein Verstoß gegen die Regelungen der §§ 305 ff. BGB auch deswegen nicht gegeben, weil der Leasinggeber die vereinbarte Abstandssumme dem Leasingnehmer vorgegeben hat. Es handelt sich um keine Regelung, die von Rechtsvorschriften abweicht oder diese ergänzt.[464]

C. Rechtsfolgen der Vertragsbeendigung

Die reguläre Vertragsbeendigung durch Ablauf der Vertragszeit und die vorzeitige Vertragsbeendigung durch außerordentliche Kündigung oder einvernehmlichen Aufhebungsvertrag weisen Gemeinsamkeiten wie auch Unterschiede auf.

38 Aufgrund der außerordentlichen Kündigung des Leasingvertrags erlöschen die beiderseitigen Hauptpflichten der Leasingvertragsparteien mit sofortiger Wirkung. Der **Leasingvertrag** wird in ein **Abwicklungsschuldverhältnis** verwandelt. Der Leasingnehmer verliert sein Besitzrecht. Er ist zu der Rückgabe des Kfz und zum Ausgleich des zu diesem Zeitpunkt noch nicht getilgten Teils der Gesamtkosten des Leasinggebers verpflichtet. Auf die Rückgabe des Kfz folgt die Schätzung und die Verwertung des Kfz. Der Leasinggeber erteilt dem Leasingnehmer ggf. eine Schlussabrechnung.[465]

I. Rückgabe des Kfz

39 Der Leasinggeber hat aus dem Leasingvertrag im Fall der regulären und der vorzeitigen Vertragsbeendigung den **mietrechtlichen Rückgabeanspruch gemäß § 546 BGB** und aufgrund der regelmäßig erlasskonformen Vertragsgestaltung, bei welcher der Leasinggeber als rechtlicher und wirtschaftlicher Eigentümer des Kfz gewertet wird, einen **Herausgabeanspruch aus Eigentum gemäß § 985 BGB**. Das wirtschaftliche Interesse des Leasinggebers an der Rückgabe des Kfz folgt insbes. daraus, dass der Verwertungserlös des Kfz Bestandteil seiner Kalkulation ist. Inhalt und Umfang der Rückgabeverpflichtung des Leasingnehmers werden regelmäßig in den Leasingbedingungen geregelt. Die Abwälzung des Risikos einer Verschlechterung des Kfz durch Mängel, Schä-

[464] *OLG Braunschweig*, Urt. v. 5.9.1990 – 3 U 69/90 n.v.; *LG Braunschweig*, Urt. v. 16.1.1997 – 10 S 124/96 n.v.

[465] *BGH*, Urt. v. 11.2.1987, VIII ZR 27/86, ZIP 8/1987, 517 ff.; v. 22.1.1986, VIII ZR 318/84, NJW 21/1986, 1335 ff., 1336; v. 10.10.1990, VIII ZR 296/89, NJW 4/1991, 221 ff., 222; v. 22.11.1995, VIII ZR 57/95, BB 4/1996, 180 ff.; *OLG Hamm*, Urt. v. 14.6.1996, 30 U 147/95, BB 2/1997, 67; Urt. v. 16.10.1996, VIII ZR 45/96, BB 2/1997, 66; *Reinking/Koyka*, Mobilienleasing, in: *Kroiß* (*Hrsg.*), Klauselbuch Schuldrecht, Rdn. 149.

den oder übermäßiger Abnutzung ist Teil der Vollamortisationsverpflichtung des Leasingnehmers.[466] Mit dem erloschenen Recht zum Besitz stehen dem Leasingnehmer hinsichtlich des Kfz keine Einwirkungsbefugnisse und keine Nutzungszuweisungen zu. Der Leasinggeber hat daher gegen den Leasingnehmer alle aus seinem Eigentum an dem Kfz resultierenden Ansprüche.[467]

Haben die Leasingvertragsparteien eine Verlängerung des Leasingvertrags oder ein Andienungsrecht vereinbart, ist der Leasingnehmer berechtigt, das Kfz weiterhin zur Nutzung behalten. Andernfalls muss er das **Kfz samt Zubehör,** d.h. einschließlich **Schlüssel** und allen **überlassenen Unterlagen** mit Vertragsbeendigung unverzüglich an den Leasinggeber bzw. an eine von diesem beauftragte Person, i.d.R. dem Händler, **zurückgeben**. Die Rückgabe beinhaltet **Einräumung** des **unmittelbaren Besitzes** an dem Kfz. Die Rückgabeverpflichtung gemäß § 546 BGB ist **Bringschuld** und daher am Geschäftssitz des Leasinggebers bzw. an bei dem des regelmäßig zur Entgegennahme des Kfz ermächtigten Händlers auf Kosten des Leasingnehmers zu erfüllen.[468] Sowohl die Auslieferung des Kfz bei Vertragsbeginn als auch dessen Entgegennahme bei Vertragsende erfolgt gewöhnlich durch den Händler. Im Hinblick auf die Vermeidung späterer Streitigkeiten, insbes. hinsichtlich evtl. späterer Einwendungen gegen das Rücknahmeprotokoll, ist es sinnvoll, dass ein Fachmann wie der ermächtigte Vertragshändler das Kfz entgegennimmt und sogleich eine sorgfältige Untersuchung unter Anfertigung eines **Rückgabeprotokolls** vorgenommen wird.[469] Die Entfernung zwischen Leasingnehmer und Leasinggeber ist häufig größer als die zwischen Leasingnehmer und Händler. Die Entfernung zwischen den Geschäftssitzen von Leasinggeber und Händler dürfte daher für den Leasingnehmer bei der Rückgabe des Kfz ohne Bedeutung sein. 40

Die Rückgabeverpflichtung hat zum Inhalt, dass der Leasingnehmer dem Leasinggeber das **Kfz in vertragsgemäßem Zustand zurückgibt**. Vertragsgemäßer Zustand ist der Zustand, der dem bei Anlieferung unter Berücksichtigung der normalen Abnutzung entspricht.[470] Nach der Regelung des § 538 BGB sind Veränderungen oder Verschlechterungen des Kfz, die durch den vertragsgemäßen Gebrauch herbeigeführt werden, dem Leasingnehmer nicht zuzurechnen. Die **normale Abnutzung** ist durch das **Leasingentgelt** mit **abgegolten**.[471] Das Kfz muss bei Rückgabe in einem dem Alter und der vertragsgemäßen Fahrleistung entsprechenden Erhaltungszustand, frei von Schäden sowie unverändert, verkehrs- und betriebssicher sein. **Normale Verschleißspuren** sind **kein** 41

[466] S. auch je Ziff. XVI der Privat- und Geschäftsfahrzeug-Leasing-Bedingungen (Anhang); *BGH*, Urt. v. 24.4.1996, VIII ZR 150/95, NJW 31/1996, 2033 ff.; BGHZ 34, 122; *Berninghaus*, Beendigung des Leasingvertrags durch Kündigung oder Zeitablauf, in: *Büschgen* (*Hrsg.*), Praxishandbuch Leasing, § 12 Rdn. 3; *Reinking*, Autoleasing, 160.

[467] *OLG Hamm*, Urt. v. 12.7.1988, 7 W 30/88, ZIP 1/1989, 45 ff., 47.

[468] *BGH*, Urt. v. 1.4.1987, VIII ZR 15/86, NJW 38/1987, 2367 ff.; *Reinking/Eggert*, Der Autokauf, Rdn. 856; *Reinking*, Autoleasing, 160. S. hierzu auch *OLG Düsseldorf*, Urt. v. 14.11.2000, 24 U 22/00, DB 5/2001, 268 f.; *LG Lüneburg*, Beschl. v. 27.5.2002, 9 O 54/02, NJW-RR 22/2002, 1584.

[469] *OLG Celle*, Urt. v. 16.7.1997, 2 U 70/96, DB 44/1997, 2215 ff., 2216; *Reinking*, Autoleasing, 163; *Reinking/Eggert*, Der Autokauf, Rdn. 863.

[470] S. auch Ziff. XVI/2 der Privat- und Geschäftsfahrzeug-Leasingbedingungen (Anhang).

[471] *LG Frankfurt*, Urt. v. 25.7.1988, 2/24 S 158/87, NJW-RR 18/1988, 1132 ff., 1134.

Schaden.[472] Nach Ansicht des LG München jedoch ist gleichwohl eine Klausel in den Leasingbedingungen, wonach sich einerseits das Kfz bei Rückgabe in einem dem Alter und der vertragsgemäßen Fahrleistung entsprechenden Erhaltungszustand befinden soll, der nach mehrjähriger Benutzung des Kfz mehr oder weniger erhebliche Mängel und Schäden umfasst, und andererseits aber das Kfz „frei von Schäden und Mängeln" sein soll, in sich widersprüchlich und daher wegen Verstoßes gegen das Transparenzgebot als unwirksam zu werten.[473]

42 Der Leasinggeber hat Anspruch darauf, dass ihm das Kfz bei Vertragsende in ordnungsgemäßem Zustand und nicht heruntergekommen oder defekt wie beispielsweise verbeult oder zerkratzt zurückgegegeben wird.[474] Der Leasingnehmer trägt ohnehin während der Vertragsdauer die vertragliche Verpflichtung, das Kfz nach den Vorschriften der Betriebsanleitung des Herstellers und im Rahmen des vertraglichen Verwendungszwecks schonend zu behandeln sowie stets im betriebs- und verkehrssicheren Zustand zu erhalten. Hierzu gehört auch, dass er die vorgeschriebenen Wartungsdienste vornimmt.[475] Der **vertragsgemäße Zustand des Kfz bei Rückgabe** ist **insbes.** bei dem **Kfz-Leasingvertrag mit Kilometerabrechnung** oft Gegenstand von Streitigkeiten zwischen den Vertragsparteien. Bei diesem Vertragstyp trägt ausnahmsweise der **Leasinggeber** das **Restwert- und Verwertungsrisiko.** Mit der Festlegung der jährlichen Kilometerleistung legen die Leasingvertragsparteien den Umfang der vertragsgemäßen Abnutzung genau fest. Der Leasinggeber ist an dem vertragsgemäßen Erhaltungszustand des Kfz insbes. wegen des von ihm bei diesem Vertragstyp übernommenen Restwertrisikos interessiert. Dies ist Teil seines Amortisationsinteresses.[476]

43 Bei Veränderungen oder Verschlechterungen durch vertragswidrigen Gebrauch haftet der Leasingnehmer bei Verschulden wegen **positiver Vertragsverletzung.** Entspricht der Zustand des Kfz zum Rückgabezeitpunkt nicht dem vertraglich vereinbarten Zustand, ist der Leasingnehmer verpflichtet, die durch den mangelnden vertragsgemäßen Gebrauch entstandenen Mängel zu beseitigen bzw. dem Leasinggeber für den durch die übermäßige Abnutzung entstandenen Schaden Ersatz zu leisten. Dies bleibt außer Betracht, wenn der Leasinggeber bereits eine Entschädigung erhalten hat.

44 Es ist eine **Abgrenzung** zwischen **vertragsmäßiger Abnutzung**, d.h. normalen Verschleißspuren, welche durch die vertraglich vereinbarte Nutzung verursacht und bereits durch das Leasingentgelt abgegolten sind und den **auf fehlerhaftem Gebrauch oder übermäßiger Abnutzung** beruhenden Abnutzungen sowie Schäden vorzunehmen. Die Schwierigkeit dieser Abgrenzung beruht nicht zuletzt darauf, dass entsprechende Regelungen in den Leasingbedingungen nicht entsprechend detailliert für den Einzelfall formuliert werden können, sondern für

---

[472] *LG Frankfurt*, Urt. v. 16.9.1997, 2/8 S 79/97, NJW-RR 5/1998, 349 f.; *LG Hamburg*, Urt. v. 29.3.1989, 2 S 140/88, NJW-RR 14/1989, 883 f.; *AG Korbach*, Urt. v. 27.7.1999, 3 C 32/99, DAR 4/2001, 172.

[473] *LG München I*, Urt. v. 3.3.1999, 31 S 3200/96, DAR 6/1999, 268 ff.; *Reinking/Eggert*, Der Autokauf, Rdn. 867, 868 ff.; *Reinking*, Autoleasing, 164.

[474] *LG Frankfurt*, Urt. v. 25.7.1988, 2/24 S 158/87, NJW-RR 18/1988, 1132 ff., 1134.

[475] S. je Ziff. XII der Privat- und Geschäftsfahrzeug-Leasing-Bedingungen (Anhang).

[476] *BGH*, Urt. v. 11.3.1998, VIII ZR 205/97, BB 17/1998, 864 ff.

eine Vielzahl von Fällen gelten. Die Abgrenzung zwischen normaler Abnutzung und vertragswidrigem Gebrauch sowie wiederum die Abgrenzung zu Schäden wird u.a. auch deswegen kontrovers diskutiert, weil die Abgrenzung in der Praxis aufgrund oftmals fließender Grenzen nicht leicht ist.[477] Der **Leasinggeber** trägt nach allgemeinen Beweislastregeln die **Darlegungs- und Beweislast** dafür, dass das Kfz am Vertragsende nicht die vertraglich vereinbarte Sollbeschaffenheit aufweist bzw. dafür, dass eine übermäßige Benutzung und darauf zurückzuführende Schäden vorliegen. Er trägt die Beweislast dafür, dass die Schadensursache dem Obhutsbereich des Leasingnehmers entstammt. Der Leasinggeber muss eine in seinem eigenen Verantwortungsbereich liegende Schadensursache ausräumen. Die Beweissicherung aus Anlass von negativen Zustandsmerkmalen wie z.B. die Anfertigung von Fotos oder die Einschaltung eines Sachverständigen fällt in das Interesse bzw. in den Aufgabenbereich des Leasinggebers.[478]

Ist eine **Schiedsgutachterklausel** vereinbart, ist deren Geltung zu beachten.[479] 45

Um die vertraglich geschuldete Rückgabe des Kfz in ordnungsgemäßem Zu- 46
stand bzw. eine Schadensersatzverpflichtung des Leasingnehmers beurteilen zu können, wird der Zustand des Kfz bei dessen Rückgabe ermittelt und hierüber ein gemeinsames, von beiden Vertragspartnern bzw. ihren Bevollmächtigten unterzeichnetes **Rückgabeprotokoll** bzw. ein **Mängel-** und **Zustandsprotokoll** erstellt, welches der **erleichterten Beweisführung** dient. Der Leasingnehmer erhält eine Abschrift des Protokolls. Weigert sich der Leasingnehmer, dieses Protokoll zu unterschreiben, ist es ihm verwehrt, sich nachträglich auf das Fehlen eines Protokolls zu berufen. Das Protokoll kann nicht mehr nachträglich erstellt werden, weil der Zustand des Kfz in dem Zeitpunkt der Übergabe nicht mehr rekonstruierbar ist.[480] Das Protokoll dient wie auch Fotos und ein Sachverständigengutachten der erleichterten Beweisführung hinsichtlich evtl. vorhandener negativer Zustandsmerkmale und damit auch der einvernehmlichen Regelung. Insbes. soll hierdurch einem Streit der Vertragsparteien über den Zustand des Kfz und das Vorhandensein von Schäden am Kfz bei Rückgabe vorgebeugt werden und spätere Einwendungen der Vertragsparteien gegen das Abnahmeprotokoll ausgeschlossen werden. Das Protokoll hat nicht lediglich eine unverbindliche Bedeutung. Mit dem Inhalt des Protokolls ist jedoch eine evtl. übermäßige Abnutzung noch nicht bewiesen. Bei einer vorbehaltlosen Unterzeichnung des Rückgabeprotokolls im Fall der Bestätigung des vertragsgemäßen Zustands des Kfz bei Rückgabe sind spätere Einwendungen ausgeschlossen. Die Mängel müssen im Protokoll vorbehalten werden.[481]

---

[477] S. u.a. *AG Osnabrück*, Urt. v. 5.2.1999, 44 C 513/98, DAR 12/1999, 556; *AG Korbach*, Urt. v. 27.7.1999, 3 C 32/99, DAR 4/2001, 172.

[478] *LG Frankfurt*, Urt. v. 16.9.1997, 2/8 S 79/97, NJW-RR 5/1998, 349ff., 350; *LG Gießen*, Urt. v. 25.1.1995, 1 S 539/94, NJW-RR 1995, 687; *LG Frankfurt*, Urt. v. 25.7.1988, 2/24 S 158/87, NJW-RR 18/1988, 1132ff., 1132; *AG Köln*, Urt. v. 18.10.1985, 130 C 12/85, n.v.; *Reinking/Eggert*, Der Autokauf, Rdn. 869.

[479] *Reinking/Eggert*, Der Autokauf, Rdn. 865; *Reinking*, Autoleasing, 168; *LG Frankfurt a.M.*, Urt. v. 25.7.1988, 2/24 S 102/87, BB 33/1988, 2274f.

[480] *OLG Nürnberg*, Urt. v. 15.12.1988, 2 U 3032/88 n.v.

[481] *LG Frankfurt*, Urt. v. 25.7.1988, 2/24 S 158/87, NJW-RR 18/1988, 1132ff., 1134; *OLG*

47 Können sich die Vertragsparteien bei Rückgabe des Kfz nicht über einen von dem Leasingnehmer auszugleichenden Schadensersatz bzw. über den Wert des Kfz einigen, wird gewöhnlich auf Veranlassung des Leasinggebers ein öffentlich bestellter und vereidigter Sachverständiger oder ein unabhängiges Sachverständigenunternehmen eingeschaltet.[482]

48 Hat der Leasingnehmer **Veränderungen an dem Kfz** vorgenommen, muss er bei Vertragsende den ursprünglichen Zustand auf seine Kosten **wiederherstellen, § 249 BGB.**[483] Etwas anderes gilt gewöhnlich nur, wenn der Leasinggeber auf die Wiederherstellung des ursprünglichen Zustands verzichtet hat oder der ursprüngliche Zustand nur mit unverhältnismäßig hohem Aufwand wieder hergestellt werden kann. Fahrzeugänderungen können zudem die Betriebserlaubnis nach der Straßenverkehrszulassungsordnung (StVZO) zum Erlöschen bringen und aus diesem Grunde einen erheblichen Mangel des Kfz darstellen. Der Leasingnehmer ist gewöhnlich ohnehin nur mit vorheriger schriftlicher Zustimmung des Leasinggebers berechtigt, nachträgliche Änderungen, zusätzliche Einbauten sowie Lackierungen und Beschriftungen an dem Kfz vorzunehmen. Der Leasinggeber ist grds. nicht verpflichtet, **Einbauten des Leasingnehmers** zu übernehmen oder zu vergüten. Der Leasingnehmer ist berechtigt, diese zum Vertragsende auf seine Kosten zu entfernen, so dass der ursprüngliche Zustand wieder hergestellt wird. Änderungen und Einbauten begründen nur dann einen Anspruch auf Zahlung einer Ablösung gegen den Leasinggeber, wenn dieser schriftlich zugestimmt hat und durch die Veränderungen eine Wertsteigerung des Kfz bei Rückgabe noch vorhanden ist.[484]

49 Der **Leasingnehmer** ist regelmäßig **Halter des Kfz.** Diese Stellung bringt Pflichten für den Leasingnehmer auch bei der Vertragsbeendigung mit sich. Die **Halterpflichten** des Leasingnehmers werden regelmäßig in den Leasingbedingungen niedergelegt. Es gehört zu den Halterpflichten des Leasingnehmers, dass der Leasingnehmer alle sich aus dem Betrieb und der Haltung des Kfz ergebenden gesetzlichen Verpflichtungen, insbes. die termingerechte Vorführung zu Untersuchungen, erfüllt und den Leasinggeber, so weit er in Anspruch genommen wird, freistellt. Für den Fall, dass der Leasingvertrag in dem Monat einer nach der StVZO fälligen **Haupt- oder Abgasuntersuchung** endet, hat der Leasingnehmer diese Untersuchungen vor der Rückgabe des Kfz durchführen zu lassen und für neue Prüfplaketten zu sorgen. Hat der Leasingnehmer von ihm vorzunehmende Untersuchungs- bzw. Wartungsdienste nicht vorgenommen, haftet er

---

Celle, Urt. v. 16.7.1997, 2 U 70/96, DB 44/1997, 2215 ff.; *Reinking/Eggert*, Der Autokauf, Rdn. 863.

[482] S. je Ziff. XVI/3 der Privat- und Geschäftsfahrzeug-Leasingbedingungen (Anhang); *LG Frankfurt*, Urt. v. 25.7.1988, 2/24 S 158/87, NJW-RR 18/1988, 1132 ff., 1134; *OLG Nürnberg*, Urt. v. 15.12.1988, 2 U 3032/88 n.v.; *Reinking*, Autoleasing, 168; *Reinking/Eggert*, Der Autokauf, Rdn. 864.

[483] *BGH*, Urt. v. 8.7.1981, VIII ZR 326/80, NJW 1981, 2564; *LG Hamburg*, Urt. v. 29.3.1989, 2 S 140/88, NJW-RR 14/1989, 883; *Reinking*, Autoleasing, 164; *Reinking/Eggert*, Der Autokauf, Rdn. 868.

[484] S. auch je Ziff. VIII/3 der Privat- und Geschäftfahrzeug-Leasing-Bedingungen (Anhang).

dem Leasinggeber aus positiver Vertragsverletzung in Höhe der Kosten, die der Leasinggeber für die Nachholung der Maßnahme aufwenden muss.[485]

50 Verletzt der Leasingnehmer seine Rückgabeverpflichtung aus dem Leasingvertrag und gibt das Kfz dem Leasinggeber verspätet oder überhaupt nicht zurück, ist er dem Leasinggeber, sofern der Tatbestand des Vorenthaltens i.S.d. § 546a BGB erfüllt ist, für die Dauer der Vorenthaltung, d.h. für die Zeit zwischen Vertragsbeendigung und Rückgabe des Kfz, unabhängig von dem Wert des Kfz, als Mindestentschädigung zu der **zeitanteiligen Weiterentrichtung** der **Leasingraten** als **Nutzungsentschädigung** für die Weiterbenutzungsmöglichkeit des Kfz verpflichtet, **§ 546a BGB**. Der Bundesgerichtshof spricht dem Leasinggeber unverändert unter bestimmten Voraussetzungen den Anspruch auf Nutzungsentschädigung zu.[486] Die mietrechtliche Regelung des § 546a BGB ist auf den Leasingvertrag anwendbar. Es ist weder von Bedeutung, ob dem Leasinggeber aus der Vorenthaltung des Kfz ein Schaden erwachsen ist, noch, ob der Leasingnehmer einen entsprechenden Nutzen daraus hat ziehen können. Der Leasingnehmer schuldet dem Leasinggeber Nutzungsentschädigung in Höhe der bisherigen Leasingraten selbst dann, wenn zwischen dem Wert der Leasingsache und der Höhe der Leasingrate ein Missverhältnis besteht.[487] Eine dem Leasinggeber erteilte Abbuchungsermächtigung bleibt bestehen, weil der Leasingnehmer bei einer verspäteten Rückgabe nicht besser als während des Leasingvertrags stehen soll.[488] Der Entschädigungsanspruch tritt im Rahmen des Abwicklungsschuldverhältnisses nach beendetem Vertrag als vertraglicher **Anspruch eigener Art** an die Stelle des Mietzinsanspruchs.[489]

51 Auch hat der Leasingnehmer dem Leasinggeber Schadensersatz zu leisten, wenn er diesem nicht das ihm bei Vertragsbeginn gleichfalls überlassene **Zubehör** umgehend zurückgibt. Zu den dem Leasingnehmer bei Vertragsbeginn überlassenen und von ihm bei Vertragsende zurückzugebenden Unterlagen

---

485 *AG Bergheim*, Urt. v. 21.3.1996, 21 C 229/95 n.v.

486 Je Ziff. XVI/4 der Privat- und Geschäftsfahrzeug-Leasingbedingungen (Anhang). S. insbes. *Zahn*, Leasingvertrag: keine Änderung der Rechtsprechung zur Nutzungsentschädigung. Missverständliche Leitsätze zu BGH-Urteilen, DB 21/2004, 1141 ff. S. jedoch auch *Tiedtke/Möllmann*, Entwicklung der aktuellen Rechtsprechung des BGH zum Leasingrecht, DB 17/2004, 915 ff., 920.

487 *OLG Hamm*, Urt. v. 11.1.1999, 13 U 132/98, zfs 20/1999, 240 ff.; *Reinking/Eggert*, Der Autokauf, Rdn. 862.

488 *AG Pinneberg*, Urt. v. 3.1.2000, 67 C 381/99, DAR 11/2002, 518.

489 BGHZ 104, 285; 90, 145; *BGH*, Urt. v. 7.1.2004, VIII ZR 103/03, DB 2004, 376 f.; v. 19.3.2003, VIII ZR 135/02, DB 2003, 1430; v. 31.3.1982, VIII ZR 125/81, BB 18/1982, 1078 f.; v. 22.3.1989, VIII ZR 155/88, ZIP 10/1989, 647 ff.; v. 11.5.1988, VIII ZR 96/87, NJW 42/1988, 2665 ff.; v. 5.4.1978, VIII ZR 49/77, NJW 29/1978, 1432 ff.; v. 8.11.1989, VIII ZR 1/89, BB 4/1990, 234 ff.; v. 23.1.1974, VIII ZR 219/72, WM 1974, 260, 261; *OLG Frankfurt*, Urt. v. 23.6.1987, 5 U 184/86, WM 47/1987, 1402 ff., 1402; *OLG Düsseldorf*, Urt. v. 27.4.1988, 15 U 194/86, BB 3/1989, 173 ff.; *OLG Frankfurt/M.*, Urt. v. 9.3.1990, 15 U 72/87, NJW-RR 19/1990, 1207 ff.; *OLG Koblenz*, Urt. v. 16.2.1989, 5 U 1071/88, BB 29/1989, 1997 ff.; *OLG Köln*, Urt. v. 9.8.1995, 19 U 268/94, BB 2/1996, 80; *OLG Hamm*, Urt. v. 11.1.1999, 13 U 132/98, DB 17/1999, 892 ff.; *Reinking*, Autoleasing, 163; *Reinking/Eggert*, Der Autokauf, Rdn. 861; *Gerken*, Entschädigungsanspruch aus § 557 BGB wegen verspäteter Rückgabe der Leasingsache: Fortbestand der Lastschriftklausel, DB 4/2001, 187 ff.

zählen u.a.: Fahrzeugschein, Kundendienstheft, Ausweise u. das Kfz-Schild. Gibt der Leasingnehmer die Schlüssel oder Unterlagen nicht zurück, hat er dem Leasinggeber die Kosten der Ersatzbeschaffung sowie einen sich daraus für den Leasinggeber ergebenden weiteren Schaden zu ersetzen.[490]

52 Der Leasingvertrag wird nach gefestigter höchstrichterlicher Rechtsprechung zivilrechtlich als atypischer Mietvertrag gewertet.[491] Die Anwendbarkeit des gesetzlichen Mietrechts stößt auf Grenzen, wo leasingtypische Besonderheiten dem entgegenstehen, z.B. bei den Ansprüchen des Leasinggebers aufgrund vorzeitiger Vertragsbeendigung. Die Nutzungsentschädigung gemäß § 546 a BGB regelt eine Folge nicht rechtzeitiger Rückgabe der Mietsache bei Vertragsende. Den Mieter trifft eine Verpflichtung zur Zahlung einer Entschädigung in Höhe des vertraglich vereinbarten Mietzinses. Diesen **Schutz** im Falle **verspäteter Rückgabe verdient** der **Leasinggeber wie** der **Mieter**. Wenn auch beim Leasing in vielen Fällen keine erneute Vermietung des Kfz mehr vorgesehen ist, die verspätete Rückgabe also keinen Mietausfall für den Leasinggeber nach sich zieht, ist gleichwohl ein Interesse des Leasinggebers an der alsbaldigen Rückerlangung des Besitzes des Kfz gegeben. Nach Vertragsende ist der Leasinggeber bestrebt, durch Veräußerung des Kfz den noch nicht amortisierten Teil des Investitionsaufwands zu tilgen. Wegen der Verzinsung des Investitionsaufwands ist jede Verzögerung der Verwertung mit höheren Kosten verbunden. Es lässt sich damit jedenfalls für den Teilamortisationsvertrag keine abweichende Interessenlage hinsichtlich der pünktlichen Rückgabe der Mietsache bei Vertragsende feststellen.[492]

53 Die Regelung des § 546 a BGB stellt in der Hand des Leasinggebers ein Druckmittel dar, den Leasingnehmer zu der Rückgabe des Kfz zu zwingen, so dass es an dem Leasingnehmer liegt, die Rechtsfolgen des § 546 a BGB zu vermeiden oder zu beenden. Überlässt der Leasingnehmer das Kfz unentgeltlich einem Dritten, hat der Leasinggeber gegen diesen einen Bereicherungsanspruch.[493]

54 Ein Vorenthalten i.S.d. **§ 546 a Abs. 1 BGB** liegt nicht allein bereits in der bloßen Nichtrückgabe des Kfz vor. Die **Vorenthaltung des Besitzes** an dem Kfz muss **gegen** den **Willen** des **Leasinggebers** erfolgen.[494] Bei Vereinbarung einer Rückgabeverpflichtung liegt regelmäßig ein Vorenthalten vor. Es ist regelmäßig der Rückgabewille des Leasinggebers zu bejahen. Die Verpflichtung des Leasingnehmers ist Bringschuld. Es muss dem Leasingnehmer der Ort der Rückgabe benannt sein.[495] Bei einem Vorenthalten des Kfz können auch Nut-

[490] S. je Ziff. XVI/1 der Privat- und Geschäftsfahrzeug-Leasingbedingungen (Anhang).

[491] *BGH*, Urt. v. 12.2.1985, X ZR 31/84, NJW 27/1985, 1537 ff.; v. 22.1.1986, VIII ZR 318/84, NJW 20–21/1986, 1335 ff.

[492] *BGH*, Urt. v. 28.10.1981, VIII ZR 302/80, NJW 16/1982, 870 ff.; v. 12.2.1985, X ZR 31/84, NJW 27/1985, 1537 ff.; v. 22.1.1986, VIII ZR 318/84, BB 11/1986, 693 ff.; v. 12.6.1985, VIII ZR 148/84, NJW 38/1985, 2253 ff.; *OLG Frankfurt*, Urt. v. 23.6.1987, 5 U 184/86, WM 47/1987, 1402 ff., 1402; *OLG Hamm*, Urt. v. 11.1.1999, 13 U 132/98, DB 17/1999, 892 ff.

[493] *Reinking/Eggert*, Der Autokauf, Rdn. 862.

[494] *BGH*, Urt. v. 7.1.2004, VIII ZR 103/03, DB 7/2004, 576 f. S. hierzu auch *Zahn*, Leasingvertrag: Keine Änderung der Rechtsprechung zur Nutzungsentschädigung. Missverständliche Leitsätze zu BGH-Urteilen, DB 21/2004, 1141 ff.

[495] *OLG Düsseldorf*, Urt. v. 14.11.2000, 24 U 22/00, DB 5/2001, 268. S. ferner *BGH*, Urt.

zungsersatzansprüche gemäß §§ 987 ff. BGB gegeben sein.[496] Die Nutzungsentschädigung wird in der Weise berechnet, dass dem Leasingnehmer bei nicht fristgerechter Rückgabe des Kfz für **jeden überschrittenen Tag** als Grundbetrag **1/30** der für die Vertragszeit vereinbarten **monatlichen Leasingrate** und die durch die Rückgabeverzögerung verursachten Kosten berechnet werden. Im übrigen gelten während dieser Zeit die Pflichten des Leasingnehmers aus dem Leasingvertrag sinngemäß fort.[497]

Es ist Vorsicht bei der Geltendmachung eines Zurückbehaltungsrechts durch **55**
den Leasingnehmer gemäß § 273 BGB geboten. Erweist sich die Gegenforderung als unbegründet, ist der Leasingnehmer verpflichtet, dem Leasinggeber für die Zeit der Vorenthaltung die entsprechend geschuldeten Leasingraten zu entrichten. Dem Leasinggeber steht der Anspruch auf die vollen Leasingraten auch dann zu, wenn sich der Leasingnehmer berechtigterweise auf ein ihm zustehendes Zurückbehaltungsrecht beruft, das Kfz jedoch nicht nur zurückhält, sondern auch weiterhin nutzt.[498]

Die Nutzung des Kfz durch den Leasingnehmer über den Kündigungszeit- **56**
punkt hinaus stellt ein fortbestehendes Leistungsaustauschverhältnisses dar. Der Leasingnehmer ist folglich aus umsatzsteuerlicher Sicht verpflichtet, an den Leasinggeber für die Zeit der Vorenthaltung des Kfz gemäß § 546 a BGB Nutzungsentgelt in Höhe der jeweiligen Leasingrate zzgl. Umsatzsteuer zu zahlen.[499]

Der Leasingnehmer, der das Kfz am Vertragsende nicht zurückgibt, macht sich **57**
gegenüber dem Leasinggeber nicht nur wegen Vorenthaltung schadensersatzpflichtig gemäß § 546 a BGB, sondern evtl. auch strafbar, § 248 b StGB.[500]

II. Schätzung des Kfz

Können sich die Leasingvertragsparteien bei der Rückgabe des Kfz nicht über **58**
einen von dem Leasingnehmer zu leistenden Schadensersatz bzw. über den Wert des Kfz einigen, wird gewöhnlich auf Veranlassung des Leasinggebers ein öffentlich bestellter und vereidigter Sachverständiger bzw. ein unabhängiges Sachverständigenunternehmen eingeschaltet. Die Ermittlung des Fahrzeugwerts im Zeitpunkt

---

v. 11.5.1988, VIII ZR 96/87, ZIP 1988, 917 ff.; v. 13.10.1982, VIII ZR 197/81, NJW 1983, 112; *OLG Koblenz*, Urt. v. 16.2.1989, 5 U 1071/88, NJW-RR 24/1989, 1526 f.

[496] *OLG Hamm*, Beschluss v. 12.7.1988, 7 W 30/88, ZIP 1/1989, 45 ff., 46.

[497] S. je Ziff. XVI/4 der Privat- und Geschäftsfahrzeug-Leasingbedingungen (Anhang); *LG Hannover*, Urt. v. 26.1.1994, 7 O 237/93, NJW-RR 12/1994, 739 f.; *Reinking/Eggert*, Der Autokauf, Rdn. 861.

[498] *BGH*, Urt. v. 2.7.1975, VIII ZR 87/74, NJW 1975, 1773; *OLG Frankfurt/M.*, Urt. v. 9.3.1990, 5 U 72/87, NJW-RR 19/1990, 1207 ff.; *OLG Köln*, Urt. v. 9.8.1995, 19 U 268/94, BB 2/1996, 80; *Berninghaus*, Beendigung des Leasingvertrages durch Kündigung oder Zeitablauf, in: *Büschgen* (*Hrsg.*), Praxishandbuch Leasing, § 12 Rdn. 33.

[499] *BGH*, Urt. v. 8.3.1995, VIII ZR 313/93, NJW 23/1995, 1541 ff.; v. 11.5.1988, VIII ZR 96/87, NJW 42/1988, 2665 ff.; v. 22.3.1989, VIII ZR 155/88, NJW 28/1989, 1730 ff.; *OLG Hamm*, Urt. v. 26.8.1996, FLF 1997, 79; *Reinking*, Autoleasing, 157; *Reinking/Eggert*, Der Autokauf, Rdn. 861.

[500] *Reinking/Eggert*, Der Autokauf, Rdn. 861.

der Rückgabe dient der Verwertung des Kfz und damit auch dem Interesse des Leasingnehmers, sofern dieser das Verwertungsrisiko trägt. Den Vertragsparteien wird mit der Schätzung ein Anhaltspunkt dafür gegeben, zu welchen Bedingungen die nachfolgende Verwertung des Kfz und die Abrechnung des Leasingvertrags möglich sein könnte. Die Schätzung des Kfz hat daher vor allem die Bedeutung, dass sich der Leasinggeber mit dieser vor dem Vorwurf „treuwidriger Verschleuderung" schützen kann. Der **Schätzwert** hat **Kontrollfunktion**.[501]

59 Gegen die Einschaltung eines Sachverständigen durch den Leasinggeber wird bisweilen der Einwand erhoben, die **Unabhängigkeit bzw. Neutralität** und Kompetenz des **Kfz-Sachverständigen** sei nicht grds. verbürgt, wenn sich der Leasinggeber die Wahl des Gutachters vorbehalte. Dies sei insbes. dann zu befürchten, wenn der Sachverständige dem Leasinggeber in ständiger Geschäftsbeziehung nahestehe bzw. von diesem abhängig sei. Es sei auch nicht ausreichend, dass lediglich die Organisation, welcher der Gutachter angehöre, die Voraussetzungen der Neutralität und Fachkompetenz erfülle. Entscheidend sei die Person des Gutachters. Wichtige Voraussetzung für die Zulässigkeit des Sachverständigengutachtens sei daher insgesamt, dass die Fachkompetenz und Neutralität des Sachverständigen in einer Regelung in den Leasingbedingungen gesichert sei und dem Leasingnehmer ferner ein Ablehnungsrecht zugesichert sei.[502] Es muss grds. den Anforderungen an eine sorgfältige Auswahl eines Sachverständigen genügen, wenn eine Organisation gewählt wird, mit welcher anerkanntermaßen die Begriffe der Neutralität und Kompetenz verbunden werden. Dies ist bei den regelmäßig von Kfz-Leasinggebern gewählten **großen Schätzungsorganisationen** wie **DEKRA, DAT, TÜV** und **Schwacke** der Fall. Die vorgenannten **großen Schätzungsorganisationen** verfügen über umfangreiche Bewertungssysteme, in denen praktisch alle auf den Märkten verfügbare Fahrzeugtypen erfasst sind und nach standardisierten Kriterien zu bewerten sind. Die von diesen Organisationen vorgenommenen Schätzungen werden von Gerichten anerkannt. Ein Vorbringen des Leasingnehmers, welches allein beinhaltet, bei Zuziehung eines anderen Sachverständigen wäre ein höherer Wert begutachtet worden, ist daher als nicht substantiiert zu betrachten.[503]

60 Die **Kosten** eines **Schätzgutachtens** hat der **Leasingnehmer** in **voller Höhe** zu tragen. Eine entsprechende Regelung in den Leasingbedingungen ist zulässig. Dies gilt auch für den Fall, dass die Regelung insoweit unwirksam sein sollte, als diese den Leasingnehmer an den Händlereinkaufspreis bindet. Die hierin ggf. zu erblickende Unangemessenheit der Regelung ergreift nicht die dem Leasingnehmer auferlegte Pflicht, die Kosten des Gutachtens zu übernehmen. Gegen die Kostentragungspflicht des Leasingnehmers ist auch dann nichts einzuwenden, wenn die Leasingvertragsparteien durch das Gutachten nicht an die

---

[501] S. auch Ziff. XVI/3 der Privat- und Geschäftsfahrzeug-Leasingbedingungen (Anhang); *Nitsch*, Sorgfaltspflichten bei der Verwertung von Leasing-Fahrzeugen, NZV 10/1999, 405 ff., 405, 407; *Reinking/Eggert*, Der Leasingvertrag, Rdn. 864; Rdn. 68.

[502] *OLG München*, Urt. v. 20.8.1990, 17 U 5860/89 n.v.

[503] *BGH*, Urt. v. 18.5.1983, VIII ZR 83/82, NJW 33/1983, 1854 f.; *OLG Nürnberg*, Urt. v. 15.12.1988, 2 U 3032/88 n.v.; *OLG Frankfurt*, Urt. v. 14.7.1995, 24 U 5/94, NJW 49/1995, 3259 f.; *Nitsch*, Sorgfaltspflichten bei der Verwertung von Leasing-Fahrzeugen, NZV 10/1999, 405 ff., 407.

Schätzung des Händlereinkaufspreises gebunden werden. Auch besteht die Erstattungspflicht des Leasingnehmers, wenn der Leasinggeber das Kfz zum Zwecke der Ermittlung des für den Restwertausgleich jedenfalls nicht ausnahmslos maßgeblichen Händlereinkaufspreises in Auftrag gegeben hat. Zum einen weist das Gutachten neben dem Händlereinkaufs- auch den Händlerverkaufspreis aus und zum anderen ist die Abrechnung auf der Basis des Händlereinkaufspreises dann nicht zu beanstanden, wenn dem Leasingnehmer Gelegenheit gegeben wird, das Kfz zum Händlereinkaufspreis zu erwerben bzw. einen Käufer zu benennen. Der Leasingnehmer kann sich auf diesem Wege den Vorteil sichern, der sich für ihn daraus ergibt, dass er das ggf. nach seiner Auffassung zu gering bewertete Kfz auf eigene Rechnung zu dem höheren tatsächlich erzielten Marktwert weiterveräußert.[504]

Der Leasinggeber ist jedenfalls dann von dem Vorwurf des Verwertungsverschul- 61
dens freizusprechen, wenn er bei der Restwertabrechnung des Leasingvertrags mit Gebrauchtwagenabrechnung dem Leasingnehmer nach Einholung eines Schätzgutachtens angeboten hat, das Kfz zum Schätzpreis zu übernehmen.[505] Nach höchstrichterlicher Rechtsprechung ist bei der Abrechnung der **erzielte Kaufpreis** und **nicht** der **geschätzte Handelswert maßgeblich**, welcher sich nicht hat realisieren lassen.[506] Ein geschätzter Fahrzeugwert bildet auch keine Untergrenze, welche der Leasinggeber zumindest erzielen muss, um sich von dem Vorwurf eines Verwertungsverschuldens befreien zu können. Mehr als den durch eine bestmögliche Verwertung erzielten Verwertungserlös muss sich der Leasinggeber selbst dann nicht anrechnen lassen, wenn dieser hinter dem geschätzten Wert zurückbleibt.

III. Verwertung des Kfz

Der **Leasinggeber** nimmt als **rechtlicher und wirtschaftlicher Eigentümer** 62
des Kfz bei Vertragsende die **Verwertung** des ihm von dem Leasingnehmer zurückgegebenen Kfz vor. Im Rahmen der der Verwertung ggf. nachfolgenden Abrechnung ist von Bedeutung, welche der Leasingvertragsparteien das sog. **Verwertungsrisiko** trägt. Der Leasinggeber muss die Vertragsabrechnung entsprechend den leasingvertraglichen Vereinbarungen durchführen und legt den **Verwertungserlös** seiner **Abrechnung zugrunde**. Der Verwertungserlös kann unter bestimmten Voraussetzungen die Belastung eines Leasingnehmers aus der Vertragsabrechnung mindern. Die Höhe eines bei der Vertragsabrechnung anzurechnenden Verwertungserlöses des Kfz ist daher von entscheidender Bedeutung. Der **Ermittlung** des **Erlöses** und eines **etwaigen Verschuldens** bei der **Verwertung** des Kfz durch den Leasinggeber kommt daher besondere **Bedeutung** zu.[507]

---

504 *BGH*, Urt. v. 4.6.1997, VIII ZR 312/96, NJW 47/1997, 3166.

505 *BGH*, Urt. v. 4.6.1997, VIII ZR 312/96, NJW 47/1997, 3166.

506 *BGH*, Urt. v. 29.6.1983, VIII ZR 141/82, ZIP 9/1983, 1084 ff.; v. 18.5.1983, VIII ZR 83/82, NJW 33/1983, 1854; *Nitsch*, Sorgfaltspflichten bei der Verwertung von Leasing-Fahrzeugen, NZV 10/1999, 405 ff.

507 *Nitsch*, Sorgfaltspflichten bei der Verwertung von Leasing-Fahrzeugen, NZV 10/1999, 405 ff., 405; *Reinking/Eggert*, Der Autokauf, Rdn. 899.

63 Maßgebend für die Höhe des infolge der Verwertung des Kfz anzurechnenden Vorteils ist nur der Vermögenszuwachs, der dem Leasinggeber tatsächlich zugeflossen ist. **Entscheidend** ist der **erzielte Kaufpreis** und **nicht** der **geschätzte Handelswert**, welcher sich nicht hat realisieren lassen. Der Schätzwert ist jedoch Anhaltspunkt dafür, ob der Leasinggeber das Kfz treuwidrig für einen zu geringen Preis veräußert hat.[508] Abgesehen von dem Ausnahmefall des Leasingvertrags mit Kilometerabrechnung trägt der Leasinggeber das Verwertungsrisiko. Da der Verwertungserlös der Abrechnung zugrunde gelegt wird, geht dessen Interesse dahin, dass das Kfz zum höchstmöglich erzielbaren Preis veräußert wird.[509] Eine **optimale Verwertung** liegt letztlich im **Interesse beider Leasingvertragsparteien**.

64 Obgleich der Leasinggeber rechtlicher und wirtschaftlicher Eigentümer des Kfz ist, kann er das Kfz nicht nach seinem Belieben verwerten. Dies gilt insbes. dann, wenn der Leasingnehmer das Restwertrisiko trägt und das Ergebnis der Verwertung und damit die Höhe des Verwertungserlöses für diesen entscheidend ist. Der Leasinggeber ist verpflichtet, die Interessen des Leasingnehmers bei der Verwertung möglichst optimal zu wahren. Den **Leasinggeber** trifft die **vertragliche Nebenpflicht bzw. Sorgfaltspflicht**, sich mit **zumutbarer Sorgfalt** um die **bestmögliche Verwertung** zu bemühen. Diese Pflicht entspringt aus der **Schadenminderungspflicht** des Leasinggebers gemäß **§ 254 Abs. 2 BGB**. Die Verpflichtung des Leasinggebers, das Kfz bestmöglich zu verwerten, soll zum Schutz des Leasingnehmers gewährleisten, dass diesem der tatsächliche Wert des Kfz im Verwertungszeitpunkt zugute kommt. Der Leasingnehmer hat dessen ungeachtet gewisse Unsicherheiten bei der Verwertung des Kfz in Kauf zu nehmen.[510]

65 Die dem Leasinggeber obliegende optimale Wahrnehmung der Interessen des Leasingnehmers betrifft sowohl die Art als auch den Ort der Verwertung. Hierzu gehört die Veräußerung in angemessener Zeit und unter Vermeidung unnötiger Kosten. Ggf. kann auch das Zuwarten und Absehen von einer unverzüglichen Veräußerung des Kfz zur Erzielung eines höheren Verwertungserlöses erforderlich sein.[511] Bei Verletzung dieser als Nebenpflicht ausgestalteten Pflicht des Leasing-

---

[508] *BGH*, Urt. v. 29.6.1983, VIII ZR 141/82, ZIP 9/1983, 1084 ff.; v. 27.11.1991, VIII ZR 39/91, NJW-RR 6/1992, 378 f.; *Nitsch*, Sorgfaltspflichten bei der Verwertung von Leasing-Fahrzeugen, NZV 10/1999, 405 ff., 407; *Reinking*, Autoleasing, 154.

[509] *BGH*, Urt. v. 4.6.1997, VIII ZR 312/96, BB 35/1997, 1758 ff., 1759.

[510] *BGH*, Urt. v. 4.6.1997, VIII ZR 312/96, BB 35/1997, 1758 ff., 1759; v. 8.10.1990, VIII ZR 247/89, DB 47/1990, 2367 ff.; v. 10.10.1990, VIII ZR 296/89, NJW 4/1991, 221 ff.; v. 27.11.1991, VIII ZR 39/91, DAR 1992, 146 f.; *OLG Düsseldorf*, Urt. v. 16.1.1997, 10 U 11/96, DB 16/1997, 821 ff.; *OLG Düsseldorf*, Urt. v. 10.10.1996, 10 U 217/95, BB 1/1997, 13; *OLG Köln*, Urt. v. 16.5.1997, 19 U 216/96, BB 50/1997, 2555 f.; *OLG Köln*, Urt. v. 14.11.1994, 2 U 66/94, NJW-RR 13/1995, 816 f.; *OLG Koblenz*, Urt. v. 10.3.1994, 5 U 1257/93, NJW 18/1995, 1227 f.; *OLG Celle*, Urt. v. 3.11.1993, 2 U 212/92, NJW-RR 21/1994, 1334 ff.; *LG Halle*, Urt. v. 20.9.2002, 1 S 279/01, NJW-RR 2/2003, 121 f.; *Reinking/Eggert*, Der Autokauf, Rdn. 871, 898; *Reinking*, Autoleasing, 152.

[511] *BGH*, Urt. v. 10.10.1990, VIII ZR 296/89, NJW 4/1991, 221 ff., 224; v. 8.10.1990, VIII ZR 247/89, DB 47/1990, 2367 ff.; v. 24.4.1985, VIII ZR 95/84, NJW 27/1985, 1539 ff.; *OLG Düsseldorf*, Urt. v. 10.10.1996, 10 U 217/95, BB 1/1997, 13; *OLG Düsseldorf*, Urt. v.

gebers zur bestmöglichen Verwertung liegt ein Unterfall des mitwirkenden Verschuldens nach §254 BGB vor. Aufgrund der Schadensminderungspflicht des Leasinggebers steht hinsichtlich der Frage eines Verwertungsverschuldens des Leasinggebers die Frage im Mittelpunkt, ob er sich mit zumutbarer Sorgfalt um die bestmögliche Verwertung des Kfz bemüht hat.[512]

Wählt der Leasinggeber, obwohl ihm dies zumutbar und möglich ist, nicht die Verwertungsalternative, die den Schaden am geringsten hält, hat er seine Schadensminderungspflicht gemäß §254 Abs. 2 BGB verletzt.[513] Aufgrund der vertraglichen Nebenpflicht zur bestmöglichen Verwertung des Kfz hat der Leasinggeber den Leasingnehmer so zu stellen, als sei eine bestmögliche Verwertung erfolgt.[514] Erhebt der Leasingnehmer den Einwand, der Leasinggeber sei seiner Verpflichtung zur Schadensminderung aus §254 Abs. 1 BGB nicht in dem erforderlichen Umfang nachgekommen und es liege daher ein Verwertungsverschulden vor, hat der **Leasingnehmer** hinsichtlich eines evtl. Verstoßes des Leasinggebers gegen die Pflicht zur bestmöglichen Verwertung die **Darlegungs- und Beweislast**.[515] 66

Die Anforderungen an diese Sorgfaltspflicht bzw. an die **Verwertungsanstrengungen** des **Leasinggebers** und damit an den Umfang der dem Leasinggeber obliegenden Bemühungen bei der Verwertung des Kfz werden in der Literatur teilweise kontrovers diskutiert.[516] Eine pauschale Betrachtung führt aufgrund der vielfältigen wirtschaftlichen Erscheinungsformen und der unterschiedlichen Vertragsgestaltungen bei dem Kfz-Leasing nicht zu einem angemessenen Ergebnis. Wegen der hierdurch bedingten Abgrenzungsprobleme ist die einzelfallbezogene Beurteilung eines vermeintlichen Verwertungsverschuldens in der Praxis eine nicht leicht zu beantwortende Frage. Entscheidende Parameter bei der Beurteilung sind die Stellung der Schätzungsorganisation, die Bedeutung von **Drittkäuferbenennungsrechten** oder die angeblich erforderliche Differenzierung zwischen Herstellerleasing und herstellerunabhängigem Leasing.[517] Bei den Sorgfaltspflichten im Rahmen der Verwertung des Kfz sind in erster Linie die den Leasinggeber treffenden Sorgfaltspflichten anzuführen, aber auch eine Mitverantwortung des Leasingnehmers. Die Sorgfaltspflichten des Leasinggebers bei der Verwertung erscheinen nur augenfälliger, weil regelmäßig der Leasinggeber die Verwertung vornimmt und diesen die Pflicht zur möglichst optimalen Verwertung trifft. 67

16.1.1997, 10 U 11/96, DB 16/1997, 821 ff., 822; *OLG Koblenz*, Urt. v. 10.3.1994, 5 U 1257/93, NJW 18/1995, 1227 ff., 1228; *OLG Düsseldorf*, Urt. v. 16.1.1997, 10 U 11/96, DB 16/1997, 821 ff.

512 *BGH*, Urt, v. 4.6.1997, VIII ZR 312/96, NJW 47/1997, 3166, 3167; *BGH*, Urt. v. 10.10.1990, VIII ZR 296/89, NJW 4/1991, 221 ff.; *OLG Hamm*, Urt. v. 14.1.1997, 7 U 70/96 n.v.

513 *BGH*, Urt. v. 27.11.1991, VIII ZR 39/91, NJW-RR 6/1992, 378 f.

514 *OLG Celle*, Urt. v. 3.11.1993, 2 U 228/91, OLG-Rep. 1994, 132 ff., 132.

515 *OLG Düsseldorf*, Urt. v. 16.1.1997, 10 U 11/96, DB 16/1997, 821 ff., 821; *OLG Hamm*, Urt. v. 14.1.1997, 7 U 70/96 n.v.; *OLG Celle*, Urt. v. 3.11.1993, 2 U 228/91, OLG-Rep. 1994, 132 ff., 132.

516 *Reinking*, Verwertungserlös und Zustand des Leasingfahrzeugs am Vertragsende – die Achillesferse des Kfz-Leasingvertrags, NZV 1/1997, 1 ff.

517 *Nitsch*, Sorgfaltspflichten bei der Verwertung von Leasing-Fahrzeugen, NZV 10/1999, 405 ff., 405.

68 Der **Leasingnehmer** nimmt durch sein Verhalten **Einfluss** auf das **Verwertungsergebnis**. Diesen kann ferner ein Mitverschulden treffen, wenn er seinen Mitwirkungspflichten im Rahmen der Verwertung des Kfz nicht nachkommt. Der Leasingnehmer nimmt regelmäßig die Produktauswahl vor und bestellt bei Vertragsbeginn das Kfz entsprechend seinen Vorstellungen von Modell, Ausstattung, Preis etc. bei dem Lieferanten. Der anschließende käufliche Erwerb des Kfz durch den Leasinggeber ermöglicht dem Leasingnehmer den Gebrauch des Kfz. Leasing ist die Finanzierung einer Gebrauchsmöglichkeit. Vor diesem Hintergrund des Leasings als Finanzierung einer von dem Leasingnehmer gewählten Investition trifft den Leasingnehmer eine gewisse Verantwortung für die Chancen der Verwertung des Kfz. Häufig setzt nämlich der Leasingnehmer mit seinem Verhalten eine Ursache dafür, dass ein Kfz zu einem bestimmten Zeitpunkt oder zu bestimmten Konditionen verwertet werden muss. Dies wird insbes. deutlich bei der vorzeitigen Vertragsbeendigung durch Kündigung infolge Zahlungsverzugs des Leasingnehmers, d.h. einer Kündigung, welche der Leasingnehmer verursacht hat oder bei der Verwertung eines wenig marktgängigen Kfz, welches der Leasingnehmer nach seinen Vorstellungen bestellt hat. Auch kann ein mangelhafter Erhaltungszustand, welchen der Leasingnehmer zu verantworten hat, ursächlich für bei der Verwertung eines Kfz entstehenden Probleme sein. Es ist daher angezeigt, den Leasingnehmer zunehmend in die Verantwortung für den Verwertungsvorgang einzubinden. Dies spiegelt auch die höchstrichterliche Rechtsprechung wider, wonach ein Leasinggeber jedenfalls dann von dem Vorwurf eines Verwertungsverschuldens freizusprechen ist, wenn dieser dem Leasingnehmer nach Einholung eines Schätzgutachtens angeboten hat, das Kfz zum Schätzpreis zu übernehmen.[518]

Der Leasingnehmer kann unter Umständen durch eine frühzeitige und intensive Suche nach einem Käufer für das zu verwertende Kfz erheblichen Einfluss auf das Ergebnis einer Vertragsabrechnung nehmen. Eine mögliche Pflichtverletzung im Rahmen der Verwertung des Kfz beurteilt sich im wesentlichen nach identischen Gesichtspunkten.

69 Hinsichtlich der **Sorgfaltspflichten** sind jedoch **zwei unterschiedliche Fallgestaltungen** zu differenzieren, welche der Unterscheidung der in dem **Kfz-Leasing gängigen Vertragstypen** des Leasingvertrags mit Kilometerabrechnung und des Leasingvertrags mit Gebrauchtwagenabrechnung folgen.

70 Bei dem **Leasingvertrag mit Kilometerabrechnung** findet nach regulärer Vertragsbeendigung zwischen den Leasingvertragsparteien lediglich eine Abrechnung auf der Grundlage der vereinbarten und der tatsächlichen Kilometerleistung statt. Bei dem **Leasingvertrag mit Gebrauchtwagenabrechnung** hingegen, bei welchem der Leasingnehmer dem Leasinggeber für etwaige Mindererlöse gegenüber einem vereinbarten Restwert haftet und Mehrerlöse ihm zu 75% gutzubringen sind, kann sich bei regulärer Vertragsbeendigung hinsichtlich eines Verwertungsverschuldens das Problem stellen, dass die Leasingvertragsparteien über die Höhe eines Mehr- oder Mindererlöses unter Hinweis darauf streiten, dass der Leasinggeber einen zu geringen Erlös des Kfz erzielt habe.

---

[518] *BGH*, Urt. v. 4.6.1997, VIII ZR 312/96, NJW 47/1997, 3166; *Nitsch*, Sorgfaltspflichten bei der Verwertung von Leasing-Fahrzeugen, NZV 10/1999, 405 ff., 405.

71 Die Erfüllung von Sorgfaltspflichten bei der Verwertung ist ferner bei beiden vorgenannten gängigen Vertragsformen in dem Fall der vorzeitigen Vertragsbeendigung infolge einer außerordentlichen Kündigung von Bedeutung. Ausgenommen ist der Fall einer einvernehmlichen Aufhebungsvereinbarung. Mit einer Aufhebungsvereinbarung haben die Leasingvertragsparteien eine Einigung über die Konditionen der Aufhebung erzielt. Das Problem der Ermittlung des Erlöses stellt sich daher nicht. Die Verletzung von Sorgfaltspflichten bei der Verwertung wird mithin grds. im Zusammenhang mit einer ordentlichen oder außerordentlichen bzw. fristlosen Kündigung diskutiert, sei es wegen Totalschadens des Kfz, Tod des Leasingnehmers, Untergang des Kfz oder Zahlungsverzugs des Leasingnehmers.[519]

72 Für das Verwertungsverschulden ist der Anlass der Kündigung, z.B. Zahlungsverzug, Tod des Leasingnehmers oder Totalschaden des Kfz, nur insofern von Bedeutung, als Kfz mit einem erheblichen Unfallschaden von vornherein schwer zu veräußern sind, da die Offenbarungspflicht des Unfallschadens und mögliche Mängel nach einem Wiederaufbau des Kfz Verkaufshemmnisse darstellen. Für diese Kfz gibt es nur einen eingeschränkten Kreis von Aufkäufern. Die Anforderungen an die Sorgfalt des Leasinggebers bei dem Weiterverkauf des Kfz können infolgedessen nicht überspannt werden.[520]

73 Die dem Leasinggeber auferlegte Verpflichtung, sich mit zumutbarer Sorgfalt um die bestmögliche Verwertung des Kfz zu bemühen, genugt der Leasinggeber nicht ausnahmslos bereits durch die Veräußerung an einen Händler zu dessen Einkaufspreis. Eine entsprechende Regelung in den Leasingbedingungen ist wegen unangemessener Benachteiligung des Leasingnehmers unwirksam. Dies gilt auch dann, wenn die Schätzung des Händlereinkaufswerts nur subsidiär für den Fall gelten soll, dass sich die Leasingvertragsparteien nicht auf den Wert des Kfz einigen können.[521] Der Leasinggeber muss vielmehr auch anderen Möglichkeiten zur Erzielung eines höheren Erlöses nachgehen. Dies gilt insbes. dann, wenn dem Leasinggeber von dem Leasingnehmer weitere Interessenten benannt werden.[522] Benennt der Leasingnehmer dem Leasinggeber weitere **Kaufinteressenten**, ist der Leasinggeber verpflichtet, diese bei seinen Verwertungsbemühungen zu berücksichtigen. Der Leasinggeber braucht sich bei der Erfüllung seiner Pflicht zur bestmöglichen Verwertung des Kfz unter Einräumung eines Drittkäuferbenennungsrechts nicht auf einen Verkauf des Kfz an einen ihm von dem Leasingnehmer namhaft gemachten Interessenten einzulassen, wenn nach der Bonitätsprüfung zumindest erhebliche Zweifel hinsichtlich dessen Zahlungsfähigkeit in der betreffenden Größenordnung besteht.[523]

---

519 *Nitsch*, Amortisationsprinzip und relativer Ratenrückstand, FLF 1998, 18ff., 19 m.w.N.

520 *Nitsch*, Sorgfaltspflichten bei der Verwertung von Leasing-Fahrzeugen, NZV 10/1999, 405ff., 407.

521 *BGH*, Urt. v. 4.6.1997, VIII ZR 312/96, NJW 47/1997, 3166; v. 10.10.1990, VIII ZR 296/89, NJW 4/1991, 221ff.

522 *BGH*, Urt. v. 10.10.1990, VIII ZR 296/89, NJW 4/1991, 221ff.; v. 22.11.1995, VIII ZR 57/95, DAR 7/1996, 284ff.

523 *BGH*, Urt. v. 4.6.1997, VIII ZR 312/96, NJW 4/1991, 221ff.; *OLG Düsseldorf*, Urt. v. 10.10.1996, 10 U 217/95, BB 1/1997, 13.

74 Nach den Umständen des Einzelfalls und der Marktgängigkeit des Kfz können auch eigene Bemühungen des Leasinggebers um Interessenten gefordert sein. Es muss vom Standpunkt eines mit zumutbarer Sorgfalt handelnden Leasinggebers und unter Berücksichtigung der diesem zum Zeitpunkt der Verwertung offenen Erkenntnismöglichkeiten der Frage nachgegangen werden, ob die Suche nach weiteren Interessenten aussichtsreich ist. Entscheidend sind die Umstände des Einzelfalls und insbes. die Marktgängigkeit des Kfz.[524] Die Suche des Leasinggebers nach einem anderen Abnehmer als einem Händler kann sich als zeitraubend und aufwendig erweisen, aber gleichwohl erfolglos bleiben und dann dem Leasinggeber sowohl den Vorwurf der Verletzung der ihm zur Schadensminderung obliegenden Pflicht zur Veräußerung in angemessener Zeit eintragen, als auch ihn dem Einwand aussetzen, er habe unnötige Kosten verursacht.[525]

75 Es ist auch der Zusammenhang zu sehen, dass mit einem **weiteren Zuwarten** des Leasinggebers das konkrete Risiko einer zumindest listenmäßigen kontinuierlichen **Werteinbuße** des zu veräußernden Kfz verbunden ist, nämlich dann, wenn in diesem Zeitraum in der Schwacke-Liste die Verkaufsnotierung für ein Kfz des in Rede stehenden Typs sinkt und sich damit die Einkaufsnotierung verschlechtert. Vom Standpunkt eines mit zumutbarer Sorgfalt handelnden Leasinggebers und unter Berücksichtigung der dem Leasingnehmer zum Zeitpunkt der Verwertung offenen Erkenntnismöglichkeiten kann der Leasinggeber z.B. für den Fall, dass es ca. 8 Monate nach Rückgabe des Kfz nicht mehr zumutbar ist, weitere Zeit und Kosten in den wenig aussichtsreichen Versuch zu investieren, einen höheren als den Händlereinkaufspreis zu realisieren, die Suche nach weiteren Interessenten einstellen. Hat das Kfz z.B. einen verhältnismäßig schlechten Erhaltungszustand und eine lange Standzeit, darf der Leasinggeber davon ausgehen, dass die Suche nach anderen Kaufinteressenten wenig aussichtsreich ist, zumal ihm auch der Leasingnehmer keinen Interessenten benannt hatte, obgleich seit der Rückgabe des Kfz ausreichend Zeit zur Verfügung stand. Auf der anderen Seite kann aber auch eine Zeitverzögerung in der Verwertung förderlich sein, um eine bestmögliche Verwertung zu erzielen. Der Leasinggeber ist zunächst nicht gehindert, nach der fristlosen Kündigung des Vertrags das Gutachten eines anerkannten Sachverständigen über den Zeitwert des Kfz einzuholen. In Verfolgung des Ziels, einen möglichst hohen Verwertungserlös zu erzielen, kann es daher ggf. geboten sein, von einer unverzüglichen Veräußerung des Kfz einstweilen abzusehen.[526]

76 Der mit vermehrten Verwertungsanstrengungen des Leasinggebers zwangsläufig verbundene Aufbau einer eigenen Verkaufsorganisation würde zu einer nicht unerheblichen Erhöhung der monatlichen Leasingraten führen. Ohne eine Organisation hat der Leasinggeber, gerade wenn er überregional tätig ist, nicht die Möglichkeiten zum Verkauf, wie sie dem Leasingnehmer zustehen. Es

[524] *BGH*, Urt. v. 10.10.1990, VIII ZR 296/89, NJW 4/1991, 221 ff.; *OLG Düsseldorf*, Urt. v. 16.1.1997, 10 U 11/96, DB 16/1997, 821 ff., 822; *OLG Koblenz*, Urt. v. 10.3.1994, 5 U 1257/93, NJW 18/1995, 1227 f.

[525] *OLG Düsseldorf*, Urt. v. 16.1.1997, 10 U 11/96, DB 16/1997, 821 ff., 822.

[526] *BGH*, Urt. v. 4.6.1997, VIII ZR 312/96, NJW 47/1997, 3166; *OLG Düsseldorf*, Urt. v. 16.1.1997, 10 U 11/96, DB 16/1997, 821 ff., 823.

erscheint angesichts dieser Situation auf Seiten des Leasinggebers nicht unangemessen, dass sich der Leasingnehmer aufgrund seines Interesse an einer bestmöglichen Verwertung um weitere Interessenten bemüht. Dem Leasingnehmer ist der Zeitpunkt der Rückgabe des Kfz regelmäßig frühzeitig bekannt, wodurch er genügend Zeit hat, sich über Anzeigen und auf anderen Wegen einen Kaufinteressenten für das Kfz zu suchen. Wollte demgegenüber der Leasinggeber das Kfz verkaufen, wäre dies mit personellem und organisatorischem Mehraufwand und einer nicht unerheblichen Verzögerung der Verwertung und damit einhergehendem Wertverlust des Kfz verbunden. Es wäre zunächst erforderlich, dass der Leasinggeber das Kfz an seinen Firmensitz verbringen lässt, dieses wertschätzen lässt und sodann nach Kaufinteressenten sucht. Hinzu kommt, dass der Leasinggeber den Verwertungserlös entsprechend der Verzögerung erst später zur Rückführung der Refinanzierungsmittel einsetzen könnte. Da die weiterlaufende Zinsbelastung zu dem leasingtypischen Ausgleichsanspruch des Leasinggebers gegen den Leasingnehmer gehört, ginge diese gleichfalls zu Lasten des Leasingnehmers.

Die **Marktgängigkeit** des **Kfz** zählt zu den Umständen des Einzelfalls, die für 77
eine Verpflichtung des Leasinggebers ausschlaggebend sein können, nicht ausnahmslos an einen Händler zu dessen Einkaufspreis veräußern zu dürfen, sondern sich selbst um weitere Interessenten zu bemühen.[527] Die Marktgängigkeit hängt u.a. von der Marke, dem Kfz-Typ, der Ausstattung, der Motorleistung etc. ab. Kfz der Oberklasse mit hoher Motorleistung und umfangreicher Sonderausstattung werden auf dem Markt für gebrauchte Kfz gewöhnlich weniger nachgefragt als Kfz der unteren Klassen in normaler Ausstattung. Streitigkeiten finden häufig ihre Ursache in unterschiedlichen Vorstellungen der Leasingvertragsparteien, wie Sonderausstattungen und Zubehör zu bewerten sind. Die Bewertungssysteme der Schätzungsorganisationen berücksichtigen derartige Sonderausstattungen regelmäßig überhaupt nicht oder nur teilweise.[528] Mit steigender Marktgängigkeit eines gebrauchten Kfz erhöhen sich die Anforderungen an die Sorgfaltspflichten des Leasinggebers bei der Verwertung des Kfz. Hier muss aber auch die Tatsache berücksichtigt werden, dass der Leasingnehmer das Kfz bei Vertragsbeginn nach seinen Vorstellungen ausgewählt hat. Der Leasingnehmer ist in der Produktauswahl selbst dann frei, wenn er sich für einen bestimmten Hersteller-Konzern entschieden hat. Das Kfz-Leasinggeschäft ist heute durch eine zunehmende Konzentration des Automobilmarkts und die Vereinigung unterschiedlicher Marken unter einem Konzerndach gekennzeichnet. Die großen Kfz-Hersteller bieten eine Vielzahl verschiedener Produkte und Marken an. Durch die Wahl eines marktgängigen Produkts einer Marke hat es der Leasingnehmer gewissermaßen in der Hand, auf die erforderlichen Verwertungsbemühungen des Leasinggebers Einfluss zu nehmen. Ebenso kann der Leasingnehmer durch seinen individuellen Gebrauch der Sache die Marktchancen positiv beeinflussen. Marktgängigkeit hängt auch von Umständen ab, die allein der Leasingnehmer beeinflusst.

---

[527] *BGH*, Urt. v. 10.10.1990, VIII ZR 296/89, BB 1990, 2359ff., 2361; *Nitsch*, Sorgfaltspflichten bei der Verwertung von Leasing-Fahrzeugen, NZV 10/1999, 405ff., 408.

[528] *Nitsch*, Sorgfaltspflichten bei der Verwertung von Leasing-Fahrzeugen, NZV 10/1999, 405ff., 408.

78 Unterlässt der Leasingnehmer eigene Verkaufsbemühungen, schränkt dies nicht die Verpflichtung des Leasinggebers ein, sich um eine optimale Verwertung des Kfz zu bemühen. Dem Leasinggeber kann jedoch nicht allein deshalb die Missachtung der ihm zumutbaren Sorgfalt vorgeworfen werden, weil er an einen Händler veräußert hat und weniger als den Händlerverkaufswert erzielt hat.[529]

79 Eine Regelung in den Leasingbedingungen des Inhalts, dass der Leasinggeber das Kfz nach Vertragsende an den Kfz-Handel veräußern kann und der dabei erzielte Preis für die Abrechnung maßgebend ist, ist zulässig.[530] Der **Ansatz** des **Händlereinkaufspreises** ist im Rahmen der Abrechnung des Leasingvertrags nicht zu beanstanden, wenn dem Leasingnehmer Gelegenheit gegeben wird, das Kfz zum Händlereinkaufspreis zu erwerben.[531] Den Leasinggeber trifft keine Verpflichtung, einen höheren Erlös als den des Händlereinkaufspreises zu erzielen. Dem **Leasinggeber** ist **jedenfalls** eine **schuldhafte Sorgfaltspflichtverletzung** dann **nicht vorzuwerfen**, wenn der **Erlös trotz Verkaufs** des Kfz an einen Händler **weniger als 10% unter dem von dem Sachverständigen ermittelten Händlerverkaufswert** liegt.[532] Angesichts der klarstellenden Entscheidung des BGH v. 4.6.1997 bedarf es regelmäßig keiner Hilfsberechnung, wenn dem Leasingnehmer ein Drittkäuferbenennungsrecht eingeräumt wurde oder dem Leasingnehmer das Kfz selbst zum geschätzten Händlereinkaufspreis angeboten wurde.[533]

80 Das **Drittkäuferbenennungsrecht** ist das dem Leasingnehmer eingeräumte Recht zur Benennung eines Käufers, wozu auch ein Anspruch des Leasingnehmers gezählt wird, sich selbst dem Leasinggeber als Käufer für das gebrauchte Kfz zu benennen.[534] Grundsätzlich schließen zwar Leasingverträge aus steuerlichen Gründen regelmäßig ein Erwerbsrecht des Leasingnehmers hinsichtlich des Kfz aus.[535] Zur Schadenminimierung kann jedoch einem Leasingnehmer der Wunsch, das Kfz zu erwerben, nicht verwehrt werden. Die Bedeutung des Drittkäuferbe-

[529] *BGH*, Urt. v. 8.10.1990, VIII ZR 247/89, DB 47/1990, 2367; *OLG Düsseldorf*, Urt. v. 16.1.1997, 10 U 11/96, DB 16/1997, 821 ff., 822.

[530] S. je Ziff. XV/1 der Privat- und Geschäftsfahrzeug-Leasingbedingungen (Anhang).

[531] *BGH*, Urt. v. 4.6.1997, VIII ZR 312/96, BB 35/1997, 1758 ff., v. 22.11.1995, VIII ZR 57/95, BB 4/1996, 180 ff.; *OLG Köln*, Urt. v. 14.11.1994, 2 U 66/94, BB 1995, 696.

[532] *BGH*, Urt. v. 22.11.1995, VIII ZR 57/95, NJW 7/1996, 455 ff.; *OLG Celle*, Urt. v. 22.5.1996, 2 U 173/95, OLG-Rep. 19/1996, 219 ff.; *AG Hamburg*, Urt. v. 23.9.1998, 32b C 1302/97, DAR 11/1999, 510. S. auch *OLG Bremen*, Urt. v. 31.8.2000, 5 U 38/2000a, DAR 4/2001, 161 f.; *Reinking*, Autoleasing, 153.

[533] *BGH*, Urt. v. 4.6.1997, VIII ZR 312/96, BB 35/1997, 1758 ff.; *Nitsch*, Der Restwert-Ausgleich beim Kfz-Hersteller-Leasing, BB 1998; *Godefroid*, Urteilsanmerkung zu BGH, Urt. v. 4.6.1997, WiB 1997, 1308 ff., 1309; *Reinking/Eggert*, Der Autokauf, Rdn. 871. S. ferner hierzu *Müller-Sarnowski*, Privat-Autoleasing nach der Schuldrechtsreform, DAR 11/2002, 485 ff., 491.

[534] S. auch je Ziff. XVI/3 der Privat- und Geschäftsfahrzeug-Leasingbedingungen (Anhang); *Nitsch*, Sorgfaltspflichten bei der Verwertung von Leasing-Fahrzeugen, NZV 10/1999, 405 ff., 409; *Tiedtke/Möllmann*, Entwicklung der aktuellen Rechtsprechung des BGH zum Leasingrecht, DB 17/2004, 915 ff., 915. S. zum Leasingnehmer oder Drittkäufer als Verbraucher *Godefroid*, Finanzierungsleasingverträge und Schuldrechtsmodernisierungsgesetz, BB Leasing-Berater, Beil. 5 zu H 27/2002, 2 ff., 9.

[535] *BGH*, Urt. v. 30.5.1990, VIII ZR 233/89, NJW-RR 19/1990, 1205 f.; *OLG Frankfurt*, Urt. v. 24.1.1989, 5 U 25/88, NJW-RR 7/1989, 435 f.

nennungsrechts liegt insbes. darin, dass eine – für sich allein betrachtet unangemessene – Bindung des Leasingnehmers an den Händlereinkaufspreis durch die Einräumung des Drittkäuferbenennungsrechts kompensiert werden kann. Hierdurch liegt keine unangemessene Benachteiligung des Leasingnehmers vor. Mit dem Angebot, das Kfz zum Schätzpreis zu erwerben, versetzt der Leasinggeber den Leasingnehmer in gleicher Weise wie durch die Einräumung eines Drittkäuferbenennungsrechts in die Lage, den vermeintlich höheren Verkehrswert des Kfz durch Veräußerung an einen Dritten zu seinen Gunsten zu realisieren.[536]

Das Recht zur Käuferbenennung wird nicht erst durch eine Regelung in den Leasingbedingungen begründet. Vor diesem Hintergrund erübrigt sich im Grunde eine Diskussion, in welcher Form und Frist der Leasinggeber den Leasingnehmer aufzuklären hat. Mit dem Hinweis auf die Möglichkeit der Käuferbenennung in dem Vertrag erfüllt der Leasinggeber keine Vertragspflicht. Diese hat lediglich die Bedeutung, den Leasingnehmer auf eine aus allgemeinen Gründen bestehende Obliegenheit hinzuweisen.[537] **81**

Ein in den Leasingbedingungen niedergelegtes Drittkäuferbenennungsrecht ist **82** wegen Verstoßes gegen das Transparenzgebot unwirksam, wenn dieses dem Leasingnehmer eingeräumte Recht an unvermuteter Stelle im Zusammenhang mit Regelungen über die Rückgabe des Kfz und nicht in dem Abschnitt über die Vertragsabrechnung niedergelegt ist.[538] Dem Leasingnehmer sollte daher neben der Niederlegung des Drittkäuferbenennungsrechts in den Leasingbedingungen noch gesonderter Schriftverkehr zugehen, mit dem diesem eine Frist für die Benennung eines Käufers gesetzt wird. Hinsichtlich einer **Fristbestimmung** in den Leasingbedingungen und einer Fristsetzung in einem gesonderten Anschreiben gilt gleichermaßen, dass der Leasinggeber dem Leasingnehmer eine praktikable Möglichkeit einräumen muss, sich erfolgreich um Drittkäufer zu bemühen. Unverhältnismäßig kurze Fristen sind nicht für eine rechtswirksame Einräumung eines Drittkäuferbenennungsrechts ausreichend.[539] Das OLG Braunschweig erachtet die Möglichkeit zur Drittkäuferbenennung binnen 14 Tagen ab Rückgabe für ausreichend.[540] In der Praxis wird auch unabhängig von einer entsprechenden Regelung

---

[536] *BGH*, Urt. v. 10.10.1990, VIII ZR 296/89, NJW 4/1991, 221 ff.; v. 22.11.1995, VIII ZR 57/95, NJW 7/1996, 455 ff.; v. 4.6.1997, VIII ZR 312/96, NJW 47/1997, 3166; *OLG Braunschweig*, Urt. v. 14.7.1999, 3 U 287/98, FLF 2/2001; *OLG Dresden*, Urt. v. 11.11.1998, 8 U 3066/97, NZV 10/1999, 423 ff.; *OLG Düsseldorf*, Urt. v. 9.2.1999, 24 U 10/98, NJW-RR 23/1999, 1661; v. 12.6.1998, 10 U 113/97, BB 43/1998, 2179 ff.; *OLG Frankfurt*, Urt. v. 24.1.1989, 3 U 25/88, NJW-RR 7/1989, 435; *AG Hamburg*, Urt. v. 23.9.1998, 32b C 1302/97, DAR 11/1999, 510; *Reinking/Eggert*, Der Autokauf, Rdn. 871; Rdn. 61.

[537] *OLG Braunschweig*, Urt. v. 14.7.1999, 3 U 287/98, FLF 2/2001,75; *Nitsch*, Drittkäuferbenennungsrechte beim Kraftfahrzeugleasing, FLF 2/2001, 75 ff.; *ders.*, Selbst- oder Drittbenennungsrechte als Obliegenheit des Kfz-Leasingnehmers, NZV 4/2001, 160 ff.; *Müller-Sarnowski*, Die vertragsgemäße Rückgabe des Leasingfahrzeugs, DAR 4/1997, 142 ff., 145.

[538] *BGH*, Urt. v. 22.11.1995, VIII ZR 57/95, BB 1996, 180; v. 4.6.1997, VIII ZR 312/96, ZIP 33/1997, 1457 f.

[539] *OLG Dresden*, Urt. v. 11.11.1998, 8 U 3066/97, NJW-RR 10/1999, 703; *OLG Celle*, Urt. v. 18.12.1996, 2 U 2/96, OLG-Rep. 9/1997, 99 ff.; *Nitsch*, Sorgfaltspflichten bei der Verwertung von Leasing-Fahrzeugen, NZV 10/1999, 405 ff., 409.

[540] *OLG Braunschweig*, Urt. v. 14.7.1999, 3 U 287/98, FLF 2/2001, 75.

in den Leasingbedingungen dem Leasingnehmer aus Sicherheitsgründen mit Formbrief per Einschreiben Gelegenheit zur Drittkäuferbenennung gegeben, wobei eine Frist in der Regel von 14 Tagen zzgl. 3 Tagen Postlaufzeit gesetzt wird. Die Frist beginnt nicht mit der Rückgabe des Kfz, sondern mit dem Aufforderungsschreiben, so dass der Leasingnehmer deutlich mehr Zeit zur Mitwirkung hat.[541]

83 Der Bundesgerichtshof hat mit seiner Entscheidung v. 4.6.1997 den Leasingvertragsparteien wichtige Vorgaben gegeben, wie **Streitigkeiten** über ein **Verwertungsverschulden** mit einem **wirksam eingeräumten Recht zur Käuferbenennung vermeiden** können. Dementsprechend sollte der Leasingnehmer in der Praxis dieses Recht auch in Anspruch nehmen. Der Leasinggeber genügt seiner Pflicht zur bestmöglichen Verwertung, wenn er dem Leasingnehmer das Kfz nach Einholung eines Schätzgutachtens zum Schätzpreis anbietet. Hierdurch kann sich der Leasingnehmer den Vorteil sichern, der sich für ihn daraus ergibt, dass er das ggf. nach seiner Auffassung zu gering bewertete Kfz auf eigene Rechnung zu dem höheren tatsächlich erzielten Marktwert weiterveräußert.[542] Der Leasingnehmer erhält hier die gleiche Möglichkeit wie bei der Einräumung eines Drittkäuferbenennungsrechts, einen vermeintlich höheren Verkehrswert des Kfz zu realisieren.[543]

84 Als maßgebliche **Marktstufe**, auf welcher die Verwertung des zurückgegebenen Kfz zu vollziehen ist, kommen der freie Gebrauchtwagenhandel und das Händlernetz in Betracht, das für den Vertrieb von Neufahrzeugen der Marke zuständig ist. Diskutiert wird aber auch der Absatz des gebrauchten Leasingfahrzeugs von dem Leasinggeber direkt an den Endverbraucher und damit die Ausschaltung einer Zwischenhandelsstufe. Im ersten Fall wäre der Händlereinkaufswert, im zweiten Fall der Händlerverkaufswert heranzuziehen, der dem tatsächlichen Verkehrswert des Kfz entspricht. Das pauschale Abstellen auf eine bestimmte Marktstufe berücksichtigt nicht die von dem Bundesgerichtshof geforderte Beurteilung entsprechend den Umständen des Einzelfalls. Es gibt Fälle, in denen nicht einmal der geschätzte Händlereinkaufswert erreicht wird, weil das Kfz nicht innerhalb einer für die Vertragsparteien vertretbaren Zeit zu dem Einkaufswert abzusetzen ist. Vielfach stellt sich bei einem marktgängigen Kfz heraus, dass der geschätzte Händlereinkaufswert ohnehin nur einen unteren Orientierungspunkt darstellt und der Leasinggeber aufgrund seiner Verkaufsangebote an eine Vielzahl gewerblicher Aufkäufer, die sich auf den Ankauf von zurückgegebenen Leasingfahrzeugen spezialisert haben, deutlich mehr als den geschätzten Händlereinkaufswert erzielen kann.[544]

---

541 S. hierzu *OLG Braunschweig*, Urt. v. 9.2.1999, 3 U 287/98, n.v.; Urt. v. 23.6.1999, 3 U 287/98, n.v.; *OLG Düsseldorf*, Urt. v. 9.2.1999, 24 U 10/93, NJW-RR 23/1999, 1661 f.; *OLG Dresden*, Urt. v. 11.11.1998, 8 U 3066/97, BB 6/1999, 285 ff.; *LG Frankfurt* a.M., Urt. v. 16.5.2000, 3/5 O 70/99. S. jedoch auch *OLG Düsseldorf*, Urt. v. 30.3.2004, I–24 U 193/03, DB 24/2004, 1310 ff.; *Nitsch*, Selbst- oder Drittbenennungsrechte als Obliegenheiten des Kfz-Leasing-Nehmers, NZV 4/2001, 160 ff., 4; *Reinking/Eggert*, Der Autokauf, Rdn. 872. S. auch je Ziff. XVI/3 der Privat- und Geschäftsfahrzeug-Leasingbedingungen (Anhang).

542 *BGH*, Urt. v. 4.6.1997, VIII ZR 312/96, NJW 47/1997, 3166.

543 *BGH*, Urt. v. 4.6.1997, VIII ZR 312/96, NJW 47/1997, 3166.

544 *Nitsch*, Sorgfaltspflichten bei der Verwertung von Leasing-Fahrzeugen, NZV 10/1999, 405 ff., 408.

Ein wichtiger Anhaltspunkt ist daher von dem Bundesgerichtshof durch das 85 vorerwähnte Abstellen auf einen **Wert von 10% unter dem von dem Sachverständigen ermittelten Händlerverkaufswert** gesetzt worden. Eine schuldhafte Sorgfaltspflichtverletzung kann dem Leasinggeber jedenfalls im Regelfall nicht angelastet werden, wenn der erzielte Erlös trotz des Verkaufs an einen Händler weniger als 10% unter dem von dem Sachverständigen ermittelten Händlerverkaufswert liegt. Dies bewegt sich noch im Rahmen der Unsicherheiten, die der Leasingnehmer in bezug auf die Verwertung des Kfz hinzunehmen hat. Mit dieser Rechtsprechung hat der Bundesgerichtshof ausdrücklich unter die bis zu dieser Entscheidung ergangene diesbezügliche Rechtsprechung der Oberlandesgerichte einen Schlussstrich gezogen. Diese Grenze berücksichtigt vor allem, dass mit einer Verwertung erhebliche Kosten verbunden sein können, z.B. Standkosten, Kosten einer Zwischenfinanzierung, Provisionen des Verkäufers des Kfz, Kosten der optischen Aufbereitung etc. Eine alleinige Kostentragungspflicht des Leasinggebers beispielsweise in dem Fall, dass der Leasingnehmer die vorzeitige Verwertung des Kfz durch seinen Zahlungsverzug ausgelöst hat, erscheint nicht einsichtig. Eine feste Anbindung an den Verkaufswert ließe keinen Raum für derartige Überlegungen.[545]

Nach der Ansicht des OLG Koblenz[546] sei einem großen Kfz-Leasinggeber, der 86 sich bei dem Ersteinsatz der neuen Kfz eines Kfz-Händlernetzes bedient hat, ferner zuzumuten, sich auch bei der Verwertung der Kfz dieses Händlernetzes zu bedienen. Der Wert einer Sache werde gewöhnlich von dem im Markt bei Veräußerung an einen Endverbraucher erzielbaren Preis bestimmt, der im allgemeinen erheblich über dem Händlereinkaufspreis liege. Hierzu hat das OLG Koblenz ausgeführt, es sei zu berücksichtigen gewesen, dass es sich bei dem betreffenden Kfz um ein Kfz eines Herstellers handele, dessen Produkte sich gerichtskundig auf dem Gebrauchtwagenmarkt großer Beliebtheit erfreuen. Es handele sich daher um ein marktgängiges Kfz, welches ohne weiteres zum marktüblichen Preis an einen Endverbraucher hätte abgesetzt werden können. Das von dem Leasinggeber hiergegen vorgebrachte Argument, er verfüge nicht über eine eigene Verkaufsorganisation, sei demgegenüber nicht stichhaltig. Der Leasinggeber bediene sich auch bei der Vermittlung und dem Zustandekommen der Leasingverträge des betreffenden Händlernetzes; er könne daher auf dieses auch nach Beendigung des Leasingvertrags zurückgreifen. Werde stattdessen den jeweiligen Händlern ohne eigene Bemühungen das Kfz zum erheblich niedrigeren Händlereinkaufspreis überlassen, werde nur einseitig das Interesse des Leasinggebers berücksichtigt, das Kfz nach Vertragsbeendigung alsbald loszuwerden. Hierin sei eine unangemessene Benachteiligung des Leasingnehmers entgegen den Geboten von Treu und Glauben zu erblicken.

---

545 *BGH*, Urt. v. 10.10.1990, VIII ZR 296/89, BB 34/1990, 2359, 2361; v. 22.11.1995, VIII ZR 57/95, NJW 7/1996, 455ff.; *OLG Köln*, Urt. v. 14.11.1994, 2 U 66/94, NJW-RR 13/1995, 817ff.; *Nitsch*, Sorgfaltspflichten bei der Verwertung von Leasing-Fahrzeugen, NZV 10/1999, 405ff., 408. S. auch zu der dem Leasinggeber zustehenden Differenz zwischen vereinbartem Restwert und höherem Händlereinkaufswert *OLG Düsseldorf*, Urt. v. 6.11.2003, I-24 U 105/03, DB 13/2004, 700f.

546 *OLG Koblenz*, Urt. v. 10.3.1994, 5 U 1257/93, NJW 18/1995, 1227f.

Anlässlich der vorbezeichneten Argumentation ist wieder die Funktion des Leasinggebers als Financier der Gebrauchsmöglichkeit durch den Leasingnehmer anzuführen. Der Leasinggeber steht mit dem Lieferanten und dem Leasingnehmer in einem Dreiecksverhältnis. Er erwirbt das Kfz von dem Lieferanten, um dieses dem Leasingnehmer zur Nutzung zu überlassen. Der Leasinggeber verfügt über keine eigene Verkaufsorganisation zum Absatz gebrauchter Leasingfahrzeuge. Große Leasinganbieter verfügen heute über Vertragsbestände in sechsstelliger Höhe. Dementsprechend müssten derartige Organisationen mit hohem Kostenaufwand aufgebaut werden, wobei kalkulationsmäßig die diesbezüglichen Kosten pro Leasingvertrag zu erfassen wären und die Gesamtheit der Leasingkunden kostenmäßig zu beteiligen wären. Es ist praxisfern, anzunehmen, dass Leasinggeber von wirtschaftlich und rechtlich selbständigen Kfz-Händlern verlangen können, dass diese eine Vertriebsfunktion für zurückgegebene Leasingfahrzeuge kostenneutral ausführen. Im Gegenteil, die Vertriebsleistung wäre gesondert zu bezahlen, wenn der Händlerverkaufspreis fest heranzuziehen wäre. Auch aus diesem Grund erscheint eine statische Bindung an den tatsächlichen Verkehrswert des Kfz nicht sachgerecht.[547]

87 Der Bundesgerichtshof hat im Zusammenhang mit dem Anspruch des Leasinggebers auf volle Amortisation seiner Gesamtkosten einschl. des kalkulierten Gewinns festgestellt, dass ein **Absatzinteresse** ein **Finanzierungsinteresse nicht ausschließt**. Für den Leasingnehmer ist es ohne Belang, ob er die von ihm erwünschten Vorteile des Leasings von einem markengebundenen oder einem „neutralen" Leasinggeber verschafft erhält. Der Vollamortisationsanspruch des Leasinggebers ist unabhängig von einer etwaigen Markenbindung gegeben.[548] Der Bundesgerichtshof hat festgestellt, dass der Leasinggeber seiner Pflicht zur bestmöglichen Verwertung des Kfz genügt, wenn er bei der Restwertabrechnung des Kfz-Leasingvertrags mit Gebrauchtwagenabrechnung dem Leasingnehmer nach Einholung eines Schätzgutachtens angeboten hat, das Kfz zum Schätzpreis zu übernehmen.[549] Koos[550] hat hiergegen eingewandt, diese Wertung könne aufgrund des besonderen Absatzinteresses und einer typischen Vertragsanbahnungssituation bei dem Herstellerleasing nicht gelten. Bei dieser Leasingart sei als Untergrenze für eine Verwertung ein durch Sachverständigengutachten zu ermittelnder „Zeitwert" heranzuziehen. Diese Auffassung ignoriert die ständige Rechtsprechung des Bundesgerichtshofs zur Kontrollfunktion des Schätzwerts. Entscheidend sind nicht geschätzte Werte, sondern tatsächliche Erlöse.[551] Zudem berücksichtigt ein vermeintlich stärker zu gewichtendes Absatzinteresse bei dem

---

[547] *Nitsch*, Sorgfaltsfplichten bei der Verwertung von Leasing-Fahrzeugen, NZV 10/1999, 405 ff., 408.

[548] *BGH*, Urt. v. 22.1.1986, VIII ZR 318/84, NJW 20–21/1986, 1335 ff.; *Nitsch*, Sorgfaltspflichten bei der Verwertung von Leasing-Fahrzeugen, NZV 10/1999, 405 ff., 408.

[549] *BGH*, Urt. v. 4.6.1997, VIII ZR 312/96, BB 35/1997, 1758 ff.

[550] *Koos*, Restwertabrechnung von Kfz-Leasingverträgen, BB 26/1998, 1323 ff. Vgl. hierzu *Nitsch*, Der Restwert-Ausgleich beim Kfz-Hersteller-Leasing. Eine Erwiderung auf Koos, Restwertabrechnung von Kfz-Leasingverträgen, BB 1998, 1323 ff.

[551] *BGH*, Urt. v. 29.6.1983, VIII ZR 141/82, ZIP 9/1983, 1084; v. 27.11.1991, VIII ZR 39/91, NJW-RR 6/1992, 378 f.

markengebundenen Leasing gegenüber einem Finanzierungsleasing nicht die aktuellen Entwicklungen des Leasingmarkts. Die Kfz-Hersteller bedienen sich des Kfz-Leasings nicht lediglich als Absatzinstrument; diese bieten vielmehr Finanzdienstleistungen in einem diversifizierten Produktsegment an, welches einen wichtigen Beitrag zum Gesamtergebnis des Hersteller-Konzern leistet. Das Finanzierungsinteresse steht heute mindestens gleichwertig neben dem Absatzinteresse. Ebenso wenig kann heute noch von einer bei dem markengebundenen Leasing spezifischen Vertragsanbahnungssituation ausgegangen werden.[552]

Die **Rechtsprechung** stellt überwiegend auf die auf den Einzelfall bezogene Beurteilung der Verwertungsbemühungen ab und **lehnt** eine **feste Heranziehung** des **Händlerverkaufswerts** des Kfz **ab**. Gleichwohl gibt es Versuche, die Sorgfaltsanforderungen an einen markengebundenen Leasinggeber höher anzusetzen und auf den Händlerverkaufswert abzustellen.[553] 88

In dem Fall der regulären Abrechnung des Kfz-Leasingvertrags mit Gebrauchtwagenabrechnung steht hier die vertragliche Vereinbarung über die Maßgeblichkeit des Händlereinkaufswerts entgegen. Nach der Ansicht des OLG Brandenburg sei sogar die Entscheidung des BGH v. 4.6.1997, nach welcher einem Leasinggeber eine schuldhafte Sorgfaltspflichtverletzung nicht vorgeworfen werden kann, wenn dem Leasingnehmer der Erwerb zum Schätzpreis angeboten worden sei, auf markengebundenes Leasing nicht anwendbar. Dem markengebundenen Leasinggeber sei es „zumutbar", sich bei der Verwertung des Kfz eines vorhandenen und dem Leasinggeber zugänglichen Händlernetzes der Marke zu bedienen, da dieses Händlernetz auch bei der Vermittlung und dem Zustandekommen des Leasingvertrags in Anspruch genommen werde. Bei markengebundenem Leasing sei daher, anders als bei Banken, welche keinen Zugang auf den Händlerverkaufsmarkt hätten, der Händlerverkaufspreis zugrunde zu legen.[554] 89

Der Hintergrund dieser Rechtsprechung liegt offenbar in der **irrigen Annahme** einer **wirtschaftlichen Einheit** zwischen **Kfz-Hersteller, markengebundener Leasinggesellschaft** und **Kfz-Vertragshändler,** die den Realitäten des Kfz-Vertriebs nicht entspricht.[555] 90

Es stellt sich nicht die Frage der „Zumutbarkeit", das Vertriebsnetz der Markenhändler in Anspruch nehmen zu können. Es ist der tatsächliche Zugang zu diesem Netz entscheidend, welcher von keinem Leasinggeber erzwungen werden kann. Nicht differenziert dargestellt sind ferner die Konditionen, zu welchen sich herstellergebundene Leasinggeber angeblich des Vertriebswegs der Markenhändler bedienen können. Hierbei ist die Annahme, dass die Vertragshändler ihre Distributionsleistungen dem Leasinggeber kostenlos zur Verfügung stellen,

[552] *Nitsch*, Sorgfaltspflichten bei der Verwertung von Leasing-Fahrzeugen, NZV 10/1999, 405ff., 409.

[553] *OLG Koblenz*, 5 U 1257/93, NJW 18/1995, 1227f.; *OLG Oldenburg*, Urt. v. 7.1.1997, 12 U 69/96, DAR 5/1997, 203; *LG Meiningen*, Urt. v. 25.2.1997, 5 S 341/96, DAR 5/1997, 203; *OLG Brandenburg*, Urt. v. 10.12.1997, 7 U 87/97, DAR 8/1999, 359f.

[554] *OLG Brandenburg*, Urt. v. 10.12.1997, 7 U 87/97, DAR 8/1999, 359; *BGH*, Urt. v. 4.6.1997, VIII ZR 312/96, NJW 47/1997, 3166.

[555] *Nitsch*, Sorgfaltspflichten bei der Verwertung von Leasing-Fahrzeugen, NZV 10/1999, 405ff., 409.

praxisfern. Die Weiterverwertung von zurückgegebenen Leasingfahrzeugen verursacht nicht unerhebliche Kosten. Die feste Bindung der herstellereigenen Leasinggesellschaft an den Händlerverkaufswert führt zu einer Verzerrung der Wettbewerbsbedingungen auf dem Kfz-Leasingmarkt. Den Hersteller-Leasinggeber werden wirtschaftliche Nachteile auferlegt, von denen die unabhängigen Leasinggeber befreit sind. Keinen sachlichen Grund für eine derartige Ungleichbehandlung bietet die Inanspruchnahme des Händlernetzes beim Zustandekommen des Leasingvertrags. Auch die freien Leasinggesellschaften bedienen sich eines Absatzmitteilungssystems. Ferner ist der Erlös des Kfz-Händlers für den Absatz des Neufahrzeugs unabhängig davon gegeben, ob eine freie oder eine herstellergebundene Gesellschaft das Kfz erworben hat. Es ist zusammengefasst großen markengebundenen Leasinggebern, welche jährlich die Verwertung von Tausenden zurückgegebener Leasingfahrzeuge vornehmen, in der Praxis nicht möglich, in einem Vertriebssystem Leistungen eines anderen, wirtschaftlich und rechtlich unabhängigen Unternehmens kostenlos in Anspruch zu nehmen. Dies widerspricht den wirtschaftlichen Gegebenheiten des Kfz-Markts.[556]

Es besteht daher keine Veranlassung, von der von dem Bundesgerichtshof vertretenen Linie einer Gleichbehandlung von markengebundenem Leasing und herstellerunabhängigem Leasing abzuweichen.[557]

IV. Abrechnung des Kfz-Leasingvertrags

91 Nach der Verwertung des Kfz durch den Leasinggeber folgt, sofern dies vertraglich vereinbart bzw. geboten ist, die Abrechnung des Leasingvertrags zwischen den Leasingvertragsparteien. Bei dem Aufhebungsvertrag zwischen den Leasingvertragsparteien ergibt sich der Vollamortisationsanspruchs des Leasinggebers aus der Aufhebungsvereinbarung selbst. Der Kapitalrückfluss an den Leasinggeber ist wesenstypisch für jede Finanzierung und daher auch für das Leasing. Der Leasingvertrag hat die vollständige Amortisation der dem Leasinggeber aufgrund der Investition entstandenen Kosten zum Gegenstand. Entsprechend sind die Leasingraten nicht nur Entgelt für die Gebrauchsüberlassung, sondern haben auch Tilgungsfunktion bzgl. des Kapitaleinsatzes und des kalkulierten Gewinns. Mit Rücksicht auf den leasingtypischen, steuer- und betriebswirtschaftlich bestimmten Vertragszweck des Leasingvertrags gilt das Kostendeckungsprinzip sowohl für den Fall der ordentlichen wie auch für den der außerordentlichen Vertragsbeendigung.[558]

92 Die **Abrechnung** des **Kfz-Leasingvertrags** beinhaltet die **spezifische Berechnung** des als Wesensanspruch anerkannten **Vollamortisationsanspruchs** des **Leasinggebers**. Dieser Vollamortisationsanspruch ergibt sich auch ohne explizit vereinbarte Anspruchsgrundlage aus der Rechtsnatur des Leasingvertrags.

---

[556] Ebenda.

[557] *OLG Frankfurt/Main*, Urt. v. 23.6.1987, 5 U 184/86, VersR 46/1987, 1197 ff.; *OLG Schleswig*, Urt. v. 20.6.1997, 14 U 64/95, OLG-Rep. 20/1997, 326 f.; *OLG Düsseldorf*, Urt. v. 9.2.1999, 24 U 10/98, NJW-RR 23/1999, 1661 f.

[558] *BGH*, Urt. v. 19.3.1986, VIII ZR 81/85, NJW 28/1986, 1746 ff.

Die leasingtypische Vollamortisationspflicht obliegt dem Leasingnehmer als Gegenleistung für die von dem Leasinggeber erbrachte Finanzierungsleistung selbst dann, wenn die den Ausgleichsanspruch regelnde Vorschrift in den Leasingbedingungen unwirksam ist.[559] Die Berechnung des Vollamortisationsanspruchs des Leasinggebers bei vorzeitiger Vertragsbeendigung erfasst den Ersatz der durch die außerordentliche Kündigung verursachten Nachteile, die darin liegen, dass die leasingtypisch geschuldete Amortisation der Gesamtkosten des Leasinggebers zu diesem Zeitpunkt noch nicht erreicht ist. Der von dem Leasingnehmer durch die vorzeitige Vertragsbeendigung verursachte und von ihm auszugleichende Schaden beruht darauf, dass die kalkulatorischen Amortisationsanteile der bis zu dem Zeitpunkt des vorzeitigen Vertragsendes zu zahlenden Leasingraten in ihrer Gesamtsumme niedriger sind als der tatsächlich während der verkürzten Vertragsdauer eingetretene Wertverlust des Kfz.[560]

Die **Berechnung** des **Vollamortisationsanspruchs** ist bei den **einzelnen Vertragstypen** aufgrund der bei diesen unterschiedlichen Risikoverteilung hinsichtlich der Verwertung **verschiedenartig**. Entscheidend für die Berechnung des Vollamortisationsanspruchs bei den in dem Kfz-Leasinggeschäft gängigen Vertragstypen des Leasingvertrags mit Kilometerabrechnung und des Leasingvertrags mit Gebrauchtwagenabrechnung ist, welche Leasingvertragspartei das **Verwertungsrisiko** trägt und damit das Risiko, in welcher Höhe der Verwertungserlös erzielt wird. Mit Ausnahme des Leasingvertrags mit Kilometerabrechnung trägt der Leasingnehmer das Verwertungsrisiko. Nach der Risikoverteilung richtet sich die Aufteilung des Verwertungserlöses zwischen den Leasingvertragsparteien im Rahmen der Abrechnung des Leasingvertrags. In welcher Höhe der erzielte Verwertungserlös des Kfz, welcher das Ergebnis der Verwertung bildet, in Anrechnung zu bringen ist, hängt mithin von dem gewählten Vertragstyp bzw. den jeweiligen vertraglichen Vereinbarungen ab. Die Art der Anrechnung des Verwertungserlöses auf den Vollamortisationsanspruch wird teilweise von den verschiedenen Kfz-Leasinggebern auch unterschiedlich gehandhabt. Da bei dem **Leasingvertrag mit Kilometerabrechnung** die Verwertung allein Angelegenheit des Leasinggebers ist, findet hier der **Verwertungserlös keine Berücksichtigung** bei der **Abrechnung**. 93

Die Abrechnung nach Kündigung ist regelmäßig in den Leasingbedingungen geregelt.[561] Die Abrechnung des Leasingvertrags richtet sich vorrangig nach der vereinbarten **Abrechnungsklausel**. Die Abrechnung ist jedoch nach den von der Rechtsprechung entwickelten Abrechnungsmethoden vorzunehmen, wenn eine Abrechnungsklausel in dem Leasingvertrag gänzlich fehlt oder eine solche wegen Verstoßes gegen die §§ 305 ff. BGB unwirksam ist.[562] Fehlt eine rechts- 94

[559] S. auch je Ziff. XV/1 der Privat- und Geschäftsfahrzeug-Leasing-Bedingungen (Anhang); *BGH*, Urt. v. 12.6.1985, VIII ZR 148/84, NJW 38/1985, 2253 ff.; v. 22.1.1986, VIII ZR 318/84, NJW 20–21/1986, 1335 ff.; *LG Braunschweig*, Urt. v. 26.5.1999, 22 O 230/98 n.v.; *Reinking/Eggert*, Der Autokauf, Rdn. 890; *Berninghaus*, Beendigung des Leasingvertrages durch Kündigung oder Zeitablauf, in: *Büschen (Hrsg.)*, Praxishandbuch Leasing, § 12 Rdn. 56; *Nitsch*, Amortisationsprinzip und relativer Ratenrückstand, FLF 1998, 18 ff., 19.

[560] *BGH*, Urt. v. 28.10.1981, VIII ZR 302/80, NJW 16/1982, 870 ff.

[561] S. je Ziff. XV der Privat- und Geschäftsfahrzeug-Leasingbedingungen (Anhang).

[562] *BGH*, Urt. v. 4.6.1997, VIII ZR 312/96, NJW 47/1997, 3166.

wirksame Abrechnungsregelung in dem Leasingvertrag, führt dies nicht zu einer Befreiung des Leasingnehmers von der Verpflichtung zur Herbeiführung der Vollamortisation. Der dem **Leasing wesenseigene Anspruch** des **Leasinggebers** auf **Vollamortisation** ist unabhängig von dem Vorhandensein bzw. der Wirksamkeit einer gesetzlichen oder vertraglichen Regelung gegeben.

Es ist zur Vereinbarung einer Restwertausgleichspflicht des Leasingnehmers nicht erforderlich, ausdrücklich und wörtlich auf die Verpflichtung des Leasingnehmers zur „Vollamortisation" hinzuweisen. Dessen ungeachtet kann eine entsprechende Formulierung zur Erläuterung des Vertragsmodells für den Leasingnehmer sinnvoll sein.[563]

95 Eine **wirksame Abrechnung** muss **bestimmte Erfordernisse** erfüllen. Insbes. muss eine Vertragsgestaltung in den Leasingbedingungen hinsichtlich der Abrechnungsfolgen dem in dem Gesetz zur Modernisierung des Schuldrechts nunmehr gesetzlich geregelten **Transparenzgebot** Genüge tun. Das Transparenzgebot hält den Verwender von Allgemeinen Geschäftsbedingungen dazu an, diese entsprechend den Erwartungen und Erkenntnismöglichkeiten eines Durchschnittskunden möglichst klar und durchschaubar zu gestalten, wobei dieses Gebot nicht überspannt werden darf. Der Kunde muss insbes. in der Lage sein, die Tragweite einer durch eine Klausel geschlossenen Vereinbarung und deren Folgen zu übersehen. Abzustellen ist auf die Erwartungen und Erkenntnismöglichkeiten des für die jeweilige Vertragsart typischerweise zu erwartenden Durchschnittskunden. Handelt es sich um eine Leasingbedingung im Rahmen des Geschäftsverkehrs, ist hierbei ein Kundenkreis angesprochen, der, gemessen an einem Normalkunden, weiterreichende Erkenntnismöglichkeiten besitzt. Eine unangemessene Benachteiligung wird in der Verwendung von unklaren und undurchschaubaren Leasingbedingungen gesehen. Das Transparenzgebot gilt zunächst hinsichtlich jeglichen Inhalts einer Klausel. Dies erlangt jedoch besondere Bedeutung im Leasingrecht bei der Abrechnung nach Kündigung. Dem Leasinggeber stehen grds. unterschiedliche individuelle Berechnungsmodalitäten und Kalkulationsposten zur vertraglichen Vereinbarung mit dem Leasingnehmer offen. Diese müssen für den Leasingnehmer transparent dargestellt werden.[564]

96 Eine Abrechnungsklausel muss dem Leasingnehmer insbes. mit der nötigen Deutlichkeit zeigen, was auf ihn im Falle der vorzeitigen Vertragsbeendigung zukommt. Der Leasingnehmer muss aufgrund genauer Darstellung und Erläuterung der einzelnen Positionen den Umfang des drohenden Schadensersatzes nach Kündigung ermessen und nachberechnen können.[565] Bei der Verwendung einer unklaren und undurchschaubaren Abrechnungsklausel, aus welcher die Berechnungsgrundlagen für den Leasingnehmer nicht klar erkennbar sind, liegt eine unangemessene Benachteiligung des Leasingnehmers i.S.d. § 307 BGB vor, welche zu der Unwirksamkeit der Klausel führt.[566] Beispielsweise verstößt eine Abrech-

---

[563] *Godefroid*, Urteilsanmerkung zu *BGH*, Urt. v. 4.6.1997, WiB 1997, 1308 ff., 1309.

[564] *Tiedtke/Möllmann*, Entwicklung der aktuellen Rechtsprechung des BGH zum Leasingrecht, DB 17/2004, 915 ff., 915; *Reinking/Eggert*, Der Autokauf, Rdn. 751. S. u.a. *LG München II*, Urt. v. 19.6.1997, 8 S 1530/97, DAR 4/1999, 172.

[565] *LG Oldenburg*, Urt. v. 31.7.1998, 2 S 446/98, NJW-RR 17/1999, 1209 f.

[566] *BGH*, Urt. v. 26.11.1986, VIII ZR 354/85, NJW 14/1987, 842 f.; v. 9.5.2001, ZR 208/

nungsklausel, welche nur mit Hilfe eines bestimmten nicht näher erläuterten Computerprogramms verstanden werden kann, welches weder expressis verbis in den Leasingbedingungen genannt, noch dem Leasingnehmer bei Vertragsschluss zur Verfügung gestellt wird, gegen das Transparenzgebot.[567] Unbestimmte Begriffe und Formeln in der Abrechnungsklausel selbst oder an anderer entsprechender Stelle müssen inhaltlich konkretisiert werden. Der Leasingnehmer kann sich die hierdurch entstehenden Fragen nicht selbst beantworten und nicht die notwendige Transparenz durch den Einsatz der ihm zumutbaren Erkenntnismöglichkeiten herstellen. Es ist dem Leasingnehmer jedoch grds. zuzumuten, auf Erkenntnismöglichkeiten außerhalb des Textes der Abrechnungsklausel zurückzugreifen, wenn er lediglich einfache und gängige Berechnungen vornehmen muss, um die notwendige Transparenz sicherzustellen. Dem Transparenzgebot ist jedoch beispielsweise nicht Genüge getan, wenn bei einem erlasskonformen Vertrag lediglich ein Hinweis auf den Inhalt des Teilamortisationserlasses hinsichtlich der Abrechnungsquoten erteilt wird.[568]

Sind **unbestimmte Begriffe** in einer **Abrechnungsklausel** nicht hinrei- 97
chend **konkretisiert**, liegt keine dem Transparenzgebot genügende Abrechnungsgrundlage vor. Beispiele sind: Abzinsung der restlichen Leasingraten mit der „vorschüssigen Rentenbarwertformel", „abgezinster Restwert" sowie „restliche Leasingraten". Dem Leasingnehmer erschließt sich bei diesen Begriffen der Umfang des von ihm zu leistenden Schadensersatzes selbst dann nicht, wenn er seiner Verpflichtung nachkommt, auf Erkenntnismöglichkeiten außerhalb der Abrechnungsklausel zurückzugreifen. Es ist erforderlich, dass die vorschüssige Rentenbarwertformel an irgendeiner Stelle genannt wird und der Weg zu der Ermittlung des „Restwerts" wie auch die Grundlage und Höhe des „Abzinsungsfaktors" erläutert sind, wobei ein zeitlicher Bezugsrahmen für die jeweils in die Abrechnung einzustellenden Werte angesetzt werden muss.[569] Die Verwendung des Begriffs der **„vorschüssigen Rentenbarwertformel"** ist intransparent und führt zu einem Verstoß einer Abrechnungsklausel gegen die Regelung des § 307 BGB. Es handelt sich trotz der grundsätzlichen Anerkennung dieser Formel nicht um einen durch eine feststehende Rechtsprechung allseits bekannten Begriff, sondern vielmehr um eine abkürzende Bezeichnung für einen finanzmathematischen Berechnungsvorgang.[570] Die Kenntnis dieser Formel gehört auch nicht zu dem kaufmännischen Allgemeinwissen.[571] Bei der Berechnung der bei vorzeitiger Vertragsbeendigung erforderlichen Abzinsung des Restwerts ist z.B. zu beachten, dass die Begriffe Abzinsungssatz und Abzinsungsfaktor

00, NJW 30/2001, 2165 ff.; *OLG Köln*, Urt. v. 16.1.1995, 16 U 92/94, BB 18/1995, 892 ff.; *OLG Karlsruhe*, Urt. v. 23.4.1986, 6 U 139/84, NJW-RR 18/1986, 1112 f.; *Berninghaus*, Fahrzeugleasing, in: *Büschgen* (*Hrsg.*), Praxishandbuch Leasing, § 15 Rdn. 4.

[567] *BGH*, Urt. v. 26.11.1986, 16 U 92/94, NJW 14/1987, 842 f.; *OLG Köln*, Urt. v. 16.1.1995, 16 U 92/94, BB 18/1995, 892 ff.

[568] *OLG Köln*, Urt. v. 16.1.1995, VIII ZR 16 U 92/94, BB 18/1995, 892 ff., 892.

[569] *OLG Celle*, Urt. v. 3.11.1993, 2 U 212/92, NJW-RR 21/1994, 1334 ff.; *OLG Köln*, Urt. v. 16.1.1995, 16 U 92/94, BB 18/1995, 892 ff., 892.

[570] *BGH*, Urt. v. 22.11.1995, VIII ZR 57/95, NJW 7/1996, 455 ff., 456.

[571] *BGH*, Urt. v. 16.5.1990, VIII ZR 108/89, NJW 38/1990, 2377 ff., 2383; v. 22.11.1995, VIII ZR 57/95, NJW 7/1996, 455 ff., 456.

nicht identisch sind und der Abzinssatz lediglich einen Bestandteil einer umfangreicheren mathematischen Formel zur Berechnung des abgezinsten Restwerts darstellt. Wird diese Formel aber weder im Vertragswerk mitgeteilt, noch darf diese von dem Leasingnehmer als bekannt erwartet werden, benachteiligt ihre Verwendung den Leasingnehmer wegen Verstoßes gegen das Transparenzgebot unangemessen.[572]

Neben der mangelnden Konkretisierung unbestimmter Begriffe kann eine Abrechnungsklausel auch deshalb unwirksam sein, weil diese für den Leasingnehmer nicht ausreichend übersichtlich ist. Aufgrund der gleichfalls von dem Transparenzgebot umfassten **Forderung nach Übersichtlichkeit** ist beispielsweise eine Abrechnungsklausel unwirksam, wenn die Möglichkeit des Leasingnehmers, einen Ersatzkäufer zu benennen, nicht unter der Rubrik „Abrechnung nach Kündigung", sondern erst in der nachfolgenden Rubrik „Rückgabe des Kfz" angesprochen ist.[573]

98 Das **Transparenzgebot erfordert nicht** die **Offenlegung** der **Kalkulation** des **Leasinggebers**, die dem in dem Leasingvertrag vereinbarten und von dem Leasingnehmer garantierten Restwert zugrunde liegt. Es genügt, wenn die Klausel in Verbindung mit dem übrigen Vertragsinhalt alle Angaben enthält, deren es zur Berechnung des nach der Klausel geschuldeten Betrags bedarf. Die Klausel ist in diesem Fall und in diesem Sinne für den Leasingnehmer durchschaubar. In dem von dem Bundesgerichtshof entschiedenen Fall wurde aus der Klausel hinreichend deutlich, dass Berechnungsfaktoren für die Ermittlung der Höhe eines etwaigen Restwertausgleichs einerseits der vereinbarte, von dem Leasingnehmer garantierte Restwert und andererseits der bei der Verwertung des Kfz erzielte Veräußerungserlös waren.[574]

1. Reguläre Beendigung des Kfz-Leasingvertrags

99 Bei der regulären Beendigung des Leasingvertrags ist zwischen den beiden im Kfz-Leasing marktgängigen Vertragstypen zu unterscheiden, dem Leasingvertrag mit Kilometerabrechnung und dem Leasingvertrag mit Gebrauchtwagenabrechnung.

a) Kfz-Leasingvertrag mit Kilometerabrechnung

100 Die reguläre Beendigung des Kfz-Leasingvertrags tritt, abgesehen von dem nicht praxisrelevanten Fall des kündbaren Kfz-Leasingvertrags, mit **Ablauf** der vereinbarten **Vertragszeit** ein.

101 Bei dem Leasingvertrag mit Kilometerabrechnung trägt ausnahmsweise der Leasinggeber das Verwertungsrisiko. Auch bei diesem Vertragstyp findet sich ansonsten die leasingtypische Risikoverlagerung durch Abwälzung der Sach- und Preisgefahr und die gleichfalls leasingtypische Abtretung der kaufrechtlichen Sachmängelansprüche an den Leasingnehmer. Ebenso besteht auch bei diesem

[572] *BGH*, Urt. v. 22.11.1995, VIII ZR 57/95, NJW 7/1996, 455 ff., 456.

[573] *OLG Köln*, Urt. v. 16.1.1995, 16 U 92/94, BB 18/1995, 892 ff., 893; v. 20.5.1994 – 3 U 24/93 n.v.

[574] *BGH*, Urt. v. 4.6.1997, VIII ZR 212/96, NJW 47/1997, 3166; v. 22.11.1995, VIII ZR 57/95, NJW 7/1996, 455 ff.

Vertragstyp die **Vollamortisationsverpflichtung** des **Leasingnehmers**. Der Vertrag ist auf Vollamortisation des Leasinggebers angelegt und der volle Kostenausgleich des Leasinggebers im wesentlichen gewährleistet. Entscheidender Faktor bei diesem Vertragsstyp ist die Laufleistung des Kfz. Die Kalkulation des Leasinggebers geht aufgrund des leasingtypischen Amortisationsprinzips dahin, dass der geschätzte Wertverzehr des Kfz sowie seine Kosten und sein Gewinn während der Vertragszeit abgedeckt werden.[575]

Ist bei Rückgabe des Kfz nach Ablauf der Vertragsdauer die festgelegte Ge- **102**
samtkilometer-Laufleistung über- bzw. unterschritten, werden die gefahrenen Mehr- oder Minderkilometer zu dem in dem Leasingvertrag genannten Satz nachberechnet bzw. vergütet. Die Vergütungen für Mehr- und Minderkilometer ergeben sich regelmäßig aus dem Leasingvertrag. Bei der Berechnung von Mehrkilometern bzw. Minderkilometern bleiben 2.500 km ausgenommen, um Kleinabrechnungen zu vermeiden.[576] Ist während der Vertragszeit abzusehen, dass die Gesamtfahrleistung erheblich über- oder unterschritten wird, kann jeder Leasingvertragspartner verlangen, dass über eine entsprechende Anpassung der Leasingraten und eine Neufestsetzung der Gesamtfahrleistung verhandelt wird.

Bei diesem Vertragstyp ist wegen der vertraglich vereinbarten kilometerbezo- **103**
genen Abrechnung eine **Abrechnung nur** dann vorzunehmen, wenn die **tatsächliche Fahrleistung** von der **vertraglich vereinbarten Fahrleistung abweicht**. Wird das Kfz hingegen mit einem Kilometerstand zurückgegeben, der sich noch innerhalb des vereinbarten Rahmens bewegt, kommt eine Abrechnung nicht in Betracht.[577] Eine Abrechnung entfällt daher insgesamt bei der Beendigung eines Leasingvertrags mit Kilometerabrechnung, wenn ein Ausgleich von Mehr- oder Minderkilometern nicht vorzunehmen und auch nicht über Schäden bzw. auf übermäßige Benutzung zurückzuführende Mängel des Kfz, für welche der Leasingnehmer aufzukommen hat, abzurechnen ist.[578] Ist eine Abrechnung vorzunehmen, findet der **Verwertungserlös** bei der Abrechnung **keine Berücksichtigung**. Die Verwertung ist bei einem Leasingvertrag mit Kilometerabrechnung allein Sache des Leasinggebers.[579]

In unmittelbarem Zusammenhang mit dem bei dieser Vertragsform bei dem **104**
Leasinggeber verbleibendem Restwertrisiko steht daher auch der Vorteil, der sich für den Leasinggeber ggf. aus einer besseren Verwertung ergibt, als es dem von

---

[575] *BGH*, Urt. v. 24.4.1996, VIII ZR 114/95, NJW 31/1996, 2033 ff.; *OLG Hamm*, Urt. v. 4.6.1996, 7 U 95/95, OLG-Rep. 15/1996, 169 ff., 169. *Nägele*, Die vorzeitige Beendigung des Leasing-Kilometervertrags, BB 24/1996, 1233 ff.; *Nägele/Bauer*, Die Abrechnung vorzeitig beendeter Kilometerverträge im Kfz-Leasing, DB Spezial 6/1995, Beil. 6, 20; *Nitsch*, Amortisationspflicht für Fahrzeugschäden beim Kilometerabrechnungsvertrag, LG Heidelberg, Berufungsurteil v. 14.10.1988, 2 S 54/98, FLF 1/1999, 31 ff.

[576] S. Privat- und Geschäftsfahrzeug-Leasing-Bestellungen (Anhang) sowie Privat- und Geschäftsfahrzeug-Leasing-Leasing-Bedingungen, je Ziff. IV/3 (Anhang); *Reinking/Eggert*, Der Autokauf, Rdn. 875.

[577] *BGH*, Urt. v. 11.1.1995, VIII ZR 61/94, WM 10/1995, 438 ff., 439.

[578] *BGH*, Urt. v. 24.4.1996, VIII ZR 150/95, NJW 31/1996, 2033 ff., 2034.

[579] *OLG Frankfurt*, Beschluss v. 22.9.1989, 5 W 21/86, NJW-RR 6/1987, 372 f.; *OLG Köln*, Urt. v. 15.3.1993, 12 U 56/92, NJW-RR 16/1993, 1016 ff., 1017; *Reinking/Eggert*, Der Autokauf, Rdn. 875, 904; *Reinking*, Autoleasing, 164.

dem Sachverständigen ermittelten Wert des Kfz bei Rückgabe entspricht. Hierdurch fällt nämlich eine von dem Leasinggeber ansonsten zu beachtende Interessenlage des Leasingnehmers an einer optimalen Verwertung und damit auch die im Interesse des Leasingnehmers stehende Pflicht zur bestmöglichen Verwertung des Kfz weg. Entscheidend ist hierdurch der auf objektiven Grundlagen ermittelte Netto-Händlereinkaufswert und nicht der tatsächliche Verwertungserlös. Letzterer fließt nicht in die Berechnung ein.[580] Hingegen ist der kalkulierte Restwert im Rahmen der Berechnung des Vollamortisationsanspruchs voll anzusetzen.[581]

b) Kfz-Leasingvertrag mit Gebrauchtwagenabrechnung

105 Bei dieser Vertragsform trägt der **Leasingnehmer** das **Verwertungsrisiko**. Er hat den **kalkulierten Restwert garantiert**. Bei Vertragsende wird der vereinbarte Restwert dem tatsächlich erzielten Erlös gegenübergestellt. Die Verpflichtung zum Restwertausgleich muss dem Vertrag eindeutig zu entnehmen sein.[582] Der Verwertungserlös ist zwischen den Leasingvertragsparteien entsprechend der vertraglichen Vereinbarung aufzuteilen. Dem Leasingnehmer kommt sowohl der Vorteil im Fall eines erzielten Überschusses bei der Verwertung zugute als ihn auch der Nachteil im Fall eines Mindererlöses trifft. Bei dieser Vertragsform kann sich daher anders als bei dem Leasingvertrag mit Kilometerabrechnung die Frage eines Verwertungsverschuldens, d.h. der Verletzung von Sorgfaltspflichten hinsichtlich der im Rahmen der Verwertung des Kfz erzielten Mindererlöse, stellen.[583] Bei der Abrechnung ist für die Höhe des dem Leasinggeber infolge der Verwertung des Kfz anzurechnenden Vorteils der ihm **tatsächlich zugeflossene Vermögenszuwachs** entscheidend.[584]

106 Die Verwertung verursacht für den Leasinggeber Kosten bzw. Aufwand. Unter den **Verwertungsaufwand** fallen in erster Linie die Reparaturaufwendungen zum Zwecke der Verwertung des Kfz. Diese schmälern den erzielten Verwertungserlös. Der Leasinggeber kann dem Leasingnehmer aufgrund einer vertraglichen Vereinbarung den mit der Verwertung des Kfz zusammenhängenden Aufwand in Rechnung stellen. Die Reparaturaufwendungen müssen entweder erforderlich gewesen sein, um das Kfz überhaupt veräußern zu können oder im Fall der Veräußerung in unrepariertem Zustand zu einem vergleichbar höheren Verwertungserlös geführt haben. Andernfalls ist entscheidend, ob der Leasinggeber bei seiner Entscheidung, die Reparatur durchführen zu lassen, unverschuldet da-

[580] *Nägele*, Die vorzeitige Beendigung des Leasing-Kilometervertrags, BB 24/1996, 1233 ff., 1235.

[581] *BGH*, Urt. v. 11.1.1995, VIII ZR 61/94, NJW 14/1995, 954 ff.; *OLG Braunschweig*, Urt. v. 16.7.1998, 2 U 65/98, BB 41/1998, 2081 mit Anm. *Struppek*; *Nitsch*, Amortisationsprinzip und relativer Ratenrückstand, FLF 1998, 18 ff.

[582] *BGH*, Urt. v. 4.6.1997, VIII ZR 312/96, NJW 47/1997, 3166; v. 9.5.2001, VIII ZR 208/00, NJW 30/2001, 2165 ff.

[583] *BGH*, Urt. v. 4.6.1997, VIII ZR 312/96, BB 35/1997, 1758 f.; *OLG Hamm*, Urt. v. 6.10.1995, 30 U 39/95, BB 12/1996, 607 ff.; *Reinking/Eggert*, Der Autokauf, Rdn. 876.

[584] *BGH*, Urt. v. 4.6.1997, VIII ZR 312/96, NJW 47/1997, 3166; v. 29.6.1983, VIII ZR 141/82, ZIP 9/1983, 1084 ff.; *OLG Nürnberg*, Urt. v. 15.12.1988, 2 U 3032/88 n.v.; *Reinking/Eggert*, Der Autokauf, Rdn. 876, 901.

von ausgegangen ist, der Reparaturaufwand werde zumindest einen entsprechend höheren Verwertungserlös bedingen.[585]

107 Der für das Kfz erzielte **Verwertungserlös** ist nur auf den **Ausgleichsanspruch bzw. den Schadensersatzanspruch des Leasinggebers anzurechnen**.[586] Dem Leasingnehmer steht daher kein Anspruch zu, von dem Leasinggeber zu verlangen, dass der Verwertungserlös auf rückständige Leasingraten angerechnet wird.[587]

108 Hinsichtlich des **Verwertungsrisikos** ist zwischen den Varianten zu differenzieren, dass die Risikoverlagerung auf einer wirksamen vertraglichen Vereinbarung beruht, nach welcher der Händlereinkaufswert dem tatsächlichen Erlös gegenübergestellt wird und der, dass die bestimmenden Daten der Vertragsabrechnung erst aus dem Klauselwerk ersichtlich sind.[588]

109 Bei der Variante der vertraglichen Vereinbarung über die Heranziehung des Händlereinkaufswerts bedeutet die Anknüpfung an Begriffe wie Marktwert, tatsächlicher Verkehrswert, Händlereinkaufswert, Händlerverkaufswert, Wiederbeschaffungswert, Endverbraucherpreis etc. eine statische Bindung, welche der von dem Bundesgerichtshof angewandten Einzelfallbeurteilung entgegensteht.[589] Erforderlich wäre hier zunächst eine genaue Definition des Markts, welche jedoch mit Schwierigkeiten behaftet ist. So wird beispielsweise das Produkt eines süddeutschen Automobil-Herstellers als Gebrauchtfahrzeug auf dem heimischen Markt zu anderen, regelmäßig niedrigeren Konditionen gehandelt als dies auf dem ferneren Markt in Norddeutschland der Fall ist. Entsprechendes gilt für Fahrzeuge anderer Hersteller auf den jeweiligen Märkten. In strukturschwachen Gegenden sind aufgrund einer eher gedrosselten Nachfrage ferner Abschläge von Werten erforderlich, welche in Ballungsräumen ggf. ihre Rechtfertigung hätten. Aus diesem Grunde berücksichtigen die auf den Märkten vertretenen großen Schätzungsorgansisationen wie DAT, DEKRA, TÜV, Schwacke etc. solche Besonderheiten regionaler oder struktureller Art, indem diese in ihren Bewertungssystemen Korrekturmöglichkeiten vorsehen. Wird daher bei der Überprüfung der Verwertung des Kfz anstelle des tatsächlichen Erlöses auf fiktive Werte zurückgegriffen, ist hiermit stets die Frage verbunden, ob die zugrunde gelegten Marktdaten zutreffend ermittelt worden sind. Eigene Sachkenntnis des Gerichts wird im Streitfalle nicht ausreichen und es wird auf die Beurteilungsmöglichkeit eines Kfz-Sachverständigen vertraut werden müssen.[590]

110 Die nachfolgende **Abrechnungsklausel** wird in der Praxis des Kfz-Leasinggeschäfts häufig vereinbart und regelmäßig maschinen- oder handschriftlich bzw. mit Stempel auf der Vorderseite des Leasingvertrags mit Gebrauchtwagenabrech-

[585] *BGH*, Urt. v. 27.11.1991, VIII ZR 39/91, NJW-RR 6/1992, 378 f.; *Reinking*, Autoleasing, 154.

[586] *OLG Frankfurt*, Beschl. v. 22.9.1986, 5 W 21/86, NJW-RR 6/1987, 372 f.

[587] *OLG Frankfurt*, Beschl. v. 22.9.1986, 5 W 21/86, NJW-RR 6/1987, 372 f.

[588] *Nitsch*, Sorgfaltspflichten bei der Verwertung von Leasing-Fahrzeugen, NZV 10/1999, 406.

[589] *Berninghaus*, Fahrzeugleasing, in: *Büschgen (Hrsg.)*, Praxishandbuch Leasing, § 15 Rdn. 4; *Nitsch*, Sorgfaltspflichten bei der Verwertung von Leasing-Fahrzeugen, NZV 10/1999, 406.

[590] *Nitsch*, Sorgfaltspflichten bei der Verwertung von Leasing-Fahrzeugen, NZV 10/1999, 405 ff., 406.

nung eingesetzt. Diese Abrechnungsklausel ist von der Rechtsprechung als zulässig gewertet worden. Diese stellt keine allgemeine Geschäftsbedingung dar und unterliegt daher auch nicht der Inhaltskontrolle gemäß § 307 BGB[591]: „Nach Ablauf der vorgenannten Vertragsdauer wird der Gebrauchtwagenerlös (ohne USt), den der Leasinggeber beim Verkauf des Fahrzeugs an den Kfz-Handel erzielt, dem angesetzten Gebrauchtwagenwert von EUR ... (ohne USt) gegenübergestellt. Von Mehrerlösen erhält der Leasingnehmer 75%. 25% werden auf die Leasingraten eines bis zu 3 Monaten nach Vertragsende neu zugelassenen Fahrzeugs angerechnet. Mindererlöse sind von ihm zu erstatten. Der Vergütung oder Belastung wird die jeweils gültige Umsatzsteuer hinzugerechnet."

111 Der **Restwertausgleichsanspruch** des **Leasinggebers** ist **Primäranspruch** und hat **Entgeltcharakter**. Dieser Anspruch ist als Teil der Preisvereinbarung der Inhaltskontrolle der §§ 305ff. BGB entzogen. Die Verpflichtung des Leasingnehmers zum Restwertausgleich muss bereits nach dem Transparenzgebot mit der erforderlichen Klarheit zum Ausdruck gebracht sein.[592] Aber dem Transparenzgebot wäre bei der vorgenannten Klausel ohnehin Genüge getan, da der Leasingnehmer die auf der Vorderseite geregelte Gefahrtragung erkennen kann.[593]

112 Die vorstehende Individualklausel stellt gleichzeitig eine vertragliche Einigung zur Maßgeblichkeit des Händlereinkaufswerts dar. Dem Leasingnehmer ist der mögliche Einwand abgeschnitten, der Leasinggeber habe das Kfz nicht auf der Basis des Händlereinkaufswerts vermarkten dürfen und hätte weiteren Möglichkeiten zur Erzielung eines höheren Preises bei dem Endverbraucher nachgehen müssen.[594] Entscheidend nach dem Klauselinhalt ist der Gebrauchtwagenverkaufserlös, welchen der Leasinggeber bei dem Verkauf des Kfz an den Kfz-Handel erzielt. Hiermit wird der Wert definiert. Es wird nicht lediglich auf einen Händlereinkaufswert Bezug genommen. Streitigkeiten zwischen den Leasingvertragsparteien können hier allenfalls zu der Frage auftreten, ob die Ermittlung des Händlereinkaufswerts durch den Sachverständigen zutreffend ist, ob der Leasinggeber eine fehlerhafte Ermittlung erkennen konnte bzw. musste und ob dem Leasinggeber daher der Vorwurf einer treuwidrigen Veräußerung gemacht werden kann. Eine derartige treuwidrige Pflichtverletzung wird man jedoch nur in wenigen Ausnahmefällen annehmen können, da der Leasinggeber für die Einschätzung von Preisen für Gebrauchtfahrzeuge selbst nicht sachverständig ist. Sowohl der Leasingnehmer als auch der Leasinggeber müssen im Regelfall auf die Richtigkeit der Feststellungen des Sachverständigen vertrauen.[595]

---

591 *OLG Köln*, Urt. v. 14.11.1997, 2 U 66/94, NJW-RR 1995, 817; *OLG Hamm*, Urt. v. 23.10.1996, 30 U 75/96 n.v.; *OLG Braunschweig*, Urt. v. 27.1.1997, 6 U 38/96 n.v.

592 *BGH*, Urt. v. 9.5.2001, VIII ZR 208/00, NJW 30/2001, 2165ff. S. auch *OLG Nürnberg*, Urt. v. 8.6.1999, 1 U 480/99, NJW-RR 4/2000, 278f.; *OLG Dresden*, Urt. v. 28.6.2000, 8 U 339/00, DAR 10/2000, 477.

593 *Nitsch*, Sorgfaltspflichten bei der Verwertung von Leasing-Fahrzeugen, NZV 10/1999, 405ff., 406; *LG Oldenburg*, Urt. v. 31.7.1998, 2 S 446/98, DAR 7/1999, 318f.; *LG Neuruppin*, Urt. v. 18.2.2000, 4 S 299/99, DAR 7/2000, 314f.

594 *OLG Dresden*, Urt. v. 11.11.1998, 8 U 3066/97, NJW-RR 10/1999, 703.

595 *Nitsch*, Sorgfaltspflichten bei der Verwertung von Leasing-Fahrzeugen, NZV 10/1999, 405ff., 406.

Im Vergleich zu der vorbehandelten, zwischen den Leasingvertragsparteien individuell vereinbarten Abrechnungsregelung ist die in den Leasingbedingungen niedergelegte Vereinbarung, durch welcher der Händlereinkaufspreis zu der Grundlage der Abrechnung gemacht werden soll, vergleichsweise komplizierter zu beurteilen. Dies wird anhand der nachfolgenden Klausel eines Hersteller-Leasinggebers veranschaulicht[596]: „Ist Restwertabrechnung vereinbart, garantiert der Leasing-Nehmer den kalkulierten Restwert von EUR 28.688,46 … . Beim ursprünglich vereinbarten Vertragsende wird der vereinbarte kalkulierte Restwert dem geschätzten Netto-Händlereinkaufspreis gegenübergestellt. Ist der Schätzwert höher als der kalkulierte Restwert, so erhält der Leasing-Nehmer 75% der Differenz … ist er niedriger, so ist der Leasing-Nehmer zur Nachzahlung des Differenzbetrags verpflichtet." 113

Die vorgenannte Klausel hält nicht der gebotenen Inhaltskontrolle nach §§ 305 ff. BGB stand. Die Bindung des Leasingnehmers an den Händlereinkaufswert lässt die zuvor dargestellten Grundsätze der Rechtsprechung hinsichtlich der Verpflichtung des Leasinggebers zu der bestmöglichen Verwertung des Kfz außer Acht. Der Anspruch des Leasinggebers ist beschränkt auf die Vollamortisation seiner Gesamtaufwendungen. Die Unangemessenheit der Bindung an den Händlereinkaufswert wird selbst nicht durch die vertraglich vorgesehene Möglichkeit des Leasingnehmers, auf die Auswahl des Sachverständigen Einfluss zu nehmen, ein eingeräumtes Drittkäuferbenennungsrecht oder einen fehlenden Ausschluss des Rechtswegs im Zusammenhang mit der Beauftragung des Sachverständigen beseitigt.[597] 114

Als Teil der Preisvereinbarung gehört die Risikoverlagerung inhaltlich nicht in den Leasingbedingungen geregelt. Die Risikoverlagerung bei dem Leasingvertrag mit Gebrauchtwagenabrechnung und eine Festlegung des Händlereinkaufswerts als Abrechnungsgrundlage für beide Leasingvertragsparteien haben eine derart grundlegende Bedeutung, dass diese individiduell, wie dies hinsichtlich der Daten der Kilometerabrechnung bei dem Leasingvertrag mit Kilometerabrechnung der Fall ist, auf der Vorderseite des Leasingvertrags vereinbart werden sollten.[598] 115

Soll der Leasingnehmer bei Vertragsbeendigung verpflichtet sein, über die vereinbarten Leasingraten hinaus die Differenz zwischen dem Schätzwert des Kfz und dem „Rücknahmewert" zu zahlen, so ist eine entsprechende Klausel in den Leasingbedingungen auf der Rückseite des Vertragsdokuments wegen Verstoßes gegen das Transparenzgebot unwirksam, wenn die dem Leasingnehmer durch diese Klausel auferlegte Garantiepflicht nicht auf der Vorderseite des Vertragsformulars eindeutig und unmissverständlich deutlich gemacht wird.[599] 116

[596] *OLG Celle*, Urt. v. 18.12.1996, 2 U 2/96, OLG-Report 9/1997, 99 ff. ; *OLG Dresden*, Urt. v. 11.11.1998, 8 U 3066/97, NJW-RR 10/1999, 703.

[597] *OLG Dresden*, Urt. v. 11.11.1998, 8 U 3066/97, NJW-RR 10/1999, 703.

[598] *Nitsch*, Sorgfaltspflichten bei der Verwertung von Leasing-Fahrzeugen, NZV 10/1999, 405 ff., 406.

[599] *LG Oldenburg*, Urt. v. 31.7.1998, 2 S 446/98, NJW-RR 17/1999, 1209 f.

2. Vorzeitige Beendigung des Kfz-Leasingvertrags

Die vorzeitige Beendigung des Leasingvertrags folgt grundsätzlich bestimmten Regeln und bestimmten gleichen Schritten.[600]

117 Hat der Leasingnehmer dem Leasinggeber Veranlassung zu der vorzeitigen Vertragsbeendigung durch außerordentliche Kündigung gegeben, steht dem Leasinggeber gegen diesen ein **Schadensersatzanspruch wegen Nichterfüllung** aufgrund seines bei vorzeitiger Vertragsbeendigung nicht vollständig erfüllten **Vollamortisationsanspruchs** zu. Der Schadensersatzanspruch des Leasinggebers folgt im übrigen mietrechtlichen Grundsätzen.[601] Dieser Anspruch ist auf Ersatz des Erfüllungsinteresses gerichtet. Der Leasinggeber ist so zu stellen, wie er stünde, wenn der Leasingvertrag ordnungsgemäß erfüllt worden wäre. Es handelt sich um einen **Anspruch eigener Art**, welcher keiner vorherigen Nachfristsetzung des Leasinggebers bedarf.[602] Grundlage eines Anspruchs auf Schadensersatz wegen Nichterfüllung können auch die Grundsätze über die positive Vertragsverletzung sein.

118 Die leasingtypische Vollamortisation, nach welcher sich der Schadensersatz wegen Nichterfüllung ausrichtet, setzt sich zusammen aus der Summe aller für die Vertragszeit vereinbarter Leasingraten und dem kalkulierten Restwert sowie einer Sonderzahlung, so weit diese vereinbart wurde. Die **Berechnung** des Schadens bei dem Schadensersatzanspruch des Leasinggebers wegen Nichterfüllung kann abstrakt im Wege der **Pauschalierung** oder **konkret** erfolgen. Eine Abrechnungsklausel muss insbes. dem Transparenzgebot genügen.[603] Zweck der Pauschalierung ist es, dem Anspruchsberechtigten die konkrete Schadensberechnung und deren Darlegung im Prozess zu ersparen. Die Pauschalierung dient der Beweiserleichterung.[604] Die Zulässigkeit der Pauschalierung erfordert, dass dem Schuldner der Gegenbeweis eines geringeren Schadens nicht abgeschnitten wird, wobei es keines ausdrücklichen Hinweises auf diese Möglichkeit bedarf. Hinzu kommt, dass die Pauschalierung nur hinsichtlich Schäden vorgenommen werden darf, die dem sog. gewöhnlichen Lauf der Dinge entsprechen.

119 Aufgrund der in der Praxis mit den Anforderungen an eine **abstrakte Schadensberechnung** verbundenen **Probleme** ist von der höchstrichterlichen Rechtsprechung kaum eine Klausel als zulässig gewertet worden. Beispielsweise wird die Schadenspauschalierung auch durch die Unterschiedlichkeit der Ver-

[600] *Reinking/Eggert*, Der Autokauf, Rdn. 880 ff.

[601] *BGH*, Urt. v. 24.4.1996, VIII ZR 150/95, NJW 31/1996, 2033 ff.; v. 11.1.1995, VIII ZR 61/94, ZIP 4/1995, 286 ff.; v. 15.10.1986, VIII ZR 319/85, ZIP 23–24/1986, 1566 ff.; *OLG Braunschweig*, Urt. v. 16.7.1998, 2 U 65/98, BB 41/1998, 2081 mit Anm. *Struppek*; *OLG Celle*, Urt. v. 17.12.1997, 2 U 2/97, NJW-RR 10/1998, 704 ff.; *OLG Hamm*, Urt. v. 12.12.1997, 7 U 67/97, NJW-RR 10/1998, 706 ff.; *OLG Celle*, Urt. v. 5.1.1994, 2 U 177/91, NJW-RR 12/1994, 743 ff.

[602] *BGH*, Urt. v. 4.4.1984, VIII ZR 313/82, NJW 47/1984, 2687 ff.; v. 12.6.1985, VIII ZR 148/84, NJW 38/1985, 2253 ff.; v. 10.10.1990, VIII ZR 296/89, NJW 4/1991, 221 ff.; v. 20.9.1989, VIII ZR 239/88, NJW 4/1990, 247.

[603] *BGH*, Urt. v. 22.1.1986, VIII ZR 318/84, NJW 20–21/1986, 1335 ff.; v. 19.3.1986, VIII ZR 81/85, NJW 28/1986, 1746 ff.; v. 12.6.1985, VIII ZR 148/84, ZIP 14/1985, 868 ff.

[604] *BGH*, Urt. v. 16.6.1982, VIII ZR 89/81, BB 1/1983, 19 ff.

tragsmodelle erschwert, obgleich die Schadensberechnung in den Grundzügen übereinstimmt.[605] Der **Leasinggeber** nimmt daher **gewöhnlich** die **Berechnung** des **Nichterfüllungsschadens** in der Praxis im Wege der **konkreten Schadensberechnung** vor. Diese erhält insbes. ihre Bedeutung bei Unwirksamkeit einer Klausel über den pauschalierten Schadensersatz oder gänzlich fehlender Berechnungsgrundlage.[606] Der konkrete Nichterfüllungsschaden wird heute überwiegend **EDV-unterstützt berechnet**. Es gibt unterschiedliche Abrechnungsmethoden, die in der Praxis von unterschiedlicher Wertigkeit sind. Die Berechnung muss den Anforderungen an die Bestimmung des konkreten Schadensersatzes und den hierzu erforderlichen Darlegungen gerecht werden.[607]

Die **konkrete Schadensberechnung** ist aufgrund der besonderen vertraglichen Risikoverteilung bei den **einzelnen Vertragstypen** im Kfz-Leasinggeschäft **unterschiedlich**.[608] 120

Die **Schadensersatzforderung** des **Leasinggebers** besteht aus der **Summe** der **abgezinsten ausstehenden Leasingraten** und dem **Restwert**. Die aus den vorgenannten Positionen bestehende Schadensersatzforderung ist **ggf. um ersparte Verwaltungskosten** sowie um den **Verwertungserlös** zu **kürzen**. Mit der Abzinsung soll die bei Vertragsbeginn in das Leasingentgelt eingerechnete Verzinsung entsprechend dem Zeitpunkt der vorzeitigen Vertragsbeendigung wieder herausgerechnet werden. Der Leasinggeber muss für die dem Leasingnehmer finanzierte Investition den Kaufpreis des Kfz sofort in voller Höhe aufbringen, wozu er sich wiederum refinanziert. Entsprechend der vertraglichen Vereinbarung zwischen den Leasingvertragsparteien erhält der Leasinggeber das hierfür aufgewendete Kapital erst im Laufe der Vertragsdauer nach und nach durch die Zahlung der Leasingraten und den bei Vertragsende erzielten Restwert zurück. Die in der Zwischenzeit hierzu notwendige Verzinsung des von dem Leasinggeber eingesetzten Kapitals wird bei der Bemessung der Höhe der Leasingraten mit eingerechnet. Diese Verzinsung muss bei vorzeitiger Vertragsbeendigung entsprechend wieder herausgerechnet werden. Gegenstand der Abzinsung sind entsprechend der zu Vertragsbeginn eingerechneten Verzinsung wiederum die ausstehenden Leasingraten und der Restwert. Diese sind auf den Zeitpunkt des durch die fristlose Kündigung vorzeitig bestimmten Vertragsendes abzuzinsen.[609] 121

---

[605] S. u.a. *BGH*, Urt. v. 5.4.1978, VIII ZR 49/77, NJW 29/1978, 1432 ff.; v. 31.3.1982, VIII ZR 125/81, NJW 32/1982, 1747 f.; v. 15.10.1986, VIII ZR 319/85, ZIP 23–24/1986, 1566 ff.; *OLG Hamburg*, Urt. v. 18.12.1984, 12 U 95/84, MDR 11/1985, 934 f.

[606] *BGH*, Urt. v. 22.11.1995, VIII ZR 57/95, BB 4/1996, 180 ff.; v. 11.1.1995, VIII ZR 61/94, ZIP 4/1995, 286 ff.; v. 10.10.1990, VIII ZR 296/89, NJW 4/1991, 221 ff.; v. 22.1.1986, VIII ZR 318/84, NJW 20–21/1986, 1335 ff.; v. 12.6.1985, VIII ZR 148/84, NJW 38/1985, 2253 ff.; *OLG Köln*, Urt. v. 16.1.1995, 16 U 92/94, BB 18/1995, 892 ff., 893.

[607] *BGH*, Urt. v. 22.11.1995, VIII ZR 57/95, NJW 7/1996, 455 ff., 456; *Reinking/Eggert*, Der Autokauf, Rdn. 891 f.

[608] *Nitsch*, Amortisationsprinzip und relativer Ratenrückstand, FLF 1998, 18 ff., 19; *Reinking*, Autoleasing, 148 ff.; *Reinking/Eggert*, Der Autokauf, Rdn. 892.

[609] *BGH*, Urt. v. 10.10.1990, VIII ZR 296/89, NJW 4/1991, 221 ff.; v. 22.11.1995, VIII ZR 57/95, NJW 7/1996, 455 ff.; v. 11.1.1995, VIII ZR 61/94, ZIP 4/1995, 286; v. 12.2.1985, X ZR 31/84, NJW 27/1985, 1537 ff., 1539; v. 28.10.1981, VIII ZR 302/80, NJW 16/1982, 870 ff.; v. 19.3.1986, VIII ZR 81/85, NJW 28/1986, 1746 ff.; *OLG Düsseldorf*, Urt. v.

122 Der Schadensersatzanspruch errechnet sich anhand eines Vergleichs der Vermögenslage des Leasinggebers bei vertragsgemäßer Erfüllung des Leasingvertrags mit der bei vorzeitiger Vertragsbeendigung. Sein Schaden besteht mithin in der Differenz zwischen der Vermögenslage, die eingetreten wäre, wenn der Leasingnehmer ordnungsgemäß erfüllt hätte und der durch die Nichterfüllung tatsächlich entstandenen Vermögenslage. Zu ersetzen ist das positive Interesse, d.h. das volle Erfüllungsinteresse des Leasinggebers. Die konkrete Schadensberechnung bei vorzeitiger Vertragsbeendigung ist von dem Grundsatz der **Vorteilsausgleichung** geprägt. Diese schadensmindernde Vorteilsanrechnung steht in unmittelbarem Zusammenhang mit der leasingtypischen Amortisation. Es gilt der Grundsatz, dass der Leasinggeber bei vorzeitiger Vertragsbeendigung nicht besser, aber auch nicht schlechter gestellt werden darf, als er bei kündigungsfreiem Verlauf stünde. Dementsprechend darf den Leasingnehmer verhältnismäßig keine höhere Belastung treffen als bei Durchführung des Leasingvertrags bis zum Ende der kalkulierten Amortisationszeit.[610]

123 Entsprechend dem Inhalt der leasingtypischen Vollamortisation sind bei vorzeitiger Vertragsbeendigung bei der Berechnung des Schadensersatzanspruchs die noch bis zum regulären Vertragsende **ausstehenden Leasingraten** und der **Restwert** zugrunde zulegen. Die **Sonderzahlung** bildet hierbei einen nicht zu berücksichtigenden Faktor bei der konkreten Berechnung. Diese ist nämlich **nicht** bei der Schadensminderung zu **berücksichtigen**, sondern ist vielmehr in vollem Umfang als **Teil** des **Amortisationsanspruchs** des **Leasinggebers** zu behandeln. Die Sonderzahlung ist nicht auf die gesamte vertraglich vorgesehene Laufzeit zu verteilen und der danach sozusagen unverbrauchte Anteil dem Leasingnehmer gutzubringen. Die Sonderzahlung ist vielmehr wie bereits entrichtete Leasingraten zu behandeln. Der Leasinggeber kann nach einer von dem Leasingnehmer veranlassten fristlosen Kündigung im Wege des Schadensersatzes verlangen, so gestellt zu werden, wie er bei ordnungsgemäßer Durchführung des Vertrags gestanden hätte. In diesem Fall hätte der Leasinggeber neben den vereinbarten Leasingraten auch die gesamte Sonderzahlung erhalten.[611]

124 Der Leasinggeber muss sich bei der Vorteilsausgleichung im einzelnen die durch die vorzeitige Vertragsbeendigung ersparten Aufwendungen anrechnen lassen. Umgekehrt kann er kündigungsbedingte Mehraufwendungen ersetzt ver-

---

16.1.1997, 10 U 223/95, DB 21/1997, 1071f.; *OLG Düsseldorf*, Urt. v. 1.12.1988, 10 U 48/88, BB 7/1989, 380; *OLG Düsseldorf*, Urt. v. 12.6.1988, 10 U 113/97, BB 43/1998, 2179ff.; *OLG Stuttgart*, Urt. v. 8.9.1987, 6 U 7/87, NJW-RR 8/1988, 501ff.; *OLG Köln*, Urt. v. 15.3.1993, 12 U 56/92, NJW-RR 16/1993, 1016ff.; *OLG Köln*, Urt. v. 9.2.1994, 19 U 261/83, ZIP 1/1995, 46ff., 48; *OLG Celle*, Urt. v. 3.11.1993, 2 U 212/92, NJW-RR 21/1994, 1334ff., 1336; *Reinking/Eggert*, Der Autokauf, Rdn. 893f.

[610] *BGH*, Urt. v. 19.3.1986, VIII ZR 81/85, NJW 28/1986, 1746ff.; v. 10.10.1990, VIII ZR 296/89, NJW 4/1991, 221ff.; v. 12.6.1985, VIII ZR 148/84, NJW 38/1985, 2253ff.; v. 22.1.1986, VIII ZR 318/84, NJW 20–21/1986, 1335ff., 1337; *OLG Celle*, Urt. v. 5.1.1994, 2 U 177/91, NJW-RR 12/1994, 743ff.; *BFH*, Urt. v. 5.5.1994, VI R 100/93, NJW 50/1994, 3312.

[611] *BGH*, Urt. v. 11.1.1995, VIII ZR 61/94, NJW 14/1995, 954 ff.; *BFH*, Urt. v. 5.5.1994, VI R 100/93, DAR 10/1994, 413ff.; *Reinking*, Autoleasing, 109; *Reinking/Eggert*, Der Autokauf, Rdn. 821. S. auch *Müller-Sarnowski*, Leasingsonderzahlung bei Pkw-Privatleasingverträgen – umsatzsteuerrechtliche und zivilrechtliche Aspekte, DAR 6/1998, 228ff.

langen. Bei der Vorteilsausgleichung sind insbes. die Vorteile zu berücksichtigen, die der Leasinggeber dadurch erlangt, dass er die Leasingraten für die restliche Laufzeit des Leasingvertrags vorzeitig erhält. Hierdurch kommt es für den Leasinggeber zu einem vorzeitigen Rückfluss des eingesetzten Kapitals, nämlich zu einem früheren Zeitpunkt, als er bei Vertragsbeginn kalkuliert hat.[612] Bei der Vorteilsausgleichung sind daher in erster Linie zu berücksichtigende Faktoren: die **Zinsvorteile** aufgrund des **vorzeitigen Kapitalrückflusses** und durch die vorzeitige Vertragsbeendigung **ggf. ersparte laufzeitabhängige Vertragskosten**.[613] Eine Abzinsung der restlichen Leasingraten muss auf den Zeitpunkt des durch die außerordentliche Kündigung bestimmten Vertragsendes erfolgen. Die vorgenannten Posten müssen konkret aufgeschlüsselt werden und dem Leasingnehmer gutgebracht werden. Ferner erhält der Leasinggeber das Kfz vorzeitig zurück. Ein **weiterer Vorteil** liegt daher in dem **höheren Restwert** des **Kfz** bei **vorzeitiger Rückgabe**.[614]

Die Höhe der Abzinsung richtet sich nach den jeweiligen Umständen des abzuwickelnden Leasingvertrags. Für die Abzinsung der zu Beginn des Leasingvertrags vorgenommenen Verzinsung des von dem Leasinggeber eingesetzten Kapitals ist entscheidend, mit welchem Zinssatz der Leasinggeber die Kalkulation der Leasingraten bei Vertragsbeginn vorgenommen hat.[615] Es ist nicht davon auszugehen, dass der Leasinggeber für das von ihm investierte Kapital weniger Zinsen berechnet, als er selbst bei seiner Bank entrichten muss.[616] Als **Zinssatz** für die aufgrund der vorzeitigen Fälligkeit vorzunehmende **Abzinsung** ist nach Ansicht des Bundesgerichtshofs der **Refinanzierungszinssatz** zugrunde zulegen, da dies üblicherweise mindestens der Zinssatz ist, mit dem sich der Leasinggeber refinanziert.[617] Eine Klausel mit dem Inhalt eines unterhalb des Refinanzierungszinssatzes liegenden Zinssatzes für die Abzinsung wird von dem Bundesgerichtshof als eine unangemessene Benachteiligung des Leasingnehmers angesehen, was zu der Unwirksamkeit der Klausel wegen Verstoßes gegen § 307 BGB führt.[618] Zur Darlegung des maßgeblichen Refinanzierungssatzes des Leasinggebers ist nicht die Darlegung einer Einzelrefinanzierung notwendig.[619] 125

[612] *BGH*, Urt. v. 11.1.1995, VIII ZR 61/94, NJW 14/1995, 954 ff.; v. 8.3.1995, VIII ZR 312/93, WM 21/1995, 935 ff., 938; v. 10.10.1990, VIII ZR 296/89, NJW 4/1991, 221 ff.

[613] *BGH*, Urt. v. 10.10.1990, VIII ZR 296/89, NJW 4/1991, 221 ff.; v. 11.1.1995, VIII ZR 61/94, NJW 14/1995, 954 ff.; *OLG Köln*, Urt. v. 9.2.1994, 19 U 261/93, ZIP 1/1995, 46 ff.

[614] *BGH*, Urt. v. 22.11.1995, VIII ZR 57/95, NJW 7/1996, 455 ff., 456; v. 8.3.1995, VIII ZR 313/93, DAR 7/1995, 284 ff.; v. 16.5.1990, VIII ZR 108/89, NJW 38/1990, 2377 ff.; v. 12.2.1985, X ZR 31/84, NJW 27/1985, 1537 ff., 1539; v. 28.10.1981, VIII ZR 302/80, NJW 16/1982, 870 ff.

[615] *BGH*, Urt. v. 29.1.1986, VIII ZR 49/85, NJW 27/1986, 1681; v. 10.10.1990, VIII ZR 296/89, NJW 4/1991, 221 ff.; *OLG Düsseldorf*, Urt. v. 1.12.1988, 10 U 48/88, NJW-RR 7/1989, 435.

[616] *OLG Düsseldorf*, Urt. v. 1.12.1988, 10 U 48/88, NJW-RR 7/1989, 435.

[617] *BGH*, Urt. v. 29.1.1986, VIII ZR 49/85, WM 1986, 480 ff.; v. 10.10.1990, VIII ZR 296/89, NJW 4/1991, 221 ff.; *OLG Düsseldorf*, Urt. v. 1.12.1988, 10 U 48/88, NJW-RR 7/1989, 435; *Reinking*, Autoleasing, 149.

[618] *BGH*, Urt. v. 29.1.1986, VIII ZR 49/85, NJW 27/1986, 1681.

[619] *OLG Celle*, Urt. v. 17.12.1997 – 2 U 2/97, NJW-RR 10/1998, 704 f.

126 Nach höchstrichterlicher Rechtsprechung hat der Leasinggeber, um seiner Darlegungslast im Rahmen der konkreten Schadensberechnung Genüge zu tun, seine Refinanzierungskosten offenzulegen. Da der Refinanzierungsaufwand den im Vertrag angesetzten pauschalen Abzinsungszinssatz übersteigen könne, habe er daher darzulegen, dass sein Refinanzierungsaufwand diesem Refinanzierungssatz entspreche.[620] Dem ist jedoch entgegenzuhalten, dass eine Offenlegung interner Kalkulationsdaten durch den Leasinggeber jeglichen vernünftigen wirtschaftlichen Interessen widerspricht und daher für diesen unzumutbar ist, gerade weil auf dem Markt des Kfz-Leasinggeschäfts anerkanntermaßen ein starker Wettbewerb herrscht und auch auf keinem anderen Markt ein derartiger Einblick üblich ist. Für die Darlegung des maßgeblichen Refinanzierungssatzes des Leasinggebers für die Abzinsung der in dem Kündigungszeitpunkt ausstehenden restlichen Leasingraten ist zumindest nicht notwendig die Darlegung einer Einzelrefinanzierung erforderlich. Vielmehr genügt insbes. bei dem herstellergebundenen Kfz-Leasing die Refinanzierung einer Vielzahl von Leasingverträgen durch die Inanspruchnahme eines Großkredits, solange die zeitliche Zuordnung der Aufnahme von Kreditmitteln zu dem einzelnen Leasingvertrag möglich ist. Eine Schätzung des Refinanzierungssatzes kann gemäß § 287 ZPO durchgeführt werden.[621]

127 Der Leasinggeber muss zur schlüssigen Darlegung der Abzinsung die Abzinsungsformel bzw. **Abzinsungsmethode** angeben. Die Abzinsungmethode muss in den Leasingbedingungen nicht ausdrücklich genannt sein. Entscheidend ist, dass diese den an sie zu stellenden Anforderungen genügt. Für die Abzinsung gibt es keine allgemein gültige Methode. Jede Berechnung führt nur zu einem Annäherungswert.[622] Die verschiedenen existierenden Methoden für die Abzinsung sind von unterschiedlicher praktischer Gewichtigkeit. Bei der Verwendung jeglicher Methode muss dem Transparenzgebot Genüge getan sein. In der Praxis haben sich die folgenden Methoden herausgebildet[623]: Vorschüssige Rentenbarwertmethode[624], nachschüssige Rentenbarwertmethode[625], lineare Methode[626], vom LG Wuppertal verwandte Methode[627] und sog. blue-book-Methode. Die **vorschüssige Rentenbarwertformel** ist wie für das Leasing typisch bei **vorfälliger Ratenzahlung** anzuwenden. Der Bundesgerichtshof wertet diese Me-

[620] *BGH*, Urt. v. 22.11.1995, VIII ZR 57/95, NJW 7/1996, 455 ff., 456; *OLG Köln*, Urt. v. 31.1.1990, 13 U 173/89, VersR 6/1992, 242 f.; *OLG Frankfurt*, Urt. v. 16.2.1994, 28 U 50/93, VersR 2/1995, 53 f.; *OLG Celle*, Urt. v. 30.8.1995, 2 U 239/93, OLG-Report 5/1996, 49 ff.; *Reinking/Eggert*, Der Autokauf, Rdn. 894.

[621] *OLG Celle*, Urt. v. 17.12.1997, 2 U 2/97, NJW-RR 10/1998, 704 ff.; *OLG Braunschweig*, Urt. v. 10.1.2000, 7 U 118/99 n.v.; *Reinking/Eggert*, Der Autokauf, Rdn. 894.

[622] *BGH*, Urt. v. 10.10.1990, VIII ZR 296/89, NJW 4/1991, 221 ff.

[623] *Reinking/Eggert*, Der Autokauf, Rdn. 894.

[624] *BGH*, Urt. v. 22.11.1995, VIII ZR 57/95, NJW 7/1995, 455 ff., 456; v. 10.10.1990, VIII ZR 296/89, NJW 4/1991, 221 ff.; *OLG Celle*, Urt. v. 5.1.1994, 2 U 177/92, NJW-RR 12/1994, 743 ff.; *OLG Stuttgart*, Urt. v. 8.9.1987, 6 U 7/87, NJW-RR 8/1988, 501 f.; *OLG Stuttgart*, Urt. v. 6.2.1996, 6 U 112/95 n.v.

[625] *OLG Stuttgart*, Urt. v. 8.9.1987, 6 U 7/87, NJW-RR 8/1988, 501 f.

[626] *OLG Düsseldorf*, Urt. v. 1.12.1988, 10 U 48/88, NJW-RR 7/1989, 435.

[627] *LG Wuppertal*, Urt. v. 1.6.1984, 17 O 204/83, ZIP 1/1984, 1365 f.

thode als **leasingtypisch** und auch zu sachgerechten Ergebnissen führend. Es handele sich jedoch gleichwohl nicht um einen Begriff, der durch eine feststehende Rechtsprechung eine allseits anerkannte Ausprägung erfahren habe, sondern vielmehr um eine abkürzende Bezeichnung für einen finanzmathematischen Berechnungsvorgang, dessen Kenntnis nicht als kaufmännisches Allgemeinwissen gelten könne. Hieraus erwachsen bestimmte Anforderungen an die Einhaltung des Transparenzgebots.[628]

Der Bundesgerichtshof wertet die von dem **OLG Celle** angewandte **Berechnungsmethode** unter den individualvertraglich möglichen unterschiedlichen Berechnungsmodalitäten als eine rechtlich mögliche Alternative für die **konkrete Schadensermittlung** bei **fristlos gekündigtem Leasingvertrag**.[629] Diese Berechnungsmethode hat im wesentlichen nachfolgenden Inhalt[630]. Zunächst ist der Anspruch des Leasinggebers auf die abgezinsten Leasingraten, d.h. dem Barwert für die Zeit zwischen der Rückgabe des Kfz und dem regulärem Vertragsende, welcher sich nach der Rentenbarwertformel für vorschüssige Renten richtet, zu errechnen. Von dem so ermittelten Betrag sind sodann die Vorteile des Leasinggebers abzuziehen. Neben ggf. ersparten Aufwendungen ist ferner als ein dem Leasingnehmer anzurechnender Vorteil der höhere Restwert zu sehen, den das Kfz bei vorzeitiger Rückgabe aufweist.[631] 128

Die **laufzeitabhängigen Vertragskosten** sind nur anzusetzen, wenn diese wirklich eingespart worden sind. Wegen des regelmäßigen Einsatzes von EDV bei der Verwaltung des laufenden Leasingvertrags liegt jedoch regelmäßig keine Ersparnis in diesem Sinne vor.[632] 129

Der **Leasinggeber** trägt bei der **konkreten Schadensberechnung die Darlegungs- und Beweislast**.[633] 130

Die Frage der Umsatzsteuerpflichtigkeit ist in erster Linie für den **privaten Leasingnehmer** von Belang, nicht für den gewerblichen Leasingnehmer, welcher die in Rechnung gestellte Umsatzsteuer als Vorsteuer geltend machen kann. Entsprechend den **unterschiedlichen Tatbeständen** der **vorzeitigen Vertragsbeendigung** – fristlose Kündigung durch den Leasinggeber bzw. außerordentliche Kündigung durch eine der Leasingvertragsparteien oder auch Aufhebungsvertrag – beantwortet sich die Frage nach der **Umsatzsteuerpflicht** jeweils verschieden.[634] 131

[628] *BGH*, Urt. v. 16.5.1990, VIII ZR 108/89, NJW 38/1990, 2377ff., 2383; v. 22.11.1995, VIII ZR 57/95, NJW 7/1996, 455ff., 456; v. 19.5.1999, 2 U 175/98, DB 30/1999, 1546f.; *Reinking/Eggert*, Der Autokauf, Rdn. 894; *Reinking*, Autoleasing, 150.

[629] *BGH*, Urt. v. 11.1.1995, VIII ZR 61/94, BB 9/1995, 428ff.; *OLG Stuttgart*, Urt. v. 6.2.1996, 6 U 112/95 n.v.; *OLG Celle*, Urt. v. 5.1.1994, 2 U 177/91, NJW-RR 12/1994, 743ff.; v. 22.5.1996, 2 U 172/95, OLG-Rep. 16/1996, 181ff.; v. 19.5.1999, 2 U 175/98, DB 30/1999, 1546f.

[630] *Nägele*, BB 1996, 1233ff., 1234.

[631] *BGH*, Urt. v. 22.11.1995, VIII ZR 57/95, NJW 7/1996, 455ff.; *OLG Celle*, Urt. v. 22.5.1996, 2 U 173/95, OLG-Rep. 19/1996, 219ff.

[632] *BGH*, Urt. v. 22.11.1995, VIII ZR 57/95, NJW 7/1996, 455ff., 456; *Reinking/Eggert*, Der Autokauf, Rdn. 897; *Reinking*, Autoleasing, 151.

[633] *BGH*, Urt. v. 22.11.1995, VIII ZR 57/95, NJW 7/1996, 455ff., 456.

[634] S. hierzu u.a. *BGH*, Urt. v. 11.2.1987, VIII ZR 27/86, NJW 28/1987, 1690ff.; *OLG*

Die umsatzsteuerliche Behandlung richtet sich nach der ertragsteuerlichen Zurechnung des Kfz, wobei die Steuerpflicht an die entgeltliche Leistung eines Unternehmers geknüpft ist. Die steuerpflichtige Leistung des Leasinggebers liegt in der zeitlich begrenzten Gebrauchsüberlassung. Schadensersatzleistungen stehen keine Leistungen des Vertragspartners in einem Austauschverhältnis gegenüber. Diese sind kein Entgelt i.S.d. § 1 UStG.[635] Vertraglich vereinbarte Ausgleichszahlungen bei vorzeitiger Vertragsbeendigung sind gewöhnlich umsatzsteuerpflichtig.[636] Der Schadensersatzanspruch des Leasinggebers wegen schuldhafter Herbeiführung der vorzeitigen Vertragsbeendigung durch den Leasingnehmer unterliegt aufgrund seines Charakters als Schadensersatzanspruch nicht der Umsatzsteuerpflicht. Dieser Anspruch stellt kein Entgelt für eine steuerbare Gegenleistung des Leasinggebers dar.[637] Mit der fristlosen Kündigung des Leasingvertrags ist die vertragliche Hauptpflicht des Leasinggebers erloschen.[638] Hat der Leasingnehmer von einem vertraglich eingeräumten ordentlichen Kündigungsrecht Gebrauch gemacht, ist die von ihm zu leistende Ausgleichszahlung Bestandteil des Entgelts für die Leistung des Leasinggebers und aus diesem Grunde mit der Umsatzsteuer zu belegen.[639]

Von Bedeutung für die Frage der Umsatzsteuerpflichtigkeit ist daher der **Anlass** der **vorzeitigen Vertragsbeendigung**. Die Umsatzsteuerpflichtigkeit kann auch von Zufälligkeiten abhängen, da alternativ Sachverhalte gegeben sein können, welche unabhängig voneinander zu der Beendigung des Kfz-Leasingvertrags führen können. So kann sich z.B. während des Zahlungsverzugs des Leasingnehmers ein Diebstahl des Kfz ereignen. Entscheidend ist, mit welchem Kündigungsgrund von welcher Leasingvertragspartei der Leasingvertrag zuerst gekündigt wurde. Hat zuerst der Leasinggeber gekündigt, ist der nachfolgende Vollamortisationsanspruch umsatzsteuerfrei. Im umgekehrten Fall handelt es sich

---

Hamm, Urt. v. 23.10.1996, 30 U 75/96, n.v.; v. 5.6.1986, 4 U 55/86, BB 32/1986, 154; *LG Stuttgart*, Urt. v. 11.3.1997, 8 O 557/96, n.v.; *Brandenburgisches OLG*, Urt. v. 12.6.1997, 4 U 159/96 n.v.; *OLG Hamm*, Urt. v. 23.10.1996, 30 U 7/96, n.v.; *KG Berlin*, Urt. v. 24.2.1997, 22 U 8666/95 n.v.; *OLG Düsseldorf*, Beschluss v. 26.8.1997, 9 U 5/96 n.v.; *OLG Braunschweig*, Urt. v. 30.1.1997, 2 U 131/96 n.v.; *Schleswig – Holsteinisches OLG*, Urt. v. 15.11.1996, 14 U 93/95 n.v.; *OLG Hamm*, Urt. v. 8.1.1997, 30 U 177/96 n.v.; *Mainzer*, Umsatzsteuer bei unverschuldetem Untergang des Leasinggegenstands, UR 8/1996, 245 ff.; *Reinking*, Autoleasing, 157; *Reinking/Eggert*, Der Autokauf, Rdn. 876.

[635] *BFH*, Urt. v. 27.2.1969, BStBl. II 1969, 386; v. 7.8.1969,BStBl. II 1969, 696; v. 20.3.1980,BStBl. II 1980, 538; *BGH*, Urt. v. 11.2.1987,VIII ZR 27/86, NJW 28/1987, 1690 ff.; *Nds.Fin.Min.* v. 19.2.1988, S 7100–171 (III) – 32 1, BB 9/1988, 616 f.; *Hess. Fin. Min.* v. 2.3.1988, S 7100 A – 107 – II A 42, BB 1988 Beil. 6, 21.

[636] *Bordewin/Tonner*, Leasing im Steuerrecht, 104 ff.

[637] *BGH*, Urt. v. 11.2.1987,VIII ZR 27/86, NJW 28/1987, 1690 ff.; *BGH*, Urt. v. 17.7.2001, X ZR 71/99, NJW 48/2001, 3535 ff.; *OLG Düsseldorf*, Urt. v. 16.1.1997, 10 U 11/96, DB 16/1997, 821 ff., 823; *Brandenburgisches OLG*, Urt. v. 12.6.1997, 4 U 159/96 n.v.; Empfehlung des BMF v. 29.4.1981, IV A 2 S 7100 13/91 an die Finanzminister der Länder.

[638] *BGH*, Urt. v. 11.2.1987, VIII ZR 27/86, NJW 28/1987, 1690 ff.; *OLG Hamm*, Urt.v. 14.6.1996, 30 U 147/95, BB 2/1997, 67; *FG Berlin*, Urt. v. 3.12.1970, UR 1971, 284.

[639] *BGH*, Urt. v. 19.3.1986,VIII ZR 81/85, NJW 28/1986, 1746 ff.; v. 9.10.1985,VIII ZR 217/84,WM 48/1985, 1447 ff.

hingegen bei dem nachfolgenden Vollamortisationsanspruch um einen Ausgleichsanspruch mit Entgeltcharakter, welcher umsatzsteuerpflichtig ist.[640]

Entsprechend der hinsichtlich des Anlasses der vorzeitigen Vertragsbeendigung vorzunehmenden **Differenzierung** stellt sich bei den **unterschiedlichen Tatbeständen** der vorzeitigen Vertragsbeendigung die Umsatzsteuerpflichtigkeit wie nachfolgend aufgeführt dar. Bei einer fristlosen Kündigung des Leasingvertrags durch den Leasinggeber wegen Zahlungsverzugs oder einer anderen nicht unerheblichen Vertragsverletzung des Leasingnehmers steht dem Leasinggeber ein Schadensersatzanspruch gegen den Leasingnehmer auf Vollamortisation zu. Eine Umsatzsteuerpflichtigkeit ist daher nicht gegeben.[641] Bei außerordentlicher Kündigung des Leasingvertrags durch eine der Leasingvertragsparteien wegen Totalschadens oder Diebstahls steht dem Leasinggeber gegen den Leasingnehmer ein Ausgleichsanspruch auf Vollamortisation zu. Dieser Ausgleichsanspruch bei vorzeitiger Vertragsbeendigung ist kein Schadensersatzanspruch, sondern ein auf der leasingtypischen Amortisation beruhender Erfüllungsanspruch mit Entgeltcharakter. Es liegt daher ein steuerbarer Umsatz des Leasinggebers vor.[642]

a) Kfz-Leasingvertrag mit Kilometerabrechnung

Die **vorzeitige Beendigung** des **Kfz-Leasingvertrags mit Kilometer-** 132
abrechnung sieht im einzelnen wie folgt aus[643]:

Typisch für diesen Vertragstyp ist, dass ausnahmsweise der **Leasinggeber** das 133
Restwertrisiko trägt. Gewöhnlich wird der **Restwert** dem Leasingnehmer **nicht offengelegt**.[644] Bei der Beendigung des Vertrags werden entsprechend der vertraglichen Vereinbarungen die Mehr- bzw. Minderkilometer festgestellt und ggf. ein finanzieller Ausgleich vorgenommen. Der kalkulierte Restwert ist bei der Berechnung des Vollamortisationsanspruchs voll anzusetzen.[645] Der Bundesgerichtshof hat die von dem **OLG Celle** vorgenommene konkrete Berechnung des Schadens, der dem Leasinggeber aus der vorzeitigen Beendigung eines Leasingvertrags entstehen kann, als eine rechtlich mögliche Alternative der **konkreten Schadensberechnung** bei dem vorzeitig gekündigten Leasingvertrag mit Kilometerabrechnung gebilligt.[646] Von dem Schaden des Leasinggebers, der in den bis zu der regulären Vertragsbeendigung geschuldeten Leasingraten besteht, sind der Zinsvorteil infolge der Vorfälligkeit der Leasingraten, ggf. ersparter Ver-

---

[640] *Struppek*, Vollamortisationsanspruch und Mehrwertsteuer, FLF 2/1998, 82ff., 84; *Mainzer*, UR 1996, 245ff.

[641] *BGH*, Urt. v. 11.2.1987, VIII ZR 27/86, NJW 28/1987, 1690ff.

[642] *BGH*, Urt. v. 22.1.1986, VIII ZR 318/84, NJW 20–21/1986, 1335ff., 1337; *OLG Frankfurt*, Urt. v. 3.11.1998, FLF 2/1999, 8; *OLG Braunschweig*, Urt. v. 30.1.1997, 2 U 131/96 n.v.; *OLG Düsseldorf*, Urt. v. 26.8.1996, 9 U 5/96, FLF 2/1997, 79f.

[643] *Reinking*, Autoleasing, 155; *Reinking/Eggert*, Der Autokauf, Rdn. 749, 904.

[644] S. u.a. *BGH*, Urt. v. 22.11.1995, VIII ZR 57/95, NJW 7/1996, 455ff.; *OLG Celle*, Urt. v. 5.1.1994, 2 U 177/91, NJW-RR 12/1994, 743ff.; *OLG Stuttgart*, Urt. v. 6.2.1996, 6 U 112/95, n.v.; *OLG Celle*, Urt. v. 19.5.1999, DB 30/1999, 1546ff.

[645] *OLG Braunschweig*, Urt. v. 10.1.2000, 7 U 118/99, n.v.; *OLG Düsseldorf*, Urt. v. 12.6.1998, 10 U 113/97, BB 43/1998, 2179f. mit Anm. *Struppek*.

[646] *BGH*, Urt. v. 11.1.1995, VIII ZR 61/94, NJW 14/1995, 954ff.; *OLG Celle*, Urt. v. 5.1.1994, 2 U 177/91, NJW-RR 12/1994, 743.

waltungsaufwand und der erhöhte Wert des Kfz im Vergleich zu dem Wert des Kfz bei regulären Vertragsende abzgl. etwaige Reparaturkosten anzusetzen.[647] Eine weitere neben der von dem OLG Celle angewandten rechtlich zulässigen Alternative der Schadensberechnung stellt die Hochrechnung der tatsächlichen Kilometerleistung auf die vorgesehene Vertragsdauer mit Kilometer- und Minderwertausgleich dar.[648] Eine Umstellung der ursprünglich vorgesehenen Abrechnung auf Kilometerbasis auf eine Restwert-Abrechnung in einer Klausel ist als überraschende Klausel nicht zulässig.[649]

134 Der **Ausgleichsanspruch** hat sowohl in der Alternative eines Minderkilometer-Ausgleichsanspruchs als auch in der eines Mehrkilometer-Ausgleichsanspruchs die einheitliche Rechtsnatur eines **Entgeltanspruchs**. Dies wirkt sich u.a. auf die Verjährung dieses Anspruchs aus. Die Wertung als Entgeltanspruch ergibt sich aus folgenden Überlegungen: Der Ausgleichsanspruch des Leasinggebers steht unter dem Gesichtspunkt der nach der Vertragsgestaltung bezweckten Vollamortisation seinem Anspruch auf Rückgabe des Kfz in einem vertragsgemäßem Erhaltungszustand gleich.[650] Auch der Anspruch auf Ausgleich des Minderwerts hat Amortisationsfunktion.[651] Der Anspruch des Leasinggebers auf Minderwertausgleich unterliegt daher der Verjährung als Entgeltanspruch.[652] Der Anspruch auf Rückgabe in vertragsgemäßem Zustand bezieht sich dabei nicht nur auf den Erhaltungszustand, sondern auch und insbes. bei dem Leasingvertrag mit Kilometerbegrenzung aufgrund dessen Konstruktion auf eine der vertraglichen Vereinbarung entsprechende Laufleistung. Wenn jedoch schon dem Minderwertausgleich Amortisationsfunktion zukommt, so dienen erst recht die Rückgabe des Kfz entsprechend der vereinbarten Laufleistung bzw. eine Ausgleichsverpflichtung bei entsprechender Mehrkilometer-Leistung der Amortisation der Aufwendungen des Leasinggebers. Es ist daher auch kein Grund ersichtlich, den Minderwert-Ausgleichsanspruch als Primäranspruch und den Kilometerausgleichsanspruch als Schadensersatz zu qualifizieren. Auch der Kilometer-Ausgleichsanspruch hat vielmehr Entgeltcharakter. Hieraus folgt auch, dass die entsprechende Abrechnung Teil der Preisvereinbarung ist, wie schon die deutliche Nähe der Kilometersätze zu der Leasingrate auf der Vorderseite des Leasingvertragsformulars zeigt. Preisvereinbarungen sind der Inhaltskontrolle nach §§ 305 ff. BGB entzogen.

135 Die Vereinbarung einer unterschiedlichen Höhe der Sätze für Minder- und Mehrkilometer rechtfertigt sich aus dem Gesichtspunkt, dass die Differenzierung in der Höhe der Kilometersätze geeignet ist, die Vertragspartner zur Vertragstreue anzuhalten. Ein höherer Mehrkilometersatz kann nämlich Sanktionscharakter in

---

[647] *BGH*, Urt. v. 11.1.1995, VIII ZR 61/94, NJW 14/1995, 954 ff.; *Reinking*, Autoleasing, 167.

[648] *BGH*, Urt. v. 15.10.1986, VIII ZR 319/85, NJW 7/1987, 377 ff.

[649] *BGH*, Urt. v. 11.1.1995, VIII ZR 61/94, NJW 14/1995, 954 ff.; *OLG Celle*, Urt. v. 5.1.1994, 2 U 177/91, NJW-RR 12/1994, 743 ff.

[650] *BGH*, Urt. v. 1.3.2000, VIII ZR 177/99, DB 21/2000, 1068 ff.; *Nitsch*, Amortisationspflicht für Fahrzeugschäden beim Kilometerabrechnungsvertrag, FLF 1/1999, 32 ff.

[651] *Reinking/Eggert*, Der Autokauf, Rdn. 870.

[652] *BGH*, Urt. v. 1.3.2000, VIII ZR 177/99, ZIP 18/2000, 797 ff.

den Fällen haben, dass ein Leasingnehmer, um den Vorteil einer günstigen Leasingrate zu erlangen, mit der Angabe einer voraussichtlichen Kilometerleistung operiert, welche den tatsächlichen Bedürfnissen jedoch bei weitem nicht gerecht wird. In derartigen Fällen soll der höhere Mehrkilometersatz Schaden vom Leasinggeber abwenden. Die vertraglichen Leistungen des Leasingnehmers basieren u.a. auf der von dem Leasingnehmer vorausgesagten Kilometerleistung. Wird diese überschritten, wird daher der Kilometerausgleich als Amortisationsleistung benötigt. Wird die von dem Leasingnehmer vorausgesagte Kilometerleistung hingegen unterschritten, ist zumindest eine Schädigung des Vertragspartners ausgeschlossen. Der Leasingnehmer schadet sich in diesem Fall allenfalls durch seine unrealistische Einschätzung selbst.

b) Kfz-Leasingvertrag mit Gebrauchtwagenabrechnung

Bei dieser Vertragsform trägt der **Leasingnehmer** das **Restwertrisiko**. Entspre- 136
chend dem Vorteil der Überschussbeteiligung trägt dieser auch das Risiko eines Mindererlöses. Im Rahmen der Vorteilsausgleichung sind sowohl Minder- als auch Mehrerlöse zu berücksichtigen, welche sich aus der Gegenüberstellung von offenem Restwert und tatsächlichem Erlös ergeben. Der Leasingnehmer hat Anspruch darauf, dass der Leasinggeber den erzielten Verwertungserlös zur Anrechnung bringt. Bei regelmäßig erlasskonformer Vertragsgestaltung erfolgt die Verteilung 75% zugunsten des Leasingnehmers und 25% zugunsten des Leasinggebers. Eine Abrechnung zu nur 90% des erzielten Gebrauchtwagenerlöses benachteiligt den Leasingnehmer unangemessen.[653] Der Leasinggeber hat ein gewichtiges Eigeninteresse an einer bestmöglichen Verwertung des Kfz. Bei dieser Vertragsform ist ein Verwertungsverschulden von besonderer Bedeutung. Der Verwertungserlös mindert den Ausfall des Leasinggebers aus dem konkreten Leasingvertrag. Der Leasinggeber ist bei entsprechender vertraglicher Vereinbarung berechtigt, den mit der Verwertung zusammenhängenden Aufwand dem Leasingnehmer in Rechnung zu stellen.[654]

c) Berechnungsbeispiel

Nachfolgend wird eine Beispielsrechnung unter Einschluss der vorgenannten 137
Grundsätze der Berechnung des Vollamortisationsanspruchs des Leasinggebers bei der vorzeitigen Vertragsbeendigung gegeben. Es ist der Ausgleichsanspruch des Leasinggebers auf Vollamortisation zu berechnen, was nach der Rechtsprechung konkret anhand der vorliegenden Vertragsdaten zu geschehen hat. Hierbei wird auf die unter § 1, 23 dargestellte Beispielrechnung Bezug genommen und unterstellt, der in der dortigen Tabelle 1 kalkulierte Leasingvertrag sei nach 12 Monaten fristlos gekündigt worden. Das Kfz sei ferner zu einem Gebrauchtwagenerlös in Höhe von EUR 28.000.- veräußert worden.

Der Bundesgerichtshof hat ein Abrechenschema für einen vorzeitig beendeten Leasingvertrag grds. vorgegeben.[655] Danach sind der Barwert der ausstehenden Leasingraten zwischen Kündigung und ursprünglich vereinbartem Vertragsende

[653] *BGH*, Urt. v. 26.6.2002, VIII ZR 147/01, NJW 37/2002, 2713 ff.

[654] *BGH*, Urt. v. 10.10.1990, VIII ZR 296/89, NJW 4/1991, 221; *OLG Köln*, Urt. v. 15.3.1993, 12 U 56/92, NJW-RR 16/1993, 1016; *Reinking*, Autoleasing, 152, 163; *Reining/Eggert*, Der Autokauf, Rdn. 747, 901.

[655] *BGH*, Urt. v. 22.1.1986, VIII ZR 318/84, NJW 20–21/1986, 1335 ff.

und der Barwert des kalkulierten Restwerts zu berechnen. Von der Summe beider Barwerte sind der tatsächlich erzielte Gebrauchtwagenerlös und die laufzeitabhängigen ersparten Verwaltungskosten abzuziehen. Eine verbindliche finanzmathematische Formel, wie die Abzinsung, die zu den Barwerten führt, zu erfolgen hat, hat der Bundesgerichtshof nicht vorgegeben. Die Rechtsprechung favorisiert aber in der Regel die sog. vorschüssige Rentenbarwertformel.

Sofern es dem Leasinggeber im Rahmen der Abrechnung möglich ist, konkret die ersparten laufzeitabhängigen Verwaltungskostenanteile anzugeben, sollte er diese in die Abrechnung einstellen. Ansonsten pauschaliert die Rechtsprechung mit EUR 5,11 bis EUR 10,22 pro Monat Restlaufzeit. Bezogen auf den kalkulierten Beispielsfall betrug die ungenutzte Restlaufzeit des Leasingvertrags noch 24 Monate, da die ursprünglich vereinbarte Laufzeit 36 Monate betrug und der Leasingvertrag bereits nach 12 Monaten sein vorzeitiges Ende fand. Insofern sind bei der Berechnung des Barwerts der ausstehenden Leasingraten 24 Leasingraten zu je EUR 708,00 anzusetzen. Dies ergibt einen Betrag von EUR 16.992,00.

Da diese 24 Leasingraten gegenüber ihrer ursprünglich vereinbarten Fälligkeit vorzeitig im Rahmen des Vollamortisationsanspruchs zurückfließen, sind diese mit dem Refinanzierungssatz von 4% p.a. abzuzinsen. Im vorliegenden Fall soll das mit der vorschüssigen Rentenbarwertformel erfolgen. Für den Rechenvorgang sollte man sich der gängigen Finanztaschenrechner bedienen, die finanzmathematische Formeln schon gespeichert haben. Die Abzinsung auf dieser Grundlage ergibt einen Zinsvorteil in Höhe von EUR 633,65, der von der Summe von EUR 16.992,00 abzuziehen ist. Es ergibt sich mithin ein Barwert der Leasingraten in Höhe von EUR 16.358,35. Entsprechend ist der kalkulierte Restwert, im vorliegenden Fall EUR 20.000,00, abzuzinsen. Es ergibt sich ein Zinsvorteil in Höhe von EUR 1.535,22. Setzt man diesen von dem kalkulierten Restwert ab, verbleibt ein Barwert des Restwerts in Höhe von EUR 18.464,78. Von der Summe der Barwerte der Leasingraten und des Restwerts ist der Gebrauchtwagenerlös in Höhe von EUR 28.000,00 abzusetzen. Weiterhin sind für jeden der 24 ausstehenden Restmonate pauschal EUR 10,22 ersparte kalkulatorische Verwaltungskosten, insgesamt EUR 480.-, abzuziehen.

Im Ergebnis verbleibt eine Ausgleichsforderung des Leasinggebers zur Herbeiführung der Vollamortisation in Höhe von EUR 6.343,13.

Berechnung des Ausgleichsanspruchs	
24 ausstehende Leasing-Raten	EUR 16.992,00
./. Abzinsungsvorteil	EUR 633.65
Barwert Leasing-Raten	EUR 16.358,35
Kalkulierter Restwert	EUR 20.000,00
./. Abzinsungsvorteil	EUR 1.535,22
Barwert Restwert	EUR 18.464,78
./. Gebrauchtwagenerlös	EUR 28.000,00
./. ersparte kalkulatorische Verwaltungskosten	EUR 480,00
Vollamortisationsforderung des Leasinggebers	EUR 6.343,13

Vergleicht man diese Forderung mit der unter § 1, 23 behandelten Abschlusszahlung, so zeigen sich Differenzen. Schaut man nämlich dort in den 12. Monat, erhält man ein Endkapital von EUR 33.726,19. Zieht man von diesem Wert den Gebrauchtwagenerlös von EUR 28.000,00 ab, ergibt sich eine sog. Abschlusszahlung in Höhe von EUR 5.726,19. Die Differenz beruht im wesentlichen darauf, dass bei der Abrechnung in der von dem Bundesgerichtshof geforderten Weise mit dem Refinanzierungszinssatz von 4% abgezinst wurde und nicht mit dem Vertragszins von 6%.

Klarstellend ist zu berücksichtigen, dass die dargelegte Abrechnung uneingeschränkt nur für den Leasingvertrag mit Gebrauchtwagenabrechnung gilt. Sofern es sich um einen Leasingvertrag mit Kilometerabrechnung handeln würde, soll nach Teilen der Restsprechung der kalkulierte Restwert nicht als eigenständiger Abrechnungsposten berücksichtigt werden.[656] Statt dessen soll geschätzt werden, welchen tatsächlichen Wert das Kfz bei Rückgabe zum regulären Vertragsende haben würde. Diesem Wert ist der Schätzwert des Kfz im zurückgegebenen Zustand gegenüberzustellen bzw. der tatsächliche Gebrauchtwagenerlös für das vorzeitig zurückgegebene Kfz. Eine positive Differenz ist im Rahmen der Schadensberechnung dem Leasinggeber gutzuschreiben. Der Nachteil dieser Abrechenweise für den Leasingvertrag mit Kilometerabrechnung ist in der nicht konkret vorhersehbaren zukünftigen Preisentwicklung auf dem Gebrauchtwagenmarkt zu suchen.

Leasingverträge für Kraftfahrzeuge werden unter steuerlichen Gesichtspunkten für maximal 54 Monate geschlossen. Vielfach enden die Leasingverträge vorzeitig aber schon kurz nach Vertragsbeginn. Insofern sind Restwertprognosen in tatsächlicher Hinsicht für das reguläre Vertragsende schwierig. Die Rechtsprechung meint, aus Praktikabilitätsgründen sollte man entsprechende Werte aktueller Schwacke-Listen einfach hochrechnen bzw. eine entsprechende Rückdatierung der Erstzulassung in der Liste vornehmen.[657] Andererseits wird hinsichtlich dieser Problematik die Meinung vertreten, dass jedenfalls bei beschädigt zurückgegebenen Kfz, für die der Händler gegenüber dem Leasinggeber den Restwert garantiert hat, auch bei dem Leasingvertrag mit Kilometerabrechnung zum regulären Vertragsende, der Restwert als eigenständiger Posten bei der Abrechnung aufgrund fristloser Kündigung einzustellen ist.[658]

---

[656] *OLG Celle*, Urt. v. 5.1.1994, 2 U 177/91, NJW-RR 12/1994, 743 ff.; bestätigt als eine mögliche Abrechnungsalternative auch *BGH*, Urt. v. 22.11.1995, VIII ZR 57/95, NJW 7/1996, 455 ff.

[657] *OLG Celle*, Urt. v. 17.12.1997, 2 U 2/97, NJW-RR 10/1998, 704 ff.

[658] *OLG Braunschweig*, Urt. v. 16.7.1998, 2 U 65/98, BB 41/1998, 2081.

§ 10
Verjährung im Kfz-Leasinggeschäft

Schrifttum: *Beckmann*, Durchsetzung der Rechte gegen den Leasingnehmer, in: *Büschgen (Hrsg.)*, Praxishandbuch Leasing, § 10 Rdn. 130 ff.; *ders.*, Finanzierungsleasinggeschäfte, Rdn. 203 ff.; *ders.*, Auswirkungen des Schuldrechtsmodernisierungsgesetzes auf die Leasing-Branche, FLF 2/2002, 46 ff.; *Engel*, Die Verjährung im Kraftfahrzeug-Leasinggeschäft. Der Restwertausgleichsanspruch des Leasinggebers bei vorzeitiger und ordentlicher Vertragsbeendigung, DB 1997, 761 ff.; *Godefroid/Salm*, Zur Verjährung von Restwertausgleichsansprüchen des Leasinggebers aus Finanzierungs-Leasingverträgen, BB 1995, Beil. 5, 21 ff.; *Jendrek*, Miet-, Pacht- und Leasingrecht, 149, 162 ff.; *Koos*, Vollamortisation beim Finanzierungsleasing und Verjährung des Restwertausgleichsanspruchs, DZWiR 1998, 119; *Leenen*, Die Neuregelung des Verjährungsrechts durch das Schuldrechtsmodernisierungsgesetz, DStR 2002, 34; *Meyer auf der Heyde*, Kurze Verjährung im Leasingvertrag nach § 558 BGB?, BB 1987, 498 ff.; *Palandt/Weidenkaff*, BGB, Einf. v. § 535 BGB Rdn. 75; *Paul*, Kurze Verjährung beim Leasingvertrag: § 558 BGB und § 196 Abs. 1 Nr. 6 BGB, BB 1987, 1411 ff.; *Reinking*, Autoleasing, 203 ff.; *Wolf/Eckert/Ball*, Handbuch des Miet-, Pacht- und Leasingrechts, Rdn. 1970.

Übersicht:

Vorbemerkung

Das Verjährungsrecht ist ein zentraler Rechtsbereich, der durch das Schuldrechtsmodernisierungsgesetz neu geregelt wurde und wichtige Änderungen für das Leasingrecht mit sich gebracht hat.[659]

1 Unter Verjährung i.S.d. §§ 194 ff. BGB wird der Zeitablauf verstanden, der für den Schuldner das Recht begründet, die Leistung zu verweigern. Der Verjährung unterliegen nur Ansprüche. Die Verjährung führt zur Begründung eines **dauernden Leistungsverweigerungsrechts**, vgl. §§ 194, 214 Abs. 1 BGB, nicht zum Erlöschen des Anspruchs.[660]

A. Anwendung der allgemeinen sowie der miet- und kaufrechtlichen Verjährungsvorschriften des BGB

2 Aufgrund der herrschenden zivilrechtlichen Wertung des Leasingvertrags als atypischer Mietvertrag sind in erster Linie die mietvertraglichen Reglungen der §§ 535 ff. BGB auf den Leasingvertrag anzuwenden. Dies gilt jedoch nur, so weit die leasingtypischen Besonderheiten dem nicht entgegenstehen.[661] Die leasingtypischen Besonderheiten betreffen jedoch nicht den Bereich der Verjährung. Im Grundsatz sind daher die allgemeinen Verjährungsvorschriften des BGB und die miet- und kaufrechtlichen Verjährungsvorschriften auf den Leasingvertrag entsprechend anzuwenden, vgl. §§ 194 ff. BGB sowie § 548 BGB und § 438 Abs. 1 Nr. 3 BGB.[662]

3 Dessen ungeachtet muss jeweils im Einzelfall, abhängig von der Rechtsnatur des Anspruchs, geprüft werden, ob die jeweiligen Verjährungsvorschriften auch hinsichtlich des konkreten Anspruchs i.S.d. § 194 BGB anzuwenden sind.[663] Die

---

[659] Die Reform ist auf Art. 7,3 u. 5 Abs. 1 der Verbrauchsgüterrichtlinie v. 25.5.1999, 1999/44 EG, Abl.EG 1999 Nr. L 171,12 zurückzuführen. S. zur Reform des Verjährungsrechts insbes. *Beckmann*, Auswirkungen des Schuldrechtsmodernisierungsgesetzes auf die Leasing-Branche, FLF 2/2002, 46 ff., 46 sowie *Wendtland*, Verjährung von Ansprüchen, in: *Haas/Medicus/Rolland/Schäfer/Wendtland*, Das neue Schuldrecht, 22 ff.; *Albrecht/Flohr/Lange*, Schuldrecht 2002, Recklinghausen 2002, 7 ff.; *Heussler/v. Westphalen*, Praxis der Schuldrechtsreform, Recklinghausen 2001; *Palandt/Weidenkaff*, Einf. v. § 535 Rdn. 75.

[660] *Palandt/Heinrichs*, BGB, Überbl. v. § 194 BGB Rdn. 2. Vgl. zu den Rechtsfolgen der Verjährung §§ 214–218 BGB.

[661] § 2, 46.

[662] *BGH*, Urt. v. 23.10.1990, VI ZR 310/89, NJW-RR 5/1991, 280 ff., 281; *OLG Hamm*, Urt. v. 6.10.1995, 30 U 39/95, NJW-RR 8/1996, 502; *Palandt/Weidenkaff*, BGB, Einf. v. § 535 BGB Rdn. 75; § 558 BGB Rdn. 2; *v. Westphalen*, Der Leasingvertrag, Rdn. 1114; *Engel*, Die Verjährung im KraftfahrzeugLeasinggeschäft. Der Restwertausgleichsanspruch des Leasinggebers bei vorzeitiger und ordentlicher Vertragsbeendigung, DB 15/1997, 761 ff., 761.

[663] *BGH*, Urt. v. 22.1.1986, VIII ZR 318/84, BB 11/1986, 693 ff.; *OLG Hamm*, Urt. v. 6.10.1995, 30 U 39/95, NJW-RR 8/1996, 502; *Paul*, Kurze Verjährung beim Leasingvertrag: § 558 BGB und § 196 BGB Abs. 1 Nr. 6 BGB, BB 1987, 1411 ff., 1412; *Palandt/Heinrichs*, BGB, § 194 BGB Rdn. 2; *Engel*, Die Verjährung im Kraftfahrzeug Leasinggeschäft. Der Restwertausgleichsanspruch des Leasinggebers bei vorzeitiger und ordentlicher Vertragsbeendigung, DB 15/1997, 761 ff., 761.

Fristenvielfalt des alten Rechts ist weitgehend weggefallen, da die subjektive Kenntnis des Gläubigers und weniger die objektive Natur des Anspruchs von Bedeutung ist, § 199 BGB Abs. 1 Nr. 2 BGB.[664]

Der Leasingnehmer trägt das Verjährungsrisiko. Er ist daher grds. verpflichtet 4
bzw. es entspricht seinem eigenem Interesse, die abgetretenen Ansprüche fristgerecht geltend zu machen, insbes. die Verjährungsfristen zu beachten und ggf. verjährungsunterbrechende oder verjährungshemmende Maßnahmen zu unternehmen.[665] Die Unterbrechung bzw. Hemmung der Verjährungsfrist richten sich nach den §§ 203 ff. – 217 BGB.[666]

Die Verjährung ist in der Zeit der Verhandlungen zwischen Leasingnehmer und 5
Verkäufer über die Mangelhaftigkeit des Kfz, bzw. die Nacherfüllung und in dem Zeitraum bis zur Lieferung einer Ersatzsache gehemmt.[667] Mit der Lieferung eines Ersatzfahrzeugs im Rahmen der Nacherfüllung laufen keine neue Verjährungsfristen. Es verbleibt bei der Verjährung aus dem ursprünglichen Kaufvertrag.[668]

B. Einzelne der Verjährung unterliegende Ansprüche im Leasingrecht

Der Verjährung unterliegt jeweils ein Anspruch, d.h. das Recht, von einem an- 6
deren ein Tun oder Unterlassen zu verlangen, vgl. § 194 Abs. 1 BGB.[669] Im Leasingrecht gibt es unterschiedliche der Verjährung unterliegende Ansprüche. Zum einen handelt es sich hierbei um originäre Ansprüche wie z.B. den Anspruch des Leasinggebers auf das Leasingentgelt wie auch aufgrund des leasingtypischen Abtretungskonzepts um abgetretene Ansprüche, so z.B. die kaufrechtlichen Mängelansprüche des Leasingnehmers.

Der Anwendungsbereich der regelmäßigen Verjährung nach § 195 BGB innerhalb von drei Jahren ist gegenüber dem früheren Recht wesentlich erweitert

---

[664] *Wendtland*, Verjährung von Ansprüchen, in: *Haas/Medicus/Rolland/Schäfer/Wendtland*, Das neue Schuldrecht, Kap. 2 Rdn. 3.

[665] *BGH*, Urt. v. 13.3.1991, VIII ZR 34/90, NJW 28/1991, 1746 ff.; *Berninghaus*, Durchführung und Abwicklung des Sale-and-lease-back-Vertrages, in: *Büschgen (Hrsg.)*, Praxishandbuch Leasing, § 17 Rdn. 9; *Beckmann*, Auswirkungen von Störungen des Liefervertrages auf den Leasingvertrag, § 11 Rdn. 82; *ders.*, Durchsetzung der Rechte durch den Leasingnehmer, § 10 Rdn. 130 f.; *Jendrek*, Miet-, Leasing- und Pachtrecht, 149.

[666] *BGH*, Urt. v. 8.7.1987, VIII ZR 274/86, ZIP 1987, 1320 ff., 1322; *Palandt/Weidenkaff*, BGB, Einf. v. § 535 BGB Rdn. 56; *Jendrek*, Miet-, Leasing und Pachtrecht, 150, 163; *Reinking*, Autoleasing, 203; *v. Westphalen*, Der Leasingvertrag, Rdn. 808; *Beckmann*, Durchsetzung der Rechte durch den Leasingnehmer, in: *Büschgen (Hrsg.)*, Praxishandbuch Leasing, § 10 Rdn. 141 ff.; *ders.*, Finanzierungsleasinggeschäfte, Rdn. 205, 207. S. auch *Berninghaus*, Durchführung und Abwicklung des Sale-and-lease-back-Vertrages, in: *Büschgen (Hrsg.)*, Praxishandbuch Leasing, § 17 Rdn. 14.

[667] *Reinking/Koyka*, in: *Kroiß* (*Hrsg.*), Klauselbuch Schuldbuch, § 14 Rdn. 86.

[668] *Reinking*, Der Nacherfüllungsanspruch auf Lieferung eines mangelfreien Fahrzeugs im Rahmen des Kfz-Leasingvertrags, DAR 11/2002, 496 ff.; 497.

[669] Vgl. *Palandt/Heinrichs*, BGB, § 194 BGB Rdn. 1.

und umfasst u.a. alle vertraglichen Ansprüche, dekliktischen Ansprüche, bereicherungsrechtlichen Ansprüche[670] sowie Ansprüche aus Pflichtverletzung bzw. positiver Vertragsverletzung und culpa in contrahendo.

I. Anspruch des Leasinggebers auf das Leasingentgelt, § 195 BGB

7 Von der Regelung des § 195 BGB werden alle **vertraglichen Erfüllungsansprüche** erfasst, d.h. Ansprüche, welche die Gegenleistung für die Gebrauchsüberlassung darstellen.[671]

8 Der **Leasingvertrag** ist ein **gegenseitiger Vertrag** i.S.d. §§ 320 ff. BGB. Er ist wie jeder gegenseitige Vertrag durch die synallagmatische Verknüpfung der beiderseitigen Leistungspflichten gekennzeichnet. Jeder Vertragspartner verspricht seine Leistung um der Gegenleistung willen. Die Leistung des einen ist Entgelt für die des anderen. Die Zahlung der Leasingraten durch den Leasingnehmer ist Gegenleistung für die Gebrauchsüberlassung und Finanzierung des Kfz durch den Leasinggeber. Der Anspruch des Leasinggebers auf die Leasingraten ist daher ein zu Vertragsbeginn dem Grunde und der Höhe nach feststehender Primäranspruch, der im Gegenseitigkeitsverhältnis steht. Der Anspruch des Leasinggebers auf die Leasingraten ist vertraglicher Erfüllungsanspruch.[672]

9 Als vertraglicher Erfüllungsanspruch unterliegt dieser Anspruch der dreijährigen Verjährung gemäß § 195 BGB. Voraussetzung ist jedoch, dass der Leasinggeber das Leasinggeschäft gewerbsmäßig betreibt. Andernfalls verjährt der Anspruch gemäß § 197 BGB in vier Jahren.[673]

Die Verjährung beginnt mit dem Schluss des Jahres, in welchem der Anspruch auf Zahlung der Leasingraten entstanden ist, § 199 Abs. 1 (sog. Ultimoverjährung).[674]

[670] *Wendtland*, Verjährung von Ansprüchen, in: *Haas/Medicus/Rolland/Schäfer/Wendtland*, Das neue Schuldrecht, München 2002, Kap. 2 Rdn. 7.

[671] *Engel*, Die Verjährung im KraftfahrzeugLeasinggeschäft. Der Restwertausgleichsanspruch des Leasinggebers bei vorzeitiger und ordentlicher Vertragsbeendigung, DB 15/1997, 761 ff., 762; *Reinking*, Autoleasing, 205. Nach § 196 Abs. 1 Nr. 6 BGB a.F. verjährte der Entgeltanspruch in zwei Jahren, beginnend mit dem Schluss des Jahres, in dem der Anspruch entstand, § 201 BGB a.F.

[672] S. hierzu *Palandt/Heinrichs*, BGB, Einf. v. § 320 BGB Rdn. 5; *Engel*, Die Verjährung im KraftfahrzeugLeasinggeschäft. Der Restwertausgleichsanspruch des Leasinggebers bei vorzeitiger und ordentlicher Vertragsbeendigung, DB 15/1997, 761 ff., 762.

[673] *Engel*, Die Verjährung im KraftfahrzeugLeasinggeschäft. Der Restwertausgleichsanspruch des Leasinggebers bei vorzeitiger und ordentlicher Vertragsbeendigung, DB 15/1997, 761 ff., 762; *Reinking*, Autoleasing, 205; *Beckmann*, Auswirkungen des Schuldrechtsmodernisierungsgesetzes auf die Leasing-Branche, FLF 2/2002, 46 ff.

[674] S. u.a. *Engel*, Die Verjährung im KraftfahrzeugLeasinggeschäft. Der Restwertausgleichsanspruch des Leasinggebers bei vorzeitiger und ordentlicher Vertragsbeendigung, DB 15/1997, 761 ff., 762; *Reinking*, Autoleasing, 205; *Reinking/Eggert*, Der Autokauf, Rdn. 1292.

II. Anspruch des Leasinggebers auf Restwertausgleich, § 195 BGB

Es war lange Zeit umstritten, welcher Verjährungsfrist der Restwertaus- 10
gleichsanspruch des Leasinggebers unterliegt. Der Bundesgerichtshof hat zunächst mit der Entscheidung v. 22.1.1986 den Restwertausgleichsanspruch des Leasinggebers im Falle der vorzeitigen Vertragsbeendigung als Entgeltanspruch gewertet und mit der Entscheidung v. 10.7.1996 abschließend entschieden, dass diese Wertung auch bei vertragsgemäßer Beendigung des Leasingvertrags gilt.[675]

Der Restwertausgleichsanspruch des Leasinggebers, d.h. der Anspruch des Leasinggebers gegen den Leasingnehmer auf Ausgleich der Differenz zwischen dem bei Vertragsschluss kalkulierten Restwert und dem nach Vertragsende erzielten niedrigeren Verwertungserlös,[676] unterliegt sowohl bei ordentlicher als auch bei vorzeitiger Vertragsbeendigung der dreijährigen Verjährungsfrist des § 195 BGB.[677]

Es handelt sich in beiden Fällen um einen Primäranspruch. Im Fall der vorzeitigen Vertragsbeendigung ist der Anspruch zusätzlicher Entgeltanspruch des Leasinggebers, der an die Stelle des ohne die Kündigungsregelung bestehenden Gegenleistungsanspruchs des Leasinggebers auf Zahlung der Leasingraten tritt. Auch im Fall der ordentlichen Vertragsbeendigung ist der Anspruch des Leasinggebers auf Erfüllung eines vertraglich bedungenen Entgelts gerichtet. Der Ausgleich ist Teil der Vollamortisation und dient mithin der Abdeckung des nicht bereits durch die Sonderzahlung, die Leasingraten und die Verwertung des Kfz amortisierten Anschaffungs- und Finanzierungsaufwands des Leasinggebers. Diese sind einander ergänzende Teile für die Gebrauchsüberlassung.[678]

---

[675] Vgl. *BGH*, Urt. v. 22.1.1986, VIII ZR 318/84, BB 11/1986, 693 ff.; v. 10.7.1996, VIII ZR 282/95, NJW 43/1996, 2860 ff.; *Engel*, Die Verjährung im Kraftfahrzeug-Leasinggeschäft. Der Restwertausgleichsanspruch des Leasinggebers bei vorzeitiger und ordentlicher Vertragsbeendigung, DB 15/1997, 761 ff., 763 f.

[676] *Palandt/Putzo*, BGB, Einf. v. § 535 BGB Rdn. 75; *Godefroid/Salm*, Zur Verjährung von Restwertausgleichsansprüchen des Leasinggebers aus FinanzierungsLeasingverträgen, BB 1995, Beil. 5, 21 ff.

[677] S. u.a. *BGH*, Urt. v. 10.7.1996, VIII ZR 282/95, BB 35/1996, 1794 ff.; v. 22.1.1986, VIII ZR 318/84, BB 11/1986, 693 ff.; *Berninghaus*, Beendigung des Leasingvertrages durch Kündigung oder Zeitablauf, in: *Büschgen (Hrsg.)*, Praxishandbuch Leasing, § 12 Rdn. 43, 75; *ders.*, Fahrzeugleasing, in: *Büschgen (Hrsg.)*, Praxishandbuch Leasing, § 15 Rdn. 3; *Engel*, Die Verjährung im KraftfahrzeugLeasinggeschäft. Der Restwertausgleichsanspruch des Leasinggebers bei vorzeitiger und ordentlicher Vertragsbeendigung, DB 1997, 761 ff.; *Godefroid/Salm*, Zur Verjährung von Restwertausgleichsansprüchen des Leasinggebers aus FinanzierungsLeasingverträgen, BB 1995, Beil. 6, 21 ff.; *BGH*, Urt. v. 4.6.1997, VIII ZR 312/96, NJW 47/1997, 3166.

[678] S. hierzu insbes. *BGH*, Urt. v. 10.7.1996, VIII ZR 282/95, NJW 43/1996, 2860 ff.; v. 22.1.1986, VIII ZR 318/84, BB 11/1986, 693 ff.; v. 4.6.1997, VIII ZR 312/96, NJW 47/1997, 3166.; *OLG Hamm*, Urt. v. 6.10.1995, 30 U 39/95, NJW-RR 8/1996, 502 ff.; *OLG München*, Urt. v. 14.10.1993, 32 U 3691/93, NJW-RR 12/1994, 738 f.; *OLG Koblenz*, Urt. v. 12.4.1990, 2 U 369/88, WM 47/1991, 2001 ff.; *LG Hamburg*, Urt. v. 20.9.1995, 317 S 306/94, WM 1996, 501; *Paul*, Kurze Verjährung beim Leasingvertrag: § 558 BGB und § 196 Abs. 1 Nr. 6 BGB, BB 1987, 1411 ff.; *Godefroid/Salm*, Zur Verjährung von Restwertausgleichsansprüchen des Leasinggebers aus FinanzierungsLeasingverträgen, BB 1995, Beil. 5, 21 ff.; *Engel*, Die Verjährung im KraftfahrzeugLeasinggeschäft. Der Restwertausgleichsanspruch des Leasinggebers bei vor-

Bei dem Restwertausgleichsanspruch handelt es sich hingegen **nicht** um einen Anspruch, welcher der kurzen sechsmonatigen Verjährungsfrist des **§ 548 BGB (Anspruch wegen Veränderung oder Verschlechterung des Leasingguts)** unterliegt.[679]

Die Verjährung des Restwertausgleichsanspruchs beginnt mit der Verwertung des Kfz, nicht bereits mit der Rückgabe.[680]

11 Der Anspruch des Leasinggebers gegen den Leasingnehmer auf Erstattung der Kosten eines Schätzgutachtens in voller Höhe ist Annex des Restwertausgleichsanspruchs. Auch dieser Anspruch verjährt daher innerhalb der Verjährungsfrist des § 195 BGB.[681]

III. Anspruch des Leasinggebers auf Schadensersatz bei vorzeitiger Vertragsbeendigung, § 195 BGB

12 Der Schadensersatzanspruch des Leasinggebers aufgrund vorzeitiger Kündigung des Leasingvertrags wegen Zahlungsverzugs verjährt gemäß § 195 BGB innerhalb von drei Jahren. Die Verjährung beginnt mit Schluss des Jahres, in welchem die Kündigung zugegangen ist. Der Zeitpunkt von Rückgabe und Verwertung hingegen ist nicht maßgeblich.[682]

IV. Nacherfüllungsanspruch, § 438 Abs. 1 Nr. 3 BGB

13 Der Nacherfüllungsanspruch, §§ 439 Abs. 1, 437 Abs. 1 Nr. 1 BGB, ist Erfüllungsanspruch. Er unterliegt gleichwohl nicht der neuen Regelverjährung nach §§ 195, 199 BGB, sondern der grundsätzlichen zweijährigen kaufrechtlichen Verjährungsfrist des § 438 Abs. 1 Nr. 3 BGB, welche Regelung abweichend von den allgemeinen Verjährungsfristen der §§ 195 ff. BGB eine besondere Verjährungsfrist u.a. für die Nacherfüllung nach § 437 Abs. 1 Nr. 1 BGB bestimmt.[683]

zeitiger und ordentlicher Vertragsbeendigung, DB 15/1997, 761 ff.; *Palandt/Weidenkaff*, BGB, Einf. v. § 535 BGB Rdn. 75; *Reinking*, Autoleasing, 205 f. S. auch *v. Westphalen*, Der Leasingvertrag, Rdn. 1112 ff.

[679] *Tiedtke/Möllmann*, Entwicklung der aktuellen Rechtsprechung des BGH zum Leasingrecht, DB 17/2004, 915 ff., 916.

[680] *OLG Hamm*, Urt. v. 6.10.1995, 30 U 39/95, NJW-RR 8/1996, 502 ff.; *Berninghaus*, Beendigung des Leasingvertrages durch Kündigung oder Zeitablauf, in: *Büschgen (Hrsg.)*, Praxishandbuch Leasing, § 12 Rdn. 75.

[681] *BGH*, Urt. v. 4.6.1997, VIII ZR 312/96, NJW 47/1997, 3166.

[682] *OLG Hamm*, Urt. v. 7.1.1997, 7 U 52/96, NJW-RR 18/1997, 1144; *Berninghaus*, Beendigung des Leasingvertrages durch Kündigung oder Zeitablauf, in: *Büschgen (Hrsg.)*, Praxishandbuch Leasing, § 12 Rdn. 114.

[683] § 477 Abs. 1 S. 1 BGB a.F.: 6 Monate; *BGH*, Urt. v. 22.1.1986, VIII ZR 318/84, NJW 20–21/1986, 1335 ff.; v. 10.7.1996, VIII ZR 282/95, BB 35/1996, 1794 ff.

V. Anspruch wegen Pflichtverletzung, § 195 BGB

Der Anspruch auf Schadensersatz wegen einer Pflichtverletzung, §§ 280 Abs. 1 S. 1, 241 Abs. 2 BGB, unterliegt der dreijährigen Verjährungsfrist des § 195 BGB. Von dem zentralen Begriff des Leistungsstörungsrechts nach dem Schuldrechtsmodernisierungsgesetz wird der objektive Verstoß gegen Pflichten aus einem Schuldverhältnis erfasst. Dies umfasst Haupt- und Nebenpflichten, Schadensersatzansprüche aus dem bislang nicht gesetzlich geregelten Rechtsinstituten der positiven Forderungsverletzung und der culpa in contrahendo, Leistungsstörung wegen Unmöglichkeit, Unvermögen, Verzögerung[684], der vollständigen oder teilweisen Nichtleistung oder einer sonstigen Pflichtverletzung.[685] 14

VI. Ersatzansprüche des Leasinggebers wegen Veränderung oder Verschlechterung des Kfz und Aufwendungsersatzansprüche des Leasingnehmers, § 548 BGB

Gemäß § 548 BGB verjähren die Ersatzansprüche des Vermieters wegen Veränderungen oder Verschlechterungen der vermieteten Sache sowie die Ansprüche des Mieters auf Ersatz von Aufwendungen oder auf Gestattung der Wegnahme einer Einrichtung in sechs Monaten. 15

Der Leasingnehmer hat dem Leasinggeber bei Vertragsende das Kfz, unbeschadet einer Abnutzung durch den vertragsgemäßen Gebrauch, § 538 BGB, in dem Zustand zurückzugeben, in welchem die Übergabe des Kfz bei Vertragsbeginn an ihn erfolgte. Weist das Kfz bei Rückgabe durch den Leasingnehmer diesen Zustand nicht auf, trifft den Leasingnehmer die Beweislast, dass er die übermäßige Verschlechterung nicht zu vertreten hat. Ist ihm dies nicht möglich, haftet er dem Leasinggeber auf Schadensersatz.

Die Ersatzansprüche des Leasinggebers, d.h. die Ansprüche auf Natural- oder Geldersatz wegen Veränderung oder Verschlechterung des Kfz, verjähren entsprechend § 548 BGB innerhalb der **kurzen Verjährung** von sechs Monaten. Mit der Regelung des § 548 BGB werden neben den Ansprüchen des Leasinggebers gegen den Leasingnehmer wegen Überschreitungen des Nutzungsrechts auch Aufwendungsersatzansprüche des Leasingnehmers erfasst.[686]

---

[684] Verzug und Unmöglichkeit bleiben jedoch weiterhin selbständig ausgestaltet, vgl. § 280 Abs. 2 und 3 BGB.

[685] *Beckmann*, Auswirkungen des Schuldrechtsmodernisierungsgesetzes auf die Leasing-Branche, FLF 2/2002, 47; *Wendtland*, Verjährung von Ansprüchen, in: *Haas/Medicus/Rolland/Schäfer/Wendtland*, Das neue Schuldrecht, 22 ff.; *Dedek*, Allgemeines Leistungsstörungsrecht, in: *Henssler/v. Westphalen* (*Hrsg.*), Praxis der Schuldrechtsreform, § 280 Rdn. 1, § 438 Rdn. 13.

[686] *BGH*, Urt. v. 23.10.1990, VI ZR 310/89, NJW-RR 5/1991, 280 ff., 281; v. 10.7.1996, VIII ZR 282/95, NJW 43/1996, 2860 ff.; *Brandenburgisches OLG*, Urt. v. 6.5.1999, 5 U 127/98, n.v. *Berninghaus*, Beendigung des Leasingvertrages durch Kündigung oder Zeitablauf, in: *Büschgen (Hrsg.)*, Praxishandbuch Leasing, § 12 Rdn. 42; *Paul*, Kurze Verjährung beim Leasingvertrag: § 558 BGB und § 196 Abs. 1 Nr. 6 BGB, BB 1987, 1411 ff.; *Groß*, Kraftfahrzeugleasing, DAR 1996, 438 ff., 441; *Engel*, Die Verjährung im Kraftfahrzeug-Leasinggeschäft. Der Restwertausgleichsanspruch des Leasinggebers bei vorzeitiger und ordentlicher Vertragsbeen-

Der Gesetzgeber wollte mit der kurzen Verjährung des § 548 BGB eine zügige Auseinandersetzung zwischen den Mietvertragsparteien gewährleisten und eine **beschleunigte Klärung** der **Ansprüche wegen des Zustands der Mietsache** erreichen, da nach einem längeren Zeitablauf der Zustand der Sache kaum mehr festzustellen sein dürfte. Die Regelung des § 548 BGB ist daher weit auszulegen.[687] Die Regelung des § 548 BGB erfasst nur Ersatzansprüche. Unter diese Regelung fallen keine Erfüllungs- bzw. Entgeltansprüche wie der Restwertausgleichsanspruch des Leasinggebers.[688]

Die Verjährungsfrist für bereits entstandene Ersatzansprüche beginnt mit der Rückgabe des Kfz an den Leasinggeber zu laufen, § 548 S. 2 BGB. Für die Aufwendungsersatzansprüche des Leasingnehmers ist die Beendigung des Leasingvertrags maßgeblicher Zeitpunkt.[689] Vereinbarungen über die Verjährung sind grds. zulässig, § 202 BGB. Die Vorschrift des § 438 Abs. 1 Nr. 3 BGB steht zur Disposition der Leasingvertragsparteien, d.h. die Verjährung kann grds. verkürzt werden. Es sind u.a. die in § 202 Abs. 1 BGB gezogenen Grenzen zu beachten, welche Regelung besagt, dass eine Reduzierung der Verjährung bei Haftung wegen Vorsatz nicht im Voraus durch Rechtsgeschäft erleichtert werden kann.[690]

VII. Abgetretene kaufrechtliche Sachmängelansprüche des Leasingnehmers gegen den Lieferanten, § 438 Abs. 1 Nr. 3 BGB

16 Es entspricht leasingtypischer Vertragspraxis, dass sich der Leasinggeber regelmäßig formularmäßig gegenüber dem Leasingnehmer von seiner mietrechtlichen Mängelhaftung freizeichnet und die ihm gegen den Lieferanten aus dem

digung, DB 15/1997, 761 ff., 762 f.; *v. Westphalen*, Der Leasingvertrag, Rdn. 1114 ff., 1115; *Palandt/Putzo*, BGB, Einf. v. § 535 BGB Rdn. 56; *Reinking*, Autoleasing, 204 f.; *Reinking/Eggert*, Der Autokauf, Rdn. 1293.

687 S. u.a. *BGH*, Urt. v. 22.1.1986, VIII ZR 318/84, BB 11/1986, 693 ff.; v. 28.11.1984, VIII ZR 240/83, NJW 14/1985, 798 ff.; v. 11.11.1964, VIII ZR 149/63, NJW 1965, 151; v. 7.11.1979, VIII ZR 291/78, DB 1980, 1019; *AG Marbach*, Urt. v. 31.1.1985, 1 C 614/84, NJW 50/1985, 3028; *Palandt/Weidenkaff*, BGB, § 548 BGB Rdn. 1; vor § 535 BGB, Rz 56; *Engel*, Die Verjährung im KraftfahrzeugLeasinggeschäft. Der Restwertausgleichsanspruch des Leasinggebers bei vorzeitiger und ordentlicher Vertragsbeendigung, DB 15/1997, 761 ff.; *v. Westphalen*, Der Leasingvertrag, Rdn. 1114.

688 *BGH*, Urt. v. 22.1.1986, VIII ZR 318/84, BB 11/1986, 693 ff.; v. 10.7.1996, VIII ZR 282/95, NJW 43/1996, 2860 ff.; *Palandt/Weidenkaff*, BGB, Einf. v. § 535 BGB Rdn. 56; *Paul*, Kurze Verjährung beim Leasingvertrag: § 558 BGB und § 196 Abs. 1 Nr. 6 BGB, BB 1987, 1411 ff.; *Engel*, Die Verjährung im Kraftfahrzeug-Leasinggeschäft, DB 15/1997, 761 ff., 762.

689 *OLG Frankfurt*, Urt. v. 5.1.1982, 5 U 152/81, BB 23/1982, 1385 f.; *OLG Hamm*, Urt. v. 6.10.1995, 30 U 39/95, NJW-RR 8/1996, 502 ff.; *Brandenburgisches OLG*, Urt. v. 6.5.1999, 5 U 127/98, n.v.; *Meyer auf der Heyde*, Kurze Verjährung im Leasingvertrag nach § 558 BGB?, BB 1987, 489 f.; *v. Westphalen*, Der Leasingvertrag, Rdn. 1114; *Reinking*, Autoleasing, 205; *Reinking/Eggert*, Der Autokauf, Rdn. 1293.

690 *Albrecht/Flohr/Lange*, Schuldrecht 2002, 14; *Wendtland*, Verjährung von Ansprüchen, in: *Haas/Medicus/Rolland/Schäfer/Wendtland*, Das neue Schuldrecht, Kap. 2 Rdn. 179 ff., 187 ff.

Kaufvertrag zustehenden Mängelansprüche abtritt. Hierbei stellt es keinen Verstoß gegen die Regelung des § 307 BGB [691] dar, wenn die dem Leasingnehmer abgetretenen kauf- bzw. werkvertraglichen Mängelansprüche bereits verjährt sind.[692]

Oftmals übernehmen die Leasinggeber, insbes. die markengebundenen, in ihren Leasingbedingungen eine eigene Gewährleistungshaftung. Die Frage der Verjährung richtet sich auch hier nach der jeweils getroffenen Regelung.[693]

Die kaufrechtlichen Mängelansprüche, welche der Leasinggeber regelmäßig an den Leasingnehmer im Rahmen der Freizeichnung von seiner mietrechtlichen Mängelhaftung abtritt, verjähren bei beweglichen Sachen abweichend von dem gesetzlichen Mietrecht innerhalb von zwei Jahren ab Ablieferung des Kfz.[694] Mit diesem Zeitpunkt geht die Gefahr auf den Verkäufer über, § 446 BGB, womit die Verjährungsfrist zu laufen beginnt.

VIII. Anspruch des Leasinggebers auf Rückgabe bzw. Herausgabe des Kfz, § 195 BGB

Der Leasingnehmer ist bei Vertragsende verpflichtet, dem Leasinggeber das 17
Kfz zurückzugeben. Ihm steht kein Recht mehr zum Besitz zu.[695]

Der Rückgabeanspruch des Leasinggebers aus dem Leasingvertrag bei Vertragsende, § 546 BGB, ist Teil seines Erfüllungsanspruchs und unterliegt daher der zweijährigen Verjährungsfrist. Der Herausgabeanspruch aus Eigentum verjährt gemäß § 197 Abs. 1 Nr. 1 BGB in 30 Jahren.

Gleichfalls unterliegt der Schadensersatzanspruch des Leasinggebers wegen der Rückgabe des Kfz in beschädigtem Zustand im Fall der vorzeitigen Vertragsbeendigung der zweijährigen Verjährungsfrist. Dieser Anspruch ist Teil des Amortisationsanspruchs des Leasinggebers.[696]

---

[691] § 9 AGBG a.F.

[692] *BGH*, Urt. v. 23.2.1977, VIII ZR 312/75, NJW 19/1977, 847 f.; v. 5.12.1984, VIII ZR 87/83, WM 1985, 263; *Wolf/Eckert/Ball*, Handbuch des gewerblichen Miet-, Pacht- und Leasingrechts, Rdn. 1970; *v. Westphalen*, Der Leasingvertrag, Rdn. 805. S. auch *Beckmann*, Durchsetzung der Rechte durch den Leasingnehmer, in: *Büschgen (Hrsg.)*, Praxishandbuch Leasing, § 10 Rdn. 130.

[693] S. u.a. *Reinking/Eggert*, Der Autokauf, Rdn. 1141.

[694] Nach § 477 BGB a.F. innerhalb von sechs Monaten. S. hierzu *Beckmann*, Auswirkungen des Schuldrechtsmodernisierungsgesetzes auf die Leasing-Branche, FLF 2/2002, 46 ff., 47.

[695] S. auch je Ziff. XVI/1 der Privat- und Geschäftsfahrzeugleasing-Bedingungen (Anhang).

[696] *Groß*, Kraftfahrzeugleasing, DAR 1996, 438 ff., 441; *Nitsch*, Amortisationsprinzip und relativer Ratenrückstand, FLF 1998, 18 ff., 20; *Reinking/Eggert*, Der Autokauf, Rdn. 1293. Zu sonstigen Verjährungsfragen beim Leasing vgl. auch *BGH*, Urt. v. 22.1.1986, VIII ZR 318/84, BB 11/1986, 693 ff.; v. 10.7.1996, VIII ZR 282/95, BB 35/1996, 1794 ff. sowie *Palandt/Weidenkaff*, BGB, Einf. v. § 535 BGB Rdn. 56; § 556 BGB Rdn. 14. S. ferner *OLG Braunschweig*, Urt. v. 10.1.2000, 7 U 118/99, n.v.

IX. Anspruch des Leasinggebers auf Nutzungsentschädigung, § 546 a BGB

18 Der Leasingnehmer ist dem Leasinggeber gegenüber verpflichtet, eine Nutzungsentschädigung zu entrichten, wenn er diesem das Kfz bei Vertragsende vorenthält. Der Anspruch des Leasinggebers auf die Nutzungsentschädigung gemäß 546 a BGB verjährt in zwei Jahren.[697]

[697] S. hierzu u.a. *Berninghaus*, Beendigung des Leasingvertrages durch Kündigung oder Zeitablauf, in: *Büschgen (Hrsg.)*, Praxishandbuch Leasing, § 12 Rdn. 37. S. auch Ziff. XVI/4 der Privat- und Geschäftsfahrzeug-Leasingbedingungen (Anhang).

§ 11
Verbraucherleasing

Schrifttum: *Godefroid,* Finanzierungsleasingverträge und Schuldrechtsmodernisierungsgesetz, BB Leasing-Berater, Beil. 5 zu H 27/2002, 2 ff., 7 f.; *Habersack,* Verbraucherleasing nach der Schuldrechtsreform, in: Finanzierungsleasing und Verbrauchergeschäfte, BB Beil. 6 zu H 35/2003, 2 ff.; *Löbbe,* Der Finanzierungsleasingvertrag nach der Schuldrechtsreform, in: Finanzierungsleasing und Verbrauchergeschäfte, BB Beil. 6 zu H 35, 2003, 7 ff.; *Müller-Sarnowski,* Privat-Autoleasing nach der Schuldrechtsreform, eine Bestandsaufnahme, DAR 11/2002, 485 ff., 486; *Reiner/Kaune,* Die Gestaltung von Finanzierungsleasingverträgen nach der Schuldrechtsreform, WM 47/2002, 2314 ff., 2321; *Reinking,* Autoleasing, 57 ff., 86 f.; *ders.,* Die Auswirkungen der Schuldrechtsreform auf das private Kraftfahrzeugleasing, DAR 4/2002, 145 ff., 148 ff.; *Reinking/Eggert,* Der Autokauf, Rdn. 546 f.; *Reinking/Koyka,* Mobilienleasing, in: *Kroiß (Hrsg.),* Klauselbuch Schuldrecht, Rdn. 17, 23 ff., 80 ff.; *Arnold,* Gewährleistung beim Finanzierungsleasing nach der Schuldrechtsreform, DStR 25/2002, 1049 ff., 1054; *v. Westphalen,* Der Leasingvertrag, 692 ff.; *Wolf/Eckert/Ball,* Handbuch des gewerblichen Miet-, Pacht- und Leasingrechts, 488, 589; *Zahn/Bahmann,* Kfz-Leasingvertrag, 47 ff.

Übersicht:

Vorbemerkung

Mit dem Gesetz zur Modernisierung des Schuldrechts sind drei EG-Richtlinien-Richtlinie über den Verbrauchsgüterkauf, Richtlinie zur Bekämpfung von Zahlungsverzug im Geschäftsverkehr und Richtlinie über den elektronischen Geschäftsverkehr – umgesetzt worden. Die **Richtlinie über den Verbrauchsgüterkauf** ist von besonderer Bedeutung für den Leasingvertrag mit einem Verbraucher, verkurzt als Verbraucherleasingvertrag bezeichnet. Mit der durch die Schuldrechtsreform angestrebten Rechtsangleichung war insbes. die Integration des sondergesetzlich geregelten Verbraucherrechts beabsichtigt. Der **Verbraucherschutz** bildet ein **wesentliches Schutzprinzip** des **bürgerlichen Rechts.**[698] Dies schlägt sich in einer Vielzahl von unterschiedlichen Regelungen nieder. In dem BGB sind nunmehr fast alle wesentlichen verbraucherschützenden Vorschriften des Privatrechts enthalten, insbes. diejenigen, die zuvor in dem Verbraucherkreditgesetz und in dem AGB-Gesetz enthalten waren. Unter Titel 5 1

---

[698] Zu den Auswirkungen der Schuldrechtsreform auf die Stellung des Verbrauchers § 2, 30 sowie u.a. *Reinking,* Die Auswirkungen der Schuldrechtsreform auf das private Kraftfahrzeugleasing, DAR 4/2002, 145 ff., 150; *Godefroid,* Finanzierungsleasingverträge und Schuldrechtsmodernisierungsgesetz, BB Leasing-Berater, Beil. 5 zu H 27/2002, 2 ff., 2, 7.

Rücktritt, Widerrufs- und Rückgaberecht bei Verbraucherverträgen, §§ 346–359 BGB, finden sich wichtige Regelungen.[699]

2 Im Zuge des Fernabsatzgesetzes v. 27.6.2000 wurden der **Begriff** des **Verbrauchers, § 13 BGB** und der **Begriff** des **Unternehmers, § 14 BGB** als Zentralbegriffe des bürgerlichen Rechts und Gegenbegriffe gesetzlich definiert und neu in das BGB aufgenommen. Neu in das BGB eingefügt wurden die Regelungen über den **Verbrauchsgüterkauf, §§ 474 ff. BGB**, dem Verkauf beweglicher Sachen von einem Unternehmer als Verkäufer, § 14 BGB, an einen Verbraucher als Käufer, § 13 BGB. Diese Sonderregelungen verfolgen spezifische Ziele des Verbraucherschutzes und verbessern die Rechtsposition des Käufers erheblich. Insbes. sind die Regelung des § 475 BGB (abweichende Vereinbarungen) und die des § 476 BGB (Beweislastumkehr) zu nennen, mit denen Art. 7 I und Art. 5 III der Verbraucherkreditrichtlinie umgesetzt wurden. Der private Leasingnehmer kann sich außerhalb des Eintrittsmodells nicht auf den Schutz der §§ 474 BGB ff. berufen.[700]

3 Im Zuge der Übernahme des Verbraucherkreditgesetzes in das BGB finden sich nunmehr die Vorschriften in §§ 488 ff. BGB und die Vorschriften über den entgeltlichen Zahlungsaufschub und sonstige Finanzierungshilfen in den §§ 499–504.[701] Die zentrale Verweisungsnorm für das Finanzierungsleasing zwischen einem Unternehmer und einem Verbraucher ist **§§ 500, 499 Abs. 2 BGB**, eingefügt im Titel 3 „Darlehensvertrag; Finanzierungshilfen und Ratenlieferungsverträge zwischen einem Unternehmer und Verbraucher/Untertitel 2 „Finanzierungshilfen" zwischen einem Unternehmer und einem Verbraucher".

4 Das **Finanzierungsleasing** wird wie zuvor auch im Verbraucherkreditgesetz als **Finanzierungshilfe** gewertet. Im Zuge der Schuldrechtsreform ist der Finanzierungsleasingvertrag nunmehr auch als **Vertragstyp** in der neu eingefügten Regelung des § 500 BGB aufgenommen. Diese Vorschrift entspricht weitgehend der Regelung des vormaligen § 3 Abs. 2 Nr. 1 VerbrkrG.[702] Auch der **Leasingvertrag mit Kilometerabrechnung**, ein aus der Praxis des Kfz-Leasinggeschäfts ent-

---

[699] Richtlinie des Europäischen Parlaments und des Rates zu bestimmten Aspekten des Verbrauchsgüterkaufs und der Garantien für Verbrauchsgüter (RL 1999/44/EG v. 25.5.1999), AblEG Nr. L 171 S 12, NJW 1999, 2421; Richtlinie zur Bekämpfung von Zahlungsverzug im Geschäftsverkehr (RL 2000/35/EG v. 25.6.2000), AblEG Nr. L 200 S. 35, NJW 2001, 132; Richtlinie über den elektronischen Geschäftsverkehr (RL 2000/31/EG v. 8.6.2000), AblEG Nr. L 178 S 1, EuZW 2000, 527; *Palandt/Heinrichs*, BGB, Einl. v. § 241 BGB Rdn. 14, 16, 22; § 13 Rdn. 1; § 14 Rdn. 1; Einl. Rdn. 1; *Rolland*, Einführung, in: *Haas/Medicus/Rolland/Schäfer/Wendtland*, Das neue Schuldrecht, 2 ff.; *Müller-Sarnowski*, Privatautoleasing nach der Schuldrechtsreform, DAR 11/2002, 485; *Reinking/Eggert*, Der Autokauf, Rdn. 774, 778.

[700] S. auch *Habersack*, Verbraucherleasing nach der Schuldrechtsreform, in: Finanzierungsleasing und Verbrauchergeschäfte, BB Beil. 6 H 35/2003, 2 ff., 5.

[701] *Reinking/Eggert*, Der Autokauf, Rdn. 763 ff.; *Reinking/Koyka*, Mobilienleasing, in: *Kroiß (Hrsg.)*, Klauselbuch Schuldrecht, Rdn. 1; *Löbbe*, der Finanzierungsleasingvertrag nach der Schuldrechtsreform, in: Finanzierungsleasing und Verbrauchergeschäfte, BB Beil. 6 H 35/2003, 7 ff., 7; *Schmidt/Henssler/von Westphalen (Hrsg.)*, Praxis der Schuldrechtsreform, 730, 786 ff.

[702] *Reinking*, Die Auswirkungen der Schuldrechtsreform auf das private Kraftfahrzeugleasing, DAR 4/2002, 145 ff., 145; *Reinking/Koyka*, Mobilienleasing, in: *Kroiß (Hrsg.)*, Klauselbuch Schuldrecht, Rdn. 764; *Rolland*, in: *Haas/Medicus/Rolland/Schäfer/Wendtland*, Das neue Schuldrecht, 17 f., 335.

wickelter Vertragstyp, wird als Finanzierungsleasing und **Finanzierungshilfe** qualifiziert. Die Schuldrechtsreform hat diese Wertung unberührt gelassen.[703]

In der vormaligen Regelung des § 3 Abs. 2 Nr. 1 VerbrKrG wurde der Finanzierungsleasingvertrag zwischen einem Unternehmer und einem Verbraucher lediglich erwähnt und die Anwendung bestimmter Vorschriften des Verbraucherkreditgesetzes für das Finanzierungsleasing durch deren Aufzählung ausgenommen. Mit dieser Einbeziehung des nicht als gesetzlicher Vertragstyp fixierten Finanzierungsleasings in das Verbraucherkreditgesetz hatte diese Vertragsform – zusätzlich zu den Erlassen der Finanzverwaltung zum Leasinggeschäft – erstmals eine partielle gesetzliche Regelung erfahren. 5

Beim Leasinggeschäft entsprechen die miteinander in Einklang zu bringenden Interessen von Leasinggeber und Leasingnehmer unter Einbeziehung des leasingtypischen Amortisationsprinzips der Nutzungs- und Finanzierungsfunktion des Leasings. Da die Schutzbedürftigkeit des Leasingnehmers untrennbar mit seiner Vollamortisationspflicht in Zusammenhang steht, ist die finanzierungsspezifische Belastung des Leasingnehmers bestimmend, welche den Finanzierungsleasingvertrag kennzeichnet. Bereits durch die Einbeziehung des Finanzierungsleasings in den Anwendungsbereich des Verbraucherkreditgesetzes hatte der Gesetzgeber den Finanzierungscharakter des Verbraucherleasings anerkannt und dieses nicht bloß als Umgehungsgeschäft gewertet. Auf die Frage, ob letztlich die Sachsubstanz übertragen werden soll, kam es daher nach dem Willen des Gesetzgebers nicht mehr an.[704] 6

In der Vorschrift des § 500 BGB ist nunmehr im einzelnen geregelt, welche Regelungen des Verbraucherdarlehensrechts und des Widerrufsrechts auf Finanzierungsleasingverträge zwischen einem Unternehmer und einem Verbraucher entsprechend Anwendung finden. Dies sind die folgenden Vorschriften:[705] 7

§§ 500, 358 BGB	Leasing und Kauf als verbundene Verträge
§§ 500, 359 BGB	Einwendungsdurchgriff
§§ 500, 492 Abs. 1 Satz 1 bis 4 BGB	Schriftformzwang
§§ 500, 492 Abs. 2 und 3 BGB	Definition des effektiven Jahreszinses Aushändigung der Vertragserklärungen durch den Leasinggeber
§§ 500, 495 Abs. 1 BGB i.V.m. §§ 355, 358, 357 BGB	Widerrufsrecht des Leasingnehmers
§§ 500, 496 BGB	Verbot von Einwendungsverzicht, Wechsel- und Scheckverbot
§§ 500, 497 BGB	Behandlung von Verzugszinsen, Anrechnung von Teilleistungen
§§ 500, 498 BGB	Gesamtfälligstellung wegen Zahlungsverzugs/ Fristlose Kündigung des Verbraucherleasingvertrags

[703] *Reinking*, Autoleasing, 58; *Reinking/Eggert*, Der Autokauf, Rdn. 764; *Wolf/Eckert/Ball*, Handbuch des gewerblichen Miet-, Pacht- und Leasingrechts, Rdn. 2110; *BGH*, Urt. v. 24.4.1996, VIII ZR 150/95, NJW 31/1996, 2033 ff.; v. 11.3.1998, VIII ZR 205/97, NJW 1998, 1637 ff.

[704] *Reinking/Nießen*, ZIP 1991, 79 ff., 86. Vgl. *Slama*, FLF 1993, 86: „Die Differenzierung innerhalb des Finanzierungsleasings gemäß § 6 AbzG ist passe".

[705] *Palandt/Weidenkaff*, BGB, Einf. v. § 535 BGB Rdn. 37 ff.; *Palandt/Putzo*, BGB, § 499 Rdn. 7, § 500 Rdn. 2; *Reinking/Eggert*, Der Autokauf, Rdn. 764; *Reinking*, Die Auswirkungen der Schuldrechtsreform auf das private Kraftfahrzeugleasing, DAR 4/2002, 145 ff., 145; *Haber-*

8 Das **Rücktrittsrecht** des Darlehensgebers, vormals § 13 VerbrKrG, findet auf Finanzierungleasingverträge keine Anwendung. Bereits § 13 VerbrKrG lief leer.[706]

9 Der Verbraucherschutz umfasst neben dem privaten Leasingnehmer auch den **Existenzgründer**. Als Existenzgründer wird eine natürliche Person angesehen, die einen Leasingvertrag für die Aufnahme einer gewerblichen oder selbständigen beruflichen Tätigkeit schließt, es sei denn, der Nettodarlehensbetrag oder Barzahlungspreis, bzw. der Anschaffungspreis des Kfz, übersteigt den Betrag von EUR 50.000,00, **§ 507 BGB**.[707] Der Leasingnehmer bzw. der Existenzgründer trägt die **Darlegungs-** und **Beweislast** dafür, dass ein **Verbraucherleasingvertrag** vorliegt. Der Leasinggeber trägt widerum die Beweislast dafür, dass der Nettokreditbetrag die Summe von EUR 50.000,00 übersteige.[708] Es ist zwischen der Aufnahme einer neuen und der Erweiterung einer bereits ausgeübten gewerblichen oder selbständigen beruflichen Tätigkeit zu differenzieren.[709] Auch der Zusammenschluss von mehreren natürlichen Personen zu einer **Gesellschaft Bürgerlichen Rechts**, welche in Verfolgung ihres nicht kommerziellen Geschäftszwecks einen Leasingvertrag schließen, wird von dem Verbraucherschutz erfasst.[710] Wird nach dem Inhalt des Leasingvertrags das Kfz für gewerbliche Zwecke angeschafft und wird dieses nur gelegentlich für private Zwecke genutzt, liegt kein Verbraucherleasingvertrag vor.[711]

10 Weist der Kredit eine gemischte Zweckbestimmung auf, sog. **Mischnutzung**, ist die Kreditaufnahme nach dem Inhalt des Kreditvertrags teilweise für eine bereits ausgeübte gewerbliche oder selbständige berufliche Tätigkeit und teilweise für private Zwecke einschließlich der Existenzgründung bestimmt. Von entscheidender Bedeutung ist der Schwerpunkt der Nutzung.[712]

---

sack, Verbraucherleasing nach der Schuldrechtsreform, in: Finanzierungsleasing und Verbrauchergeschäfte, BB Beil. 6 H 35/2003, 2 ff., 2, 4; *Müller-Sarnowski*, Privat-Autoleasing nach der Schuldrechtsreform, eine Bestandsaufnahme, DAR 11/2002, 485 ff., 486; *Reinking*, Auswirkungen der geänderten Sachmängelhaftung auf den Leasingvertrag, ZGS 6/7/2002, 229 ff., 235; *Godefroid*, Finanzierungsleasingverträge und Schuldrechtsmodernisierungesetz, BB Leasing-Berater, Beil. 5 zu H 27/2002, 2 ff., 7 f.

706 *OLG Oldenburg*, Urt. v. 30.8.1995, 2 U 136/95, NJW-RR 9/1996, 564; *BGH*, Urt. v. 12.9.2001, VIII ZR 109/00, NJW 2/2002, 133 ff.; *Reinking*, Die Auswirkungen der Schuldrechtsreform auf das private Kraftfahrzeugleasing, DAR 4/2002, 145 ff.; *Schmidt*, in: *Henssler/von Westphalen*, 787 ff.

707 *Reinking/Koyka*, Mobilienleasing, in: *Kroiß (Hrsg.)*, Klauselbuch Schuldrecht, Rdn. 11; *Palandt/Heinrichs*, § 312 b Rdn. 12, 21; *Reinking/Eggert*, Der Autokauf, Rdn. 764 ff.; *Wolf/Eckert/Ball*, Handbuch des gewerblichen Miet-, Pacht und Leasingrechts, Rdn. 2114; *Reinking*, Autoleasing, 59, 62 f.; *ders.*, Die Auswirkungen der Schuldrechtsreform auf das private Kraftfahrzeugleasing, DAR 4/2002, 145 ff., 145, 148. S. auch *OLG Celle*, Urt. v. 4.1.1995, 2 U 262/93, NJW-RR 2/1996, 119 ff.

708 *Reinking/Eggert*, Der Autokauf, Rdn. 764. S. auch *Palandt/Putzo*, BGB, § 507 BGB Rdn. 3.

709 BGHZ 128, 156, 161 ff.; *BGH*, Urt. v. 3.11.1999, VIII ZR 35/99, NJW-RR 10/2000, 719 f.; v. 22.12.1999, VIII ZR 124/99, WM 8/2000, 429 ff.; *OLG Düsseldorf*, Urt. v. 18.4.2000, 24 U 184/99, DB 17/2001, 914 f.; *OLG Düsseldorf*, Urt. v. 24.4.1997, 10 U 123/95, BB 43/1997, 2184 f.; *Reinking/Eggert*, Der Autokauf, Rdn. 764; *Palandt/Putzo*, BGB, § 507 BGB Rdn. 3.

710 *BGH*, Urt. v. 23.10.2001, XI ZR 63/01, ZIP 50/2001, 2224 ff.; v. 29.1.2001, II ZR 331/00, ZIP 81/2001, 330; *Reinking/Eggert*, Der Autokauf, Rdn. 766.

711 *OLG Naumburg*, Urt. v. 11.12.1997, 3 U 144/96, NJW-RR 19/1998, 1351.

712 S. hierzu u.a. *BGH*, Urt. v. 25.5.1983, VIII ZR 51/82, NJW 36/1983, 2027 f., 2028; v.

Wird ein **Leasingvertrag gemeinsam** von einem **Verbraucher** und einem **Unternehmer** geschlossen, gelten die Regelungen über den Verbraucherleasingvertrag nur für den Verbraucher. Kündigt der Leasinggeber gegenüber dem Unternehmer den Leasingvertrag fristlos, ist die Kündigung nur wirksam, wenn diese gegenüber dem Verbraucher den Voraussetzungen der Kündigungsregelung des § 498 BGB entspricht. Eine gegenüber einer Mehrheit von Personen auszusprechende Kündigung kann nur einheitlich erklärt werden.[713] 11

Ist nach einem Leasingvertrag das Kfz für eine gewerbliche Tätigkeit einer GmbH sowie als Leasingnehmer eine GmbH bestimmt und als Leasingnehmer neben der GmbH deren Gesellschafter/ Geschäftsführer beteiligt, so ist Letzterer Verbraucher.[714] 12

Der Verbraucherschutz umfasst ferner Verbraucher als **Mithaftende** für die Erfüllung der Verpflichtungen aus dem Leasingvertrag.[715] In Betracht kommen im wesentlichen: Gesamtschuldnerschaft durch gemeinschaftliche vertragliche Verpflichtung gemäß § 427 BGB, Abtretung gemäß § 398 BGB, Schuldbeitritt bzw. Schuldmitübernahme gemäß § 305 BGB[716], befreiende Schuldübernahme[717] gemäß § 414 BGB und Vertragsübernahme[718]. 13

Die **Vertragsübernahme** ist gesetzlich nicht geregelt. Das BGB regelt die Forderungsabtretung, § 398 ff. BGB und die Schuldübernahme, §§ 414 ff. BGB. Die Vertragsübernahme setzt sich aus beiden Elementen zusammen. Es besteht jedoch keine Vorschrift über die rechtsgeschäftliche Übertragung eines Schuldverhältnisses im ganzen, d.h. den Eintritt einer Vertragspartei anstelle der bishe- 14

14.12.1994, VIII ZR 46/94, BB 5/1995, 217 ff.; *OLG Köln*, Urt. v. 5.12.1994, 12 U 68/94, ZIP 1994, 1931 ff., *OLG Celle*, Urt. v. 29.1.1997, 2 U 38/96, NJW-RR 18/1997, 1144 ff.; v. 4.1.1995, 2 U 262/93, NJW-RR 2/1996, 119 f.; *OLG Düsseldorf*, Urt. v. 18.4.2000, 24 U 184/99, DB 17/2001, 914 ff.; v. 24.4.1997, 10 U 123/95, WM 36/1997, 1719 f.; *OLG Nürnberg*, Urt. v. 17.1.1995, 11 U 2737/94, WM 1995, 481; *OLG Naumburg*, Urt. v. 11.12.1997, 3 U 144/96, NJW-RR 19/1998, 1351; *Reinking/Eggert*, Der Autokauf, Rdn. 765; *Marloth-Sauerwein*, Leasing und das Verbraucherkreditgesetz, 183 f.

[713] *BGH*, Urt. v. 28.6.2000, VIII ZR 240/99, NJW 42/2000, 3133 f., 3135; *OLG Hamm*, Urt. v. 14.2.1997, 7 U 60/96, OLG-Rep. 8/1997, 101 ff.

[714] *Reinking*, Autoleasing, 60; *Wolf/Eckert/Ball*, Handbuch des gewerblichen Miet-, Pacht- und Leasingrechts, Rdn. 2119; BGHZ 133, 71, 77 f.; *BGH*, Urt. v. 28.6.2000, VIII ZR 240/99, ZIP 34/2000, 1493 ff.

[715] *Reinking*, Autoleasing, 59, 80; *Reinking/Eggert*, Der Autokauf, Rdn. 766, 824. S. ferner *BGH*, Urt. v. 5.6.1996, VIII ZR 151/95, NJW 33/1996, 2156 ff., 2157; v. 12.11.1996, XI ZR 202/95, NJW 10/1997, 654; v. 3.6.1992, VIII ZR 138/91, DB 31/1992, 1570 ff.; v. 27.4.1998, VIII ZR 84/87, ZIP 15/1988, 974 ff.

[716] *BGH*, Urt. v. 5.6.1996, VIII ZR 151/95, NJW 33/1996, 2156 ff.; v. 30.7.1997, VIII ZR 244/96, ZIP 39/1997, 1694 ff.; *OLG Karlsruhe*, Urt. v. 25.2.1997, 8 U 32/96, WM 1997, 1340 ff., 1341; *OLG Koblenz*, Urt. v. 9.10.1997, 5 U 511/97, BB 18/1998, 914 f. S. auch *Tiedtke/Möllmann*, Entwicklung der aktuellen Rechtsprechung des BGH zum Leasingrecht, DB 17/2004, 915 ff., 920.

[717] S. u.a. *BGH*, Urt. v. 4.9.2002, VIII ZR 251/01, DB 48/2002, 2530 f.; *OLG Oldenburg*, Beschl. v. 9.5.1996, 2 W 50/96, OLG-Rep. 13/1996, 145.

[718] *BGH*, Urt. v. 26.5.1999, VIII ZR 141/98, NJW 36/1999, 2664 ff.; v. 17.4.1996, VIII ZR 44/95, NJW 1996, 2094 f.; *OLG Oldenburg*, Beschluss v. 9.5.1996, 2 W 50/96, OLG-Rep. 13/1996, 145.

rigen. Das BGB sieht die Vertragsübernahme nur als Folge und Rechtsgeschäft vor. Rechtsprechung und Lehre haben jedoch im Wege der Fortbildung den inzwischen allgemein anerkannten Grundsatz herausgebildet, dass die rechtsgeschäftliche Übertragung eines ganzen Schuldverhältnisses zulässig ist. Sowohl die Regelung des § 398 BGB als auch die Regelung des § 414 BGB bestimmen, dass der Übernehmer an die Stelle des Übertragenden tritt. Die Vertragsübernahme ist daher durch den **Austausch** einer **Vertragspartei** gekennzeichnet, wobei der Inhalt des Vertrags und seine rechtliche Beschaffenheit von der Vertragsübernahme unberührt bleiben. Dieser Austauschvertrag zwischen Altschuldner und Übernehmer muss von dem **Leasinggeber** lediglich **genehmigt** werden. Die Vertragsübernahme ist als ein einheitliches Geschäft zu werten und nicht etwa als eine Kombination von Abtretung und Schuldübernahme. Diese ist Verfügung über das Schuldverhältnis im ganzen und bedarf der Zustimmung aller Beteiligten. Der Vertrag bedarf der Form des übernommenen Vertrags.

15 Bei dem **Schuldbeitritt** übernimmt der Beitretende im Unterschied zur Vertragsübernahme lediglich die Mithaftung für die Verpflichtungen des Kreditnehmers aus dem Vertrag. Er erlangt jedoch nicht dessen Anspruch gegen den Kreditgeber auf Auszahlung des Kredits.[719]

16 Ein **Bürgschaftsvertrag**, der die Ansprüche aus dem Leasingvertrag sichert, ist keine sonstige Finanzierungshilfe. Dieser unterfällt nicht der EG-Richtlinie über den Verkaufsgüterkauf. Die Verweisungen in § 500 BGB sind auf Bürgschaften nicht entsprechend anwendbar.[720]

A. Schriftformerfordernis

17 Das Kfz-Leasinggeschäft ist ein Massengeschäft, welches vertraglich durch Leasingbedingungen geregelt wird. Die Leasingverträge werden daher regelmäßig ohnehin schriftlich geschlossen wie auch regelmäßig sämtliche Vereinba-

---

[719] *BGH*, Urt. v. 27.6.2000, XI ZR 322/98, WM 36/2000, 1799 ff.; v. 26.5.1999, VIII ZR 141/98, NJW 36/1999, 2664 ff.; v. 30.7.1997, VIII ZR 244/96, BB 40/1997, 2022 f.; v. 10.7.1996, VIII ZR 213/95, ZIP 39/1996, 1657 ff.; v. 5.6.1996, VIII ZR 151/95, WiB 20/1996, 953 f.; v. 14.12.1994, VIII ZR 46/94, BB 5/1995, 217 ff.; v. 12.11.1996, XI ZR 202/95, NJW 1997, 654; *OLG Karlsruhe*, Urt. v. 25.2.1997, 8 U 32/96, WM 28/1997, 1340 ff.; *OLG Oldenburg*, Urt. v. 9.5.1996, 2 W 50/96, OLG-Rep. 13/1996, 145. S. ferner v. 17.4.1996, VIII ZR 44/95, NJW 32/1996, 2094; *Reinking*, Autoleasing, 59, 60 f.; *Wolf/Eckert/Ball*, Handbuch des gewerblichen Miet-, Pacht- und Leasingrechts, Rdn. 2147, 2151.

[720] *EuGH*, Urt. v. 23.3.2000, Rs.C – 208/98, WM 14/2000, 713 ff.; *Reinking/Eggert*, Der Autokauf, Rdn. 766, 824; *Reinking*, Autoleasing, 60 m.w.N.; *Wolf/Eckert/Ball*, Handbuch des gewerblichen Miet-, Pacht- und Leasingrechts, Rdn. 2148. S. zu der Bürgschaft u.a. *BGH*, Urt. v. 21.4.1998, IX ZR 258/97, FLF 1998, 172; v. 2.7.1998, IX ZR 255/97, NJW 38/1998, 2815 f.; *OLG Stuttgart*, Urt. v. 22.7.1997, 6 U 31/97, NJW 51/1997, 3450 ff.; *OLG Düsseldorf*, Beschluss v. 18.8.1997, 15 W 60/97, ZIP 46/1997, 2005 ff.; *LG Stuttgart*, Urt. v. 28.1.1997, 8 O 453/96 n.v.; *LG Neubrandenburg*, Urt. v. 9.10.1996, 6 O 152/96, NJW 42/1997, 2826 f.; *LG Köln*, Urt. v. 2.10.1997, 22 O 184/97, ZIP 46/1997, 2007 f.; *KG*, Urt. v. 6.10.1999, 24 U 9222/98, NJW-RR 18/2000, 1307 f. S. auch Privat-Leasing-Bestellung (Anhang).

rungen schriftlich abzufassen sind und auch die Kündigung schriftlich erklärt werden muss.[721] Bei dem **Verbraucherleasingvertrag** einschließlich des Leasingvertrags mit einem Existenzgründer, bei welchem der Anschaffungspreis des Kfz nicht EUR 50.000,00 übersteigt, besteht **Schriftformerfordernis**, §§500, 492 Abs. 1 S. 1 BGB. Es ist daher nicht möglich, konkludent den Vertrag zu schließen.[722] Von dem Schriftformerfordernis werden alle Vertragsangaben erfasst, ausgenommen Nebenabreden, die den Verbraucher ausschließlich begünstigen.[723] Ist das Schriftformerfordernis nicht eingehalten, ist der Leasingvertrag unwirksam, §125 BGB. Die besonderen Regelungen der §§494, 502 Abs. 3 BGB finden nach §500 BGB keine Anwendung. In der Geltendmachung des Formmangels kann jedoch bei beiderseitiger vollständiger Vertragserfüllung ggf. eine missbräuchliche und damit unbeachtliche Rechtsausübung zu sehen sein.[724]

Der Verbraucherleasingvertrag kann wegen der unzureichenden Warnfunktion, §§500, 492 Abs. 1 S. 2 bis 4 BGB, nicht in elektronischer Form nach §126 a BGB geschlossen werden.[725] Erleichterungen hinsichtlich des Schriftformerfordernisses ergeben sich jedoch daraus, dass Antrag und Annahme jeweils durch die Vertragsparteien schriftlich erklärt werden können. Für die Annahmeerklärung des Leasinggebers ist keine eigenhändige Unterschrift erforderlich, wenn diese mit Hilfe einer automatischen Einrichtung, z.B. einem PC-Programm, erstellt wird, §492 Abs. 1 S. 3 und 4 BGB. Regelmäßig verzichtet der Leasingnehmer auf den Zugang der Annahmererklärung aufgrund einer entsprechenden aufgenommenen Regelung. Der Vertrag kommt mit der fristgerechten Annahme des Leasingantrags durch den Leasinggeber zustande.[726] Die Vertragsangaben müssen grundsätzlich vollständig in einer Urkunde enthalten sein. Es bedarf keiner körperlichen Verbindung einzelner Blätter, wenn sich deren Einheit aus fortlaufender Paginierung oder Nummerierung ergibt.[727] Die Unterschrift muss den Vertragstext räumlich abschließen. Auf die Leasingbedingungen muss deutlich vor der Unterschriftsrubrik hingewiesen sein. 18

[721] *Reinking/Eggert*, Der Autokauf, Rdn. 797; *Reinking/Koyka*, Mobilienleasing, in: *Kroiß* (*Hrsg.*), Klauselbuch Schuldrecht, Rdn. 14, 17.

[722] *Reinking/Eggert*, Der Autokauf, Rdn. 798; *Reinking/Koyka*, Mobilienleasing, in: *Kroiß* (*Hrsg.*), Klauselbuch Schuldrecht, Rdn. 17.

[723] S. auch *BGH*, Urt. v. 14.10.1999, III ZR 203/98, ZIP 45/1999, 1887 ff.

[724] *Habersack*, Verbraucherleasing nach der Schuldrechtsreform, in: Finanzierungsleasing und Verbrauchergeschäfte, BB 35/2003, 12 ff., 4; a.A.: §494 BGB *Reinking/Eggert*, Der Autokauf, Rdn. 798; *Reinking*, Autoleasing, 61; *Godefroid*, Finanzierungsleasingverträge und Schuldrechtsmodernisierungsgesetz, BB Leasing-Berater, Beil. 5 zu H 27/2002, 2 ff., 7. S. zur Schriftform auch *Tiedtke/Möllmann*, Entwicklung der aktuellen Rechtsprechung des BGH zum Leasingrecht, DB 17/2004, 915 ff., 919.

[725] S. u.a. *BGH*, Urt. v. 14.10.1999, III ZR 203/98, ZIP 45/1999, 1887 ff.

[726] *Reinking/Koyka*, Mobilienleasing, in: *Kroiß* (*Hrsg.*), Klauselbuch Schuldrecht, Rdn. 17; *Reinking/Eggert*, Der Autokauf, Rdn. 798; *Reinking*, Autoleasing, 77 f.; *Reinking/Eggert*, Der Autokauf, Rdn. 2120.

[727] *BGH*, Urt. v. 21.1.1999, VII ZR 93/97, BB 10/1999, 495 ff.; v. 24.9.1997, XII ZR 234/95, BB 6/1998, 288; *Reinking/Eggert*, Der Autokauf, Rdn. 798.

B. Widerrufsrecht

19 Das **Widerrufsrecht** ist im BGB neu aufgenommen in **§§ 500, 495 Abs. 1, 355 bis 359 BGB.**[728] Dieses Gestaltungsrecht soll vor vertraglichen Bindungen schützen, die der Verbraucher möglicherweise übereilt, ohne gründliche Abwägung des Für und Wider eingegangen ist. Die Ausübung des Widerrufsrechts wandelt den Vertrag in ein Abwicklungsverhältnis um.[729] Der Unternehmer trägt die Beweislast für den Fristbeginn, § 355 Abs. 2 S. 4 BGB.[730] Die **Widerrufserklärung** bedarf keiner Begründung. Diese ist in Textform neben der schriftlichen Erklärung auch per Telefax, E-Mail oder Rückgabe der Sache zu erklären, § 355 Abs. 1 S. 2 BGB.[731]

20 Die **Widerrufsfrist** für die auf Abschluss des Leasingvertrags gerichtete Willenserklärung des Leasingnehmers beträgt zwei Wochen, § 355 Abs. 1 S. 2 BGB. Die Frist beginnt zu laufen, wenn der Widerrufsberechtigte über sein Recht in Textform belehrt worden ist, § 355 Abs. 2 S. 1 BGB. Ist der Vertrag schriftlich abzuschließen, beginnt die Frist erst zu laufen, wenn der Leasingnehmer auch die schriftliche Vertragsurkunde bzw. den schriftlichen Antrag übergeben erhält, § 355 Abs. 1 S. 2, Abs. 2 S. 3 BGB. Das Widerrufsrecht erlischt spätestens sechs Monate nach Vertragsschluss bzw. sechs Monate, nachdem der Leasingnehmer Besitz an dem Leasinggut erhalten hat, § 355 Abs. 3 S. 1, 2 BGB. Nach § 355 Abs. 3 S. 3 BGB erlischt das Widerrufsrecht nicht, wenn der Verbraucher nicht ordnungsgemäß belehrt worden ist. Nach § 355 Abs. 2 S. 2 BGB kann die Belehrung auch nach Vertragsschluss ordnungsgemäß erteilt werden. Diese Belehrung muss nicht von dem Leasingnehmer unterschrieben sein. Im Fall nachgeholter Belehrung beträgt die Widerrufsfrist einen Monat.[732]

---

[728] *EuGH*, Urt. 13.12.2001, Rs.C – 481/99, BB 1/2002, 9 ff.; *Rolland*, Widerrufs- und Rückgaberecht, in: *Haas/Medicus/Rolland/Schäfer/Wendtland*, Das neue Schuldrecht, Kap. 4 Rdn. 87, 96 f.; *Hoeren/Martinek*, Systematischer Kommentar zum Kaufrecht, B Rdn. 138 ff.; *Reinking/Koyka*, Mobilienleasing, in: *Kroiß (Hrsg.)*, Klauselbuch Schuldrecht, Rdn. 23 ff.; *Reinking*, Die Auswirkungen der Schuldrechtsreform auf das private Kraftfahrzeugleasing, DAR 4/2002, 145 ff., 148; *ders.*, Auswirkungen der geänderten Sachmängelhaftung auf den Leasingvertrag, ZGS 6/7/2002, 229 ff., 235; *Godefroid*, Finanzierungsleasingverträge und Schuldrechtsmodernisierungsgesetz, BB Leasing-Berater, Beil. 5 zu H 27/2002, 2 ff., 7; *Müller-Sarnowski*, Privat-Autoleasing nach der Schuldrechtsreform, eine Bestandsaufnahme, DAR 11/2002, 485 ff., 486.

[729] *Palandt/Heinrichs*, BGB, § 355 BGB Rdn. 3, 5.

[730] *Palandt/Heinrichs*, BGB, § 355 BGB Rdn. 23; *Godefroid*, Finanzierungsleasingverträge und Schuldrechtsmodernisierungsgesetz, Beil. 5 zu H 27/2002, 2 ff., 7 f.; *Reinking/Koyka*, Mobilienleasing, in: *Kroiß (Hrsg.)*, Klauselbuch Schuldrecht, Rdn. 23 ff., 26; *Reinking*, Autoleasing, 61; *ders.*, Die Auswirkungen der Schuldrechtsreform auf das private Kraftfahrzeugleasing, DAR 4/2002, 145 ff., 148 f.; *Wolf/Eckert/Ball*, Handbuch des gewerblichen Miet-, Pacht- und Leasingrechts, Rdn. 2124.

[731] *Palandt/Heinrichs*, BGB, § 355 BGB Rdn. 7; *Reinking/Koyka*, Mobilienleasing, in: *Kroiß (Hrsg.)*, Klauselbuch Schuldrecht, Rdn. 34.

[732] *Reinking/Koyka*, Mobilienleasing, in: *Kroiß (Hrsg.)*, Klauselbuch Schuldrecht, Rdn. 27, 28 ff.; *Reinking/Eggert*, Der Autokauf, Rdn. 799; *Müller-Sarnowski*, Privat-Autoleasing nach der Schuldrechtsreform, eine Bestandsaufnahme, DAR 11/2002, 485 ff., 486; *EuGH*, Urt. v. 13.12.2001, Rs.C – 481/99, NJW 41/2002, 281 ff.

21 Der Verbraucher hat einen Rechtsanspruch auf Erteilung einer ordnungsgemäßen Belehrung. Der Inhalt der **Widerrufsbelehrung** ergibt sich aus **§ 355 Abs. 2 S. 1 BGB.**[733] Der Unternehmer muss dem Verbraucher eine konkrete, in der Gestaltung deutliche Belehrung über sein Widerrufsrecht in Textform, § 126 b BGB, mitteilen, § 355 Abs. 2 BGB. Andernfalls beginnt die zweiwöchige Widerrufsfrist grds. nicht zu laufen. Liegt keine ordnungsgemäße Belehrung über das Widerrufsrecht vor, besteht das Widerrufsrecht zeitlich unbefristet fort, § 355 Abs. 3 BGB.[734]

22 Die Vorschrift des § 355 Abs. 2 BGB findet ihre Konkretisierung durch die Neufassung der **Verordnung über Informations- und Nachweispflichten nach bürgerlichem Recht** (BGB-InfoV). Zweck der Verordnung war, den immer größeren Schwierigkeiten des Unternehmers, fehlerfrei zu belehren, ein Muster entgegenzusetzen, dessen Inhalt und Ausgestaltung dem Verordnungsgeber überlassen bleiben sollte. Die Typisierung und Unschärfe der Muster-Belehrung war vom Gesetzgeber gewollt. Der Rechtssicherheit des Unternehmers gebührt der Vorrang vor einer ausufernden, auch die letzte Sachverhaltsgestaltung berücksichtigenden **Musterbelehrung.** Mit Art. 245 EGBGB liegt eine Verordnungsermächtigung vor, auf deren Grundlage das Bundesjustizministerium Inhalt und Gestaltung der dem Verbraucher mitzuteilenden Belehrungen in Form amtlicher Muster festgelegt hat. Hiermit ist ein Muster für die Belehrung nach § 355 BGB von dem Bundesjustizministerium vorgegeben. Wie der Bundesgerichtshof in seiner Entscheidung v. 31.10.2002 klargestellt hat, bestimmt die Vorschrift des § 355 Abs. 2 S. 2 BGB abweichend von der vormaligen Rechtslage nicht mehr, dass der Verbraucher die ihm zu erteilende Widerrufsbelehrung zu unterschreiben habe. Dementsprechend sehe auch der Gestaltungshinweis 9 zu dem Muster für die Widerrufsbelehrung gemäß § 14 i.V. mit Anlage 2 der Verordnung über Informations- und Nachweispflichten nach bürgerlichem Recht (i.d.F. der Bekanntmachung v. 5.8.2002, BGBl. I S. 3002 – BGB – InfoV) ausdrücklich vor, dass die Unterschriftsleiste entfallen kann.[735]

---

[733] S. PrivatLeasing-Bestellung (Anhang); *Palandt/Heinrichs*, § 355 BGB Rdn. 1, 13; *Reinking*, Die Auswirkungen der Schuldrechtsreform auf das private Kraftfahrzeugleasing, DAR 4/2002, 145 ff., 148; *Reinking/Koyka*, Mobilienleasing, in: *Kroiß (Hrsg.)*, Klauselbuch Schuldrecht, Rdn. 31 ff.; *Müller-Sarnowski*, Privat-Autoleasing nach der Schuldrechtsreform, eine Bestandsaufnahme, DAR 11/2002, 485 ff., 486, *BGH*, Urt. v. 12.6.1996, VIII ZR 248/95, NJW-RR 20/1996, 1266, v. 25.4.1996, X ZR 139/94, BB 25/1996, 1295 f.; v. 27.4.1994, VIII ZR 223/93, NJW 28/1994, 180 f.; *BGH*, VIII ZR 145/88, NJW-RR 61/1990, 368 ff., 370; *OLG Stuttgart*, Urt. v. 31.8.1992, 6 U 69/92, NJW 50/1992, 3245 f.; *OLG Stuttgart*, 2 U 298/93, NJW-RR 1995, 114 f. S. auch *BGH*, Urt. v. 4.7.2002, I ZR 55/00, NJW 46/2002, 3396 ff., *OLG Braunschweig*, Urt. v. 29.12.1999, 3 U 51/99, WM 16/2000, 814 ff.

[734] *Palandt/Heinrichs*, § 355 Rdn. 14; *Rolland*, Widerrufs- und Rückgaberecht, in: *Haas/Medicus/Rolland/Schäfer/Wendtland*, Das neue Schuldrecht, Kap. 4 Rdn. 96; *Reinking*, Die Auswirkungen der Schuldrechtsreform auf das private Kraftfahrzeugleasing, DAR 4/2002, 145 ff., 148; *Müller-Sarnowski*, Privatautoleasing nach der Schuldrechtsreform, DAR 11/2002, 485 ff., 486. S. auch *OLG Dresden*, Urt. v. 8.9.1999, 8 U 13333/99, DAR 12/1999, 542.

[735] Zweite Verordnung zur Änderung der BGB-Informationspflichten-Verordnung v. 1.8.2002 sowie Verordnung über Informations- und Nachweispflichten nach bürgerlichem Recht v. 8.8.2002, BGBl S. 2958 und 3003; Muster für die Widerrufsbelehrung, BGBl 2002

23 Die **Rechtsfolgen** der Rückabwicklung des Leasingvertrags nach Widerruf sind den Vorschriften über den gesetzlichen Rücktritt gemäß **§§ 346 ff. BGB, 357 BGB** zu entnehmen. Bereits ausgetauschte Leistungen sind zurückzugewähren. Nach § 357 Abs. 3 BGB hat der Leasinggeber bei ordnungsgemäßer Belehrung des Leasingnehmers, es sei denn, die Verschlechterung ist ausschließlich auf die Prüfung der Sache zurückzuführen, § 357 Abs. 3 S. 2 BGB, einen Anspruch auf Wertersatz für eine Verschlechterung des Leasingguts unabhängig von einem Verschulden des Leasingnehmers, wenn der Leasingnehmer auf die Rechtsfolgen hingewiesen worden ist sowie darauf, wie er sie vermeiden kann. Andernfalls muss der Leasingnehmer nur für die Missachtung der Sorgfalt einstehen, die er in eigenen Angelegenheiten anwendet. Von der Verschlechterung aufgrund bestimmungsgemäßer Ingebrauchnahme des Kfz, z.B. durch die Zulassung des Kfz, § 357 Abs. 3 S. 1 BGB, ist die Verpflichtung des Leasingnehmers zur Erstattung von Nutzungsvorteilen an den Leasinggeber bei Nutzung des Kfz über den üblichen Prüfungsumfang hinaus, abzugrenzen, §§ 357 Abs. 1, 346 Abs. 1 Nr. 2 BGB, welche nicht von einer Verschlechterung des Kfz abhängt. Weitergehende Ansprüche bestehen nicht, § 357 Abs. 4 BGB.[736]

C. Fristlose Kündigung wegen Zahlungsverzugs

24 Die monatlichen Leasingraten sind regelmäßig im voraus zum 1. eines Monats zu zahlen. Die erste Leasingrate und eine vereinbarte Sonderzahlung werden bei Vertragsbeginn fällig. Gemäß § 286 Abs. 2 Nr. 1 und 2 BGB kommt der Schuldner in Verzug, ohne dass es einer Mahnung bedarf, wenn für die Leistung im Vertrag eine Zeit nach dem Kalender bestimmt oder die Leistung von einem bestimmten Ereignis an nach dem Kalender bestimmbar ist. Zahlt der Leasingnehmer die Leasingraten nicht zum vereinbarten Zeitpunkt, ist **Zahlungsverzug** gegeben, ohne dass es einer Mahnung bedürfte. Nach § 288 Abs. 2 BGB beträgt der **gesetzliche Zinssatz** für Entgeltforderungen bei Rechtsgeschäften, an denen ein Verbraucher nicht beteiligt ist, acht Prozentpunkte über dem Basiszinssatz und nach **§ 288 Abs. 1 S. 2 BGB** fünf Prozentpunkte über dem Basiszinssatz bei einem Verbraucherleasingvertrag. Bei entsprechender vertraglicher Vereinbarung oder bei konkret nachgewiesenem Schaden kann der Leasingge-

Teil I Nr. 54, 2959 ff.; *BGH*, Urt. v. 31.10.2002, I ZR 132/00, BB 5/2003, 227 ff., 228. S. näher zu der Übernahme der Muster-Widerrufsbelehrung: *Masuch*, Musterhafte Widerrufsbelehrung des Bundesjustizministeriums?, NJW 40/2002, 2931, 2933; *Bodendiek*, Verbraucherschutz – Die neue Musterwiderrufsbelehrung, MDR 1/2003, 1 ff. S. ferner *Reinking/Koyka*, Mobilienleasing, in: *Kroiß (Hrsg.)*, Klauselbuch Schuldrecht, Rdn. 31 ff., 33; *Palandt/Heinrichs*, BGB, § 355 BGB Rdn. 14. *Müller-Sarnowski*, Privatautoleasing nach der Schuldrechtsreform, DAR 11/2002, 485 ff., 486.

[736] *Reinking/Eggert*, Der Autokauf, Rdn. 801; *Reinking/Koyka*, Mobilienleasing, in: *Kroiß (Hrsg.)*, Klauselbuch Schuldrecht, Rdn. 35 ff.; *Reinking*, Die Auswirkungen der Schuldrechtsreform auf das private Kraftfahrzeugleasing, DAR 4/2002, 145 ff., 149 f.; *Müller-Sarnowski*, Privat-Autoleasing nach der Schuldrechtsreform, eine Bestandsaufnahme, DAR 11/2002, 485 ff., 486.

ber höhere Zinsen fordern, §288 Abs. 3 und 4 BGB. Nach §§500, 497 Abs. 1 S. 3 BGB kann der Leasinggeber einen höheren und der Leasingnehmer einen geringeren Schaden nachweisen. Die Grenze bildet der gesetzliche Zinssatz von 4%, §§497 Abs. 2 S. 2, 289 S. 2 BGB.[737]

Die **Kündigung** des **Verbraucherleasingvertrags** wegen **Zahlungsverzugs** ist in **§§500, 498 Abs. 1 S. 1 Nr. 1 BGB** geregelt. Vormals war §12 Abs. 1 Ziff. 1 VerbrKrG die einschlägige Vorschrift.[738] Die Unabdingbarkeit der Regelung ergibt sich aus §506 BGB. Die **relative Rückstandssumme**, §498 Abs. 1 Nr. 1 BGB, der Maßstab für den „Nennbetrag des Darlehens", ergibt sich auf das Finanzierungsleasing bezogen aus der **Summe der Bruttoleasingraten** ohne Berücksichtigung des Restwerts und einer Sonderzahlung. Der Leasingnehmer befindet sich mithin in Zahlungsverzug, wenn aufeinanderfolgend zwei Bruttoleasingraten nicht gezahlt worden sind. Ist einer von mehreren Leasingnehmern Verbraucher, hängt die Wirksamkeit einer Kündigung des Leasinggebers wegen Zahlungsverzugs insgesamt davon ab, dass gegenüber diesem Leasingnehmer die Kündigungsvoraussetzungen erfüllt sind.[739] 25

D. Verbundene Verträge

In den Regelungen des **§§500, 499 Abs. 1 BGB** wird für das Finanzierungsleasing auf die entsprechende Anwendung der Regelungen der **§§358, 359 BGB** verwiesen. Diese Bestimmungen befassen sich mit dem Widerrufs- und Einwendungsdurchgriff bei verbundenen Verträgen mit Verbrauchern. Die Vorläuferregelung war §9 VerbrKrG a.F. Aus der Bezugnahme auf §§358, 359 BGB ist nicht der Schluss zu ziehen, das Finanzierungsleasing unterliege per se den Regelungen über verbundene Verträge.[740] Vielmehr wird der vorbezeichnete Verweis weitgehend als Redaktionsversehen verstanden. Vor der Schuldrechtsreform wurde 26

[737] S. *Palandt/Heinrichs*, §286 BGB Rdn. 1, auch zum Gesetz zur Beschleunigung fälliger Zahlungen v. 30.3.2000, BGBl. I S. 330; *Reinking*, Autoleasing, 111 f.; *Beckmann*, Auswirkungen des Schuldrechtsmodernisierungsgesetzes auf die Leasing-Branche, FLF 2/2002, 46 ff., 52; *Reinking/Eggert*, Der Autokauf, Rdn. 820, 838; *Reinking/Koyka*, Mobilienleasing, in: *Kroiß (Hrsg.)*, Klauselbuch Schuldrecht, Rdn. 110; *Beckmann*, Auswirkungen des Schuldrechtsmodernisierungsgesetzes auf die Leasing-Branche, FLF 2/2002, 46 ff., 52. S. auch *BGH*, Urt. v. 4.6.1997, VIII ZR 312/96, NJW 47/1997, 3166.

[738] *BGH*, Urt. v. 14.2.2001, VIII ZR 277/99, ZIP 15/2001, 641 ff.; *OLG Karlsruhe*, Urt. v. 7.10.1999, 19 U 117/98, n.v.; *Engel*, Die Verjährung im KraftfahrzeugLeasinggeschäft. Der Restwertausgleichanspruch des Leasinggebers bei vorzeitiger und ordentlicher Vertragsbeendigung, BB 1997, Beil. 6, 24; *Palandt/Putzo*, BGB, §498 BGB Rdn. 5; *Reinking/Eggert*, Der Autokauf, Rdn. 888; *Reinking*, Autoleasing, 142; *Reinking/Koyka*, Mobilienleasing, in: *Kroiß (Hrsg.)*, Klauselbuch Schuldrecht, Rdn. 147; *Wolf/Eckert/Ball*, Handbuch des gewerblichen Miet-, Pacht- und Leasingrechts, Rdn. 2142; *Zahn/Bahmann*, Kfz-Leasingvertrag, 113 ff.

[739] *BGH*, Urt. v. 28.6.2000, VIII ZR 240/99, ZIP 34/2000, 1493 ff.

[740] *Habersack*, Verbraucherleasing nach der Schuldrechtsreform, in: Finanzierungsleasing und Verbrauchergeschäfte, BB Beil. 6 H 35 2003, 2 ff., 4. S. insbes. *Reinking*, Die Auswirkungen der Schuldrechtsreform auf das private Kraftfahrzeugleasing, DAR 4/2002, 145 ff., 147 ff.

überwiegend, ausgenommen im Bereich des Eintrittsmodells, die Anwendbarkeit des § 9 VerbrKrG a.F. auf das Finanzierungsleasing ausgeschlossen.[741] Der Finanzierungsleasingvertrag ist aufgrund der leasingtypischen Dreiecksbeziehung zwischen Leasinggeber, Lieferant und Leasingnehmer von Haus aus kein verbundenes Geschäft. Es fehlt die für einen verbundenen Vertrag typische Verknüpfung. Vertragsparteien des Kaufvertrags über das Kfz sind Leasinggeber und Lieferant und Vertragspartei des Leasingvertrags sind Leasinggeber und Leasingnehmer. Der Leasingnehmer schließt nur den einen Leasingvertrag mit dem Leasinggeber. Aufgrund dieser auch nach der Schuldrechtsreform unveränderten Konstellation der leasingtypischen Dreiecksbeziehung ist der Leasingnehmer als Verbraucher gegenüber dem Leasinggeber nicht zum Einbehalt der Leasingraten bereits bei Auftreten eines Mangels vor Erklärung des Rücktritts berechtigt.[742] Im Falle, dass für das Leasinggeschäft das Eintrittsmodell gewählt wurde und Kaufvertrag und Leasingvertrag eine wirtschaftliche Einheit bilden, kommt eine entsprechende Anwendung des § 358 Abs. 2 BGB in Betracht.[743] Mit dem Einwendungsdurchgriff des § 359 BGB könnte der Leasingnehmer dem Leasinggeber die gegen den Lieferanten gerichteten abgetretenen Mängelrechte entgegenhalten. Dies würde jedoch eine Aufspaltung des in dem Bereich der Mängelhaftung einheitlichen Leasingrechts bedeuten, welche in der Schuldrechtsreform keinen Ansatz findet. Die Verweisung des § 500 BGB auf § 359 BGB wird als misslungen aufgefasst.[744]

---

[741] *Tiedtke/Möllmann*, Auswirkungen der Schuldrechtsreform im Leasingrecht, DB 11/2004, 583 ff., 586; *Habersack*, Verbraucherleasing nach der Schuldrechtsreform, in: Finanzierungsleasing und Verbrauchergeschäfte, in: BB Beil. 6 H 35 2003, 2 ff., 4.

[742] S. zur weiterführenden Information: *Habersack*, Verbraucherleasing nach der Schuldrechtsreform, in: Finanzierungsleasing und Verbrauchergeschäfte, BB Beil. 6 H 35/2003, 2 ff., 4 ff.; *Godefroid*, Finanzierungsleasingverträge und Schuldrechtsmodernisierungsgesetz, BB Leasing-Berater, Beil. 5 zu H 27/2002, 2 ff., 8; *Reinking/Eggert*, Der Autokauf, Rdn. 800; *Wolf/Eckert/Ball*, Handbuch des gewerblichen Miet-, Pacht- und Leasingrechts, Rdn. 2130 ff.; *Reinking*, Auswirkungen der geänderten Sachmängelhaftung auf den Leasingvertrag, ZGS 6/7/2002, 229 ff., 235; *ders.*, Die Auswirkungen der Schuldrechtsreform auf das private Kraftfahrzeugleasing, DAR 4/2002, 145 ff., 146 f.; *Reinking/Koyka*, Mobilienleasing, in: *Kroiß* (*Hrsg.*), Klauselbuch Schuldrecht, Rdn. 25; *Reiner/Kaune*, Die Gestaltung von Finanzierungsleasingverträgen nach der Schuldrechtsreform, WM 47/2002, 2314 ff., 2321 f.; *Arnold*, Gewährleistung beim Finanzierungsleasing nach der Schuldrechtsreform, DStR 25/2002, 1049 ff., 1054 f.; *Müller-Sarnowski*, Privat-Autoleasing nach der Schuldrechtsreform, eine Bestandsaufnahme, DAR 11/2002, 485 ff., 486; *Tiedtke/Möllmann*, Auswirkungen der Schuldrechtsreform im Leasingrecht, DB 11/2004, 583 ff., 585.

[743] *Reinking/Eggert*, Der Autokauf, Rdn. 800; *Tiedtke/Möllmann*, Auswirkungen der Schuldrechtsreform im Leasingrecht, DB 11/2004, 583 ff., 585 f.; *Habersack*, Verbraucherleasing nach der Schuldrechtsreform, in: Finanzierungsleasing und Verbrauchergeschäfte, BB Beil. 6 H 35/2003, 2 ff., 5.

[744] *Tiedtke/Möllmann*, Auswirkungen der Schuldrechtsreform im Leasingrecht, DB 11/2004, 583 ff., 585, 588; *Habersack*, Verbraucherleasing nach der Schuldrechtsreform, in: Finanzierungsleasing und Verbrauchergeschäfte, BB Beil. 6 H 35 2003, 2 ff., 5. S. für eine sinngemäße Anwendung *Reiner/Kaune*, Die Gestaltung von Finanzierungsleasingverträgen nach der Schuldrechtsreform, WM 47/2002, 2314 ff., 2322. Zum „Aufspaltungsrisiko" des Leasingnehmers gleich einem Käufer bei einem drittfinanzierten Kauf s. *Arnold*, Gewährleistung beim Finanzierungsleasing nach der Schuldrechtsreform, DStR 25/2002, 1049 ff., 1055.

§ 12
Speziell: Leasing von Dienstfahrzeugen durch die öffentliche Hand

Übersicht:

A. Einleitung

Mit den nachfolgenden Ausführungen soll eine Information zu den wichtigsten Fragen zum Kfz-Leasinggeschäft mit der öffentlichen Hand gegeben werden, welches typischerweise als Leasinggüter die Dienstfahrzeuge im weitesten Sinne (z.B. **Hubschrauber, Streifenwagen, Polizeimotorräder**) und als Leasingnehmer insbes. **Polizei** und **Bundeswehr** betrifft. Dies betrifft zum einen die Vertragsgestaltung, die sich, abgesehen von der durch die Vertragspartei öffentliche Hand im Gegensatz zu Privaten oder Unternehmern bedingten Besonderheiten, im wesentlichen nicht von der des typischen Kfz-Leasingvertrags unterscheidet. Zum anderen sind die gesetzlichen Rahmenbedingungen angesprochen, die bei einem Geschäft mit der öffentlichen Hand beachtet sein müssen, insbes. die des Haushaltsrechts und des Vergaberechts, welche Regelungen auch dem im Leasingrecht Kundigen nicht unbedingt vertraut sind.[745] 1

[745] An Veröffentlichungen zu Immobilienleasinggeschäften mit der öffentlichen Hand fehlt

2 Auch beim Leasinggeschäft mit der öffentlichen Hand gelten die Grundsätze, welche durch Rechtsprechung und Schrifttum zu einer gefestigten rechtlichen Ausgestaltung des Leasinggeschäfts geführt haben, zu welcher noch die weitere wissenschaftliche Auseinandersetzung zu den Änderungen durch das Schuldrechtsmodernisierungsgesetz hinzukommen wird. Der wichtige Unterschied zu Leasingverträgen, die nicht mit der öffentlichen Hand geschlossen werden, ist, dass bei Leasingverträgen mit der öffentlichen Hand das **Haushalts- und Vergaberecht**, von Bedeutung ist. Für das einzelne Leasinggeschäft muss ein haushaltsrechtliches Wirtschaftlichkeitstestat ausgestellt werden und es müssen zudem die vergaberechtlichen Vorgaben beachtet werden. Hinzu kommt, dass trotz der stetigen Zunahme von Kfz-Leasinggeschäften mit der öffentlichen Hand in der jüngeren Zeit diese Leasinggeschäfte im Vergleich zu den seit längerem etablierten Immobilienleasinggeschäften mit der öffentlichen Hand auch noch ihre weitere Entwicklung finden werden. Dies gilt insbesondere unter dem Gesichtspunkt, dass die **spezifischen Besonderheiten** des **Kfz-Leasings**, welche auf dem zivilrechtlichen und steuerrechtlichen Grundlagen des Leasinggeschäfts allgemein fußen, beachtet sein müssen. Auf die entsprechenden Ausführungen jeweils in diesem Buch wird verwiesen.

3 Die **Nutzung** der von der öffentlichen Hand **benötigten Güter** durch Kfz-Leasinggeschäfte und damit durch **Mobilienleasing** hat inzwischen neben dem bislang klassischen **Eigentumswerb** dieser Güter durch Kaufverträge und den bereits seit längerem etablierten Leasinggeschäften über Immobilien und Infrastrukturprojekte auf Bundes- und Landesebene seinen Platz gefunden. Somit kann durch die Wahl der Beschaffungsform des Kfz-Leasings das Problem der knappen finanziellen Spielräume der öffentlichen Hand bei gleichzeitiger Notwendigkeit der Beschaffung dringend benötigter Güter auch im Bereich des Mobilienleasings einer sinnvollen Lösung zugeführt werden.

4 Die Diskussion um das typischerweise langfristig ausgestaltete Immobilienleasing bzw. um die Infrastrukturprojekte mit der öffentlichen Hand und den hierdurch entsprechend langfristig begründeten finanziellen Verpflichtungen betrifft nicht das kurzfristige Mobilienleasing und damit das Leasing von Dienstfahrzeugen und kann daher an dieser Stelle vernachlässigt werden.[746] Auf Bundesebene sind als die für Liefer- und Dienstleistungsaufträge zuständigen **zentralen Beschaffungsstellen** die Bundesanstalt für Arbeit, das Beschaffungsamt des Bundesministeriums des Innern, das Beschaffungsamt der Bundeszollverwaltung und das Bundesamt für Wehrtechnik und Beschaffung anzuführen, wobei festzustellen ist, dass die Bundeswehr bundesweit den größten Fuhrpark unterhält. Beispiele auf Landesebene finden sich u.a. in Baden-Württemberg, Brandenburg,

---

es nicht. So weit ersichtlich, hat sich jedoch mit dem Thema Kfz-Leasinggeschäfte mit der öffentlichen Hand bislang nur *Lüdemann* in seiner Veröffentlichung „Die öffentliche Hand als Leasingnehmer. Das Leasing von Dienstfahrzeugen im Lichte des Haushalts- und Vergaberechts", Schriftenreihe Studien zum Öffentlichen Recht (StÖW), Wirtschaftsrecht Bd. 59, Köln 2003, befasst. Immobilienleasinggeschäfte und Kfz-Leasinggeschäfte (Mobilienleasinggeschäfte) mit der öffentlichen Hand müssen aufgrund der Verschiedenartigkeit der Geschäfte strikt getrennt werden.

[746] Vgl. *Lüdemann*, Die öffentliche Hand als Leasingnehmer, 24, m.w.N.

Hamburg, Hessen, Schleswig-Holstein und Rheinland-Pfalz und Nordrhein-Westfalen.[747] Zu dem Kreis der weiteren potentiellen Leasingnehmer zählen die zahlreichen kommunalen Gebietskörperschaften.[748]

Grundvoraussetzung für diese Entwicklung war, dass es **kein grundgesetzlich gesichertes Gebot zur Begründung staatlichen Eigentums an bestimmten Gütern** gibt, so dass die Beschaffungsalternative des Kaufs der benötigten Güter nie die einzige Alternative war. Wichtig ist es in diesem Zusammenhang, im Unterschied zu der bisherigen klassischen Alternative des Kaufs von Dienstfahrzeugen durch die Behörden direkt beim Automobilhersteller, die **leasingtypische Dreiecksstruktur** zwischen Hersteller bzw. Händler, Leasinggeber und Leasingnehmer vor Auge zu halten. Für das **anvisierte Kfz-Leasinggeschäft** stehen nunmehr als potentieller Vertragspartner und damit **Anbieter bzw. Ansprechpartner** für die **Behörden** die **rechtlich selbstständigen herstellerabhängigen Kfz-Leasinggesellschaften.** Die gleichwohl zwischen Automobilhersteller und herstellerabhängiger Kfz-Leasinggesellschaft bestehende Verbindung weist sich hierneben günstig für die öffentliche Hand aus, als diese herstellernahen Leasinggesellschaften im Gegensatz zu den unabhängigen Leasinggesellschaften **Rabatte** oft von nicht unerheblicher Größe einräumen können, wie die öffentliche Hand es gewohnt ist bei dem bislang klassischen Kauf von Fahrzeugen. So wurden nachfragestarken Auftraggebern wie der Polizei bzw. den zuständigen Innenministerien Rabatte gewährt, welche Preisnachlässe bis zu 20% darstellen.[749] 5

B. Zivilrechtliche Grundzüge des Leasingvertrags über Dienstfahrzeuge

Bei der vertraglichen Ausgestaltung des Dienstfahrzeug-Leasings sind 6 zunächst im Grundsatz die allgemeinen **leasingtypischen Besonderheiten** des Leasings, speziell des **Kfz-Leasings** als Mobilienleasing, zu beachten, welche auch durch das Schuldrechtsmodernisierungsgesetz unbelassen geblieben sind. An dieser Stelle sei nur zusammenfassend stichwortartig auf diese hingewiesen:[750] Gebrauchsüberlassung- und Finanzierungsfunktion des Leasings als Finanzierungsgeschäft mit dem Wesensmerkmal der Anschaffungsfinanzierung, welcher das Amortisationsprinzip immanent ist, Überwälzung von Sach- und Preisgefahr auf den Leasingnehmer, Abtretungskonzept im Rahmen der Sachmängelhaftung und fristloses Kündigungsrecht bei Diebstahl oder Totalschaden des Fahrzeugs. Auch bei den Leasinggeschäften mit der öffentlichen Hand wird das im Kfz-Lea-

---

[747] Hierbei ist hervorzuheben, dass die Zuschlagserteilung bei einem anvisierten Kfz-Leasinggeschäft mit der öffentlichen Hand an eine Kfz-Leasinggesellschaft in einem bestimmten Bundesland aus keinerlei rechtlichem Gesichtspunkt geboten ist, vielmehr sogar nationalem und europäischem Vergaberecht entgegenstehen würde.

[748] *Lüdemann*, Die öffentliche Hand als Leasingnehmer, 9 ff.

[749] *Ebenda*, 13. 15.

[750] Hinsichtlich der ausführlicheren Information wird auf die jeweiligen einschlägigen Kapitel in diesem Buch verwiesen.

sing vorherrschende Vertragsmodell des **Teilamortisationsvertrags** genutzt.[751] Die **Kalkulation** des Leasingentgelts durch die Leasinggesellschaften fußt auf den gleichen Grundsätzen wie sonst auch. Ein wichtiges Moment kommt jedoch bei den Leasinggeschäften mit der öffentlichen Hand über Dienstfahrzeuge hinzu, die sich aus dem Zweck der Fahrzeuge und damit deren nötiger Sonderausstattung ergeben, wie z.B. das Blaulicht für Polizeifahrzeuge, die grüne Farbe der Fahrzeuge etc. Bei der **Kalkulation speziell des Restwerts** des Fahrzeugs bleiben diese behördenspezifischen **Sonderausstattungen der Dienstfahrzeuge unberücksichtigt.** Dies aus folgendem Grund: Die Fahrzeuge werden nach Ablauf des Leasingvertrags mit der öffentlichen Hand von dem Leasinggeber als Anschlussnutzung für die zivile Nutzung verwendet, für welche natürlich die augenscheinlichen Sonderausstattungen für Dienstfahrzeuge, welche zunächst bei Vertragsschluss in den Fahrzeugen verbleiben, wieder von dem Leasinggeber entfernt werden müssen. Auch wenn die Sonderausstattung ggf. noch bei Vertragsende von monetärem Wert ist, stehen diesem Wert die teils **erheblichen Beseitigungskosten** des **Leasinggebers** gegenüber, so dass im Endergebnis kein entsprechender Gegenwert mehr gegeben ist.[752]

7 Die Dienstleistungsfunktion des Leasings wird zunehmend als dritte Funktion neben den klassischen Funktionen der Nutzung und Finanzierung bezeichnet. Neben dem Immobilien-Leasing wird insbes. in dem **Kfz-Leasing** als größtem Teilmarkt des Leasings eine umfangreiche, immer **differenziertere Dienstleistungspalette** angeboten. Dies wirkt sich auch bei dem Leasinggeschäft mit der öffentlichen Hand aus. Insbes. in dem Bereich des gewerblichen Leasings ist der von den Leasinggesellschaften angebotene Teil- und Fullservice tragendes Werbeargument. Zielgruppen bei dem Flottenleasing sind naturgemäß Unternehmen, welche über einen großen Fuhrpark verfügen. Service-Leasing und Fuhrpark-Management sind eng miteinander verbunden. Das Fuhrpark-Leasing ist eine Sonderform des Full-Service-Leasing. Diese Leasingform ist besonders für Fahrzeugflotten geeignet, da sie dem Fuhrparkbesitzer spezifische Vorteile bringt. Für das Fuhrpark-Leasing ist typisch der Gedanke des outsourcing, ein fester Bestandteil von modernen Unternehmenskonzepten allgemein. Das Fuhrpark-Leasing wird insbes. von den Hersteller-Leasinggesellschaften betrieben. Diese können die Dienstleistungen am besten koordinieren und aufgrund ihres großen Händler- und Werkstattnetzes an dem Fahrzeug auftretende technische Probleme relativ einfach lösen.

8 Die Kfz-Leasingverträge über Dienstfahrzeuge werden je nach Umfang der Leistung des Leasinggebers neben der gewöhnlichen leasingtypischen Gebrauchsüberlassung und der Finanzierung als **Service (Teil- oder Fullservice)- und Fuhrpark, bzw. Flottenleasing** (Leasingvertrag über mehrere Fahrzeuge) geschlossen, wie sie auch bei Leasingverträgen mit Unternehmen gerne abgeschlossen werden, um für diese Bereiche ein outsourcing vorzunehmen und den Leasingnehmer zu entlasten.[753] So wird die behördeneigene Unterhaltung und Wartung der Dienstfahrzeuge von Kosten entlastet.

---

[751] *Lüdemann*, Die öffentliche Hand als Leasingnehmer, 14 ff.

[752] *Ebenda*, 21.

[753] *Ebenda*, 21.

C. Öffentlichrechtliche Vorschriften

I. Haushaltsrecht

9 Die Beschaffung von Dienstfahrzeugen im Wege des Leasinggeschäfts bedarf eines **haushaltsrechtlichen Wirtschaftlichkeitstestats**. Im Grundgesetz sind unterschiedliche Regelungen zum Haushaltsrecht verankert. Es sind zu nennen: die haushaltsverfassungsrechtlichen Normen der Art. 109–115 GG, insbes. das Haushaltsgrundsätzegesetz und die Haushaltsordnungen des Bundes und der Länder.[754] Die Regelungen der Art. 110 bis 115 befassen sich speziell mit der Haushaltsordnung des Bundes. Die bundesverfassungsrechtliche Normierung wichtiger Haushaltsgrundsätze verleiht dem Haushaltsrecht die nötige Stabilität.[755]

10 Hier ist zunächst eingangs festzustellen, dass die **Beschaffung von Dienstfahrzeugen** durch die öffentliche Hand **im Wege** des **Leasings** aufgrund ausdrücklicher Aufforderung des Verordnungsgebers durch die Beschaffungsstellen, bei Erwerb oder Nutzung von Vermögensgegenständen eine Abwägung zwischen den unterschiedlichen Vertragsformen Kauf, Miete, Leasing und Mietkauf vorzunehmen, aus **haushaltrechtlicher Sicht grundsätzlich zulässig** ist.[756] Hier sind bereits die vorläufigen Verwaltungsvorschriften zu § 7 BHO v. 8.8.1995 zu nennen, nunmehr als allgemeine Verwaltungsvorschriften neugefasst, vgl. **Allgemeine Verwaltungsvorschriften zur Bundeshaushaltsordnung, GMBl. Nr. 16–18 v. 15.5.2001, 307 ff.**

11 Ferner muss sich das Leasinggeschäft an den vorgenannten grundrechtlichen Bestimmungen messen lassen. Nach näherer Prüfung ist von diesen einschlägig nur das **haushaltsrechtliche Gebot der Wirtschaftlichkeit**, wie die nachfolgenden Ausführungen zeigen werden. Es ist grds. zu sagen, dass sich die Wirtschaftlichkeit öffentlicher Leasingverträge nicht allgemein beurteilen lässt.[757]

1. Art. 115 Abs. 1 GG (Aufnahme von Krediten)

12 Nach Art. 115 Abs. 1 GG bedarf die Aufnahme von Krediten, die zu Ausgaben in künftigen Rechnungsjahren führen können, einer der Höhe nach bestimmten oder bestimmbaren Ermächtigung durch Bundesgesetz. Es existieren entsprechende gleichlautende landesverfassungsrechtliche Paralellvorschriften. Die verfassungsrechtliche Bedeutung des Art. 115 GG liegt in der Sicherung des parlamentarischen Budgetrechts, die eine Verschuldung des Bundes ohne gesetzliche Ermächtigung ausschließt. Unter Aufnahme von Krediten im Sinne dieser grundgesetzlichen Bestimmung wird die Begründung von Finanzschulden zur Geldbeschaffung verstanden, wobei die staatlich beschafften Gelder zurückzuzahlen sind.

---

[754] *Ebenda*, 24 m.w.N.

[755] *Piduch*, Bundeshaushaltsrecht, Kommentar, 2. Aufl., Stuttgart 2001, Stand: 38. Ergänzungslieferung 2003, Art. 110 GG Rdn. 1.

[756] *Lüdemann*, Die öffentliche Hand als Leasingnehmer, 30.

[757] *Ebenda*, 33.

13 Der Abschluss von Leasingverträgen mit der öffentlichen Hand stellt keine Kreditaufnahme in diesem Sinne dar. Diese können allenfalls wirtschaftlich einer Kreditaufnahme gleichkommen[758] Ohne Zweifel belasten die aus dem Leasingvertrag geschuldeten Leasingraten als mehrjährige Verpflichtungen aus einem Dauerschuldverhältnis zukünftige Haushalte und sind insofern aufgrund des Finanzierungselements des Leasings grundsätzlich vergleichbar mit der unmittelbaren Kreditaufnahme, mit welcher finanzielle Lasten auf zukünftige Haushalte verlagert werden. Mit dem Abschluss von Leasingverträgen ist jedoch kein Zufluss von Finanzmitteln verbunden, welche der Staat zum Ausgleich des Haushalts verwenden könnte. Vielmehr resultieren aus den **Verpflichtungen** aus den **Leasingverträgen Verwaltungsschulden**, welche aus der Geschäfts- und Verwaltungstätigkeit der Exekutive stammen und welche Schulden ihrerseits durch Einnahmen im Haushaltsplan gedeckt sein müssen. Diese Verwaltungsschulden werden jedoch von dem Normbereich des Art. 115 GG grds. nicht erfasst. Im Einzelfall kann allenfalls zu prüfen sein, ob ein Umgehungsgeschäft vorliegt, wie bisweilen sale-and-lease-back-Geschäfte im Bereich des Immobilien-Leasings den Verdacht nahe legen. Letztendlich ist auch in diesem Zusammenhang der **kurzfristige Charakter** des **Dienstfahrzeugleasings** als **Mobilienleasing** im Unterschied zu langfristigen Immobilienleasingverträgen von ausschlaggebender Bedeutung. Da somit auch lediglich aus wirtschaftlicher Sicht Leasingverträge keiner Kreditaufnahme im Sinne des Art. 115 GG gleichzusetzen sind, ist daher zu dem abschließenden Ergebnis zu kommen, dass Leasingverträge über Dienstfahrzeuge mit der öffentlichen Hand nicht unter Art. 115 GG fallen.[759]

2. Art. 110 Abs. 1 GG (Vollständigkeit und Wahrheit des Haushalts)

14 Art. 110 GG ist die Kernvorschrift für das Haushaltsrecht des Bundes, welche als Standardprinzipien des Haushaltsrechts klassische Grundsätze der Aufstellung, Bewirtschaftung und Kontrolle herausgebildet haben.[760] Inhaltsgleiche Bestimmungen sehen die Landesverfassungen vor. Nach dieser grundgesetzlichen Bestimmung sind die kassenwirksam werdenden Einnahmen und Ausgaben im Haushaltsplan zu veranschlagen. Mit der klassischen Forderung nach Vollständigkeit und Wahrheit des Haushalts soll sichergestellt werden, dass jedes finanziell relevante Staatshandeln erfasst und transparent gemacht wird.

15 Wäre die grundgesetzliche Regelung des Art. 110 GG für die in Frage stehenden Leasinggeschäfte mit der öffentlichen Hand über Dienstfahrzeuge einschlägig, würde sich die Frage stellen, ob eine Verpflichtungsermächtigung erforderlich ist. Verpflichtungsermächtigungen des Haushaltsgesetzgebers an die Verwaltung sind nach der Legaldefinition in § 6 BHO Ermächtigungen zum Eingehen von Verpflichtungen zur Leistung von Ausgaben in künftigen Jahren. Diese sind das haushaltsrechtliche Instrument zur Sicherung des parlamentarischen Budgetrechts, z.B. §§ 16, 38 BHO.

16 Nach den Haushaltsordnungen der Länder und des Bundes ist der Ausweis von Verpflichtungsermächtigungen nur erforderlich, wenn die in Rede stehende

---

758 *Piduch*, Bundeshaushaltsrecht, Art. 115 GG, Rdn. 1, 4,14 und 31 a.

759 *Lüdemann*, Die öffentliche Hand als Leasingnehmer, 25 ff.

760 *Piduch*, Bundeshaushaltsrecht, Art. 110 Rdn. 5,17.

vertragliche Verpflichtung nicht der **laufenden Verwaltung** zugeordnet werden kann. Bund und Länder haben in den Verwaltungsvorschriften zu ihren jeweiligen Haushaltsordnungen hierzu Nachfolgendes näher festgeschrieben. Es muss sich um Geschäfte handeln, die sich im Rahmen der üblichen Tätigkeit der Verwaltung auf Ausgaben der Hauptgruppen 5 (sächliche Verwaltungsausgaben) oder 6 beziehen.[761] Dies ist beim Dienstfahrzeugleasing der Fall. Damit **entfällt** eine **Verpflichtungsermächtigung**. Die **Leasingraten** sind nach richtiger Ansicht der **Hauptgruppe 5** und in dieser wiederum der **Gruppe 518** (Mieten und Pachten) zuzuordnen. Leasingraten sind keine investiven Ausgaben, sondern resultieren aus einem der Miete vergleichbarem Dauerschuldverhältnis als **konsumtive Ausgaben**.

Zudem sind die Voraussetzungen für eine Zuordnung zur laufenden Verwaltung und damit einem möglichen Verzicht auf eine Verpflichtungsermächtigung zu beachten, die von Bundesland zu Bundesland varrieren. So sind **Wertgrenzen** für die jährlich zu leistenden **Leasingraten** festgelegt. In vielen Ländern dürfen bestimmte **Vertragslaufzeiten** nicht überschritten werden. In Niedersachsen z.B. sehen die Verwaltungsvorschriften vor, dass die Leasingraten im Jahr 120.000 EUR nicht überschreiten dürfen. Eine zeitliche Vorgabe besteht nicht. Auf Bundesebene gelten solche Leasingraten als Verpflichtungen für laufende Geschäfte, die im Jahr nicht mehr als EUR 250.000 betragen. Eine entsprechende gesetzliche Ermächtigung ist nur erforderlich, wenn die Verträge die vorgesehenen wertmäßigen und zeitlichen Grenzen übersteigen. In manchen Ländern wurden jüngst die zeitlichen Beschränkungen teilweise gelockert. Hierdurch ist es für die Verwaltung einfacher, entsprechende Dauerschuldverhältnisse und damit auch Leasinggeschäfte über Dienstfahrzeuge einzugehen.[762] 17

Insgesamt ist daher festzustellen, dass die in Art. 110 GG niedergelegten Haushaltsgrundsätze Leasingverträgen über Dienstfahrzeugen nicht entgegenstehen. Auch hier ist wieder das Argument der Verschleierung der Verschuldung, wie bisweilen im Fall des langfristigen Immobilienleasings zu erwägen, beim kurzfristigen Dienstfahrzeugleasing nicht relevant. 18

3. Haushaltsrechtliches Gebot der Wirtschaftlichkeit

Stehen Leasinggeschäfte über Dienstfahrzeuge im Einklang mit den vorgenannten grundgesetzlichen Bestimmungen, so muss schließlich noch das **Gebot der Wirtschaftlichkeit** beachtet sein. 19

In **Art. 114 Abs. 2 S. 1 GG** ist als eine der materiellen Zentralvorschriften des Haushaltverfassungsrechts neben der Ordnungsgemäßheit auch die Wirtschaftlichkeit als Prüfungsmaßstab des Rechnungshofs niedergelegt. Nach dem haushaltsrechtlichen Gebot der Wirtschaftlichkeit muss sich der Staat bei der Deckung des Verwaltungsbedarfs und damit in dem Bereich der öffentlichen Auftragsvergabe sparsam verhalten, vgl. auch die einfachgesetzliche Regelung 20

[761] *Piduch*, Haushaltsrecht, § 38 BHO. Z.B. Verwaltungsvorschriften zur Niedersächsischen Landeshaushaltsordnung (VV-LHO), RdErl. v. 2. Juni 1972 (Nds. MBL. S. 844), zuletzt geändert durch RdErl. v. 17. Juni 2002 (Nds. MBl. S. 501), Nr. 4.1 zu § 38 LHO.

[762] VV-BHO Nr. 5 zu § 38. S. *Lüdemann*, Die öffentliche Hand als Leasingnehmer, 29.

des **§ 6 Abs. 1 HGrG** und die gleich lautenden Regelungen in **§ 7 Abs. 1 BHO**. Entsprechende Regelungen finden sind in Landes- und Gemeindehaushaltsordnungen. Speziell im **Vergaberecht** findet sich das Wirtschaftlichkeitsprinzip im Katalog der allgemeinen Grundsätze des **§ 97 GWB**. In Abs. 5 wird die öffentliche Hand verpflichtet, bei der Beschaffung den Zuschlag auf das wirtschaftlichste Angebot zu erteilen.[763]

21 Es gilt zunächst, diesen vielfach niedergelegten **Begriff der Wirtschaftlichkeit** im Rechtssinne auszufüllen. Ähnlich den Kosten-Nutzen-Analysen gehen die detaillierten Verwaltungsvorschriften des § 7 BHO vor. Das Wirtschaftlichkeitsprinzip gebietet nicht nur, zu sparen. Es ist eine detaillierte Abwägung erforderlich. So ist für das **Leasing von Dienstfahrzeugen** eine **Einzelfallanalyse** notwendig. Wie es auch die Verwaltungsvorschriften zur Bundeshaushaltsordnung ausdrücklich festschreiben, sind Leasingverträge besonders gründlich auf ihre Wirtschaftlichkeit hin zu untersuchen. Praktische Hilfsverfahren wie Kostenvergleichsrechnung und Angebotsvergleiche sind heranzuziehen.[764]

22 Bei der **Wirtschaftlichkeitsberechnung** des **Leasings** von **Dienstfahrzeugen in der Einzelfallanalyse** sind die nachfolgenden unterschiedlichen Aspekte von wichtiger Relevanz. Zum einen sind die bereits erwähnten **Rabatte** anzuführen, welche die herstellerabhängigen Leasinggesellschaften aufgrund ihrer Nähe zum Hersteller einräumen können und welche bisweilen einen erheblichen Umfang einnehmen können. Ferner ist auch die **Farbgebung** nicht unerheblich. Ein Einsparpotential liegt z.B. in dem Verzicht auf die übliche Sonderausstattung, wodurch Kosten der Umlackierung, z.B. bei den üblichen Farben von Polizei und Bundeswehr, gespart werden können. Hingegen sind jedoch die Steuervorteile, welche im Rahmen des Wirtschaftlichkeitsvergleichs bei sonstigen Leasingverträgen regelmäßig angeführt werden, zu vernachlässigen. Der öffentlichen Hand als Leasingnehmer kommt dieser Vorteil nicht wie einem gewerblichen Leasingnehmer zugute. Wichtig für die Wirtschaftlichkeitsanalyse ist hingegen wiederum das Argument der **Verjüngung des Fuhrparks**, was nicht zuletzt einen monetären Vorteil beinhaltet. Hier gewinnt das **outsourcing von Dienstleistungen** an Bedeutung. Die öffentlichen Fuhrparks, z.B. wie im Fall der Bundeswehr, sind oft bereits bis über 20 Jahre im Einsatz und damit veraltet.

23 Mit den aufgrund der Leasingverträge verbundenen kurzen Vertragslaufzeiten kann ständig über neue Fahrzeuge mit einem Durchschnitt von ca. zwei Jahren verfügt werden. Hierdurch verringert sich zudem auch das Sicherheitsrisiko für die Beamten. Wie es beim Service-Leasing allgemein der Fall ist, fallen geringere Kosten für Unterhaltung und Wartung an. Für Reparaturen besteht oft noch eine Herstellergarantie. Die Behörden sind zudem von der Verwertung der Altfahrzeuge bei Vertragsende entlastet. Diese sind einfach zurückzugeben.[765] Dies zeigt insgesamt, dass im Rahmen eines Wirtschaftlichkeitsvergleichs unterschiedliche Vorzüge der Beschaffungsalternative Leasing zum Tragen kommen.

---

[763] *Ebenda,* 31.
[764] Vgl. VV Nr. 2.1.a.E. zu § 7 BHO.
[765] S. näher *Lüdemann*, Die öffentliche Hand als Leasingnehmer, 31 ff.

II. Vergaberecht

Die Vergabe von öffentlichen Aufträgen richtet sich nach dem Gesetz ge- 24
gen Wettbewerbsbeschränkungen (**GWB**), soweit bestimmte **Auftragswerte (Schwellenwerte) erreicht** oder überschritten werden. Primärziel des Vergaberechts ist die möglichst kostengünstige Beschaffung. Dieses Recht umfasst die Summe der Vorschriften, die der öffentlichen Hand Maßstäbe für ihre Nachfragetätigkeit vorgibt. Umfasst sind die haushaltspolitisch motivierte Verpflichtung zur wirtschaftlichen Beschaffung wie die wettbewerbsrechtliche Funktion. Die öffentliche Hand ist finanzstarker Kunde. Diese vergibt jährlich öffentliche Aufträge im Wert von ca. 12% des gesamten Bruttoinlandsprodukts. Die Nachfragemacht muss daher gesetzlich reguliert sein. Hierbei ist zu sehen, dass sich das Recht der öffentlichen Aufträge in den letzten Jahren unter dem Eindruck **europarechtlicher Direktiven grundlegend gewandelt** hat und zwar hat die Umsetzung der europäischen Vergaberichtlinien in nationales Recht zu einer faktischen Zweiteilung des deutschen Vergaberechts geführt. Unterhalb bestimmter Auftragssummen, der sog. Schwellenwerte, ist das Beschaffungsrecht weiterhin ein Teil des öffentlichen Haushaltsrechts. Mit Inkrafttreten des Vergaberechtsänderungsgesetzes 1999 wurden die **Regelungen** über die **Auftragsvergabe oberhalb** der **Schwellenwerte** in das Gesetz gegen Wettbewerbsbeschränkungen **(GWB)** aufgenommen. Die vorgeschilderte Zweiteilung ist zum einen für den Primärrechtsschutz der Anbieter entscheidend, die im Geltungsbereich des sog. Kartellvergaberechts gemäß §97 Abs. 7 GWB nunmehr einen Anspruch auf Einhaltung der Verfahrensvorschriften haben, welchen sie im Streifall vor den Vergabekammern und den Oberlandesgerichten durchsetzen können. Zudem entscheiden die Schwellenwerte auch darüber, auf welche Weise die öffentlichen Aufträge im Einzelfall ausgeschrieben werden müssen.[766]

Bei Leasinggeschäften über Dienstfahrzeuge ergeben sich unter dem Gesichtspunkt des Vergaberechts, insbesondere dem der vergaberechtlichen Praxis, einige wichtige Fragen, welchen im Folgenden nachgegangen wird.

1. Europaweite Ausschreibung bei Überschreiten von Schwellenwerten

Für das Leasing von Dienstfahrzeugen ist grds. eine **europaweite Aus-** 25
schreibung bei **Überschreiten** von **bestimmten Schwellenwerten** durch das **Auftragsvolumina** erforderlich. Diese Schwelle liegt nach **§2 Nr. 2** bzw. **Nr. 3** der Vergabeverordnung **(VgV)** bei Liefer- und Dienstleistungsaufträgen der obersten und oberen Bundesbehörden sowie vergleichbarer Bundeseinrichtungen bei 130.000 EUR bzw. für alle anderen Liefer- und Dienstleistungsaufträge bei 200.000 EUR. Zur Bestimmung dieser Werte für das Kfz-Leasing ist die europäische Lieferkoordinierungsrichtlinie **(LKR)**[767] heranzuziehen. Nach

---

[766] *Piduch*, Bundeshaushaltsrecht. Kommentar, §55 BHO; *Lüdemann*, Die öffentliche Hand als Leasingnehmer, 41ff.

[767] Richtlinie 93/36/EWG des Rates v. 14.6.1993, Abl. Der EG L 199/1 v. 9.8.1993 i.d.F. der Richtlinie 97/52 EG v. 13.10.1994, Abl. Der EG Nr. 101/1 v. 1.4.1998.

Art. 5 Abs. 2 LKR gilt als Berechnungsgrundlage bei zeitlich begrenzten Verträgen mit höchstens zwölf Monaten Laufzeit der geschätzte Gesamtwert für die Laufzeit des Vertrags, bzw. bei einer Laufzeit von mehr als zwölf Monaten der Gesamtwert einschl. des geschätzten Restwerts. Betrachtet man die durchschnittlichen Auftragsvolumina bei Kfz-Leasinggeschäften mit der öffentlichen Hand, werden die vorgenannten Schwellenwerte überwiegend überschritten, so dass von dem Erfordernis einer **europaweiten Ausschreibung** derartiger Aufträge auszugehen ist. Liegt der Auftragswert hingegen unterhalb der Schwellenwerte, ist nach dem Vergaberecht nur eine nationale Ausschreibung gefordert.[768]

2. Kfz-Leasingvertrag als Lieferauftrag, § 99 GWB

26 Die Zuordnung des Kfz-Leasingvertrags in den Katalog der in § 99 GWB niedergelegten Auftragstypen bereitet keine Schwierigkeiten. Die gesetzliche Unterteilung der Auftragstypen ist weniger nach der Rechtsform des in Frage stehenden Vertrags ausgerichtet, als nach dem Umstand, dass der Auftraggeber für einen längeren Zeitraum die tatsächliche Verfügungsgewalt über eine Ware erlangt. So wird in **§ 99 Abs. 2 S. 1 GWB** im Einklang mit **Art. 1 a** der **europäischen Lieferkoordinationsrichtlinie** das **Mobilienleasing** ausdrücklich den **Lieferaufträgen** zugeordnet. Lieferaufträge können nach **§ 99 Abs. 2 S. 2 GWB** auch **„Nebenleistungen"** umfassen, womit lediglich untergeordnete Dienstleistungen wie das Anlagen und Anbringen von Ware gemeint ist und daher eindeutig nicht die hierüber hinausgehende komplette Verwaltung und Wartung eines Fuhrparks wie im Fall des Flottenleasings. Je größer der Serviceanteil beim Dienstfahrzeugleasing, desto deutlicher weicht der Vertrag vom Standardbild des Lieferauftrags ab. Im Fall des Serviceleasings wird das Leasinggeschäft noch zusätzlich mit einem Dienstleistungselement, § 99 Abs. 4 GWB, kombiniert. Entscheidend für die Einstufung des Leasingvertrags ist daher, ob der **Lieferanteil** oder der **Dienstleistunganteil** des Geschäfts überwiegt. Der Dienstleistungsanteil dürfte nur beim Full-Service-Leasing überwiegen.[769]

3. Leasingangebot als Nebenangebot, § 25 Nr. 4 S. 2 VOL/A

27 Leasingangebote können auch als sog. Nebenangebote gemäß § 25 Nr. 4 S. 2 VOL/A in die Vergabeentscheidung mit einbezogen werden, wenn nur der Ankauf von Dienstfahrzeugen ausgeschrieben wurde. Im Vergabeverfahren müssen Leistungsbeschreibung in der Ausschreibung und spätere vertragliche Leistungserbringung übereinstimmen. Nachträgliche Änderungen oder Egänzungen an den Verdingungsunterlagen sind gemäß § 21 Nr. 1 Abs. 3 VOL/A unzulässig. Der Begriff des Nebenangebots setzt **nicht zwingend** ein **Hauptangebot** voraus, vgl. die amtlichen Erläuterungen zu § 17 Nr. 3 Abs. 5 S. 1 VOL/A. In der Praxis wird regelmäßig von der Möglichkeit Gebrauch gemacht, nach § 17 Nr. 3 Abs. 5 VOL/A zur Abgabe von Nebenangeboten ausdrücklich aufzufordern. Nach § 25

[768] *Lüdemann*, Die öffentliche Hand als Leasingnehmer, 42 ff.
[769] *Ebenda*, 44 ff.

Nr. 4 S. 1 VOL/A müssen die Beschaffungsstellen sodann abgegebene Leasingangebote ebenso werten wie ein Hauptangebot, § 25 Nr. 4 S. 1 VOL/A.[770]

4. Paralellausschreibung von Ankauf und Leasing von Dienstfahrzeugen

Bei der **Paralellausschreibung** werden Ankauf und Leasing der Fahrzeuge parallel ausgeschrieben. Das Vergaberecht sieht dieses Instrument jedoch ausdrücklich nicht vor. Paralellausschreibungen dienen vorrangig der Gewährleistung des wirtschaftlichen Einkaufs der öffentlichen Hand und sind der vergabeverfahrensrechtliche Ausfluss des haushaltsrechtlich angeordneten Vergleichs der verschiedenen Beschaffungsvarianten. Diese sind grundsätzlich vergaberechtskonform[771], jedoch nicht unbeschränkt einsatzfähig, insbes. nicht zur bloßen Markterkundung, § 16 Nr. 2 VOL/A. Diese begünstigen die öffentliche Hand weitaus mehr als die Anbieter. Wichtige Voraussetzungen sind, dass den Bietern kein unzumutbarer Arbeitsaufwand aufgebürdet wird und das Verfahren für alle Beteiligten hinreichend transparent ist.[772] 28

5. Anforderungen an die Verdingungsunterlagen: gebotene Differenzierung der Vertragskonditionen zu den Beschaffungsvarianten Kauf oder Leasing

Mit dem Einsatz von Paralellausschreibungen finden sich in der Praxis oft **atypische Vertragsbedingungen in den Verdingungsunterlagen**, die der Praxis des Kfz-Leasinggeschäfts nicht entsprechen, insbes. den leasingtypischen Besonderheiten dieser Branche nicht Rechnung tragen. Diese finden sich in den Besonderen Vertragsbedingungen, welche die Beschaffungsstellen ihren Ausschreibungen aufgrund des Ihnen in § 9 Nr. 3 Abs. 2 VOL/A eingeräumten Vergaberechts beifügen und die neben den allgemeinen Bedingungen für die Ausführung von Leistungen (VOL Teil B) und den Leistungsbeschreibungen der im Einzelfall benötigten Kraftfahrzeuge Geltung beanspruchen. Diese gestellten Vertragskonditionen entsprechen oft eher der Miete als dem Leasing, als insbes. leasingtypische, höchstrichterlich anerkannte Besonderheiten wie der Vollamortisationsanspruch oder die Abwälzung der Sachgefahr vertraglich ausgeschlossen werden[773]. Hintergrund ist, dass die Vertragsbedingungen nicht zwischen den Beschaffungswegen Miete und Kauf differenzieren, sondern für beide gleichermaßen gelten sollen. 29

Diese **Vereinfachung** wirkt sich jedoch **zu Lasten der Anbieter** aus und verstößt zudem gegen das vergaberechtliche Transparenzgebot. Die Leasinggesellschaften sind hierdurch an diese nicht differenzierenden Vorgaben der Be- 30

---

[770] *Ebenda,* 46 ff.

[771] Vgl. den Vergabeüberwachungsausschuss des Bundes (VÜA), Entscheidung v. 14.4.1997 – 1 VÜ 24/96 u.a., WuW 1997, 937; s. auch VÜA Schleswig-Holstein, Beschluss v. 8.4.1997, EzEG – VergR IV 15.3.

[772] *Ebenda,* 47 ff.

[773] *Lüdemann*, Die öffentliche Hand als Leasingnehmer, 49 ff.

schaffungsstellen gebunden. Andernfalls wären sie von vornherein von der Auftragsvergabe ausgeschlossen. Änderungen an den Verdingungsunterlagen können nämlich aus Gründen der Gleichbehandlung der Bieter und der Vergleichbarkeit der Angebote zum Ausschluss von der Vergabe führen, § 25 Nr. 1 Abs. 1 i.V.m. § 21 Nr. 1 Abs. 3 VOL/A. Eine derartige Abweichung würde auch in der Vorlage der eigenen Leasingbedingungen der Leasinggesellschaften zu sehen sein, die den spezifischen Besonderheiten der Branche Rechnung tragen. Dieses Ergebnis ist für die Leasinggesellschaften im Endergebnis nicht tragbar.

31 Die Praxis der Vergabestellen ist zwar nicht als Missbrauch gegen § 19 GWB zu werten, widerspricht jedoch wesentlichen Vorgaben des Haushalts- und Vergaberechts. Auch steht diese Praxis in Widerspruch zum allgemeinen Verbot der Aufbürdung ungewöhnlicher Wagnisse, vgl. § 8 Nr. 1 Abs. 3 VOL/A. Als eine wichtige Forderung aus den Grundsätzen des Vergaberechts dürfen die berechtigten Anliegen der Bieter nicht unzumutbar, sei es qualitativ oder quantitativ, vernachlässigt werden. Dies führt zu der Forderung, dass die Vergabestellen für beide Beschaffungsvarianten angemessene Vertragsbedingungen bzw. rechtliche Rahmenbedingungen formulieren müssen, auch letztlich in eigenem Interesse.[774]

6. Bevorzugung regionaler Anbieter bei der Zuschlagserteilung: Verstoß gegen deutsches und europäisches Vergaberecht

32 Wie bereits bei der etablierten Beschaffungsvariante des Kaufs von Dienstfahrzeugen nunmehr auch bei der Beschaffungsalternative Leasing werden vergabefremde Zwecke durch öffentliche Aufträge mitverfolgt. So zeigt sich speziell bei der Beschaffung von Dienstfahrzeugen der Sitz eines Unternehmens als ausschlaggebend. Vorwiegend erhalten deutsche Fabrikate den Zuschlag und in den einzelnen Ländern die dort angesiedelten Unternehmen, wie z.B. BMW in München. Es gibt auch Gegenbeispiele; so wurde VW in Nordrhein-Westfalen der Zuschlag erteilt. Als Stichworte für diese nicht zwingend regionale Bevorzugung werden genannt: Sicherung der Arbeitsplätze und Stärkung der regionalen Wirtschaft. Diese Bevorzugung regionaler Anbieter bei den Leasingverträgen über Dienstfahrzeuge mit der öffentlichen Hand ist jedoch wirtschaftspolitisch nicht geboten und und stimmt auch nicht mit den Vorgaben des deutschen und europäischen Vergaberechts überein.[775] Es liegt ein Verstoß gegen das Diskrimierungsverbot des § 97 Abs. 2 GWB und auch des Art. 12 EGV vor, wonach der Wettbewerb weder national, regional noch lokal beschränkt werden darf. Es fehlt nach § 97 Abs. 4 GWB an der notwendigen bundes- oder landesgesetzlichen Grundlage. **Entscheidend** bei der Zuschlagserteilung ist **nur** der **Bezug zur Leistungserbringung**.[776]

---

[774] *Ebenda*, 47 ff.

[775] *Ebenda*, 57.

[776] *Ebenda*, 56 ff.

Anhang

Übersicht:

Anhang

I. Vertragsmuster

1. Kfz-Geschäftsleasing-Vertrag

Nachstehende Bedingungen gelten für alle Leasing-Verträge der Volkswagen Leasing GmbH – nachstehend Leasing-Geber – mit ihren Geschäftsfahrzeug-Leasing-Kunden – nachstehend Leasing-Nehmer –.

I. Vertragsabschluss

1. Der Leasing-Nehmer ist an seinen schriftlichen Leasing-Antrag vier Wochen gebunden. Der Leasing-Vertrag ist abgeschlossen, wenn der Leasing-Geber innerhalb dieser Frist die Annahme des Antrages schriftlich bestätigt.

2. Die Vertragsannahme des Leasing-Gebers bedarf keiner Unterzeichnung, wenn sie mit Hilfe einer automatischen Einrichtung erstellt wird. Dies gilt auch für die Vertragsaufhebung gem. Abschnitt XIV.

3. Mündliche Nebenabreden bestehen nicht.

II. Leasing-Gegenstand

Konstruktions- oder Formänderungen des Leasing-Gegenstandes – nachstehend Fahrzeug genannt –, Abweichungen im Farbton sowie Änderungen des Lieferumfanges seitens des Herstellers bleiben während der Leasing-Zeit vorbehalten.

III. Beginn der Leasing-Zeit

Die Leasing-Zeit, die der im Leasing-Vertrag genannten Vertragsdauer in Monaten entspricht, beginnt an dem zwischen dem Lieferanten und dem Leasing-Nehmer vereinbarten Tag der Übergabe. Falls auf Wunsch des Leasing-Nehmers das Fahrzeug vorher zugelassen wird, beginnt die Leasing-Zeit am Tag der Zulassung. Kommt keine Vereinbarung über den Übergabezeitpunkt zustande, beginnt die Leasing-Zeit 14 Tage nach Anzeige der Bereitstellung des Fahrzeuges.

IV. Leasing-Entgelte und sonstige Kosten

1. Die Leasing-Raten, eine vereinbarte Sonderzahlung und eine Mehrkilometerbelastung nach Ziffer 3 sind Gegenleistung für die Gebrauchsüberlassung des Fahrzeuges.

2. Eine vereinbarte Leasing-Sonderzahlung ist zusätzliches Entgelt neben den Leasing-Raten und dient nicht als Kaution. Durch sie werden Leasing-Raten nicht getilgt.

3. Nur für Verträge ohne Gebrauchtwagen-Abrechnung: Ist bei Rückgabe des Fahrzeuges nach Ablauf der bei Vertragsabschluss vereinbarten Leasing-Zeit die festgelegte Gesamtkilometer-Laufleistung über- bzw. unterschritten, werden die gefahrenen Mehr- bzw. Minderkilometer dem Leasing-Nehmer zu dem im Leasing-Vertrag genannten Satz nachberechnet bzw. vergütet. Bei der Berechnung von Mehr- und Minderkilometern bleiben 2.500 km ausgenommen.

4. Vereinbarte Nebenleistungen, wie z. B. Überführung, An- und Abmeldung des Fahrzeuges sowie Aufwendungen für Versicherung und Steuern, soweit sie nicht als Bestandteil der Leasing-Rate ausdrücklich ausgewiesen werden, sind gesondert zu bezahlen.

5. Bei Änderung des Lieferumfanges nach Vertragsabschluss auf Wunsch des Leasing-Nehmers sowie bei Einführung objektbezogener Sondersteuern sind beide Vertragsparteien berechtigt, eine der Veränderung entsprechende Anpassung der Leasing-Rate und gegebenenfalls der Sonderzahlung zu verlangen.
Das gleiche Recht haben beide Vertragspartner bei einer Änderung der unverbindlichen Preisempfehlung des Fahrzeugherstellers nach Vertragsabschluss, wenn sich dadurch die Anschaffungskosten des Leasing-Gebers verändern. Ergibt sich dadurch eine Erhöhung der Leasing-Rate und gegebenenfalls der Sonderzahlung um mehr als 5 %, kann der Leasing-Nehmer durch schriftliche Erklärung binnen 3 Wochen ab Eingang der Mitteilung über die Erhöhung vom Vertrag zurücktreten.
Bei einer Änderung der Umsatzsteuer passt der Leasing-Geber alle sich aus dem Leasing-Vertrag ergebenden Forderungen, Zahlungen und Beträge ab dem Zeitpunkt der Änderung dem neuen Umsatzsteuersatz an.
Ändern sich nach Vertragsabschluss bei vereinbarten Dienstleistungen mit gesetzlich oder behördlich festgesetzten Gebühren die vom Leasing-Geber zu verauslagenden Kosten, können beide Teile eine entsprechende Anpassung der Leasing-Rate verlangen.
Ist abzusehen, dass die Gesamtfahrleistung eines Vertrages ohne Gebrauchtwagenabrechnung erheblich über- oder unterschritten wird, kann jede Vertragspartei verlangen, dass über eine entsprechende Anpassung der Leasing-Raten und eine Neufestsetzung der Gesamtfahrleistung gemäß Ziffer 3 verhandelt wird.

6. Weitere Zahlungsverpflichtungen des Leasing-Nehmers nach diesem Vertrag (z. B. im Fall der Kündigung gemäß Abschnitt XV) bleiben unberührt.

V. Zahlungsfälligkeit und -modalitäten

1. Die erste Leasing-Rate ist zu Beginn der Leasing-Zeit fällig. Die weiteren Leasing-Raten sind jeweils am Monatsersten im Voraus fällig. Die Anzahl der Leasing-Raten entspricht der vereinbarten Vertragsdauer in Monaten. Eine Leasing-Sonderzahlung ist – soweit nichts anderes vereinbart – zu Beginn der Leasing-Zeit fällig.

2. Die Forderungen auf Ersatz von Überführungs-, An- und Abmeldekosten sowie der vom Leasing-Geber verauslagten Beträge, die nach dem Vertrag vom Leasing-Nehmer zu tragen sind, sind nach Anfall/Verauslagung und Rechnungsstellung fällig. Alle weiteren Forderungen des Leasing-Gebers sind nach Rechnungsstellung fällig.

3. Gegen die Ansprüche des Leasing-Gebers kann der Leasing-Nehmer nur dann aufrechnen, wenn die Gegenforderung des Leasing-Nehmers unbestritten ist oder ein rechtskräftiger Titel vorliegt; ein Zurückbehaltungsrecht kann der Leasing-Nehmer nur geltend machen, soweit es auf Ansprüchen aus dem Leasing-Vertrag beruht.

4. Zahlungsanweisungen, Schecks und Wechsel werden nur nach besonderer Vereinbarung und nur zahlungshalber angenommen unter Berechnung entstandener Kosten.

5. Befindet sich der Leasing-Nehmer mit mindestens 2 Raten im Verzug, ist der Leasing-Geber berechtigt, das Fahrzeug zur Sicherung seines Eigentums bzw. zur Abwendung von Schäden auch ohne Kündigung des Vertrages wieder in Besitz zu nehmen, ohne dass der Anspruch auf die Weiterzahlung der Leasing-Raten entfällt. Der Leasing-Geber ist jedoch bereit, das Fahrzeug nach vollständigem Zahlungsausgleich an den Leasing-Nehmer zurückzugeben.

VI. Lieferung und Lieferverzug

1. Liefertermine und Lieferfristen, die verbindlich oder unverbindlich vereinbart werden können, sind schriftlich anzugeben. Lieferfristen beginnen mit Vertragsabschluss. Werden nachträgliche Vertragsänderungen vereinbart, ist erforderlichenfalls gleichzeitig ein Liefertermin oder eine Lieferfrist erneut schriftlich zu vereinbaren.

2. Der Leasing-Nehmer kann 6 Wochen nach Überschreiten eines unverbindlichen Liefertermins oder einer unverbindlichen Lieferfrist den Leasing-Geber auffordern zu liefern. Mit dem Zugang der Aufforderung kommt der Leasing-Geber in Verzug. Hat der Leasing-Nehmer Anspruch auf Ersatz eines Verzugsschadens, beschränkt sich dieser bei leichter Fahrlässigkeit des Leasing-Gebers auf höchstens 5 % des Fahrzeugpreises entsprechend der unverbindlichen Preisempfehlung/des Listenpreises (einschließlich Umsatzsteuer) des Fahrzeugherstellers zum Zeitpunkt des Vertragsabschlusses.
Will der Leasing-Nehmer darüber hinaus vom Vertrag zurücktreten und/oder Schadensersatz statt Leistungen verlangen, muss er dem Leasing-Geber nach Ablauf der Sechs-Wochen-Frist gemäß Satz 1 eine angemessene Frist zur Lieferung setzen. Hat der Leasing-Nehmer Anspruch auf Schadenersatz statt der Leistung, beschränkt sich der Anspruch bei leichter Fahrlässigkeit auf höchstens 25 % des Fahrzeugpreises entsprechend der unverbindlichen Preisempfehlung des Fahrzeugherstellers zum Zeitpunkt des Vertragsabschlusses.
Ist der Leasing-Nehmer eine juristische Person des öffentlichen Rechts, ein öffentlich-rechtliches Sondervermögen oder ein Unternehmer, der bei Abschluss des Vertrages in Ausübung seiner gewerblichen oder selbständigen beruflichen Tätigkeit handelt, sind Schadenersatzansprüche bei leichter Fahrlässigkeit ausgeschlossen.
Wird dem Leasing-Geber, während er in Verzug ist, die Lieferung durch Zufall unmöglich, so haftet er mit den vorstehend vereinbarten Haftungsbegrenzungen. Der Leasing-Geber haftet nicht, wenn der Schaden auch bei rechtzeitiger Lieferung eingetreten wäre.

3. Wird ein verbindlicher Liefertermin oder eine verbindliche Lieferfrist überschritten, kommt der Leasing-Geber bereits mit Überschreiten des Liefertermins oder der Lieferfrist in Verzug. Die Rechte des Leasing-Nehmers bestimmen sich dann nach Ziffer 2, Sätze 3 bis 6 dieses Abschnitts.

4. Höhere Gewalt oder beim Leasing-Geber oder dessen Lieferanten eintretende Betriebsstörungen, die den Leasing-Geber ohne eigenes Verschulden vorübergehend daran hindern, das Fahrzeug zum vereinbarten Termin oder innerhalb der vereinbarten Frist zu liefern, verändern die in Ziffer 1 bis 3 dieses Abschnitts genannten Termine und Fristen um die Dauer der durch diese Umstände bedingten Leistungsstörungen. Führen entsprechende Störungen zu einem Leistungsaufschub von mehr als vier Monaten, kann der Leasing-Nehmer vom Vertrag zurücktreten. Andere Rücktrittsrechte bleiben davon unberührt.

VII. Übernahme und Übernahmeverzug

1. Der Leasing-Nehmer ist verpflichtet, das Fahrzeug innerhalb von 14 Tagen nach Zugang der Bereitstellungsanzeige am vereinbarten Übernahmeort abzunehmen. Im Falle der Nichtabnahme kann der Leasing-Geber von seinen gesetzlichen Rechten Gebrauch machen.

2. Verlangt der Leasing-Geber Schadenersatz, so beträgt dieser 15 % des Fahrzeugpreises entsprechend der unverbindlichen Preisempfehlung (einschließlich Umsatzsteuer) des Fahrzeugherstellers zum Zeitpunkt des Vertragsabschlusses für dieses Fahrzeug. Der Schadenbetrag ist höher oder niedriger anzusetzen, wenn der Leasing-Geber einen höheren oder der Leasing-Nehmer einen geringeren Schaden nachweist. Der Leasing-Nehmer hat den Leasing-Geber auch von solchen Schäden freizustellen, die aus der Nichterfüllung des zwischen dem Leasing-Geber und dem vermittelnden Betrieb geschlossenen Kaufvertrages infolge der Nichtabnahme entstehen.

VIII. Eigentumsverhältnisse, Halter des Fahrzeuges und Zulassung

1. Der Leasing-Geber ist Eigentümer des Fahrzeuges. Er ist berechtigt, in Abstimmung mit dem Leasing-Nehmer das Fahrzeug zu besichtigen und auf seinen Zustand zu überprüfen.
Der Leasing-Nehmer darf das Fahrzeug weder verkaufen, verpfänden, verschenken, vermieten oder verleihen, noch zur Sicherung übereignen. Zur längerfristigen Nutzung darf er das Fahrzeug nur den seinem Haushalt angehörenden Personen und seinen Mitarbeitern überlassen. Eine Verwendung zu Fahrschulzwecken, als Taxi oder zu sportlichen Zwecken bedarf der vorherigen schriftlichen Zustimmung des Leasing-Gebers.

2. Der Leasing-Nehmer hat das Fahrzeug von Rechten Dritter freizuhalten. Von Ansprüchen Dritter auf das Fahrzeug, Entwendung, Beschädigung und Verlust ist der Leasing-Geber vom Leasing-Nehmer unverzüglich zu benachrichtigen. Der Leasing-Nehmer trägt die Kosten für Maßnahmen zur Abwehr des Zugriffs Dritter, die nicht vom Leasing-Geber verursacht und nicht von Dritten bezahlt worden sind.

3. Nachträgliche Änderungen, zusätzliche Einbauten sowie Lackierungen und Beschriftungen an dem Fahrzeug sind nur zulässig, wenn der Leasing-Geber vorher schriftlich zugestimmt hat. Der Leasing-Nehmer ist jedoch verpflichtet, auf Verlangen des Leasing-Gebers den ursprünglichen Zustand zum Vertragsende auf eigene Kosten wiederherzustellen, es sei denn, der Leasing-Geber hat hierauf verzichtet oder der ursprüngliche Zustand kann nur mit unverhältnismäßig hohem Aufwand wieder hergestellt werden. Der Leasing-Nehmer ist berechtigt, von ihm vorgenommene Einbauten zum Vertragsende unter der Voraussetzung zu entfernen, dass der ursprüngliche Zustand wieder hergestellt wird. Änderungen und Einbauten begründen nur dann einen Anspruch auf Zahlung einer Ablösung gegen den Leasing-Geber, wenn dieser schriftlich zugestimmt hat und durch die Veränderungen eine Wertsteigerung des Fahrzeuges bei Rückgabe noch vorhanden ist.

4. Der Leasing-Nehmer ist Halter des Fahrzeuges. Es wird auf ihn zugelassen. Der Fahrzeugbrief wird vom Leasing-Geber verwahrt. Benötigt der Leasing-Nehmer zur Erlangung behördlicher Genehmigungen den Fahrzeugbrief, wird dieser der Behörde auf sein Verlangen vom Leasing-Geber vorgelegt. Wird der Fahrzeugbrief dem Leasing-Nehmer von Dritten ausgehändigt, ist der Leasing-Nehmer unverzüglich zur Rückgabe an den Leasing-Geber verpflichtet.

IX. Halterpflichten

1. Der Leasing-Nehmer hat alle sich aus dem Betrieb und der Haltung des Fahrzeuges ergebenden gesetzlichen Verpflichtungen, insbesondere die termingerechte Vorführung zu Untersuchungen, zu erfüllen und den Leasing-Geber, soweit er in Anspruch genommen wird, freizustellen. Endet der Leasing-Vertrag im Monat einer fälligen Haupt- oder Abgasuntersuchung (StVZO), hat der Leasing-Nehmer diese vor Rückgabe des Fahrzeuges durchführen zu lassen und für neue Prüfplaketten zu sorgen.

2. Der Leasing-Nehmer trägt sämtliche Aufwendungen, die mit dem Betrieb und der Haltung des Fahrzeuges verbunden sind, insbesondere Steuern, Versicherungsbeiträge, Wartungs- und Reparaturkosten. Werden Wartungsarbeiten gemäß der Betriebsanleitung des Herstellers mit dem Ende des Leasing-Vertrages fällig, trägt deren Kosten der Leasing-Nehmer. Leistet der Leasing-Geber für den Leasing-Nehmer Zahlungen, die nicht aufgrund besonderer Vereinbarung vom Leasing-Geber zu erbringen sind, kann er beim Leasing-Nehmer Rückgriff nehmen.

3. Der Leasing-Nehmer hat dafür zu sorgen, dass das Fahrzeug nach den Vorschriften der Betriebsanleitung des Herstellers behandelt wird. Das Fahrzeug ist im Rahmen des vertraglichen Verwendungszweckes schonend zu behandeln und stets im betriebs- und verkehrssicheren Zustand zu erhalten.

X. Versicherungsschutz und Schadenabwicklung

1. Der Leasing-Geber schließt im Namen und für Rechnung des Leasing-Nehmers auf dessen Wunsch für das Leasing-Fahrzeug zu den Allgemeinen Bedingungen für die Kraftfahrtversicherung (AKB) eine Kfz-Haftpflichtversicherung (50 Mio. Euro Deckungssumme, jedoch nicht mehr als 8 Mio. Euro je geschädigte Person) und eine Kfz-Vollkaskoversicherung (Selbstbeteiligung Euro 300,00 je Schadenereignis) für den Leasing-Nehmer ab. Der Leasing-Nehmer schuldet dem Leasing-Geber den Beitrag für die Fahrzeugversicherungen, den dieser aufgrund einer Einzugsermächtigung des Versicherers nach Ausfertigung der Versicherungs-Police neben der monatlichen Leasing-Rate berechnet. Die Höhe des Beitrages richtet sich nach dem Inhalt der Versicherungs-Police. Die Fälligkeit des Erstbeitrages ergibt sich aus § 35 VVG. Die Folgebeiträge sind jeweils am 1. eines Kalendermonats fällig.
Versichert der Leasing-Nehmer das Fahrzeug nicht über den Leasing-Geber, hat der Leasing-Nehmer eine Kraftfahrzeug-Haftpflichtversicherung und eine Kfz-Vollkaskoversicherung, jeweils mit dem gleichen Umfang wie vorstehend, abzuschließen und dem Leasing-Geber nachzuweisen, Letztere durch einen Sicherungsschein.
Der Leasing-Nehmer ermächtigt den Leasing-Geber, für sich einen Sicherungsschein über die Kfz-Vollkaskoversicherung zu beantragen und Auskunft über die vorgenannten Versicherungsverhältnisse einzuholen.
Hat der Leasing-Nehmer nicht die erforderliche Kfz-Vollkaskoversicherung abgeschlossen, ist der Leasing-Geber berechtigt, aber nicht verpflichtet, eine entsprechende Versicherung als Vertreter für den Leasing-Nehmer abzuschließen.

2. Im Schadenfall hat der Leasing-Nehmer den Leasing-Geber unverzüglich zu unterrichten; bei voraussichtlichen Reparaturkosten von über Euro 2.500,00 hat die Unterrichtung fernmündlich vor Erteilung des Reparaturauftrages zu erfolgen, soweit dies dem Leasing-Nehmer möglich und zumutbar ist.

Der Leasing-Nehmer hat dem Leasing-Geber ferner unverzüglich eine Kopie der an den Versicherer gerichteten Schadenanzeige und der Rechnung über die durchgeführte Reparatur zu übersenden.
Bei Versicherung des Leasing-Fahrzeuges über den Leasing-Geber nimmt dieser die Schadenabwicklung vor und verauslagt bis zur endgültigen Abwicklung die unfallbedingten Reparaturkosten.

3. Hat der Leasing-Nehmer das Fahrzeug nicht über den Leasing-Geber versichert, hat er die notwendigen Reparaturarbeiten unverzüglich im eigenen Namen und auf eigene Rechnung durchführen zu lassen, es sei denn, dass wegen Schwere oder Umfang der Schäden Totalschaden anzunehmen ist oder die voraussichtlichen Reparaturkosten 60 % des Wiederbeschaffungswertes des Fahrzeuges übersteigen.
Bei Versicherung über den Leasing-Geber trifft den Leasing-Nehmer die gleiche Verpflichtung, jedoch mit der Maßgabe, die Reparatur unter Vorlage des Leasing-Ausweises im Namen und für Rechnung des Leasing-Gebers durchführen zu lassen.
Der Leasing-Nehmer hat mit der Durchführung der Reparatur einen vom Hersteller anerkannten Betrieb zu beauftragen. In Notfällen können, falls die Hilfe eines vom Hersteller anerkannten Betriebes nicht oder nur unter unzumutbaren Schwierigkeiten erreichbar ist, Reparaturen in einem anderen Kfz-Reparaturbetrieb, der die Gewähr für sorgfältige handwerksmäßige Arbeit bietet, durchgeführt werden.

4. Der Leasing-Nehmer ist, auch über das Vertragsende hinaus – vorbehaltlich eines Widerrufes durch den Leasing-Geber – ermächtigt und verpflichtet, alle fahrzeugbezogenen Ansprüche aus einem Schadenfall im eigenen Namen und auf eigene Kosten geltend zu machen. Dies gilt nicht, wenn der Leasing-Geber die Ermächtigung widerrufen oder sich vertraglich zur Schadenabwicklung verpflichtet hat. Zum Ausgleich des Fahrzeugschadens erlangte Beträge hat der Leasing-Nehmer im Reparaturfall zur Begleichung der Reparaturrechnung zu verwenden. Ist der Leasing-Nehmer gemäß Ziffer 3 Absatz 1 nicht zur Reparatur des Fahrzeuges verpflichtet, hat er die erlangten Entschädigungsleistungen an den Leasing-Geber abzuführen. Sie werden zur Abdeckung eines Schuldsaldos des Leasing-Nehmers aus einer vorzeitigen Vertragsabrechnung gemäß Abschnitt XV verwendet.

5. Entschädigungsleistungen für Wertminderung sind in jedem Fall an den Leasing-Geber weiterzuleiten. Bei Verträgen mit Gebrauchtwagenabrechnung rechnet der Leasing-Geber erhaltene Wertminderungsbeträge dem aus dem Verkauf des Fahrzeuges erzielten Verkaufserlös am Vertragsende zu. Bei Verträgen ohne Gebrauchtwagenabrechnung kann der Leasing-Geber vom Leasing-Nehmer am Vertragsende eine dann noch bestehende schadenbedingte Wertminderung des Fahrzeuges ersetzt verlangen, soweit der Leasing-Geber nicht schon im Rahmen der Schadenabwicklung eine Wertminderungsentschädigung erhalten hat.

6. Bei Totalschaden oder Verlust des Fahrzeuges kann jeder Vertragspartner den Leasing-Vertrag zum Ende eines Vertragsmonats kündigen. Bei schadenbedingten Reparaturkosten von mehr als 60 % des Wiederbeschaffungswertes des Fahrzeuges kann der Leasing-Nehmer innerhalb von 3 Wochen nach Kenntnis dieser Voraussetzungen zum Ende eines Vertragsmonats kündigen. Macht der Leasing-Nehmer von diesem Kündigungsrecht keinen Gebrauch, hat er das Fahrzeug gemäß Ziffer 3. 1. Halbsatz unverzüglich reparieren zu lassen.
Kündigt der Leasing-Nehmer, ist er berechtigt, bereits vor Vertragsende das Fahrzeug an den ausliefernden Händler zurückzugeben.
Wird im Falle der Entwendung das Fahrzeug vor dem Eintritt der Leistungsverpflichtung des Versicherers wieder aufgefunden, setzt sich der Leasing-Vertrag auf Verlangen eines der Vertragspartner zu den bisherigen Bedingungen fort. In diesem Fall hat der Leasing-Nehmer die zwischenzeitlichen Leasing-Raten in einer Summe innerhalb einer Woche ab Geltendmachung des Fortsetzungsverlangens nachzuzahlen.
Totalschaden, Verlust oder Beschädigung des Fahrzeuges entbinden nur dann von der Verpflichtung zur Zahlung weiterer Leasing-Raten, wenn der Leasing-Vertrag wirksam nach Satz 2 gekündigt ist und nicht gemäß Satz 6 fortgesetzt wird.
Die Folgen einer Kündigung nach Absatz 1 sind in Abschnitt XV geregelt.

XI. Haftung

1. Für Untergang, Verlust, Beschädigung und Wertminderung des Fahrzeuges und seiner Ausstattung haftet der Leasing-Nehmer dem Leasing-Geber auch ohne Verschulden, jedoch nicht bei Verschulden des Leasing-Gebers.

2. Für unmittelbare und mittelbare Schäden, die dem Leasing-Nehmer oder anderen Personen durch den Gebrauch des Fahrzeuges, Gebrauchsunterbrechung oder -entzug entstehen, haftet der Leasing-Geber dem Leasing-Nehmer nur bei Verschulden; eine etwaige Ersatzhaftung des Leasing-Gebers für den Hersteller/Importeur nach dem Produkthaftungsgesetz bleibt unberührt.

XII. Wartung, Reparaturen und sonstige Dienstleistungen

1. Soweit der Vertrag
- Wartung nach den Vorschriften des Fahrzeugherstellers einschließlich dazugehöriger Ölwechsel und Verschleißreparaturen
- Reifenersatz
- Fahrzeug-Rechtsschutzversicherung
- Kfz-Steuer
- Rundfunkgebühren

umfasst, trägt oder verauslagt der Leasing-Geber dafür die Kosten.
Im Rahmen der Dienstleistung Wartung und Verschleißreparaturen werden nicht ersetzt: Kosten für Mietwagen, Reifenersatz, saisonal bedingter Reifenwechsel, Fahrten zum TÜV, Wagenpflege, Unfallschäden, Reparaturen aufgrund unsachgemäßer Fahrzeugbehandlung, Glas-, Steinschlag-, Lackschäden und Schäden an Aufbauten und Sonderausstattungen sowie Folgeschäden. (Sonderausstattungen sind Mehrausstattungen, die nicht vom Fahrzeughersteller oder Volkswagen Partner geliefert wurden oder die nicht zum Lieferumfang des Leasing-Vertrages gehören). Bei Übernahme der Kfz-Steuer übersendet der Leasing-Nehmer ihm zugestellte Steuerbescheide unverzüglich dem Leasing-Geber. Über den Rückgabetag des Leasing-Fahrzeuges hinaus verauslagte Kfz-Steuer kann der Leasing-Geber vom Leasing-Nehmer auch dann zurückfordern, wenn das Finanzamt die Erstattung an den Leasing-Nehmer noch nicht vorgenommen hat.

2. Steht das Leasing-Fahrzeug dem Leasing-Nehmer wegen Verschleißreparaturen, die vom Leasing-Geber zu tragen sind, länger als zwei Tage nicht zur Verfügung, wird dem Leasing-Nehmer bei entsprechendem Nachweis ab dem dritten Tage je 1/30 der monatlichen Leasing-Rate erstattet. Der Tag der Einlieferung in den vom Hersteller anerkannten Reparaturbetrieb bleibt außer Betracht.

3. Fällige Wartungsarbeiten hat der Leasing-Nehmer pünktlich, erforderliche Reparaturen unverzüglich durch einen vom Hersteller anerkannten Betrieb ausführen zu lassen. Das gilt auch für Schäden an der Kilometer-Anzeige. In diesem Fall hat der Leasing-Nehmer dem Leasing-Geber eine Kopie der Reparaturrechnung mit dem Vermerk des Kilometerstandes einzureichen.
In Notfällen können, falls die Hilfe eines vom Hersteller anerkannten Betriebes nicht oder nur unter unzumutbaren Schwierigkeiten erreichbar ist, Reparaturen in einem anderen Kfz-Reparaturbetrieb, der die Gewähr für sorgfältige handwerksmäßige Arbeit bietet, durchgeführt werden.

4. Vereinbarte Dienstleistungen des Leasing-Gebers aus diesem Vertrag können vom Leasing-Nehmer nur bargeldlos bei Vorlage der Leasing-Ausweis-Unterlagen gegenüber dem ausführenden Betrieb beansprucht werden. Vom Leasing-Nehmer verauslagte Beträge, die der Leasing-Geber aufgrund besonderer Vereinbarungen des Leasing-Vertrages zu tragen hätte, werden nach Vorlage ordnungsgemäßer Belege vom Leasing-Geber erstattet.

5. Sofern eine vom Leasing-Geber zu tragende Verschleißreparatur Euro 400,00 übersteigen wird, ist eine Freigabe durch den Leasing-Geber erforderlich.

6. Begleicht der Leasing-Geber Reparaturkostenrechnungen oder trägt er sonstige Kosten, die nicht aufgrund besonderer Vereinbarungen des Leasing-Vertrages von ihm zu tragen sind, kann er beim Leasing-Nehmer Rückgriff nehmen.

XIII. Ansprüche und Rechte bei Fahrzeugmängeln

1. Dem Leasing-Geber steht nach Maßgabe der gesetzlichen Regelungen aus dem mit dem Lieferanten geschlossenen Kaufvertrag bei Mangelhaftigkeit des Fahrzeugs das Recht zu,
- Nacherfüllung zu verlangen,
- von dem Kaufvertrag zurückzutreten oder den Kaufpreis zu mindern,
- Schadenersatz oder Ersatz vergeblicher Aufwendungen zu verlangen.

Der Nacherfüllungsanspruch ist wahlweise auf Mangelbeseitigung oder Lieferung einer mangelfreien Sache gerichtet.
Inhalt und Umfang von Ansprüchen und Rechten des Leasing-Gebers aus dem Kaufvertrag ergeben sich aus den gesetzlichen und kaufvertraglichen Regelungen. Auf den im Anschluss an diese Bedingungen abgedruckten Auszug aus den Verkaufsbedingungen wird verwiesen.
Dies vorausgeschickt tritt hiermit der Leasing-Geber sämtliche Ansprüche und Rechte aus dem Kaufvertrag einschließlich der Garantieansprüche gegen Hersteller/Importeur/Dritte wegen der Mangelhaftigkeit des Fahrzeugs an den Leasing-Nehmer ab. Der Leasing-Nehmer nimmt die Abtretung an. Er ist berechtigt und verpflichtet, die Ansprüche und Rechte im eigenen Namen mit der Maßgabe geltend zu machen, dass im Falle des Rücktritts und der Kaufpreisminderung etwaige Zahlungen des Lieferanten direkt an den Leasing-Geber zu leisten sind. Ein Verzicht auf Ansprüche gegen den Lieferanten bedarf in diesem Fall der vorherigen Zustimmung des Leasing-Gebers. Gegen den Leasing-Geber stehen dem Leasing-Nehmer Ansprüche und Rechte wegen Fahrzeugmängeln nicht zu. Die §§ 536 bis 536 d. BGB finden insoweit keine Anwendung. Um eine gegebenenfalls erforderliche Mitwirkung des Leasing-Gebers zu erreichen, verpflichtet sich der Leasing-Nehmer, den Leasing-Geber umfassend und unverzüglich über eine Geltendmachung von Ansprüchen und Rechten wegen Fahrzeugmängeln zu informieren. Für den Fall einer Vertragskündigung (vgl. Ziffer XIV. und Ziffer X.6 der Leasing-Bedingungen) erfolgt hiermit eine Rückabtretung der Ansprüche und Rechte wegen Fahrzeugmängeln an den Leasing-Geber, die dieser annimmt.

2. Verlangt der Leasing-Nehmer Nacherfüllung durch Mangelbeseitigung, ist er berechtigt und verpflichtet, diese bei einem vom Hersteller anerkannten Betrieb entsprechend den hierfür geltenden Bedingungen geltend zu machen. Bei Erfolglosigkeit der ersten Mangelbeseitigung wird der Leasing-Geber den Leasing-Nehmer nach schriftlicher Aufforderung bei der Durchsetzung des Mangelbeseitigungsanspruchs unterstützen.

3. Verlangt der Leasing-Nehmer Nacherfüllung durch Lieferung einer mangelfreien Sache und erkennt der Lieferant diesen Nacherfüllungsanspruch an, wird das dem Leasing-Vertrag zugrunde liegende Fahrzeug ersetzt durch eine fabrikneues und baugleiches Fahrzeug mit identischer Ausstattung, nachdem der Leasing-Geber Gelegenheit zur Stellungnahme hatte. Durch den Austausch des Fahrzeugs bleiben der Bestand des Leasing-Vertrages und die Zahlungsverpflichtungen unberührt. Eine Rückerstattung der vor dem Zeitpunkt des Tausches geleisteten Zahlungen unterbleibt. Der Leasing-Nehmer ist berechtigt und verpflichtet, die mangelfreie Sache für den Leasing-Geber in Empfang zu nehmen.
Erkennt der Lieferant den Nacherfüllungsanspruch durch Lieferung einer mangelfreien Sache nicht an, verpflichtet sich der Leasing-Nehmer zur Klageerhebung binnen eines Zeitraums von sechs Wochen nach Ablehnung durch den Lieferanten. Ab dem Ablehnungszeitpunkt ist der Leasing-Nehmer zur Zurückbehaltung der Leasing-Raten berechtigt. Bei nicht fristgerechter Klageerhebung greift das Zurückbehaltungsrecht der Raten ab dem Tag der Klageerhebung. Bei Erfolglosigkeit des Klagebegehrens entfällt das Zurückbehaltungsrecht rückwirkend. Die zurückbehaltenen Raten sind unverzüglich in einem Betrag zu zahlen. Den durch die Zurückbehaltung entstandenen Verzugsschaden ersetzt der Leasing-Nehmer.

4. Verlangt der Leasing-Nehmer aufgrund der Mangelhaftigkeit Rückabwicklung, ist er verpflichtet und berechtigt, den Rücktritt vom Kaufvertrag für den Leasing-Geber gegenüber dem Lieferanten zu erklären. Im Falle der Zustimmung des Lieferanten oder seiner rechtskräftigen Verurteilung entfällt die Verpflichtung zur Zahlung von Leasing-Raten.
Erkennt der Lieferant das Rücktrittsrecht des Leasing-Gebers nicht an, ist der Leasing-Nehmer ab Erklärung des Rücktritts zur Zurückbehaltung der Leasing-Raten berechtigt, sofern er spätestens innerhalb von sechs Wochen nach Rücktritterklärung Klage erhebt. Bei nicht fristgerechter Klageerhebung greift das Zurückbehaltungsrecht der Raten ab dem Tag der Klageerhebung. Bei Erfolglosigkeit des Klagebegehrens entfällt das Zurückbehaltungsrecht rückwirkend. Die zurückbehaltenen Raten sind unverzüglich in einem Betrag zu zahlen. Den durch die Zurückbehaltung entstandenen Verzugsschaden ersetzt der Leasing-Nehmer.

5. Im Falle des berechtigten Rücktritts erhält der Leasing-Nehmer die gezahlten Leasing-Raten und eine etwaige Sonderzahlung (jeweils einschließlich Umsatzsteuer) zurück. Davon abzuziehen sind jedoch Aufwendungen für die im Vertrag eingeschlossenen Dienstleistungen sowie ein Nutzungsausgleich für die Gebrauchsüberlassung. Die Geltendmachung eines Anspruchs wegen Fahrzeugschäden gemäß Ziffer XVI.3 bleibt unberührt, soweit der Schaden nicht auf dem geltend gemachten Fahrzeugmangel beruht.

6. Verlangt der Leasing-Nehmer Minderung, ist er berechtigt und verpflichtet, die Minderung des Kaufpreisanspruchs für den Leasing-Geber gegenüber dem Lieferanten zu erklären und gerichtlich durchzusetzen, sofern der Lieferant der Kaufpreisminderung widerspricht. Einen anerkannten und gezahlten oder gerichtlich festgestellten und gezahlten Minderungsanspruch hinsichtlich des Kaufpreises setzt der Leasing-Geber ein, um die noch ausstehenden Leasing-Raten und den Restwert – unter Berücksichtigung bereits gezahlter Leasing-Entgelte neu zu berechnen.

7. Das Risiko einer Zahlungsunfähigkeit des Lieferanten trägt der Leasing-Geber.

XIV. Vertragsaufhebung und Kündigung

1. Der Leasing-Vertrag ist fest über die vereinbarte Vertragszeit abgeschlossen, doch kann auf Wunsch des Leasing-Nehmers 6 Monate nach Vertragsbeginn, bei Totalschaden, Verlust oder unfallbedingten Reparaturkosten von mehr als 60 % des Wiederbeschaffungswertes des Fahrzeuges jederzeit eine vorzeitige Beendigung des Leasing-Vertrages durch schriftlichen Aufhebungsvertrag erfolgen. Zu diesem Zweck kann der Leasing-Nehmer unter Vorführung des Fahrzeuges und Angabe der tatsächlichen Kilometerleistung erfragen, zu welchen finanziellen Bedingungen der Leasing-Geber den Leasing-Vertrag aufzuheben bereit ist.

Unberührt von der Regelung des Absatzes 1 bleiben die Kündigungsrechte nach Ziffern 2 bis 3 sowie nach Abschnitt X Ziffer 6 (Bei Totalschaden, Verlust oder Beschädigung).

2. Jeder Vertragspartner kann den Vertrag aus wichtigem Grund fristlos kündigen.
Der Leasing-Geber kann insbesondere dann fristlos kündigen, wenn der Leasing-Nehmer
- mit zwei Leasing-Raten in Verzug ist;
- seine Zahlungen einstellt, als Schuldner einen außergerichtlichen Vergleich anbietet, Wechsel und Schecks mangels Deckung zu Protest gehen lässt;
- bei Vertragsabschluss unrichtige Angaben gemacht oder Tatsachen verschwiegen hat und deshalb dem Leasing-Geber die Fortsetzung des Vertrages nicht zuzumuten ist;
- trotz schriftlicher Abmahnung schwer wiegende Verletzungen des Vertrages nicht unterlässt oder bereits eingetretene Folgen solcher Vertragsverletzungen nicht unverzüglich beseitigt.

3. Stirbt der Leasing-Nehmer und haben die Erben an der Fortführung des Vertrages

kein Interesse, können die Erben oder der Leasing-Geber das Vertragsverhältnis zum Ende eines Vertrags-Monats kündigen.

4. Die Folgen einer Kündigung sind in Abschnitt XV geregelt.

XV. Abrechnung nach Kündigung

1. Kündigt der Leasing-Geber fristlos, kann er vom Leasing-Nehmer den Schadensersatz verlangen, der dem Leasing-Geber durch das vorzeitige Vertragsende entsteht. Dabei hat der Leasing-Geber Anspruch auf Vollamortisation unter Berücksichtigung des durch Verkauf an den gewerblichen Kraftfahrzeughandel zu erzielenden Fahrzeugerlöses. Zur Schadensminderung hat der Leasing-Nehmer die Möglichkeit, dem Leasing-Geber schriftlich innerhalb einer Frist von zwei Wochen nach Fahrzeugrückgabe einen Kaufinteressenten zu benennen, der das Fahrzeug sofort zu einem den Vorstellungen des Leasing-Nehmers entsprechenden Preis bar bezahlt und abnimmt.

2. Können sich bei Totalschaden, Verlust oder geschätzten Reparaturkosten von mindestens 60 % des Wiederbeschaffungswertes des Fahrzeuges die Vertragspartner nicht über einen Aufhebungsvertrag einigen und kündigt deshalb gemäß Abschnitt X Ziffer 6 einer der Vertragspartner, steht dem Leasing-Geber der Vollamortisationsanspruch ebenfalls zu. Von einem eventuellen Überschuss aus der Vertragsabrechnung erhält der Leasing-Nehmer 75 %.
Bei Vollkaskoversicherung über die Volkswagen-Versicherungsdienst GmbH (VVD) beschränkt sich ein Vollamortisationsanspruch gemäß Ziffer 2 auf den Betrag der Selbstbeteiligung, zuzüglich der in die Leasing-Rate einkalkulierten Überführungskosten, wenn das Fahrzeug gestohlen wurde oder die geschätzten schadensbedingten Reparaturkosten mindestens die Höhe des Wiederbeschaffungswertes erreichen. Die Beschränkung entfällt, wenn der Versicherer dem Leasing-Nehmer den Versicherungsschutz versagt hat. Diese Regelung ist auf eine vereinbarte Abstandszahlung eines Aufhebungsvertrages entsprechend anzuwenden. Sofern über Kfz-Versicherungen mit Schadenservice hinaus noch weitere Dienstleistungen in den Leasing-Vertrag eingeschlossen sind, umfasst die vorgenannte Beschränkung nicht eine anteilige Berechnung und Geltendmachung von Kosten dieser anderen Dienstleistungen.

3. Bei einer Kündigung gemäß Abschnitt XIV Ziffer 3 gelten die in Ziffer 1 dieses Abschnitts genannten Regelungen entsprechend.

4. Auf alle Forderungen und Gutschriften der Ziffern 2 und 3 dieses Abschnittes wird die jeweils gültige Umsatzsteuer berechnet.

XVI. Rückgabe des Fahrzeuges

1. Nach Beendigung des Leasing-Vertrages ist das Fahrzeug mit Schlüsseln und allen überlassenen Unterlagen (z. B. Fahrzeugschein, Kundendienstheft, Ausweis) vom Leasing-Nehmer auf seine Kosten und Gefahr unverzüglich dem ausliefernden Händler zurückzugeben. Gibt der Leasing-Nehmer Schlüssel oder Unterlagen nicht zurück, hat er die Kosten der Ersatzbeschaffung sowie einen sich daraus ergebenden weiteren Schaden zu ersetzen.

2. Bei Rückgabe muss das Fahrzeug in einem dem Alter und der vertragsgemäßen Fahrleistung entsprechenden Erhaltungszustand, frei von Schäden sowie verkehrs- und betriebssicher sein. Normale Verschleißspuren gelten nicht als Schaden.
Über den Zustand wird bei Rückgabe ein gemeinsames Protokoll angefertigt und von beiden Vertragspartnern oder ihren Bevollmächtigten unterzeichnet.

3. Bei Rückgabe des Fahrzeuges nach Ablauf der bei Vertragsabschluss vereinbarten Leasing-Zeit gilt folgende Regelung:
Entspricht das Fahrzeug bei Verträgen ohne Gebrauchtwagenabrechnung nicht dem Zustand gemäß Ziffer 2 Absatz 1, ist der Leasing-Nehmer zum Ersatz des entsprechenden Schadens verpflichtet. Eine schadenbedingte Wertminderung (Abschnitt X Ziffer 5) bleibt dabei außer Betracht, soweit der Leasing-Geber hierfür bereits eine Entschädigung erhalten hat.
Können sich die Vertragspartner über einen vom Leasing-Nehmer auszugleichenden Schadensersatz nicht einigen, wird der Schadensersatz auf Veranlassung des Leasing-Gebers mit Zustimmung des Leasing-Nehmers durch einen öffentlich bestellten und vereidigten Sachverständigen oder ein unabhängiges Sachverständigenunternehmen ermittelt. Die Kosten tragen die Vertragspartner je zur Hälfte. Durch das Sachverständigengutachten wird der Rechtsweg nicht ausgeschlossen. Kann bei einem Vertrag mit Gebrauchtwagenabrechnung keine Einigung über den Gebrauchtwagenerlös des Fahrzeuges erzielt werden, wird dem Leasing-Nehmer die Möglichkeit eingeräumt, innerhalb von zwei Wochen ab Zugang eines Aufforderungsschreibens einen Kaufinteressenten zu benennen, der innerhalb dieser Frist das Fahrzeug zu einem über dem vom Leasing-Geber mitgeteilten Angebot liegenden Kaufpreis bar bezahlt und abnimmt. Bis zum Abschluss des Kaufvertrages bleibt es dem Leasing-Geber unbenommen, das Fahrzeug zu einem höheren als dem vom Kaufinteressenten gebotenen Kaufpreis anderweitig zu veräußern.

4. Wird das Fahrzeug nicht termingemäß zurückgegeben, werden dem Leasing-Nehmer für jeden überschrittenen Tag als Grundbetrag 1/30 der für die Vertragszeit vereinbarten monatlichen Leasing-Rate und die durch die Rückgabeverzögerung verursachten Kosten berechnet. Im Übrigen gelten während dieser Zeit die Pflichten des Leasing-Nehmers aus diesem Vertrag sinngemäß fort.

5. Ein Erwerb des Fahrzeuges vom Leasing-Geber durch den Leasing-Nehmer nach Vertragsablauf ist ausgeschlossen.

XVII. Allgemeine Bestimmungen

1. Gerichtsstand ist das für Braunschweig zuständige Gericht, soweit der Leasing-Nehmer Kaufmann ist oder nach Vertragsabschluss seinen Wohnsitz oder gewöhnlichen Aufenthaltsort aus dem Inland verlegt oder sein Wohnsitz oder gewöhnlicher Aufenthaltsort zum Zeitpunkt der Klageerhebung nicht bekannt ist.

2. Der Leasing-Nehmer hat seinen Wohnsitz oder Sitzwechsel sowie Änderungen in der Rechtsform und den Haftungsverhältnissen seiner Firma dem Leasing-Geber unverzüglich anzuzeigen.

3. Ansprüche und sonstige Rechte aus dem Leasing-Vertrag können nur mit vorheriger schriftlicher Zustimmung des Leasing-Gebers abgetreten werden.

Sonderbedingungen für gebrauchte Fahrzeuge

1. Abschnitt II (Leasing-Gegenstand) gilt wie folgt:
Leasing-Gegenstand ist das gebrauchte und beim vermittelnden Betrieb vorrätige Fahrzeug in dem Erhaltungszustand, wie es sich der Leasing-Nehmer bei ihm ausgesucht hat.
Ein bestimmter Zustand oder besondere Eigenschaften des Fahrzeuges werden nicht zugesichert.

2. Abschnitt IV Ziffer 5, Satz 2 und 3 (Neuwagenpreiserhöhung) gelten nicht.

3. Abschnitt VI Ziffer 2, Satz 3 und 6 und Abschnitt VII Ziffer 2, Satz 5 (Liefer- und Übernahmeverzug) gelten mit der Maßgabe, dass die Höhe des Schadenersatzes des Leasing-Nehmers 5 % bzw. 10 % und des Leasing-Gebers 10 % der im Leasing-Vertrag genannten Kalkulationsbasis beträgt.

4. Abschnitt XIII (Ansprüche und Rechte bei Fahrzeugmängeln) gilt mit folgenden Änderungen.

a) Da Leasing-Gegenstand ein gebrauchtes Fahrzeug ist, haben der Leasing-Geber und der vermittelnde Betrieb bei Abschluss des Leasing-Vertrages im Kaufvertrag vereinbart, dass die Sachmängelhaftung auf ein Jahr nach Auslieferung des Fahrzeuges an den Leasing-Nehmer begrenzt ist und für Nutzfahrzeuge ausgeschlossen ist.

b) Die kaufvertragliche Beschaffenheit des Gebrauchtfahrzeuges ergibt sich unter Berücksichtigung des bisherigen Alters des Fahrzeuges und seiner Laufleistung aus dem bei Vertragsabschluss erkennbar vorhandenen optischen und technischen Zustand des Fahrzeuges. Weist das Fahrzeug gegenüber diesem Zustand einen Mangel auf, kann der Leasing-Nehmer aus abgetretenem Recht gegenüber dem vermittelnden Betrieb Ansprüche wegen Sachmängel geltend machen, sofern der jeweilige Mangel nicht auf natürlichem Verschleiß oder unsachgemäßem Gebrauch beruht.

Volkswagen Leasing GmbH Fassung Juli 2002

Auszug aus den Neuwagenverkaufsbedingungen für Volkswagen-Automobile (Stand: 04/2003)

VII. Sachmangel

1. Ansprüche des Käufers wegen Sachmängeln verjähren entsprechend den gesetzlichen Bestimmungen in zwei Jahren ab Ablieferung des Kaufgegenstandes.
Bei arglistigem Verschweigen von Mängeln oder der Übernahme einer Garantie für die Beschaffenheit bleiben weitergehende Ansprüche unberührt.

2. Für die Abwicklung einer Mängelbeseitigung gilt folgendes:
a) Ansprüche auf Mängelbeseitigung kann der Käufer beim Verkäufer oder bei einem anderen, vom Hersteller/Importeur für die Betreuung des Kaufgegenstandes anerkannten Betrieb geltend machen; im letzteren Fall hat der Käufer den Verkäufer hiervon zu unterrichten. Bei mündlichen Anzeigen von Ansprüchen ist dem Käufer eine schriftliche Bestätigung über den Eingang der Anzeige auszuhändigen.

b) Wird der Kaufgegenstand wegen eines Sachmangels betriebsunfähig, hat sich der Käufer an den dem Ort des betriebsunfähigen Kaufgegenstandes nächstgelegenen, vom Hersteller/Importeur für die Betreuung des Kaufgegenstandes anerkannten dienstbereiten Betrieb zu wenden.

c) Ersetzte Teile werden Eigentum des Verkäufers.

d) Für die zur Mängelbeseitigung eingebauten Teile kann der Käufer bis zu Ablauf der Verjährungsfrist des Kaufgegenstandes Sachmängelansprüche aufgrund des Kaufvertrages geltend machen.

3. Durch Eigentumswechsel am Kaufgegenstand werden Mängelbeseitigungsansprüche nicht berührt.

VIII. Haftung

1. Hat der Verkäufer aufgrund der gesetzlichen Bestimmungen nach Maßgabe dieser Bedingungen für einen Schaden aufzukommen, der leicht fahrlässig verursacht wurde, so haftet der Verkäufer beschränkt:
Die Haftung besteht nur bei Verletzung vertragswesentlicher Pflichten und ist auf den bei Vertragsabschluss vorhersehbaren typischen Schaden begrenzt. Diese Begrenzung gilt nicht für Verletzungen von Leben, Körper und Gesundheit. Soweit der Schaden durch eine vom Käufer für den betreffenden Schadenfall abgeschlossene Versicherung (ausgenommen Summenversicherung) gedeckt ist, haftet der Verkäufer nur für etwaige damit verbundene Nachteile des Käufers, z. B. höhere Versicherungsprämien oder Zinsnachteile bis zur Schadensregulierung durch die Versicherung.
Das Gleiche gilt für Schäden, die durch einen Mangel des Kaufgegenstandes verursacht wurden.

2. Unabhängig von einem Verschulden des Verkäufers bleibt eine etwaige Haftung des Verkäufers bei arglistigem Verschweigen des Mangels, aus der Übernahme einer Garantie oder eines Beschaffungsrisikos und nach dem Produkthaftungsgesetz unberührt.

3. Die Haftung wegen Lieferverzuges ist in Abschnitt IV abschließend geregelt.

4. Ausgeschlossen ist die persönliche Haftung der gesetzlichen Vertreter, Erfüllungsgehilfen und Betriebsangehörigen des Verkäufers für von ihnen durch leichte Fahrlässigkeit verursachte Schäden.

Auszug aus den Gebrauchtwagenverkaufsbedingungen

VI. Sachmangel

1. Ansprüche des Käufers wegen Sachmängeln verjähren in einem Jahr ab Ablieferung des Kaufgegenstandes.
Hiervon abweichend erfolgt der Verkauf von Nutzfahrzeugen unter Ausschluss jeglicher Sachmängelhaftung, wenn der Käufer eine juristische Person des öffentlichen Rechts, ein öffentlich-rechtliches Sondervermögen oder ein Unternehmer ist, der bei Abschluss des Vertrages in Ausübung seiner gewerblichen oder selbständigen beruflichen Tätigkeit handelt.
Bei arglistigem Verschweigen von Mängeln oder der Übernahme einer Garantie für die Beschaffenheit bleiben weitergehende Ansprüche unberührt.

2. Für die Abwicklung der Mängelbeseitigung gilt der Inhalt von Ziffer 2 der Neuwagenverkaufsbedingungen mit der Maßgabe, dass Mängelbeseitigung nur beim Verkäufer verlangt werden kann.

VII. Haftung

Es gilt der Wortlaut von VIII. der Neuwagenverkaufsbedingungen.

Datenschutzklausel/Datenschutzinformation

Der Leasing-Geber speichert und verarbeitet zum Zwecke der Vertragsabwicklung Daten des Leasing-Nehmers. Diese Daten werden auch zum Zwecke der Kundenbetreuung und für Werbeaktionen des Volkswagen-Konzerns verwandt.

Eine darüber hinausgehende Verwendung und Weitergabe der Daten außerhalb der Zwecke dieses Vertrages findet nicht statt.

Verantwortliche Stelle für die Datenverarbeitung ist die Volkswagen Leasing GmbH, für Versicherungsprodukte die Volkswagen Versicherungsdienst GmbH. Die Daten werden im erforderlichen Umfang an interne und externe Dienstleister und Kooperationspartner übermittelt. Die Angabe der personenbezogenen Daten ist Voraussetzung für den Vertragsschluss. Weitere Fragen zum Datenschutz sind an den Datenschutzbeauftragten der Volkswagen Leasing GmbH, Postfach, 38409 Braunschweig zu richten.

2. Kfz-Privatleasing-Vertrag

Nachstehende Bedingungen gelten für alle Leasing-Verträge der Volkswagen Leasing GmbH – nachstehend Leasing-Geber – mit ihren PrivatLeasing-Kunden – nachstehend Leasing-Nehmer –.

I. Vertragsabschluss

1. Der Leasing-Nehmer ist an seinen schriftlichen Leasing-Antrag vier Wochen gebunden. Der Leasing-Vertrag ist abgeschlossen, wenn der Leasing-Geber innerhalb dieser Frist die Annahme des Antrages schriftlich bestätigt.

2. Die Vertragsannahme des Leasing-Gebers bedarf keiner Unterzeichnung, wenn sie mit Hilfe einer automatischen Einrichtung erstellt wird. Dies gilt auch für die Vertragsaufhebung gem. Abschnitt XIV.

3. Mündliche Nebenabreden bestehen nicht.

II. Leasing-Gegenstand

Konstruktions- oder Formänderungen des Leasing-Gegenstandes – nachstehend Fahrzeug genannt –, Abweichungen im Farbton sowie Änderungen des Lieferumfanges seitens des Herstellers bleiben während der Leasing-Zeit vorbehalten.

III. Beginn der Leasing-Zeit

Die Leasing-Zeit, die der im Leasing-Vertrag genannten Vertragsdauer in Monaten entspricht, beginnt an dem zwischen dem Lieferanten und dem Leasing-Nehmer vereinbarten Tag der Übergabe. Falls auf Wunsch des Leasing-Nehmers das Fahrzeug vorher zugelassen wird, beginnt die Leasing-Zeit am Tag der Zulassung. Kommt keine Vereinbarung über den Übergabezeitpunkt zustande, beginnt die Leasing-Zeit 14 Tage nach Anzeige der Bereitstellung des Fahrzeuges.

IV. Leasing-Entgelte und sonstige Kosten

1. Die Leasing-Raten, eine vereinbarte Sonderzahlung und eine Mehrkilometerbelastung nach Ziffer 3 sind Gegenleistung für die Gebrauchsüberlassung des Fahrzeuges.

2. Eine vereinbarte Leasing-Sonderzahlung ist zusätzliches Entgelt neben den Leasing-Raten und dient nicht als Kaution. Durch sie werden Leasing-Raten nicht getilgt.

3. Nur für Verträge ohne Gebrauchtwagen-Abrechnung: Ist bei Rückgabe des Fahrzeuges nach Ablauf der bei Vertragsabschluss vereinbarten Leasing-Zeit die festgelegte Gesamtkilometer-Laufleistung über- bzw. unterschritten, werden die gefahrenen Mehr- bzw. Minderkilometer dem Leasing-Nehmer zu dem im Leasing-Vertrag genannten Satz nachberechnet bzw. vergütet. Bei der Berechnung von Mehr- und Minderkilometern bleiben 2.500 km ausgenommen.

4. Vereinbarte Nebenleistungen, wie z. B. Überführung, An- und Abmeldung des Fahrzeuges sowie Aufwendungen für Versicherung und Steuern, soweit sie nicht als Bestandteil der Leasing-Rate ausdrücklich ausgewiesen werden, sind gesondert zu bezahlen.

5. Bei Änderung des Lieferumfanges nach Vertragsabschluss auf Wunsch des Leasing-Nehmers sowie bei Einführung objektbezogener Sondersteuern sind beide Vertragsparteien berechtigt, eine der Veränderung entsprechende Anpassung der Leasing-Rate und gegebenenfalls der Sonderzahlung und des Restwertes, der bei der Berechnung der Leasing-Raten als voraussichtlicher Gebrauchtwagenerlös angesetzt wurde, zu verlangen.
Das gleiche Recht haben beide Vertragspartner bei einer Änderung der unverbindlichen Preisempfehlung des Fahrzeugherstellers nach Vertragsabschluss, wenn sich dadurch die Anschaffungskosten des Leasing-Gebers verändern. Ergibt sich dadurch eine Erhöhung der Leasing-Rate und gegebenenfalls der Sonderzahlung und des Restwertes um mehr als 5 %, kann der Leasing-Nehmer durch schriftliche Erklärung binnen 3 Wochen ab Eingang der Mitteilung über die Erhöhung vom Vertrag zurücktreten.
Bei einer Änderung der Umsatzsteuer passt der Leasing-Geber alle sich aus dem Leasing-Vertrag ergebenden Forderungen, Zahlungen und Beträge ab dem Zeitpunkt der Änderung dem neuen Umsatzsteuersatz an.
Ändern sich nach Vertragsabschluss bei vereinbarten Dienstleistungen mit gesetzlich oder behördlich festgesetzten Gebühren die vom Leasing-Geber zu verauslagenden Kosten, können beide Teile eine entsprechende Anpassung der Leasing-Rate verlangen.
Ist abzusehen, dass die Gesamtfahrleistung eines Vertrages ohne Gebrauchtwagenabrechnung erheblich über- oder unterschritten wird, kann jede Vertragspartei verlangen, dass über eine entsprechende Anpassung der Leasing-Raten und eine Neufestsetzung der Gesamtfahrleistung gemäß Ziffer 3 verhandelt wird.

6. Weitere Zahlungsverpflichtungen des Leasing-Nehmers nach diesem Vertrag (z. B. im Fall der Kündigung gemäß Abschnitt XV) bleiben unberührt.

V. Zahlungsfälligkeit und -modalitäten

1. Die erste Leasing-Rate ist zu Beginn der Leasing-Zeit fällig. Die weiteren Leasing-Raten sind jeweils am Monatsersten im Voraus fällig. Die Anzahl der Leasing-Raten entspricht der vereinbarten Vertragsdauer in Monaten. Eine Leasing-Sonderzahlung ist – soweit nichts anderes vereinbart – zu Beginn der Leasing-Zeit fällig.

2. Die Forderungen auf Ersatz von Überführungs-, An- und Abmeldekosten sowie der vom Leasing-Geber verauslagten Beträge, die nach dem Vertrag vom Leasing-Nehmer zu tragen sind, sind nach Anfall/Verauslagung und Rechnungsstellung fällig. Alle weiteren Forderungen des Leasing-Gebers sind nach Rechnungsstellung fällig.

3. Gegen die Ansprüche des Leasing-Gebers kann der Leasing-Nehmer nur dann aufrechnen, wenn die Gegenforderung des Leasing-Nehmers unbestritten ist oder ein rechtskräftiger Titel vorliegt; ein Zurückbehaltungsrecht kann der Leasing-Nehmer nur geltend machen, soweit es auf Ansprüchen aus dem Leasing-Vertrag beruht.

4. Zahlungsanweisungen, Schecks und Wechsel werden nur nach besonderer Vereinbarung und nur zahlungshalber angenommen unter Berechnung entstandener Kosten.

5. Befindet sich der Leasing-Nehmer mit mindestens 2 Raten im Verzug, ist der Leasing-Geber berechtigt, das Fahrzeug zur Sicherung seines Eigentums bzw. zur Abwendung von Schäden auch ohne Kündigung des Vertrages wieder in Besitz zu nehmen, ohne dass der Anspruch auf die Weiterzahlung der Leasing-Raten entfällt. Der Leasing-Geber ist jedoch bereit, das Fahrzeug nach vollständigem Zahlungsausgleich an den Leasing-Nehmer zurückzugeben.

VI. Lieferung und Lieferverzug

1. Liefertermine und Lieferfristen, die verbindlich oder unverbindlich vereinbart werden können, sind schriftlich anzugeben. Lieferfristen beginnen mit Vertragsabschluss. Werden nachträgliche Vertragsänderungen vereinbart, ist erforderlichenfalls gleichzeitig ein Liefertermin oder eine Lieferfrist erneut schriftlich zu vereinbaren.

2. Der Leasing-Nehmer kann 6 Wochen nach Überschreiten eines unverbindlichen Liefertermins oder einer unverbindlichen Lieferfrist den Leasing-Geber auffordern zu liefern. Mit dem Zugang der Aufforderung kommt der Leasing-Geber in Verzug. Hat der Leasing-Nehmer Anspruch auf Ersatz eines Verzugsschadens, beschränkt sich dieser bei leichter Fahrlässigkeit des Leasing-Gebers auf höchstens 5 % des Fahrzeugpreises entsprechend der unverbindlichen Preisempfehlung des Listenpreises (einschließlich Umsatzsteuer) des Fahrzeugherstellers zum Zeitpunkt des Vertragsabschlusses.
Will der Leasing-Nehmer darüber hinaus vom Vertrag zurücktreten und/oder Schadensersatz statt Leistungen verlangen, muss er dem Leasing-Geber nach Ablauf der Sechs-Wochen-Frist gemäß Satz 1 eine angemessene Frist zur Lieferung setzen. Hat der Leasing-Nehmer Anspruch auf Schadenersatz statt der Leistung, beschränkt sich der Anspruch bei leichter Fahrlässigkeit auf höchstens 25 % des Fahrzeugpreises entsprechend der unverbindlichen Preisempfehlung des Fahrzeugherstellers zum Zeitpunkt des Vertragsabschlusses.
Wird dem Leasing-Geber, während er in Verzug ist, die Lieferung durch Zufall unmöglich, so haftet er mit den vorstehend vereinbarten Haftungsbegrenzungen. Der Leasing-Geber haftet nicht, wenn der Schaden auch bei rechtzeitiger Lieferung eingetreten wäre.

3. Wird ein verbindlicher Liefertermin oder eine verbindliche Lieferfrist überschritten, kommt der Leasing-Geber bereits mit Überschreitung des Liefertermins oder der Lieferfrist in Verzug. Die Rechte des Leasing-Nehmers bestimmen sich dann nach Ziffer 2, Sätze 3 bis 5 dieses Abschnitts.

4. Höhere Gewalt oder beim Leasing-Geber oder dessen Lieferanten eintretende Betriebsstörungen, die den Leasing-Geber ohne eigenes Verschulden vorübergehend daran hindern, das Fahrzeug zum vereinbarten Termin oder innerhalb der vereinbarten Frist zu liefern, verändern die in Ziffer 1 bis 3 genannten Termine und Fristen um die Dauer der durch diese Umstände bedingten Leistungsstörungen.
Führen entsprechende Störungen zu einem Leistungsaufschub von mehr als vier Monaten, kann der Leasing-Nehmer vom Vertrag zurücktreten. Andere Rücktrittsrechte bleiben davon unberührt.

VII. Übernahme und Übernahmeverzug

1. Der Leasing-Nehmer ist verpflichtet, das Fahrzeug innerhalb von 14 Tagen nach Zugang der Bereitstellungsanzeige am vereinbarten Übernahmeort abzunehmen. Im Falle der Nichtabnahme kann der Leasing-Geber von seinen gesetzlichen Rechten Gebrauch machen.

2. Verlangt der Leasing-Geber Schadenersatz, so beträgt dieser 15 % des Fahrzeugpreises entsprechend der unverbindlichen Preisempfehlung (einschließlich Umsatzsteuer) des Fahrzeugherstellers zum Zeitpunkt des Vertragsabschlusses für dieses Fahrzeug. Der Schadenbetrag ist höher oder niedriger anzusetzen, wenn der Leasing-Geber einen höheren oder der Leasing-Nehmer einen geringeren Schaden nachweist. Der Leasing-Nehmer hat den Leasing-Geber auch von solchen Schäden freizustellen, die aus der Nichterfüllung des zwischen dem Leasing-Geber und dem vermittelnden Betrieb geschlossenen Kaufvertrages infolge der Nichtabnahme entstehen.

VIII. Eigentumsverhältnisse, Halter des Fahrzeuges und Zulassung

1. Der Leasing-Geber ist Eigentümer des Fahrzeuges. Er ist berechtigt, in Abstimmung mit dem Leasing-Nehmer das Fahrzeug zu besichtigen und auf seinen Zustand zu überprüfen.
Der Leasing-Nehmer darf das Fahrzeug weder verkaufen, verpfänden, verschenken, vermieten oder verleihen, noch zur Sicherung übereignen. Zur längerfristigen Nutzung darf er das Fahrzeug nur den seinem Haushalt angehörenden Personen überlassen. Eine Verwendung zu Fahrschulzwecken, als Taxi oder zu sportlichen Zwecken bedarf der vorherigen schriftlichen Zustimmung des Leasing-Gebers.

2. Der Leasing-Nehmer hat das Fahrzeug von Rechten Dritter freizuhalten. Von Ansprüchen Dritter auf das Fahrzeug, Entwendung, Beschädigung und Verlust ist der Leasing-Geber vom Leasing-Nehmer unverzüglich zu benachrichtigen. Der Leasing-Nehmer trägt die Kosten für Maßnahmen zur Abwehr des Zugriffs Dritter, die nicht vom Leasing-Geber verursacht und nicht von Dritten bezahlt worden sind.

3. Nachträgliche Änderungen, zusätzliche Einbauten sowie Lackierungen und Beschriftungen an dem Fahrzeug sind nur zulässig, wenn der Leasing-Geber vorher schriftlich zugestimmt hat. Der Leasing-Nehmer ist jedoch verpflichtet, auf Verlangen des Leasing-Gebers den ursprünglichen Zustand zum Vertragsende auf eigene Kosten wiederherzustellen, es sei denn, der Leasing-Geber hat hierauf verzichtet oder der ursprüngliche Zustand kann nur mit unverhältnismäßig hohem Aufwand wieder hergestellt werden.
Der Leasing-Nehmer ist berechtigt, von ihm vorgenommene Einbauten zum Vertragsende unter der Voraussetzung zu entfernen, dass der ursprüngliche Zustand wieder hergestellt wird. Änderungen und Einbauten begründen nur dann einen Anspruch auf Zahlung einer Ablösung gegen den Leasing-Geber, wenn dieser schriftlich zugestimmt hat und durch die Veränderungen eine Wertsteigerung des Fahrzeuges bei Rückgabe noch vorhanden ist.

4. Der Leasing-Nehmer ist Halter des Fahrzeuges. Es wird auf ihn zugelassen. Der Fahrzeugbrief wird vom Leasing-Geber verwahrt. Benötigt der Leasing-Nehmer zur Erlangung behördlicher Genehmigungen den Fahrzeugbrief, wird dieser der Behörde auf sein Verlangen vom Leasing-Geber vorgelegt. Wird der Fahrzeugbrief dem Leasing-Nehmer von Dritten ausgehändigt, ist der Leasing-Nehmer unverzüglich zur Rückgabe an den Leasing-Geber verpflichtet.

IX. Halterpflichten

1. Der Leasing-Nehmer hat alle sich aus dem Betrieb und der Haltung des Fahrzeuges ergebenden gesetzlichen Verpflichtungen, insbesondere die termingerechte Vorführung zu Untersuchungen, zu erfüllen und den Leasing-Geber, soweit er in Anspruch genommen wird, freizustellen. Endet der Leasing-Vertrag im Monat einer fälligen Haupt- oder Abgasuntersuchung (StVZO), hat der Leasing-Nehmer diese vor Rückgabe des Fahrzeuges durchführen zu lassen und für neue Prüfplaketten zu sorgen.

2. Der Leasing-Nehmer trägt sämtliche Aufwendungen, die mit dem Betrieb und der Haltung des Fahrzeuges verbunden sind, insbesondere Steuern, Versicherungsbeiträge, Wartungs- und Reparaturkosten. Werden Wartungsarbeiten gemäß der Betriebsanleitung des Herstellers mit dem Ende des Leasing-Vertrages fällig, trägt deren Kosten der Leasing-Nehmer. Leistet der Leasing-Geber für den Leasing-Nehmer Zahlungen, die nicht aufgrund besonderer Vereinbarung vom Leasing-Geber zu erbringen sind, kann er beim Leasing-Nehmer Rückgriff nehmen.

3. Der Leasing-Nehmer hat dafür zu sorgen, dass das Fahrzeug nach den Vorschriften der Betriebsanleitung des Herstellers behandelt wird. Das Fahrzeug ist im Rahmen des vertraglichen Verwendungszweckes schonend zu behandeln und stets im betriebs- und verkehrssicheren Zustand zu erhalten.

X. Versicherungsschutz und Schadenabwicklung

1. Der Leasing-Geber schließt im Namen und für Rechnung des Leasing-Nehmers auf dessen Wunsch für das Leasing-Fahrzeug zu den unten abgedruckten Bedingungen der Volkswagen-Versicherungsdienst GmbH/Frankfurter Versicherungs-AG eine Kfz-Haftpflicht- (50 Mio. Euro Deckungssumme, jedoch nicht mehr als 8 Mio. Euro je geschädigte Person) und eine Kfz-Vollkaskoversicherung (Selbstbeteiligung Euro 300,00 bei Vollkasko / Euro 150,00 bei Teilkasko, je Schadenereignis) für den Leasing-Nehmer ab.
Der Leasing-Nehmer schuldet dem Leasing-Geber den Beitrag für die Fahrzeugversicherungen, den dieser aufgrund einer Einzugsermächtigung des Versicherers nach Ausfertigung der Versicherungsbestätigung neben der monatlichen Leasing-Rate berechnet. Die Höhe des Beitrages richtet sich nach dem Inhalt der Versicherungsbestätigung. Die Fälligkeit des Erstbeitrages ergibt sich aus § 35 VVG. Die Folgebeiträge sind jeweils am 1. eines Kalendermonats fällig.
Versichert der Leasing-Nehmer das Fahrzeug nicht über den Leasing-Geber, hat der Leasing-Nehmer eine Kraftfahrzeug-Haftpflichtversicherung und eine Vollkaskoversicherung, jeweils mit dem gleichen Umfang wie vorstehend, abzuschließen und dem Leasing-Geber nachzuweisen, Letztere durch einen Sicherungsschein.
Der Leasing-Nehmer ermächtigt den Leasing-Geber, für sich einen Sicherungsschein über die Vollkaskoversicherung zu beantragen und Auskunft über die vorgenannten Versicherungsverhältnisse einzuholen. Hat der Leasing-Nehmer nicht die erforderliche Vollkaskoversicherung abgeschlossen, ist der Leasing-Geber berechtigt, aber nicht verpflichtet, eine entsprechende Versicherung als Vertreter für den Leasing-Nehmer abzuschließen.

2. Im Schadenfall hat der Leasing-Nehmer den Leasing-Geber unverzüglich zu unterrichten; bei voraussichtlichen Reparaturkosten von über Euro 2.500,00 hat die Unterrichtung fernmündlich vor Erteilung des Reparaturauftrages zu erfolgen, soweit dies dem Leasing-Nehmer möglich und zumutbar ist.
Der Leasing-Nehmer hat dem Leasing-Geber ferner unverzüglich eine Kopie der an den Versicherer gerichteten Schadenanzeige und der Rechnung über die durchgeführte Reparatur zu übersenden.
Bei Versicherung des Leasing-Fahrzeuges über den Leasing-Geber nimmt dieser die Schadenabwicklung vor und verauslagt bis zur endgültigen Abwicklung die unfallbedingten Reparaturkosten.

3. Hat der Leasing-Nehmer das Fahrzeug nicht über den Leasing-Geber versichert, hat er die notwendigen Reparaturarbeiten unverzüglich im eigenen Namen und auf eigene Rechnung durchführen zu lassen, es sei denn, dass wegen Schwere oder Umfang der Schäden Totalschaden anzunehmen ist oder die voraussichtlichen Reparaturkosten 60 % des Wiederbeschaffungswertes des Fahrzeuges übersteigen.
Bei Versicherung über den Leasing-Geber trifft den Leasing-Nehmer die gleiche Verpflichtung, jedoch mit der Maßgabe, die Reparatur unter Vorlage des Leasing-Ausweises im Namen und für Rechnung des Leasing-Gebers durchführen zu lassen.
Der Leasing-Nehmer hat mit der Durchführung der Reparatur einen vom Hersteller anerkannten Betrieb zu beauftragen. In Notfällen können, falls die Hilfe eines vom Hersteller anerkannten Betriebes nicht oder nur unter unzumutbaren Schwierigkeiten erreichbar ist, Reparaturen in einem anderen Kfz-Reparaturbetrieb, der die Gewähr für sorgfältige handwerksmäßige Arbeit bietet, durchgeführt werden.

4. Der Leasing-Nehmer ist, auch über das Vertragsende hinaus – vorbehaltlich eines Widerrufes durch den Leasing-Geber – ermächtigt und verpflichtet, alle fahrzeugbezogenen Ansprüche aus einem Schadenfall im eigenen Namen und auf eigene Kosten geltend zu machen. Dies gilt nicht, wenn der Leasing-Geber die Ermächtigung widerrufen oder sich vertraglich zur Schadenabwicklung verpflichtet hat. Zum Ausgleich des Fahrzeugschadens erlangte Beträge hat der Leasing-Nehmer im Reparaturfall zur Begleichung der Reparaturrechnung zu verwenden. Ist der Leasing-Nehmer gemäß Ziffer 3 Absatz 1 nicht zur Reparatur des Fahrzeuges verpflichtet, hat er die erlangten Entschädigungsleistungen an den Leasing-Geber abzuführen. Sie werden zur Abdeckung eines Schuldsaldos des Leasing-Nehmers aus einer vorzeitigen Vertragsabrechnung gemäß Abschnitt XV verwendet.

5. Entschädigungsleistungen für Wertminderung sind in jedem Fall an den Leasing-Geber weiterzuleiten.
Bei Verträgen mit Gebrauchtwagenabrechnung rechnet der Leasing-Geber erhaltene Wertminderungsbeträge dem aus dem Verkauf des Fahrzeuges erzielten Verkaufserlös am Vertragsende zu. Bei Verträgen ohne Gebrauchtwagenabrechnung kann der Leasing-Geber vom Leasing-Nehmer am Vertragsende eine dann noch bestehende schadenbedingte Wertminderung des Fahrzeuges ersetzt verlangen, soweit der Leasing-Geber nicht schon im Rahmen der Schadenabwicklung eine Wertminderungsentschädigung erhalten hat.

6. Bei Totalschaden oder Verlust des Fahrzeuges kann jeder Vertragspartner den Leasing-Vertrag zum Ende eines Vertragsmonats kündigen. Bei schadenbedingten Reparaturkosten von mehr als 60 % des Wiederbeschaffungswertes des Fahrzeuges kann der Leasing-Nehmer innerhalb von 3 Wochen nach Kenntnis dieser Voraussetzungen zum Ende eines Vertragsmonats kündigen. Macht der Leasing-Nehmer von diesem Kündigungsrecht keinen Gebrauch, hat er das Fahrzeug gemäß Ziffer 3, 1. Halbsatz unverzüglich reparieren zu lassen.
Kündigt der Leasing-Nehmer, ist er berechtigt, bereits vor Vertragsende das Fahrzeug an den ausliefernden Händler zurückzugeben.
Wird im Falle der Entwendung das Fahrzeug vor dem Eintritt der Leistungsverpflichtung des Versicherers wieder aufgefunden, setzt sich der Leasing-Vertrag auf Verlangen eines der Vertragspartner zu den bisherigen Bedingungen fort. In diesem Fall hat der Leasing-Nehmer die zwischenzeitlichen Leasing-Raten in einer Summe innerhalb einer Woche ab Geltendmachung des Fortsetzungsverlangens nachzuzahlen.
Totalschaden, Verlust oder Beschädigung des Fahrzeuges entbinden nur dann von der Verpflichtung zur Zahlung weiterer Leasing-Raten, wenn der Leasing-Vertrag wirksam nach Satz 2 gekündigt ist und nicht gemäß Satz 6 fortgesetzt wird.
Die Folgen einer Kündigung nach Absatz 1 sind in Abschnitt XV geregelt.

XI. Haftung

1. Für Untergang, Verlust, Beschädigung und Wertminderung des Fahrzeuges und seiner Ausstattung haftet der Leasing-Nehmer dem Leasing-Geber auch ohne Verschulden, jedoch nicht bei Verschulden des Leasing-Gebers.

2. Für unmittelbare und mittelbare Schäden, die dem Leasing-Nehmer oder anderen Personen durch den Gebrauch des Fahrzeuges, Gebrauchsunterbrechung oder -entzug entstehen, haftet der Leasing-Geber dem Leasing-Nehmer nur bei Verschulden; eine etwaige Ersatzhaftung des Leasing-Gebers für den Hersteller/Importeur nach dem Produkthaftungsgesetz bleibt unberührt.

XII. Wartung und Reparaturen

Fällige Wartungsarbeiten hat der Leasing-Nehmer pünktlich, erforderliche Reparaturen unverzüglich durch einen vom Hersteller anerkannten Betrieb ausführen zu lassen. Das gilt auch für Schäden an der Kilometer-Anzeige. In diesem Fall hat der Leasing-Nehmer dem Leasing-Geber eine Kopie der Reparaturrechnung mit dem Vermerk des alten Kilometerstandes einzureichen.
In Notfällen können, falls die Hilfe eines vom Hersteller anerkannten Betriebes nicht oder nur unter unzumutbaren Schwierigkeiten erreichbar ist, Reparaturen in einem anderen Kfz-Reparaturbetrieb, der die Gewähr für sorgfältige handwerksmäßige Arbeit bietet, durchgeführt werden.

XIII. Ansprüche und Rechte bei Fahrzeugmängeln

1. Dem Leasing-Geber steht nach Maßgabe der gesetzlichen Regelungen aus dem mit dem Lieferanten geschlossenen Kaufvertrag bei Mangelhaftigkeit des Fahrzeugs das Recht zu,

- Nacherfüllung zu verlangen,
- von dem Kaufvertrag zurücktreten oder den Kaufpreis zu mindern,
- Schadenersatz oder Ersatz vergeblicher Aufwendungen zu verlangen.

Der Nacherfüllungsanspruch ist wahlweise auf Mangelbeseitigung oder Lieferung einer mangelfreien Sache gerichtet. Inhalt und Umfang von Ansprüchen und Rechten des Leasing-Gebers aus dem Kaufvertrag ergeben sich aus den gesetzlichen und kaufvertraglichen Regelungen. Auf den im Anschluss an diese Bedingungen abgedruckten Auszug aus den Verkaufsbedingungen wird verwiesen.
Dies vorausgeschickt tritt hiermit der Leasing-Geber sämtliche Ansprüche und Rechte aus dem Kaufvertrag einschließlich der Garantieansprüche gegen Hersteller/Importeur/Dritte wegen der Mangelhaftigkeit des Fahrzeugs an den Leasing-Nehmer ab. Der Leasing-Nehmer nimmt die Abtretung an. Er ist berechtigt und verpflichtet, die Ansprüche und Rechte im eigenen Namen mit der Maßgabe geltend zu machen, dass im Falle des Rücktritts und der Kaufpreisminderung etwaige Zahlungen des Lieferanten direkt an den Leasing-Geber zu leisten sind. Ein Verzicht auf Ansprüche gegen den Lieferanten bedarf in diesem Fall der vorherigen Zustimmung des Leasing-Gebers. Gegen den Leasing-Geber stehen dem Leasing-Nehmer Ansprüche und Rechte wegen Fahrzeugmängeln nicht zu. Die §§ 536 bis 536 d. BGB finden insoweit keine Anwendung. Um eine gegebenenfalls erforderliche Mitwirkung des Leasing-Gebers zu erreichen, verpflichtet sich der Leasing-Nehmer, den Leasing-Geber umfassend und unverzüglich über eine Geltendmachung von Ansprüchen und Rechten wegen Fahrzeugmängeln zu informieren. Für den Fall einer Vertragskündigung (vgl. Ziffer XIV. und Ziffer X.6 der Leasing-Bedingungen) erfolgt hiermit eine Rückabtretung der Ansprüche und Rechte wegen Fahrzeugmängeln an den Leasing-Geber, die dieser annimmt.

2. Verlangt der Leasing-Nehmer Nacherfüllung durch Mangelbeseitigung, ist er berechtigt und verpflichtet, diese bei einem vom Hersteller anerkannten Betrieb entsprechend den hierfür geltenden Bedingungen geltend zu machen. Bei Erfolglosigkeit der ersten Mangelbeseitigung wird der Leasing-Geber den Leasing-Nehmer nach schriftlicher Aufforderung bei der Durchsetzung des Mangelbeseitigungsanspruchs unterstützen.

3. Verlangt der Leasing-Nehmer Nacherfüllung durch Lieferung einer mangelfreien Sache und erkennt der Lieferant diesen Nacherfüllungsanspruch an, wird das dem Leasing-Vertrag zugrunde liegende Fahrzeug ersetzt durch eine fabrikneues und baugleiches Fahrzeug mit identischer Ausstattung, nachdem der Leasing-Geber Gelegenheit zur Stellungnahme hatte. Durch den Austausch des Fahrzeugs bleiben der Bestand des Leasing-Vertrages und die Zahlungsverpflichtungen unberührt. Eine Rückerstattung der vor dem Zeitpunkt des Tausches geleisteten Zahlungen unterbleibt. Der Leasing-Nehmer ist berechtigt und verpflichtet, die mangelfreie Sache für den Leasing-Geber in Empfang zu nehmen.
Erkennt der Lieferant den Nacherfüllungsanspruch durch Lieferung einer mangelfreien Sache nicht an, verpflichtet sich der Leasing-Nehmer zur Klageerhebung binnen eines Zeitraums von sechs Wochen nach Ablehnung durch den Lieferanten. Ab dem Ablehnungszeitpunkt ist der Leasing-Nehmer zur Zurückbehaltung der Leasing-Raten berechtigt. Bei nicht fristgerechter Klageerhebung greift das Zurückbehaltungsrecht der Raten ab dem Tag der Klageerhebung. Bei Erfolglosigkeit des Klagebegehrens entfällt das Zurückbehaltungsrecht rückwirkend. Die zurückbehaltenen Raten sind unverzüglich in einem Betrag zu zahlen. Den durch die Zurückbehaltung entstandenen Verzugsschaden ersetzt der Leasing-Nehmer.

4. Verlangt der Leasing-Nehmer aufgrund der Mangelhaftigkeit Rückabwicklung, ist er verpflichtet und berechtigt, den Rücktritt vom Kaufvertrag für den Leasing-Geber gegenüber dem Lieferanten zu erklären. Im Falle der Zustimmung des Lieferanten oder seiner rechtskräftigen Verurteilung entfällt die Verpflichtung zur Zahlung von Leasing-Raten.
Erkennt der Lieferant das Rücktrittsrecht des Leasing-Gebers nicht an, ist der Leasing-Nehmer ab Erklärung des Rücktritts zur Zurückbehaltung der Leasing-Raten berechtigt, sofern er spätestens innerhalb von sechs Wochen nach Rücktritterklärung Klage erhebt. Bei nicht fristgerechter Klageerhebung greift das Zurückbehaltungsrecht der Raten ab dem Tag der Klageerhebung. Bei Erfolglosigkeit des Klagebegehrens entfällt das Zurückbehaltungsrecht rückwirkend. Die zurückbehaltenen Raten sind unverzüglich in einem Betrag zu zahlen. Den durch die Zurückbehaltung entstandenen Verzugsschaden ersetzt der Leasing-Nehmer.

5. Im Falle des berechtigten Rücktritts erhält der Leasing-Nehmer die gezahlten Leasing-Raten und eine etwaige Sonderzahlung (jeweils einschließlich Umsatzsteuer) zurück. Davon abzuziehen sind jedoch Aufwendungen für die im Vertrag eingeschlossenen Dienstleistungen sowie ein Nutzungsausgleich für die Gebrauchsüberlassung. Die Geltendmachung eines Anspruchs wegen Fahrzeugschäden gemäß Ziffer XVI.3 bleibt unberührt, soweit der Schaden nicht auf dem geltend gemachten Fahrzeugmangel beruht.

6. Verlangt der Leasing-Nehmer Minderung, ist er berechtigt und verpflichtet, die Minderung des Kaufpreisanspruchs für den Leasing-Geber gegenüber dem Lieferanten zu erklären und gerichtlich durchzusetzen, sofern der Lieferant der Kaufpreisminderung widerspricht. Einen anerkannten und gezahlten oder gerichtlich festgestellten und gezahlten Minderungsanspruch hinsichtlich des Kaufpreises setzt der Leasing-Geber ein, um die noch ausstehenden Leasing-Raten und den Restwert – unter Berücksichtigung bereits gezahlter Leasing-Entgelte neu zu berechnen.

7. Das Risiko einer Zahlungsunfähigkeit des Lieferanten trägt der Leasing-Geber.

XIV. Vertragsaufhebung und Kündigung

1. Der Leasing-Vertrag ist fest über die vereinbarte Vertragszeit abgeschlossen, doch kann auf Wunsch des Leasing-Nehmers 6 Monate nach Vertragsbeginn, bei Totalschaden, Verlust oder unfallbedingten Reparaturkosten von mehr als 60 % des Wiederbeschaffungswertes des Fahrzeuges jederzeit eine vorzeitige Beendigung des Leasing-Vertrages durch schriftlichen Aufhebungsvertrag erfolgen. Zu diesem Zweck kann der Leasing-Nehmer unter Vorführung des Fahrzeuges und Angabe der tatsächlichen Kilometerleistung erfragen, zu welchen finanziellen Bedingungen der Leasing-Geber den Leasing-Vertrag aufzuheben bereit ist.
Unberührt von der Regelung des Absatzes 1 bleiben die Kündigungsrechte nach Ziffern 2 bis 4 sowie nach Abschnitt X Ziffer 6 (Bei Totalschaden, Verlust oder Beschädigung).

2. Der Leasing-Geber kann den Leasing-Vertrag wegen Zahlungsverzugs des Leasing-Nehmers nur kündigen, wenn

- der Leasing-Nehmer mit mindestens zwei aufeinander folgenden Leasing-Raten ganz oder teilweise und mindestens zehn vom Hundert, bei einer Laufzeit des Leasing-Vertrages über 3 Jahre mit fünf vom Hundert der Gesamtsumme der Leasing-Raten in Verzug ist und
- der Leasing-Geber dem Leasing-Nehmer erfolglos eine zweiwöchige Frist zur Zahlung des rückständigen Betrages mit der Erklärung gesetzt hat, dass er bei Nichtzahlung innerhalb der Frist den Leasing-Vertrag kündigen und die Restforderung aus dem Vertrag, unter Beachtung etwaiger Verwertungserlöse, fällig stellen werde.

3. Jeder Vertragspartner kann den Vertrag aus wichtigem Grund kündigen. Ein solches Recht zur fristlosen Kündigung besteht insbesondere dann, wenn der Leasing-Nehmer

- seine Zahlungen einstellt, als Schuldner einen außergerichtlichen Vergleich anbietet, Wechsel und Schecks mangels Deckung zu Protest gehen lässt;
- bei Vertragsabschluss unrichtige Angaben gemacht oder Tatsachen verschwiegen hat und deshalb dem Leasing-Geber die Fortsetzung des Vertrages nicht zuzumuten ist;
- trotz schriftlicher Abmahnung schwer wiegende Verletzungen des Vertrages nicht unterlässt oder bereits eingetretene Folgen solcher Vertragsverletzungen nicht unverzüglich beseitigt.

4. Stirbt der Leasing-Nehmer und haben die Erben an der Fortführung des Vertrages kein Interesse, können die Erben oder der Leasing-Geber das Vertragsverhältnis zum Ende eines Vertrags-Monats kündigen.

5. Die Folgen einer Kündigung sind in Abschnitt XV geregelt.

XV. Abrechnung nach Kündigung

1. Kündigt der Leasing-Geber fristlos, kann er vom Leasing-Nehmer den Schadensersatz verlangen, der dem Leasing-Geber durch das vorzeitige Vertragsende entsteht. Dabei hat der Leasing-Geber Anspruch auf Vollamortisation unter Berücksichtigung des durch Verkauf an den gewerblichen Kraftfahrzeughandel zu erzielenden Fahrzeugerlöses. Zur Schadensminderung hat der Leasing-Nehmer die Möglichkeit, dem Leasing-Geber schriftlich innerhalb einer Frist von zwei Wochen nach Fahrzeugrückgabe einen Kaufinteressenten zu benennen, der das Fahrzeug sofort zu einem den Vorstellungen des Leasing-Nehmers entsprechenden Preis bar bezahlt und abnimmt.

2. Können sich bei Totalschaden, Verlust oder geschätzten Reparaturkosten von mindestens 60 % des Wiederbeschaffungswertes des Fahrzeuges die Vertragspartner nicht über einen Aufhebungsvertrag einigen und kündigt deshalb gemäß Abschnitt X Ziffer 6 einer der Vertragspartner, steht dem Leasing-Geber der Vollamortisationsanspruch ebenfalls zu. Von einem eventuellen Überschuss aus der Vertragsabrechnung erhält der Leasing-Nehmer 75 %.
Bei Vollkaskoversicherung über die Volkswagen-Versicherungsdienst GmbH (VVD) beschränkt sich ein Vollamortisationsanspruch gemäß Ziffer 2 auf den Betrag der Selbstbeteiligung, zuzüglich der in die Leasing-Rate einkalkulierten Überführungskosten, wenn das Fahrzeug gestohlen wurde oder die geschätzten schadensbedingten Reparaturkosten mindestens die Höhe des Wiederbeschaffungswertes erreichen. Die Beschränkung entfällt, wenn der Versicherer dem Leasing-Nehmer den Versicherungsschutz versagt hat. Diese Regelung ist auf eine vereinbarte Abstandszahlung eines Aufhebungsvertrages entsprechend anzuwenden. Sofern über Kfz-Versicherungen

mit Schadenservice hinaus noch weitere Dienstleistungen in den Leasing-Vertrag eingeschlossen sind, umfasst die vorgenannte Beschränkung nicht eine anteilige Berechnung und Geltendmachung von Kosten dieser anderen Dienstleistungen.

3. Bei einer Kündigung gemäß Abschnitt XIV Ziffer 4 gelten die in Ziffer 1 dieses Abschnitts genannten Regelungen entsprechend.

4. Auf alle Forderungen und Gutschriften der Ziffern 2 und 3 dieses Abschnittes wird die jeweils gültige Umsatzsteuer berechnet.

XVI. Rückgabe des Fahrzeuges

1. Nach Beendigung des Leasing-Vertrags ist das Fahrzeug mit Schlüsseln und allen überlassenen Unterlagen (z. B. Fahrzeugschein, Kundendienstheft, Ausweise) vom Leasing-Nehmer auf seine Kosten und Gefahr unverzüglich dem ausliefernden Händler zurückzugeben. Gibt der Leasing-Nehmer Schlüssel oder Unterlagen nicht zurück, hat er die Kosten der Ersatzbeschaffung sowie einen sich daraus ergebenden weiteren Schaden zu ersetzen.

2. Bei Rückgabe muss das Fahrzeug in einem dem Alter und der vertragsgemäßen Fahrleistung entsprechenden Erhaltungszustand, frei von Schäden sowie verkehrs- und betriebssicher sein. Normale Verschleißspuren gelten nicht als Schaden.
Über den Zustand wird bei Rückgabe ein gemeinsames Protokoll angefertigt und von beiden Vertragspartnern oder ihren Bevollmächtigten unterzeichnet.

3. Bei Rückgabe des Fahrzeuges nach Ablauf der bei Vertragsabschluss vereinbarten Leasing-Zeit gilt folgende Regelung:
Entspricht das Fahrzeug bei Verträgen ohne Gebrauchtwagenabrechnung nicht dem Zustand gemäß Ziffer 2 Absatz 1, ist der Leasing-Nehmer zum Ersatz des entsprechenden Schadens verpflichtet. Eine schadenbedingte Wertminderung (Abschnitt X Ziffer 5) bleibt dabei außer Betracht, soweit der Leasing-Geber hierfür bereits eine Entschädigung erhalten hat.
Können sich die Vertragspartner über einen vom Leasing-Nehmer auszugleichenden Schadensersatz nicht einigen, wird der Schadensersatz auf Veranlassung des Leasing-Gebers mit Zustimmung des Leasing-Nehmers durch einen öffentlich bestellten und vereidigten Sachverständigen oder ein unabhängiges Sachverständigenunternehmen ermittelt. Die Kosten tragen die Vertragspartner je zur Hälfte. Durch das Sachverständigengutachten wird der Rechtsweg nicht ausgeschlossen. Kann bei einem Vertrag mit Gebrauchtwagenabrechnung keine Einigung über den Gebrauchtwagenerlös des Fahrzeuges erzielt werden, wird dem Leasing-Nehmer die Möglichkeit eingeräumt, innerhalb von zwei Wochen ab Zugang eines Aufforderungsschreibens einen Kaufinteressenten zu benennen, der innerhalb dieser Frist das Fahrzeug zu einem über dem vom Leasing-Geber mitgeteilten Angebot liegenden Kaufpreis bar bezahlt und abnimmt. Bis zum Abschluss des Kaufvertrages bleibt es dem Leasing-Geber unbenommen, das Fahrzeug zu einem höheren als dem vom Kaufinteressenten gebotenen Kaufpreis anderweitig zu veräußern.

4. Wird das Fahrzeug nicht termingemäß zurückgegeben, werden dem Leasing-Nehmer für jeden überschrittenen Tag als Grundbetrag 1/30 der für die Vertragszeit vereinbarten monatlichen Leasing-Rate und die durch die Rückgabeverzögerung verursachten Kosten berechnet.
Im Übrigen gelten während dieser Zeit die Pflichten des Leasing-Nehmers aus diesem Vertrag sinngemäß fort.

5. Ein Erwerb des Fahrzeuges vom Leasing-Geber durch den Leasing-Nehmer nach Vertragsablauf ist ausgeschlossen.

XVII. Wertersatz bei Widerruf

Der Leasing-Nehmer hat im Fall des Widerrufs des Leasing-Antrags und der Rückabwicklung auch Wertersatz für die durch die bestimmungsgemäße Ingebrauchnahme des Fahrzeugs entstandene Verschlechterung, insbesondere für die durch die Zulassung des Fahrzeugs entstandene Wertminderung, zu leisten. Diese Rechtsfolge kann dadurch vermieden werden, dass die Zulassung des Fahrzeugs erst erfolgt, wenn der Leasing-Nehmer sich entschlossen hat, von seinem Widerrufsrecht keinen Gebrauch zu machen.

XVIII. Allgemeine Bestimmungen

1. Gerichtsstand ist das für Braunschweig zuständige Gericht, so weit der Leasing-Nehmer und/oder ein Mitschuldner nach Vertragsabschluss seinen Wohnsitz oder gewöhnlichen Aufenthaltsort aus dem Inland verlegt oder sein Wohnsitz oder gewöhnlicher Aufenthaltsort zum Zeitpunkt der Klageerhebung nicht bekannt ist.

2. Der Leasing-Nehmer hat einen Wohnsitzwechsel dem Leasing-Geber unverzüglich anzuzeigen.

3. Ansprüche und sonstige Rechte aus dem Leasing-Vertrag können nur mit vorheriger schriftlicher Zustimmung des Leasing-Gebers abgetreten werden.

Sonderbedingungen für gebrauchte Fahrzeuge

1. Abschnitt II (Leasing-Gegenstand) gilt wie folgt:
Leasing-Gegenstand ist das gebrauchte und beim vermittelnden Betrieb vorrätige Fahrzeug in dem Erhaltungszustand, wie es sich der Leasing-Nehmer bei ihm ausgesucht hat.
Ein bestimmter Zustand oder besondere Eigenschaften des Fahrzeuges werden nicht zugesichert.

2. Abschnitt IV Ziffer 5, Satz 2 und 3 (Neuwagenpreiserhöhung) gelten nicht.

3. Abschnitt VI Ziffer 2, Satz 3 und 6 und Abschnitt VII Ziffer 2, Satz 5 (Liefer- und Übernahmeverzug) gelten mit der Maßgabe, dass die Höhe des Schadenersatzes des Leasing-Nehmers 5 % bzw. 10 % und des Leasing-Gebers 10 % der im Leasing-Vertrag genannten Kalkulationsbasis beträgt.

4. Abschnitt XIII (Ansprüche und Rechte bei Fahrzeugmängeln) gilt mit folgenden Änderungen.

a) Da Leasing-Gegenstand ein gebrauchtes Fahrzeug ist, haben der Leasing-Geber und der vermittelnde Betrieb bei Abschluss des Leasing-Vertrages im Kaufvertrag vereinbart, dass die Sachmängelhaftung auf ein Jahr nach Auslieferung des Fahrzeuges an den Leasing-Nehmer begrenzt ist.

b) Die kaufvertragliche Beschaffenheit des Gebrauchtfahrzeuges ergibt sich unter Berücksichtigung des bisherigen Alters des Fahrzeuges und seiner Laufleistung aus dem bei Vertragsabschluss erkennbar vorhandenen optischen und technischen Zustand des Fahrzeuges. Weist das Fahrzeug gegenüber diesem Zustand einen Mangel auf, kann der Leasing-Nehmer aus abgetretenem Recht gegenüber dem vermittelnden Betrieb Ansprüche wegen Sachmängel geltend machen, sofern der jeweilige Mangel nicht auf natürlichem Verschleiß oder unsachgemäßem Gebrauch beruht.

Volkswagen Leasing GmbH Fassung Juli 2002

Auszug aus den Neuwagenverkaufsbedingungen für Volkswagen-Automobile (Stand: 04/2003)

VII. Sachmangel

1. Ansprüche des Käufers wegen Sachmängeln verjähren entsprechend den gesetzlichen Bestimmungen in zwei Jahren ab Ablieferung des Kaufgegenstandes.
(Satz 2 entfällt beim Verbrauchsgüterkauf)
Bei arglistigem Verschweigen von Mängeln oder der Übernahme einer Garantie für die Beschaffenheit bleiben weitergehende Ansprüche unberührt.

2. Für die Abwicklung einer Mängelbeseitigung gilt folgendes:

a) Ansprüche auf Mängelbeseitigung kann der Käufer beim Verkäufer oder bei einem anderen, vom Hersteller/Importeur für die Betreuung des Kaufgegenstandes anerkannten Betrieb geltend machen, im letzteren Fall hat der Käufer den Verkäufer hiervon zu unterrichten. Bei mündlichen Anzeigen von Ansprüchen ist dem Käufer eine schriftliche Bestätigung über den Eingang der Anzeige auszuhändigen.

b) Wird der Kaufgegenstand wegen eines Sachmangels betriebsunfähig, hat sich der Käufer an dem Ort des betriebsunfähigen Kaufgegenstandes nächstgelegenen, vom Hersteller/Importeur für die Betreuung des Kaufgegenstandes anerkannten dienstbereiten Betrieb zu wenden.

c) Ersetzte Teile werden Eigentum des Verkäufers.

d) Für die zur Mängelbeseitigung eingebauten Teile kann der Käufer bis zu Ablauf der Verjährungsfrist des Kaufgegenstandes Sachmängelansprüche aufgrund des Kaufvertrages geltend machen.

3. Durch Eigentumswechsel am Kaufgegenstand werden Mängelbeseitigungsansprüche nicht berührt.

VIII. Haftung

1. Hat der Verkäufer aufgrund der gesetzlichen Bestimmungen nach Maßgabe dieser Bedingungen für einen Schaden aufzukommen, der leicht fahrlässig verursacht wurde, so haftet der Verkäufer beschränkt:
Die Haftung besteht nur bei Verletzung vertragswesentlicher Pflichten und ist auf den bei Vertragsabschluss vorhersehbaren typischen Schaden begrenzt. Diese Begrenzung gilt nicht für Verletzungen von Leben, Körper und Gesundheit. Soweit der Schaden durch eine vom Käufer für den betreffenden Schadenfall abgeschlossene Versicherung (ausgenommen Summenversicherung) gedeckt ist, haftet der Verkäufer nur für etwaige damit verbundene Nachteile des Käufers, z. B. höhere Versicherungsprämien oder Zinsnachteile bis zur Schadensregulierung durch die Versicherung.
Das Gleiche gilt für Schäden, die durch einen Mangel des Kaufgegenstandes verursacht wurden.

2. Unabhängig von einem Verschulden des Verkäufers bleibt eine etwaige Haftung des Verkäufers bei arglistigem Verschweigen des Mangels, aus der Übernahme einer Garantie oder eines Beschaffungsrisikos und nach dem Produkthaftungsgesetz unberührt.

3. Die Haftung wegen Lieferverzuges ist in Abschnitt IV abschließend geregelt.

4. Ausgeschlossen ist die persönliche Haftung der gesetzlichen Vertreter, Erfüllungsgehilfen und Betriebsangehörigen des Verkäufers für von ihnen durch leichte Fahrlässigkeit verursachte Schäden.

Auszug aus den Gebrauchtwagenverkaufsbedingungen

VI. Sachmangel

1. Ansprüche des Käufers wegen Sachmängeln verjähren in einem Jahr ab Ablieferung des Kaufgegenstandes. (Satz 2 entfällt beim Verbrauchsgüterkauf)
Bei arglistigem Verschweigen von Mängeln oder der Übernahme einer Garantie für die Beschaffenheit bleiben weitergehende Ansprüche unberührt.

2. Für die Abwicklung der Mängelbeseitigung gilt der Inhalt von Ziffer 2 der Neuwagenverkaufsbedingungen mit der Maßgabe, dass Mängelbeseitigung nur beim Verkäufer verlangt werden kann.

VII. Haftung

Es gilt der Wortlaut von VIII. der Neuwagenverkaufsbedingungen.

Sonderbedingungen Volkswagen-Versicherungsdienst GmbH/Frankfurter Versicherungs-AG für Versicherungsleistungen über die Volkswagen Leasing GmbH

1. Auf den Versicherungsvertrag finden die Allgemeinen Bedingungen für die Kraftfahrtversicherung (AKB) und die Tarifbestimmungen Anwendung, soweit nachfolgend nichts Abweichendes geregelt ist.

2. Die Volkswagen Leasing GmbH hat Vollmacht, das laufende Beitragsinkasso durchzuführen.

3. Während der Laufzeit des Leasing-Vertrages bleibt der Monatsbeitrag, wie in der Versicherungsbestätigung ausgewiesen, fest. Eine nachträgliche Anpassung erfolgt, wenn die Beitragsberechnung auf unzutreffenden Vorversichererangaben beruht oder die Versicherungsteuer sich ändert. Der individuelle Schadenverlauf während der Dauer des Leasing-Vertrages lässt die Höhe des Versicherungsbeitrages unberührt. Er wird jedoch statistisch fortgeschrieben und nach Ende des Leasing-Vertrages im Rahmen von künftigen Versichererwechselanfragen bestätigt.

4. Die Sonderbedingungen Volkswagen-Versicherungsdienst GmbH/Frankfurter Versicherungs-AG gelten lediglich für die Dauer des Leasing-Vertrages.

Datenschutzklausel/Datenschutzinformation

Der Leasing-Geber speichert und verarbeitet zum Zwecke der Vertragsabwicklung Daten des Leasing-Nehmers. Diese Daten werden auch zum Zwecke der Kundenbetreuung und für Werbeaktionen des Volkswagen-Konzerns verwandt.

Eine darüber hinausgehende Verwendung und Weitergabe der Daten außerhalb der Zwecke dieses Vertrages findet nicht statt.

Verantwortliche Stelle für die Datenverarbeitung ist die Volkswagen Leasing GmbH, für Versicherungsprodukte die Volkswagen Versicherungsdienst GmbH. Die Daten werden im erforderlichen Umfang an interne und externe Dienstleister und Kooperationspartner übermittelt. Die Angabe der personenbezogenen Daten ist Voraussetzung für den Vertragsschluss. Weitere Fragen zum Datenschutz sind an den Datenschutzbeauftragten der Volkswagen Leasing GmbH, Postfach, 38409 Braunschweig zu richten.

Anhang

Widerrufsbelehrung

Widerrufsbelehrung

Widerrufsrecht

Sie können Ihre Vertragserklärung innerhalb von zwei Wochen ohne Angabe von Gründen in Textform (z.B. Brief, Fax, E-Mail) oder durch Rücksendung der Sache widerrufen. Die Frist beginnt frühestens mit Erhalt dieser Belehrung. Zur Wahrung der Widerrufsfrist genügt die rechtzeitige Absendung des Widerrufs oder der Sache.
Der Widerruf ist zu richten an: Volkswagen Leasing GmbH, Gifhorner Straße 57, 38112 Braunschweig.

Widerrufsfolgen

Im Falle eines wirksamen Widerrufs sind die beiderseits empfangenen Leistungen zurückzugewähren und ggf. gezogene Nutzungen (z.B. Zinsen) herauszugeben. Können Sie uns die empfangene Leistung ganz oder teilweise nicht oder nur in verschlechtertem Zustand zurückgewähren, müssen Sie uns insoweit ggf. Wertersatz leisten. Bei der Überlassung von Sachen gilt dies nicht, wenn die Verschlechterung der Sache ausschließlich auf deren Prüfung – wie sie Ihnen etwa im Ladengeschäft möglich gewesen wäre – zurückzuführen ist. Im Übrigen können Sie die Wertersatzpflicht vermeiden, indem Sie die Sache nicht wie ein Eigentümer in Gebrauch nehmen und alles unterlassen, was deren Wert beeinträchtigt. Paketversandfähige Sachen sind auf unsere Kosten und Gefahr zurückzusenden. Nicht paketversandfähige Sachen werden bei Ihnen abgeholt.

Ihre Volkswagen Leasing GmbH

Ich bestätigte die Aushändigung je einer Kopie dieser Widerrufsbelehrung und der Leasing-Bestellung einschließlich der Privatleasing-Bedingungen.

Ort, Datum	Unterschrift des Verbrauchers/Bestellers

II. Erlasse der Finanzverwaltung

1. Ertragsteuerliche Behandlung von Leasing-Verträgen über bewegliche Wirtschaftsgüter (BMF-Schreiben v. 19.4.1971 – IV B 2 – S 2170–31/71, BB 1971, 506) (Vollamortisations-Leasingerlass für Mobilien)

I. Allgemeines

„Der Bundesfinanzhof hat mit Urteil vom 26.1.1970 (BStBl 1970 II S. 264, BB 1970 S. 291 und 332) zur steuerlichen Behandlung von so genannten Finanzierungs-Leasing-Verträgen über bewegliche Wirtschaftsgüter Stellung genommen. Um eine einheitliche Rechtsanwendung durch die Finanzverwaltung zu gewährleisten, kann bei vor dem 24.4.1970 abgeschlossenen Leasing-Verträgen aus Vereinfachungsgründen von dem wirtschaftlichen Eigentum des Leasing-Gebers am Leasing-Gut und einer Vermietung oder Verpachtung an den Leasing-Nehmer ausgegangen werden, wenn die Vertragsparteien in der Vergangenheit übereinstimmend eine derartige Zurechnung zugrunde gelegt haben und auch in Zukunft daran festhalten. Das gilt auch, wenn die Vertragslaufzeit über den genannten Stichtag hinausreicht (vgl. Schreiben vom 21.7.1970, BStBl 1970 I S. 913, BB 1970 S. 956).

Für die steuerliche Behandlung von nach dem 23.4.1970 abgeschlossenen Leasing-Verträgen über bewegliche Wirtschaftsgüter sind die folgenden Grundsätze zu beachten. Dabei ist als betriebsgewöhnliche Nutzungsdauer der in den amtlichen AfA-Tabellen angegebene Zeitraum zugrunde zu legen.

II. Begriff und Abgrenzung des Finanzierungs-Leasing-Vertrages bei beweglichen Wirtschaftsgütern

1. Finanzierungs-Leasing im Sinne dieses Schreibens ist nur dann anzunehmen, wenn
   a) der Vertrag über eine bestimmte Zeit abgeschlossen wird, während der der Vertrag bei vertragsgemäßer Erfüllung von beiden Vertragsparteien nicht gekündigt werden kann (Grundmietzeit), und
   b) der Leasing-Nehmer mit den in der Grundmietzeit zu entrichtenden Raten mindestens die Anschaffungs- oder Herstellungskosten sowie alle Nebenkosten einschließlich der Finanzierungskosten des Leasing-Gebers deckt.
2. Beim Finanzierungs-Leasing von beweglichen Wirtschaftsgütern sind im wesentlichen folgende Vertragstypen festzustellen:
   a) Leasing-Verträge ohne Kauf- oder Verlängerungsoption
   Bei diesem Vertragstyp sind zwei Fälle zu unterscheiden: Die Grundmietzeit
      aa) deckt sich mit der betriebsgewöhnlichen Nutzungsdauer des Leasing-Gegenstandes,
      bb) ist geringer als die betriebsgewöhnliche Nutzungsdauer des Leasing-Gegenstandes. Der Leasing-Nehmer hat nicht das Recht, nach Ablauf der Grundmietzeit den Leasing-Gegenstand zu erwerben oder den Leasing-Vertrag zu verlängern.

b) Leasing-Verträge mit Kaufoption
   Der Leasing-Nehmer hat das Recht, nach Ablauf der Grundmietzeit, die regelmäßig kürzer ist als die betriebsgewöhnliche Nutzungsdauer des Leasing-Gegenstandes, den Leasing-Gegenstand zu erwerben.
c) Leasing-Verträge mit Mietverlängerungsoption
   Der Leasing-Nehmer hat das Recht, nach Ablauf der Grundmietzeit, die regelmäßig kürzer ist als die betriebsgewöhnliche Nutzungsdauer des Leasing-Gegenstandes, das Vertragsverhältnis auf bestimmte oder unbestimmte Zeit zu verlängern.
   Leasing-Verträge ohne Mietverlängerungsoption, bei denen nach Ablauf der Grundmietzeit eine Vertragsverlängerung für den Fall vorgesehen ist, dass der Mietvertrag nicht von einer der Vertragsparteien gekündigt wird, sind steuerlich grundsätzlich ebenso wie Leasing-Verträge mit Mietverlängerungsoption zu behandeln. Etwas anderes gilt nur dann, wenn nachgewiesen wird, dass der Leasing-Geber bei Verträgen über gleiche Wirtschaftsgüter innerhalb eines Zeitraums von neun Zehntel der betriebsgewöhnlichen Nutzungsdauer in einer Vielzahl von Fällen das Vertragsverhältnis auf Grund seines Kündigungsrechts beendet.
d) Verträge über Spezial-Leasing
   Es handelt sich hierbei um Verträge über Leasing-Gegenstände, die speziell auf die Verhältnisse des Leasing-Nehmers zugeschnitten und nach Ablauf der Grundmietzeit regelmäßig nur noch beim Leasing-Nehmer wirtschaftlich sinnvoll verwendbar sind. Die Verträge kommen mit oder ohne Optionsklausel vor.

III. Steuerliche Zurechnung des Leasing-Gegenstandes

Die Zurechnung des Leasing-Gegenstandes ist von der von den Parteien gewählten Vertragsgestaltung und deren tatsächlicher Durchführung abhängig. Unter Würdigung der gesamten Umstände ist im Einzelfall zu entscheiden, wem der Leasing-Gegenstand steuerlich zuzurechnen ist. Bei den unter II. 2 genannten Grundvertragstypen gilt für die Zurechnung das Folgende:

1. Leasing-Verträge ohne Kauf- oder Verlängerungsoption
   Bei Leasing-Verträgen ohne Optionsrecht ist der Leasing-Gegenstand regelmäßig zuzurechnen
   a) dem Leasing-Geber, wenn die Grundmietzeit mindestens 40% und höchstens 90% der betriebsgewöhnlichen Nutzungsdauer des Leasing-Gegenstandes beträgt,
   b) dem Leasing-Nehmer, wenn die Grundmietzeit weniger als 40% oder mehr als 90% der betriebsgewöhnlichen Nutzungsdauer beträgt.
2. Leasing-Verträge mit Kaufoption
   Bei Leasing-Verträgen mit Kaufoption ist der Leasing-Gegenstand regelmäßig zuzurechnen
   a) dem Leasing-Geber, wenn die Grundmietzeit mindestens 40% und höchstens 90% der betriebsgewöhnlichen Nutzungsdauer des Leasing-Gegenstandes beträgt und der für den Fall der Ausübung des Optionsrechts vorgesehe-

ne Kaufpreis nicht niedriger ist als der unter Anwendung der linearen AfA nach der amtlichen AfA-Tabelle ermittelte Buchwert oder der niedrigere gemeine Wert im Zeitpunkt der Veräußerung,

b) dem Leasing-Nehmer,
   aa) wenn die Grundmietzeit weniger als 40% oder mehr als 90% der betriebsgewöhnlichen Nutzungsdauer beträgt oder
   bb) wenn bei einer Grundmietzeit von mindestens 40% und höchstens 90% der betriebsgewöhnlichen Nutzungsdauer der für den Fall der Ausübung des Optionsrechts vorgesehene Kaufpreis niedriger ist als der unter Anwendung der linearen Absetzung für Abnutzung (AfA) nach der amtlichen AfA-Tabelle ermittelte Buchwert oder der niedrigere gemeine Wert im Zeitpunkt der Veräußerung.

Wird die Höhe des Kaufpreises für den Fall der Ausübung des Optionsrechts während oder nach Ablauf der Grundmietzeit festgelegt oder verändert, so gilt entsprechendes. Die Veranlagungen sind gegebenenfalls zu berichtigen.

3. Leasing-Verträge mit Mietverlängerungsoption
Bei Leasing-Verträgen mit Mietverlängerungsoption ist der Leasing-Gegenstand regelmäßig zuzurechnen
   a) dem Leasing-Geber, wenn die Grundmietzeit mindestens 40% und höchstens 90% der betriebsgewöhnlichen Nutzungsdauer des Leasing-Gegenstandes beträgt und die Anschlussmiete so bemessen ist, dass sie den Wertverzehr für den Leasing-Gegenstand deckt, der sich auf der Basis des unter Berücksichtigung der linearen Absetzung für Abnutzung nach der amtlichen AfA-Tabelle ermittelten Buchwerts oder des niedrigeren gemeinen Werts und der Restnutzungsdauer lt. AfA-Tabelle ergibt,
   b) dem Leasing-Nehmer,
      aa) wenn die Grundmietzeit weniger als 40% oder mehr als 90% der betriebsgewöhnlichen Nutzungsdauer des Leasing-Gegenstandes beträgt oder
      bb) wenn bei einer Grundmietzeit von mindestens 40% und höchstens 90% der betriebsgewöhnlichen Nutzungsdauer die Anschlussmiete so bemessen ist, dass sie den Wertverzehr für den Leasing-Gegenstand nicht deckt, der sich auf der Basis des unter Berücksichtigung der linearen AfA nach der amtlichen AfA-Tabelle ermittelten Buchwerts oder des niedrigeren gemeinen Werts und der Restnutzungsdauer lt. AfA-Tabelle ergibt. Wird die Höhe der Leasing-Raten für den Verlängerungszeitraum während oder nach Ablauf der Grundmietzeit festgelegt oder verändert, so gilt entsprechendes.

Abschnitt II Nr. 2 Buchstabe c Sätze 2 und 3 sind zu beachten.

4. Verträge über Spezial-Leasing
Bei Spezial-Leasing-Verträgen ist der Leasing-Gegenstand regelmäßig dem Leasing-Nehmer ohne Rücksicht auf das Verhältnis von Grundmietzeit und Nutzungsdauer und auf Optionsklauseln zuzurechnen.

IV. Bilanzmäßige Darstellung von Leasing-Verträgen bei Zurechnung des Leasing Gegenstandes beim Leasing-Geber

1. Beim Leasing-Geber
   Der Leasing-Geber hat den Leasing-Gegenstand mit seinen Anschaffungs- oder Herstellungskosten zu aktivieren. Die Absetzung für Abnutzung ist nach der betriebsgewöhnlichen Nutzungsdauer vorzunehmen. Die Leasing-Raten sind Betriebseinnahmen.
2. Beim Leasing-Nehmer sind die Leasing-Raten Betriebsausgaben.

V. Bilanzmäßige Darstellung von Leasing-Verträgen bei Zurechnung des Leasing-Gegenstandes beim Leasing-Nehmer

1. Beim Leasing-Nehmer
   Der Leasing-Nehmer hat den Leasing-Gegenstand mit seinen Anschaffungs- oder Herstellungskosten zu aktivieren. Als Anschaffungs- oder Herstellungskosten gelten die Anschaffungs- oder Herstellungskosten des Leasing-Gebers, die der Berechnung der Leasing-Raten zugrunde gelegt worden sind, zuzüglich etwaiger weiterer Anschaffungs- oder Herstellungskosten, die nicht in den Leasing-Raten enthalten sind (vgl. Schreiben vom 5.5.1970 – IV B/2 – S 2170–4/70, BB 1970 S. 652). Dem Leasing-Nehmer steht die AfA nach der betriebsgewöhnlichen Nutzungsdauer des Leasing-Gegenstandes zu.
   In Höhe der aktivierten Anschaffungs- oder Herstellungskosten mit Ausnahme der nicht in den Leasing-Raten berücksichtigten Anschaffungs- oder Herstellungskosten des Leasing-Nehmers ist eine Verbindlichkeit gegenüber dem Leasing-Geber zu passivieren. Die Leasing-Raten sind in einen Zins- und Kostenanteil sowie einen Tilgungsanteil aufzuteilen. Bei der Aufteilung ist zu berücksichtigen, dass sich infolge der laufenden Tilgung der Zinsanteil verringert und der Tilgungsanteil entsprechend erhöht. Der Zins- und Kostenanteil stellt eine sofort abzugsfähige Betriebsausgabe dar, während der andere Teil der Leasing-Rate als Tilgung der Kaufpreisschuld erfolgsneutral zu behandeln ist.
2. Beim Leasing-Geber
   Der Leasing-Geber aktiviert eine Kaufpreisforderung an den Leasing-Nehmer in Höhe der den Leasing-Raten zugrunde gelegten Anschaffungs- oder Herstellungskosten. Dieser Betrag ist grundsätzlich mit der vom Leasing-Nehmer ausgewiesenen Verbindlichkeit identisch. Die Leasing-Raten sind in einen Zins- und Kostenanteil sowie in einen Anteil Tilgung der Kaufpreisforderung aufzuteilen. Wegen der Aufteilung der Leasing-Raten und deren steuerlicher Behandlung gelten die Ausführungen unter V. 1. entsprechend.

VI. Die vorstehenden Grundsätze gelten entsprechend auch für Verträge mit Leasing-Nehmern, die ihren Gewinn nicht durch Bestandsvergleich ermitteln.

2. Steuerrechtliche Zurechnung des Leasing-Gegenstandes beim Leasing-Geber (BMF-Schreiben v. 22.12.1975 – IV B 2 – S 2170–161/75, BB 1976, 72ff.) (Teilamortisations-Leasingerlass für Mobilien)

Unter Bezugnahme auf das Ergebnis der Erörterung mit den obersten Finanzbehörden der Länder hat der Bundesminister der Finanzen zu einem Schreiben des Deutschen Leasing-Verbandes vom 24.7.1975 wie folgt Stellung genommen:

1. Gemeinsames Merkmal der in dem Schreiben des Deutschen Leasing-Verbandes dargestellten Vertragsmodelle ist, dass eine unkündbare Grundmietzeit vereinbart wird, die mehr als 40%, jedoch nicht mehr als 90% der betriebsgewöhnlichen Nutzungsdauer des Leasing-Gegenstandes beträgt und dass die Anschaffungs- und Herstellungskosten des Leasing-Gebers sowie alle Nebenkosten einschließlich der Finanzierungskosten des Leasing-Gebers in der Grundmietzeit durch die Leasing-Raten nur zum Teil gedeckt werden. Da mithin Finanzierungs-Leasing im Sinne des BdF-Schreibens über die ertragsteuerrechtliche Behandlung von Leasing-Verträgen über bewegliche Wirtschaftsgüter vom 19.4.1971 (BStBl I S. 264) nicht vorliegt, ist die Frage, wem der Leasing-Gegenstand zuzurechnen ist, nach den allgemeinen Grundsätzen zu entscheiden.
2. Die Prüfung der Zurechnungsfrage hat folgendes ergeben:
   a) Vertragsmodell mit Andienungsrecht des Leasing-Gebers, jedoch ohne Optionsrecht des Leasing-Nehmers
   Bei diesem Vertragsmodell hat der Leasing-Geber ein Andienungsrecht. Danach ist der Leasing-Nehmer, sofern ein Verlängerungsvertrag nicht zustande kommt, auf Verlangen des Leasing-Gebers verpflichtet, den Leasing-Gegenstand zu einem Preis zu kaufen, der bereits bei Abschluss des Leasing-Vertrags fest vereinbart wird. Der Leasing-Nehmer hat kein Recht, den Leasing-Gegenstand zu erwerben.
   Der Leasing-Nehmer trägt bei dieser Vertragsgestaltung das Risiko der Wertminderung, weil er auf Verlangen des Leasing-Gebers den Leasing-Gegenstand auch dann zum vereinbarten Preis kaufen muss, wenn der Wiederbeschaffungspreis für ein gleichwertiges Wirtschaftsgut geringer als der vereinbarte Preis ist. Der Leasing-Geber hat jedoch die Chance der Wertsteigerung, weil er sein Andienungsrecht nicht ausüben muss, sondern das Wirtschaftsgut zu einem über dem Andienungspreis liegenden Preis verkaufen kann, wenn ein über dem Andienungspreis liegender Preis am Markt erzielt werden kann. Der Leasing-Nehmer kann unter diesen Umständen nicht als wirtschaftlicher Eigentümer des Leasing-Gegenstandes angesehen werden.

b) Vertragsmodell mit Aufteilung des Mehrerlöses
Nach Ablauf der Grundmietzeit wird der Leasing-Gegenstand durch den Leasing-Geber veräußert. Ist der Veräußerungserlös niedriger als die Differenz zwischen den Gesamtkosten des Leasing-Gebers und den in der Grundmietzeit entrichteten Leasing-Raten (Restamortisation), so muss der Leasing-Nehmer eine Abschlusszahlung in Höhe der Differenz zwischen Restamortisation und Veräußerungserlös zahlen. Ist der Veräußerungserlös hingegen höher als die Restamortisation, so erhält der Leasing-Geber 25%, der Leasing-Nehmer 75% des die Restamortisation übersteigenden Teils des Veräußerungserlöses.
Durch die Vereinbarung, dass der Leasing-Geber 25% des die Restamortisation übersteigenden Teils des Veräußerungserlöses erhält, wird bewirkt, dass der Leasing-Geber noch in einem wirtschaftlich ins Gewicht fallenden Umfang an etwaigen Wertsteigerungen des Leasing-Gegenstandes beteiligt ist. Der Leasing-Gegenstand ist daher dem Leasing-Geber zuzurechnen. Eine ins Gewicht fallende Beteiligung des Leasing-Gebers an Wertsteigerungen des Leasing-Gegenstandes ist hingegen nicht mehr gegeben, wenn der Leasing-Geber weniger als 25% des die Restamortisation übersteigenden Teils des Veräußerungserlöses erhält. Der Leasing-Gegenstand ist in solchen Fällen dem Leasing-Nehmer zuzurechnen.

c) Kündbarer Mietvertrag mit Anrechnung des Veräußerungserlöses auf die vom Leasing-Nehmer zu leistende Schlusszahlung
Der Leasing-Nehmer kann den Leasing-Vertrag frühestens nach Ablauf einer Grundmietzeit, die 40% der betriebsgewöhnlichen Nutzungsdauer beträgt, kündigen. Bei Kündigung ist eine Abschlusszahlung in Höhe der durch die Leasing-Raten nicht gedeckten Gesamtkosten des Leasing-Gebers zu entrichten. Auf die Abschlusszahlung werden 90% des vom Leasing-Geber erzielten Veräußerungserlöses angerechnet. Ist der anzurechnende Teil des Veräußerungserlöses zuzüglich der vom Leasing-Nehmer bis zur Veräußerung entrichteten Leasing-Raten niedriger als die Gesamtkosten des Leasing-Gebers, so muss der Leasing-Nehmer in Höhe der Differenz eine Abschlusszahlung leisten. Ist jedoch der Veräußerungserlös höher als die Differenz zwischen Gesamtkosten des Leasing-Gebers und den bis zur Veräußerung entrichteten Leasing-Raten, so behält der Leasing-Geber diesen Differenzbetrag in vollem Umfang. Bei diesem Vertragsmodell kommt eine während der Mietzeit eingetretene Wertsteigerung in vollem Umfang dem Leasing-Geber zugute. Der Leasing- Geber ist daher nicht nur rechtlicher, sondern auch wirtschaftlicher Eigentümer des Leasing-Gegenstandes.
Die vorstehenden Ausführungen gelten nur grundsätzlich, d.h. nur insoweit, wie besondere Regelungen in Einzelverträgen nicht zu einer anderen Beurteilung führen.

Sachregister

Die fett gedruckten Zahlen bezeichnen die Paragraphen, die mageren die Randnummern

Sachregister

Sachregister